AS ÁGUAS NO CÓDIGO CIVIL
COMENTÁRIO
DOUTRINA E JURISPRUDÊNCIA

JOSÉ CÂNDIDO DE PINHO
JUIZ DO SUPREMO TRIBUNAL ADMINISTRATIVO

AS ÁGUAS NO CÓDIGO CIVIL

COMENTÁRIO
DOUTRINA E JURISPRUDÊNCIA

- **Antecedentes históricos**
- **Trabalhos preparatórios**
- **Servidões legais**
- **Legislação de Direito Público (Apêndice)**

(2.ª EDIÇÃO)

ALMEDINA

TÍTULO:	AS ÁGUAS NO CÓDIGO CIVIL
AUTOR:	JOSÉ CÂNDIDO DE PINHO
EDITOR:	EDIÇÕES ALMEDINA, SA
	Rua da Estrela, n.º 6
	3000-161 Coimbra
	Telef.: 239 851 904
	Fax: 239 851 901
	www.almedina.net
	editora@almedina.net
EXECUÇÃO GRÁFICA:	G.C. – GRÁFICA DE COIMBRA, LDA.
	Palheira – Assafarge
	3001-453 Coimbra
	producao@graficadecoimbra.pt
	JANEIRO, 2005
DEPÓSITO LEGAL:	220727/04

Toda a reprodução desta obra, por fotocópia ou outro qualquer processo, sem prévia autorização escrita do Editor, é ilícita e passível de procedimento judicial contra o infractor.

PRINCIPAIS ABREVIATURAS USADAS

Ac.	Acórdão
Anot.	Anotação
Art.	Artigo
Bol.Fac.Dir.	Boletim da Faculdade de Direito
B.M.J.	Boletim do Ministério da Justiça
C.C.	Código Civil
Cod.Civil	Código Civil
C.J.	Colectânea de Jurisprudência
Dec.	Decreto
Dec.-Lei	Decreto-Lei
D.L.	Decreto-Lei
Ed.	Edição
G.R.L.	Gazeta da Relação de Lisboa
J.R.	Jurisprudência das Relações
Jur.Rel.	Jurisprudência das Relações
L.T.D.H.	Lei dos Terrenos do Domínio Hídrico
Ob.cit.	Obra citada
Pág.	Página
P.G.R.	Procuradoria Geral da República
R.C.	Relação de Coimbra
R.D.E.S.	Revista de Direito e Estudos Sociais
R.E.	Relação de Évora
R.L.	Relação de Lisboa
R.L.J.	Revista de Legislação e Jurisprudência
R.P.	Relação do Porto
R.T.	Revista dos Tribunais
S.T.J.	Supremo Tribunal de Justiça
Vol.	Volume

Obras do autor:

- **Contrabando e Descaminho** (Almedina)
- **Manual de Direito Administrativo de Macau** (Centro de Formação de Magistrados de Macau)
- **Breve Ensaio sobre a Competência Hierárquica** (Almedina)
- **Estatuto da Aposentação** – *anotado e comentado* (Almedina)

Em co-autoria:

- **Código de Procedimento Administrativo** – *anotado e comentado* (Almedina)
- **Código de Procedimento Administrativo** – *anotado e comentado* (Fundação Macau e SAFP)

PREFÁCIO

Em matéria de águas, mais do que em critérios de legalidade normativa, país adentro, a rotina rural assenta mais em longas e persistentes práticas costumeiras, de séculos por vezes. Daí, os conflitos sociais frequentes e a alguma dificuldade de penetração dos textos legais na resolução, a contento, das pretensões dos intervenientes no litígio.

Sabemos que assim é em todo o Norte, com particular incidência no Alto Minho, onde colhemos directo conhecimento.

Não tem, por isso, o presente trabalho a veleidade de apresentar fórmulas teoréticas acabadas, podendo, quando muito, servir como fonte de pistas práticas capazes de, aqui ou ali, fornecer modestos subsídios interpretativos em ordem à solução de problemas casuísticos.

Pareceu-nos útil integrar-lhe os antecedentes históricos e trabalhos preparatórios relativos a cada preceito do Código Civil em apreciação, para uma melhor compreensão da respectiva razão evolutiva.

De interesse julgamos, tambérn, a inclusão, a final, de alguns diplomas concernentes a domínios hídricos públicos por forma a permitir uma análise comparativa entre o que, neste campo, se passa nos direitos público e privado.

A receptividade à obra, essa, ultrapassa-nos e depende, exclusivamente, da atenção que os leitores lhe dispensarem.

Vale de Cambra, Julho de 1985.

NOTA À 2.ª EDIÇÃO

Têm estado relativamente "calmas" as águas particulares que o Código Civil disciplina, visto que as alterações legislativas, a este propósito, têm sido muito escassas.

Em todo o caso, o tempo é implacável e, de alguma maneira, alguns efeitos sempre traz.

Um deles consiste na torrente jurisprudencial que os tribunais superiores têm produzido num labor interpretativo incessante sobre as mais intrincadas questões relacionadas com a matéria.

Outro, é a interligação que cada vez mais se vai fazendo sentir entre o "público" e o "privado". Relativamente à água, enquanto bem essencial à vida e ao progresso da humanidade, mas que, com a qualidade desejável, vai escasseando, a fronteira entre a sua natureza pública e privada desse precioso líquido vai encurtando a cada dia que passa. Daí, a tendência moderna de relativizar a "particular" no quadro mais amplo da função social que representa e dentro do espírito de que, afinal, a água é um bem de todos nós.

Tendo em conta estas razões, além de alguns desenvolvimentos de opinião, quisemos enriquecer o trabalho com a mais actual e representativa jurisprudência relativa ao tema e com a adição, em apêndice, dos diplomas que directamente concernem ao direito público das águas.

NATUREZA JURÍDICA DAS ÁGUAS

ARTIGO 204.°, n.° 1, al. *b*)

(Coisas imóveis)

1. São coisas imóveis:
a) ....
b) As águas;

....

....

Antecedentes históricos

1. No antigo direito romano a água era considerada um elemento do prédio globalmente considerado – *portio agri videtur aqua via*[1] –. E enquanto dele parte integrante, foi sendo considerada, ao longo dos tempos e em diversos ordenamentos jurídicos, coisa que representava e assumia a mesma natureza do prédio localizador.

No cerne daquela acepção, a ideia de coisa imóvel repousava, sem emancipação, na sujeição do elemento componente ao todo a que pertencia, independentemente do seu constante movimento. Daí, inclusivé, a venda ou, por qualquer forma, oneração do todo *(prédio)* implicar igual medida em relação à parte (água).

O espírito desta doutrina veio, de uma maneira quase lógica, a ser integrado no Código Civil de Seabra ao admitir, frontalmente, no seu artigo 375.°, n.° 1 como coisas imóveis os produtos e partes integrantes dos prédios rústicos. Aceitava-se, deste modo, uma relação de compromisso ou de incorporação entre a água e a terra na sua mais lata amplitude. Sem embargo, não faltava quem contestasse tal asserção[2].

---

[1] *Digesto,* Livro 43, título 24, II.

[2] TEIXEIRA DE ABREU, *Das Águas,* n.° 2 e 2 bis, pág. 11 e segs. e *Lições de Direito Civil Português,* tomo 1.°, pág. 381 e segs., 2.ª ed..

Observações

2. Hoje, de forma expressiva e sem margem para equívocos, atribui-se às águas a natureza de coisas imóveis, afirmando-se, agora com um vigor redobrado, aquela relação de dependência entre si e a terra na sua máxima acepção. Relação que não se não pode bastar, como por vezes se pretende, com uma mera conexão, tal como o assentamento com carácter de permanência. Se assim fosse, que não é, uma barraca de feira poderia ser considerada coisa imóvel[3].

Por conseguinte, o artigo 204.º do actual Código Civil, no que à água diz respeito, encerra o mais tradicional e clássico entendimento que liga a sua existência à dos prédios onde nasça, corra ou, simplesmente, exista. Assim, as águas de uma fonte, nascente, rio, lago ou represa são juridicamente imóveis, como o são, de resto, na consideração que delas se tem do ponto de vista social[4].

A dificuldade começa a surgir quando se pensa em retirá-las do seu leito, solo ou subsolo naturais ou dos depósitos de que se integrem os prédios.

João Augusto Simões Veloso de Almeida entende que, nessas condições, as águas deixam de constituir bens imobiliários para se transformarem em coisas móveis[5].

Pires de Lima e Antunes Varela, por seu turno, opinam no sentido de que, apesar de adquirirem autonomia com a desintegração da propriedade superficiária, as águas continuam a ser consideradas, de per si, coisas imóveis[6].

Pelo nosso lado, entendemos que só as porções que ainda se apresentem integradas nos prédios respectivos se podem considerar coisas imóveis no verdadeiro sentido legal. As restantes, as parcelas retiradas, serão coisas móveis, como quaisquer outras[7][8].

---

[3] OLIVEIRA ASCENSÃO, *Reais,* pág. 41, 4.ª ed..

[4] Numa corrente de água, o que interessa não são as moléculas, individualmente, consideradas em permanente deslocação, mas a própria corrente, o todo socialmente considerado como uma unidade.

[5] *Comentário à Lei das Águas,* pág. 5, ed. 1937 ou de 1958.

[6] *Código Civil Anotado,* vol. I, pág. 182, 2.ª ed..

[7] No momento em que duma corrente ou dum lago se tire água, a água que assim se desloca é subtraída ao regime jurídico dessa corrente ou desse lagoa – GUILHERME MOREIRA, *As Águas no Direito Civil Português,* Livro I, pág. 6, 2.ª ed. Vide, ainda, PIRES DE LIMA, *Direitos Reais,* pág. 109.

[8] «Essa porção é móvel, uma vez cindida do reservatório imóvel» – OLIVEIRA ASCENSÃO, *ob. cit.,* pág. 42; também, MANUEL DE ANDRADE, *Teoria Geral da Relação Pública,* vol. I, pág. 278, ed. 1974.

LUÍS A. CARVALHO FERNANDES, porém, entende que as águas são coisas imóveis,

Aliás, custaria aceitar a atribuição da natureza imobiliária à água que enche um balde ou um copo, sobretudo se pensarmos que dentro desses recipientes poderia conter-se qualquer outro líquido de uma inatacável natureza móvel.

O exemplo, por absurdo que pareça, serve, no entanto, para realçar a principal característica das coisas móveis: a sua transportabilidade de um para outro lugar. Neste aspecto, não se vê motivo por que a água há-de ter natureza diferente de qualquer outra substância líquida uma vez que deixe de estar no leito predial de que fora pertença. E é nesse ponto, precisamente, que a questão sobre a natureza da água adquire importância decisiva para os efeitos do preceito em análise. A água só será imóvel enquanto elemento do prédio a que se encontre ligado. Tanto é assim que a sua alienação por contrato de compra e venda ou doação só será válida se celebrada por escritura pública (arts. 875.º e 947.º do C.C.).

Por escritura pública serão, também, as promessas de alienação de direitos sobre as águas, se os interessados lhes quiserem atribuir eficácia real (art. 413.º, n.º 2, do C.C. e 80.º, n.º 2, al. *i*), do Cod. Notariado) e, de um modo geral, os actos que importem reconhecimento, constituição, aquisição, modificação, divisão ou extinção dos direitos de propriedade ou servidão sobre águas (art. 80.º, n.º 1, Cod. Not.).

A divisão de águas comuns (art. 80.º, al. *j*), Cod. Not.), tal como a disposição de quota em comum ou em compropriedade de águas obedece à mesma forma (art. 1408.º, n.º 3, do C.C.).

Os respectivos factos e, bem assim, as acções em que eles se discutam, esses, estão sujeitos a registo (arts. 2.º e 3.º do C.R.P.).

3. JURISPRUDÊNCIA

1. «I – A água é bem imóvel susceptível de direito real distinto do direito de propriedade sobre o prédio onde ela nasce. II – Tendo sido vendida uma parte rústica de um imóvel, em que existia uma mina, e não se tendo mencionado na respectiva escritura pública abranger a venda também a água daquela mina, não se transmitiu o direito de propriedade dos vendedores em relação àquela água» – (Ac. da R.C., de 10 de Novembro de 1981, in *C.J.*, 1981, tomo V, pág. 60).

---

quando desintegradas do prédio e, enquanto o não forem, são partes componentes do prédio (*Teoria Geral*, 1983, 2.ª ed., pág. 132).

MÁRIO TAVARELA LOBO, por sua vez, considera que, uma vez desintegradas, as águas adquirem autonomia. Enquanto parte integrante dos prédios, ficam sujeitas à disciplina jurídica das coisas imóveis. (*Manual do Direito de Águas*, I, pág. 16).

2. «Embora as águas sejam, segundo o Código Civil, coisas imóveis, deve considerar-se, para efeitos jurídico-penais, como coisa móvel certa quantidade de água subtraída de um poço alheio, pois o que fundamentalmente interessa para definir as coisas móveis, no âmbito penal, é a possibilidade da sua apropriação por parte do agente e da sua transferência de um local para outro» – (Ac. da R.C., de 23 de Novembro de 1983, in *B.M.J.*, n.° 332, pág. 517).

3. «I – As águas são consideradas coisas imóveis. II – Os títulos de sua aquisição são, portanto, os meios legítimos de aquisição da propriedade sobre imóveis ou de constituir servidão. III – Conforme o título da sua constituição, o direito à água que nasce em prédio alheio pode ser um direito ao uso pleno da água, sem qualquer limitação ou, apenas, o direito de a aproveitar noutro prédio mas apenas de acordo com as necessidades deste. IV – No primeiro caso está-se perante um direito de propriedade da água; no segundo está-se perante um direito de servidão. V – Tanto a propriedade como a servidão podem ser adquiridas por usucapião. VI – A usucapião, porém, só é de atender quando a fruição da água por terceiro for acompanhada da construção de obras, visíveis e permanentes, no prédio onde existe a fonte ou nascente que revelem a captação e a posse da água nesse prédio. VII – Não exige a lei que as obras se apresentem à vista de todos com nitidez, bastando que sejam perceptíveis e revelem uma actuação de terceiros. VIII – A servidão de aqueduto é sempre um acessório de direito à água e, portanto, a sua constituição pressupõe o direito à água conduzida ou a conduzir pelo aqueduto. IX – É mesmo essencial desta servidão a implantação de cano ou rego condutor em prédio alheio, pelo qual se fazem passar as águas a que se tem direito, em proveito da agricultura ou de indústria ou para gastos domésticos. X – Pode obter-se através de qualquer dos modos normais de constituição de servidão o direito de implantar aqueduto sobre prédio alheio. XI – Pode portanto constituir-se por usucapião, desde que seja aparente, o que acontece quando se manifesta por obras ou sinais visíveis e permanentes» – (Ac. da R.P., de 17.09.92, Proc. n.° 9 140 088).

PROPRIEDADE DAS ÁGUAS

Artigo 1385.º

(Classificação das águas)

As águas são públicas ou particulares; as primeiras estão sujeitas ao regime estabelecido em leis especiais e as segundas às disposições dos artigos seguintes.

Antecedentes históricos

NO DIREITO ROMANO

4. I – O direito romano caracterizava-se por uma divisão tripartida das coisas que, naturalmente, se alargava às próprias águas. Elas eram, ao tempo, *públicas, comuns e particulares.*

Públicas, de uma forma genérica, eram as águas que se encontravam à disposição de todos os cidadãos. Nesta situação estavam as águas dos grandes rios, canais, lagos destinados à navegação e quaisquer outras navegáveis e flutuáveis e, bem assim, as águas dos seus afluentes.

Neste grupo de águas estava subjacente a ideia de corrente perene – *flumen perenne* – que, pelo seu volume e características, deveria estar afecta à navegação pública, sem restrições de qualquer ordem. Esta, a principal linha diferenciadora, embora a grandeza da corrente, a reputação que lhe davam os circunvizinhos, o seu uso, a pública e comum extracção da água fossem, também, relevantes características distintivas[1].

Mas, nem só as águas das correntes assim eram consideradas. De natureza pública gozavam, ainda, o *lacus* (depósito de água perpétua), o *stagnum* (depósito de água temporária, a maior parte das vezes formado no inverno) e a *fossa* (receptáculo artificial de água), desde que estas águas se situassem dentro dos limites de

---

[1] Lobão, citado por G. Moreira, *ob. cit.*, págs. 36 e 37.

um prédio público([2]), princípio que também se aplicava às fontes e águas subterrâneas.

A susceptibilidade de navegação e a natureza do lugar eram, pois, os factores determinantes da sua final inserção classificativa.

Comuns eram as águas que não pertenciam a ninguém, em exclusivo. Eram as que não estavam individualmente ocupadas e se destinavam à satisfação das necessidades primárias dos cidadãos. Consideravam-se *res communis*.

Nesta classificação inseriam-se as águas pluviais, dos barrancos e as do mar ou rios navegáveis ou flutuáveis, aqui não, já, segundo um critério de utilização navegatória, senão, antes, de acordo com a ideia de aproveitamento para outro qualquer fim, nomeadamente o de irrigação.

Particulares eram as restantes – *as privata* – as que constituíam pequenas correntes nascidas ou corridas em prédios particulares, ainda que destinadas a usos privados do Estado.

Nessa medida, também, as águas do *lacus,* do *stagnum,* da *fossa,* das fontes e as subterrâneas eram particulares, desde que pertencessem a prédios de natureza privada, fosse qual fosse a sua grandeza.

NAS ORDENAÇÕES

II – Segundo Lobão, um estudioso desta matéria, e o texto das Ordenações, o nosso antigo direito colheu do direito romano a citada tripartição classificativa das águas, que acabou por consagrar, embora com um sentido algo diferente no que tange às águas comuns, porquanto estas passaram a compreender as insusceptíveis de ocupação e as apropriadas em comum por diversos proprietários privados([3]).

As *públicas* sofriam uma subdivisão:

– *públicas do Estado,* e
– *públicas das autarquias locais* (Câmaras Municipais e Juntas de Freguesia).

Nas primeiras estavam incluídas as navegáveis e flutuáveis e, bem assim, os rios perenes, quando formados por correntes com aquelas características, as fontes, nascentes, reservatórios e águas pluviais existentes em terrenos públicos bem como as marítimas.

([2]) *Digesto,* Livro 43.°, título 14, §§ 3.° a 5.°.
([3]) G. Moreira, *ob. cit.,* pág. 49, vol. I.

Nas segundas estavam compreendidas as águas retiradas dos rios públicos para fins de uso público, as das nascentes e reservatórios e pluviais em terrenos públicos do município ou da freguesia, também para um uso público ou comum.

Particulares, como princípio, eram as águas que brotavam ou corriam em prédios particulares(4), as que neles eram retidas em reservatórios ou que deles eram derivadas para alcançarem outros prédios antes de se lançarem num rio público, as pluviais que neles caíssem ou neles corressem e as que, embora originariamente públicas, viessem a ser individualmente apropriadas.

NO CÓDIGO CIVIL DE 1867

III – O Código Civil de Seabra não se afastou, também, daquela tripartida classificação.

Públicas passaram a ser as águas salgadas das costas, enseadas, baías, fozes, rias, esteiros e leitos respectivos, lagos, lagoas, canais e correntes de água doce, navegáveis ou flutuáveis, com os respectivos leitos ou álveos, bem como as águas das fontes públicas (cfr. art. 380.°, n.° 2 e 3, do C.C.).

Comuns eram, segundo o artigo 381.° desse diploma:

....

«2.° – As correntes de água não navegáveis nem flutuáveis que atravessando terrenos municipais ou paroquiais ou prédios particulares vão lançar-se no mar em alguma corrente navegável ou flutuável, os lagos ou lagoas sitos em terrenos municipais ou paroquiais, e os reservatórios fontes ou poços construídos à custa dos concelhos ou paróquias.

§ 1.° A corrente navegável, que durante cinco anos consecutivos não servir à navegação passará à categoria de corrente flutuável.

§ 2.° A corrente flutuável que durante cinco anos consecutivos não servir à flutuação, ficará incluída na categoria das correntes de uso comum.

....

§ 7.° Aos lagos naturais de água doce circundados de prédios particulares ou de prédios particulares e terrenos incultos públicos municipais ou paroquiais são aplicáveis as disposições dos §§ antecedentes, que forem compatíveis com a natureza das suas águas não correntias».

Particulares eram as águas pertencentes, em propriedade, a pessoas singulares ou colectivas, de que ninguém podia tirar proveito, senão elas próprias ou outras com o seu consentimento (art. 382.°).

---

(4) «É um impossível, por via de regra, que a água não tenha a natureza do álveo por onde passa» – LOBÃO, citado por G. MOREIRA, *ob. cit.*, pág. 49.

NA LEI DAS ÁGUAS

IV – Outra foi a orientação que acabaria por vir a ser consagrada na Lei das águas *(Decreto n.° 5 787-IIII de 10 de Maio de 1919).*

O legislador optou, ali, por uma classificação bidartida, admitindo apenas dois tipos de águas: públicas e particulares.

A – *Publicas,* de uma forma genérica, eram as águas pertencentes ao Estado e às autarquias (Câmaras e Juntas de Freguesia).

1. Vejamos **as públicas sob a administração do Estado:**

a) *Domínio marítimo* – Nesta categoria encontram-se as águas salgadas das costas, enseadas, baías, portos artificiais, docas, fozes, rias, esteiros e respectivos leitos, cais e praias, até onde alcançar o colo da máxima praia-mar das águas vivas;

b) *Domínio fluvial* – Cabem aqui os canais, valas e correntes de águas navegáveis e flutuáveis, com os seus respectivos leitos e margens, as valas e correntes não navegáveis nem flutuáveis e os leitos e margens respectivos, nos troços em que atravessam terrenos públicos;

c) *Domínio lacustre* – Ao domínio lacustre pertencem os lagos e lagoas navegáveis e flutuáveis, com os seus leitos e margens, os lagos, lagoas e pântanos não navegáveis nem flutuáveis sitos em terrenos do Estado, os lagos e pântanos circundados de diferentes prédios particulares ou situados dentro de um prédio particular, mas alimentados por uma corrente pública;

d) *Domínio das águas pluviais* – Eram do Estado as águas pluviais caídas em terrenos públicos ou que, abandonadas, por eles corressem e as que ultrapassassem, também abandonadas, os limites dos terrenos particulares, baldios ou logradouros comuns e fossem lançar-se no mar ou em outras águas públicas[5].

---

[5] O acto de abandono tem de verificar-se no local em que as águas ultrapassam os limites do prédio. Se o proprietário as transportar para outro prédio, e aí as aproveitar, só há abandono quando ela ultrapassar os limites desse segundo prédio. Por outro lado, não é imperioso «que toda a água atinja uma corrente de domínio público. Parte dela pode ser aproveitada pelos donos do prédio por onde passa, nos termos em que podem ser aproveitadas as águas públicas, e pode mesmo acontecer que em certa época do ano ela seja toda absorvida durante o trajecto sem que perca a natureza de corrente não navegável nem flu-

e) *Domínio das águas das nascentes e subterrâneas* – Neste domínio integravam-se as águas nativas que brotavam em terrenos públicos, municipais e de freguesia, as das fontes públicas, poços e reservatórios construídos à custa do Concelho e da Freguesia, as nascidas em prédios baldios e de logradouro comum, bem como as nascidas em terrenos particulares que, uma vez ultrapassados os seus limites, fossem lançar-se no mar ou em outra água pública[6].

2. Águas públicas sob a administração das Câmaras Municipais

a) *Domínio lacustre* – Incluíam-se aqui os lagos, lagoas e pântanos sitos em terrenos baldios ou de logradouro comum municipal, vale dizer, terrenos afectos à fruição e uso de moradores de mais de uma freguesia;

b) *Domínio pluvial* – Nestas condições estavam as pluviais caídas em terrenos baldios ou de logradouro comum municipal, enquanto não ultrapassassem, abandonadas, os seus limites e as pluviais que corressem nas ruas da cidade ou vila, sede do concelho ou nas estradas e caminhos municipais;

c) *Domínio das águas das nascentes e subterrâneas* – Neste domínio encontram-se as águas das nascentes existentes em terrenos baldios ou de logradouro comum municipais, enquanto não ultrapassassem, abandonadas, os respectivos limites, bem como as subterrâneas nesses terrenos existentes e nos reservatórios, fontes e poços construídos à custa do Concelho.

3. Águas públicas sob a administração das Juntas de Freguesia

a) *Domínio lacustre* – No domínio lacustre integram-se os lagos, lagoas e pântanos situados em terrenos baldios e de logradouro comum da freguesia;

b) *Domínio pluvial* – Neste grupo incluem-se as águas pluviais caídas em terrenos baldios ou de logradouro comum da freguesia, enquanto não ultrapassarem, abandonadas, os respectivos limites e as pluviais caídas nas ruas das sedes da freguesia, povoações rurais e caminhos vicinais;

c) *Domínio das nascentes e das águas subterrâneas* – Esta categoria é constituída pelas nascentes situadas em terrenos baldios e de logradouro comum

---

tuável. Nada obsta também que a água em certos sítios tenha sido encanada subterraneamente ou tenha sido desviada do seu curso normal» – P. LIMA, em anot. 1.ª, a pág. 12, de *Comentário à Lei das Águas*, de V. Almeida.

[6] Ver nota anterior.

As águas no Código Civil 24

dos moradores da freguesia, enquanto não ultrapassarem, abandonadas, os limites desses terrenos e as subterrâneas nesses prédios existentes, bem como nos reservatórios, poços e fontes construídos à custa da freguesia.

B – *Particulares,* segundo o decreto n.º 8, de 1 de Dezembro de 1892, eram as águas que nasciam ou corriam num prédio particular, enquanto não ultrapassassem os limites desse prédio ou que, ultrapassando-o, eram consumidas noutros prédios particulares antes de atingirem alguma corrente pública.

Mais alargada foi a classificação atribuída pela Lei das Águas (cfr. art. 2.º). Veja-se o seu teor:

«São do domínio particular:

1.º *As águas que nascerem em prédio particular e as pluviais que nele caírem, enquanto não transpuserem, abandonadas, os limites do mesmo prédio, ou que, ultrapassando esses limites e correndo por prédios particulares, são consumidas antes de se lançarem no mar ou em outras águas do domínio público. Se, porém, se lançarem no mar ou em outras águas públicas, deixarão de ser particulares apenas passem os limites do prédio onde nascerem ou caírem;*

2.º *Os lagos ou logoas existentes dentro de algum prédio particular que não sejam alimentados por corrente pública;*

3.º *As águas subterrâneas que nos prédios particulares se encontrem;*

4.º *Os poços, galerias, canais, levadas, aquedutos, reservatórios, albufeiras e demais obras construídas por pessoas singulares ou colectivas para captagem, derivação ou armazenamento das águas públicas ou particulares no interesse da agricultura ou da indústria;*

5.º *O álveo das correntes não navegáveis nem flutuáveis e bem assim o das águas pluviais que atravessarem ou banharem prédios particulares».*

Particulares eram, ainda, as águas subterrâneas captadas em terrenos públicos mediante licença da autoridade ou corporação a quem a administração dos terrenos pertencia (cfr. arts. 30.º e 31.º). As águas assim exploradas tornavam-se particulares, passando a fazer parte integrante dos prédios a cuja exploração se destinavam.

DIPLOMAS POSTERIORES

V – Depois do Dec. n.º 5 787-IIII, de 10 de Maio de 1919, outros diplomas se seguiram regulamentando, nomeadamente, o aproveitamento das águas por meio de concessões, de que se destacam:

– Dec. n.º 6 287, de 20 de Dezembro de 1919;

25 *Propriedades das águas – art. 1385.º*

– Dec. n.º 12 445, de 20 de Setembro de 1926, que actualiza as taxas das licenças e multas a cobrar pelos Serviços Hidráulicos e dipsõe, ainda, sobre o regime das águas sobre as margens das correntes referidas no § 2.º, do art. 124.º, do Dec. n.º 5 787-IIII, de 10 de Maio de 1919;

– Dec. n.º 13 112, de 24 de Janeiro de 1927, que estabelece medidas relativas aos pedidos de concessões de águas e de alvarás de licença para estudo dos aproveitamentos;

– Dec. n.º 15 401, de 17 de Abril de 1928, relativo às águas minero--medicinais;

– Dec. n.º 16 767, de 20 de Abril de 1929, que revogou os arts. 34.º, 43.º, 50.º, 56.º, 72.º, 73.º, 74.º e 76.º da Lei das Águas e estabelece um novo regime de caducidade das concessões e aproveitamento das águas públicas;

– Dec. n.º 18 163, de 28 de Março de 1930, que toma medidas relativas às concessões de utilidade pública para aproveitamentos de energia das águas;

– Dec.-Lei n.º 23 925, de 29 de Maio de 1934, que altera o regime jurídico das águas públicas e passa a considerar correntes não navegáveis nem flutuáveis as torrentes, barrancos e enxurros de caudal descontínuo e manda aplicar às correntes navegáveis e flutuáveis o regime de aproveitamento das águas não navegáveis nem flutuáveis, desde que para fins agrícolas e os interessados não prefiram o regime de concessão;

– Dec.-Lei n.º 24 859, de 7 de Janeiro de 1935, sobre aproveitamentos das águas para abastecimentos a povoações;

– Dec.-Lei n.º 25 815, de 4 de Setembro de 1935, que manda aplicar oDec. n.º l8 163 a quaisquer concessões de utilidade pública;

– Dec.-Lei n.º 26 944, de 27 de Agosto de 1936, que dispõe sobre licenças e respectivos emolumentos;

– Dec.-Lei n.º 27 820, de 5 de Julho de 1937, que dispõe sobre a duração das licenças concedidas para obras destinadas a permitir o uso industrial de água corrente;

– Dec.-Lei n.º 32 830, de 5 de Junho de 1943, que dispõe sobre o prazo de concessões de utilidade pública para rega e melhoramentos agrícolas;

– Dec.-Lei n.º 33 236, de 16 de Novembro de 1943, que altera o D.L. n.º 23 925 no que respeita aos aproveitamentos de águas públicas por parte dos proprietários de terrenos não marginais e dispõe sobre licenças e concessões de água pública para fins industriais;

– Dec.-Lei n.º 34 021, de 11 de Outubro de 1944, sobre aproveitamentos para abastecimento de povoações;

– Lei n.º 2 002, de 26 de Dezembro de 1944, sobre aproveitamentos para fins eléctricos;

– Dec. n.º 44 437, de 30 de Junho de 1962, relativo a águas minero-medicinais;

– Lei n.º 2 130, de 22 de Agosto de 1966, que promulga as bases sobre a jurisdição do mar territorial e a zona contígua;

– Dec.-Lei n.º 48 784, de 21 de Dezembro de 1968, que estabelece novo processo para desafectação dos terrenos do domínio público sob a administração da Direcção-Geral dos Serviços Hidráulicos;

– Dec.-Lei n.º 468/71, de 5 de Novembro, que revê, actualiza e unifica o regime jurídico dos terrenos do domínio público hídrico (leitos, margens e zonas adjacentes);

– Dec. n.º 373/72, de 3 de Outubro, que dispensa do pagamento de taxas devidas no ano de 1942 pela ocupação de terrenos do domínio público marítimo os concessionários de estabelecimentos ostreícolas instalados na região ostreícola do Tejo;

– Dec.-Lei n.º 53/74, de 15 de Fevereiro, que dá nova redacção ao art. 20.º do D.L. n.º 468/71, de 5 de Novembro;

– Dec.-Lei n.º 536/74, de 11 de Outubro, que desafecta do domínio público marítimo diversos terrenos do estuário do Sado;

– Lei n.º 33/77, de 28 de Maio, que fixa a largura e os limites do mar territorial em 12 milhas e estabelece uma zona económica exclusiva de 200 milhas do Estado Português;

– Dec.-Lei n.º 119/78, de 1 de Junho, que define a Zona Económica Exclusiva;

– Dec.-Lei n.º 513-P/79, de 26 de Dezembro, que estabelece um regime de transição entre a aplicabilidade prática das disposições consignadas no D.L. n.º 468/71, de 5/11 e as que constam de legislação que o precede, no que respeita à utilização dos leitos e margens dos cursos de água, lagos e lagoas, induindo as zonas inundáveis pelas cheias.

– Dec.-Lei n.º 269/82, de 10 de Julho, que define e classifica obras de fomento hidro-agrícola.

E mais recentemente:

– Dec.-Lei n.º 70/90, de 2/03, que define o regime de bens do domínio público hídrico do estado, incluindo a respectiva administração e utilização, na administração dos recursos hídricos;

– Dec.-Lei n.º 84/90, de 16/03, que regula o aproveitamento de Águas de Nascente;

– Dec.-Lei n.º 85/90, de 16/03, que regula o aproveitamento de águas Minero-industriais;

– Dec.-Lei n.º 86/90, de 16/03, que regula o aproveitamento de Águas Minerais Naturais;

– Dec.-Lei n.º 87/90, de 16/03, que regula o aproveitamento de Recursos Geotérmicos;

– Dec.-Lei n.º 88/90, de 16/03, que regula o aproveitamento de Depósitos Minerais;

– Dec.-Lei n.º 89/90, de 16/03, que regula o aproveitamento de Massas Minerais;

– Dec.-Lei n.º 90/90, de 16/03, que disciplina o aproveitamento dos recursos geológicos;

– Portaria n.º 324/93, de 19/03/93, que define as condições a que devem obedecer as águas minerais naturais para poderem ser bacteriologicamente próprias;

– Dec.-Lei n.º 45/94, de 22/02 (alterado pelo D.L. n.º 166/97, de 2/07), que regula o processo de planeamento de recursos hídricos e a elaboração e aprovação dos planos de recursos hídricos;

– Dec.-Lei n.º 46/94, de 22/02 (alterado pelo D.L. n.º 234/98, de 22/07), que estabelece o regime de utilização do domínio público hídrico, sob jurisdição do Instituto da Água (INAG);

– Portaria n.º 632/94, de 15/07/94, que classifica como águas destinadas a rega as águas superficiais e subterrâneas existentes nas áreas de reserva agrícola nacional (RAN) ou com estas confinantes;

– Dec.-Lei n.º 319/95, de 20/11, que transpõe para a ordem jurídica interna as directivas 91/156/CEE de 18/03 e 91/689/CEE, de 12/09;

– Dec.-Lei n.º 156/98, de 6/06, que estabelece as regras relativas ao reconhecimento de águas minerais naturais e as características e condições a observar nos tratamentos, rotulagem e comercialização;

– Dec.-Lei n.º 236/98, de 1/08 (alterado pelos D.L. n.ºs 52/99, de 20/02; 56/99, de 26/02; 421/99, de 22/10), que estabelece normas, critérios e objectivos de qualidade com a finalidade de proteger o meio aquático e melhorar a qualidade das águas em função dos seus principais usos, definindo os requisitos a observar na utilização das águas para os seguintes fins: águas para consumo humano, águas para suporte da vida aquícola, águas balneares e águas de rega; assim como as normas de descarga das águas residuais na água e no solo. Atribui competências a diversas entidades relativa e especificamente a cada um daqueles domínios, no atinente ao licenciamento, inspecção, fiscalização, vigilância e classificação e inventário das águas;

– Portaria n.º 1220/2000, de 29/12, que estabelece as regras relativas às condições a que as águas minerais naturais e as águas de nascente na captação, devem obedecer para serem consideradas bacteriologicamente próprias;

– Dec.-Lei n.º 268/2002, de 27/11, que altera o D.L. n.º 156/98, de 6/06.

NO ACTUAL CÓDIGO CIVIL

VI – As águas tomam a designação de *públicas* e *particulares* embora o Código, apenas, regule as segundas.

De forma genérica, à contrário, pode dizer-se que públicas são as águas excluídas da enumeração do artigo 1386.°, bem como os elementos conexos referidos no artigo 1387.°.

Numa enunciação positiva é possível formular os seguintes domínios hídricos públicos:

A) *Domínio marítimo:*

1. As águas territoriais com os seus leitos e os fundos marinhos contíguos([7]);

2. As águas do mar interiores, com os seus leitos e margens (art. l.°, n.° 1, da Lei das Águas e D.L. n.° 468/71, arts. l.°, 2.°, 3.° e 5.°).

3. As demais águas sujeitas à influências das marés, nos rios, lagos e lagoas com os seus leitos e margens até aos limites interiores fixados pelo quadro n.° 1, do D.L. n.° 265/72, de 31/7 (art. 1.°, n.ºs 1 e 2, da Lei das Águas e arts. 2.°, 3.° e 5.°, do D.L. n.° 468/71, de 5/11).

B) *Domínio fluvial:*

1. Os cursos de água navegáveis ou flutuáveis, com os seus leitos e margens, para montante dos limites interiores fixados pelo quadro n.° 1, do D.L. n.° 265/72, de 31/7 (art. 10.°, n.° 2, da Lei das Águas e arts. 2.°, 3.° e 5.°, do D.L. n.° 468/71 e 84.°, n.° 1, al. *a*), da C.R.P.).

2. Os cursos de água não navegáveis nem flutuáveis que, por decreto especial, forem reconhecidos de utilidade pública para produção de energia eléctrica ou irrigação (Constituição de 1933, art. 49.°, n.° 3)([8]).

3. Os leitos e margens dos cursos de água não navegáveis nem flutuáveis nos troços em que atravessarem terrenos públicos (art. 1.°, n.° 3, da Lei das Águas e art. 5.°, do D.L. n.° 468/71).

([7]) *Comentário à lei dos terrenos do domínio hídrico,* de FREITAS DO AMARAL e PEDRO FERNANDES, págs. 59 e 60. Ver ainda art. 84.°, n.° 1, al. *a*), da C.R.P..

([8]) Uma vez que a Revisão Constitucional de 1982 não toca no assunto, deve reconhecer-se estável a estatuição da Constituição de 1933. Neste sentido, F. DO AMARAL *ob. cit.,* pág. 37 e segs..

29   *Propriedades das águas – art. 1385.°*

C) *Domínio lacustre (v. também art. 84.°, n.° 1, al. a), da C.R.P.):*

1. Os lagos e lagoas navegáveis ou flutuáveis que não se situem dentro de um prédio particular, com os seus leitos e margens (art. 1.° n.° 4, da Lei das Águas).

2. Os lagos e lagoas que, situando-se, embora, dentro de um prédio particular sejam alimentados por corrente pública com seus leitos e margens (art. 2.°, n.° 2, à contrário, da Lei das Águas).

3. Os lagos e lagoas não navegáveis nem flutuáveis que, por decreto especial, forem reconhecidos de utilidade pública para produção de energia eléctrica e irrigação (art. 49.°, n.° 3, da Constituição de 1933).

4. Os lagos e lagoas não navegáveis formados em terrenos públicos (art. 1.°, n.° 4, da Lei das Águas).

5. Os lagos e lagoas não navegáveis nem flutuáveis circundados por prédios particulares (art. 1.°, n.° 4, da Lei das Águas).

D) *Outros:*

1. Os canais e valas navegáveis ou flutuáveis, com os respectivos leitos e margens (art. 1.°, n.° 2, da Lei das Águas e art. 84.°, n.° 1, al. *a*), da C.R.P.).

2. As valas abertas pelo Estado com os respectivos leitos e margens (Constituição de 1933, art. 49.°, n.° 4).

3. Os pântanos formados pela natureza pública em terrenos públicos (art. 10.°, n.° 4, da Lei das Águas).

4. Os pântanos circundados por diversos prédios particulares (art. 10.°, n.° 4, da Lei das Águas).

5. As águas que brotam em terrenos públicos municipais ou de freguesia (art. 10.°, n.° 5, da Lei das Águas).

6. As águas pluviais caídas em terrenos públicos, municipais ou de freguesia (art. 10.°, n.° 5, da Lei das Águas).

7. As águas que correrem em terrenos públicos, municipais ou de freguesia (art. 10.°, n.° 5, da Lei das Águas).

8. As águas subterrâneas existentes em terrenos públicos, municipais ou de freguesia (art. 10.°, n.° 5, da Lei das Águas).

9. As águas de fontes públicas (art. 1.°, n.° 6, da Lei das Águas).

10. As águas dos poços e reservatórios construídos à custa dos concelhos e freguesias (art. 1.°, n.° 6, da Lei das Águas).

11. As águas provindas de prédios particulares, do Estado ou dos corpos administrativos, logo que transponham, abandonadas, os limites dos respectivos

As águas no Código Civil   30

prédios ou forem lançar-se no mar ou em outras águas públicas (art. 1.°, n.° 7, da Lei das Águas).

12. As nascentes de águas minero-medicinais (art. 84.°, n.° 1, al. *c*), da C.R.P.), os recursos hidrominerais formados pelas águas minerais naturais e minero-industriais (arts. 1.°, n.° 2 e 3.° do D.L. n.° 90/90, de 16/03).

Trabalhos preparatórios

5. A redacção deste artigo 1385.° corresponde, praticamente, ao teor do art. 86.° do anteprojecto, da autoria de Pires de Lima, sem grandes alterações posteriores, quando das 1.ª e 3.ª revisões ministeriais[9].

Observações

6. Generalidades – Com a publicação do Código de 1966 fica definitivamente abolida a categoria de águas comuns, vontade legislativa que se havia, já, manifestado com a publicação da Lei das Águas.

Eram águas com um regime jurídico especial, quanto ao seu fim: o seu uso era facultado aos moradores de uma determinada circunscrição territorial. Naturalmente, sendo esse o seu destino, estava vedada qualquer chance de apropriação individual. Não se podia atribuir o direito de livre disposição sobre uma coisa afecta a um uso geral e comunitário[10].

Mas o problema não era pacífico, sobretudo quando em análise comparativa com o regime do leito ou álveo das correntes não navegáveis nem flutuáveis, cuja propriedade se atribuía aos donos dos prédios por elas banhados ou atravessados (art. 3.°, § 2.°, da Lei das Águas). Dir-se-ia haver contradição nos termos postos: por um lado, era particular o leito; por outro, a água era comum[11].

Para obviar a essa dificuldade, como outras, e porque o problema, mais do que em sede de propriedade comunal, se tinha que situar ao nível da compropriedade, o legislador optou por uma classificação bipartida das águas.

Classificação que, no entanto, não teve a correlativa integração no Código, porquanto se remeteu para leis especiais avulsas o tratamento do regime jurídico

---

[9] Ver *B.M.J.* n.° 123, pág. 261.

[10] Sobre águas minero-medicinais vide o Dec. n.° 15 401, de 17/4/4/28; D.L. n.° 29 167, de 22/11/38; D.L. n.° 32 251, de 9/9/1942 e D.L. n.° 48 440, de 21/6/68.

[11] GUILHERME MOREIRA, *ob. cit.*, pág. 80, livro I.

das águas públicas. Foi-se, assim, contra o espírito do legislador de 1919 (Lei das Águas) que, logo no seu preâmbulo, se apressava a justificar o tratamento conjunto de ambos os regimes com o argumento da vantagem na sistematização de todas as disposições aplicáveis ao uso das águas, tendo em conta a «diversidade das condições naturais em que se apresentam as águas terrestres», a «multiplicidade e interdependência das suas aplicações» e a «variação do regime legal a que estão sujeitas».

Havia que decidir entre uma das hipóteses: relegar para diploma especial a abordagem conjunta de ambos os regimes ou incluir, apenas, no Código o regime das águas particulares, ficando para diploma avulso o das águas públicas.

Crê-se que, apesar de uma maior complexidade sistemática resultante da proliferação de leis, bem andou o legislador de 1966 em tratar em lugares distintos cada um dos institutos, por diferentes serem as suas implicações e reflexos. E, assim, não deixou de incluir no Código o regime jurídico das águas particulares, com o que, afinal, se observou o tratamento integrado das questões ligadas ao direito privado, dada a sua especial correlação com o direito de propriedade. Neste espírito, também não deixou de excluir do diploma o regime das águas públicas, relacionado que está com o domínio do direito público.

Podemos, por conseguinte, formular a seguinte conclusão:

No que tange às águas particulares, valem as disposições próprias do Código Civil; no que concerne às águas públicas, permanecem válidas, regra geral, as normas da Lei das Águas, com as alterações posteriores relativas a concessões e aproveitamentos([12]), além dos comandos legais vertidos no Decreto-Lei n.º 468/71, de 5/11 e noutros diplomas avulsos([13]).

7. Baldios – susceptibilidade de apropriação particular das suas águas – A natureza jurídica dos baldios foi, ao longo do tempo, sofrendo no nosso direito larga evolução com reflexos diferentes, consoante o período em que se localize a mutação.

I – No domínio temporal do Código Civil de 1867, apesar de eles serem considerados coisas comuns (art. 381.º) e não obstante o disposto nos artigos 372.º e 479.º, doutrinadores havia que se pronunciavam pela possibilidade de se poderem adquirir por prescrição([14]), no que foram seguidos, sem grande contes-

---

([12]) Ver *supra* n.º 4-IV e 4-V.

([13]) Ver *supra* n.º 4-V e 4-VI.

([14]) MARCELLO CAETANO, in *Manual de Direito Administrativo,* II, 4.ª ed., pág. 209 e CUNHA GONÇALVES, in *Comentário ao Código Civil*, III, pág. 146.

tação, pela jurisprudência([15]). Posição que, de resto, o Código Administrativo viria a acolher no § único do artigo 388.°, preceito a que se chegou a atribuir natureza meramente interpretativa e não inovadora, logo, possível de aplicação retroactiva, segundo o artigo 8.°, do Código Civil, então vigente([16]).

Dir-se-ia, então, que, ao tempo, todas as águas baldias seriam prescritíveis.

Mas não. A conclusão é apressada demais. Segundo o artigo 438.° aplicável «ex-vi» do artigo 444.° e § único do Código Civil, a propriedade das *águas das nascentes* neles existentes não podia ser adquirida a esse título. Sendo assim, só através das forças da usucapião, mediante os correspondentes actos de posse com uma duração de, pelo menos 30 anos anteriores à data da promulgação do Código Civil de 1867, poderiam ser individualmente apropriadas([17]).

Quanto às águas subterrâneas, já a prescrição poderia funcionar perfeitamente([18]).

II – Com a publicação da Lei das Águas (dec. n.° 5 787-IIII, de 10/5/19) o problema muda um pouco de feição, no sentido da sua simplificação, na medida em que se extinguiu a categoria de águas comuns (as que se enumeravam no artigo 381.°, n.° 2, do Código Civil de 1867 e no Decreto n.° 8, de 1 de Dezembro de 1892).

As águas passaram a classificar-se em *públicas e particulares*, conforme o domínio (artigos 1.° e 2.°), atribuindo-se a natureza pública às águas «nativas que brotarem em terrenos públicos, municipais ou de freguesia, as águas pluviais que nele caírem, as que correrem abandonadas, e as águas subterrâneas que nos mesmos prédios existam».

Ora, enquanto bens de domínio público, é obvio que quaisquer actos de posse circunscritos a partir desse limite remporal não podem conduzir a apropriação individual, por qualquer título ou forma([19]).

III – Em face do Código Civil de 1966, mantido na linha de eliminação da categoria de coisas comuns, a doutrina postulava a tese segundo a qual os baldios

---

([15]) Ac. da R.C., de 11/10/60, in *Jur. Rel.,* ano 6.°, tomo IV, pág. 931 e Ac. do S.T.J., de 13/11/31, in *R.L.J.,* ano 64.°, pág. 266.

([16]) Ac. da R.L., de 13/1/53, in *B.M.J.,* n.° 39, pág. 156.

([17]) Ac. da R.P., de 3/11/81, in *C.J.,* 81, tomo V, pág. 243.

([18]) PIRES DE LIMA, in *Rev. Leg. Jur.,* ano 79.°, pág. 72; FERNANDO RAMOS DA PAULA COELHO, in *Da propriedade das Águas,* ed. de 1939, págs. 49 e 50 e Ac. do S.T.J., de 27/4/34, in *Rev. Leg. Jur.,* ano 67.°, pág. 72.

([19]) DIOGO FREITAS DO AMARAL, in *A utilizacão do Direito Público pelos particulares,* Lisboa, 1965, pág. 192; PIRES DE LIMA e A. VARELA, in *Cod. Civ. anot.,* III, pág. 4; CUNHA GONÇALVES, in *Tratado de Direito Civil,* III, pág. 526 e segs.; OLIVEIRA ASCENÇÃO, in *Direitos Reais,* pág. 339, ano 1971.

eram bens particulares das autarquias, da circunscrição administrativa local, embora sujeitos à afectação da utilização tradicional pelos seus moradores[20].

Com a publicação do D.L. n.º 39/76, de 19/1, os baldios assumem, de novo, a natureza de terrenos comunitários, «do povo», na linguagem comum. Os moradores de determinado núcleo habitacional usam e fruem-nos, segundo tradições antigas e de harmonia com as necessidades locais, sem determinação de quota ideal[21].

Com o regime assim estabelecido, regressa-se ao sistema de propriedade comunal que, porque fora do comércio jurídico, não consente, no todo ou em parte (água, por exemplo, enquanto elemento integrante) nenhuma hipótese de apropriação privada, por qualquer forma ou título, incluindo a usucapião[22].

O regime dos baldios, posteriormente, passou a constar da Lei n.º 68/93, de 4/09 (Lei dos Baldios), a qual viria a sofrer alterações introduzidas pela Lei n.º 89/97, de 30/07.

Ora, independentemente da natureza jurídica que actualmente se lhes reconheça, não parece haver lugar a dúvidas que as águas deles nativas são públicas – por contraponto às particulares – no quadro dual da natureza que a Lei das Águas (art. 5.º, n.º 1) e o Código Civil (art. 1385.º) unicamente consentem[23].

8. JURISPRUDÊNCIA

1. «Os baldios não são bens patrimoniais das corporações a que pertencem, não carecem por isso de estar debaixo da administração daquelas, sendo aproveitados para o corte de lenha e pastagem dos gados directamente pelos vizinhos.

Pode pela posse e prescrição não só adquirir-se baldio, mas também extinguir-se em parte ou totalmente.

A prova da posse de ano, em condições de ser manutenível é suficiente para a procedência de embargo ao arrolamento» – (Ac. do S.T.J., de 13/11/31, in *R.L.J.,* ano 64.º, pág. 266).

2. «Só por escritura ou auto público podem ser alienadas as águas das fontes e nascentes, nos termos do § único do art. 444.º do Código Civil combinado

---

[20] Marcello Caetano, in *ob. cit.,* II, pág. 946 e segs. e Rogério Herardt Soares, in *Revista de Direito e Estudos Sociais,* XIV, pág. 259 e segs..

[21] Rogério H. Soares, *ob. cit.,* pág. 285.

[22] Pires de Lima e A. Varela, in *Cod. Civ. anot.,* III, pág. 4.

[23] Neste sentido, M. Tavarela Lobo, *ob. cit.,* I, pág. 71.

As águas no Código Civil 34

com o artigo 439.° do mesmo Código. Mas por fontes e nascentes devem entender-se as águas vivas que afloram à superfície da terra.

As disposições referidas não se aplicam às águas subterrâneas. Pode, portanto, um indivíduo adquirir, por simples título particular, não só o direito de explorar águas em prédio alheio e de construir aí um aqueduto e presa, mas o direito à própria água descoberta, desde que essa água vem aflorar em propriedade do adquirente, isto é, na extremidade do aqueduto e na presa que ele construiu.

O Supremo Tribunal de Justiça não tem o poder de entrar na apreciação da prova dos autos, mas compete-lhe averiguar se a Relação conheceu dos factos com observância das prescrições legais, porque julgar contra as provas é julgar contra direito e portanto com nulidade» – (Ac. do S.T.J., de 27/4/34, in *R.L.J.*, ano 67.°, pág. 72).

3. «I – Discutiu-se muito, durante largo tempo, se os baldios eram ou não susceptíveis de apropriação e aquisição por prescrição. II – Actualmente, o problema acha-se resolvido pelo § único do art. 388.°, do Código Administrativo, onde expressamente se declara que os «terrenos baldios são prescritíveis». III – O preceito daquele parágrafo é interpretativo e não inovador, sendo, por isso, possível a sua aplicação retroactiva, nos termos do art. 8.° do Código Civil» – (Ac. da R.L., de 13/11/53, in *B.M.J.*, n.° 39, pág. 156).

4. «Os baldios podem ser adquiridos por prescrição» – (Ac. da R.C., de 11/10/60, in *J.R.*, ano 6.°, tomo IV, pág. 931).

5. «I – Pertencem ao domínio público os terrenos situados nos cursos de água sujeitos à acção das marés e até à linha atingida pela preiamar das águas vivas equinociais. II – As praias entraram no domínio público pelo menos a partir de 1864 e nele foram mantidas pelo Cod. de Seabra; e, não se provando que, antes, estivessem no domínio de particulares, irrelevantes são os actos de posse praticados nos últimos 50 anos» – (Ac., do S.T.J., de 24/6/69, in *B.M.J.*, n.° 188, pág. 169).

6. «O único do art. 99.° da Lei das Águas, assim como as regras gerais de usucapião, só são aplicáveis às águas de natureza particular, nestas não se compreendendo as captadas em terrenos baldios» – (Ac. da R.P., de 29/10/69, in *B.M.J.*, n.° 194/285).

7. «I – São públicas as águas nativas que brotam num baldio e as que ali acudirem depois de transporem, abandonadas, os limites de prédios superiores – art. 1.°, n.os 4, 5 e 7 do Dec. n.° 5 787-IIII, de 10/5/19. II – O art. 99.° daquele diploma ressalvou os direitos adquiridos por particulares sobre o uso das águas

públicas desde que a aquisição tivesse por base título justo. III – Desviou-se, porém, a lei das correspondentes regras gerais de usucapião: – exigiu, para ser atendida, que fosse ainda acompanhada da construção de obras no prédio onde existirem as águas, de onde se possa inferir o abandono da parte do primitivo dono do mesmo prédio...» – (Ac. da R.C., de 27/2/74, in *B.M.J.*, n.° 235, pág. 362).

8. «I – São particulares as águas captadas em terreno particular, ainda que as respectivas nascentes sejam alimentadas por infiltrações subterrâneas provenientes de Rios ou outras correntes de águas públicas. II – Pode ser constituída coercivamente a servidão de aqueduto através de terrenos alheios para fins de aproveitamento agrícola, desde que o A. tenha direito à água» – (Ac. da R.C., de 23/10/79, in *C.J.*, 1979, tomo IV, pág. 1111).

9. «I– ...; II – As águas que brotam de baldio, como parte integrante que são dele, têm a mesma natureza jurídica, não podendo, por isso, ser objecto de posse exclusiva por parte de alguns moradores» – (Ac. da R.P., de 27/1/81, in *C.J.*, 1981, tomo I, pág. 151).

10. «I – ...; II – ...; III – As águas nascentes em baldios são susceptíveis de serem apropriadas por usucapião, desde que a sua posse perdurasse já há trinta anos, à data da promulgação do Código Civil de 1867» – (Ac. de R.P. de 3/11/81, in *C.J.*, 1981, tomo V, pág. 243).

11. «I – Não constitui, só por si, prova suficiente para determinar a titularidade de determinadas águas, a declaração feita pelos vendedores, em escritura pública, de que elas lhe pertencem. II – O Decreto n.° 39/76, de 19 de Janeiro ao declarar imprescritíveis os baldios, não atingiu as situações jurídicas já consolidadas na vigência da legislação anterior. III – As águas vertentes são susceptíveis de serem apropriadas por usucapião, desde que a sua posse perdurasse já há trinta anos, à data da promulgação do Código Civil de 1867» – (Ac. da R.P., de 3/11/81, in *C.J.*, 1981, tomo V, pág. 343).

12. «I – ...; II – As águas das fontes públicas são do domínio público e o direito dos cidadãos, à sua utilização, caracteriza-se como direito público não político. III – ...; IV – ...;» – (Ac. da R.L., de 27/1/83 in *C.J.*, 1983, tomo I, pág. 113).

13. «I – ...; II – A expressão «baldio» é um conceito de direito: não é, por isso, bastante a utilização desta palavra para, só por si, se considerarem os baldios como bens inseridos no domínio público; III – ...;» – (Ac. da R.P., de 10/5/84, in *C.J.*, 1984, III, 262).

14. «I – O proprietário de um prédio do qual, há mais de cem anos, corriam águas que abasteciam um velho fontenário destinado ao uso público da população de certo lugar, prédio esse em que ele abriu um poço que fez secar o dito fontenário, tem o dever de repor a situação anterior, ou, se tal não for possível, fornecer para o mesmo uso, e em local apropriado, água equivalente àquela de que o público ficou privado. II – Todavia, não o tendo feito oportunamente, não tinha a Junta de Freguesia o direito de recorrer à acção directa, executando ela a reposição sem autorização daquele, nem de quem de direito, pelo que terá de o indemnizar pelos prejuízos causados, sem prejuízo de dever manter-se em funcionamento o novo fontenário que construíu em lugar do primeiro.» – (Ac. do S.T.J., de 12/04/89, Proc. n.° 077 038).

15. «I – A chamada Lei das Águas – Decreto n.° 5 787, de 10 de Maio de 1919 – considerou como integrando o domínio público fluvial "as correntes de água navegáveis ou flutuáveis", com os respectivos leitos e margens". II – Entende-se por margem, nos termos do art. 3.°, n.° 1, do Decreto-Lei n.° 468/71, de 5 de Novembro, "uma faixa de terreno contígua ou sobranceira à linha que limita o leito das águas". III – "Coisas públicas" são coisas imóveis submetidas por lei ao domínio de uma pessoa de direito público e subtraídas ao comércio jurídico privado em razão da sua primacial utilidade colectiva» – (Ac. do S.T.J., de 19/03/1992, Proc. n.° 080 908).

16. «I – Face ao disposto no artigo 7.°, n.° 4 do Decreto Regulamentar 2/88, de 20 de Janeiro, não são permitidas quaisquer construções em zona reservada de albufeiras de águas públicas; e, de acordo com o artigo 261.° do Regulamento dos Serviços Hidráulicos, não são permitidas sem licença, obras nas margens de um rio. II – Não se verifica o estado de necessidade, previsto no artigo 339.° do Código Civil, quando os interesses defendidos não são superiores aos sacrificados. III – O Estado não excede, e muito menos manifestamente, o fim do direito que lhe permite ordenar a destruição de obras não licenciadas na zona de protecção de uma albufeira de águas públicas, classificada como protegida, por tais obras se não adequarem à defesa ecológica da barragem, ao abastecimento de água às populações e às actividades secundárias naquela funcionando» – (Ac. do S.T.J., de 20/10/92, Proc. n.° 081 873).

17. «I – As águas nativas e subterrâneas dos terrenos baldios são públicas. II – Como bens do domínio público eram, na vigência da Lei das Águas, imprescritíveis (artigos 372.° e 479.° do Código Civil de 1867), continuando a sê-lo no regime do Código Civil actual (artigo 202.° n.° 2). III – A prescrição nos termos do artigo 99.°, parágrafo único, do Decreto 5 787-IIII, de 10 de Maio de 1919, e

do artigo 1390.º n.º 2, do Código Civil vigente, só é aplicável às águas particulares. IV – As escrituras não provam que os vendedores tenham o direito que se arrogam sobre certa água, mas apenas que eles fizeram essa declaração – artigo 371.º n.º 1, do Código Civil» – (Ac. da R.P., de 10/07/95, Proc. n.º 9 550 351).

18. «V – Os baldios não estão incluídos no domínio público, mas sim na categoria de coisas comuns ou comunitárias, objecto de propriedade comunal; encontram-se fora do comércio, tal como as suas partes integrantes, como é o caso das águas nascentes neles existentes. VI – As águas nascentes ou existentes em terreno baldio são do domínio público. VII – As águas do domínio público só passaram ao domínio particular nos casos taxativamente previstos no artigo 1386.º, n.º 1, alíneas *d*), *e*) e *f*), do C.C.» – (Ac. do S.T.J., de 5/06/96, Proc. n.º 088 461).

19. «I – As águas que nascem em terreno baldio, bem como as suas águas subterrâneas, são águas públicas, nos termos do artigo 1.º n.º 5 do Decreto 5 787--IIII, de 10 de Maio de 1919. II – Como bens do domínio público, tais águas eram imprescritíveis na vigência do Decreto 5 787-IIII (artigos 372.º e 479.º do Código Civil de 1867), continuando a sê-lo no regime do Código Civil actual (artigo 202.º n.º 2). III – Decorre do artigo 1386.º n.º 1 do Código Civil de 1966, que as águas originariamente públicas poderiam ter passado a particulares desde que tivessem entrado no domínio privado até 21 de Março de 1868 por pré-ocupação, doação régia ou concessão – alínea *d*); e as águas subterrâneas existentes em terrenos públicos, municipais ou de freguesia, exploradas mediante licença e destinadas a regas e melhoramentos agrícolas – alínea *f*). IV – Porque, no caso, nenhuma destas situações se verifica, as águas em questão, porque nascidas em terreno baldio, são do domínio público, insusceptíveis de aquisição por usucapião» – (Ac. da R.P., de 25/06/2001, Proc. n.º 0 150 848).

20. «I – As águas nascentes ou existentes em terreno baldio são do domínio público. II – O direito privativo à utilização das águas de correntes não navegáveis nem flutuáveis, para irrigação de prédios, ainda que marginais, está dependente de licença ou concessão do órgão que a elas superintende» – (Ac. da R.P., de 7/11/2002, Proc. n.º 0 231 317).

21. «I – São do domínio público as águas que nasçam ou existam nos baldios. II – Não é possível a existência legal de uma servidão de águas sem a existência simultânea do direito à agua, de que a servidão é um simples acessório» – (Ac. da R.P., de 8/07/2004, Proc. n.º 0 433 043).

Artigo 1386.º
(Águas particulares)

1. São particulares:

a) As águas que nascerem em prédio particular e as pluviais que nele caírem, enquanto não transpuserem, abandonadas, os limites do mesmo prédio ou daquele para onde o dono dele as tiver conduzido, e ainda as que, ultrapassando esses limites e correndo por prédios particulares, forem consumidas antes de se lançarem no mar ou em outra água pública;

b) As águas subterrâneas existentes em prédios particulares;

e) Os lagos e lagoas existentes dentro de um prédio particular, quando não sejam alimentados por corrente pública;

d) As águas originariamente públicas que tenham entrado no domínio privado até 21 de Março de 1868, por preocupação, doação régia ou concessão;

e) As águas públicas concedidas perpetuamente para regas ou melhoramentos agrícolas;

f) As águas subterrâneas existentes em terrenos públicos, municipais ou de freguesia, exploradas mediante licença e destinadas a regas ou melhoramentos agrícolas.

2. Não estando fixado o volume das águas referidas nas alíneas *d*), *e*) e *f*) do número anterior, entender-se-á que há direito apenas no caudal necessário para o fim a que as mesmas se destinam.

Trabalhos preparatórios

Anteprojecto
art. 87.º

1. São particulares:

a) *As águas que nascerem em prédio particular e as pluviais que nele caírem, enquanto não transpuserem, abandonadas, os limites do mesmo prédio ou daquele onde são aproveitadas pelo seu dono, se tiverem sido desviadas para outro prédio, ou que, ultrapassando esses limites e correndo por prédios parti-*

culares, são consumidas antes de se lançarem no mar ou em outra água pública. Se, porém, se lançarem no mar ou em outra água pública, deixam de ser particulares apenas passem os limites do prédio onde nascem, caem ou são aproveitadas pelo seu dono;

b) As águas subterrâneas existentes em prédios particulares;

c) Os lagos ou lagoas existentes dentro dum prédio particular, quando não sejam alimentadas por corrente pública;

d) As águas originariamente públicas que tenham entrado no domínio privado até 21 de Março de 1868, por preocupação, doação régia ou concessão;

e) As águas públicas concedidas, perpetuamente para regas ou melhoramentos agrícolas;

f) As águas subterrâneas existentes em terrenos públicos, municipais ou de freguesia, exploradas mediante licença e destinadas a regas ou melhoramento agrícolas.

2. As correntes a que se refere a alínea a) do número anterior não deixam de passar ao domínio público pelo facto de, durante o seu percurso, depois de abandonada a água, brotarem nascentes no seu leito nem pelo decorrerem em parte sem álveo próprio, nem pelo facto de o seu curso se fazer, ora subterraneamente, ora a descoberto, mas somente quando, faltando-lhe um curso regular, as águas se derramem em redes sem direcção fixa ou leito privativo, por toda a superfície dos prédios inferiores.

1.ª revisão min. do anteprojecto
art. 1373.º

1. São particulares:

a) As águas que nasçam em prédio particular e as pluviais que nele caírem, enquanto não transpuserem, abandonadas, os limites do mesmo prédio ou daquele onde são aproveitadas pelo seu dono, se tiverem sido desviadas para ontro prédio, ou que, ultrapassando esses limites e correndo por prédios particulares, são consumidas antes de se lançarem no mar ou em outra água pública. Se, porém, se lançarem no mar ou em outra água pública, deixam de ser aproveitadas pelo dono;

b) As águas subterrâneas existentes em prédios particulares;

c) Os lagos ou lagoas existentes dentro de um prédio particular, quando não sejam alimentados por corrente pública;

d) As águas originariamente públicas que tenham entrado no domínio privado até 21 de Março de 1868, por preocupação, doação régia ou concessão;

As águas no Código Civil 40

e) *As águas públicas concedidas perpetuamente a proprietários ou sindicatos de proprietários, para regas ou melhoramentos agrícolas;*

f) *As águas subterrâneas existentes em terrenos públicos, municipais ou de freguesia, exploradas mediante licença e destinadas a regas ou melhoramentos agrícolas.*

2. *As correntes a que se refere a alínea* a) *do número anterior não deixam de passar ao domínio público pelo facto de, durante o seu percurso, depois de abandonada a água, brotarem nascentes no seu leito, nem por carecerem em parte de álveo próprio, nem pelo facto de o seu curso se fazer, ora subterraneamente, ora a descoberto, mas somente quando, não tendo um curso regular, as águas se derramem em redes sem direcção fixa ou leito privativo, por toda a superfície dos prédios inferiores.*

2.ª revisão min. do anteprojecto
art. 1386.º

1. São particulares:

a) *As águas que nascem em prédio particular, e as pluviais que nele caírem, enquanto não transpuserem, abandonadas, os limites do mesmo prédio ou daquele onde são aproveitadas pelo seu dono; se, porém, ultrapassando esses limites e correndo por prédios particulares, forem consumidas antes de se lançarem no mar ou em outra água pública, continuam a pertencer ao dono onde nascem, caem ou são aproveitadas;*

b) *As águas subterrâneas existentes em prédios particulares;*

c) *Os lagos ou lagoas existentes dentro dum prédio particular, quando não sejam alimentadas por corrente pública;*

d) *As águas originariamente públicas que tenham entrado no domínio privado até 21 de Março de 1868, por preocupação, doação régia ou concessão;*

e) *As águas públicas concedidas perpetuamente para regas ou melhoramentos agrícolas;*

f) *As águas subterrâneas existentes em terrenos públicos, municipais ou de freguesia, exploradas mediante licença e destinadas a regas ou melhoramentos agrícolas.*

2. *Não estando fixado o volume das águas referidas nas alíneas* d), e) *e* f) *do número anterior, entender-se-á que há direito apenas ao caudal necessário para o fim a que as mesmas se destinam.*

Desenvolvimento

Art. 1386.°, n.° 1, al. a)

São particulares as águas que nascerem em prédio particular e as pluviais que nele caírem, enquanto não transpuserem, abandonadas, os limites do mesmo prédio ou daquele para onde o dono dele as tiver conduzido, e ainda as que, ultrapassando esses limites e correndo por prédios particulares, forem consumidas antes de se lançarem no mar ou em outra água pública.

Observações

9. Águas nascidas em prédio particular; abandono – A alínea *a*) em apreço refere-se às nascentes particulares: «As águas que nascerem em prédio particular...», enquanto o art. 1.°, n.ᵒˢ 5, 6 e 7 da Lei das Águas referia-se às nascentes e fontes públicas.

Deve dizer-se que as "águas de nascente" não se integram automaticamente no domínio público do Estado. São as águas subterrâneas naturais que não se integrem no conceito de recursos hidrominerais, desde que na origem se conservem próprias para beber (cfr. arts. 1.°, n.° 3, al. *b*) e 6.° do D.L. n.° 90/90, de 16/03; também, D.L. n.° 84/90, de 16/03).

Quanto à nascente propriamente dita, costuma dizer-se que é o ponto em que a água brota da terra.

Já o Decreto n.° 8, de 1 de Dezembro de 1892 chamava particulares às águas nascidas em prédio particular, ou que por ele corressem, enquanto não ultrapassassem os limites desse prédio ou, ultrapassando-os e correndo ainda por prédios particulares, fossem consumidas antes de se lançarem em alguma água pública.

A Lei das Águas (1919), no seu artigo 2.°, trilhou, também, o mesmo caminho.

Mais tarde, inspirado naqueles diplomas, o artigo 1386.°, do Código Civil de 1966, na alínea em apreço, veio enunciar, também ele, uma regra e uma excepção.

Segundo a regra, as águas nascidas, corridas ou caídas, por virtude das chuvas, em prédio particular são, de igual modo, particulares. Por assim dizer, assumem a mesma natureza dos terrenos onde existam, por deles se considerarem parte integrante.

O desvio à regra começa a desenhar-se a partir do momento em que as águas transpõem os limites do prédio mãe, ou de outro para onde, eventualmente, o seu dono as tiver conduzido.

Neste domínio, o artigo 2.º da Lei das Águas dispunha que as águas seriam particulares desde que localizadas dentro dos limites do prédio privado ou, quando embora fora desses limites e correndo por outros prédios particulares, fossem consumidas antes de se lançarem no mar ou em alguma outra água pública.

A redacção daquele preceito sussitava, porém, equívocos interpretativos, na medida em que a sua letra parecia sugerir a ideia de que, uma vez transpostos os limites do primeiro prédio particular, as águas seriam aproveitadas, no segundo, já a título de águas públicas. Evidentemente, não se aceitava muito bem o não poder o dono do primeiro prédio conduzir as *suas águas* para um *seu* segundo prédio ou em cuja posse, simplesmente, estivesse. Aquela construção teórica conduziria, fatalmente, a este paradoxal resultado: a água, ao primeiro prédio era particular, para num segundo, do mesmo dono, passar a ser pública[24].

Introduziu-se, por isso, no artigo 1386.º a expressão *«ou daquele para onde o dono as tiver conduzido».* Com isto, eliminou-se a dúvida contida no texto primitivo, como veio, ainda, tornar clara a fórmula *«águas que nasçam em prédio particular»,* de nítida aparência em querer referir-se, tão só, às nativas, exclusivas, de um prédio com exclusão daquelas que, para ele forem conduzidas pelo seu proprietário[25].

Aquela condução ou desvio para o outro prédio revela, hoje, por si mesma, uma clara manifestação de vontade em não querer o dono da água perder a sua qualidade de proprietário.

A maior parte das vezes o objectivo final dessa condução confina-se a a um real aproveitamento da água para cujo prédio é destinada. Essa, porém, não é a única prática que o direito quer, seguramente, acautelar. Pode, efectivamente, acontecer que o dono do 1.º prédio (e, logo, também, da água que nele nasça ou caia por virtude das chuvas) não queira que a água, depois de nele aproveitada, prossiga o seu curso normal para o prédio de um vizinho com quem anda inimizado, por exemplo. Por essa razão, desvia-a para um seu segundo prédio. Isto tanto basta para preencher a hipótese legal.

O exemplo apontado serve, perfeitamente, para ilustrar o verdadeiro cerne da livre disposição, paradigma do direito de propriedade sobre as coisas. Enquanto água particular, as pessoas a quem pertence podem dar-lhe o destino que

---

[24] P. LIMA e A. VARELA, *ob. cit.,* III, pág. 262.

[25] «Prédio onde a água nasce, prédio onde existe a fonte ou nascente, são fórmulas que se adoptaram por equívoco manifesto, quando se tinham em mente, não exdusivamente as próprias nascentes, mas também os prédios onde as águas existem por serem para lá derivadas pelo seu proprietário» – *R.L.J.,* ano 79.º, pág. 75.

julgarem mais conveniente, aproveitando-se dela exclusivamente, ainda que no respeito devido às limitações que a lei impõe[26]. Assim é que, qualquer das descritas actuações – desvio para utilização própria ou evitar que um vizinho se aproveite da água – afasta a ideia de abandono.

Importa também referir que no espírito da lei se incluem ainda aqueles casos em que a água é utilizada por terceiro, mesmo sem título, mas com autorização do dono do prédio onde nascem as águas. Nesse caso, a transposição dos limites do prédio onde nasçam ou daquele para onde o dono as tiver conduzido não equivale desde logo a abandono e não transforma em públicas as respectivas águas[27].

Verificado o abandono, vale dizer, o desinteresse absoluto pela sorte ou destino posterior das águas, estas adquirem a natureza pública, desde que venham a alcançar o mar ou qualquer outra água de domínio público (art. 1386.º, n.º 1, al. *a*) – *a contrário* – e art. 1.º, n.º 7, da Lei das Águas). O abandono, nestas condições, preenche, por conseguinte, a *excepção* contida no artigo e alínea em análise, a que, no início fizemos referência.

Mas para a excepção poder ter lugar não é forçoso, como à primeira vista parece dever ser, que *toda* a água atinja *directamente* uma corrente pública. Basta a mera possibilidade de isso vir acontecer, ainda que *indirectamente*[28], segundo padrões de normalidade de circunstâncias[29][30].

10. Águas pluviais – O que acaba de dizer-se vale, por obediência legal, em relação às águas pluviais.

---

[26] G. MOREIRA, *ob. cit.*, I, pág. 488.

[27] Neste sentido PIRES DE LIMA PIRES no *Comentário à Lei das Águas*, de VELOSO DE ALMEIDA, pág. 12, nota; também PIRES DE LIMA e ANTUNES VARELA, in *Código Civil Anotado, III,* pág. 291; M. TAVARELA LOBO, *ob. cit.*, pág. 128.

[28] HENRIQUE MESQUITA, in *Direitos Reais,* ed. 1967, pág. 189.

[29] Ver *supra,* nota 13.

[30] «Pois uma corrente não perde a sua natureza nem pelo facto de, durante o seu percurso, brotarem algumas nascentes no seu leito, nem pelo decorrer numa pequena extensão sem álveo próprio, nem pelo facto do seu curso, ora se fazer subterraneamente, ora a descoberto, mas sim, quando, faltando-lhe um curso regular, as águas se derramem indiferentemente em redes sem direcção fixa ou leito privativo, por toda a superfície dos prédios inferiores» – *R.L.J.,* ano 25.º, pág. 185.

No mesmo sentido, HENRIQUE MESQUITA, in *Direitos Reais*, 1967, pág. 189.

A respeito da quantidade da água que deva atingir o mar ou outra água pública, se a totalidade ou parte dela, ver PIRES DE LIMA no *Comentário cit.*, pág. 12; PIRES DE LIMA e A. VARELA, in *ob. cit.*, III, pág. 292.

Particulares são, por isso, as pluviais enquanto no prédio onde caírem ou noutro para onde o dono as tiver conduzido, a partir daquele, e, bem assim, as que, ultrapassando os limites desses prédios, forem consumidas antes de atingirem uma água pública. Sendo, como são, particulares, os donos dos prédios, por onde correm ou caem, têm sobre elas um direito quase absoluto, podendo livremente usá-las e aproveitá-las, nomeadamente, represando ou armazenando-as. Há, porém, restrições a este direito, que a seu tempo se estudarão.

«As águas pluviais, quando abandonadas pelos donos onde caírem, continuam, como as águas das fontes e nascentes, a ser particulares, desde que não atinjam uma corrente de domínio público (n.° 1, do art. 2.° cit.), m:s :ertencem sempre a esses proprietários que, como se disse, em qualquer momento poderão dar-lhes novo destino, sem que a isso se possam opor os proprietários onerados com o escoamento de águas provenientes de fontes e nascentes e fixada no art. 105.° do decreto»([31]).

Como se vê do texto transcrito, era esta, já, a doutrina extraída da Lei das Águas, sobre o assunto.

Pluviais públicas são as que ultrapassam os limites desses prédios e vão lançar-se ao mar ou em outra água pública.

As gotas de chuva que caem do céu são partículas mais ou menos densas formadas, correspondentemente, por conjuntos de moléculas em maior ou menor quantidade. Enquanto fazem o seu percurso no ar não pertencem a ninguém: serão "res nullius" e com uma indefinição a respeito da natureza móvel ou imóvel, embora nos inclinemos mais para a primeira das hipóteses. Caídas à terra as coisas mudam de feição e tomarão natureza diferente consoante o destino que vierem a ter. Enchido um reservatório de 100 litros com a água da chuva parece não haver lugar a dúvida acerca da sua natureza móvel. Mas, se vier a infiltrar-se num terreno, sumindo-se, para formar o aquífero do subsolo do prédio, adquirirão a natureza deste, enquanto dele elemento integrante.

Esta distinção pode ter algum interesse a propósito da forma de apropriação. Se as águas das chuvas forem consideradas coisas móveis, poderão ser objecto de *ocupação* (art. 1318.° do C.C.). Sendo coisas imóveis, serão passíveis de acessão (art. 1325.° do C.C.).

Cremos, mesmo assim, que independentemente da natureza das águas pluviais, elas só caem nos prédios por *acção da natureza* (art. 1326.°, n.° 1 e 1327.° do C.C.). Logo, cremos que a sua apropriação será por *acessão* a partir do momento em que ela passe a acrescer à coisa (terreno), a ela passa a pertencer.

([31]) Veloso de Almeida, *ob. cit.*, pág. 311 (1.ª ed.) e 352 (2.ª ed.) – nota de Pires de Lima.

11. JURISPRUDÊNCIA

1. «A alienação de parte de um prédio rústico, pelo seu fraccionamento, a qual não abrangeu a água particular que nesse prédio nasce ou corre não abandonada, não impede o seu aproveitamento pelo seu primitivo proprietário ainda que em prédio diferente daquele onde nasce» – (Ac. do S.T.J., de 13/07/82, Proc. n.º 070 155).

2. «I – Por força do disposto no artigo 1386.º, n.º 1, alínea *a*) do Código Civil, as águas que nascerem em prédio particular, transpuserem os limites deste e, correndo por prédios particulares, se lançarem numa água pública, perdem a natureza de águas particulares para se integrarem no domínio público. II – Ainda mesmo que se prove que as águas daquela nascente são dela conduzidas por uma poça com boeiro que dá directamente para um rego e por este seguem a céu aberto, através de outros prédios particulares até se lançarem numa corrente não navegável nem flutuável (água do domínio público) e, percorridos cerca de 50 metros, numa parte dessas águas é encaminhada e utilizada para o prédio dos autores, essa utilização não é já a das águas daquela nascente, mas a de parte das águas públicas da referida corrente, não sendo aplicável a tal situação o artigo 1386.º, n.º 1, alínea *a*), primeira parte do Código Civil. III – É irrelevante para o caso a natureza privada do leito ou álveo dessa corrente não navegável nem flutuável (cfr. artigo 1387.º, n.º 1, alínea *b*) do Código Civil). IV – Não sendo possível adquirir por usucapião águas do domínio público, é irrelevante que, no presente caso, há mais de 50 anos autores e réus e respectivos antecessores venham procedendo conjuntamente a obras de conservação, reparação e limpeza das poças e rego por onde aquelas águas correm antes de atingir aquela corrente e que se dirijam às poças, tapando-as, abrindo-as e encaminhando as águas ao longo do dito rego até se lançarem nessa corrente, tudo à vista de todos, sem oposição, nem interrupção e na crença de exercerem um direito próprio» – (Ac. da R.P., de 21/04/92, Proc. n.º 9 120 715).

3. «I – Sendo particulares as águas que nascem em prédio particular, para que se tornem públicas pelo abandono é necessário que atinjam uma corrente do domínio público ou directamente o mar, sem prejuízo de parte da água poder ser consumida no trajecto, mesmo na totalidade em certas épocas do ano. II – O ónus de alegação e prova dos factos publicizantes de uma água originariamente particular, impeditivos da sua aquisição por usucapião, cabe a quem pretenda prevalecer-se desses factos. III – Não torna as obras equívocas a utilização de depressões naturais no terreno, no percurso entre o local da captação da água e o do seu aproveitamento. IV – As obras, para que revelem a posse, não têm que ser da autoria do possuidor da água» – (Ac. da R.P., de 31/05/94, Proc. n.º 9 340 765).

4. «I – As águas provindas de nascentes localizadas em terreno privado ou das chuvas aí caídas tornam-se públicas a partir dos limites do terreno desde que, abandonadas, atinjam uma corrente de água do domínio público ou o mar. II – São do domínio público as águas que nascem em terreno privado e que, ingressando numa ribeira, desta são utilizadas pelos seus confinantes. III – Tal água não é susceptível de aquisição por usucapião» – (Ac. da R.P., de 29/04/97, Proc. n.º 9 621 306)

5. «I – A nascente de águas, quando não dá origem a uma servidão de águas, está incluída no direito de propriedade e acompanha a venda do respectivo prédio. II – Se em escritura de justificação notarial se atribui ao prédio onde nascem as águas uma identificação registral diferente da dada em anterior escritura em que as águas são mencionadas, não se põe em causa a propriedade da nascente pelo que carece de legitimidade, por falta de interesse em agir, o respectivo proprietário para intentar acção de simples apreciação com o fim de defender tal direito» – (Ac. da R.P., de13/11/97, Proc. n.º 9 730 961).

6. «I – São públicas as águas que nasçam ou caiam em prédios particulares logo que ultrapassem, abandonadas, os limites do prédio (de origem ou outro) onde sejam aproveitadas, como águas particulares, ao abrigo de um direito, e que atinjam directa ou indirectamente o mar. II – O leito das correntes não navegáveis nem flutuáveis assume a natureza, pública ou privada, dos terrenos que atravessam. III – O prédio particular que for atravessado por corrente, não navegável nem flutuável, de águas públicas, está sujeita a servidão administrativa caracterizada por esse atravessamento. IV – São públicas as obras destinadas à disciplina e aproveitamento de águas públicas» – (Ac. da R.P., de 13/04/99, Proc. n.º 9 450 402).

7. «I – Nas águas públicas incluem-se as águas das fontes públicas e as dos poços e reservatórios construídos à custa do concelho e freguesia. II – Não tendo a Autora – Junta de Freguesia – feito qualquer prova de que construiu à sua custa a Fonte..., não pode considerar-se a água como pública. III – Embora se prove que os habitantes das povoações vizinhas têm vindo a usar a água da Fonte... para consumo doméstico, alimentação, higiene e dessedentação de animais há mais de 50 anos, de forma pública, sem oposição de ninguém, sem interrupção temporal, na fé e ânimo de exercerem um direito comum, tal não significa que esses actos correspondem ao exercício de um direito público (tanto pode tratar-se de um direito público, como de uma simples restrição do uso da água pelo proprietário ao abrigo do artigo 1392 do Código Civil)» – (Ac. da R.P., de 8/02/2000, Proc. n.º 9 921 403).

8. «I – As nascentes e as fontes constituem parte integrante do solo onde se acham implantadas mas só na medida e no momento em que a água faz parte do respectivo prédio é que o dono deste poderá fazer da água o uso e disposição que entender, salvas as limitações que a lei determina. II – Essa água não perde a natureza de água particular pelo facto de uma entidade pública, com autorização do dono do prédio, ter construído um fontanário, tanque e respectiva canalização, de modo a terem os moradores de um lugar acesso à água para satisfação das suas necessidades primárias» – (Ac. da R.P., de 14/10/2002, Proc. n.º 0 250 884).

Art. 1386.º n.º 1, al. b)

São particulares as águas subterrâneas existentes em prédios particulares.

Observações

12. Generalidades – A filosofia ínsita neste preceito nunca foi motivo de grandes polémicas.

Todo o subsolo, de que a água é um imediato elemento, é parte integrante do prédio rústico. Trata-se da emanação do princípio de que a propriedade dos solos, salvo restrições limitadas, se afere no sentido da *horizontalidade* ou superfície e da *verticalidade*[32][33].

«Efectivamente não pode contestar-se que aquele que tem a propriedade do solo seja também proprietário de tudo o que está acima e abaixo da superfície...»[34].

Diferentemente do que dispõe a alínea anterior, que se refere às águas "nascidas" em prédio particular, aqui do que se trata é das águas "subterrâneas", isto

---

[32] Princípio que se encontra vertido no artigo 1344.º, do Código Civil actual, em correspondência, aliás, com o que já dispunha o artigo 2288.º, do C.C. de 1867, cuja redacção se transcreve:

– *«O direito de fruição do solo abrange, não só o mesmo solo em toda a profundidade, salvas as disposições da lei em relação a minas, mas também o espaço aéreo correspondente ao mesmo solo, na altura susceptível da ocupação».*

[33] Os limites do subsolo podem ser representados por *«linhas perpendiculares levantadas das extremas dos prédios até à profundidade susceptível de utilização»* – P. LIMA, *ob. cit.*, pág. 105. (4.ª ed.).

[34] GIANZANA, «Teorica della acque private», cit. por G. MOREIRA, *ob. cit.*, pág. 557.

As águas no Código Civil 48

é, as que se ainda se encontram no subsolo, a maior ou menor profundidade, sem terem ainda brotado à superfície através de fontes ou nascentes.

Verdade se diga que, não obstante afloradas à superfície, todas essas águas têm uma imediata origem subterrânea. Mesmo as que acorrem ao solo em terrenos elevados, como em certos cumes de montes, vêm do interior da terra. E é a essas que a disposição alude. As que por córregos, enxurros, torrentes, etc, correm à superfície através de regos, canais ou levadas, por exemplo, ou são águas pluviais, ou de caudais que transbordaram dos seus leitos ou, anteriormente subterrâneas, mas que estão agora a ser aproveitadas por acção do homem na sua actividade de rega, de utilização como força motriz ou qualquer outra.

Para a determinação da natureza destas águas subterrâneas o que conta é a natureza do prédio: serão públicas (art. 1.º, n.º 7, da Lei das Águas) ou particulares (art. 1386.º, n.º 1, al. *b*), do C.C.), consoante seja particular ou público o prédio onde elas se encontrem.

A redacção desta alínea corresponde à do n.º 3, do art. 2.º da Lei das Águas que dispõe serem do domínio particular, "*as águas subterrâneas que nos prédios particulares se encontrem*".

13. JURISPRUDÊNCIA

«São particulares as águas captadas em terreno particular, ainda que as respectivas nascentes sejam alimentadas por infiltrações subterrâneas provenientes de rios ou outras correntes de águas públicas» – (Ac. da R.C., de 23/10/79, in *C.J.*, IV, pág. 1111).

Art. 1386.º, n.º 1, al. c)

São particulares os lagos e lagoas existentes dentro de um prédio particular, quando não sejam alimentados por corrente pública.

Antecedentes históricos

14. Corresponde ao n.º 2, do art. 2.º, da Lei das Águas, cuja redacção é a seguinte:

> «*São do domínio particular:*
> *1.º* ....
> *2.º Os lagos e lagoas existentes dentro de algum prédio particular que não sejam alimentados por corrente pública*».

Observações

15. Alcance do preceito – À contrário, da letra do preceito resulta que, se a água provier de corrente pública, o lago ou lagoa perde a natureza particular, passando a pública.

Manifesta-se, aqui, a ideia de que a diversidade do regime jurídico das águas está preso à relação em que elas se encontram com o solo, independentemente do fim a que se destinam. É inquestionável que naquelas condições tais águas podem estar afectas a um fim público, apesar da especial relação de incorporação com o solo particular que as acolhe e circunda, portanto, apesar da sua natureza particular.

São ainda do domínio público, para além do que se concluiu no primeiro parágrafo:

a) Os lagos e lagoas navegáveis ou flutuáveis (art. 1.°, n.° 2, da Lei das Águas);

b) Os lagos e lagoas formados por acção da natureza em terrenos públicos, municipais e de freguesia e os que sejam circundados por diferentes prédios particulares (art. 1.°, n.° 4, da Lei das Águas).

Deflui da parte final da alínea *b)* acima referida e da sua concatenação com o disposto nos arts. 2.°, n.° 2 da Lei das Águas e 1386.°, n.° 1, al. *c)* do C.C. que se os lagos e lagoas foram circundados por *um único* prédio particular, serão *públicos* se forem alimentados por águas de corrente pública e *particulares*, se fornecidos por águas particulares.

Questão interessante que a este propósito se coloca é a de saber se o prédio único que circunda o lago ou a lagoa alimentados por águas particulares vier a ser fraccionado, dando origem a vários prédios particulares. Passará a público o lago, de acordo com o n.° 4, do art. 1.° da Lei das Águas?

Propendendo para resposta negativa, com apoio em doutrina que cita, opina M. Tavarela Lobo[35].

16. Determinação da natureza; momento – Uma segunda questão que se levanta tem que ver com o momento da determinação da categoria pública ou particular do lago ou lagoa.

A solução que vulgarmente se costuma defender aponta, como marco determinativo da sua natureza, o momento da *formação natural ou artificial do lago ou lagoa.* Segundo esta tese, se estes receptáculos se formarem dentro de um prédio particular, particulares ficarão *sempre,* ainda que esse prédio venha, poste-

---

[35] In *Manual* cit., I, pág. 122/124.

riormente, a fraccionar-se em vários pertencentes a diferentes donos. Perfeitamente possível que, por ocasião da divisão do prédio, os vários donos determinem que a água fique a pertencer a um deles, exclusivamente, a alguns, a todos em comum ou a um terceiro, inclusivé([36]).

Com esta voz, que se acolhe, perde interesse o que sobre o assunto sustentava Cunha Gonçalves para quem, no caso de fraccionamento do prédio, a continuação da natureza particular do lago ou lagoa só seria possível se a respectiva água se mantivesse comum entre os novos proprietários circunvizinhos. Era uma teoria inaceitável, de facto, sem suporte legal.

Art. 1386.°, n.° 1, al. d)

São particulares as águas originariamente públicas que tenham entrado no domínio privado até 21 de Março de 1868, por preocupação, doação régia ou concessão.

Observações

17. Generalidades – O legislador, numa louvável atitude, não deixou de contemplar, na enumeração das águas particulares, as que, originariamente públicas, tenham transitado para o domínio privado até 21 de Março de 1868, último dia de vigência da legislação anterior.

Era, de resto, matéria que o Código de 1867 (art. 438.°) já contemplava, ao ressalvar os direitos adquiridos antes da sua vigência relativamente às águas originariamente públicas, desse modo as reconhecendo como privadas.

Ressalvaram-se, pois, os direitos adquiridos mais importantes, na observância do princípio da não retroactividade da lei e, portanto, da não destruição de situações subjectivas validamente constituídas ao tempo de uma legislação permissiva.

18. Preocupação – Transcrevem-se, a seguir, dois trechos significativos de Guilherme Moreira e Lobão sobre o conceito de preocupação.

«No nosso antigo direito era doutrina corrente que as águas dos rios não navegáveis podiam ocupar-se para as regas ou para motores de moinhos e outras fábricas, desde que se não prejudicasse quem estava na posse anterior de as aproveitar para os mesmos fins, diminuindo a água, se esta não fosse

---

([36]) Pires de Lima, *ob. cit.*, pág. 127.

superabundante, estagnando ou esgotando a corrente com prejuízo dos outros ou prejudicando o susos comuns da povoação.

Quem assim ocupava as águas, fazendo obras no leito do rio ou na margem, ficava tendo o direito de presa ou de derivar da corrente a água enquanto existiam essas obras. Era o que se chamava o direito de preocupação, jus proecupationis, *designação que não foi usada no direito romano»*[37].

Lobão dizia, por seu turno: «*Diz-se ter preocupado aquele que primeiro designou o lugar para a obra, que preparou os materiais para ela, que de alguma maneira lhe deu princípio, que declarou e protestou judicialmente fazê-la, ou ainda extrajudicialmente por alguma convenção ou ajuste. E para preferir a outro basta que a tenha principiado primeiro por alguns ditos modos ou semelhantes, ainda que outro primeiro a conclua». «Mas se dois ocorreram ao mesmo tempo a preocupar as águas do rio público, e não constar qual foi o primeiro, qual deva preferir, variam os DD... É certo porém que este direito de preocupação só tem lugar quando a água preocupada apenas é suficiente ao preocupante; porque sobejando, ou chegando também para outros, cessa no preocupante o direito de impedir o seu uso enquanto lhe não é prejudicial»*[38].

Em suma, podemos definir a preocupação como sendo a aquisição por um particular, antes de qualquer outro (pré-ocupar; ocupar antecipadamente) e até 21 de Março de 1868, das águas de uma corrente não navegável nem flutuável, mediante a construção de obras permanentes de captação e derivação. Assim ocupadas, as águas tornam-se particulares. Essas obras tanto podem consistir numa presa ou açude, como num canal ou engenho de derivação, entre outras.

A partir da 1.ª data que o n.º 1 do art. 8.º do D.L. n.º 468/71 refere, há quem pense que o limite temporal para a apropriação dessas *águas* deva ter sido substituída pela de 31 de Dezembro de 1864. Não cremos que assim seja, já que o preceito citado, nessa parte, apenas estatui a propósito do reconhecimento da propriedade sobre parcelas *dos leitos e margens* (portanto, porções de terreno: cfr. art. 3.º, proémio, da Lei das Águas) das águas do mar ou de quaisquer outras navegáveis ou flutuáveis.

Costuma atribuir-se ao Alvará de 27 de Novembro de 1804 a consagração legislativa do direito de preocupação que o Código Civil de Seabra viria a ressalvar (embora não de forma expressa), enquanto direito adquirido por lei anterior ao tempo da sua promulgação *(art. 438.º)*. Defenderam esta fonte António Assis

---

[37] G. MOREIRA, *ob. cit.*, pág. 107.

[38] Cit. por ARY ALMEIDA COSTA, in *Propriedade das águas das correntes não navegáveis nem flutuáveis*, pág. 4, ed. 1978.

As águas no Código Civil

Teixeira de Magalhães[39], Guilherme Moreira[40] e Pires de Lima[41]. Apesar disso, não faltava quem propugnasse que o termo *lei*, naquele artigo 438.º, não incluía no seu âmbito a preocupação[42][43].

Actualmente, já se vai maioritariamente defendendo que a palavra *lei* mencionada no artigo 438.º citado não foi utilizado em sentido formal, como fonte de direito, mas somente no sentido material, visando simplesmente a preocupação[44].

Por outro lado, a preocupação também podia incidir sobre outras águas públicas navegáveis ou flutuáveis (desde que sem prejuízo para a navegação), fontes e nascentes públicas, águas pluviais que corram em terrenos públicos.

Adquirido assim o direito, podia o seu titular transmiti-lo a outrem, porque o seu objecto era já constituído por uma água particular.

19. Prova de preocupação – Perante a ameaça de caducidade prevista nos artigos 34.º, da Lei das Águas, e 3.º, de Dec. n.º 16 767, de 20 de Abril de 1929[45], só é possível o reconhecimento da preocupação desde que o aproveitamento seja acompanhado de obras permanentes de captação e derivação, construídas até 21 de Março de 1868.

Quer dizer: haverá que fazer-se prova de que a água entrou, efectivamente, no domínio privado mercê desse título. Depois disso, impor-se-á a alegação fáctica que demonstre não ter havido perda do direito adquirido.

Direito que se perdia:

a) Por abandono de quem primeiro deu começo à obra de captação e derivação da água[46];

---

[39] *Das correntes não navegáveis, nem flutuáveis*, pág. 241.

[40] *Ob. cit.*, pág. 112.

[41] *Ob. cit.*, pág. 144 e segs..

[42] ALEXANDRE DE SEABRA, «Da ocupação das águas», in *O direito*, 2.º, pág. 323.

[43] DIAS FERREIRA, *Código Civil Anotado*, 1.º vol., pág. 310.

[44] M. TAVARELA LOBO, *ob. cit.*, I, pág. 353.

[45] O citado artigo 34.º, embora revogado pelo artigo 15.º, do Dec. n.º 16 767, de 20/4/29, transitou, nos seus aspectos mais essenciais para o art. 3.º desse mesmo diploma.

[46] *«Não se diz porém abandonada ainda que alguns dias deixe de trabalhar nela, ou por falta de materiais, ou por alta de obreiros. Eu aconselhava que, se qualquer principiasse as águas do rio público, e suspendesse por muito tempo a obra, outro que quisesse cproveitar-se delas lhe fizesse cominar judicialmente tempo para completar a obra, sob pena de ficar livre outra preocupação»* – LOBÃO, cit. por ARY A. COSTA, *ob. cit.*, pág. 17.

53   *Propriedades das águas – art. 1386.°*

b) Por destruição da obra feita na corrente, de tal modo que a água tivesse recuperado a sua antiga natureza e o dono da obra a desamparasse, ficando ela *pro derelicto* durante um estio([47]).

A destruição, contudo, só conduzirá à perda do direito se ela fôr *total* ou de tal modo consequente que não permita mais o aproveitamento da água. Sendo a destruição parcial e possível a sua reparação, é obvio que, nesta hipótese, o direito perdurará. A análise dos vestígios da edificação (moinho, por exemplo) será, por conseguinte, imprescindível e acudirá à resposta.

Com isto, pretende dizer-se que o mais evidente elemento de prova se cifra na demonstração de existência de obras visíveis com carácter de permanência, tendentes à derivação das águas para determinados fins (rega, lima ou merugem, moagem, etc.).

Esta prova será corroborada ou completada, normalmente, através do recurso à análise documental (datas gravadas na pedra; documentos escritos com referência àquele uso, etc.) e depoimento testemunhal (testemunhos de pessoas idosas portadoras de conhecimentos que lhes tenham sido transmitidos pelos seus antepassados, etc.).

20. Prescrição – O Código de Seabra ressalvava, ainda, o direito adquirido por prescrição, desde que se provasse que à data da sua promulgação já esse direito se havia integrado na esfera jurídica do beneficiário. Mas, como o prazo da prescrição era de trinta anos, tornava-se difícil a sua prova directa testemunhal, se não houvesse documentos antigos bem reveladores. Hoje, porém, o problema está afastado, dado que o Código não a contempla como título aquisitivo de direitos.

21. Doações régias e concessões – Ambas estas fórmulas representam actos formais capazes de transferir o uso das águas.

No que à segunda concerne, pode dizer-se que ela se integra no conceito mais alargado de concessão expressa([48]), que abrange não só a concessão propriamente dita, ou seja, a cedência de coisas públicas, mas ainda toda a manifes-

---

([47]) «*Mas se ninguém neste intavalo ocupou aquele lugar sempre a todo o tempo o primeiro ocupante pode refazer a obra; e como por uma nova préocupação: E quando não possa refazer a obra no primeiro estio, e tema que outro preocupe aquele sítio, deve declarar e protestar que a quer, e cercá-la com paus ou outros sinais distintivos: E tendo justo impedimento para a continuar também lhe aproveita o benefício da restituição in integrum pela cláusula geral*» – Lobão, cit. por Ary A. Costa, *ob. cit.*, pág. 17.

([48]) P. Lima, *ob. cit.*, pág. 156.

tação de vontade (contrato ou disposição de última vontade) com vista à transmissão do direito às águas.

É um título legítimo de aquisição do direito às águas originariamente públicas, através do qual passam para o domínio privado, ressalvado pelo art. 438.º do C.C. de 1867. Por outro lado, o direito a uma água que houvesse sido adquirido por preocupação podia ser transmitido através da concessão. Significa que a concessão podia ser feita pelo rei ou pelos donatários das águas que as tivesse adquirido e, também, pelos preocupantes».

22. Prova da concessão – Para a conservação do direito resultante da concessão era necessário que o concessionário dele se servisse, o tornasse exequível, o mantivesse em prática.

A perda da concessão podia ocorrer na presença de circunstancialismos idênticos aos que determinavam a perda do direito adquirido por preocupação. Entre eles, o abandono das obras antes de concluídas, a ruína total de modo a que as águas e o seu leito recuperassem a sua primitiva natureza, com total desamparo do concessionário.

Uma diferença apenas: enquanto na preocupação o decurso de um estio podia ser determinante, já na concessão o desamparo e a falta de vontade na utilização do direito pressupunham o decurso de um prazo de vinte anos, pelo menos.

Assim, a prova consistirá na exibição do documento comprovativo do direito invocado (concessão) aliada à demonstração da utilização do direito, sem abandono e desamparo.

Sendo concessão *expressa*, de lado fica qualquer hipótese de concessão tácita ou implícita. O que quer dizer que o documento escrito, com esse específico fim, será o meio de prova por eleição. E por outro lado, para a prova da conservação da concessão não pode deixar de se ter presente a demonstração de que nunca a água fora abandonada, quer pelos primitivos concessionários, quer pelos sucessores[49].

O que, apesar de tudo, não afastará (embora com as pressentidas e naturais dificuldades) a confissão prevista no art. 353.º, n.º 1, do Código Civil[50].

23. Continuação; caudal – Quaisquer águas previstas nesta alínea (preocupadas, regiamente doadas e concedidas) devem obedecem a um caudal prefixado. O que significa que nenhum outro, nesse caso, entrará na propriedade par-

---

[49] ARY DE ALMEIDA ELIAS DA COSTA, *Propriedade das águas das correntes não navegáveis nem flutuáveis,* pág. 29.

[50] M. TAVARELA LOBO, *ob. cit.*, pág. 362.

55   *Propriedades das águas – art. 1386.°*

ticular. Se, por acaso não tiver sido fixado na preocupação ou nos respectivos títulos de doação ou concessão, entender-se-á que há apenas direito ao caudal necessário ao fim a que as mesmas se destinavam (cfr. art. 1386.°, n.° 2, do C.C.).

Estas águas são, por outro lado, inseparáveis dos respectivos prédios em que se integrem. De modo que sobre elas não pode haver comércio jurídico autónomo para terceiro prédio (art. 1397.° do C.C.).

24. JURISPRUDENCIA

1. «I – Para que se verifique a aquisição da propriedade das águas por «preocupação» é necessário que esta incida sobre as águas das nascentes e não sobre as águas das correntes que aquelas alimentam. II – A prescrição como meio de aquisição da propriedade é a que se baseia na construção de obras no prédio superior, devendo estas obras ser aparentes e permanentes, não bastando a invocação da oposição não seguida. III – As disposições do Código Civil de 1966 dos arts. 1386.°, n.° 1, al. *a*), 1389.°, 1390.°, n.° 2, e 1391.° são de natureza interpretativa e, assim, de aplicação imediata» – (Ac. da R.C., de 29/1/69, in *J.R.,* 15.°, pág. 230).

2. «I – Têm direito às águas de uma corrente não navegável nem flutuável, adquirido por preocupação e ressalvado pelos arts. 438.° do Código Civil de 1867, 33.° do Decreto n.° 5 787-III e 1386.°, n.° 1, alínea *d*), do Código Civil actual, os proprietários de certos prédios rústicos, uns marginais e outros não, quando se mostre que aqueles, por si e pelos antecessores, ininterruptamente há mais de 150 anos, à vista e com conhecimento de toda a gente e mediante regime estável da sua distribuição entre eles estabelecido, vêm aproveitando a água da referida corrente para rega e lima desses seus prédios, por meio de obras visíveis e aparentes, designadamente uma presa, feita no leito da corrente pelos seus antepassados e por estes e seus sucessores permanentemente mantidas e reparadas para aquele efeito, à vista de toda a gente e sem oposição de quem nisso mostrasse interesse. II – Uma vez adquirido por preocupação o direito às águas, estas tornam-se particulares e como tal passaram a poder ser objecto de negócio jurídico ou de usucapião nos termos gerais. III – Existindo um rêgo térreo que, através de vários prédios conduz a água retida na presa anteriormente referida para os prédios não marginais da corrente, e que, ininterruptamente e há de 150 anos, é utilizado pelos proprietários desses prédios e seus antecessores, à vista e com conhecimento de toda a gente, sem oposição de quem nisso mostrasse interesse, e sempre com a convicção de existir um direito justificativo da condução da água para esses mesmos prédios, constituiu-se por usucapião uma servidão de aqueduto a favor dos

As águas no Código Civil 56

mesmos prédios (arts. 2272.º e 2273.º do Código de 1867 e arts. 1547.º e 1548.º do Código vigente)» – (Ac. do S.T.J., de 29/5/73, in *B.M.J.* n.º 227/159).

3. «Adquirido por preocupação o direito de propriedade sobre águas de corrente não navegável nem flutuável, se o adquirente nunca excedeu no aproveitamento o caudal originariamente utilizado, não implica caducidade, com devolução das mesmas ao domínio público, a alteração da forma de aproveitamento, pois que a lei pretende que tal aproveitamento se faça pelo processo técnico que melhor utilidade sócio-económica lhe confira» – (Ac. da R.C., de 17/3/78, in *C.J.*, 1978, tomo 2.º, pág. 730).

4. «I – A servidão de aqueduto é sempre um acessório do direito à água e, portanto, a sua constituição pressupõe o direito à água conduzida ou a conduzir pelo aqueduto. II – A preocupação, que constitui título legítimo de aquisição de águas públicas no domínio da legislação anterior ao Código Civil de 1867, só é possível reconhecer-se actualmente desde que seja anterior a 21 de Março de 1868 e se revele por obras permanentes de captação e derivação de águas construídas até essa data» – (Ac. da R.P., de 11/4/78, in *C.J.*, 1978, tomo 2.º, pág. 666).

5. «I – A «preocupação» deixou de ser título de apropriação de águas públicas com a entrada em vigor do Cod. Civil de 1867. Porém, continua a manter-se o direito a essas águas quando adquirido por esse modo em data anterior a essa entrada em vigor. II – A «preocupação» consiste na apropriação exclusiva de determinada quantidade de água pública, por meio de obras adequadas, como a presa, aqueduto ou levada, e a sua utilização em determinado prédio ou grupo de prédios. III – Para ser reconhecido o direito às águas de uma corrente não navegável nem flutuável, adquirido, por preocupação, para determinados prédios apenas é necessário articular e provar que anteriormente à vigência do C.C. de 1867 existem obras de captação e derivação dessas águas, feitas no leito ou margens da corrente, para utilização delas nesses prédios onde, desde então, têm sido sempre utilizadas. IV – Não é de excluir a prova de que foi o dono desses prédios quem fez as obras, sendo suficiente que se mostre que estas estão construídas em proveito de tais imóveis. V – O uso e costume de utilização dessas águas por vários utentes, quando todos utilizam a mesma levada, revelam quem foram os seus adquirentes» – (Ac. da R.P., de 27/7/78, in *C.J.*, 1978, pág. 1226).

6. «I – São particulares, entre outras, as águas que nascem em prédio particular. II – É título legítimo de aquisição de águas qualquer meio legítimo de adquirir; mas a usucapião só é atendível se for acompanhada da construção de obras visíveis e permanentes, no prédio onde exista a fonte ou nascente, susceptíveis de revelarem a captação e posse da água nesse prédio. III – Podem constituir-

57   *Propriedades das águas – art. 1386.°*

-se por usucapião as servidões aparentes, ou sejam as que se revelam por sinais visíveis, permanentes e inequívocos. IV – O nome próprio, na posse, presume-se. V – Quem está obrigado a indemnizar deve, em primeira linha, proceder à restauração natural, sempre que possível» – (Sentença do juiz de direito do 3.° juízo cível do Porto, José Pereira de Graça, de 26/II/79, in *Portugal Judiciário,* ano V, págs. 76 a 78).

7. «I – Não constitui, só por si, prova suficiente para determinar a titularidade de determinadas águas, a declaração feita pelos vendedores, em escritura pública, de que elas lhe pertencem. II – O Decreto-Lei n.° 39/76, de 19 de Janeiro, ao declarar imprescritíveis os baldios, não atingiu as situações jurídicas já consolidadas na vigência da legislação anterior. III – As águas nascentes em baldios são susceptíveis de serem apropriadas por usucapião, desde que a sua posse perdurasse já há trinta anos, à data da promulgação do Código Civil de 1867» – (Ac. da R.P., de 3/11/81, in *C.J.,* 1981, tomo 5.°, pág. 244).

8. «I – No domínio do direito anterior ao Código Civil de Seabra, mais precisamente até 21 de Março de 1868, era lícito a qualquer particular, se outro o não tivesse feito antes, apropriar-se para fins agrícolas ou fabris das águas de uma corrente não navegável ou flutuável, mediante a construção de obras permanentes de captação e derivação; a isto chama-se direito de preocupação. II – Na medida dessa apropriação, verificava-se uma desafectação do uso público das águas apropriadas, tornando-se estas particulares, tendo os direitos resultantes da preocupação sido salvaguardados, sucessivamente, pelo Código Civil de Seabra (artigo 438.°), Decreto n.° 5 787-IIII (artigo 33.°) e Código Civil em vigor (artigo 1386.°, n.° 1, alínea *d*)). III – Por isso que, adquirido por preocupação o direito de propriedade sobre determinadas águas, passou tal direito a poder ser alvo de qualquer negócio jurídico translativo daquela ou de usucapião nos termos gerais» – (Ac. do S.T.J., de10/11/88, Proc. n.° 076 431).

9. «II – A água que brota de tal nascente é originariamente pública podendo ser objecto de preocupação – artigo 438.° do Código Civil de 1867, artigo 17.° da Lei das Águas, artigo 1386.° n.° 1 alínea *d*) do Código Civil de 1966. III – As águas públicas por essa via apropriadas passam a revestir a natureza das águas particulares, na medida ou amplitude da preocupação de cada utente» – (Ac. da R.P., de 25/02/93, Proc. n.° 9 250 936).

10. «I – Há dois juízos de princípio nas acções da condenação: um de apreciação – implícito – e outro de condenação – explícito. As duas operações – apreciação e condenação – não gozam de independência: a declaração funciona como meio da condenação. Ao proferir a sentença o juiz começa por exercer uma acti-

As águas no Código Civil   58

vidade declarativa e acaba por emitir uma providência condenatória. II – Uma corrente de água, como tal é um imóvel: tem a sua localização fixa, resultando da integração no solo. III – A linha fundamental definidora das águas privadas pode ser estabelecida da seguinte maneira: a água é particular enquanto se contiver nos limites de um único imóvel e pública no caso contrário. IV – No nosso direito antigo era doutrina corrente que as águas dos rios não navegáveis podiam ocupar-se para as regas ou para motores de moinhos ou outros fabricos e quem as ocupava, fazendo obras no leito do rio ou nas margens, ficava tendo o direito de presa ou de derivar da corrente a água enquanto existiam essas obras. Era o que se chamava o direito de preocupação. V – Esta deixou de ser título de apropriação de águas públicas com a entrada em vigor do Código Civil de 1867. Porém continua a manter-se o direito a essas águas quando adquirido por esse modo em data anterior a essa entrada em vigor. VI – Para ser reconhecido o direito às águas de uma corrente não navegável nem flutuável adquirido por preocupação é necessário articular-se e provar que, desde anteriormente à vigência do Código Civil de 1867, existem obras de captação e derivação dessas águas, feitas no leito ou na margem da corrente para determinados prédios onde, desde então, têm sido sempre utilizadas. VII – Tendo o Código de Seabra entrado em vigor no dia 21/03/1868 e, sendo na altura o prazo de 30 anos necessário para a prescrição aquisitiva ordinária, as aludidas obras de captação, derivação e aproveitamento de águas, já deveriam ter ocorrido, pelo menos em 21/03/1938; as ocupações após essa data não são susceptíveis de usucapião para efeitos de preocupação» – (Ac. da R.P., de 11/01/94, Proc. n.° 9 340 043).

11. «I – A enumeração que o art. 84.°, n.° 1, als. *a*) e *c*) da Constituição da República faz das águas do domínio público não é taxativa. II – São do domínio público as águas nascentes ou existentes em terreno baldio. III – As águas do domínio público só passaram ao domínio particular nos casos taxativamente indicados no art. 1386.°, n.° 1, als. *d*), *e*) e *f*), do Cod. Civil de 1966» – (Ac. do S.T.J., de 5/05/1996, in *C.J.*, 1996, II, 114).

12. «II – A preocupação que constituía título legítimo de aquisição de águas públicas no domínio da legislação anterior ao Código Civil de 1867, só é possível reconhecer-se actualmente, desde que seja anterior a 21 de Março de 1868 e se revele por obras permanentes de captação e derivação de águas construídas até essa data. III – Não tendo os autores direito à água inexiste a invocada servidão de aqueduto sobre o prédio dos réus. Sendo assim, se os réus não pudessem destruir o rego condutor de água, deixariam de ter o direito de pleno gozo sobre o seu prédio. Ao destruí-lo limitaram-se a defender o seu direito, pelo que não actuaram com abuso de direito» – (Ac. da R.P., de 22/09/97, Proc. n.° 9 651 490).

13. «I – Na preocupação, só passa a ser particular a água que, derivada do Rio, em função das obras de captação, entra no prédio a cuja irrigação se destina, e não toda a água pública represada. II – Dada a natureza pública da água represada, podem outros particulares, a montante, adquirir, também por preocupação, as águas represadas, desde que a respectiva captação não prejudique os direitos de terceiro. III – Se a derivação da água do Rio é feita em prédio alheio que o margina, em proveito de outro prédio particular diferente, a presa e o aqueduto da água formam um todo» – (Ac. da R.P., de 04/04/2000, Proc. n.° 9 931 006).

14. «I – Na preocupação, só passa a ser particular a água que, derivada do Rio, em função das obras de captação, entra no prédio a cuja irrigação se destina, e não toda a água pública represada. II – Dada a natureza pública da água represada, podem outros particulares, a montante, adquirir, também por preocupação, as águas represadas, desde que a respectiva captação não prejudique os direitos de terceiro. III – Se a derivação da água do Rio é feita em prédio alheio que o margina, em proveito de outro prédio particular diferente, a presa e o aqueduto da água formam um todo» – (Ac. da R.P. de 4/05/2000, Proc. n.° 9 931 006).

15. «I – Na preocupação, só passa a ser particular a água que, derivada do Rio, em função das obras de captação, entra no prédio a cuja irrigação se destina, e não toda a água pública represada. II – Dada a natureza pública da água represada, podem outros particulares, a montante, adquirir, também por preocupação, as águas represadas, desde que a respectiva captação não prejudique os direitos de terceiro. III – Se a derivação da água do Rio é feita em prédio alheio que o margina, em proveito de outro prédio particular diferente, a presa e o aqueduto da água formam um todo» – (Ac. da R.P., de 15/05/2001, Proc. n.° 0 120 168).

16. «I – As águas que nascem em terreno baldio, bem como as suas águas subterrâneas, são águas públicas, nos termos do artigo 1.° n.° 5 do Decreto 5 787-IIII, de 10 de Maio de 1919. II – Como bens do domínio público, tais águas eram imprescritíveis na vigência do Decreto 5 787-IIII (artigos 372.° e 479.° do Código Civil de 1867), continuando a sê-lo no regime do Código Civil actual (artigo 202.°, n.° 2). III – Decorre do artigo 1386.°, n.° 1 do Código Civil de 1966, que as águas originariamente públicas poderiam ter passado a particulares desde que tivessem entrado no domínio privado até 21 de Março de 1868 por pré-ocupação, doação régia ou concessão – alínea *d*); e as águas subterrâneas existentes em terrenos públicos, municipais ou de freguesia, exploradas mediante licença e destinadas a regas e melhoramentos agrícolas – alínea *f*). IV – Porque, no caso, nenhuma destas situações se verifica, as águas em questão, porque nascidas em terreno baldio, são do domínio público, insusceptíveis de aquisição por usucapião» – (Ac. da R.P., de 25/06/2001, Proc. n.° 0 150 848).

As águas no Código Civil   60

17. «Para haver preocupação de águas de um rio represadas no açude ou das que do açude transvasam pela levada de consortes não era necessário que as obras fossem construídas no próprio terreno público, bastando que ao sair desse terreno a água tenha sido canalizada para irrigação dos prédios ou para fins industriais» – (Ac. do S.T.J., de 5/11/2002, Proc. n.º 02A3352).

18. «I – As águas nascentes ou existentes em terreno baldio são do domínio público. II – O direito privativo à utilização das águas de correntes não navegáveis nem flutuáveis, para irrigação de prédios, ainda que marginais, está dependente de licença ou concessão do órgão público que a elas superintende» – (Ac. da R.P., de 7/11/2002, Proc. n.º 0 231 317).

Art. 1386.º, n.º 1, al. e)

São particulares as águas concedidas perpetuamente para regas ou melhoramentos agrícolas.

Observações

25. Generalidades – As águas públicas têm, em regra, um fim principal que se sobrepõe a qualquer outro. Porém, desde que se não prejudique a finalidade última a que por lei estão destinadas, elas podem ser aproveitadas para outros fins (rega ou melhoramento agrícola).

A entidade competente para a concessão é aquela a quem pertence a administração das águas, logo a Administração Central ou as autarquias locais.

São perpétuas:

As concessões atribuídas a sindicatos formados por dez ou mais agricultores «que mostrem ser proprietários, usufrutuários, enfiteutas ou arrendatários, ao menos por dez anos, de mais de metade dos terrenos abrangidos na área beneficiável pela concessão» (art. 61.º, n.º 2, da Lei das Águas).

Segundo o artigo 65.º da Lei das Águas, o benefício proveniente destas concessões fica incorporado na propriedade.

Perpétuas são ainda:

As concessões feitas a um «Proprietário ou grupo de proprietários que possuam terrenos em situação de beneficiar com o aproveitamento»... para «tirar das correntes, nascentes e outras águas públicas, canal ou levada destinada à rega ou enateiramento, ou para colmatar ou dessalgar as suas terras, sendo inundadas ou salgadas, podendo fazer açude ou represa em qualquer ponto do leito das correntes e estabelecer servidões de travamento e aqueduto sobre prédios alheios

61   *Propriedades das águas – art. 1386.°*

para derivação das águas e devolução das remanescentes» (art. 77.°, da Lei das Águas).

Segundo o artigo 86.°, do mesmo diploma, os direitos emergentes destas condições consideram-se incorporados nos respectivos prédios.

Deve advertir-se que esta concessão perpétua, sendo forma de incorporar as águas na propriedade e, portanto, fonte de constituição de um direito real, não se confunde com a concessão do direito de uso privativo de qualquer parcela dominial de que trata o art. 18.° do D.L. n.° 468/71, já que ali o que se permite é a *utilização* em proveito próprio, durante um determinado período de tempo e em certas condições, de coisa que pertença, e sempre continuará a pertencer, ao domínio público. Inversamente, a concessão perpétua confere a natureza particular às águas que dela foram objecto.

A água perpetuamente concedida, destinada que é a um fim especial de rega e aproveitamento agrícola de certo prédio, fica para sempre a ele ligada. O abandono, por exemplo, determina a sua reversão ao domínio público. Da mesma maneira, a venda da água separada do prédio, porque vai certamente corresponder a um fim diferente daquele que presidiu à concessão, implicará, igualmente, a caducidade do direito e a devolução ao domínio público (art. 1387.°).

Quanto ao caudal ou volume que caem sob a alçada da concessão (também da doação régia e da preocupação) é apenas aquele que esteve na base do fim a que se destinava quando do nascimento do direito (n.° 2, do art. 1386.°).

Art. 1386.°, n.° 1, al. f)

São particulares as águas subterrâneas existentes em terrenos públicos, municipais ou de freguesia, exploradas mediante licença e destinadas a regas ou melhoramentos agrícolas.

Antecedentes históricos

26. A redacção desta alínea inspira-se directamente no artigo 30.° da Lei das Águas (Decreto n.° 5 787-IIII, de 10 de Maio de 1919), cuja redacção é a seguinte:

«*É permitido a todos perfurar minas e abrir poços, ordinários ou artesianos, em terrenos públicos municipais, precedento licença da autoridade ou corporação a quem a administração dos terrenos pertencer.*

§ 1.° *Salvo nos casos de a exploracão poder afectar o público, ou fazer diminuir o caudal ou o volume de fontes e reservatórios destinados a uso público, deve a licença ser concedida.*

As águas no Código Civil   62

§ 2.º *Da concessão ou negação da licença compete recurso para os tribunais do contencioso administrativo, por violação da lei ou ofensa de direitos fundados nas leis e regulamentos da administração».*

Observações

27. Generalidades – A licença concedida para a exploração das águas existentes nos terrenos públicos não tem natureza precária, revogável segundo o livre arbítrio e vontade pessoal de quem a concedeu. As águas exploradas segundo este regime, pelo contrário, entram no domínio particular, ficando o benefício da licença definitivamente incorporado nos prédios a cuja exploração se destinou (art. 31.º, da Lei das Águas).

As águas ficam, para sempre, a partir de então, a fazer parte integrante dos prédios, acompanhando a sorte e destino destes em futuras transmissões. Simplesmente, essa apropriação sempre fica dependente do uso específico que a lei prevê (regas e melhoramentos agrícolas).

E, uma vez que aquela disposição da Lei das Águas não contemplava restrição idêntica à que o Código actual estabelece, em função da qual a apropriação depende do uso específico previsto na alínea *f)* do artigo em apreciação, é fácil concluir que, tornada a água particular, ela pode ser adquirida pelas forças da usucapião, se os respectivos elementos se situarem no tempo, até à entrada em vigor do Código Civil de 1966. Mas, a partir desse marco já isso não é mais possível. A água ficará, para sempre, ligada *a esse prédio* e sujeita a determinado aproveitamento.

A aquisição da água pública nestes moldes não carece de escritura ou documento similar autêntico, pois que a atribuição do direito de propriedade resulta da própria licença, título translativo bastante.

O caudal das águas que por este meio pode ser apropriado é aquele que sirva exclusivamente, e na exacta medida, o fim de rega e aproveitamento agrícola que o interessado pretende dar-lhe. E esse caudal deve estar fixado na licença. Não estando, vale a rega do n.º 2, do presente artigo.

Quanto à perda do direito por caducidade e reversão da respectiva água para o domínio público, ver art. 1397.º infra.

A utilização do domínio hídrico pelos particulares, actualmente, obedece à licença e contrato de concessão, nos termos do art. 5.º do D.L. n.º 46/94, de 22/02.

Art. 1386.°, n.° 2

Não estando fixado o volume das águas referidas nas alíneas *d*), *e*) e *f*) do número anterior, entender-se-á que há direito apenas ao caudal necessário para o fim a que as mesmas se destinam.

Antecetentes históricos

28. Este preceito inspira-se no equivalente dispositivo da Lei das Águas (art. 35.°) que, por seu turno, foi beber ao artigo 209.° do Regulamento de 19 de Dezembro de 1892 a génese para a sua redacção.

É a seguinte a redacção do citado artigo 35.°:

> *«Sempre que nas concessões ou aproveitamentos de águas públicas não estiver fixado o volume da água a utilizar, deve entender-se que há direito apenas à necessária para o fim a que é destinada, e que a sobeja ficou disponível».*

Observações

29. Generalidades – Resulta da norma que só é particular a água que se torna absolutamente necessária ao fim a que se destina. A restante, a que não é utilizada, porque sobeja, fica disponível para o Estado ou autarquias respectivas. Significa, pois, que o volume de água excedentária não perde a característica de água pública inicial. Sendo assim, o beneficiário que da água se servir, sem dela ter real necessidade, fica sujeito às regras aplicáveis à utilização de qualquer água pública, com as implicações e sanções resultantes dessa utilização indevida[51].

Um apontamento mais: as águas a que o n.° 2 faz alusão passam a integrar o domínio total do prédio, porque dele constituem parte integrante, já o dissemos em análise à alinea *f*) do número anterior. Importa, por isso, salientar que a sorte das águas não pode dissociar-se, doravante [52], da dos prédios a que pertencem. Entre o todo e a parte liga-se, por conseguinte, uma ideia de inseparabilidade.

Como consequência, daí emergente, o não poder adquirir-se um direito autónomo sobre aquelas águas[53]. Elas não podem ser objecto de nenhum negó-

---

[51] *R.L.J.,* ano 77.°, pág. 38 e ano 96.°, pág. 26.

[52] Cfr. art. 1397.°, do Código Civil.

[53] Esta doutrina, porém, só a partir da entrada em vigor do Código Civil de 1966 ganha raízes, já que, até então, nenhuma limitação havia, do ponto de vista legislativo.

As águas no Código Civil 64

cio jurídico separadamente. Do mesmo modo, vendido, por exemplo, o prédio, o direito acompanha inelutavelmente a transacção, por se tratar de água originariamente pública. Assim adquirido o direito à água, estabelece-se com o prédio uma duradoura relação objectiva, e não com o dono uma relação subjectiva. A água é atribuída, não ao proprietário, mas ao prédio, ainda que por intermédio daquele, inicialmente.

ARTIGO 1387.º
(Obras para armazenamento ou derivação de águas; leito das correntes não navegáveis nem flutuáveis)

1. São ainda particulares:

a) Os poços, galerias, canais, levadas, aquedutos, reservatórios, albufeiras e demais obras destinadas à captação, derivação ou armazenamento de águas públicas ou particulares;

b) O leito ou álveo das correntes não navetáveis nem flutuáveis que atravessam terrenos particulares.

2. Entende-se por leito ou álveo a porção do terreno que a água cobre sem transbordar para o solo natural, habitualmente enxuto.

3. Quando a corrente passa entre dois prédios, pertence a cada proprietário o tracto compreendido entre a linha marginal e a linha média do leito ou álveo, sem prejuízo do disposto nos artigos 1328.º e seguintes.

4. As faces ou rampas e os capelos dos cômoros, valados, tapadas, muros de terra, alvenaria ou enrocamentos erguidos sobre a superfície natural do solo marginal não pertencem ao leito ou álveo da corrente, mas fazem parte da margem.

Trabalhos preparatórios

Anteprojecto
art. 88.º

1. *São ainda do domínio privado:*

a) *Os poços, galerias, canais, levadas, aquedutos, reservatórios, albufeiras e demais obras destinadas à captação, derivação ou armazenamento de águas públicas ou particulares;*

65   *Propriedades das águas – art. 1387.°*

b) *O leito ou álveo das correntes não navegáveis nem flutuáveis que atravessam terrenos particulares.*

2. *Entende-se por leito ou álveo a porção de superfície de terreno que a água cobre sem transbordar para o solo natural, habitualmente enxuto.*

3. *Quando a corrente passar entre dois prédios pertence a cada proprietário o trato compreendido entre a linha marginal e a linha média do leito ou álveo, sem prejuízo do disposto nos artigos 29.° e seguintes.*

4. *As faces ou rampas e os capelos dos cômoros, erguidos sobre a superfície natural do solo marginal não pertencem ao leito ou álveo da corrente, mas fazem parte da mesma.*

1.ª revisão min. do anteprojecto
art. 1374.°

1. *São ainda do domínio privado:*

a) *Os poços, galerias, canais, levadas, aquedutos, reservatórios, albufeiras e demais obras destinadas à captação, derivação ou armazenamento de águas públicas ou particulares;*

b) *O leito ou álveo das correntes não navegáveis nem flutuáveis que atravessam terrenos particulares.*

2. *Entende-se por leito ou álveo a porção de superfície de terreno que a água cobre sem transbordar para o solo natural, habitualmente enxuto.*

3. *Quando a corrente passa entre dois prédios, pertence a cada proprietário o trato compreendido entre a linha marginal e a linha média do leito ou álveo, sem prejuízo do disposto nos artigos 1315.° e seguintes.*

4. *As faces ou rampas e os capelos dos cômoros, valados, tapadas, muros de terra, alvenaria ou enrocamentos, erguidos sobre a superfície natural do solo marginal não pertencem ao leito ou álveo da corrente, mas fazem parte da margem.*

2.ª revisão min. do anteprojecto
art. 1387.°

1. *São ainda do domínio privado:*

a) *Os poços, galerias, canais, levadas, aquedutos, reservatórios, albufeiras e demais obras destinadas à captação, derivação ou armazenamento de águas públicas ou particulares;*

b) *O leito ou álveo das correntes não navegáveis nem flutuáveis que atravessam terrenos particulares.*

2. *Entende-se por leito ou álveo a porção de superfície de terreno que a água cobre sem transbordar para o solo natural, habitualmente enxuto.*

As águas no Código Civil   66

3. *Quando a corrente passe entre dois prédios, pertence a cada proprietário o trato compreendido entre a linha marginal e a linha média do leito ou álveo, sem prejuízo do disposto nos artigos 1328.º e seguintes.*

4. *As faces ou rampas e os capelos dos cômoros, velados, tapadas, muros de terra, alvenaria ou enrocamentos, erguidos sobre a superfície natural do solo marginal não pertencem ao leito ou álveo da corrente mas fazem parte da margem.*

Desenvolvimento

Art. 1387.º, n.º 1, al. a)

São ainda particulares os poços galerias, canais, levadas, aquedutos, reservatórios, albufeiras e demais obras destinadas à captação, derivação ou armazenamento de águas públicas ou particulares.

Antecedentes históricos

30. Esta alínea reproduz, no essencial, a redacção do n.º 4, do artigo 2.º da Lei das Águas, que a seguir se transcreve:

São do domínio particular os poços, galerias, canais, levadas, aquedutos, reservatórios, albufeiras e demais obras construídas por pessoas singulares ou colectivas para captação, derivação ou armazenamento das águas públicas ou particulares no interesse da agricultura ou da indústria.

Observações

31. Generalidades – Trata-se, aqui, de uma enumeração não exaustiva de obras de captação, derivação ou armazenamento de água que se revelem inequívocas e demonstrativas da respectiva utilização.

Com a redacção consagrada, parte-se do claro pressuposto de que antes da obra já impende a favor do beneficiário um inerente direito à água. Daí que ao legislador não tenha interessado tanto a natureza pública ou particular da água utilizada. Se pública, é porque o utilizador, na sua esfera jurídica, detém o poder de a aproveitar face a um qualquer constituído direito a seu favor *(preocupação, doação, concessão)*. Se particular, porque a construção de tais obras constitui, em si mesma, uma normal prerrogativa do direito de propriedade sobre ela.

67   *Propriedades das águas – art. 1387.°*

É inútil, por isso, determinar qual o objectivo que o dono da obra se propôs realizar, que muito bem pode ser de aproveitamento no interesse da agricultura, da indústria ou qualquer outro.

Importa, finalmente, salientar que a propriedade daquelas obras tanto se pode atribuir a pessoas colectivas, por exemplo autarquias ou outros corpos administrativos, como individuais, desde que das águas sejam donos evidentemente[54].

Embora o preceito o não refira, ele presupõe que as obras tenham sido feitas pelos particulares, mesmo que para captação de águas públicas. De algum modo, para além do n.° 4, do art. 2.° da Lei das Águas, isso também resulta do art. 107.° do mesmo diploma. Serão, pois, obras particulares. Mas, diversamente, se tiverem sido efectuadas pelos entes públicos, para captação, derivação e armazenamento de quaisquer águas, públicas ou particulares, desde que para fins de utilidade pública, já serão públicas as obras em referência.

Quanto às obras a efectuar pelos particulares no caso de mero uso privativo de terrenos do domínio hídrico, o regime é o que emerge do art. 22.° e sgs. do D.L. n.° 468/71.

Quanto ao domínio hídrico sob jurisdição do Instituto da Água, o regime da sua utilização é o que decorre do D.L. n.° 46/94, de 22/02 (alterado pelo D.L. n.° 234/98, de 22/07). Mas, para os efeitos deste D.L. n.° 46/94, não se aplicam as disposições constantes do dos arts. 17.° a 31.°, do D.L. n.° 468/71, por expressamente terem sido derrogadas pelo art. 91.°, n.° 1, al. *q*) daquele.

Art. 1387.°, n.° 1, al. b)

É ainda particular o leito ou álveo das correntes não navegáveis nem flutuáveis que atravessam terrenos particulares.

Antecedentes históricos

32. Reproduz-se, aqui, a solução estabelecida no n.° 5, do artigo 2.° e § 2.°, do artigo 3.°, da Lei das Águas, cuja consagração legislativa, aliás, provinha, já, do Código Civil de Seabra, no artigo 381.°, §§ 3.°, 4.° e 5.°

É a seguinte a redacção das apontadas normas da Lei das Águas:

Art. 2.°, n.° 5 – *É do domínio particular o álveo das correntes não navegáveis nem flutuáveis e bem assim o das águas pluviais que atravessarem ou banharem prédios particulares.*

---

[54] G. Moreira, *ob. cit.*, apêndice, n.° 10.

As águas no Código Civil   68

>Art. 3.º, § 2.º – *O leito ou álveo das correntes não navegáveis nem flutuáveis e o das torrentes de águas pluviais que atravessam um prédio particular ou nele se ajuntam consideram-se pertença do dito prédio.*

Observações

33. Generalidades – Já vimos serem públicas as águas de correntes não navegáveis nem flutuáveis[55]. Por arrastamento, também o leito destas águas é do domínio público nos troços em que atravessam terrenos públicos, municipais ou de freguesia[56].

Da conjugação dos artigos 1.º, n.º 3; 2.º, n.º 5; e 3.º, § 2.º, da Lei das Águas com o teor da alínea em observação resulta a seguinte asserção:

O leito da corrente não navegável nem flutuável[57], adquire a natureza particular sempre que a respectiva água atravesse um prédio particular; perderá a natureza particular, para de novo reassumir a pública, mal transponha esse prédio e volte a correr, uma vez mais, em terreno público.

Art. 1387.º, n.º 2

>Entende-se por leito ou álveo a porção de terreno que a água cobre sem transbordar para o solo natural, habitualmente.

Antecedentes históricos

34. É a transcrição quase fiel da redacção do corpo do artigo 3.º da Lei das Águas, do seguinte teor:

>*Entende-se por leito ou álveo a porção de superfície de terreno que a água cobre sem transbordar para o solo natural, habitualmente enxuto.*

---

[55] Art. 1.º, n.º 3 (1.ª parte), da Lei das Águas: *«São do domínio público as valas e correntes de águas não navegáveis nem flutuáveis,...».*

[56] Art. 1.º, n.º 3 (2.ª parte), da Lei das Águas: *«...bem como os respectivos leitos nos troços em que atravessarem terrenos públicos municipais ou de freguesia».*

[57] À contrário, *não navegável* por não ser, nem poder vir a ser, adequada à navegação, com fins comerciais, de barco de qualquer forma, construção e dimensão; *não flutuável,* por não consentir a derivação de objectos flutuantes com fins comerciais (cfr. art. 8.º, §§ 1.º e 2.º, da Lei das Águas).

Observações

35. Generalidades – Em termos genéricos e simples, o leito é a parte de terreno que se encontra abaixo da linha de água e dentro desta. Mas, sublinhe-se, é imperioso que aquela linha tenha um carácter estável, regra geral permanente, uma vez que na definição se exclui a parte de terreno *habitualmente* enxuta, portanto, a porção de terra que a água normalmente não cobre[58][59].

Na palavra *leito (do latim – lectus)* tinha-se em vista, apenas, a *superfície* em que assentava outro corpo[60]. Dai, a preocupacão do legislador em substituir a terminologia utilizada na Lei das Águas. E a forma mais adequada de o fazer era, e foi, a substituição do termo *superfície* por *terreno,* com o que o conceito de leito passou inevitavelmente a abranger a superfície, como o próprio *subsolo.*

Assim se fez no Código Civil de 1966, tal como na correspondente disposição do artigo 2.º, do Decreto-Lei n.º 468/71, de 5 de Novembro se veio a firmar.

Habitualmente enxuto aponta, como se disse, para o enquadramento de uma situação de carácter estável, duradouro, sem atender, pois, a qualquer alteração temporária e esporádica por razões de ordem natural, como cheias, inundações ou tempestades[61].

36. JURISPRUDÊNCIA

1. «I – Fazem parte do domínio público os terrenos marginais dos rios que ficam submersos pelas marés vivas. II – O art. 2291.º do Código Civil não é de invocar no plano do domínio público marítimo porquanto respeita apenas aos donos dos prédios confinantes com águas pluviais propriamente ditas, isto é, não influenciadas pela acção das marés vivas» – (Ac. do S.T.J., de 5/2/57, in *B.M.J.* n.º 64/494).

---

[58] «Terreno «habitualmente» ou «ordinariamente» enxuto não deve considerar-se, segundo nos aparece, aquele que é atingido pelo colo da máxima preiamar das águas vivas. Embora enxuto durante muito tempo, mais do que alagado, ele não o está *habitualmente*, pois as marés são fenómenos normais que se verificam a hora predeterminada. Habitualmente enxutos estão aqueles terrenos que apenas são atingidos pelas inundações ou pelas cheias» – R.L.J., ano 94.º, pág. 60.

[59] Parecer da P.G.R., de 2/2/39, in *Boletim Oficial*, ano 1.º, pág. 79.

[60] MORAIS, *Grande Dicionário da Língua Portuguesa*.
Sobre a noção de leito, ver art. 2.º do D.L. n.º 468/71 e D. FREITAS DO AMARAL e J. PEDRO FERNANDES, in *Comentário…*, pág. 78/82.

[61] Para uma melhor compreensão do conceito, vide o artigo 2.º, do Dec.-Lei n.º 468/81, de 5/11, embora este diploma apenas vise a regulação do domínio público hídrico.

As águas no Código Civil   70

2. «I – As expressões «habitualmente» ou «ordinariamente» do art. 3.º da Lei das Águas e do § 3.º do art. 380.º do Código Civil referem-se ao regime normal da água não perturbado por circunstâncias ocasionais ou esporádicas. II – O leito das correntes navegáveis ou flutuáveis sujeitas ao regime das marés é determinado em função do fluxo normal da maior amplitude, ou marés vivas, nele se incluindo todo o terreno alcançado pelo colo da máxima preia-mar de águas vivas. III – O regime da água não é restrito ao líquido. Este forma com o leito e as margens um todo autónomo» – (Ac. do S.T.J., de 31/5/60, in *B.M.J.*, n.º 97/359).

3. «I – Quer as Ordenações do Reino quer o Decreto de 13 de Agosto de 1832 so consideravam os próprios rios como coisa do domínio público, não fazendo qualquer referencia as suas margens. II – No direito romano, subsidiário das Ordenações, não faziam parte do leito ou álveo dos rios aqueles terrenos a eles adjacentes que so são atingidos pelas águas quando os rios, por causas excepcionais, transbordam. III – E foi essa tradição romanista que levou o Código Civil de 1867 e o Decreto n.º 5 787-IIII a excluir do leito dos rios aqueles terrenos que as suas águas podem invadir, mas que estão ordinária ou habitualmente enxutos. IV – O Decreto de 2 de Dezembro de 1840 não podia ter o efeito de integrar no domínio público terrenos que, a data da sua publicação, eram propriedade particular, o que equivaleria a um confisco, coisa interdita já então pela nossa ordem jurídica, como se pode deduzir do artigo 23 da Constituição de 1838 e do paragrafo 21 do artigo 145.º da Carta Constitucional» – (Ac. do S.T.J., de 24/06/69, Proc. n.º 062 728).

4. «I – Os prédios marginais das correntes não navegáveis nem flutuáveis têm direito à utilização das respectivas águas para sua irrigação como um poder legal, não subjectivado. II – A servidão de presa e aqueduto pressupõe o direito à água. Este direito pode ser precário e temporário, como os que os arts. 122.º da Lei das Águas e 4.º do Decreto 23 925 conferem» – (Ac. da R.C., de 8/4/80, in *C.J.*, 80, tomo II, pág. 38).

5. «I – O regime das águas públicas ainda hoje é regulado, fundamentalmente, pelo Decreto n.º 5 787-IIII, de 10 de Maio de 1919. II – São do domínio público as águas salgadas das costas, enseadas, baías, portos artificiais, docas, fozes, rios, esteiros e seus respectivos leitos, cais e praias, até onde alcança o colo da máxima praiamar das águas vivas. III – São também do domínio público as valas e correntes das águas não navegáveis nem flutuáveis, bem como os respectivos leitos nos troços em que atravessam terrenos públicos, municipais ou de freguesias. IV – É particular o leito ou álveo das correntes não navegáveis nem flu-

tuáveis quando atravessam terrenos particulares e as respectivas margens. V – Por leito ou álveo entende-se a porção de terreno que a água cobre sem transbordar para o solo natural e habitualmente enxuto. VI – Quando a corrente passa entre dois prédios, pertence a cada proprietário o tracto compreendido entre a linha marginal e a linha média do leito ou álveo, sem prejuízo do disposto nos artigos 1328.° e seguintes do Código Civil. VII – Para que uma coisa seja considerada pública é suficiente o uso directo e imediato pelo público, não se tornando indispensável que ela haja sido apropriada ou produzida por uma pessoa colectiva de direito público e que esta haja praticado actos de administração, jurisdição ou conservação. VIII – O que confere a coisa a sua qualidade de pública e a sua afectação a um fim de utilidade pública. IX – O uso público, directo e imediato, quando imemorial, constitui presunção de dominialidade pública» – (Ac. do S.T.J. de 25/06/87, Proc. n.° 072 818).

6. «VI – As águas do Ribeiro das Forcadas, em Idanha, Freguesia de Belas, Concelho de Sintra, são públicas, mas este tem a natureza de corrente de águas não navegáveis nem flutuáveis, e o seu leito e margens são particulares. VII – Não pertencendo ao domínio público, as obras efectuadas sobre o seu leito e na margem não carecem de licença da Direcção Geral dos Recursos e Aproveitamentos Hídricos. VIII – Da conjugação dos artigos 124.° da Lei das Águas e 14.° do Decreto n.° 12 445, de 1926/10/08, não resulta uma servidão *"non aedificandi"* mas uma servidão de sujeição à fiscalização dos Serviços Hidráulicos. IX – O artigo 5.° n.° 2 do Decreto-Lei n.° 468/71, de 5/11, não estabelece, ele próprio, qualquer servidão administrativa e as situações contempladas no seu artigo 12.° dizem somente respeito às parcelas privadas de leitos e margens públicas. X – Por força do princípio da aquisição processual, todos os elementos materiais relevantes, sejam as alegações de facto, sejam as provas produzidas, se tornam adquiridas para o processo, ainda que desfavoráveis para a parte que os produziu, sem prejuízo de regras que os imponha, para relevarem, serem produzidos por certo interessado» – (Ac. da R.L., de 27/02/92, Proc. n.° 0 045 792).

7. «I – Por força do disposto no artigo 1386.°, n.° 1, alínea *a*) do Código Civil, as águas que nascerem em prédio particular, transpuserem os limites deste e, correndo por prédios particulares, se lançarem numa água pública, perdem a natureza de águas particulares para se integrarem no domínio público. II – Ainda mesmo que se prove que as águas daquela nascente são dela conduzidas por uma poça com boeiro que dá directamente para um rego e por este seguem a céu aberto, através de outros prédios particulares até se lançarem numa corrente não navegável nem flutuável (água do domínio público) e, percorridos cerca de 50 metros, numa parte dessas águas é encaminhada e utilizada para o prédio dos

As águas no Código Civil 72

autores, essa utilização não é já a das águas daquela nascente, mas a de parte das águas públicas da referida corrente, não sendo aplicável a tal situação o artigo 1386.°, n.° 1, alínea *a*), primeira parte do Código Civil. III – É irrelevante para o caso a natureza privada do leito ou álveo dessa corrente não navegável nem flutuável (cfr. artigo 1387.°, n.° 1, alínea *b*) do Código Civil). IV – Não sendo possível adquirir por usucapião águas do domínio público, é irrelevante que, no presente caso, há mais de 50 anos autores e réus e respectivos antecessores venham procedendo conjuntamente a obras de conservação, reparação e limpeza das poças e rego por onde aquelas águas correm antes de atingir aquela corrente e que se dirijam às poças, tapando-as, abrindo-as e encaminhando as águas ao longo do dito rego até se lançarem nessa corrente, tudo à vista de todos, sem oposição, nem interrupção e na crença de exercerem um direito próprio» – (Ac. da R.P., de 21/04/92, Proc. n.° 9 120 715).

8. «I – Por força do disposto no artigo 1386.°, n.° 1, alínea *a*) do Código Civil, as águas que nascerem em prédio particular, transpuserem os limites deste e, correndo por prédios particulares, se lançarem numa água pública, perdem a natureza de águas particulares para se integrarem no domínio público. II – Ainda mesmo que se prove que as águas daquela nascente são dela conduzidas por uma poça com boeiro que dá directamente para um rego e por este seguem a céu aberto, através de outros prédios particulares até se lançarem numa corrente não navegável nem flutuável (água do domínio público) e, percorridos cerca de 50 metros, numa parte dessas águas é encaminhada e utilizada para o prédio dos autores, essa utilização não é já a das águas daquela nascente, mas a de parte das águas públicas da referida corrente, não sendo aplicável a tal situação o artigo 1386.°, n.° 1, alínea *a*), primeira parte do Código Civil. III – É irrelevante para o caso a natureza privada do leito ou álveo dessa corrente não navegável nem flutuável (cfr. artigo 1387.°, n.° 1, alínea *b*) do Código Civil). IV – Não sendo possível adquirir por usucapião águas do domínio público, é irrelevante que, no presente caso, há mais de 50 anos autores e réus e respectivos antecessores venham procedendo conjuntamente a obras de conservação, reparação e limpeza das poças e rego por onde aquelas águas correm antes de atingir aquela corrente e que se dirijam às poças, tapando-as, abrindo-as e encaminhando as águas ao longo do dito rego até se lançarem nessa corrente, tudo à vista de todos, sem oposição, nem interrupção e na crença de exercerem um direito próprio» – (Ac. da R.P., de 21/04/2002, Proc. n.° 9 120 715).

9. «I – São públicos os caminhos que, desde tempos imemoriais, estão no uso directo e imediato do público e os que constituem propriedade de entidades de direito público, afectos ao uso público. II – A distinção entre caminho público

e atravessadouro é a seguinte: caminho público importa a consciência de que está a servir-se e a exercer um direito incontestável, reconhecido à generalidade dos cidadãos; atravessadouro há a consciência de que se está a utilizar uma coisa particular, com base em simples tolerância ou ignorância do proprietário, são simples carreiros, sendas ou atalhos, em função de caminhos públicos, de forma a evitar curvas ou outros acidentes, encurtarem distâncias e quando se verificam em terra arável, o seu leito é desmanchado pela charrua no seu cultivo, reaparecendo com a passagem dos atalhantes, sendo de leito naturalmente estreito e só dá passagem a pessoas e, quando muito, a animais soltos. III – Ora, no caso dos autos, tendo a Ré provado que o espaço existente no terreno da Autora termina na margem do ribeiro sendo utilizado pela população sem oposição, à vista de todos, há pelo menos 50 anos, sem interrupção, de forma pacífica, na convicção de que se trata de um caminho e de que exercem um direito próprio. IV – Tal população criou um caminho de "pé posto" para encurtar distâncias, atravessando o mencionado ribeiro através de uma laje em pedra, sendo um carreiro feito à custa de passagens referidas a pé, tratando-se, por isso, de um atravessadouro, extinto. V – Assim, a ocupação do terreno para obras da ponte ofende o direito de propriedade da Autora, sendo até particular o leito ou álveo do ribeiro, corrente não navegável, nem flutuável. VI – A Ré pode e deve cumprir os seus deveres, mas sem invadir a propriedade alheia, pois a nossa Constituição garante o direito e propriedade exclusivo» – (Ac. do S.T.J., de 21/03/95, Proc. n.º 087 599).

10. «I – São públicas as águas que nasçam ou caiam em prédios particulares logo que ultrapassem, abandonadas, os limites do prédio (de origem ou outro) onde sejam aproveitadas, como águas particulares, ao abrigo de um direito, e que atinjam directa ou indirectamente o mar. II – O leito das correntes não naveg-áveis nem flutuáveis assume a natureza, pública ou privada, dos terrenos que atravessam. III – O prédio particular que for atravessado por corrente, não nave-gável nem flutuável, de águas públicas, está sujeita a servidão administrativa caracterizada por esse atravessamento. IV – São públicas as obras destinadas à disciplina e aproveitamento de águas públicas» – (Ac. da R.P., de 13/04/99, Proc. n.º 9 450 402).

Art. 1387.º, n.º 3

Quando a corrente passa entre dois prédios, pertence a cada proprietário o tracto compreendido entre a linha marginal e a linha média do leito ou álveo, sem prejuízo do disposto nos artigos 1328.º e seguintes.

Antecedentes históricos

37. Corresponde, sem alterações de fundo, ao § 3.° do artigo 3.°, da Lei das Águas que, por seu turno, reproduzia, no essencial, a doutrina do artigo 381.°, n.° 5, do Código Civil de 1867.

Veja-se a redacção do citado § 3.°:

> *A propriedade do leito ou álveo das ditas correntes e torrentes, que passarem entre dois prédios, é atribuída aos mesmos prédios, pertencendo a cada um o trato compreendido entre a linha marginal e a linha média do leito ou álveo, limitado superior e inferiormente pelas normais à linha média tirada pelas extremidades da linha marginal de cada prédio.*

Observações

38. Generalidades – Tal como num rio internacional nenhum dos países que ele separa pode, em princípio, invadir a metade contrária, também o dono do tracto referido neste preceito está impedido de construir um açude, ou qualquer outra obra, que atinja a metade pertencente ao fronteiriço vizinho.

Esta forma de divisão sofre, todavia, alguns desvios sempre que a corrente mude de direcção e não venha a passar, precisamente, pela linha divisória dos prédios confinantes. Por outro lado, o aluvião e a avulsão podem determinar excepções à regra que este preceito estabelece[62].

Art. 1387.°, n.° 4

> As faces ou rampas e os capelos dos cômoros, valados, tapadas, muros de terra, alvenaria ou enrocamentos erguidos sobre a superfície natural do solo marginal não pertencem ao leito ou álveo da corrente, mas fazem parte da margem.

Antecedentes históricos

39. Este preceito teve por fonte o artigo 3.°, § 1.°, da Lei das Águas, por sua vez inspirado no artigo 380.°, § 4.°, do Código Civil de 1867.

---

[62] Sobre o assunto, vide anotação ao artigo 1331.°.

75 Propriedades das águas – art. 1387.°

É a seguinte a redacção do artigo 3.° citado:

§ 1.° *As faces ou rampas e os capelos dos cômoros, valados, tapadas, muros de terra, alvenaria ou enrocomentos, erguidos sobre a superfície natural do solo marginal não pertencem ao leito ou álveo da corrente, mas fazem parte da margem, estando sujeitos ao regime jurídico desta, como no regulamento se determinar.*

Observações

40. Generalidades – Em rigor, se o n.° 2 do artigo já define, pela positiva, o que seja leito ou álveo, não haveria necessidade de alargar, pela negativa, o mesmo conceito.

Comoros são amontoados de terra erguidos artificialmente sobre a superfície natural do solo marginal. A sua cobertura ou capa com o acessório de vegetação tomo a designação de *capelo*[63].

Enrocamentos são conjuntos de pedras toscas colocadas artificialmente sobre a superfície natural do solo marginal para servirem de alicerce a obras hidráulicas.

As margens, em princípio, consideram-se parte integrante do prédio-mãe, localizador da corrente. Serão, assim, consoante a natureza do respectivo prédio, *particulares* ou *públicas*.

Quanto às margens particulares, não há a bem dizer imposições de carácter legal a assinalar. Podem, assim, ser cultivadas se, para tanto, oferecerem condições. Contudo, elas podem ser objecto de servidões administrativas em ordem à afectação a uma utilidade pública a cargo da Administração[64].

Quanto às públicas, sobretudo as que ladeiam águas de domínio público há, já, sujeições a usos de interesse público, de espécies várias. Assim, as margens dos lagos, lagoas, valas e correntes de domínio público estão sujeitas, em toda a sua extensão, a utilização no interesse geral da pesca, fiscalização e polícia das respectivas águas. Sendo estas navegáveis, as margens adjacentes estão afectas a serviços públicos de navegação e flutuação[65].

---

(63) DIAS FERREIRA, *Cod. Civ. Anot.*, 1.ª ed., vol. I, pág. 387. Também F. AMARAL e outro, in *Comentário* cit...., pág. 84, para quem *Valados* são «valas de protecção de terrenos à inundação».

(64) Arts. 5.° e 11.°, do Dec.-Lei n.° 468/71, de 5 de Novembro.

(65) Art. 124.° (corpo), da Lei das Águas.

As águas no Código Civil 76

ARTIGO 1388.º

(Requisição das águas)

1. Em casos urgentes de incêndio ou calamidade pública, as autoridades administrativas podem, sem forma de processo nem indemnização prévia, ordenar a utilização imediata de quaisquer águas particulares necessárias para conter ou evitar os danos.

2. Se da utilização da água resultarem danos apreciáveis, têm os lesados direito a indemnização, paga por aqueles em benefício de quem a água foi utilizada.

Trabalhos preparatórios

Anteprojecto
art. 89.º

1. *Em cursos urgentes de incêndio ou calamidade pública, as autoridades administrativas podem, sem forma de processo, nem indemnização prévia, ordenar a utilização imediata de quaisquer águas particulares necessárias para conter ou evitar o dano.*

2. *Se da utilização da água resultarem prejuízos apreciáveis, têm os lesados direito a indemnização paga por aqueles em benefício de quem a água foi utilizada.*

1.ª revisão min. do anteprojecto
art. 1375.º

1. *Em casos urgentes de incêndio ou calamidade pública, as autoridades administrativas podem, sem forma de processo nem indemnização prévia, ordenar a utilização imediata de quaisquer águas particulares necessárias para conter ou evitar o dano.*

2. *Se da utilização da água resultarem prejuízos apreciáveis, têm os lesados direito a indemnização paga por aqueles em benefício de quem a água foi utilizada.*

Idêntica foi a redacção da 2.ª revisão ministerial do anteprojecto.

Desenvolvimento

Art. 1388.°, n.° 1

Em casos urgentes de incêndio ou calamidade pública, as autoridades administrativas podem, sem forma de processo nem indemnização prévia, ordenar a utilização imediata de quaisquer águas particulares necessárias para conter ou evitar os danos.

Antecedentes históricos

41. Este preceito teve por fonte a correspondente disposição do artigo 7.° (proémio) da Lei das Águas[66], cuja redacção é a seguinte:

> *Em casos urgentes de incêndio ou calamidade pública, o representante da autoridade administrativa local poderá, sem forma de processo, nem indemnização prévia, requisitar a utilização imediata de quaisquer águas públicas e, na falta delas, a dos particulares necessárias para conter ou evitar o dano.*

Observações

42. Generalidades – Especifica-se, aqui, um dos casos em que a requisição pode ter lugar, ao abrigo da permissiva norma genérica do artigo 1309.°, do Código Civil.

A requisição é um «acto administrativo pelo qual um órgão competente impõe a um particular, verificando-se as circunstâncias previstas na lei e mediante indemnização, a obrigação de prestar serviços, de ceder coisas móveis ou semoventes ou de consentir na utilização temporária de quaisquer bens que sejam necessários à realização do interesse público e que não convenha procurar no mercado»[67].

Estabelece-se, portanto, um acto da administração a que corresponde uma inelutável sujeição do particular. Ao *poder* do agente administrativo corresponde o *dever* do administrado.

---

[66] O qual, por seu turno, foi inspirado no art. 2396.°, do Código Civil de 1867.

[67] MARCELLO CAETANO, *ob. cit.*, n.° 377.

As águas no Código Civil

A administração obriga o dono das águas a consentir a sua imediata utilização, sempre que elas possam revelar-se determinantes para conterem ou evitarem um dano (*emergente de qualquer calamidade pública ou de um incêndio, em fase incipiente ou fortemente declarada*).

Sobre o particular recai, por assim dizer, uma obrigação negativa, *de não fazer e de não impedir*, em benefício do interesse público urgente. E de tal modo especial que não há negociação prévia possível, sequer autorização extrajudicial ou judicial. Tão pouco, lugar à discussão de qualquer indemnização. Impedem-no, neste caso, a natureza urgente do acto a praticar; impõem-no a actuação imediata, sem delongas de imprevisíveis, porventura nefastas, consequências. De resto, no que toca à indemnização nunca ela poderia ser, no momento da utilização da água, ainda que por defeito ou excesso, determinada, uma vez que só afinal o real valor do prejuízo se pode contabilizar.

Do artigo 7.º (corpo) da Lei das Águas, suprimiu-se a referência à obrigatória utilização prioritária da água pública para acudir ao facto danoso. Somente no caso de tal água não existir, *não bastando a sua escassez,* poderia a Administração, nos termos daquele diploma, vincular o particular à autorização da utilização das suas águas.

A razão é simples e assenta no princípio de que não cabe ao Código Civil regular situações de particular incidência no domínio público. Sem embargo, entendemos que a filosofia lá contida se mantém em perfeito vigor. Só nos casos em que inexista água pública, pode o agente administrativo obrigar o particular nos termos definidos no preceito[68].

As requisições têm sempre carácter temporário (art. 1309.º do C.C.) e repousam sempre num estado de necessidade (art. 339.º do C.C.).

Estas requisições operam em favor de qualquer pessoa atingida por incêndio ou calamidade pública, independentemente das relações de vizinhança[69].

E se para a realização desta requisição das águas for indispensável o trânsito por prédios alheios, estaremos aí perante um *adminicula* incluído no direito da referida requisição, característico de uma servidão de passagem a que os respectivos donos não podem opor-se.

Sobre requisições no interesse da defesa nacional: Lei n.º 20/95, de 13/07 (com a revogação do art. 49.º operada pela Lei 100/2003, de 15/11).

Sobre requisições civis: D.L. n.º 637/74, de 20/11, com as alterações introduzidas pelo D.L. n.º 23-A/79, de 14/02.

---

[68] Cfr. art. 162.º, n.º 3, do Código Administrativo. Neste sentido, também M. TAVARELA LOBO, *ob. cit.*, I, pág. 308.

[69] Neste sentido MENEZES CORDEIRO, *Direitos Reais*, I, 1979, Imprensa Nacional Casa da Moeda, pág. 590.

79   *Propriedades das águas – art. 1388.°*

Sobre as bases do regime de requisição e ocupação temporária de imóveis por urgente necessidade para a instalação de serviços públicos, mediante indemnização: D.L. n.° 36 284, de 17/05/1947.

Art. 1388.°, n.° 2

Se da utilização da água resultarem danos apreciáveis, têm os lesados direito a indemnização, paga por aqueles em benefício de quem a água foi aproveitada.

Antecedentes históricos

43. Este preceito funda-sé no § único do artigo 7.°, da Lei das Águas, cuja redacção é a seguinte:

Se da utilização da água, nos termos deste artigo, resultar prejuízo apreciável, terão os lesados direito a indemnização paga por aqueles em benefício de quem a água for requisitada, ou pela corporação administrativa, que legalmente os represente, quando o interesse seja duma povoação ou casal.

Observações

44. Generalidades – A regra, no campo da requisição, é a de que lhe corresponde sempre uma indemnização a atribuir ao proprietário lesado com a medida administrativa (cfr. art. 1310.°, do C.C.). Contudo, a letra do n.° 2, do artigo 1388.° sugere a ideia de que só em casos excepcionais tem lugar a indemnização, com o que aparentemente, pelo menos, se está a contrariar a generalidade do princípio.

A «ratio legis» do preceito, todavia, alicerça-se na repetida demonstração de que na maioria dos casos conhecidos a utilização da água ou não acarreta quaisquer danos ou, se os provoca, são de pequena monta, portanto, de reduzidos reflexos.

Sendo o dano insignificante, impõe-se, no conflito, o seu sacrifício em favor do inestimável benefício que para o bem jurídico defendido e para a comunidade resulta daquela utilização.

A haver indemnização, ela deve ser paga pelos beneficiários da medida administrativa. O pagamento será feito através das vias ordinárias, consensualmente ou pela via judicial. Neste último caso, forçoso é revelar-se um prejuízo apreciável, isto é, um dano significativo, liquidável pelos meios legais de prova.

Do § único do artigo 7.°, do Decreto n.° 5 787-IIII, de 10 de Maio de 1919, suprimiu-se, como bem se vê, a sua parte final por se entender versar-se, ali, matéria que extravasa a disponibilidade legislativa do Código Civil. O que não significa, certamente, que em tal matéria aquele normativo deixe de vigorar, pelo contrário. E assim é que, se o interesse a satisfazer for colectivo dos habitantes de um determinado lugar, será a respectiva circunscrição administrativa a suportar o ónus do pagamento da devida indemnização.

O *dano apreciável* traduz um conceito indeterminado que só casuisticamente poderá ser preenchido. No seu sentido mais comum, significará prejuízo significativo ou de grande monta para o titular do direito à reparação, em função das particulares condições de utilização que da água ele estivesse a fazer. Em certas situações, a utilização da água com o fim de debelar o incêndio ou a calamidade pública pode até nem ser particularmente prejudicial. Mas, por exemplo, se num estio, a água estiver a ser utilizada pelo particular, seu dono, para irrigação ou abastecimento de um reservatório com o fim de imediato consumo de animais em exploração agro-pecuária, a sua falta, em consequência da requisição, pode ser, efectivamente, fonte de sérios danos. Portanto, será caso a caso que a questão da indemnização se deve colocar.

Parece-nos, por outro lado, dever chamar a atenção para o facto de que a disposição legal, ao confinar os danos indemnizáveis à consequência «*da utilização da água*», se atém, simplesmente, aos prejuízos que emergem exclusivamente da falta da água no seu proprietário. Não contemplará, diversamente, os danos que decorrem, por exemplo, da destruição da presa onde se encontre, ou até mesmo aqueles que surgem por efeito do atravessamento dos prédios para concretizar a requisição. Nesses casos, o dever de indemnizar sempre ocorrerá, desde que haja danos, independentemente do seu valor (*"apreciável"* ou não), porque aí funciona o princípio geral da indemnização (arts. 562.° e 563.° do C.C.), ao lado da fonte especial legitimadora que emana do art. 1310.° do Código Civil.

APROVEITAMENTO DAS ÁGUAS

ARTIGO 1389.º

(Fontes e nascentes)

O dono do prédio onde haja alguma fonte ou nascente de água pode servir-se dela e dispôr do seu uso livremente, salvas as restrições previstas na lei e os direitos que terceiro haja adquirido ao uso da água por título justo.

Trabalhos preparatórios

Anteprojecto
art. 90.º

O dono do prédio onde houver alguma fonte ou nascente de água pode servir-se dela e dispor do seu uso livremente, salvas as restrições previstas na lei e os direitos que terceiro haja adquirido a esse uso por título justo.

Com a 1.ª revisão ministerial tornou-se definitiva a redacção do anteprojecto.

Antecedentes históricos

45. O artigo teve por fonte o art. 99.º, da Lei das Águas, cuja redacção é a seguinte:

> *O dono do prédio onde houver alguma fonte ou nascente de água, pode servir-se dela e dispor do seu uso livremente, salvo o direito que algum terceiro tenha adquirido a esse uso por título justo.*
>
> *§ único. Considera-se título justo qualquer meio legítimo de adquirir os direitos imobiliários, reconhecido pela lei civil. A prescrição, porém, somente será atendida para os efeitos deste artigo quando, além dos demais requisitos exigidos pela lei civil, seja acom-*

panhada de construção de obras no prédio onde existir a fonte ou nascente, de onde se possa inferir o abandono do primitivo direito do dono do mesmo prédio.

Observações

46. Fontes e nascentes; distinção – Na terminologia comum, *fontes* e *nascentes* confundem-se frequentemente no seu significado. Na linguagem jurídica, porém, só aparentemente são palavras sinónimas.

Têm, na verdade significado próprio e distinto, inclusivé, do ponto de vista etimológico. *Nascente* é o local onde a água nasce; onde a água brota naturalmente, sem intervenção humana. A nascente é alimentada, portanto, por água subterrânea que, espontaneamente, acorre à superfície. *Fonte* é o local adaptado pelo trabalho humano para recolha e captação da água, a qual pode, até, brotar em lugar afastado, num prédio alheio.

47. Uso e livre disposição da água; sentido da expressão – O direito de uso e livre disposição da água das fontes e nascentes remonta, já, pelo menos, ao Código Civil de 1867, onde no seu artigo 444.° se postulava:

> *O dono do prédio em que houver alguma fonte ou nascente pode servir-se dela e dispor do seu uso livremente, salvo o direito que algum terceiro tenha adquirido a esse uso por justo título.*

Mas, qual o sentido da expressão *pode servir-se dela e dispor do seu uso livremente?*

À primeira vista, parece que se quis reduzir a actuação do dono do prédio a um simples aproveitamento da água proveniente da fonte ou nascente nele existentes. Seguramente, não pode ser essa a interpretação adequada. Aceitá-la, conduziria a uma dissociação impossível: o dono do prédio não seria dono da fonte ou nascente naquele existentes. Não é assim.

As fontes e nascentes constituem partes integrantes do solo onde se acham implantadas. Daí, a utilização das respectivas águas decorrer do prolongamento natural do domínio do prédio sobre todos os seus elementos componentes.

Certo que sobre a água pode recair um direito real distinto do de propriedade sobre o solo onde ela exista[70]. Mas isso só vem dar reforço à ideia mestra que se sublinha: o direito de propriedade sobre o prédio estende-se à própria água que dele faz parte integrante.

---

[70] Ac. da R.C., de 10/11/81, in *C.J.*, 1981, tomo 5.°, pág. 60.

Fala-se, então, em *uso* porque o proprietário apenas pode dispor da água enquanto ela correr nos limites do seu prédio[71].

Por isso, e porque sobre a água podem recair restrições ao seu livre aproveitamento pelo seu dono, além de que terceiros podem sobre ela constituir validamente direitos, se está na presença de um direito de propriedade com particulares características. Seja como for, é indiscutivelmente real este direito de propriedade, enquanto a água se situe dentro dos limites do prédio localizador.

Transpostos aqueles limites, perdem-se os direitos do primitivo dono. Dir-se-á, assim, que só na medida e no momento em que a água faz parte integrante do prédio onde exista a fonte ou nascente poderá o dono fazer o uso e livre disposição que bem entender, na plenitude do seu direito, salvas as limitações que a lei determina.

Do exposto decorre, inclusivé, ser passível de crime de furto o dono daquelas águas que, *depois de as ter abandonado,* as vai buscar ao prédio do vizinho para onde se encaminharam. Não, já, claro, se elas para lá se dirigiram *perdidas* ou *fugidas*. Nestas circunstâncias, por inexistência de abandono, é lícito o seu reaproveitamento no prédio alheio.

O direito do proprietário em relação à livre disposição da água da fonte e nascente, que no seu prédio existam, não se confina num mero poder legal, não deriva de simples disposição da lei. Quer dizer, não é um poder condicionado pelo direito de propriedade sobre o prédio, antes deste faz parte[72].

Deste modo, pode o proprietário, salvo sempre os direitos adquiridos por terceiros e as restrições legalmente impostas, aproveitar a água, no todo ou em parte, a seu bel-prazer, donde cortar a fonte ou secar a nascente não lhe estar impedido. Como, de resto, vendê-la, constituindo, depois de destacada do prédio respectivo, *de per si*, objecto de um direito real de propriedade autónomo.

Saídas do terreno primitivo, donde são nativas a fonte ou nascente, as águas penetram no prédio inferior sem qualquer limitação ao seu uso, a não ser que formem uma corrente de domínio público[73]. Em contrapartida, tem o encargo de as receber com a terra e entulho que eventualmente se arrastem na sua corrente, nos termos do artigo 1351.º, do Cód. Civil. Por outro lado, está, evidentemente, fora de causa a possibilidade de o dono do prédio superior adulterar ou inquinar essas

---

[71] Não há, por assim dizer, neste caso específico o chamado *direito de sequela* ou, simplesmente, *sequela* se lhe quisermos retirar a função de *direito*, para se lhe atribuir tão somente a ideia de *prerrogativa, característica* ou *faculdade* inerente ao direito real (MENEZES CORDEIRO, in *Direitos Reais*, I, pág. 441).

[72] G. MOREIRA, *ob. cit.*, I, pág. 501.

[73] *R.L.J.*, ano 75.º, págs. 135 e 193.

As águas no Código Civil 86

águas, desde que elas saiam dos seus limites, pois que isso representaria um grave abuso de direito «*proibido e castigado pelas leis sanitárias, além de representar um gravame da servidão legal, que o dono do prédio inferior seria obrigado a suportar contra todos os princípios de direito*»[74].

Se à saída do primitivo prédio as águas formarem um corrente de domínio público[75] escapa-se, aí, todo o direito que se atribuía ao respectivo dono relativamente a elas, sem que isso modifique, contudo, os poderes inerentes ao direito de uso e fruição livres das águas que continuarem a brotar no mesmo prédio. Uma coisa são as águas remanescentes que se escoam naturalmente para o prédio do vizinho e as que para lá correm abandonadas, podendo mesmo formar à saída do primeiro uma corrente do domínio público sobre a qual se tenha constituído um direito de propriedade por preocupação ou outro título; outra, é a propriedade da água que continua a brotar da fonte ou nascente enquanto no prédio de origem se mantiver[76][77].

48. Água da fonte ou nascente; consequências resultantes da sua origem – Do texto do artigo suposto é concluir pela necessidade de a fonte e nascente se situarem no prédio de que fazem parte integrante. Não se vê, por isso, razão para discutir o assunto, tal como o fez G. Moreira[78].

Onde a questão começa a ter melindre é no ponto em que se hipotetiza o caso de a água da fonte nascer em prédio alheio, o que é perfeitamente possível, dado que a fonte não tem que ser construída necessariamente no local onde a água brota, como vimos, ou o de a água da nascente advir de um veio subterrâneo existente num prédio de terceiro.

Por outras palavras: Que direito tem o dono do prédio localizador da fonte, se a água nasce em prédio alheio? E que direito tem o dono de uma nascente se a água que dela brota correr subterraneamente por um veio formado noutro prédio?

Quanto ao 1.º caso, G. Moreira dizia, com referência à correspondente disposição do artigo 444.º, do Código Civil de 1867, que as águas que nascem em prédio alheio são abrangidas pela segunda parte do artigo[79]. E ainda: «*Quando*

---

[74] VELOSO DE ALMEIDA, *ob. cit.*, pág. 263.

[75] Ver *supra*, n. 9.

[76] *R.L.J.*, anos 89.º, pág. 11 e 94.º, págs. 212 e 237.

[77] H. MESQUITA, *ob. cit.*, n.º 41.

[78] *Ob. cit.*, pág. 502 e segs..

[79] *Ob. cit.*, pág. 503. O autor refere «*Fontes que nascem*», numa redacção um tanto infeliz. As fontes não nascem, fazem-se; requerem obra humana. Quando assim não é, está-se perante uma nascente.

o direito às águas que brotem em prédio alheio esteja relacionado com determinado prédio, só podendo ser neste aplicadas, essas águas representarão um acessório ou parte integrante deste prédio, ficando subordinadas ao mesmo regime que ele»[80]. Em sua opinião, pois, o direito a atribuir não pode deixar de ser o de propriedade.

Idem, quanto à segunda das equacionadas questões. Para aquele ilustre civilista «O facto de as águas que brotam num terreno atravessarem em veios subterrâneos prédios alheios pode determinar a perda do direito a essas águas pela exploração de águas nos prédios que eles atravessam. Enquanto não se fizer essa exploração, o proprietário do prédio onde as águas brotam terá sobre elas o direito de livre disposição»[81].

Por nossa parte, sempre diremos:

O dono do prédio onde a fonte ou a nascente existam, ainda que ambas alimentadas por águas não nativas desse prédio, detém, por regra, na sua esfera jurídica a propriedade destas. O desvio ao princípio situa-se na possibilidade que existe de outrem, sobre elas, deter um poder soberano, que bem pode ser o de *propriedade* (desde que para tanto exista um título capaz de a ter transferido, ou originariamente a ter criado – estamos a pensar na usucapião) ou de *servidão* (verificados os necessários pressupostos).

Por outras palavras, concretizando:

Na 2.ª das aventadas hipóteses, posto que embora não haja nascente que não provenha de água subterrânea, teríamos, por assim dizer, dois direitos de propriedade não conflituosos, à partida. Dum lado, o direito de propriedade sobre a nascente; do outro, o direito de propriedade sobre a água subterrânea do veio que alimenta aquela nascente.

O dono do prédio onde existe a água subterrânea pode livremente aproveitá-la e explorá-la, salvo o disposto no artigo 1394.º, n.º 1, do Código Civil. Se a exploração dessa água fizer diminuir o caudal da água particular da nascente, só haverá violação do direito do dono desta se a captação se fizer por infiltrações provocadas e não naturais[82].

De feição diferente parece revelar-se o 1.º caso proposto. Aqui, sim, estamos perante dois direitos conflituosos, de igual grandeza à partida, face ao disposto no artigo 1389.º, pois que ambos os donos se podem livremente servir da água, pelo menos aparentemente. Todavia, dos dois possíveis direitos prevalece aquele que na prática, e sob as forças dos comandos legais, se apresentar decisivo.

---

[80] *Ob. cit.*, pág. 508.

[81] *Ob. cit.*, pág. 504.

[82] Ver n.os 82 a 85, *infra*.

As águas no Código Civil 88

Cada um dos respecrivosdonosdeve opôrao outro qualquer uma das restrições normativas previstas([83]) ou a invocação e prova de um justo título a seu favor, relativamente à água, nomeadamente a usucapião (art.1390.°).

49. Justo título – Em verdade, justos títulos, com a vigência do novo Código Civil são apenas os que vêm aludidos no artigo 1390.°. Contudo, porque a lei não tem eficácia retroactiva e porque se ressalvam os direitos adquiridos à sombra da lei anterior, impõe dizer-se que não são apenas aqueles títulos os que, em teoria, podem ser invocados.

Convém por isso referi-los:

A – ANTES DO CÓDIGO CIVIL DE 1867

Segundo o preceituado nos artigos 438.° e 439.°, «ex vi» do artigo 444.° desse diploma, esses títulos eram a *lei,* o *uso e costume,* a *concessão expressa,* a *sentença* e a *prescrição.*

I – Lei

A seca alusão à lei, tal como era feita, foi palco de acesas controvérsias.

Para uns, o termo *lei* estava utilizado de forma a abranger a *lei especial* e não a *lei geral.* Julgava-se, deste modo, que com a inclusão do termo se queria tão só dar cobertura a situações criadas ao abrigo de leis específicas elaboradas para a regulamentação de casos concretos de certas e determinadas águas. Era o exemplo de Decreto de 3 de Julho de 1758, em relação às águas do rio Bracarena, e a Lei de 2 de Julho de 1867, relativa às águas do rio Alviela. Aliás, diziam os seguidores desta corrente, a referência a *certas e determinadas águas* contida no artigo 438.° não deixava margem para dúvidas – posto que a sua aplicação não é geral nem abstracta, antes dirigida a casos concretos e definidos, a lei tida em vista só pode ser a *especial*([84]).

Noutra perspectiva, outros sustentavam que *lei* tanto podia compreender a *lei geral* (Resolução Régia de 1775 e Alvará de 27 de Novembro de 1804) como a *lei especial* (Carta Régia de 19 de Maio de 1562, Alvará de 18 de Agosto de 1563, Decreto de 3 de Julho de 1758, Carta Régia de 14 de Maio de 1841, e

---

([83]) Especialmente, as estabelecidas nos artigos 1392.°, 1557.° e 1558.°.

([84]) ALEXANDRE DE SEABRA, in *Ob. cit.,* 2.°, pág. 323 e DIAS FERREIRA, in *ob. cit.,* 1.° vol., pág. 310.

outros). Nesta orientação moveram-se António Assis Teixeira de Magalhães[85] e Veloso de Almeida[86].

Segundo uma terceira via interpretativa, *lei* devia ser entendida, em si mesma, como fonte de aquisição de direitos. Não se tratava de encarar a lei como norma reguladora, mas como título de um direito subjectivo. E esse direito era o de *preocupação*. Lei, referia-se, por conseguinte, à preocupação[87][88].

II – Uso e costume

Também esta expressão foi motivo de diferentes modelos interpretativos.

Para alguns, *uso e costunte* correspondia à força de lei atribuída à prática costumeira, conforme a boa razão, desde que excedesse cem anos e não fosse contrária à lei. Nesta visão, a definição acima delineada era o produto da filosofia ínsita na Lei da Boa Razão, de 18 de Agosto de 1869[89].

Para outros, *uso e costume* representava um direito consuetudinário, a que também se dava o nome de *uso ou costume das terras* no artigo 2273.º, § único, do Código Civil. Era o costume-regra, impessoal *(«opinio necessitatis vel suris»)*. Quer dizer, o facto realizava-se de harmonia com o uso e costume tornado obrigatório para certa circunscrição ou colectividade. Imperava o *«vis obligandi»*[90].

Para uma terceira via, *uso e costume* significava os *costumes* ou *os usos de facto* a que a lei atribuía certos efeitos jurídicos, as praxes que se observavam nas diferentes localidades, a propósito de determinadas relações sociais, como o aproveitamento das águas para irrigação e força motriz[91].

Contra esta tese insurgiu-se, posteriormente, Ary Elias da Costa para quem a regra exposta no artigo 438.º não pretende garantir anteriores *usos de facto,* senão ressalvar direitos já anteriormente adquiridos.

---

[85] In *Das correntes não navegáveis nem flutuáveis,* pág. 241 e segs..

[86] *Ob. cit.,* pág. 81 e segs. (1.ª ed.) e 90 e segs. (2.ª ed.).

[87] G. MOREIRA, *ob. cit.,* 1.º vol., pág. 112 e segs. e PIRES DE LIMA, in *Comentário à lei das Águas,* de VELOSO DE ALMEIDA pág. 83 (1.ª ed.) e 90 a 92 (2.ª ed.).

[88] Sobre preocupação, vide n.os 16 e 17. Ver pág. 34 e nota 43 *supra.*

[89] Ac. da R.L., de 26/6/1907, na *Gazeta da Relação de Lisboa,* ano 2.º, pág. 802.

[90] ASSIS TEIXEIRA, *ob. cit.,* pág. 246 e segs. e CUNHA GONÇALVES, *Tratado* cit., 3.º vol., pág. 324 e segs..

[91] G. MOREIRA, *ob. cit.,* pág. 116 e segs. e PIRES DE LIMA, *Reais* cit., pág. 150.

É o uso de facto que a lei hoje sanciona e torna atendível em casos específicos (cfr. art. 3.º, do Código Civil).

Segundo este saudoso autor, se se pretendia dar à expressão *uso e costume* o significado de mera praxe ou uso de facto, havia que demonstrar que «*no direito anterior ao Código se podia adquirir um direito sobre águas por simples uso de de facto*»([92]). Ora, acrescenta, tão longe não se pode ir, uma vez que o reconhecimento legal de uma situação de facto não se confunde, em caso algum, com o reconhecimento de um direito adquirido.

Partindo de um exemplo utilizado por G. Moreira, reconhece que antes do Código se podia fazer a derivação de águas de uma corrente não navegável por determinada forma, para certos prédios e a horas fixas.

Mas este uso de facto não podia ter conduzido à aquisição de um direito. «*Se nada obrigava os consortes a partilhar a água daquela maneira, é evidente que nenhum direito podiam ter adquirido por essa via*»([93]).

Ainda no pensamento de Ary Costa, sempre que o Código pretendia ligar um efeito jurídico a um uso de facto, querendo dar-lhe força obrigatória *(«vis obligandi»),* mandava expressamente observá-lo. Eram exemplo os casos enunciados nos artigos 380.°, § 1.°, 684.°, 1302.° e 1305.° daquele Código. O que não sucedia com aquele artigo 438.°.

Aqui chegados, julgamos poder dizer ser viável a comunhão das ideias defendidas por Ary da Costa e Guilherme Moreira. Efectivamente, não se pode ver no artigo 438.° citado uma fonte de aquisição de direitos. Ele não dá garantia jurídica ao anterior uso de facto; ressalva, apenas, o direito adquirido anteriormente à promulgação do Código, designadamente o de propriedade das águas partilhadas e divididas. Uma coisa é a constituição, outra é a ressalva de um direito. Acolá avista-se a sua criação; aqui, a sua existência real.

De toda a maneira, o que importa acentuar é que o *uso e costume* não é um título justo de aquisição([94]).

III – Concessão expressa

Neste conceito estão incluídas não só as concessões em sentido estrito, mas também «*todas as transmissões por virtude de contrato ou de disposição de última vontade, respeitando-se assim os actos de disposição relativos a águas, realizados no domínio da lei anterior e em harmonia com ela*»([95])([96]).

([92]) *Ob. cít.,* pág. 24.

([93]) *Ob. cit.,* pág. 25.

([94]) Neste sentido, ver T. LOBO, *ob. cit.,* I, pág. 359.

([95]) G. MOREIRA, *ob. cit.,* pág. 125.

([96]) Vide n.os 19 e 20, *supra.*

IV – Sentença

Guilherme Moreira reduzia a sentença ao papel de simples meio de prova e reconhecimento de direito.

«Sendo a sentença a aplicação do direito objectivo a uma relação jurídica concreta, pressupõe necessariamente um acto jurídico gerador desta relação, sendo deste facto e não da sentença que resulta o direito subjectivo.

Entre os factos aquisitivos de direitos sobre certas e determinadas águas parece, pois, que nenhum cabimento tem a sentença. É de notar, porém, que pela sentença se constitui o caso julgado, tornando-se certo o facto ou direito e representando assim a sentença um meio de prova que, sempre que se verifiquem as condições que para o caso julgado se exigem, representa o próprio reconhecimento do direito»[97].

Para este ilustre civilista, com a sentença o facto adquire, pelas forças do caso julgado, uma eficácia que não tinha *de per si*.

Partindo do mesmo princípio, Pires de Lima não deixa de assinalar à sentença a força de um título aquisitivo autónomo[98].

Temos para nós que a sentença representava, efectivamente, o valor de um título aquisitivo. Com ela, legitimava-se uma situação e criava-se um direito subjectivado, na base, obviamente, de um suporte fáctico.

Com o artigo 438.° citado deu-se à sentença um elevado valor, de tal modo que o direito às águas, tornado certo por via dele, se tornou obrigatório *«erga oimnes»*[99].

V – Prescrição

Antes do Código Civil de 1867 a prescrição funcionava como título aquisitivo de elevada importância. Exigia, no entanto, apertados requisitos para poder operar, nomeadamente a *oposição não seguida* e a *construção de obras no prédio superior,* donde pudesse inferir-se o *abandono do primitivo direito.*

a) *Oposição não seguida*

Nesta fórmula, algo equívoca, cabem duas interpretações possíveis:
Na primeira, há uma oposição sem sequência.

---

[97] *Ob. cit.*, pág. 125.

[98] *Ob. cit.*, pág. 155 e segs..

[99] Assim também opina M. Tavarela Lobo; in *ob. cit.*, I, pág. 363 e Ary Elias da Costa, *ob. cit.*, pág. 31.

O proprietário inicia um processo de oposição ao aproveitamento das águas por parte de outrem, sem lhe dar concretização final. Abandona, por sua livre iniciativa, os actos materiais de oposição acabando, afinal, por consentir que o terceiro continue a utilizar a água.

Na segunda, há uma oposição sem consequência.

O proprietário manifesta-se pela oposição sem, contudo, obter resultados porque o terceiro não a acata e persiste no aproveitamento inicial.

A atitude do terceiro faz subsistir a relação de facto, que assim gerava posse, porque tomada com *animus possidendi*.

A oposição não seguida (judicial ou extra-judicial) gerava, portanto, uma inversão do título de posse, passando a possuir em nome próprio quem até então possuía em nome alheio. Não era, por conseguinte, um acto de mera tolerância.

b) *Obras no prédio superior*

Sobre o maior ou menor impacto das obras poucas dúvidas se suscitaram. Interessava é que existissem.

Divergências houve, isso sim, quanto à sua autoria.

Para Assis Teixeira de Magalhães([100]), no que foi seguido por Cunha Gonçalves e Veloso de Almeida([101]) as obras deviam ser construídas pelo proprietário do prédio inferior. Só nesse caso se podia dizer terem sido levadas a cabo em seu benefício e manifestarem, da sua parte, a intenção de adquirir o direito às águas. Feitas pelo dono do prédio superior, delas apenas se podia inferir a intenção de garantir um escoamento fácil.

Contra esta teoria levantaram-se Guilherme Moreira([102]) Manuel Rodrigues([103]) e Pires de Lima([104]), para quem não é relevante, assim, a pessoa do autor das obras. Preciso é saber qual foi a intenção que presidiu à sua construção. Para os subscritores deste entendimento será a própria natureza das obras a encarregar-se de comprovar a sua originária proveniência.

«Se foram estabelecidas para interesse exclusivo do proprietário inferior, esta circunstância indica suficientemente que foram efectuadas por este proprietário: id fecit cui prodest. Se, porém, aproveitam a ambos, e não intervêm indícios irrecusáveis ou outras circunstâncias tão ponderosas e concludentes que

---

([100]) *Ob. cit.*, pág. 286.

([101]) *Ob. cit.*, pág. 96.

([102]) *Ob. cit.*, pág. 129 e segs..

([103]) «Fontes e Nascentes», no *Bol. Fac. Dir.*, VIII, pág. 337.

([104]) *Ob. cit.*, pág. 161 e nota no «Comentário» cit. de V. Almeida, pág. 96. (1.ª ed.) e 104 (2.ª ed.).

excluam toda a dúvida, então deve favorecer-se a liberdade do prédio superior, e pronunciar-se com firmeza a favor deste proprietário a manutenção do seu amplo direito de propriedade com todos os atributos acessórios que lhe andam inerentes»([105]).

Ou então recorrer-se-á, se preciso for, a elementos estranhos às obras *«que possam esclarecer e definir as obras e consequentemente verificar se o aproveitamento traduz um direito do prédio inferior ou se é um acto de tolerância do proprietário superior»*([106]).

c) *Abandono*

Para além do exposto, é imperioso que da situação fáctica se infira o abandono do proprietário do prédio superior, isto é, que ele não quis exercer o seu direito ou que dele foi inibido.

Veloso de Almeida pugnava, neste particular, que o que devia caracterizar o abandono do direito era a possibilidade de o dono do prédio superior ficar prejudicado com a construção da obra pelo do inferior. E assim, *«Se a obra o prejudica, a conservação dessa obra com ciência e paciência do dono do prédio prejudicado revela que ele abandonou o direito à água. Se a obra o não prejudica, o consenti-la não pode traduzir da sua parte abandono de qualquer direito. Um rego aberto no prédio superior, uma poça construída nesse prédio e alimentada pela água da corrente não navegável, nem flutuável, são obras suficientes à condução da prescrição»*([107]).

G. Moreira, sabido, já, que não impunha a autoria das obras ao dono do prédio inferior, mas a qualquer dos dois, postulava a tese de que tendo elas sido feitas pelo dono do prédio superior, não perdia, ainda assim a possibilidade de adquirir o deito às águas. Bastava que fosse ele quem há mais de trinta anos tivesse tratado da conservação das obras, como se suas fossem, e se tivesse aproveitado das águas, sendo aquelas obras idóneas para esse fim. Nesta hipótese, estavam verificados os pressupostos de aquisição do direito às águas por prescrição([108]).

Se não se verificou o *abandono,* por virtude das obras feitas pelo dono do prédio superior, e ainda não se gerou no dono do inferior o direito às águas por prescrição, tal não significava que o seu aproveitamento representasse um *«mero acto de tolerância. O aproveitamento das águas fez-se constituindo uma servidão,*

([105]) Texto da *Ob. cit.,* de Assis Teixeira que, nesta parte, G. Moreira entende ser a melhor doutrina (*ob. cit.,* pág. 131).

([106]) Pires de Lima, *ob. cit.,* pág. 161.

([107]) *Ob. cit.,* pág. 99.

([108]) *Ob. cit.,* pág. 131.

As águas no Código Civil 94

com ciência e paciência do proprietário do prédio superior, sendo assim de presumir, não propriamente o abandono, mas um título em virtude do qual o dono do prédio inferior tenha adquirido direito às águas»([109]). Não um direito de propriedade, mas, eventualmente, um direito à utilização das águas, um direito de escoamento ou um direito de servidão([110]).

Estas obras podem ser de vários tipos, qualquer que seja a sua importância. Precisam é de ser visíveis e aparentes e de molde a revelarem o uso a que estão destinadas, através de uma posse contínua, pública e pacífica, durante trinta anos, pelo menos. Além do *animus,* naturalmente.

d) *Prova da prescrição*

A aquisição pela prescrição, nos termos do artigo 438.° do Código de Seabra, apresenta-se, hoje, eivada de grandes obstáculos, dada a enorme dificuldade em provar a posse por trinta anos, pelo menos, anterior ao tempo da promulgação do Código Civil de 1867 (de 21/3/68).

Pode haver documentos antigos que revelem o direito que o dono do prédio inferior tem de captar e derivar as águas do prédio superior; pode avaliar-se, pelo estado da obra, a antiguidade do seu uso, mediante o recurso à prova vistorial, inspecção ao local, etc.. Mas, se nenhuma destas provas for eficaz, a testemunhal (que já não pode ser directa, presencial) tem que apoiar-se em testemunhos de pessoas de avançada idade com conhecimentos transmitidos pelos seus antepassados, pelos familiares de anteriores gerações. De qualquer modo, de extrema falibilidade.

B – NA VIGÊNCIA DO CÓDIGO CIVIL DE 1867

Com a publicação do Código Civil de 1867 desaparece a prescrição como título aquisitivo das águas de correntes não navegáveis, nem flutuáveis, de fontes, nascentes e subterrâneas. O direito a elas só por *escritura* ou *auto público* pode ser alienado (art. 439.° e 444.°).

Naturalmente, quanto às primeiras a imprescritibilidade só se pode ater às que tenham transitado para o domínio privado, pois que, enquanto no domínio público eram já imprescritíveis no regime anterior. Integrados no domínio particular (por preocupação ou concessão) era possível a prescrição do seu direito([111]).

([109]) Autor e *ob. cit.*, pág. 132.

([110]) P. LIMA, in *Comentário* cit., pág. 267.
Sobre a matéria da prescrição, vide M. TAVARELA LOBO, in *ob. cit.*, pág. 364/368.

([111]) P. LIMA, in *ob. cit.*, pág. 169.

A expressão *auto público* compreende qualquer documento autêntico extra--oficial. Com isto, deixa de poder alienar-se por escrito particular o direito cujo valor seja superior a 50$00 (arts. 1459.° e 1590.°, do Código Civil de 1867, na sua redacção inicial).

Guilherme Moreira entendia, porém, que a disposição do artigo 439.° apresentava carácter excepcional em relação às águas particulares. Daí o defender a sua aplicação restritiva.

Assim, «*Tratando o artigo 444.° das fontes ou nascentes relacionadas com os prédios onde brotam, não poderá aplicar-se a disposição consignada no § único do mesmo artigo aos direitos às fontes e nascentes em prédios alheios*»([112]).

Contra esta solução pronunciou-se o Prof. Pires de Lima([113]) para quem a imprescritibilidade a que o artigo 439.° alude só pode ser entendida com referência à *água em si mesma,* isolada, autonomamente considerada.

Podia, por isso, adquirir-se por prescrição (prescrição aquisitiva ou usucapião) a propriedade do prédio situador da fonte ou nascente, abarcando aquele título a própria água, enquanto parte componente do prédio. O direito à água, de *per si,* é que o Código de 1867, no artigo 439.° tornou imprescritível([114]).

C – NA LEI DAS ÁGUAS

O conceito de título justo é entendido como qualquer meio legítimo de adquirir direitos imobiliários reconhecidos pela lei civil, ao mesmo tempo que volta a admitir-se a prescrição, como título aquisitivo – artigo 99.°([115]).

Desta vez, porém, subtraiu-se da prescrição o anterior condicionalismo que o Código Civil de 1867 consagrava – *a oposição não seguida.*

O prazo prescricional deve contar-se a partir da entrada em vigor da Lei das Águas.

50. JURISPRUDÊNCIA

1. «Das águas de corrente não navegável nem flutuável não pode usar-se em proveito de prédios não marginais com prejuízo dos inferiores. O uso e cos-

---

([112]) *Ob. cit.,* pág. 511.

([113]) *R.L.J.,* ano 75.°, pág. 195.

([114]) Este era, também, o entendimento de CUNHA GONÇALVES, in *ob. cit.,* III, pág. 343.

([115]) Ver redacção supra, n.° 42.

As águas no Código Civil

tume, a que se refere o art. 438.° do C.C., é o que definiu a lei da boa razão» – (Ac. da R.L., de 26/6/1907, in *Gazeta da Relação de Lisboa,* ano 20.°, pág. 802).

2. «As disposições dos artigos 444.° e 438.° do Código Civil e 99.° e 105.° do Dec. n.° 5 787-IIII só se referem às relações entre os donos dos prédios onde as águas nascem e terceiros, como sejam os donos dos prédios para onde as águas são derivadas. Não regulam as relações exclusivas dos donos dos prédios que utilizam as águas sobejas, os quais, se estão na posse imemorial do seu aproveitamento em comum, adquiriram o direito de compropriedade dessas águas, enquanto elas seguirem para os seus prédios, não podendo o dono de um prédio superior aproveitá-las todas, em detrimento dos prédios inferiores» – (Ac. do S.T.J., de 13/3/42, in *R.L.J.*, ano 75.°, pág. 135).

3. «I – Adquirido, por preocupação, anteriormente ao Código Civil, o direito a águas de corrente não navegável nem flutuável, para accionamento de moinhos, os respectivos titulares não podem ser dele privados por desvio das águas, feito superiormente por outrem na mesma corrente. II – Reconhecido em escritura pública pelo proprietário das nascentes que alimentam tal corrente, o direito ao gozo delas em favor dos donos dos moinhos, não podem estes ser privados do mesmo direito pela exploração das nascentes feitas por quem adquiriu direito a participar no gozo delas» – (Parecer de 7/7/55, in *R.L.J.,* ano 89.°, pág. 11).

4. «A aquisição por prescrição de águas particulares, nos termos do § único do art. 99.° do Dec. 5 787-IIII, de 10 de 1919, só é possível se existirem obras no prédio onde existe a nascente de onde possa inferir-se o abandono do primitivo direito do dono do mesmo prédio» – (Ac. do S.T.J., de 1/7/58, in *R.L.J.,* ano 92.°, pág. 9).

5. «I – No direito anterior ao Código Civil era lícito a todos aproveitarem-se das águas públicas, para regas e outros fins, e adquirir o direito de propriedade às mesmas, designadamente por *preocupação.* II – O Código Civil, no artigo 438.°, ressalvou expressamente os direitos adquiridos à data da sua promulgação, sobre certas e determinadas águas, os quais foram também reconhecidos pelo Decreto 5 787-IIII, de 10 de Maio de 1919. III – A preocupação conferia o direito de aproveitamento de águas públicas àqueles que realizassem obras de captação e, derivação, desde que não prejudicassem outra levada já constituída. IV – Adquirido esse direito, não pode o respectivo titular ser dele privado, por desvio das águas, feito superiormente. V – As leis anteriores ao Código Civil não indicavam o lugar para a construção das obras de captação, pelo que preocupada a água, logo que esta entrasse no prédio, tornava-se particular. VI – A preocupação tanto se podia dar nas águas das correntes não nave-

97   *Aproveitamento das águas – art. 1389.°*

gáveis nem flutuáveis, como nas águas nascidas e nas subterrâneas existentes em baldios ou terrenos de logradouro comum, sem necessidade de obras nos referidos terrenos, desde que as mesmas tivessem sido conduzidas para irrigação de prédios ou para a indústria» – (Ac. do S.T.J., de 25/11/60, in *R.L.J.*, ano 94.°, pág. 212).

6. «O § único do art. 99.° da Lei das Águas, assim como as regras gerais de usucapião, só são aplicáveis às águas de natureza particular, nestas não se compreendendo as captadas em terrenos baldios» – (Ac. da R.P., de 29/10/69, in *B.M.J.*, n.° 194/285.

7. «I – São públicas as águas nativas que brotam num baldio e as que ali acudirem depois de transporem, abandonadas, os limites de prédios superiores – arts. 1.°, 4.° e 5.°, do Dec. n.° 5 787-III, de 10/5/19. II – O art. 99.° daquele diploma ressalvou os direitos adquiridos por particulares sobre o uso das águas públicas desde que a aquisição tivesse por base título justo. III – Desviou-se, porém, a lei das correspondentes regras gerais de construção de obras no prédio onde existirem as águas, de onde se possa inferir o abandono da parte do primitivo dono do mesmo prédio» – (Ac., da R.C., de 27/2/74, in *B.M.J.*, 235/362).

8. «I...; II – É título legítimo de aquisição de águas qualquer meio legítimo de adquirir; mas a usucapião só é atendível se for acompanhada da construção de obras visíveis e permanentes, no prédio onde exista a fonte ou nascente, susceptíveis de revelarem a captação e posse da água nesse prédio. III – Podem constituir-se por usucapião as servidões aparentes, ou sejam as que se revelam por sinais visíveis, permanentes einequívocos. IV...; V...» – (Sentença do Juiz de Direito, José Pereira da Graça, de 26/II/79, in *Portugal Judiciário*, ano V, n.° 52; págs. 76 a 78).

9. «I – A água é um bem imóvel susceptível de direito real distinto do direito de propriedade sobre o prédio onde ele nacse. II – Tendo sido vendida uma parte rústica de um imóvel, em que existia uma mina, e não se tendo mencionado na respectiva escritura abranger a venda também a água daquela mina, não se transmitiu o direito de propriedade dos vendedores em relação àquela água» – (Ac. da R.C., de 10/11/81, in *C.J.*, 81, 5.°, pág. 60).

10. «I – A usucapião só é considerada justo título de aquisição da água das nascentes, desde que acompanhada da construção de obras no terreno ou prédio onde existe a nascente. II – A expressão «baldio» é um conceito de direito: não é, por isso, bastante a utilização desta palavra para, só por si, se considerarem os baldios como bens inseridos no domínio público. III – Concretizada uma situação de

As águas no Código Civil   98

aproveitamento da água de uma fonte ou nascente, para gastos domésticos, por mais de 5 anos, é ao proprietário dessa fonte ou nascente que a lei inibe de mudar o seu curso» – (Ac. da R.P., de 10/5/84, in *C.J.*, 1984, III, pág. 262).

11. «I – Para efeito do artigo 99.° e parágrafo único da Lei das Águas (Decreto n.° 5 787-IIII de 10 de Maio de 1919), dcvem entender-se como preenchendo o conceito de título justo, no sentido da aquisição de águas por terceiro: a existência de um condutor da água de um poço para o seu terreno, com sinais inequivocamente visíveis; a existência de bocas para a saída da água, uma delas dentro do terreno do prédio dos réus e as restantes, parte nesse terreno e parte no dos Autores (terceiros adquirentes); bem como um aqueduto sobre a linha divisória de ambos os prédios, ocupando terreno dos dois prédios, denunciando a existência permanente de distribuição de água por esses dois prédios e bem visível para toda a gente; além de quatro pequenos tanques. II – Não há contradição entre o reconhecimento da compropriedade sobre o poço (como construção) e a aquisição do direito às aguas por usucapião, visto que se trata de direitos distintos e adquiridos por modos diferentes» – (Ac. do S.T.J., de 2/04/87, Proc. n.° 074 406).

12. «I – Nas acções declarativas de simples apreciação negativa, compete ao réu, de acordo com o artigo 343.°, n.° 1 do Código Civil, a prova dos factos constitutivos do direito que se arroga. II – O facto da água em questão vir há mais de cem anos abastecendo a população do Gueral, sem qualquer oposição ou interrupção, daí não resulta qualquer presunção de dominialidade dessa água a favor da ré Junta de Freguesia, pois a referida população terá o direito a servir-se de tais águas, sem que tal direito atribua a propriedade da mesma água à ré. III – A ré poderá, porém, ter adquirido tal propriedade no caso de se verificar justo título para essa aquisição – artigo 99.°, da Lei das Águas e artigo 1389.° do Código Civil, mas quando ele seja a usucapião, esta só é atendida quando for acompanhada da construção de obras, visíveis e permanentes, no prédio onde existe a fonte ou nascente, que revelem captação e a posse da água nesse prédio – artigo 1390.°, n.° 2 do Código Civil e artigo 99.°, parágrafo único da Lei das Águas; o que a ré não provou, pelo que não provou igualmente a aquisição das águas por usucapião» – (Ac. do S.T.J., de 6/10/88, Proc. n.° 075 987).

13. «I – Tendo-se provado que as águas que nascem na vertente Leste da serra da Nogueira, incluindo as de uma nascente situada na gleba distribuída aos Réus, se encontraram a ser aproveitadas pelos vizinhos da povoação de Rebordãos, as quais são conduzidas de maneira a formarem um único caudal, a partir do qual todos os vizinhos as utilizam, segundo prática que já dura há mais de dois séculos e, desde tempos imemoriais, da referida nascente parte uma agueira que conduz a água para aquele caudal, donde os vizinhos a derivam para a aproveita-

rem, tal prática integra um uso e um costume que já tinham mais de um século ao tempo em que o Código Civil de 1867 entrou em vigor. II – Sendo certo que no rigor dos conceitos, não será de haver essa prática como um título de aquisição do direito à água, enquadrável na ressalva do artigo 438.° desse Código e ressalvado pelo artigo 133.°, do Decreto 5 787-IIII, de 10 de Maio de 1919, não deixará contudo de se lhe reconhecer a natureza de uma situação de facto que a lei, verificados certos pressupostos, converteu numa relação juridicamente vinculativa, como elemento de definição ou medida do direito de cada utente no aproveitamento comum, situação que se tem por consagrada em dispositivos legais contidos no artigo 1400.° do Código Civil de 1966. III – E não tendo os Réus provado qualquer título de aquisição do direito às águas da nascente da gleba que lhes foi distribuída, não se mostra justificada a legalidade das obras por eles realizadas para aproveitamento próprio das águas dessa nascente» – (Ac. do S.T.J., de 18/05/89, Proc. n.° 077 124).

14. «I – Tem natureza particular a água utilizada para gastos e usos domésticos e lavagem de roupas, pelos habitantes de um certo lugar, ainda que se prove estar a mesma afecta aos referidos usos ininterrupta e publicamente há mais de 30 anos. II – Sendo o pedido formulado pela Junta de Freguesia o reconhecimento judicial de que a água do Fontenário, para onde é conduzida, esta afecta ao uso directo e preferencial das populações do referido lugar, para seus gastos e usos domésticos, há mais de 30 anos e, por isso, pertence ao domínio público, tal pedido improcede, por não ser pública a água em questão e, nos termos em que vem formulado, o pedido não se integrar no disposto no artigo 1392 n.° 1 do Código Civil» – (Ac. do S.T.J., de 3/04/91, Proc. n.° 079 162).

15. «Cada proprietário só pode explorar as águas que naturalmente atinjam o seu prédio. Não pode provocar o desvio das que se encontrem ou passem em prédio vizinho, à superfície ou no subsolo» – (Ac. da R.P., de 1/04/93, Proc. n.° 9 230 792).

16. «I – A usucapião de águas particulares pressupõe, além dos requisitos gerais (do aproveitamento ou uso da água durante certo lapso de tempo, com intenção ou convicção de exercer um direito próprio), a existência, no prédio onde existe a água, de obras visíveis, permanentes e reveladoras da captação e posse dessa água. II – Para efeito de usucapião, a autoria dessas obras é manifestamente irrelevante. III – O dono de águas particulares nascidas em prédio alheio tem o direito de aí fazer obras para conseguir maior aproveitamento da nascente e mais segurança na exploração da água, evitando aluimentos e acidentes derivados da existência de óculo a céu aberto» – (Ac. da R.P., de 23/10/97, Proc. n.° 9 720 794).

As águas no Código Civil

17. «I – Envolve violação do disposto no artigo 1392.° do C.C. o entupimento, com terra, de poço destinado ao armazenamento de água de nascente que abastece um fontenário, que, por sua vez, abastece os habitantes de determinada povoação. II – Se a condução de água a partir do poço até ao fontenário se processa no prédio onde se situa a nascente, não há que falar em servidão de aqueduto, pois este só ocorre quando a condução se faz através de prédio alheio» – (Ac. do S.T.A., de 20/01/99, Proc. n.° 98B707).

18. «I – O princípio geral é o da livre exploração de águas subterrâneas. II – Cada proprietário só pode explorar, para além das águas estagnadas ou armazenadas no seu prédio, as que, infiltrando-se naturalmente, o atinjam, os veios que naturalmente o alcancem ou atravessem, não lhe sendo lícito, por constituir violação de direitos de terceiro, provocar artificialmente o desvio das águas que se encontrem ou passem em prédio vizinho, à superfície ou no subsolo. III – Não demonstrado esse desvio, é lícito a sua actuação, no exercício do direito de exploração e aproveitamento de veios subterrâneos nos seus limites normais» – (Ac. do S.T.J., de 19/03/2002, Proc. n.° 02B421).

19. «Ainda que se não prove que o proprietário utilizador da água seja, concomitantemente, o autor das obras existentes no prédio localizador das águas utilizadas, a si deve ser concedido o direito de propriedade, logrando demonstrar o seu aproveitamento durante o prazo usucapível, como suas fossem» – (Ac. da R.P., de 19/03/2002, Proc. n.° 0 021 579).

ARTIGO 1390.°
(Títulos de aquisição)

1. Considera-se título justo de aquisição da água das fontes e nascentes, conforme os casos, qualquer meio legítimo de adquirir a propriedade de coisas imóveis ou de constituir servidões.

2. A usucapião, porém, só é atendida quando for acompanhada da construção de obras, visíveis e permanentes, no prédio onde exista a fonte ou nascente, que revelem a captação e a posse da água nesse prédio; sobre o significado das obras é admitida qualquer espécie de prova.

3. Em caso de divisão ou partilha de prédios sem intervenção de terceiro, a aquisição do direito de servidão nos termos do artigo

101 *Aproveitamento das águas – art. 1390.º*

1549.º não depende da existência de sinais reveladores da destinação do antigo proprietário.

Trabalhos preparatórios

Anteprojecto
art. 91.º

1. *Considera-se título justo de aquisição das águas das fontes e nascentes, conforme os casos, qualquer meio legítimo de adquirir a propriedade de coisas imóveis ou de constituir servidões. A prescrição, porém, somente será atendida quando seja acompanhada da construção de obras, permanentes e aparentes no prédio onde existir a fonte ou nascente, que revelem a captação e a posse da água nesse prédio. Sobre o significado das obras pode incidir qualquer espécie de prova.*

2. *Para a constituição da servidão nos termos do artigo... (destinação do pai de família) são dispensados os sinais visíveis e permanentes que revelem a serventia, se se trata de acto de divisão ou partilha sem intervenção de terceiros.*

1.ª revisão min. do anteprojecto
art. 1377.º

1. *Considera-se título justo de aquisição da água das fontes e nascentes, conforme os casos, qualquer meio legítimo de adquirir a propriedade de coisas imóveis ou de constituir servidões. A prescrição, porém, só é atendida quando for acompanhada da construção de obras, permanentes e aparentes, no prédio onde exista a fonte ou nascente, que revelem a captação e a posse da água nesse prédio. Sobre o significado das obras pode incidir qualquer espécie de prova.*

2. *Para a constituição da servidão nos termos do artigo 1541.º, são dispensados os sinais visíveis e permanentes que revelem a serventia, quando se trate de acto de divisão ou partilha sem intervenção de terceiros.*

2.ª revisão min. do anteprojecto
art. 1390.º

1. *Considera-se título justo de aquisição da água das fontes e nascentes, conforme os casos, qualquer meio legítimo de adquirir a propriedade de coisas imóveis ou de constituir servidões.*

2. *A usucapião, porém, só é atendida quando for acompanhada da construção de obras, permanentes e aparentes, no prédio onde exista a fonte ou nas-*

cente, que revelem a captação e a posse da água nesse prédio. Sobre o significado das obras pode incidir qualquer espécie de prova.

3. Para a constituição da servidão nos termos do artigo 1549.°, são dispensados os sinais visíveis e permanentes que revelem a serventia, quando se trate de acto de divisão ou partilha sem intervenção de terceiros.

A redacção do artigo 1390.° do Projecto é idêntica à definitiva do actual art. 1390.°.

Desenvolvimento

Art. 1390.°, n.° 1

Considera-se título justo de aquisição da água das fontes e nascentes, conforme os casos, qualquer meio legítimo de adquirir a propriedade de coisas imóveis ou de constituir servidões.

Antecedentes históricos

51. O n.° 1 do artigo 1390.° teve por fonte o § único do artigo 99.° da Lei das Águas[116].

Observações

52. Generalidades – Justos títulos são, agora, tanto os que, legitimamente, se podem denunciar quanto à aquisição da propriedade de coisas imóveis[117], ou seja, o *contrato*, a *sucessão por morte*, a *usucapião*, a *acessão* e demais modos previstos na lei (artigo 1316.°), como os que legitimam a constituição de servidões, isto é, o *contrato, testamento, usucapião, destinação do pai de familia, sentença* e *decisão administrativa* (artigo 1547.°).

Decorre do preceito que as águas das fontes e nascentes podem ser *desintegradas* dos prédios onde se encontram. O que significa que o dono do prédio delas localizador as pode separadamente, *de per si*, alienar, como, também, equivale a

---

[116] Ver redacção em n.° 45, *supra*.

[117] A água é uma coisa imóvel – ver art. 204.°, n.° 1, al. *b*) e repectivas notas, *supra*.

dizer que um terceiro, sobre elas, pode vir a ganhar um direito de propriedade ou de servidão([118]).

Com a doutrina, assim, estabelecida ficou definitivamente pelo caminho a tese defendida por G. Moreira, para quem o direito que alguém pode ter em relação às águas nascidas em prédio alheio só podia ser o de propriedade([119]).

De tal forma que, por exemplo, vendido ou arrendado um prédio a favor do qual existisse um direito às águas brotadas noutro, aquele direito ficaria pertencente ao novo proprietário ou arrendatário, ainda que no título se não fizesse referência a tais águas. Para se afastar da esfera do comprador ou do arrendatário aquele direito seria preciso que tal ficasse a constar no respectivo título([120]).

Idêntico era o posicionamento de Pires de Lima, embora admitisse em certos casos a possibilidade de constituição de servidões destinadas ao aproveitamento das águas de que, por aquele direito, passou a ser proprietário([121]).

Mas, como se disse, este entendimento não viria a ser acolhido no Código Civil, por contrária à tradição romanista e conceitualmente inexacta. Havia que eliminar, de uma vez por todas, a dúvida existente a propósito da susceptibilidade de desintegração da água do prédio onde se acolhe.

Foi o que se fez com a redacção imposta no actual artigo 1390.º, n.º 1.

53. JURISPRUDÊNCIA

1. «A aquisição por prescrição de águas particulares, nos termos do § único do art. 99." do Dec. 5 787-IIII, de 10 de Maio de 1919, só é possível se existirem obras no prédio onde existe a fonte ou nascente de onde possa inferir-se o abandono do primitivo direito do dono do mesmo prédio» – (Ac. do S.T.J., de 1/7/58, in *R.L.J.*, ano 92.º, pág. 9).

2. «O § único do art. 99.º da Lei das Águas, assim como as regras gerais da usucapião, só são aplicáveis às águas de natureza particular, nestas não se com-

---

([118]) Ver n.º 47, *supra* e Henrique Mesquita, in *ob. cit.*, pág. 203.

([119]) Ver n.º 48, *supra* e *ob. cit.*, II, pág. 33.

([120]) *Ob. cit.*, I, pág. 509. Em contrário desta asserção, vide hoje, o Ac., da R.C., de 10/11/81, in *C.J.*, 81, 5.º vol., pág. 60.

([121]) *«O direito ao uso duma água que nasce em prédio alheio não pode considerar-se, em caso nenhum, um direito de servidão, embora em muitos casos sejam de constituir servidões destinadas a tornar possível o aproveitamento da água, particularmente servidões de presa e aqueduto. Aquele direito é sempre um direito de propriedade...»* – In *Comentário* cit., pág. 264 (1.ª ed.) e 290 (2.ª ed.) e *R.L.J.*, ano 73.º, pág. 300.

As águas no Código Civil   104

preendendo as captadas em terrenos baldios» – (Ac. da R.P., de 29/10/69, in *B.M.J.*, n.º 194/285).

3. «I – No caso de aquisição de água em prédio alheio por meio de servidão (arts. 1390.º, n.º 1 e 1395.º, n.º 1, do C.C.), se forem várias as minas fornecedoras dessa água, várias serão as correspondentes servidões de água, presa e aqueduto. II – As servidões podem ser constituídas entre prédios que não sejam vizinhos e ainda que de permeio existam caminhos públicos e outros prédios particulares. III – Para efeitos do art. 1549.º do C.C., os sinais não deixam de ser permanentes por dependerem de licença precária a conceder pela Administração. IV – Para a constituição de servidões por destinação do pai de família basta que algum ou alguns dos sinais sejam visíveis e permanentes e, se os mesmos, de per si, não revelarem uma serventia entre os dois prédios, a equivocidade dos sinais visíveis pode ser destruída pelo recurso a elementos estranhos a esses próprios sinais, através de quaisquer meios de prova» – (Ac. do S.T.J., de 15/1/81, in *R.L.J.*, ano 115.º, pág. 211).

4. «I – São particulares, entre outras, as águas que nascem em prédio particular. II – É título legítimo de aquisição de águas qualquer meio legítimo de adquirir; mas a usucapião só é atendível se for acompanhada da construção de obras visíveis e permanentes, no prédio onde exista a fonte ou nascente, susceptíveis de revelarem a captação e posse da água nesse prédio. III – Podem constituir-se por usucapião as servidões aparentes, ou sejam as que se revelam por sinais visíveis, permanentes e inequívocos. IV...; V...» – (Sentença do Juiz de Direito, José Pereira da Graça, de 26/II/79, in *Portugal Judiciário*, ano V, n.º 53, págs. 76 a 78).

5. «I – A água é um bem imóvel susceptível de direito real distinto do direito de propriedade sobre o prédio onde ela nasce. II – Tendo sido vendida uma parte rústica de um imóvel, em que existia uma mina, e não se tendo mencionado na respectiva escritura pública abranger a venda também a água daquela mina, não se transmitiu o direito de propriedade dos vendedores em relação àquela água» – (Ac. da R.C., de 10/11/81, in *C.J.*, 81, 5.º vol., pág. 60).

6. «I – Ao usar da expressão "conforme os casos", o preceito do n.º 1 do artigo 1390.º do Código Civil quis estabelecer uma distinção entre a situação que se traduz na aquisição das águas, tornando-se o adquirente verdadeiro proprietário delas, e a que não vai além da mera servidão traduzida no aproveitamento das águas do prédio serviente sem que daí resulte a privação do direito do proprietário deste. II – Para o primeiro caso (aquisição da propriedade das águas), o título justo é qualquer meio legítimo de adquirir a propriedade de coisas imóveis (pri-

105   *Aproveitamento das águas – art. 1390.º*

meira parte do n.º 1 do artigo 1390.º Código Civil) enquanto que para o segundo caso (constituição de servidão), o título justo é qualquer meio legítimo de constituir servidões (segunda parte do n.º 1 do mesmo artigo 1390.º). III – A chamada "destinação do pai da família" não é título legítimo para aquisição de coisas imóveis (designadamente a da propriedade das águas subterrâneas de um prédio), só podendo servir para a constituição de servidões, conforme o disposto no artigo 1547.º do Código Civil. IV – O que não consta das conclusões da respectiva alegação tem de considerar-se como excluído do âmbito do recurso» – (Ac. do S.T.J., de 18/03/1982, Proc. n.º 069 796).

7. «I...; II...; III – As águas podem ser adquiridas por usucapião – justo título – mas é necessário que a apropriação das águas pelo dono dos prédios confinantes aos da nascente seja acompanhada de obras, das quais possa aferir-se o abandono do primitivo direito do dono do mesmo prédio, isto é, obras visíveis e permanentes, que revelem a captação e a posse da água nesse prédio, o que competia provar aos Autores, o que não fizeram. IV – A ninguém é lícito o recurso à força com o fim de realizar ou assegurar o próprio direito, a não ser na defesa da propriedade, mas nos termos do artigo 336.º do Código Civil, que a ré não provou se terem verificado ao praticar os danos nas canalizações» – (Ac. do S.T.J., de 6/10/88, Proc. n.º 076 226).

8. «I – Nos termos do art. 1390.º, n.º 1, C.C., é justo título de aquisição da água das fontes e nascentes qualquer meio legítimo de adquirir a propriedade de imóveis ou de constituir servidão. II – A usucapião como título de aquisição, só é atendida, porém, quando for acompanhada da construção de obras, visíveis e permanentes, no prédio onde exista a fonte ou nascente, que revelem a captação e a posse da água nesse prédio (n.º 2 cit. art. 1390.º). III – Quanto à visibilidade das obras, basta que elas sejam perceptíveis e que revelem a actuação de terceiros, sendo "visível" uma canalização subterrânea. IV – Quanto ao significado das obras, é essencial que elas se mostrem idóneas para proporcionar o aproveitamento das águas ao terceiro possuidor» – (Ac. da R.P., de 21/05/91, Proc. n.º 0 409 808).

9. «I – Considera-se justo título de aquisição da água das fontes e nascentes qualquer meio legítimo de adquirir a propriedade de coisas imóveis ou de constituir servidões. II – A usucapião só é atendida quando for acompanhada da construção de obras, visíveis e permanentes, que revelem a captação e a posse da água nesse prédio. III – Obras visíveis são obras perceptíveis e, portanto, susceptíveis de revelar a captação e a posse de águas por terceiros. IV – Obras permanentes são as que revestem a característica de estabilidade e não de provisoriedade

As águas no Código Civil   106

ou precariedade. V – Sem obras permanentes não pode haver uma posse contínua, ininterrupta, e sem sinais de aparência a posse não preenche o requisito da publicidade indispensável à usucapião. VI – Sendo a água utilizada de acordo com um regime estável e normal de distribuição há mais de vinte anos, os respectivos utentes são verdadeiros condóminos dessa água. VII – As obras realizadas para um melhor aproveitamento do caudal da água não podem introduzir alterações no sistema da sua distribuição, com repercussão no conteúdo do direito dos restantes consortes, a não ser que haja consentimento por parte destes. VIII – Estando alegado e provado que os Réus colocaram um tubo de plástico no interior da mina para, assim, de forma permanente, levarem água para uma casa que possuem; que, em consequência de tais obras, os Autores deixaram de poder utilizar o sistema de pejeiros ou talhadouros existentes; e que os Réus deixaram de utilizar o aqueduto existente até certo local, fazendo assim com que o rego seque nos dias em que a utilização da água lhes pertence; e que deixaram de suportar a limpeza e conservação do aqueduto, destes factos resultam prejuízos e danos para os Autores, em-bora não quantificados, com obrigação de os Réus os indemnizarem. IX – A fixação dos danos, porque não quantificados, tem de ser feita em execução de sentença, nos termos do artigo 661.° n.° 2 do Código de Processo Civil» – (Ac. da R.P., de 28/06/99, Proc. n.° 995 042).

10. «I – As águas particulares de fontes e nascentes podem ser desintegradas do prédio onde se encontram através de negócio jurídico. II – Tal negócio tem de observar as exigências de forma impostas para os bens imóveis, nomeadamente, a escritura pública, em caso de venda ou doação» – (Ac da R.P., de 20/01/2000, Proc. n.° 9 931 523).

Art. 1390.°, n.° 2

A usucapião, porém, só é atendida quando for acompanhada da construção de obras, visíveis e permanentes, no prédio onde exista a fonte ou nascente, que revelem a captação e a posse da água nesse prédio; sobre o significado das obras é admitida qualquer espécie de prova.

Observações

54. Generalidades – A não ser a contemplada ressalva do artigo 438.° do Código Civil de 1867, a prescrição aquisitiva (hoje, usucapião) não tinha lugar durante a vigência temporal daquele diploma.

107   *Aproveitamento das águas – art. 1390.°*

Ao contrário, agora, é estabelecida a usucapião como modo originário de adquirir a propriedade das águas ou a sua servidão, verificados os necessários pressupostos, como o decurso da posse por certo lapso de tempo, o ânimo aquisitivo, a construção de obras visíveis e permanentes e a revelação de captação e posse.

Da terminologia anterior abandonou-se o termo *prescrição* (aquisitiva ou positiva) em favor da *usucapião* a fim de evitar, por simples paralelismos linguísticos, analogias demasiado próximas com o instituto da prescrição extintiva([122]). No aspecto prático, contudo, a usucapião continua a corresponder à prescrição aquisitiva, originária, de direitos reais *«pela transformação em jurídica duma situação de facto, de uma mera aparência, em benefício daquele que exerce a gestão económica da coisa»*([123]).

55. Posse mantida por certo lapso de tempo – Com a publicação da Lei das Águas, admitiu-se o instituto da prescrição como título aquisitivo([124]). E, como além dos requisitos ali expressamente previstos se remetia, quanto aos demais, para a lei civil, era geralmente pacífica a doutrina que estabelecia como indispensável o decurso de 30 anos, mínimo exigível, para que aquele modo de aquisição funcionasse.

Também hoje a posse do direito de propriedade, com os requisitos que lhe andam inerentes (art. 1258.° e segs.) faculta ao beneficiário a sua invocação([125]).

O prazo, esse, é diferente do que naquele tempo se estabeleceu e varia consoante os caracteres da posse (boa ou má fé, titulada, registo, etc. – arts. 1293.° a 1301.°).

56. Obras – As obras a que o preceito faz referência só podem ser, para o fim tido em vista, as que são resultantes de intervenção humana.

Assim, um rego natural (sulco) provocado pela constante e permanente passagem de águas, mais ou menos profundo consoante a morfologia do terreno, ou uma levada desenhada no solo por virtude de aluvião, desprendimento de terras ou, simplesmente, devido à textura do solo prédio, não integram o sentido da palavra.

([122]) Prof. DIAS MARQUES, *Prescrição Aquisitiva*, I, n.° 1, citado por P. LIMA e A. VARELA, in *ob. cit.*, III, pág. 55.

([123]) P. LIMA e A. VARELA, *ob. cit.*, III, pág. 55.

([124]) Ver redacção do artigo 99.° em n.° 42, *supra*.

([125]) Dizemos beneficiário e não titular, porquanto o direito a que a usucapião conduz não nasce de forma espontânea. Não se adquire *ipso jure*. Para ser eficaz tem que ser invocada por aquele a quem pode aproveitar.

As águas no Código Civil   108

Pelo que nunca poderão conduzir à usucapião, ainda que sujeitas a periódicas operações de limpeza e desobstrução e imemorialmente, assim, utilizadas.

57. Obras visíveis e permanentes – A propósito da maior ou menor importância que as obras possam ter, não costuma apontar-se qualquer particularidade digna de registo. Importa é que existam.

Em primeiro lugar, devem ser *visíveis*. Isto é, devem apresentar-se perceptíveis aos olhos de todos. Não, necessariamente, uma visibilidade escancarada, mas uma nitidez suficiente[126]. Assim, por exemplo, uma canalização subterrânea, embora não manifestamente visível, mormente durante a sua implantação no subsolo, pode ser suficientemente reveladora da sua existência e, consequentemente, da posse e captação ou condução da água. Os elementos que o podem demonstrar são a parte inicial da obra de penetração no subsolo (a boca da tubagem), as janelas ou óculos durante o seu percurso (para limpeza dos canos) e a abertura de saída da canalização.

Devem, também, ser *permanentes*. Quer dizer, devem existir e ter existido, pelo menos, durante o prazo do direito usucapível, ainda que só utilizáveis em determinadas épocas do ano[127].

Os requisitos da *visibilidade* e *permanência*, juntos, depõem contra a invocação hipotética de uma utilização tolerável e tolerada – a tolerância que se pode definir como o acto que alguém deixa praticar relativamente ao objecto de um direito de que é titular. Já se sabe que, enquanto de mera permissão, lhe subjaz a noção de precaridade e susceptibilidade de se poder despir o beneficiário da tolerância a todo o momento[128]. Mas, como se disse, a força daqueles elementos, porque reveladores de uma posse animada *(animus aquisitivo),* torna estável uma situação material, cuja subsistência é verdadeiramente incompatível com o normal direito de plena e livre disposição sem excluir, obviamente, a tolerância, que o proprietário do prédio tem sobre as águas que nele existam[129].

58. Obras no prédio onde exista a fonte ou nascente – Foi polémica a questão levantada em torno da necessidade que o artigo 99.º da Lei das Águas impôs a propósito das obras no prédio superior[130].

---

[126] P. LIMA, *ob. cit.*, pág. 217.

[127] Neste caso, o direito a adquirir limita-se ao perríodo de utilização corrente em cada ano.

[128] MANUEL DE OLIVEIRA, *A Posse,* pág. 45.

[129] G. MOREIRA, *ob. cit.*, II, págs. 401 e 402 (2.ª ed.).

[130] Ver n.º 49-A-V-b).

Para uns, a autoria das obras teria de ser atribuída ao dono do prédio inferior, aquele em benefício de quem as águas eram aproveitadas. Só dessa forma ele revelava o propósito de aquisição do direito a elas.

Para outros, aquela autoria era uma questão menor. Seria a natureza das obras, o tipo de construção com os mais diversos elementos adjacentes (a direcção, existência de sifão, etc.) a esclarecer qual a verdadeira utilização e, bem assim, o fim com que foram edificadas. Eventualmente, poderia recorrer-se a elementos estranhos às próprias obras. Bem podiam, pois, ser da lavra do proprietário superior sena que isso obstasse à usucapião a favor do dono do prédio inferior.

Hodiernamente, do ponto de vista literal nada, neste domínio, se adiantou. Mantém-se, por isso, a querela antiga que consigo continua a arrastar diferentes interpretações e contraditórias decisões([131]).

A lei contenta-se com a existência de obras no prédio superior. E é nesta singela exigência, parece-nos, que deve encontrar-se a melhor solução para o problema.

Se a questão, como já foi dito, se arrastava desde 1919, não havia necessidade de o legislador, conhecedor das controvérsias, manter a indecisão. Bastar--lhe-ia, de forma expressa, fazer depender a aquisição da construção das obras pelo dono do prédio inferior. Como o não quis fazer, entende-se ter perfilhado, claramente, o ponto de vista proposto por G. Moreira, Manuel Rodrigues e P. Lima([132]).

E porque assim julgamos ser, a qualquer dos dois proprietários (o do prédio onde a fonte ou nascente existam e o daquele onde a água é aproveitada) pode ser imputada a autoria das respectivas obras, sem que disso dependa ou não a aquisição do pretendido direito. Para efeitos usucapíveis a autoria das obras é manifestamente irrelevante.

Aliás, a solução contrária não deixaria de acarretar uma flagrante injustiça. Tome-se este exemplo: Se *A*, para o seu prédio (n.° 1), utiliza a água proveniente do prédio alheio (n.° 2) durante 20, 30 ou mais anos, como nos nossos tribunais é frequente provar-se, para mais com verdadeiro ânimo de propriedade, a supressão desse direito constituiria, no mínimo, uma grave violação da expectativa jurídica nele criada, apesar de não ter sido ele o autor das obras existentes no segundo prédio.

No nosso exemplo, não se pode conceder a *B*, dono do prédio n.° 2, a faculdade de destruir uma situação tornada estável e duradoura, com ou sem a sua anu-

---

([131]) Acs., da R.P., de 20/1/83 e de 29/11/83, in *C.J.*, 83, I, pág. 211 e *C.J.*, 83, V, pág. 217, respectivamente e Ac., do S.T.J., de 25/5/82, in *B.M.J.*, n.° 317/262.

([132]) Ver n.° 49-A-V-b).

ência. É que os elementos da usucapião aqui contidos são de tal modo possantes que afastam a ténue invocação da tolerância.

Defende-se, assim, o entendimento segundo o qual, ainda que se não prove que o proprietário utilizador seja, concomitantemente,o autor das obras existentes no prédio localizador das águas utilizadas, a si deve ser concedido o direito de propriedade, logrando demonstrar o seu aproveitamento durante o prazo usucapível, como suas fossem[133][134].

59. Obras que revelem a captação e posse – A necessidade das obras é indiscutível, já se demonstrou. Mas, elas têm que revelar a captação e posse, expressão que, agora, se utiliza em substituição da fórmula do artigo 99.º da Lei das Águas *«Obras no prédio onde existir a fonte ou nascente, de onde se possa inferir o abandono do primitivo direito do dono do mesmo direito»*. O que não deixa de ter o seu significado.

Se, como vimos, para preencher o requisito do abandono se pugnava pela obrigatoriedade de as obras serem construídas pelo dono do prédio inferior, com a eliminação daquela referência veio destruir-se aquela tese. É suficiente, pois, que as obras existam e revelem uma inequívoca captação e posse da água, matéria de prova a apreciar casuisticamente.

Em caso de dúvida, na falta de claros elementos, contudo, deve prevalecer a liberdade do prédio superior.

60. JURISPRUDÊNCIA

1. «Basta ter em conta a exclusiva inerência das águas ao prédio da autora sem sinais de serem aplicadas noutro sítio, para se rejeitar a invocada usucapião nos termos do art. 99.º do Decreto n.º 5 787-IIII e também a presunção que decorre do seu art.133.º, porquanto «há uma servidão de águas e não uma propriedade, se elas foram adquiridas para irrigar certo prédio» (*Revista de Legislação e de Jurisprudência,* anos 95.º, pág. 264 e 100.º, pág. 328, e *Boletim do Ministério da Justiça,* n.º 64, pág. 10), doutrina que passou para o novo Código Civil (art. 1390.º, n.º 1) com carácter interpretativo, pois já antes aquela doutrina era a predominante (cfr. Henrique Mesquita, *Direitos Reais,* pág. 221. Tendo-se reunido dois prédios sob o domínio de um só dono, o facto extinguiria qualquer servidão, de um para o outro porventura anteriormente constituída – *nemini res*

---

[133] G. MOREIRA, *ob. cit.,* I, pág. 131.

[134] H. MESQUITA, *ob. cit.,* pág. 203. M. TAVARELA LOBO, *ob. cit.,* II, págs. 50 e 55. A jurisprudência mais recente segue o mesmo caminho.

sua servit – (art. 2279.°, do Cód. Civil). O texto do art. 103.° da Lei das Águas não impede que a servidão de escoamento se não possa constituir por outros meios, nomeadamente por usucapião e destinação do pai de família (arts. 2272.° e 2274.°, do Cód. Civ.). Tendo pertencido dois prédios ao mesmo dono, sem que no documento de separação algo se dissesse sobre a autonomia ou interdependência, e havendo sinais aparentes e permanentes de subordinação mais compatíveis com a existência de um direito de servidão de fruição de água, que com uma utilização precária, susceptível de acabar de um momento para o outro, como seria aquele que resultaria de uma simples servidão de escoamento, há que ter aquela por conttituída, segundo destinação do pai de família» – (Ac. da R.P., de 18/6/71, in *B.M.J.,* n.° 209/194).

2. «I – Invocados, como causa de pedir, factos e contrato outorgado na vigência do Código Civil de 1867, é com base nos princípios estabelecidos na legislação anterior ao actual Código de 1966, que os pedidos de reconhecimento do direito de propriedade e do direito de servidão ou de uso de águas deverão ser apreciados, já que na sua vigência se teriam constituído as situações jurídicas cujos efeitos se discutem (artigo 12.° do Código Civil actual). II – Embora alegada pelos autores a constituição do seu direito de propriedade por prescrição e provado que os seus antecessores, desde há mais de trinta anos, utilizavam o poço, o terreno, a água que extraíam para regar e publicamente sem oposição, por forma continuada, na convicção de que exerciam direito de que eram titulares, desde que se provou também que foram esses actos praticados em datas indeterminadas e se prolongaram até ao ano de 1936 e que, desde há trinta e três anos, ninguém voltou a utilizar a água que se acumulava no poço, por se encontrar imprópria, não contém a decisão pontos de facto suficientes para fundamentar o reconhecimento de qualquer dos direitos pedidos. III – Não se provou um elemento que era fundamental, e no que respeita a qualquer dos pedidos formulados, – o decurso do prazo de 30 anos – artigo 99.° do Decreto n.° 5 787-IIII» – (Ac. da R.P., de 4/2/72, in *B.M.J.*, n.° 214/177).

3. «I – São públicas as águas nativas que brotarem num baldio e as que ali acudirem depois de transporem, abandonadas, os limites dos prédios superiores – Art. 1.°, n.°s 4, 5 e 7, do Decreto n.° 5 787-IIII, de 10 de Maio de 1919. II – O art. 99.° daquele diploma ressalvou os direitos adquiridos por particulares sobre o uso de águas públicas desde que a aquisição tivesse por base título justo. III – Desviou-se, porém, a lei das correspondentes regras gerais da usucapião: – exigiu, para ser atendida, que fosse ainda acompanhada da construção de obras no prédio onde existirem as águas, de onde se possa inferir o abandono por parte do primitivo dono do mesmo prédio. IV – Assim, segundo o estabelecido na Lei

As águas no Código Civil   112

das Águas, para que a usucapião – inovação da Lei de 1919 – seja considerada, necessário é que as águas brotem em fonte ou nascente, que tenham decorrido os prazos respectivos já na vigência do Decreto n.° 5 787-IIII e que as obras realizadas permitam inferir delas próprias o abandono dessas águas. V – Embora o o Código Civil – art. 1390.°, n.° 2 – já não se refira ao abandono, contentando-se com a exigência de que as obras sejam visíveis e permanentes, que tenham sido levadas a efeito no prédio onde exista a fonte ou nascente e que revelem captação para a decisão do litígio, uma vez que a situação de facto decorreu muito antes de 1967, assim como o prazo de 30 anos teria expirado antes da entrada em vigor do actual Código Civil. VI – Estaria, portanto, verificado o elemento temporal da usucapião, mas não se provou que as obras realizadas no local da captação e com vista ao aproveitamento das águas revelem abandono delas por parte do dono do terreno (baldio, pertença dos habitantes representados pela junta de freguesia), bem como não se provou, segundo o regime do Código Civil vigente, uma captação e posse em benefício dos autores, por tudo a acção sempre teria que improceder. VII – E improcederia ainda e sempre na parte relativa às águas nascidas nos prédios superiores e oriundas das enxurradas, pois que, não tendo saído do domínio público, são insusceptíveis de aquisição pelos particulares com base na usucapião» – (Ac. da R.C., de 27/2/74, in *B.M.J.*, n.° 235/362).

4. «I – O artigo 1390.°, n.° 2, do Código Civil, tens de considerar-se uma norma interpretativa, com efeito retroactivo. II – Não pode constituir direito de servidão o direito à água de uma nascente, em prédio alheio, visto que a água é um produto do prédio onde nasce e o encargo dá-se no prédio serviente, em si mesmo e não em relação a determinados produtos ou frutos desse prédio» – (Ac. da R.P., de 7/11/75, in *B.M.J.*, n.° 254/238).

5. «I – São particulares, entre outras, as águas que nascem em prédio particular. II – É meio legítimo de aquisição de água qualquer meio legítimo de adquirir; mas a usucapião só é atendível se for acompanhada da construção de obras visíveis e permanentes, no prédio onde exista a fonte ou nascente, susceptíveis de revelarem a captação e posse da água nesse prédio. III – Podem constituir-se por usucapião as servidões aparentes, ou sejam as que se revelam por sinais visíveis, permanentes e inequívocos. IV – O nome próprio, na posse, presume-se. V – Quem está obrigado a indemnizar deve, em primeira linha, proceder à restauração natural, sempre que possível» – (Sentença do Juiz de Direito, José Pereira da Graça, in *Portugal Judiciário*, ano V, págs. 76 a 78.

6. «I – Os baldios são terrenos comunitariamente usados e fruídos pelos moradores de determinada freguesia ou freguesias ou parte delas, que não podem,

113   *Aproveitamento das águas – art. 1390.°*

no todo ou em parte, ser objecto de apropriação privada, por qualquer forma ou título, incluindo a usucapião. II – As águas que brotam do baldio, como parte integrante que são dele, têm a mesma natureza jurídica, não podendo, por isso, ser objecto de posse exclusiva por parte de alguns moradores» – (Ac. da R.P., de 27/1/81, in *C.J.*, 81, I, pág. 141).

7. «I – O facto de a lei actual falar de captação e posse de águas em ordem à usucapião não exclui a necessidade de se aferir do abandono do direito, pelo dono do prédio, onde as obras são feitas. II – A inexistência de «sinais aparentes», no prédio onde existe a fonte ou nascente, obsta a que obras, mesmo feitas por quem invoca a usucapião, conduzam a esta última. III – Infiltrações provocadas (não naturais) são as que artificialmente causam o desvio das águas que se encontram ou passam à superfície ou no subsolo do prédio vizinho, indo para além daquelas que atinjam naturalmente o prédio do captante e onde o problema das «infiltrações» se não põe» – (Ac. da R.P., de 7/4/81, in *C.J.*, 81, II, pág. 116).

8. «I – Não constitui, só por si, prova suficiente para determinar a titularidade de determinadas águas, a declaração feita pelos vendedores, em escritura pública, de que elas lhe pertencem. II – O Decreto-Lei n. 39/76, de 19 de Janeiro, ao declarar imprescritíveis os baldios, não atingiu as situações jurídicas já consolidadas na vigência da legislação anterior. III – As águas nascentes em baldios são susceptíveis de serem apropriadas por usucapião, desde que a sua posse perdurasse já há trinta anos, à data da promulgação do Código Civil de 1867» – (Ac. da R.P., de 3/11/81, in *C.J.*, 81, V, pág. 243).

9. «I – Dada a inexistência de sinais reveladores do abandono pelos donos de um prédio rústico do seu direito de exploração de águas nesse prédio, não há perda desse direito e, consequentemente, não há aquisição originária, por usucapião, das águas do mesmo prédio. II – A falta do requisito geral da visibilidade, aparência e publicidade de obras de captação e posse de águas impossibilita a aquisição por usucapião destas, sejam provenientes de fontes e nascentes, sejam subterrâneas. III – A abertura de um poço onde terceiros têm direito a águas, efectuada pelo proprietário desse prédio, não é ilícita desde que não se demonstre prejuízo dos direitos desses terceiros adquiridos por justo título. IV – A abertura de um poço nessas circunstâncias não implica necessariamente captação por meio de infiltrações provocadas e não naturais previstas no n.° 2 do artigo 1394.° do Código Civil» – (Ac. do S.T.J., de 25/5/82, in *B.M.J.*, n.° 317/262).

10. «Não pode considerar-se adquirida por usucapião, invocada pelos RR., a água de uma nascente, se as obras no prédio onde esta existe consistiam num rego a céu aberto e não se provou que tivessem sido os antigos donos dos prédios,

As águas no Código Civil   114

hoje dos RR., quem fez esse rego, nem sequer que o rego fosse obra humana» – (Ac. da R.P., de 20/1/83, in *C.J.*, 83, I, pág. 211).

11. «I – O aproveitamento de uma nascente, que brota no interior de um prédio rústico, através de obras de captação visiveis e permanentes com mais de trinta anos, mas que exorbitam dos limites desse prídio, não produz a usucapião da água subterrânea situada em prédio alheio que alimenta a nascente. II – O proprietário do último prédio será, portanto, livre de procurá-la, escavá-la e aproveitá-la, contanto que não prejudique direitos que terceiro haja adquirido por justo título. III – Haverá justo título relativamente ao proprietário do prédio inferior naquelas condições, se produzir corte do acesso da veia de água ao seu prédio ou se a captação no prédio de montante for tal que deva considerar-se puramente emulava ou contrária aos limites impostos pela boa fé, pelos bons costumes ou pelo fim social ou económico do direito de propriedade do dono de tal prédio» – (Ac. da R.P., de 15/11/83, in *C.J.*, 83, V, pág. 211).

12. «A aquisição, por usucapião, do direito às águas de fontes e nascentes, situadas em prédio alheio, pode verificar-se, mesmo quando tais fontes ou nascentes foram construídas pelo dono desse prédio» – (Ac. da R.P., de 29/11/83, in *C.J.*, 83, V, pág. 217).

13. «I – Embora a expressão «águas vertentes» seja um conceito de direito, deve tomar-se em consideração a resposta ao quesito em que, com a expressão, se quis traduzir o facto de as águas trasbordarem de um poço. II – A sujeição ao escoamento natural das águas não confere ao proprietário do prédio inferior o direito à sua aquisição, nem impõe ao do prédio superior qualquer restrição a novo aproveitamento da fonte ou nascente de onde brotam as águas» – (Ac. da R.P., de 10/1/84, in *C.J.*, 84, I, pág. 211).

14. «I – A usucapião só é considerada justo título de aquisição da água das nascentes, desde que acompanhada da construção de obras no terreno ou prédio onde existe a nascente. II – A expressão «baldio» é um conceito de direito; não é, por isso, bastante a utilização desta palavra para, só por si, se considerarem os baldios como bens inseridos no domínio público. III – Concretizada uma situação de aproveitamento da água de uma fonte ou nascente, para gastos domésticos, por mais de 5 anos, é ao proprietário dessa fonte ou nascente que a lei inibe de mudar o seu curso» – (Ac. da R.P., de 10/5/84, in *C.J.*, 1984, III, pág. 262).

15. «I – Nas acções declarativas de simples apreciação negativa, compete ao réu, de acordo com o artigo 343.°, n.° 1 do Código Civil, a prova dos factos constitutivos do direito que se arroga. II – O facto da água em questão vir há mais

115 *Aproveitamento das águas – art. 1390.°*

de cem anos abastecendo a população do Gueral, sem qualquer oposição ou interrupção, daí não resulta qualquer presunção de dominialidade dessa água a favor
da ré Junta de Freguesia, pois a referida população terá o direito a servir-se de tais
águas, sem que tal direito atribua a propriedade da mesma água à ré. III – A ré
poderá, porém, ter adquirido tal propriedade no caso de se verificar justo título
para essa aquisição – artigo 99.°, da Lei das Águas e artigo 1389.° do Código
Civil, mas quando ele seja a usucapião, esta só é atendida quando for acompanhada da construção de obras, visíveis e permanentes, no prédio onde existe a
fonte ou nascente, que revelem captação e a posse da água nesse prédio – artigo
1390.°, n.° 2 do Código Civil e artigo 99.°, parágrafo único da Lei das Águas;
o que a ré não provou, pelo que não provou igualmente a aquisição das águas por
usucapião» – (Ac. do S.T.J., de 6/10/88, Proc. n.° 075 987).

16 «I – O direito à água que nasce em prédio alheio pode ser um direito de
propriedade ou um direito de servidão, conforme se traduzir no uso pleno da água
ou no seu aproveitamento limitado às necessidades de outro prédio. II – A aquisição do direito à água de fonte ou nascente existente em prédio alheio, por usucapião, pressupõe a realização de obras, nesse prédio, as quais devem ser objecto de
acção do homem, e que essas obras sejam visíveis, no sentido de serem perceptíveis aos olhos de todos ou com uma nitidez suficiente, e permanentes, no sentido
de existirem, pelo menos, durante o prazo da usucapião, ainda que só em determinadas épocas do ano. III – A constituição de servidão de aqueduto pressupõe a
verificação de, pelo menos, dois requisitos: ter o dono do prédio dominante direito
às águas particulares encanadas; e terem sido efectuadas obras (cano ou rêgo condutor) em terreno alheio, o prédio serviente, destinadas à condução dessas águas»
– (Ac. da R.P., de 5/12/95, Proc. n.° 9 330 418).

17. «I – É admissível a prova testemunhal sobre o sentido da declaração
vasada numa escritura pública por um dos outorgantes, quando, em lide entre
os outorgantes, ambos estão em desacordo sobre tal sentido e a literalidade da
mesma consente qualquer dos sentido que lhe atribuem. II – Quando o direito à
água de uma nascente é um simples direito de servidão a favor de um prédio rústico não pode aquele ser alienado sem este, dado o princípio da inseparabilidade
das servidões. III – Está consagrado na nossa lei, como resulta do artigo 1253.°
do Código Civil, a rejeição da concepção objectiva da posse e a adopção da subjectiva, embora, por razões de equidade, seja concedida a tutela possessória a
casos em que por falta de *animus possidendi* não há posse do detentor. IV – Beneficiando este da presunção consagrada no artigo 1252.° n.° 2 do Código Civil, está
dispensado de fazer a prova do *animus possidendi* para o exercício das acções
possessórias» – (Ac. da R.P., de 12/12/95, Proc. n.° 9 250 024).

As águas no Código Civil   116

18. «I – Para aquisição, por usucapião, de águas subterrâneas existentes em prédio alheio, é necessário o requisito especial da existência de obras visíveis e permanentes, construídas nesse prédio e reveladoras da captação e posse da água. II – São exemplos dessas obras resultantes de construção ou acção do homem as minas, poços, tanques, aquedutos, reservatórios, canos de pedra, regos capeados ou a descoberto, especialmente com somas marginais, empedramento ou tolas, e delas se excluem os regos naturais ou sulcos no terreno derivados da passagem da água. III – A posse de boa fé pode existir sem título, quando o possuidor ignorava, ao adquiri-la, que lesava o direito de outrem. IV – Essa ignorância é uma conclusão a extrair dos factos apurados» – (Ac. da R.P., de 30/01/96, Proc. n.° 9 351 325).

19. «I – Caracteriza a situação prevista no número 2 do artigo 1390.° do Código Civil a existência num prédio, há mais de cem anos, de uma mina onde são captadas águas subterrâneas do mesmo e bem assim de uma presa para o seu armanezamento com aqueduto por onde, sobre o mesmo prédio, são levados para outro, vizinho e de dono diferente, onde são aproveitadas para rega, verificando-se também que, há mais de cem anos, os donos do segundo prédio, todos os anos, procedem à limpeza da presa, aqueduto e mina, o que tanto basta para fundamentar a aquisição originária do direito a tais águas, pelos donos do segundo prédio, sendo irrelevante que ficasse por demonstrar que a construção da mina, presa e aqueduto fosse da autoria deles» – (Ac. da R.P., de 22/04/96, Proc. n.° 9 550 843).

20. «I – O usucapião de águas particulares pressupõe, além dos requisitos gerais (do aproveitamento ou uso da água durante certo lapso de tempo, com intenção ou convicção de exercer um direito próprio), a existência, no prédio onde existe a água, de obras visíveis, permanentes e reveladoras da captação e posse dessa água. II – Para efeito de usucapião, a autoria dessas obras é manifestamente irrelevante. III – O dono de águas particulares nascidas em prédio alheio tem o direito de aí fazer obras para conseguir maior aproveitamento da nascente e mais segurança na exploração da água, evitando aluimentos e acidentes derivados da existência de óculo a céu aberto» – (Ac. da R.P., de 23/09/97, Proc. n.° 9 720 794).

21. «I – Provando-se que os requerentes de providência cautelar de restituição provisória de posse há mais de 20 e 50 anos vêm utilizando para o seu prédio a água que nasce numa mina de outro prédio pertencente a terceiros ou baldio, e daí é conduzida através de um tubo de plástico subterrâneo para o prédio do requerido onde é recolhida numa caixa de cimento donde parte para o prédio dos requerentes também através de um tubo subterrâneo onde é aproveitada, e tendo estes por si e antecessores procedido à reparação, limpeza e conservação da mina, da caixa e tubos implantados subterraneamente, adquiriram por usucapião

117   *Aproveitamento das águas – art. 1390.°*

um direito de servidão relativamente à água, pelo que, a destruição da caixa de cimento pelo requerido, constitui fundamento da providência cautelar requerida» – (Ac. da R.P., de 24/03/98, Proc. n.° 9 721 403).

22. «I – A divisão, loteamento e urbanização de um prédio rústico que passou a ser urbano, não extingue o direito de propriedade que os comproprietários têm sobre as águas do poço nele existente, não obstante esse poço tenha ficado a ocupar parte dum dos lotes agora urbanizado. II – As águas do poço construído num prédio rústico que são utilizadas pelos comproprietários para a rega das parcelas por cada um deles em dias variados, constituem um imóvel autónomo da propriedade rústica dividida, uma vez que estas sempre foram utilizadas por todos os comproprietários em dias e horas previamente determinados e acordados entre eles e continuaram a utilizá-las para a rega das fracções, mesmo depois da divisão e urbanização. III – Tendo-se provado que os Réus desde há mais de 20 anos que vêm utilizando a água do poço para regar as plantas e terra do seu lote, continuadamente, à vista de todos e sem oposição de ninguém, adquiriram o direito de compropriedade sobre o imóvel das águas o direito de passagem para o poço e de aqueduto deste para o seu terreno, por usucapião» – (Ac. da R.C., de 12/07/99, Proc. n.° 2118/99

23. «I – Tendo os autores apresentado articulado superveniente que foi admitido, não tendo dele havido recurso, não incorre em excesso de pronúncia a sentença cuja condenação verse sobre esse pedido constante da ampliação. II – Não se considerando as águas colatícias ou escorredoiras águas remanescentes, podem ser aproveitadas pelos proprietários dos prédios inferiores, logo que ultrapassem os limites dos prédios superiores, sendo certo que estes prédios não têm qualquer direito a essas águas, a não ser que as hajam adquirido por contrato ou usucapião. II – Desta forma, apesar da escritura de compra e venda que titula a aquisição do prédio dominante ser omissa quanto aos direitos das águas escorredoiras, mas constando da escritura de partilhas do antepossuidor não só a partilha dos prédios, mas também a das águas da propriedade dominante, têm os actuais proprietários o direito de servidão sobre as referidas águas, por efeito do contrato constante dessa escritura de partilhas já que, salvo declaração em contrário, um prédio é sempre transmitido com todas as suas pertenças, acessórios e partes integrantes» – (Ac. da R.C., de 6/06/2000, Proc. n.° 931/2000).

24. «Constituída uma servidão de águas, através da qual o titular de um prédio tem o direito de explorar e conduzir a água de uma mina situada em prédio vizinho, ficam os titulares deste privados de explorar as águas subterrâneas do seu prédio na medida em que essa exploração interfira com a exclusividade atribuída por aquela servidão» – (Ac. da R.P., de 15/03/2001, Proc. n.° 0 130 284).

As águas no Código Civil
118

25. «I...; II – Se não se encontra provada a natureza particular da água, isto é, que entraram no domínio privado antes de 23.1.1868, não pode a mesma ser objecto de um direito de servidão constituído por usucapião ou por destinação do pai de família, já que as águas públicas são imprescritíveis» – (Ac. da R.C., de 26/06/2001, Proc. n.º 1273-2001

26. «I – Os factos supervenientes só são atendíveis na sentença se, segundo o direito substantivo aplicável, tiverem influência sobre a existência ou conteúdo da relação controvertida. II – São requisitos para aquisição por usucapião da propriedade da água de fonte ou nascente (a par dos requisitos gerais da posse):
– a construção de obra;
– visibilidade e permanência dessas obras;
– a sua situação no prédio onde exista a fonte ou nascente;
– revelação da captação e posse da água pelas obras» – (Ac. da R.P., de 5/11/2001, Proc. n.º 0 151 206).

Art. 1390.º, n.º 3

Em caso de divisão ou partilha de prédios sem intervenção de terceiro, a aquisição do direito de servidão nos termos do artigo 1549.º não depende da existência de sinais reveladores da destinação do antigo proprietário.

Antecedentes históricos

61. Este preceito teve por fonte o artigo 121.º da Lei das Águas, cuja redacção é a seguinte:

Os prédios regados que, por acto de divisão e partilha, forem repartidos em glebas, continuarão a aproveitar a água que anteriormente lhes pertencia, estabelecendo-se as servidões de aqueduto ou rego que forem necessárias, sem indemnizações aos donos das glebas servientes.

Observações

62. Generalidades – Como se avista, o artigo 121.º da Lei das Águas não impunha a existência de sinais visíveis e permanentes anteriores à divisão e partilha à semelhança do que, também agora, ocorre com a redacção do n.º 3, do artigo 1390.º.

119   *Aproveitamento das águas – art. 1390.°*

Ultrapassou-se, por isso, o princípio estabelecido no artigo 2274.° do Código Civil de Seabra a que hoje corresponde o artigo 1549.°. E bem, segundo cremos, por duas ordens de razões.

Em primeiro lugar, parte-se da regra segundo a qual um prédio é sempre transmitido com todas as suas pertenças, acessórios e partes integrantes, por ser a solução que melhor corresponde à intenção normal dos contraentes. Ora, a água com a qual se irrigava determinado prédio ou uma parcela deste é, em relação a ele, um *acessório* que, por princípio, deve acompanhar o *principal*([135]).

Em segundo lugar, crê-se que a simples divisão do prédio, sem intervenção de estranhos, não cria a favor destes quaisquer direitos cuja tutela mereça especial protecção. Pois, se a água de um prédio era utilizada num outro, do e pelo mesmo dono, não seria compreensível que a partilha dos prédios por pessoas, exclusivamente, a eles ligados (do ponto de vista real, afectivo, etc.) eliminasse a possibilidade, agora transformada em direito, de se continuar a fazer aquele uso, tal como até aí se fazia. E nem a eventualidade de inexistência de sinais reveladores daquela destinação impõe diferente solução. Impede-o a circunstância de a partilha ser efectuada entre pessoas conhecedoras da real e concreta situação existente antes da divisão([136]).

Esta filosofia aplica-se às virtualidades de ambos os prédios. Nem o dominante precisa daqueles sinais para que, em caso de partilha, o direito permaneça; nem, em idênticas condições de divisão ou partilha, o prédio serviente (dominado) carece da revelação dos mesmos sinais, para se manter a vida daquele direito.

63. JURISPRUDÊNCIA

1. «I – O art. 1390.°, n.° 3 do Cód. Civil, ao consagrar a «destinação do pai de família» como forma de aquisição de águas, dispensa a existência dos sinais reveladores dessa destinação, se não houver intervenção de terceiros. II – Se, no momento da divisão, a água existente numa parte regar a totalidade desde sempre, só pode significar, na falta de declaração em contrário, a vontade do doador em que assim continue a ser, devendo incluir-se, nas pertenças ou partes integrantes de um prédio, água represada no restante e àquele destinada» – (Ac. da R.P., de 9/12/80, in *C.J.*, 80, V, pág. 146).

([135]) P. LIMA, in *R.L.J.*, ano 73.°, pág. 302.

([136]) É o caso de partilha de prédios entre os herdeiros do proprietário. – P. LIMA, *R.L.J.*, cit., pág. 302.

As águas no Código Civil   120

2. «I – Reconhecida por sentença a constituição de uma servidão de aqueduto por destinação de pai de família, daí não resulta a propriedade ou posse da água que por ele passe. II – Dividida entre dois prédios, pelo seu proprietário, a água que nasce num deles, o tempo em que ele assim a fruiu não pode ser considerado na contagem do prazo necessário para a aquisição dessa água, por usucapião, pelo adquirente do prédio onde ela é somente utilizada» – (Ac. da R.P., de 9/10/84, in *C.J.*, 84, IV, pág. 222).

3. «I – Ao usar da expressão "conforme os casos", o preceito do n.º 1 do artigo 1390.º do Código Civil quis estabelecer uma distinção entre a situação que se traduz na aquisição das águas, tornando-se o adquirente verdadeiro proprietário delas, e a que não vai além da mera servidão traduzida no aproveitamento das águas do prédio serviente sem que daí resulte a privação do direito do proprietário deste. II – Para o primeiro caso (aquisição da propriedade das águas), o título justo é qualquer meio legítimo de adquirir a propriedade de coisas imóveis (primeira parte do n.º 1 do artigo 1390.º Código Civil) enquanto que para o segundo caso (constituição de servidão), o título justo é qualquer meio legítimo de constituir servidões (segunda parte do n.º 1 do mesmo artigo 1390.º). III – A chamada "destinação do pai da família" não é título legítimo para aquisição de coisas imóveis (designadamente a da propriedade das águas subterrâneas de um prédio), só podendo servir para a constituição de servidões, conforme o disposto no artigo 1547.º do Código Civil. IV – O que não consta das conclusões da respectiva alegação tem de considerar-se como excluído do âmbito do recurso» – (Ac. do S.T.J., de 18/03/82, Proc. n.º 069 706).

4. «I – Não tendo sido conhecida a excepção peremptória de caso julgado no despacho saneador, o trânsito em julgado deste não preclude a sua ulterior apreciação na decisão final. II – Da destinação de pai de família nunca deriva qualquer direito de propriedade, mas sim uma servidão predial. III – Negado aos A.A. o direito de propriedade de determinadas águas é inútil a averiguação da constituição ou não de servidão de aqueduto por destinação do pai de família» – (Ac. da R.P., de 30/10/90, Proc. n.º 0 123 994).

5. «I – A aquisição de propriedade de águas pode ocorrer por destinação do pai de família, desde que:
– os dois prédios ou as duas fracções do mesmo prédio tenham pertencido ao mesmo dono;
– separação dos prédios ou fracções ao domínio (separação jurídica) e inexistente de qualquer declaração, no respectivo documento, contrária à destinação. II – Caso não haja intervenção de terceiros aquando da partilha ou divisão dos

121 *Aproveitamento das águas – art. 1390.º*

prédios depende apenas daqueles dois requisitos dado que os intervenientes têm conhecimento da real situação dos mesmos prédios antes da divisão e não há terceiros cuja boa fé careça de ser protegida» – (Ac. da R.P., de 15/06/94, Proc. n.º 0 423 409).

6. «I...; II – Provando-se que o prédio descrito no artigo 1.º da petição inicial foi adjudicado em inventário a Autores e Réus e o descrito no artigo 2.º daquele articulado aos Autores e intervenientes na acção, que naquele primeiro prédio existe em toda a sua extensão um rêgo com mais de 35 anos, num percurso de mais de 30 m, com bordos de pedras e torrões com uma largura e altura de cerca de 15 cm, construído pelos antepossuidores de Autores e Réus através do qual são conduzidas para o segundo prédio águas de várias proveniências, rêgo esse que se prolonga por outros prédios, a céu aberto e numa parte em aqueduto subterrâneo até atingir aquele segundo prédio, tratando-se de obras visíveis e permanentes feitas pelos antepossuidores há mais de 40 anos, estão reunidos os requisitos da constituição da servidão de aqueduto do prédio descrito no artigo 1.º da petição em relação ao descrito no artigo 2.º, por destinação do pai de família» – (Ac. da R.P., de 3/06/97, Proc. n.º 9 621 552).

7. «I – Tendo a inspecção judicial sido efectuada em plena audiência não há que lavrar um auto autónomo de inspecção pois que a acta da audiência dá a conhecer os actos praticados durante o decurso da mesma. II – O aproveitamento de água nascida em prédio alheio pode ser objecto de servidão predial. III – Em caso de divisão ou partilha de prédios sem intervenção de terceiro, a aquisição do direito de servidão nos termos do artigo 1549.º do Código Civil não depende da existência de sinais reveladores da destinação do antigo proprietário. IV – A água com a qual se irriga determinado prédio ou uma parcela deste é, em relação a ele, um acessório que, por princípio, deve acompanhar o principal» – (Ac. da R.P., de 25/09/97, Proc. n.º 9 730 770).

8. «III – As servidões legais, além de poderem constituir-se por sentença ou decisão administrativa, podem constituir-se pelos mesmos modos por que se podem constituir as servidões voluntárias, e designadamente por destinação do pai de família e ainda por usucapião, se se tratar de servidão aparente. IV – Tendo o prédio hoje partilhado entre Autor e Réu pertencido ao mesmo dono, o qual como único senhor o regava na sua totalidade com a água da mina sita na parte superior do prédio que veio a caber ao Réu, e sido acordado entre Autor e Réu a partilha dessa água por forma a ser utilizada por ambos em dias determinados, partilha essa ocorrida há mais de 20 anos, e que o Autor vem utilizando através de um rego que passa pelo prédio do Réu, aí existente há mais de 50 anos, sem

As águas no Código Civil 122

oposição de ninguém, à vista de todos, e actuando o Autor com intenção de agir como beneficiário dos respectivos direitos de servidão de aqueduto e de propriedade sobre as águas, tudo há mais de 20 anos, há que concluir que o Autor adquiriu o direito de propriedade sobre a água e ainda a servidão de aqueduto, igualmente por usucapião e por destinação do pai de família» – (Ac. da R.P., de 30/09/97, Proc. n.° 9 720 323).

9. «I – Quando o autor da destinação ou afectação é proprietário de um dos prédios e comproprietário de outro, a servidão só poderá constituir-se por um dos três títulos normais referidos no artigo 1547.° do Código Civil, e não por destinação do pai de família.II – É que, o comproprietário não pode, sem consentimento dos restantes consortes, alienar ou onerar parte especificada da coisa comum. III – Verificados, pois, os demais pressupostos, procede a acção em que se pede a cessação de uma servidão constituída pelo proprietário do prédio vizinho sobre o prédio que ora é dos autores, não obstante, ao tempo da sua constituição, este se encontrar ainda em regime de compropriedade de autores e réus» (Ac. da R.P., de 24/11/97, Proc. n.° 0 022 196).

10. «I – Pode constituir-se uma servidão por destinação do pai de família, entre dois prédios, em que o prédio dominante, no momento da separação, passe a ser propriedade de uma só pessoa e em que o prédio serviente passe a pertencer a várias, nas quais se inclua também o proprietário do prédio dominante. II – O que é essencial é que nalgum dos prédios existam titulares diferentes do do outro. III – Pode haver, sobre a água proveniente da mesma nascente, uma servidão para rega de um prédio rústico, e, ao mesmo tempo, uma servidão para gastos domésticos de um prédio urbano. IV – Quando haja divisão ou partilha de prédios sem intervenção de terceiro (só entre herdeiros), a aquisição do direito de servidão, nos termos do artigo 1549.° do Código Civil, não depende da existência de sinais reveladores da destinação do antigo proprietário» – (Ac. da R.P., de 7/07/98, Proc. n.° 9 820 703).

11. «I – São três os pressupostos para a constituição da servidão por destinação do pai de família:
a) que os dois prédios, ou as duas fracções do prédio, tenham pertencido ao mesmo dono;
b) que haja, em um ou em ambos os prédios, sinais visíveis e permanentes que revelem inequivocamente uma relação estável de serventia de um prédio para com o outro;
c) que os dois prédios ou as fracções do mesmo prédio se separem quanto ao seu domínio e não haja no documento respectivo nenhuma declaração oposta

à constituição do encargo. II – A aquisição do direito à água das nascentes por usucapião só se verifica se ocorrer uma situação de verdadeira captação e posse da água contra o proprietário do prédio onde se situa a nascente, captação e posse que têm de revelar-se através de obras construídas no prédio onde nascem as águas» – (Ac. da R.P., de 3/10/2000, Proc. n.° 0 020 802).

12. «As servidões constituídas por destinação do pai de família não podem extinguir-se por desnecessidade» – (Ac. da R.P., de 19/03/2001, Proc. n.° 0 150 186).

13. «I – A aquisição de propriedade de águas pode ocorrer por destinação do pai de família, desde que:
– os dois prédios ou as duas fracções do mesmo prédio tenham pertencido ao mesmo dono;
– separação dos prédios ou fracções ao domínio (separação jurídica) e inexistente de qualquer declaração, no respectivo documento, contrária à destinação. II – Caso não haja intervenção de terceiros aquando da partilha ou divisão dos prédios depende apenas daqueles dois requisitos dado que os intervenientes têm conhecimento da real situação dos mesmos prédios antes da divisão e não há terceiros cuja boa fé careça de ser protegida» – (Ac. da R.P., de 15/06/2004, Proc. n.° 04 230 409).

14. «I – Se um dos pedidos formulados não possuir autonomia, apresentando-se como instrumental em relação aos demais, não existindo sequer qualquer conflito de nteresses entre as partes a seu respeito, não carece o tribunal de sobre ele se pronunciar. II – Se não se encontra provada a natureza particular da água, isto é, que entraram no domínio privado antes de 23.1.1868, não pode a mesma ser objecto de um direito de servidão constituído por usucapião ou por destinação do pai de família, já que as águas públicas são imprescritíveis» – (Ac. da R.C., de 26/06/2001, Proc. n.° 1273/2001).

ARTIGO 1391.°
(Direitos dos prédios inferiores)

Os donos dos prédios para onde se derivam as águas vertentes de qualquer fonte ou nascente podem eventualmente aproveitá-las nesses prédios; mas a privação desse uso por efeito de novo aproveitamento que faça o proprietário da fonte ou nascente não constitui violação de direito.

As águas no Código Civil   124

Trabalhos preparatórios

Anteprojecto
art. 92.º

Os donos dos prédios para onde se derivam as águas vertentes de qualquer fonte ou nascente podem eventualmente aproveitar essas águas nos mesmos prédios; mas a privação desse uso por efeito de novo aproveitamento que faça o proprietário da fonte ou nascente não constitui violação de direito.

A redacção definitiva foi obtida na 1.ª revisão ministerial do anteprojecto.

Antecedentes históricos

64. Este artigo corresponde, com mínimas diferenças, ao artigo 105.º da Lei das Águas, cuja redacção é a seguinte:

> *Os donos dos prédios para onde se derivem as águas vertentes de qualquer fonte ou nascente podem eventualmente aproveitá-las nos mesmos prédios; mas a privação deste uso por efeito de novo aproveitamento, que faça o dono do prédio, onde as águas nascem, não constitui violação de direito.*

Observações

65. Alcance do preceito – Como, oportunamente, veremos, os prédios inferiores estão sujeitos ao recebimento das águas que, naturalmente e sem obra do homem, se escoam dos prédios superiores (cfr. comentários ao art. 1351.º, no 2.º apêndice adiante). Como compensação, os seus donos gozam do direito ao seu uso e aproveitamento.

É, tal como aqui, contudo, um direito de utilização de coisa alheia, sem os inerentes atributos que costumam andar ligados ao domínio sobre coisa própria. Em princípio, a atitude do dono do prédio superior (atitude passiva) integra um acto facultativo de mera tolerância, encerrando na sua mais elementar essência, como contrapartida necessária, do lado do prédio inferior, uma utilização precária e resolúvel.

O proprietário da fonte ou nascente continua, pois, a deter a plena disposição sobre a água, como um normal enquadramento do seu ilimitado direito de propriedade.

Dir-se-ia, assim, numa análise um tanto apressada, que esse pleno direito vai até onde é possível ao dono do prédio superior ir buscar as suas águas. Mas, não é bem assim.

Desde logo, se as águas saírem abandonadas do seu prédio, para se escaparem para outro inferior. Estamos, aí, na presença de um acto de *abandono*, configurado como uma inequívoca demonstração de vontade de *perda do direito* sobre elas. Nessas condições, o seu aproveitamento pelo dono do prédio inferior não decorre, seguramente, de nenhum acto facultativo ou de mera tolerância por parte do 1.º proprietário. Assim é que, a favor daquele, verificados os necessários pressupostos, pode militar um verdadeiro direito de propriedade, através das forças da usucapião, por exemplo (art. 1389.º). O que, já, não sucederá se as águas para ali acudirem *perdidas* ou *fugidas*([137]).

Do mesmo modo, se à saída do 1.º prédio as águas formarem uma corrente de domínio público, perde-se aí o direito de plena e livre disposição do seu dono.

Em todo o caso, não há que confundir o direito de utilização das *águas vertentes* (as que se encontram no prédio inferior, vindas do superior) com o direito *às águas da fonte ou nascente*, em si mesmas consideradas. Juridicamente são conceitos diferentes, como distintos são os momentos e locais onde as águas se encontram. As segundas situam-se, ainda, dentro do prédio onde nascem – estão num primeiro momento de utilização possível; as primeiras (vertentes) estão, já, dentro dos limites do prédio inferior, vindas do superior – encontram-se num segundo momento de utilização possível.

Tanto é assim que o direito às primeiras tem que ceder, porque precário, perante o direito que ao dono das segundas assiste em querer voltar a utilizá-las, evitando que se vertam para o prédio fronteiriço e inferior.

66. Novo aproveitamento; sentido da expressão – O proprietário do prédio localizador da nascente ou da fonte pode impedir a utilização das águas vertentes pelo dono do prédio inferior, já o dissemos.

Mas, pergunta-se: poderá ele privar, para além de razoáveis limites, o uso que das águas tem feito o segundo proprietário?

Por certo que não.

No direito romano estava vedada ao dono da nascente a possibilidade de desviar as águas dos prédios para onde eram encaminhadas, a não ser *si non animo vicino nocendi, sed suum agrum meliorem faciendi id fecit*([138]), isto é, a não ser que o fizesse em proveito próprio e não para prejudicar o vizinho.

Lobão, dentro de um espírito social, pugnava que o dono do prédio superior devia deixar escorrer para o inferior as águas supérfluas, desnecessárias à satisfa-

---

([137]) Ver n.os 9 e 47, *supra*.
([138]) ULPIANO, Livro I, § 12, *Digesto* – de aqua.

As águas no Código Civil 126

ção integral das suas necessidades, sem prejuízo dos interesses do próximo e do bem comum([139]).

Guilherme Moreira, adverso, registava que o dono da fonte ou nascente dispunha de um indiscutível livre arbítrio sobre as suas águas, sem estar condicionado por qualquer restrição não expressamente prevista([140]). Levada ao extremo, esta teoria conduziria a resultados injustos, na medida em que permitia um esbanjamento por parte do proprietário superior contra uma situação de carência nítida, por parte do proprietário inferior.

A teorida de G. Moreira não viria, contudo, a ser sancionada no novo Código Civil.

O proprietário superior tem que dar às águas da sua fonte ou nascente um *lícito e conveniente uso*. Doutra forma não se pode compreender a expressão utilizada no artigo 1391.° ao fazer depender a privação do uso do proprietário Inferior ae um *«novo aproveitamento»*. A terminologia utilizada não consente outra interpretação que não seja a de impelir o dono das águas a um reaproveitamento útil e necessário. Pode, enfim, usar mas não, discricionariamente, abusar das águas, dando-lhes, por ódio, um destino que não seja o próprio([141]).

Opera, aqui, afinal a figura do abuso de direito prevista no artigo 334.° do Código. Excederia manifestamente os limites impostos pelo fim social e económico do direito o dono do prédio superior se, sem razão justificativa, impedisse o proprietário inferior de fazer das águas vertentes um aproveitamento útil e conforme as suas indesmentíveis necessidades. Mais arrepiaria, ainda, se aquele proprietário, por mero capricho, má vontade ou inimizade, tornasse inúteis todas as obras que, porventura, para utilização das águas, o proprietário inferior tivesse construído.

Configuradas, na prática, as hipóteses acima colocadas, resta ao dono do prédio de nível inferior exigir que as águas (vertentes) sobrantes voltem ao seu anterior curso, para que delas se possa voltar a servir. É a compensação do encargo que a lei lhe determina (art. 1351.°) e a emanação do princípio *ubi incommodum ibi commodum.*

([139]) *Ob. cit.*, n.ᵒˢ 69, 70 e 72.

([140]) *Ob. cit.*, I, pág. 556 e segs e II, pág. 416 e segs..

([141]) Neste sentido, Cunha Gonçalves, *ob. cit.*, III, pág. 360.

No fundo, regressa-se à doutrina dos *actos emulativos*, contrários à equidade, consagrada na Resolução Régia de 17 de Agosto de 1775 (transcrita a pág. 281, no C.C. anot., de P. Lima e A. Varela, III).

67. JURISPRUDÊNCIA

1. «Feitas, há mais de 40 anos, pelo proprietário de um prédio rústico, uma construção subterrânea, utilizando pedras, com uma abertura do mesmo material, para escoamento das águas desse prédio com vista ao aproveitamento para cultura de todo o terreno deste, as quais por aí se encaminham para uma poça distante que recebe outras águas, constitui-se por usucapião uma servidão de escoamento a que se refere a alínea *c*) do n.° 1 do art. 1563.° do Código Civil, anteriormente previsto no art. 117.° do Decreto n.° 5 787-IIII, de 10 de Maio de 1919. II – Os proprietários dos prédios onerados com a servidão que aproveitem as águas escoadas são meros detentores ou possuidores precários dessas águas (arts. 1563.°, n.° 2 e 1391.° do Código Civil), não podendo, assim, proceder a acção de manutenção dessa posse intentada com fundamento em obras no prédio dominante das quais resultou a privação do uso de tais águas. III – A presunção estabelecida no n.° 2 do art. 1252.° do Código Civil só funciona em caso de dúvida e não quando se trata de uma situação definida, que exclui a titularidade do direito invocado» – (Ac. do S.T.J., de 23/3/74, in *B.M.J.*, n.° 235/285).

2. «I – Embora a expressão «águas vertentes» seja um conceito de direito, deve tomar-se em consideração a resposta ao quesito em que, com a expressão, se quis traduzir o facto de as águas trasbordarem de um poço. II – A sujeição ao escoamento natural das águas não confere ao proprietário do prédio inferior o direito à sua aquisição, nem impõe ao do prédio superior qualquer restrição a novo aproveitamento da fonte ou nascente de onde brotam as águas» – (Ac. da R.P., de 10/1/84, in *C.J.*, 84, I, 211).

3. «A sujeição ao escoamento natural das águas não confere ao proprietário do prédio inferior o direito à sua aquisição, nem impõe ao do prédio superior qualquer restrição a novo aproveitamento da fonte ou nascente de onde brotam as águas» – (Ac. da R.P., de 10/01/84, in *C.J.*, 1984, I, pág. 211).

4. «I – São públicas, entre outras, as águas que nascem em algum prédio particular e as pluviais que neles caírem, logo que umas e outras transponham, abandonadas, os limites dos respectivos prédios, se forem lançar-se no mar ou em outras águas do domínio público. São particulares, entre outras, as que nascerem em prédio particular e as pluviais que nele caírem enquanto não transpuserem, abandonadas, os limites de mesmo prédio ou daquele para onde o dono dele as tiver conduzido, e ainda as que, ultrapassando esses limites e correndo por prédios particulares, forem consumidas antes de se lançarem no mar ou em água pública. II – Os donos dos prédios para onde se derivam as águas particulares vertentes de

As águas no Código Civil   128

qualquer prédio ou nascente podem eventualmente aproveitá-la nesses prédios, mas a privação desse uso por efeito de novo aproveitamento que faça o proprietário da fonte ou nascente não constitui violação do direito, pois o aproveitamento daqueles, por mais dilatado que seja o prazo durante o qual se der, será sempre precário. III – Não obstante, se esse aproveitamento for regido por costume seguido há mais de 20 anos, esse regime impõe-se obrigatoriamente a todos os co--utentes que se encontrem nessas circunstâncias, i.é., que aproveitam as águas por mero acto de tolerância do dono do prédio superior» – (Ac. da R.C., de 24/03/92, in *C.J.*, 1992, II, pág. 58).

5. «I – Não enferma de nulidade a sentença quando não faz mais do que explicitar, de acordo com a matéria de facto provada, qual a situação que tem de ser reposta, dando com isso uma mais correcta inteligibilidade à decisão. II – Na sentença há erro de escrita, que pode ser rectificado pela Relação, a requerimento dos apelados, e não nulidade da mesma, quando o Juiz, escrevendo mais do que queria escrever, condenou também as rés mulheres em relação a certos pedidos e os autores tinham pedido apenas a respectiva condenação dos réus maridos. II – Por razões que decorrem da própria natureza, nomeadamente pelo respeito que devem merecer as linhas de água que ao longo dos tempos se foram formando com (e para) o escoamento natural das águas pluviais, o legislador impôs aos prédios inferiores o encargo de suportarem esse mesmo escoamento, não podendo fazer obras que o estorvem ou impeçam. V – Incumbia aos réus alegar e provar que as águas, que o seu prédio recebe do prédio superior, dos autores, decorriam por obra do homem e não naturalmente, por ser facto impeditivo do direito destes» – (Ac. da R.P., 5/11/92, Proc. n.° 9 210 266).

6. «I – A servidão de aqueduto é o direito que compete a um proprietário de fazer passar a água pelo cano ou rêgo através de prédio alheio para o seu prédio onde aproveita essa água. II – Não é possível a existência legal de uma servidão de água, seja de presa, de aqueduto ou de escoamento, sem a existência simultânea do direito à água, de que a servidão não é mais que um acessório. III – Não constitui servidão o encargo imposto aos prédios inferiores de receberem as águas dos prédios superiores que, naturalmente e sem acção do homem, para eles se escoam, embora represente uma limitação do direito de propriedade desses prédios inferiores» – (Ac. da R.P., de 19/01/99, Proc. n.° 9 520 828).

7. «I – As águas provenientes dos prédios superiores que os prédios inferiores estão sujeitos a receber, sem poder interferir, são apenas as que correspondem ao seu curso natural, ou seja, aquelas em que não houve qualquer alteração do fluxo normal por meio de obras do homem. II – Divididas as águas comuns em consequência do exercício do direito previsto no art. 1412.° do Código Civil,

o subsequente direito exclusivo de cada um dos consortes passa a ser exercido sobre certa parte da água (tantas horas, dias, semanas, certo volume de caudal, etc.). III – Entre os co-utentes das águas, ainda que não sejam os seus donos, também os costumes podem assumir força juridicamente vinculativa na divisão, verificado o condicionalismo previsto no art. 1400.° do Código Civil» – (Ac. da R.C., de 27/01/2000, Proc. n.° 2941/99).

8. «I – Os prédios inferiores estão obrigados a receber as águas que decorram naturalmente e sem obra do homem dos prédios superiores. II – Essas águas devem escoar naturalmente; nem o dono do prédio superior pode modificar esse escoamento natural de tal modo que obrigue o prédio inferior a suportá-lo de uma forma mais gravosa, nem o dono do prédio inferior pode fazer obras que impeçam ou dificultem esse escoamento natural, de modo a agravar a situação do prédio superior com a retenção dessas águas. III – Se o proprietário do prédio superior fizer obras que impermeabilizem o solo, colocar caleiras nos beirados, construir caixas de captação de águas, canalizando-as para uma descarga directa no prédio inferior, agrava o ónus deste prédio, que assim deixará de estar sujeito a recebê-las, nos termos do n.° 1 do artigo 1351.° do C. Civil» – (Ac. da R.C., de 26/06/2001, Proc. n.° 1171/2001).

9. «I – O facto de o proprietário abandonar água, deixando-a seguir o seu curso normal, o seu aproveitamento pelos proprietários de prédios vizinhos representa, em princípio, um acto de tolerância por parte do proprietário da nascente. II – O aproveitamento por terceiros da água abandonada, por mais largo que seja o prazo durante o qual se mantiver, não constitui posse de que possa resultar o direito à água. III – Para a constituição de um direito sobre a água, é necessário que se verifique uma situação de verdadeira captação e posse da água, contra o proprietário da fonte ou nascente» – (Ac. do S.T.J., de 17/01/2002, in *C.J.*, 2002, I, pág. 43).

ARTIGO 1392.°
(Restrições ao uso das águas)

1. Ao proprietário da fonte ou nascente não é lícito mudar o seu curso costumado, se os habitantes de uma povoação ou casal há mais de cinco anos se abastecerem dela ou das suas águas vertentes para gastos domésticos.

As águas no Código Civil   130

2. Se os habitantes da povoação ou casal não houverem adquirido por título justo o uso das águas, o proprietário tem direito a indemnização, que será paga, conforme os casos, pela respectiva junta de freguesia ou pelo dono do casal.

Trabalhos preparatórios

Anteprojecto
art. 93.º

1. *O proprietário de qualquer fonte ou nascente não pode mudar o seu curso costumado se há mais de cinco anos delas ou das suas águas vertentes se abastecerem para seus gastos domésticos os habitantes duma povoação ou casal.*
2. *Se as pessoas mencionadas no número precedente não houverem adquirido por título justo o uso das águas, pode o proprietário exigir a devida indemnização, que será paga, conforme os casos, pela respectiva junta de freguesia ou pelo dono do casal.*

1.ª revisão min. do anteprojecto
art. 1379.º

1. *O proprietário da fonte ou nascente não pode mudar o seu curso costumado se há mais de cinco anos dela ou das suas águas vertentes se abastecerem para seus gastos domésticos os habitantes duma povoação ou casal.*
2. *Se os habitantes da povoação ou do casal não houverem adquirido por título justo o uso das águas, pode o proprietário exigir a devida indemnização, que será paga, conforme os casos, pela respectiva junta de freguesia ou pelo dono do casal.*

2.ª revisão min. do anteprojecto
art. 1392.º

1. *O proprietário da fonte ou nascente não pode mudar o seu curso costumado, se há mais de cinco anos dela ou das águas vertentes se abastecerem para gastos domésticos os habitantes duma povoação ou casal.*
2. *Se os habitantes da povoação ou casal não houverem adquirido por título justo o uso das águas, tem o proprietário direito a indemnização, que será paga, conforme os casos, pela respectiva junta de freguesia ou pelo dono do casal.*

Desenvolvimento

Art. 1392.°, n.° 1

Ao proprietário da fonte ou nascente não é lícito mudar o seu curso costumado, se os habitantes de uma povoação ou casal há mais de cinco anos se abastecerem dela ou das suas águas vertentes para gastos domésticos.

Antecedentes históricos

68. O número um do artigo 1392.° corresponde ao artigo 100.° da Lei das Águas, cuja redacção é a seguinte:

O proprietário de qualquer nascente não poderá mudar o seu curso costumado, se há mais de cinco anos dela ou das suas águas vertentes se abastecerem para seus gastos domésticos os habitantes de qualquer povoação ou casal.

Observações

69. Curso costumado; sentido da expressão – Em anterior momento exarámos não ser discricionária a faculdade que o dono do prédio superior tem em privar o dono do inferior ao uso das águas vindas daquele. O artigo 1392.°, na mesma linha de pensamento, regista mais uma restrição àquela faculdade.

A nomenclatura de que se serviu o legislador de 1966 provém do Código Civil de 1867 (arts. 447.° e 448.°) e, mais tarde, da Lei das Águas (art. 100.°). Mas, a controvérsia em seu redor tem sido imensa, como veremos.

Para a Revista de Legislação e Jurisprudência([142]):

«A servidão consiste em o proprietário não poder mudar o curso costumado da nascente, o que envolve a consequência de que recai unicamente sobre as nascentes que têm um curso exterior; e porque os artigos 447.° e 448.° não concedem aos habitantes de qualquer povoação ou casal, para poderem abastecer-se das águas, o trânsito pelo prédio onde brota a nascente, nem pelos intermediários, como o artigo 440.° concede aos vizinhos de prédios marginais em relação às águas das correntes comuns, concluímos que o aproveitamento da nascente só pode fazer-se quando a água, transpondo o prédio onde nasce, pode

---

([142]) N.° 1689, ano 39.°, pág. 326.

ser colhida pelos habitantes, nos limites do referido prédio, em algum caminho público ou em qualquer prédio acessível aos indivíduos a favor de quem a servidão é estabelecida».

Nesta acepção, só se entendia o curso costumado quando confinado aos limites exteriores do prédio onde as águas brotassem. Estar-se-ia perante um *modelo restritivo puro*. Enquanto corriam no prédio-mãe, as águas poderiam ser usadas como bem pretendesse o seu dono, a quem, por via do princípio, não estava vedado desviar o seu curso.

Esta tese, porém, não fez carreira e foi a própria Revista a reconhecê-lo, mais tarde.

Numa perspectiva de sinal contrário, G. Moreira propunha uma construção mais sensata, ainda que segundo um modelo demasiado *amplexivo*.

Curso costumado seria:

«O movimento da água no ponto em que ela é impelida para a superfície da terra e que se mudará o curso da nascente desde que esta se desvie para qualquer outro ponto, cortando as veias subterrâneas que a alimentam, ou, quando a água seja represada no próprio ponto onde brota, conduzindo-a para qualquer outra parte, deixando assim a água de ter o curso costumado». E mais adiante expendia que na expressão *curso costumado* se compreendia:

«Não só o movimento da água da nascente no ponto em que esta brota mas em qualquer ponto do seu ulterior percurso»[143].

Veloso de Almeida, na mesma linha de pensamento rubricava:

«A proibição tanto abrange o desvio da água na própria nascente como fora do local onde nasce».

«O que o legislador quis proibir foi a mudança do giro ou curso da água, quer essa mudança se dê antes dela aflorar na terra, por meio de corte das veias subterrâneas, quer na nascente ou fora desta»[144].

Também, a R.L.J. acabou por subscrever esta solução. Veja-se:

«Quanto ao significado da palavra curso, *não hesitamos em modificar a nossa opinião, seguindo o Dr. Guilherme Moreira. Desde que tal palavra pode significar tanto o caminho exterior como o subterrâneo e desde que pode haver curso exterior que comece e acabe no próprio prédio onde a água brota, parece-nos, atento o fundamento da disposição, que o verdadeiro sentido é o que lhe é atribuído pelo Dr. Guilherme Moreira»*[145][146].

---

[143] *Ob. cit.*, I, págs. 528 e 529.

[144] *Ob. cit.*, pág. 280 (1.ª ed.) e 312 (2.ª ed.).

[145] Ano 62.º, pág. 250 e segs..

[146] Neste mesmo sentido, H. MESQUITA, *ob. cit.*, págs. 216 a 218, para quem a restrição se estende ao curso subterrâneo.

Aproveitamento das águas – art. 1392.°

A doutrina básica de G. Moreira, se bem que defensável, ainda hoje, carece, todavia, de correcção, em vista do que dispõe o artigo 1392.°.

Na verdade, segundo o mestre, o *curso* tanto podia corresponder ao movimento molecular da água à superfície, como no subsolo. Mas, francamente, pensamos que nem a letra nem a «ratio» da norma apontam naquele sentido; ao contrário, afastam a primeira parte daquela construção teórica.

Se o artigo 1392.° se restringe às águas das *fontes* e *nascentes,* também aplicável às pluviais, dos lagos e lagoas, por força do artigo 1393.°, é evidente que a sua estatuição se não prende, necessariamente, às subterrâneas, em relação às quais, de resto, há restrições bem específicas (arts. 1394.° e 1396.°).

Sendo assim, o dono do prédio pode explorar as águas subterrâneas nele existentes, sem ter que se preocupar com a possibilidade de essa exploração fazer diminuir o caudal da água de uma nascente situada noutro, de diferente proprietário. Só na medida em que a captação de águas subterrâneas é feita por infiltrações *provocadas* e *não naturais* se pode dizer haver violação do direito do dono da nascente mutilada (art. 1394.°, n.° 2).

Não faria sentido algum a imposição de restrições ao direito de explorar águas subterrâneas, de conteúdo diferente, consoante as explorações afectassem nascentes existentes dentro do prédio ou fora dele[147]. Por outras palavras, se o proprietário é livre de procurar águas subterrâneas no seu prédio, ainda que com isso vá afectar as águas de uma fonte ou nascente *nele* existente, livre deve ser, também, de o fazer, pese embora, desse modo, possa prejudicar as águas de fontes e nascentes localizadas *em prédio alheio.*

Dir-se-á, assim, e para finalizar este ponto, que *curso* significa o movimento da água depois de brotada à superfície, seja no local da nascente ou fora dela, seja dentro ou para além dos limites do respectivo prédio-mãe. E nem é suposto que as águas formem, logo que brotam, uma corrente contínua. Da previsão do preceito não estão excluídas, por isso, as águas que depois de brotadas se acumulem num poço, tanque, cisterna ou reservatório. Aliás, e por força do artigo 1393.°, também aplicável, é esta a solução que se impõe, uma vez que as águas de um lago, lagoa e, bem assim, as pluviais caídas num recipiente, não formam, evidentemente, uma corrente.

Determinante, para efeitos do artigo, é que as águas formem um curso, não importa em que momento. Se as águas forem represadas nas citadas obras, podemos seguramente dizer que o curso inicial delas foi interrompido. Do mesmo modo, a partir daquelas obras é, também, possível falar-se em curso. A questão é que, para que curso tome a noção legalmente determinada, ele seja costumado.

---

(147) P. LIMA e A. VARELA, *ob. cit.,* 111, pág. 285.

Costumado, por o movimento se verificar há mais ou menos tempo, segundo uma direcção definida. Desdobra-se, pois, em duas vertentes a significação da palavra.

É *costumado* o curso de água que, nesta qualidade, se apresenta contíuno, do ponto de vista temporal. O curso existe, pelo menos, há cinco anos, tantos quantos os que, da água, os moradores da povoação ou casal fizeram utilização. É a vertente *temporal* do conceito.

É *costumado*, ainda, o curso de água que, nesse período se tem mantido segundo uma direcção determinada e precisa. É a vertente *espacial* ou, se se quiser, direccional do conceito.

70. Povoação e casal; noção – Os jurisconsultos franceses e italianos sustentaram, grosso modo, que o direito só a uma colectividade de habitantes podia ser atribuído. Nesta acepção, ele não podia ser exercido por um simples particular, nem mesmo por várias famílias de casas vizinhas, se não constituíssem uma aglomeração suficiente de modo a formarem, no mínimo, um *hameau*, diminutivo de *village*, ou uma fracção de comuna.

Idêntica era a solução que Assis Teixeira preconizava, ao sublinhar que as águas particulares podiam ficar afectas às necessidades de uma colectividade (habitantes de qualquer povoação ou casal).

G. Moreira, optando por uma via mesclada, atribuía à palavra casal, tanto o sentido de uma casa numa quinta isolada ou afastada, em qualquer aldeia, de outras casas, como o de pequenas povoações de que uma aldeia se formasse.

No seu entender, se o legislador quisesse restringir o direito a uma comunidade de habitantes, nenhuma necessidade tinha de acrescentar à palavra *povoação* o termo *casal*, visto que povoação é sem dúvida um lugarejo de poucas casas([148]).

Também, esta foi a interpretação acolhida pela R.L.J.([149]).

Veloso de Almeida, mais radical, ficou-se pela atribuição à palavra *casal* da noção de lugar formado por uma só casa, como há muitos neste país, e ao termo *povoação* da ideia de agregado formando uma freguesia ou lugar([150]).

Para Henrique Mesquita, *casal* abarca a casa isolada, bem como as pequenas povoações que integram uma aldeia([151]).

A forma como se tem pretendido definir *casal* nem sempre é a mais correcta, no nosso ponto de vista. No seu sentido mais profundo, casal não pode

---

([148]) *Ob. cit.*, pág. 313, nota 1.ª a pág. 533 (2.ª ed.).

([149]) Ano 62.º, pág. 250 e segs..

([150]) *Ob. cit.*, pág. 281 (1.ª ed.) ou 313 (2.ª ed.).

([151]) *Ob. cit.*, pág. 215, nota 2.ª.

constituir-se de pequenas povoações, como o pretenderam fazer crer G. Moreira e H. Mesquita. O verdadeiro parâmetro da distinção tem que situar-se, quanto a nós, numa relação de grandeza.

Povoação será, assim, um aglomerado de casas e habitantes, constituindo uma pequena aldeia, freguesia ou vila([152]).

Por *casal*, entender-se-á o conjunto de duas casas (eventualmente, uma só) integradas numa quinta, granja ou herdade([153]), ou o lugar formado por uma só casa. Que assim é, comprova-o a referência ao *dono do casal* contida na parte final do do n.° 2, do artigo em análise. A expressão *dono do casal* só pode ser entendida, naturalmente, com referência a uma ou duas casas ou quinta isolada, não já como um aglomerado habitacional com vários donos, como é regra, consoante o número de casas de que se compõe.

Casal tem ligado a si a ideia de menoridade, em termos numéricos, quando em comparação com o conceito de povoação.

Em ambos os casos é forçoso que a *generalidade* dos habitantes (da povoação ou do casal) se abasteça da água. Se, sendo várias as casas, uma só dela se aproveitar, não se constitui o direito. Nestas circunstâncias não pode, obviamente, dizer-se que da água se abastecem os *habitantes do casal ou da povoação*.

Repare-se que dissemos *generalidade* e não *totalidade* dos habitantes, contra o que propugnou V. Almeida([154]). Na verdade, determinante é que a utilização da água se faça em proveito colectivo da povoação, não necessariamente como o conjunto das casas de que se compõe, resultado de uma soma aritmética. Seria injusto que aquele direito pudesse ser atribuído a um simples *casal* e não, já, à povoação só porque alguma das casas do lugar não tivesse feito, ou não faça, aquele uso.

71. Gastos domésticos – Gastos domésticos são aqueles que tomam assento na satisfação das necessidades primárias da vida do homem e dos seus animais.

A título de exemplo, cita-se a lavagem das roupas e das habitações, a utilização culinária e sanitária e a dessedentação de animais domésticos. Fica de fora a irrigação de terras, a aplicação da água para fins industriais, ainda que pequena indústria caseira, como a moagem de cereais em moinhos, e fins de comércio.

A água deve ser aproveitada com permanência durante cinco anos, pelo menos. Contudo, impõe que se demonstre a impossibilidade de se obter água de

---

([152]) Ouve dizer-se, correntemente: «A povoação da vila...».

([153]) No norte do país é muito vulgar esta designação.

([154]) *Ob. cit.*, pág. 281 (1.ª ed.) ou 313 (2.ª ed.).

outra proveniência. Porque, havendo-a, nomeadamente, de fonte pública, caduca o direito ou nem chega, sequer, a nascer.

Por outro lado, só pode compreender-se, na satisfação daqueles gastos, a água estritamente necessária ao fim normativo. Tratando-se, como se trata, de uma disposição restritiva ao direito de propriedade concebido na esfera jurídica do dono da água, é lógica a contrapartida restritiva que incide sobre o utilizador social. Daqui decorre que todas as águas que excedem aquela necessidade ficarão livres para o dono da fonte ou nascente.

O direito a que se reporta a norma nasce por virtude dos gastos domésticos, cuja satisfação se pretende salvaguardar. Daí que não importe a génese (que não o fundamento) da utilização. Ela pode advir, por isso, de um acto de mera tolerância por parte do dono da nascente. Mas isso não modifica o direito, nem lhe retira potencialidades. Mesmo por essa via, adquirido o direito, não pode o dono das águas invocar a mera tolerância. Impede-o a utilização concreta, em satisfação das necessidades primárias da vida, impõe-no a virtude do princípio da propriedade-função (social).

72. Sentido da restrição – A incidência pessoal da restrição, de acordo com a letra da lei, fica-se pela titularidade do direito de propriedade: só o proprietário da fonte ou nascente estaria impedido de mudar o curso costumado da água.

Neste aspecto, não repugna admitir que a propriedade da fonte ou da nascente não tenha que pertencer somente à esfera do primitivo proprietário, e faz até sentido que o sujeito passivo possa ser alguém que as haja adquirido posteriormente por qualquer título.

Mais duvidoso se nos afigura, por exemplo, que o titular de um direito de servidão sobre a água possa igualmente estar na previsão do preceito. Dir-se-ia que, como norma restritiva, deveria o seu âmbito, pela mesma lógica, ser confinado ao estrito campo dominial. No entanto, esta opinião não é partilhada por M. Tavarela Lobo, para quem a limitação recai sobre o uso das águas, e não sobre o uso do prédio, o que, a seu ver, significaria que é indiferente o direito adquirido sobre elas([155]).

Deve, por outro lado, aceitar-se que a fonte ou nascente não tem que ser apenas natural, isto é, dever-se à acção da natureza, podendo ser igualmente obtida por efeito de construção humana.

Quanto à natureza dos gastos, quis o legislador afastar todos os que não fossem dedicados estritamente ao consumo doméstico, o que inclui a alimentação humana e de animais domésticos (neste 2.º caso, apenas aqueles que servem de

---

([155]) *Ob. cit.*, II, pág. 20/21.

companhia aos donos e os que servem para a economia e subsistência do lar, o que exclui, por exemplo, as explorações agro-pecuárias), higiene, limpeza da casa e bens pertences, lavagem de roupa, etc. Por gasto doméstico deve entender-se, igualmente, aqueles que da água é feita para rega de pequena horta de sobrevivência destinada à obtenção a baixo custo de alguns produtos essenciais à vida. A mesma opinião não temos quando se pretende utilizar a água na rega de jardins e relvados, já que a função que o precioso líquido aí exerce, até pela quantidade por vezes necessária ao efeito, extravasa o âmbito contido de um consumo destinado às condições essenciais e primárias da vida saudável no lar.

Há mesmo quem opine que, face ao papel que a água exerce nesse caso, aquela que é destinada à população da povoação ou do casal perde a natureza de água particular para passar a ser pública ou, então, afecta a causa comum[156].

73. JURISPRUDÊNCIA

1. «Reivindicando uma junta de freguesia, na petição inicial de acção proposta antes da reforma processual, a propriedade de um tanque e a respectiva água existente num prédio particular, e reconhecendo, na réplica, que esse tanque e água pertencem aos réus, coma restrição de os habitantes do lugar se abastecerem da água e lavarem no tanque, deve o pedido ser apreciado nas duas modalidades. O juiz não pode condenar em mais do que o pedido mas pode condenar em menos sendo-lhe portanto lícito reconhecer a existência de uma servidão a favor de quem reclamava a propriedade plena da coisa.

Na vigência do Código Civil, as águas das fontes e nascentes eram imprescritíveis; e não podia o proprietário que tivesse explorado águas em terrenos alheios perder, pela prescrição aquisitiva de outrem, o direito a essas águas, quando elas tivessem confundidas com as exploradas por ele no seu prédio.

O art. 99.º, § único do decreto n.º 5 787-IIII, como disposição inovadora, não tem efeito retroactivo sendo juridicamente irrelevante a posse anterior ao mesmo decreto. Para que a propriedade de um particular sobre determinada água possa considerar-se restringida pelo uso dos habitantes da povoação ou casal é

---

[156] Na primeira posição, encontramos TEIXEIRA DE ABREU, *Das Águas*, 1971, pág. 85; na segunda, CUNHA GONÇALVES, in *Tratado de Direito Civil*, pág. III, 355. M. TAVARELA LOBO, diversamente, e com razão, considera que a água não perde a natureza particular. Nós acrescentaríamos, seguindo de perto a distinção entre servidões administrativas e restrições de utilidade pública ao direito de propriedade que M. CAETANO estabelece (*Manual, II,* págs. 1052/1064), que se tratará de uma restrição deste tipo, alias como a própria epígrafe do artigo o sugere.

necessário que, além do uso por mais de cinco anos, não derivado de actos de mera tolerância, não exista nas proximidades outra fonte em que eles possam abastecer-se» – (Ac. da R.P., de 23/4/1930, in *R.T.*, ano 48.°, pág. 183 e segs.).

2. «I – O art. 1392.° do Cód. Civil, pressupõe que o dono das águas, de que, no seu curso, se servem os habitantes de uma povoação ou casal para gastos domésticos, faz seguir esse curso no seu interesse. II – Por «casal», para efeitos desse artigo, entende-se uma casa ou quinta isoladas» – (Ac. da R.P., de 15/3/83, in *C.J.*, 83, II, 229).

3. «I – O art. 1392.° do C. Civil, porque limitativo do direito de proprie- dade, tem que ser interpretado restritivamente. II – Entende-se por povoação, para os efeitos daquele art. 1392.°, um agregado de casas formando um lugar ou fre- guesia. III – Entende-se por casal, para os mesmos efeitos, o lugar formado por uma só casa» – (Ac. da R.P., de 15/3/83, in *C.J.*, 83, II, 230).

4. «I – A ilegitimidade de qualquer das partes só se verificará, quando em juízo se não encontrar o titular da alegada relação material controvertida ou quando legalmente não for permitida a titularidade daquela relação. II – Tendo uma Câmara Municipal, como autora, formulado dois pedidos – um, de decla- ração do direito dos habitantes de determinada povoação do concelho ao uso e fruição de água explorada em terreno dos réus; e outro, de condenação destes ao reconhecimento desse direito e na abstenção de quaisquer actos perturbadores ou impeditivos do livre curso dessa água –; e tendo fundamentado esses pedidos no facto de ter sido ela quem fez a exploração da água e quem construiu a fonte ade- quada, o depósito e a canalização, e também na circunstância de, posteriormente, um dos réus ter obstruído a saída da água para a canalização; cabendo-lhe, como lhe cabe, promover todas as acções tendentes à administração corrente do patri- mónio municipal e à sua conservação, é irrecusável que ela tem legitimidade activa. III – A Junta de Freguesia respectiva tem, em relação ao objecto da causa, um interesse directo, próprio e activo, o qual, embora distinto do da Câmara Municipal é com ele compatível. IV – Esse interesse da junta de Freguesia legi- tima a sua admissão como interveniente principal. V – O que caracteriza as fon- tes públicas é o uso das águas, num lugar determinado, para beber, para consumo doméstico ou para outros fins, e bem assim que hajam sido apropriadas, explo- radas ou canalizadas pelo Estado ou pelas autarquias locais. VI – Reconhecido pelos réus o direito dos habitantes do lugar ao uso da água da nascente em apreço, será ilícita qualquer actividade por eles desenvolvida com o objectivo de destruir ou obstruir o depósito dessas águas. VII – Tendo os réus acordado com a junta de Freguesia em colocar, na fonte pública, uma torneira de pistão, a fim de permitir que revertam, para o prédio daqueles e em seu benefício, as águas

sobrantes, têm os mesmos direitos a essas sobras» – (Ac. da R.P., de 6/10/83, in *C.J.*, 83, IV, 247).

5. «I – Embora a expressão «águas vertentes» seja um conceito de direito, deve tomar-se em consideração a resposta ao quesito em que, com a expressão, se quis traduzir o facto de as águas trasbordarem de um poço. II – A sujeição ao escoamento natural das águas não confere ao proprietário do prédio inferior o direito à sua aquisição, nem impõe ao do prédio superior qualquer restrição a novo aproveitamento da fonte ou nascente de onde brotam as águas» – (Ac. da R.P., de 10/1/84, in *C.J.*, 84, I, 211).

6. «I – A usucapião só é considerada justo título de aquisição da água das nascentes, desde que acompanhada da construção de obras no terreno ou prédio onde existe a nascente. II – A expressão «baldio» é um conceito de direito: não é, por isso, bastante a utilização desta palavra para, só por si, se considerarem os baldios como bens inseridos no domínio público. III – Concretizada uma situação de aproveitamento da água de uma fonte ou nascente, para gastos domésticos, por mais de 5 anos, é ao proprietário dessa fonte ou nascente que a lei inibe de mudar o seu curso» – (Ac. da R.P., de 10/5/84, in *C.J.*, 1984, III, pág. 262).

7. «I – Tendo-se provado que as águas que nascem na vertente Leste da serra da Nogueira, incluindo as de uma nascente situada na gleba distribuída aos Réus, se encontraram a ser aproveitadas pelos vizinhos da povoação de Rebordãos, as quais são conduzidas de maneira a formarem um único caudal, a partir do qual todos os vizinhos as utilizam, segundo prática que já dura há mais de dois séculos e, desde tempos imemoriais, da referida nascente parte uma agueira que conduz a água para aquele caudal, donde os vizinhos a derivam para a aproveitarem, tal prática integra um uso e um costume que já tinham mais de um século ao tempo em que o Código Civil de 1867 entrou em vigor. II – Sendo certo que no rigor dos conceitos, não será de haver essa prática como um título de aquisição do direito à água, enquadrável na ressalva do artigo 438.° desse Código e ressalvado pelo artigo 133.°, do Decreto 5 787-IIII, de 10 de Maio de 1919, não deixará contudo de se lhe reconhecer a natureza de uma situação de facto que a lei, verificados certos pressupostos, converteu numa relação juridicamente vinculativa, como elemento de definição ou medida do direito de cada utente no aproveitamento comum, situação que se tem por consagrada em dispositivos legais contidos no artigo 1400.° do Código Civil de 1966. III – E não tendo os Réus provado qualquer título de aquisição do direito às aguas da nascente da gleba que lhes foi distribuída, não se mostra justificada a legalidade das obras por eles realizadas para aproveitamento próprio das águas dessa nascente» – (Ac. do S.T.J., de 18/05/89, Proc. n.° 077 124).

As águas no Código Civil
140

8. «I...; II...; III – O poder de uso de águas, conferido no artigo 1329.°
n.° 1, do Código Civil, aos habitantes de povoação ou casal para gastos domésticos, é condicionado pelo seu aproveitamento no seguimento do seu curso, não
podendo operar-se no local onde as águas nascem, e a invocação desse poder
depende da alegação e prova das características do "casal", alegada que não seja
a utilização por povoação. IV – Sendo embora de conhecimento oficioso o abuso
de direito, deve quem o invoca alegar e provar os seus fundamentos; não ocorre
tal abuso na reivindicação da água acima referida contra os donos do prédio onde
está aberta a mina e a poça e que daquela a desviaram por canos para sua casa» –
(Ac. da R.P., de 26/06/95, Proc. n.° 9 451 133).

9. «I – Envolve violação do disposto no artigo 1392.° do C.C. o entupimento, com terra, de poço destinado ao armazenamento de água de nascente
que abastece um fontenário, que, por sua vez, abastece os habitantes de determinada povoação. II – Se a condução de água a partir do poço até ao fontenário se
processa no prédio onde se situa a nascente, não há que falar em servidão de
aqueduto, pois este só ocorre quando a condução se faz através de prédio alheio»
– (Ac. do S.T.J., de 20/01/99, Proc. n.° 98-B707).

10. «I – As águas particulares de fontes e nascentes podem ser desintegradas do prédio onde se encontram através de negócio jurídico. II – Tal negócio tem
de observar as exigências de forma impostas para os bens imóveis, nomeadamente, a escritura pública, em caso de venda ou doação. III – O uso das águas para
gastos domésticos, nos termos do artigo 1392.° n.° 1 do Código Civil, constitui
uma restrição ao direito de propriedade. IV – Deve, como norma restritiva, aquele
preceito ser interpretado como reportado apenas às águas necessárias para gastos
domésticos, ficando as outras livres para o proprietário» – (Ac. da R.P., de
20/01/2000, Proc. n.° 9 931 523).

11. «I – A restrição ao uso das águas das fontes ou nascentes particulares,
instituída para assegurar os gastos domésticos dos habitantes de povoação ou
casal, visa salvaguardar necessidades primárias da vida. II – Pressupõe assim que
estas águas são necessárias ao utilizador e não apenas úteis, ficando excluída a
irrigação de terras e a aplicação afins industriais» – (Ac. da R.P., de 1/03/2001,
Proc. n.° 0 130 161).

12. «I – As nascentes e as fontes constituem parte integrante do solo onde
se acham implantadas mas só na medida e no momento em que a água faz parte
do respectivo prédio é que o dono deste poderá fazer da água o uso e disposição
que entender, salvas as limitações que a lei determina. II – Essa água não perde a
natureza de água particular pelo facto de uma entidade pública, com autorização

141   *Aproveitamento das águas – art. 1392.°*

do dono do prédio, ter construído um fontanário, tanque e respectiva canalização, de modo a terem os moradores de um lugar acesso à água para satisfação das suas necessidades primárias» – Ac. da R.P., de 14/10/2002, Proc. n.° 0 250 884).

Art. 1392.°, n.° 2

Se os habitantes da povoação ou casal não houverem adquirido por título justo o uso das águas, o proprietário tem direito a indemnização, que será paga, conforme os casos, pela respectiva junta de freguesia ou pelo dono do casal.

Antecedentes históricos

74. O n.° 2 do artigo 1392.° teve por fonte o artigo 101.° da Lei das Águas, cuja redacção se transcreve:

Se os habitantes mencionados no artigo antecedente não houverem adquirido por título justo o uso das águas de que aí se trata, poderá o proprietário exigir a devida indemnização.

§ 1.° Esta indemnização será proporcionada ao prejuízo que resulta para o proprietário de ser privado do livre uso das águas e ao que lhe causar o trânsito que se tiver feito pelo seu prédio, sem atenção ao aproveitamento que daquele pode tirar a povoação ou casal.

§ 2.° As questões que a este respeito se suscitarem serão resolvidas judicialmente, sendo os habitantes da povoação ou casal representados pela junta de freguesia, que pagará indemnização.

Observações

75. Generalidades – A fixação do quantum indemnizatório obedecerá às regras enunciadas no artigo 562.° e seguintes do Código Civil. Daí, o ter-se eliminado, por inútil, a regra ínsita no § 1.°, do citado artigo 101.°.

76. JURISPRUDÊNCIA

1. «I – Nos termos do Decreto-Lei n.° 34 021, de 11/10/44, o proprietário de um prédio não se pode opôr por qualquer modo à efectivação de obras de pes-

quisa, captação e exploração de águas para abastecimento e saneamento de aglomerados populacionais, só tendo direito a ser indernnizado pela diminuição transitória ou permanente do rendimento efectivo do prédio. II – Tal indemnização será fixada por acordo entre as entidades interessadas na execução das obras e os proprietários ou possuidores que a ela tenham direito. III – Na falta de acordo, as indemnizações serão fixadas definitivamente pelo juiz de direito da situação dos terrenos» – (Ac. da R.C, de 17/1/69, in *J.R.*, 1969, pág. 218).

2. «I – O artigo 1392.° do Código Civil, porque limitativo do direito de propriedade, tem de ser interpretado restritivamente. II – Entende-se por povoação, para os efeitos daquele artigo 1392.°, um agregado de casas formando um lugar ou freguesia. III – Entende-se por casal, para os mesmos efeitos, o lugar formado por uma só casa» – (Ac. da R.P., de 15/03/83, Proc. n.° 0 001 562).

3. «I – O disposto no art. 1392.°, n.° 1, do Código Civil contém uma importante restrição ao uso das águas das fontes ou nascentes particulares, que foi instituída para assegurar os gastos domésticos dos habitantes de uma povoação ou casal, salvaguardando assim as necessidades primárias da vida. II – Sendo uma disposição restritiva do direito de propriedade, o art. 1392.°, n.° 1 deve ser objecto também de interpretação restritiva, a qual deve, por isso, limitar-se às águas necessárias aos gastos domésticos, ficando as outras livres para o proprietário da água ou para o titular de um direito de servidão sobre ela. III – A mencionada restrição exige que as águas sejam necessárias e não apenas úteis. IV – Por «povoação» entende-se um agregado de casas, formando um lugarejo, lugar ou freguesia. V – O «casal» é havido não como um aglomerado habitacional, mas como uma casa ou quinta isolada. VI – Aquele que invoca um direito abe não só o ónus de alegar os respectivos factos constitutivos, mas também de o demonstrar a veracidade ou exactidão desses factos» – (Ac. da R.P., de 26/09/94, in *C.J.*, 1994, IV, pag. 191.

4. «I – O conceito da palavra «casal» referido no n.° 2 do art. 1392.° do Cod. Civil comporta tanto o sentido de um pequeno aglomerado de casas formando uma pequena aldeia, como o sentido de uma simples casa isolada, numa quinta ou nos subúrbios de uma povoação. II – Assim, aos habitantes de uma só casa, que se abasteçam da água de uma só nascente, é-lhes atribuído o direito referido no art. 1392.° do Cod. Civil. III – A restrição ao uso das águas imposta pelo citado art. 1392.° difere da restrição imposta pelo art. 1396.° do Cod. Civil em dois aspectos fundamentais: a) por um lado, a restrição imposta aos proprietários das fontes e nascentes só nasce depois do aproveitamento feito pelos habitantes de uma povoação ou de um casal ter a duração mínima de 5 anos, ao passo que que

143   *Aproveitamento das águas – art. 1393.°*

a restrição aplicável à exploração de águas subterrâneas, não depende de prazo nenhum; b) e, por outro lado, a primeira dessas limitações apenas aproveita aos abastecimentos para gastos domésticos, enquanto a segunda se reporta a qualquer uso público que se faça das águas da fonte ou reservatório» – (Ac. da R.C., de 3/02/98, in *C.J.*, 1998, I, pág. 22.

5. «I – Envolve violação do disposto no artigo 1392.° do C.C. o entupimento, com terra, de poço destinado ao armazenamento de água de nascente que abastece um fontenário, que, por sua vez, abastece os habitantes de determinada povoação. II – Se a condução de água a partir do poço até ao fontenário se processa no prédio onde se situa a nascente, não há que falar em servidão de aqueduto, pois este só ocorre quando a condução se faz através de prédio alheio» – (Ac. do S.T.J. de 20/01/99, Proc. n.° 98B707)

ARTIGO 1393.°

(Águas pluviais e de lagos e lagoas)

O disposto nos artigos antecedentes é aplicável, com as necessárias adaptações, às águas pluviais referidas na alínea *a)* do n.° 1 do artigo 1386.°e às águas dos lagos e lagoas compreendidas na alínea *c)* do mesmo número.

Trabalhos preparatórios

Anteprojecto
art. 94.°

São aplicáveis às águas pluviais referidas na alínea a) *do n.° 1 do artigo 87.°, e às águas dos lagos e lagoas referidas na alínea* c) *do mesmo número as disposições dos artigos antecedentes, com as necessdrias adaptações.*

1.ª revisão min. do anteprojecto
art. 1380.°

É aplicável às águas pluviais referidas na alínea a) *do n.° 1 do artigo 1373.° e às águas dos lagos e lagoas referidas na alínea* c) *do mesmo número o disposto nos artigos antecedentes, com as necessárias adaptações.*

2.ª revisão min. do anteprojecto
art. 1393.º

É aplicável às águas pluviais referidas na alínea a) *do n.º 1 do artigo 1386.º e às águas dos lagos e lagoas compreendidas na alínea* c) *do mesmo número o disposto nos artigos antecedentes, com as necessárias adaptações.*

Projecto
art. 1393.º

É aplicável às águas pluviais referidas na alínea a) *do n.º 1 do artigo 1386.º e às águas dos lagos e lagoas compreendidas na alínea* c) *do mesmo número o disposto nos artigos antecedentes, com as necessárias adaptações.*

Observações

77. Sobre águas pluviais (art. 1386.º, n.º 1, al. *a*)) e dos lagos e lagoas (art. 1386.º, n.º 1, al. *c*)), vide anotações aos respectivos artigos.

Vejam-se, ainda, as observações aos artigos 1389.º a 1392.º, para os quais o artigo 1393.º faz remissão (*O disposto* nos *artigos antecedentes*).

ARTIGO 1394.º
(Águas subterrâneas)

1. É lícito ao proprietário procurar águas subterrâneas no seu prédio, por meio de poços ordinários ou artesianos, minas ou quaisquer escavações, contanto que não prejudique direitos que terceiro haja adquirido por título justo.

2. Sem prejuízo do disposto no artigo 1396.º, a diminuição do caudal de qualquer água pública ou particular, em consequência da exploração de águas subterrâneas, não constitui violação de direitos de terceiro, excepto se a captação se fizer por meio de infiltrações provocadas e não naturais.

Aproveitamento das águas – art. 1394.°

Trabalhos preparatórios

Anteprojecto
art. 95.°

É lícito ao proprietário procurar águas subterrâneas no seu prédio, por meio de poços ordinários ou artesianos, minas ou quaisquer escavações, contanto que não prejudique direitos que terceiro haja adquirido por título justo.

1.ª revisão min. do anteprojecto
art. 1381.°

É lícito ao proprietário procurar águas subterrâneas no seu prédio, por meio de poços ordinários ou artesianos, minas ou quaisquer escavações, contanto que não prejudique direitos que terceiro haja adquirido por título justo.

A redacção actual foi obtida quando da 2.ª revisão ministerial do anteprojecto.

Desenvolvimento

Art. 1394.°, n.° 1

É lícito ao proprietário procurar águas subterrâneas no seu prédio, por meio de poços ordinários ou artesianos, minas ou quaisquer escavações, contanto que não prejudique direitos que terceiro haja adquirido por título justo.

Antecedentes históricos

78. O n.° 1 do artigo 1394.° teve por fonte o artigo 102.° da Lei das Águas, cuja redacção se transcreve:

É lícito a qualquer procurar águas subterrâneas no seu prédio, por meio de poços ordinários ou artesianos, minas ou quaisquer escavações, contanto que não prejudique direitos que terceiro haja adquirido por título justo sobre águas desse prédio.

Idêntica era a redacção do artigo 450.° do Código Civil de 1867.

Observações

79. É lícito ao proprietário procurar águas subterrâneas no seu prédio – Nesta parte, o artigo representa uma emanação do princípio contido no n.° 1, do artigo 1344.°, do Código Civil vigente, do seguinte teor:

> *A propriedade dos imóveis abrange o espaço aéreo correspondente à superfície, bens como o subsolo, com tudo o que neles se contém e não esteja desintegrado do domínio por lei ou negócio jurídico.*

É, afinal, por outras palavras, o mesmo que dizer que a propriedade dos solos, salvo limitadas restrições, se afere no sentido da *horizontalidade* e no da *verticalidade*([157])([158]).

Não pode, por isso, contestar-se que quem tem a propriedade do solo tem também a propriedade de tudo o que está acima e abaixo da superfície([159]).

Aquele direito, na demonstrada plenitude, permite ao proprietário do prédio abrir minas, poços e fazer escavações, para captar as águas ali existentes. Ninguém lhe pode coarctar a liberdade de exercício do *direito de transformação,* bem ilustrado no artigo 1348.°, com exclusão de qualquer outra pessoa *(qui jure utitur nemini facit injuriam).*

Do mesmo passo, ainda dentro das prerrogativas daquele direito, o dono do prédio pode alienar a um terceiro as águas que nele encontre, como permitir a constituição de uma servidão em favor de outro prédio.

De iguais poderes, já, não goza, naturalmente, o usufrutuário, nem o superficiário.

Aquele pode, é certo, explorar as águas em benefício do prédio usufruído (art. 1459.°, n.° 1). Mas já lhe está vedada a possibilidade de as alienar, visto que a coisa tem que ser restituída, findo o usufruto, com as virtudes iniciais (art. 1483.°), ficando a servidão limitada ao prazo de duração do usufruto (art. 1460.°).

([157]) Art. 2288.°, do C.C., de 1867: «O direito de fruição do solo abrange, não só o mesmo solo em toda a profundidade, salvas as disposições da lei em relação a minas, mas também o espaço aéreo correspondente ao mesmo solo, na altura susceptível da ocupação».

([158]) Os limites do subsolo podem ser representados *«por linhas perpendiculares levantadas das extremas dos prédios até à profundidade susceptível de utilizaçdo»* – P. Lima, *ob. cit.*, pág. 105.

([159]) GIANZANA, *Teorica della acque private*, cit. por G. MOREIRA, *ob. cit.*, I, pág. 557 (2.ª ed.).

No entanto, parece não haver qualquer obstáculo a que, enquanto durar o usufruto, o usufrutuário possa ceder ou dar de arrendamento a terceiros uma certa porção da água que explora([160]).

O superficiário, esse, carece em absoluto de quaisquer direitos em relação ao subsolo (art. 1525.°, n.° 2).

80. ...Contanto que não prejudique direitos que terceiro haja adquirido por título justo – Hoje, justos títulos são, apenas, os que se enumeram no artigo 1390.°. Sem embargo, dada a ineficácia retroactiva da lei e a ressalva de direitos adquiridos no domínio da lei anterior, é possível, teoricamente, a invocação, nos nossos tribunais, de títulos que remontem a época anterior ao próprio Código Civil de 1867.

E, antes desse Código, justos títulos eram a *lei, uso e costume, concessão expressa, sentença* e *prescrição* aquisitiva (usucapião, hodiernamente).

No período de vigência do Código de 1867 tais títulos reduziam-se a dois: *escritura* e *acto público*.

Com a publicação da Lei das Águas o justo título adquire uma outra projecção jurídica, passando a ser entendido como meio legítimo de adquirir direitos imobiliários, para além da própria prescrição aquisitiva([161]).

O *justo título* aludido no artigo em análise tem uma peculiar dimensão que advém da própria inserção nominativa temática. Ele só incide sobre as águas subterrâneas, não sobre as provenientes das fontes ou nascentes, ainda que se saiba que estas têm, sempre, origem num veio subterrâneo. Este justo título criador dum específico direito na esfera de terceiro é oponível à exploração da água subterrânea pretendida fazer pelo dono do prédio dela (água) localizador([162]).

Posto isto, desde que não haja qualquer direito adquirido por título justo, pode o proprietário explorar livremente as águas subterrâneas, porventura existentes no seu prédio, pese embora a circunstância de com essa exploração se poder cortar um ou mais veios subterrâneos que alimentam as fontes ou nascentes de

---

([160]) Neste sentido, M. TAVARELA LOBO; *ob. cit.*, II, pág. 70.

([161]) Relativamente a cada um deles e seus pressupostos, vide anotações ao art. 1389.°.

([162]) *«Em face da nossa legislação actual, o direito que ao proprietário se atribui de explorar por qualquer forma águas no seu prédio não é de modo algum limitado por quaisquer nascentes, fontes e reservatórios de uso público, a que já nos referimos»* – G. MOREIRA, *ob. cit.*, I, pág. 558.

As águas no Código Civil   148

prédios vizinhos. É evidente que se os proprietários destes detiverem o deito de explorar as águas daquele prédio, já o seu dono está impedido de explorar as águas subterrâneas que nele existam[163][164].

Resulta, daqui, a necessidade de promover a distinção entre águas que correm *subterraneamente* e as que deslizam à *superfície*.

E os termos da distinção reconduzem-se a dois momentos separados. Enquanto a água está estagnada em lençois no subsolo, ou nele corre, toma a designação de *subterrânea*. Uma vez brotada à superfície, deixa de ter o mesmo rótulo, passando a assumir a natureza de *água de nascente, fonte ou* de *corrente doininial pública* ou *particular*[165].

Do exposto decorre que a aquisição do direito às águas de tinia nascente não abrange as subterrâneas existentes em prédio alheio que a alimentam, a menos que sobre estas se verifiquem os normais pressupostos aquisitivos de um qualquer justo título.

Vamos, agora, rapidamente, estudar um específico elemento exigível característico da prescrição aquisitiva, outra forma de aquisição originária.

Exigiam-se, relativamente a ela, obras no prédio superior. Obras que não podiam ser, como o não podem hoje em dia no domínio da usucapião de águas subterrâneas, *superficiárias*. Estas, a existirem, só podem conduzir à aquisição do direito às águas existentes à superfície, logo, de fontes, nascentes ou outras correntes. Por conseguinte, as obras têm que ser também subterrâneas (uma mina serve, perfeitamente, como exemplo) e estar focalizadas no prédio onde os veios ou lençois existem.

Se alguém, por si e seus antecessores, abriu uma mina no seu prédio acabando por ultrapassar as extremas verticais do mesmo, penetrando no do vizinho para aí captar águas subterrâneas lá existentes, adquiriu o direito a elas por prescrição aquisitiva (ou usucapião) se, decorrido o prazo necessário, estiverem preenchidos os demais requisitos.

Requisitos que são a aparência e permanência, demonstrativos daquela captação. *Aparência,* de forma a que a captação não possa ser ambígua e equívoca; *permanência,* de molde a dar ininterrupção e continuidade à posse.

---

[163] P. LIMA, *Lições* cit., pág. 235 e segs..

[164] Vide anotações ao art. 1389.º, *supra.*

[165] *«Se o facto de derivar de veios subterrâneos uma água que corre à superfície importasse a sua classificação como* subterrânea, *teríamos de riscar da lei a categoria de fontes e nascentes, para só admitir a existência de águas subterrâneas ou de águas* pluviais, *já que todas as águas ou provêm do subsolo ou provêm das chuvas» – R.L.J.,* ano 79.º, pág. 72.

Uma escada de acesso à mina, um óculo de vigia, além da própria mina, constituem bons exemplos de obras aparentes. Acontece que, por vezes, devido à inexistência das duas primeiras obras, torna-se necessário verificar, in loco, se a mina penetra, realmente, no prédio vizinho. E, na hipótese afirmativa, qual a extensão da penetração. Isto, porque a violação dos limites daquele prédio deve ser bem denunciadora do propósito de lá se querer extrair a água. Impõe-se, assim, que a profundidade e extensão da penetração tenham um razoável mínimo exigível, não vá admitir-se ter sido despropositada e não intencional a violação dos limites do prédio fronteiriço, reconhecida a dificuldade em fazer-se a correcta delimitação vertical das extremas subterrâneas do prédio. Fosse esse o caso, a usucapião não teria lugar por carência do ânimo aquisitivo.

O n.º 1 refere-se aos direitos de terceiros particulares, mas as restrições não se ficam por aí. Tal como o proprietário de fonte ou nascente não pode mudar o curso costumado, de acordo com a previsão do art. 1392.º, assim também o proprietário das águas subterrâneas está condicionado à estatuição do art. 1396.º, influenciado pelo relevo social da água sempre que dela estiver a ser feito um uso geral e público.

A solução, num caso e noutro, visa impedir a colisão de direitos recaídos sobre o mesmo objecto.

Diferente é a *ratio legis* que se entrevê no art. 1348.º, n.º 2, que impõe ao proprietário – quando abra minas, poços ou escavações no seu prédio – as necessárias cautelas para evitar desmoronamentos ou deslocações de terras nos prédios vizinhos. É claro que se tal vier a acontecer, o lesado terá direito a ressarcimento indemnizatório pelos danos sofridos.

Em todo o caso, é preciso conciliar os direitos e restrições previstos no Código com as disposições agora vigentes no já falado D.L. 46/94, de 22/02. Pretendendo este diploma estabelecer o regime de utilização do domínio hídrico sob jurisdição do Instituto da Água (art. 1.º), tanto o público, como o privado (art. 2.º, n.º 2), e estando a captação de águas superficiais ou subterrâneas (sobre o conceito de captação, ver art. 19.º, n.º 1) sujeita à disciplina do referido articulado legal (art. 3.º, n.º 1, al. *a*)), ela sempre carecerá de licença nos seguintes casos (art. 19.º, n.º 2):

a) Quando os meios de extracção excedam a potência de 5 cv;

b) No caso de águas subterrâneas, sempre que o poço ou o furo artesiano tenham uma profundidade superior a 20 metros.

A captação estará sujeita a contrato de concessão nos casos definidos no diploma (cit. disp.).

As águas no Código Civil   150

81. JURISPRUDÊNCIA

1. «I – Qualquer alteração legislativa a introduzir no regime jurídico da exploração da água deverá integrar-se numa revisão geral do regime jurídico da propriedade constante do C. Civil. II – O art. 1394.° do C.C. não estabelece uma protecção adequada do interesse no desvio de águas existentes noutros terrenos, pertencentes a outros proprietários e que não sejam aplicados ou se não destinem a ser aplicadas a usos domésticos, agrícolas ou industriais. III – A entender-se oportuna a regulamentação que consta do art. 1394.° do C.C., poderá ser substituída por outro, designadamente semelhante à prevista nos arts. 911.° e 912.° do C.C. italiano» – (Parecer da P.G.R., de 16/6/76, in *B.M.J.,* n.° 263/170).

2. «I – O aproveitamento de uma nascente, que brota no interior de um prédio rústico, através de obras de captação visíveis e permanentes, com mais de 30 anos, mas que não exorbitam dos limites desse prédio, não produz a usucapião da água subterrânea situada em prédio alheio que alimenta a nascente. II – O proprietário do último prédio será, portanto, livre de procurá-la, escavá-la e aproveitá-la, contanto que não prejudique direitos que terceiro haja adquirido por justo título. III – Haverá justo título relativamente ao proprietário do prédio inferior naquelas condições, se se produzir corte do acesso da veia de água ao seu prédio ou se a captação no prédio de montante for tal que deva considerar-se puramente emulativa ou contrária aos limites impostos pela boa fé, pelos bons costumes ou pelo fim social ou económico do direito de propriedade do dono de tal prédio» – (Ac. da R.P., de 15/11/83, in *C.J.,* 83, 5.°, pág. 211).

3. «I – Tendo a Junta de Freguesia de Vilar da Veiga dado de aforamento aos habitantes do lugar de Ermida 231 glebas, situadas nos limites desse lugar Ermida e não descritos na Conservatória, tendo cabido aos Autores a gleba 112, o domínio directo transferiu-se para o titular do domínio útil, com a execução do emprazamento pelo Decreto-Lei n.° 195-A/76, de 16 de Março, com a correcção do Decreto-Lei n.° 546/76, de 10 de Julho. II – Assim, dada a consolidação da propriedade rural, por fusão do domínio directo com o domínio útil da gleba, tornou-se esta propriedade perfeita dos Autores, com registo na respectiva Conservatória do Registo Predial, tendo-se por fruídas também as englobadas, dependentes e discutidas disposições sobre aguas que constavam do aforamento das glebas pela citada Junta de Freguesia. III – Alem de que por si e antecessores, sempre há mais de 30 anos os Autores tem utilizado, fruído e colhido os frutos da citada gleba, como exclusivos donos, ininterruptamente, com conhecimentos de toda a gente, sem oposição de ninguém, tendo procedido a obras de escavação a perfuração do solo a fim de explorar aguas subterrâneas, canalizadas

151   *Aproveitamento das águas – art. 1394.°*

com autorização do Parque Nacional da Peneda (Gerez) já em 1978 – artigos 1386.°, 1389.°, 1390.°, 1394.° e 1395.°, do Código Civil, sendo as águas apenas sua propriedade» – (Ac. do S.T.J., de 31/03/87, Proc. n.° 073 491).

4. «I – Tendo os apelantes ficado privados da água da mina em consequência de pesquisas da apelada de águas subterrâneas no seu prédio, é evidente a violação, por esta última, do direito daqueles. II – Tendo as apelantes adquirido o direito às águas por contrato, a apelada ficou inibida de fazer no seu prédio explorações. III – Sendo a utilidade económica imediata visada na acção o pedido de reconhecimento da propriedade das águas de uma mina, será o valor desta o valor tributário da causa, sendo irrelevante que os Autores, concomitantemente tenham deduzido, desnecessariamente, pedido de reconhecimento do direito de propriedade sobre o respectivo» – (Ac. da R.P., de 17/10/89, Proc. n.° 0 020 800).

5. «I – Pelo art. 1471.°, n.° 1, C.C., é aplicável ao nu proprietário o disposto no art. 1394.°, n.° 1, do mesmo Código, pelo que pode procurar no prédio águas subterrâneas por meio de poços ou outras escavações, contanto que dai não resulte diminuição do valor do usufruto ou modificação do destino económico da coisa sujeita a usufruto. II – Em caso de compropriedade ou nua propriedade, pelo princípio de que cada comproprietário pode usar a coisa comum na sua totalidade (art. 1406.° C.C.), é lícito a um dos nus proprietários conduzir para prédio seu água por si captada no prédio comum» – (Ac. da R.P., de 23/05/91, Proc. n.° 0 406 450).

6. «Não obtendo A o reconhecimento de um direito de propriedade sobre as águas nascidas em prédio alheio, mas apenas um direito de servidão relativamente a tais águas, utilizadas em prédios seus, não tem ele o direito de obter a tapagem de um furo aberto pelo dono do prédio onde está a nascente» – (Ac. da R.P., de 8/04/2002, Proc. n.° 0 250 330).

7. «O disposto no artigo 1392.° do Código Civil não é aplicável às águas subterrâneas, cujo regime decorre dos artigos 1394.° a 1396.° do mesmo Código» – (Ac. do S.T.J., de 5/06/91, Proc. n.° 079 974).

8. «I – Nos termos do artigo 1394.°, n.° 1 do Código Civil, aos proprietários de um prédio rústico é lícito procurar águas subterrâneas no seu prédio, contanto que não prejudiquem os direitos de terceiros às águas subterrâneas desse mesmo prédio, cuja captação tem vindo a ser feita através de um sistema de canos. II – É alheia aos poderes de cognição do Supremo Tribunal de Justiça a factualidade inferida de factos conhecidos por dedução lógica e com apoio nas regras da experiência» – (Ac. do S.T.J., de 20/02/92, Proc. n.° 077 215).

As águas no Código Civil 152

9. «Comete um crime de furto simples (artigo 203.° do C.P./82) aquele que, sem conhecimento e contra a vontade do proprietário de um terreno de que é simples rendeiro, aí abre um furo artesiano e, sabendo-a alheia, se apropria da água, utilizando-a no cultivo desse terreno e em seu próprio benefício» – (Ac. do S.T.J., de 9/12/98, Proc. n.° 98P1041).

10. «I – Se restrições existem ao aproveitamento de águas subterrâneas, elas são impostas aos proprietários privados, em relação às águas para o uso público e não às entidades que em defesa do interesse público procuram captar águas para satisfazer as necessidades das populações que representam. II – Tendo ficado apenas provado que a abertura dos furos afectou o caudal da água que afluía à mina existente no prédio do A. e que na maior parte da parte rústica do seu prédio apenas crescem matos, tojos, fetos silvas e vegetação rasteira, tal factualidade não conduz necessariamente à conclusão que teve prejuízo com a abertura dos referidos furos, já que nos locais onde vegetam tal tipo de plantas daninhas são em princípio terrenos húmidos. III – Acresce que ao réu não pode ser imputada qualquer responsabilidade, uma vez que com a abertura dos furos não foi violado o direito do A., uma vez que falta, *in casu*, ilicitude ao facto. IV – Desta forma, não há lugar a qualquer indemnização a pagar pelo réu em execução de sentença» – (Ac. da R.C., de 20/07/2000, Proc. n.° 1388/2000).

11. «I – O princípio geral é o da livre exploração de águas subterrâneas. II – Cada proprietário só pode explorar, para além das águas estagnadas ou armazenadas no seu prédio, as que, infiltrando-se naturalmente, o atinjam, os veios que naturalmente o alcancem ou atravessem, não lhe sendo lícito, por constituir violação de direitos de terceiro, provocar artificialmente o desvio das águas que se encontrem ou passem em prédio vizinho, à superfície ou no subsolo. III – Não demonstrado esse desvio, é lícito a sua actuação, no exercício do direito de exploração e aproveitamento de veios subterrâneos nos seus limites normais» – (Ac. do S.T.J., de 19/03/2002, Proc. n.° 02B421).

Art. 1394.°, n.° 2

Sem prejuízo do disposto no artigo 1396.°, a diminuição do caudal de qualquer água pública ou particular, em consequência da exploração de água subterrânea, não constitui violação de direitos de terceiro, excepto se a captação se fizer por meio de infiltrações provocadas e não naturais.

153   *Aproveitamento das águas – art. 1394.°*

Observações

82. 1.° apontamento – O preceito em análise contém uma regra e uma excepção.

Como objectivamos demonstrar, qualquer proprietário pode, livremente, explorar as águas subterrâneas *existentes* no *seu prédio,* ainda que com isso ele vá cortar ou secar uma fonte ou nascente *existentes* num *prédio vizinho,* alimentadas com aquelas águas. Pode parecer injusto ou associal, mas assim é.

A exploração assim estabelecida não está limitada pelos direitos dos proprietários fronteiriços e vizinhos às nascentes dos seus prédios. Isto é, não constitui violação de direitos de terceiro.

Esta, a regra.

Todavia, a água que da exploração se consiga obter deve ser o resultado de uma obra levada a cabo com esse preciso fito. Queremos dizer que a captação tem que obedecer a este princípio: a licitude da exploração resulta da procura das águas localizadas em determinado prédio, consequência, elas, por seu turno, da acumulação sucessiva das águas provenientes das chuvas em lençóis ou veios subterrâneos.

Uma mina, um poço ordinário ou artesiano e, bem assim, uma escavação abertos num prédio constituem obras lícitas desde que destinadas à exploração das águas do *seu* subsolo. Não o serão, já, se, dando, embora, a aparência daquele objectivo, elas são concluídas predominante ou exclusivamente com a intenção de sugar ou coar as águas subterrâneas que corram em veios de prédios vizinhos[166].

Este o sentido, também, da autorizada opinião da Revista de Legislação e Jurisprudência (doutrina que acabou por colher consagração legislativa), de que, com a devida vénia, transcrevemos um breve trecho:

«Claro que as águas subterrâneas não aparecem no subsolo por geração espontânea. São também produto de infiltrações, *que pouco a pouco se vão localizando para formarem os veios subterrâneos. Mas uma coisa são as infiltrações* naturais, *outra as infiltrações provocadas* por obra do homem, *dando-se a aparência de naturais a águas doutras proveniências e que apenas foram* coadas *por alguns metros de terra. Estas, e porque não são produto de infiltrações naturais, não perdem a natureza que tinham, mormente quando o seu aproveitamento implicar absorção de águas doutra proveniência, sujeitas a outro regime, e afectando-se direitos de terceiro»*[167].

---

[166] Um rebentamento de explosivos nessas obras determinam, frequentemente, o desvio de águas de veios subterrâneos de um para outro prédio. Estamos, neste caso, perante um caso nítido de infiltração artificial, provocada, não natural.

[167] Ano 77.°, pág. 406; ainda, o parecer da P.G.R., de 16/6/76, in *B.M.J.*, n.° 263/71. Idêntica é a posição de G. MOREIRA: *«É assim que se pelos poços, fossos ou valas se tiver*

As águas no Código Civil 154

Adivinha-se que a restrição imposta no n.º 2, do artigo 1394.º radica na ideia de que a nenhum proprietário é lícito utilizar ou fruir elementos que se situam para além dos limites territoriais do seu prédio. Em matéria de águas, o princípio significa que o proprietário só está legitimado para explorar as águas que naturalmente atinjam o seu prédio. Ele não pode provocar o desvio, para o seu terreno, das águas que se encontrem ou transitem em terreno vizinho, seja à superfície ou no subsolo([168]).

Esta, a excepção.

Cabe, agora, um esclarecimento, para que nenhuma dúvida subsista nesta matéria tão propensa a equívocos interpretativos.

O proprietário não pode provocar a infiltração artificial, a favor do seu prédio, de águas existentes noutro, já o sabemos.

Onde a questão pode apresentar-se mais polémica é no ponto em que se admite a utilização de um veio subterrâneo que atravessa simultaneamente dois prédios.

O proprietário *A*, dono do prédio inferior, abre um poço ou uma mina no seu prédio com vista à exploração de águas subterrâneas nele existentes. E, de facto, obtém a água a partir dum veio que, também, atravessa um prédio vizinho.

B, com o mesmo objectivo, conclui obras idênticas no seu prédio, através das quais vem, também, a obter água. Esta segunda exploração, no entanto, provocou o corte quase absoluto daquele veio, com acentuado gravame para o dono do prédio vizinho *A*.

Aparentemente, estamos em presença de dois direitos de propriedade conflituosos. Mas, na realidade, não. Em bom rigor, porque o objecto do direito é diferente em ambos os casos, os dois proprietários detêm, sobre o seu subsolo e elementos de que se compõe, a prerrogativa da livre disposição e aproveitamento. Se o veio atravessa aqueles prédios é nítido que, no caso, cada um dos proprietários é dono do troço do veio localizado dentro dos limites geográficos e territoriais de cada um deles.

Porque assim é, a exploração efectuada pelo 2.º proprietário não constitui violação do direito de *A*. São direitos com incidências distintas.

---

em vista não a exploração de águas no próprio prédio mas a derivação das que formam já nascentes ou cursos em prédios alheios, deverá considerar-se responsável pelos prejuízos causados quem abrir esses poços, fossos ou valas. O proprietário tem o direito de explorar águas no seu prédio; pode fazer essa exploração até à linha perpendicular que divide o seu prédio. Não pode, porém, apropriar-se de águas superficiais que pertençam aos prédios vizinhos» – *Ob. cit.*, I, pág. 559 (2.ª ed.).

([168]) Neste sentido, P. LIMA e A. VARELA, *ob. cit.*, III, pág. 295.

Na hipótese formulada, a actuação de *B* apenas tem por limite a teoria dos actos emulativos e a figura de abuso de direito (art. 334.° do C.C.). Ela não pode estar determinada por uma vontade de prejudicar, por um sentimento de ódio e egoísmo. É imperioso que aquela captação se faça segundo um interesse real e uma necessidade patente([169]).

83. 2.° apontamento – Se, como vimos, ao proprietário é permitida a exploração das águas subterrâneas do seu prédio, isento de responsabilidades pelas nefastas consequências que esse gesto possa provocar no prédio vizinho, o panorama passa a ser outro, já, se, por hipótese, ele vende ao dono deste uma nascente localizada no seu prédio.

Neste caso, *A*, vendedor, passa a ficar impedido de captar água existente no prédio, se esta for a única lá existente e, coincidentemente, a que alimenta aquela nascente.

Não, pelo facto de a nascente existir dentro do seu prédio. Não fazia, com efeito, sentido que se impusessem restrições ao direito de explorar águas subterrâneas, de conteúdo diferente consoante a exploração afectasse nascentes existentes dentro do prédio ou fora dele.

Não, também, porque aquele contrato possa constituir *justo título* (art. 1394.°, n.° 1) relativamente às águas subterrâneas que alimentam a nascente vendida (o contrato só vale em relação às águas *brotadas* da nascente ou da fonte, se esse for o caso).

Mas, sim, porque daquele contrato emergiram, em favor do adquirente, direitos merecedores de tutela jurídica. *B* projectou na sua esfera jurídica uma expectativa consistente, resultante do acordo negociaL Tem, por isso, o direito de ver satisfeita a contraprestação a que *A* se obrigou.

Por via indirecta, portanto, se *A* acaba por cortar as águas da nascente transaccionada, ele está a violar o contrato, uma vez que o seu objecto deixaria de existir, pura e simplesmente.

Aquele negócio, em suma, tem uma vida que se não esgota no simples acto formal, no momento da sua celebração. Os seus efeitos perduram no tempo. Daí,

---

([169]) Esta era, já, a doutrina proposta por Lobão, que escrevia: *«A qualquer é lícito no seu prédio rústico ou urbano procurar água até o centro dele, abrir aí poços, valas ou minas, ainda que com isto corte as veias das águas, que saiam no prédio vizinho, ou iam utilizar noutro qualquer prédio: uma vez que isto se faça pelo seu próprio interesse, e para melhorar o seu prédio, sem dolo ou ânimo de prejudicar ao vizinho... e uma vez qu haja servidão em contrário»* – Dissertação sobre as águas subterrâneas, § 4.°, cit. em C.C. anot. de P. Lima e A. Varela, III, págs. 292 e 293.

Neste sentido, também, M. Tavarela Lobo, *ob. cit.*, II, pág.78/79.

As águas no Código Civil   156

a imposição a *A* em não perturbar o caudal da nascente negociada. O objecto do negócio é, por assim dizer, complexo. Não é somente a nascente que está em jogo. Também o está, necessariamente, o veio subterrâneo das águas que lhe dão existência real. Sem aquele veio não há nascente possível. Por isso, a restrição imposta ao vendedor (se de venda se tratar o negócio, pois que se admite qualquer outro, nomeadamente, através, do qual se estabeleça uma servidão) em não explorar, no seu prédio, as águas subterrâneas a partir do veio que alimenta a nascente.

No fundo, o problema também se reconduz à doutrina estabelecida na última parte do n.° 2 do artigo 1394.°. Com aquela captação, estar-se-ia a desviar intencionalmente e de forma artificial, por obra humana, a água do caudal da nascente.

Contudo, o proprietário pode proceder à captação de *outra* água existente no mesmo prédio, desde que procedente de *outro* veio subterrâneo previamente determinado e distintamente localizado, por forma a garantir a vida do primeiro, objecto indirecto do contrato.

84. 3.° apontamento – Admite-se, ainda, por outro lado, que, via contratual, o dono do prédio se tenha *obrigado a não explorar* as águas nele existentes. Possível é, também, que, negocialmente, o mesmo dono tenha cedido a outrem o direito a *toda a água nascida ou a explorar no seu prédio*.

Em qualquer dos casos, ao proprietário está vedada a possibilidade de captação das águas subterrâneas ali localizadas. Mas, note-se: são situações em que a restrição radica na existência de *justo título* relativo às *águas subterrâneas* (o contrato, em ambas as hipóteses, prevê as subterrâneas), logo na subsunção ao preceituado no n.° 1, do artigo 1394.° (ainda, artigos 1395.°, n.° 1 e 1316.°) e não ao estabelecido no n.° 2 do mesmo artigo.

Ao proprietário do prédio resta, aí, a captação de *outra* água, porventura, existente *noutro* prédio seu.

85. 4.° apontamento – Tem-se discutido, entre nós, outra questão: consiste em saber se o comproprietário de uma nascente, sita em prédio *alheio*, pode ou não explorar água no *seu* prédio, em prejuízo daquela nascente.

Neste ponto, por decisivo o argumento, que subscrevemos, vale a doutrina expendida pela Revista de Legislação e Jurisprudência que, pronunciando-se pela afirmativa, invoca:

«Se o proprietário que de novo abriu no seu prédio uma nascente não tivesse direito à água da nascente primitiva, não lhe poderia ser oposta a diminuição do caudal desta. Compreender-se-á, porventura, que a existência de mais

157   *Aproveitamento das águas – art. 1394.°*

um direito, *lhe tenha coartado o direito primitivo e originário de explorar livremente águas no seu prédio? É evidente que não*»([170]).

Seria, na verdade, incompreensível solução contrária a esta. Supondo-se que *A* não era comproprietário da nascente não lhe estaria vedada a possibilidade de abrir um poço, uma mina ou outra qualquer escavação, ainda que isso fosse, eventualmente, prejudicar seriamente o caudal daquela, exclusivamente pertencente a *B*. Isto considera-se assente. Ora, não seria lógico que a qualidade de comproprietário dela obstasse a que pudesse tomar a mesma resolução e concretizá-la, com prejuízo do caudal da nascente que a ambos pertence. A razão de base é a mesma. O prédio pertence-lhe e dele pode extrair as virtualidades e potencialidades disponíveis.

86. JURISPRUDÊNCIA

1. «I – O facto de a lei actual falar de captação e posse de águas em ordem à usucapião não exclui a necessidade de se aferir do abandono do direito, pelo dono do prédio, onde as obras são feitas. II – A inexistência de "sinais aparentes", no prédio onde existe a fonte ou nascente, obsta a que obras, mesmo feitas por quem invoca a usucapião, conduzam a esta última. III – Infiltrações provocadas (não naturais) são as que artificialmente causam o desvio das águas que se encontram ou passam à superfície ou no subsolo do prédio vizinho, indo para além daquelas que atinjam naturalmente o prédio do captante e onde o problema das "infiltrações" se não põe» – (Ac. da R.P., de 07/04/81, Proc. n.° 0 016 399, in *C.J.*, 1981, II, pág. 116).

2. «I – Dada a inexistência de sinais reveladores do abandono pelos danos de um prédio rústico do seu direito de exploração de água nesse prédio, não há perda desse direito e, consequentemente, não ha aquisição originária, por usucapião, das águas do mesmo prédio. II – A falta do requisito geral da visibilidade, aparência e publicidade de obras de captação e posse de águas impossibilita a aquisição por usucapião destas, sejam provenientes de fontes e nascentes, sejam subterrâneas. III – A abertura de um poço onde terceiros tem direito a águas, efectuada pelo proprietário desse prédio, não é ilícita desde que não se demonstre prejuízo dos direitos desses terceiros adquiridos por justo título. IV – A abertura de um poço nessas circunstâncias não implica necessariamente captação por meio de infiltrações provocadas e não naturais previstas no n.° 2 do artigo 1394.° do Código Civil» – (Ac. do S.T.J., de 25/05/82, Proc. n.° 069 910).

([170]) Ano 76.°, pág. 279.

As águas no Código Civil 158

3. «I – Tendo-se provado que as águas que nascem na vertente Leste da serra da Nogueira, incluindo as de uma nascente situada na gleba distribuída aos Réus, se encontraram a ser aproveitadas pelos vizinhos da povoação de Rebordãos, as quais são conduzidas de maneira a formarem um único caudal, a partir do qual todos os vizinhos as utilizam, segundo prática que já dura há mais de dois séculos e, desde tempos imemoriais, da referida nascente parte uma agueira que conduz a água para aquele caudal, donde os vizinhos a derivam para a aproveitarem, tal prática integra um uso e um costume que já tinham mais de um século ao tempo em que o Código Civil de 1867 entrou em vigor. II – Sendo certo que no rigor dos conceitos, não será de haver essa prática como um título de aquisição do direito à água, enquadrável na ressalva do artigo 438.° desse Código e ressalvado pelo artigo 133.°, do Decreto 5 787-IIII, de 10 de Maio de 1919, não deixará contudo de se lhe reconhecer a natureza de uma situação de facto que a lei, verificados certos pressupostos, converteu numa relação juridicamente vinculativa, como elemento de definição ou medida do direito de cada utente no aproveitamento comum, situação que se tem por consagrada em dispositivos legais contidos no artigo 1400.° do Código Civil de 1966. III – E não tendo os Réus provado qualquer título de aquisição do direito às aguas da nascente da gleba que lhes foi distribuída, não se mostra justificada a legalidade das obras por eles realizadas para aproveitamento próprio das águas dessa nascente» – (Ac. do S.T.J., de 18/05/89, Proc. n.° 077 124).

«III – O direito que o dono tem de explorar água no seu prédio só pode ser exercido contanto que não prejudique direitos que terceiro haja adquirido por título justo. IV – O desvio de água da nascente de uma poça efectuado através da construção de uma vala e de um depósito e da utilização de um tubo de plástico constitui infiltração provocada. V – Se o desvio provoca uma diminuição do caudal de água a que um terceiro tem direito está expressamente proibido pelo disposto no n.° 2 do artigo 1394.° do Código Civil» – (Ac. da R.P., de 27/06/96, Proc. n.° 9 630 260).

ARTIGO 1395.°

(Títulos de aquisição)

1. Consideram-se títulos justos de aquisição das águas subterrâneas os referidos nos n.ᵒˢ 1 e 2 do artigo 1390.°.

2. A simples atribuição a terceiro do direito de explorar águas subterrâneas não importa, para o proprietário, privação do mesmo direito, se tal abdicação não resultar claramente do título.

159   *Aproveitamento das águas – art. 1395.°*

Trabalhos preparatórios

Anteprojecto
art. 96.°

1. Consideram-se títulos justos os referidos nos n.ºs 1 e 2 do artigo 91.°.

2. A simples atribuição a terceiro do direito de explorar águas subterrâneas não importa, para o proprietário, privação do mesmo direito, se tal privação não resulta claramente do título.

1.ª revisão min. do anteprojecto
art. 1382.°

1. Consideram-se títulos justos de aquisição das águas subterrâneas os referidos nos n.ºs 1 e 2 do artigo 1377.°.

2. A simples atribuição a terceiro do direito de explorar águas subterrâneas não importa, para o proprietário, privação do mesmo direito, se tal abdicação não resulta claramente do título.

A redacção definitiva foi obtida na 2.ª revisão ministerial do anteprojecto.

Desenvolvimento

Art. 1395.°, n.° 1

Consideram-se títulos justos de aquisição das águas subterrâneas os referidos nos n.ºs 1 e 2 do artigo 1390.°.

Observações

87. Justos títulos; generalidades – Títulos justos são, hoje, os que se podem invocar para a aquisição da propriedade das coisas imóveis, ou seja, *o contrato, sucessão por morte, usucapião, ocupação, acessão e demais modo previstos na lei* (art. 1316.°). Como são, também, os que legitimam a constituição de servidões, tais como o *contrato, testamento, usucapião, destinação de pai de família, sentença e decisão administrativa* (art. 1547.°).

Dada a remissão para o artigo 1390.°, entende-se, como até agora já concluímos ser pacífico, que as águas subterrâneas podem ser desintegradas juridicamente do prédio onde se encontram. Significa, pois, que podem ser alienadas, autonomamente, desligadas do prédio de que fazem parte integrante,

As águas no Código Civil   160

como equivale, outrossim, a dizer que sobre elas se pode constituir um direito de servidão([171]).

Todavia, como temos vindo a dizer, há a possibilidade, remota embora nalguns casos, de se invocarem direitos adquiridos à sombra da lei anterior.

Assim, à data da publicação do Código Civil de 1867 justos títulos eram *a lei, uso e costume, concessão expressa, sentença e prescrição*.

No período compreendido entre a promulgação do Código Civil de 1867 e a publicação da Lei das Águas (Dec. n.° 5 787-IIII, de 10 de Maio de 1919) eles eram a *escritura e auto público*.

Na vigência da Lei das Águas, esses títulos eram a *prescrição e qualquer outro* através do qual fosse legítimo adquirir direitos imobiliários([172]).

Não faltava, porém, quem negasse que a alusão a *justos títulos* feita no artigo 450.° do Código Civil de 1867([173]) pudesse referir-se aos alinhados no artigo 438.°([174]). Para os sequazes desta doutrina, o artigo 444.°, que mandava aplicar o disposto no artigo 438.°, apenas dizia respeito às águas das fontes e nascentes, excluindo da sua previsão as subterrâneas.

Esta, não é, contudo, a melhor doutrina.

Entende-se, pois, que o artigo 444.° também se aplicava às águas subterrâneas, cujo tratamento, no artigo 450.°, foi incluído na mesma sub-secção III, sob a epígrafe DAS FONTES E NASCENTES([175]).

Se a questão não era líquida, a fórmula de que o legislador de 1966 se serviu, no artigo 1395.°, n.° 1, bem mais feliz, acabou com a dúvida, ao consagrar expressamente a determinação dos títulos de aquisição das águas subterrâneas.

([171]) Sobre o assunto, vide n.° 52, *supra*.

([172]) Sobre o assunto, vide n.° 49, *supra*.

([173]) Art. 450.°, do C.C., de 1867: «*É lícito a qualquer procurar águas no seu prédio por meio de poços, minas ou quaisquer escavações, contanto que não prejudique direitos, que terceiro haja adquirido, por título justo, sobre as águas desse prédio*».

([174]) Art. 438.°, do C.C., de 1867: «*O que fica disposto nos artigos antecedentes não prejudicará os direitos adquiridos ao tempo da promulgação deste Código, sobre certas e determinadas águas por lei, uso e costume, concessão expressa, sentença ou prescrição. § único. – A prescrição, porém, só será atendida para os efeitos deste artigo, quando recaia sobre oposição não seguida, ou sobre a construção de obras no prédio superior, de que possa inferir-se abandono do primitivo direito*».

([175]) Este era o entendimento de V. ALMEIDA, *ob. cit.*, pág. 289 (1.ª ed.) ou 322 (2.ª ed.); G. MOREIRA, *ob. cit.*, I, pág. 569 (2.ª ed.) e P. LIMA e A. VARELA, *ob. cit.*, III, pág. 271 e 272.

88. JURISPRUDÊNCIA

1. «I – Para ser julgada a prescrição aquisitiva do direito às águas de uma mina em parte existente em prédio alheio, nos termos do art. 438.°, do Cód. Civil, é necessário que o autor prove os requisitos exigidos no § único da mesma disposição, não bastando demonstrar a existência da mina, se não existem no prédio alheio quaisquer obras capazes de dar publicidade à posse exercida sobre o subsolo do mesmo prédio. II – As pertenças e acessões de um prédio transmitido têm de ser registadas segundo a discriminação feita no título translativo para que o registo possa produzir efeitos, porque este não cria direitos, conservando apenas os existentes ao tempo em que seja realizado; e isto quer se trate de acessões naturais quer industriais. III – O Supremo Tribunal de Justiça não pode conhecer de um recurso de agravo que tenha de seguir imediatamente, quando as alegações não tenham sido apresentadas no prazo de oito dias contados da notificação do despacho que admitiu o recurso; e têm de seguir imediatamente os agravos interpostos de acórdão da Relação que conheceu do objecto do agravo (art. 756.°, n.° 2, do Código de Processo Civil)» – (Ac. do S.T.J., de 8/2/52, in *B.M.J.*, n.° 29/383).

2. «A aparência das obras é elemento imprescindível à prescrição aquisitiva das águas de mina existente em prédio alheio, quer no regime anterior ao Código Civil – ressalvado o caso de oposição não seguida – quer no regime do Decreto n.° 5 787-IIII. Essa necessidade de evidência das mencionadas obras, no prédio onde exista a fonte ou nascente, é corolário lógico do «abandono do primitivo direito» – art. 438.°, § único do Código Civil, e art. 99.° do Decreto n.° 5 787-IIII» – (Ac. do S.T.J., de 2/12/53, in *B.M.J.*, n.° 44/378).

3. «I – Ao usar da expressão "conforme os casos", o preceito do n.° 1 do artigo 1390.° do Codigo Civil quis estabelecer uma distinção entre a situação que se traduz na aquisição das águas, tornando-se o adquirente verdadeiro proprietário delas, e a que não vai além da mera servidão traduzida no aproveitamento das águas do prédio serviente sem que daí resulte a privação do direito do proprietário deste. II – Para o primeiro caso (aquisição da propriedade das águas), o título justo e qualquer meio legítimo de adquirir a propriedade de coisas imóveis (primeira parte do n.° 1 do artigo 1390.° Código Civil) enquanto que para o segundo caso (constituição de servidão), o título justo e qualquer meio legítimo de constituir servidões (segunda parte do n.° 1 do mesmo artigo 1390.°). III – A chamada "destinação do pai da família" não é título legítimo para aquisição de coisas imóveis (designadamente a da propriedade das águas subterrâneas de um prédio), só podendo servir para a constituição de servidões, conforme o disposto no artigo

As águas no Código Civil   162

1547.° do Código Civil. IV – O que não consta das conclusões da respectiva alegação tem de considerar-se como excluído do âmbito do recurso» – (Ac. do S.T.J., de 18/03/82, Proc. n.° 069 706).

4. «A aquisição, por usucapião, do direito às águas de fontes e nascentes, situadas em prédio alheio, pode verificar-se, mesmo quando tais fontes ou nascentes foram construídas pelo dono desse prédio» – (Ac. da R.P., de 29/11/83, Proc. n.° 0 016 561).

«I – Em matéria de águas, a usucapião só é atendida quando for acompanhada da construção de obras, visíveis e permanentes, no prédio onde existe a fonte ou nascente, que revelem a captação e a posse da água nesse prédio. II – É presunção "juris tantum", de posse em nome próprio por parte daquele que exerce o poder de facto detendo a coisa, a fixada no artigo 1252.°, n.° 2 do Código Civil» – (Ac. da R.P., de 5/12/94, Proc. n.° 9 311 377).

Art. 1395.°, n.° 2

A simples atribuição a terceiro do direito de explorar águas subterrâneas não importa, para o proprietário, privação do mesmo direito, se tal abdicação não resultar claramente do título.

89. I – Direito de terceiro à exploração de águas; natureza – É um direito real imobiliário, logo, sujeito a manifesto. Esta tem sido a orientação tradicional do nosso direito.

Se, porventura, o direito às águas for constituído em benefício exclusivo de determinado prédio, ele toma a designação de servidão. Representa, nesse caso, para o dono do prédio onde se localizam as águas subterrâneas, um encargo a favor ou em benefício de outro prédio[176][177][178].

---

[176] LOBÃO escrevia: *«Adquire-se esta servidão, quando o dono de um prédio concedeu a outro licença de tirar aí águas e de as conduzir ao seu porque com semelhante concessão ficou privada de tirar jamais águas no próprio fundo em prejuízo do outro, a quem concedeu aquela licença, a menos que as águas não sejam suficientes para todos, porque então já cessa o prejuízo, e fica a servidão sem dono»* – Dissertação sobre as águas subterrâneas, §§ 7.° e 9.°, cit. por P. LIMA e A. VARELA, *ob. cit.*, III, pág. 295.

[177] Neste sentido, também, V. ALMEIDA, *ob. cit.*, págs. 294 e 295 (1.ª ed.) e 327 e 328 (2.ª ed.).

[178] Em contrário, P. LIMA, in *Comentário* cit., de V. ALMEIDA, pág. 264 e 295 (1.ª ed.) e 290 e 328 (2.ª ed.), para quem o direito às águas existentes em determinado prédio, à superfície ou subterraneamente, nunca podia ser de servidão, antes, sempre, de propriedade.

De servidão (agora, negativa) será, ainda, o caso de o dono do prédio onde existir a água se comprometer a não explorá-la, afim de não prejudicar qualquer fonte ou nascente localizada em prédio de outrem ou, simplesmente, com o objectivo de facultar a exploração num prédio inferior[179].

Em qualquer dos casos, sobre um dos prédios recai um ónus a favor de outro. Mas, já *«se as partes não observaram a forma exigida para a constituição de figuras de natureza real, o direito de exploração só poderá valer com eficácia obrigacional»*[180].

II – Direito de exploração; continuação – Caberá ali o direito de propriedade?

A questão ganha interesse na medida do conhecimento que se tem da frequência com que os particulares *vendem,* genericamente, as águas subterrâneas localizadas nos seus prédios.

Não é nova a problemática. Dela se ocupou já Guilherme Moreira a propósito do rigoroso alcance a conferir à doutrina exarada no artigo 450.° do Código Civil de 1867[181].

Será possível aquela venda?

Para acudir à resposta há que tratar o problema em duas sedes.

Suponha-se a hipótese de *A* vender as águas que sabe existirem no seu prédio. Conhecimento que lhe advém, já duma anterior prospecção com resultados positivos, já da localização, nesse mesmo prédio, de uma nascente alimentada com tais águas.

Já se vê que a situação postulada não é insolúvel. As águas subterrâneas *existem efectivamente,* têm consistência real. O objecto do negócio é, portanto, certo, determinado e actual. Sendo assim, é possível a sua transferência dominial.

Melindrosa é a segunda vertente. É o caso de A declarar vender, abstractamente, as águas que possam *existir* no seu prédio. No fundo, o negócio reconduz-se à venda de uma coisa de existência incerta.

Pires de Lima e Antunes Varela resolvem a dúvida pugnando pela nulidade da venda, na base *de* que «o *direito de propriedade, como todo o direito real, pressupõe um objecto certo»*[182].

---

[179] V. Almeida, *ob. cít.,* pág. 295 (1.ª ed.) ou 328 (2.ª ed.) e H. Mesquita, *ob. cit.,* pág. 221.

[180] P. Lima e A. Varela, *ob. cit.,* I, pág. 297.

[181] G. Moreira, *ob. cit.,* I, pág. 569 e segs..

[182] *Ob. cit.,* pág. 296. No sentido da nulidade do negócio, porém, convertível nos termos do art. 293.° do C.C., M. Tavarela Lobo, *ob. cit.,* II, pág. 88.

Claro que na estrutura do direito real há necessariamente unia *coisa*. O direito real traduz-se sempre na afectação jurídica de uma coisa. Contudo, se o direito de propriedade([183]) também se pode adquirir por contrato (art. 1316.°), e é disso que agora se trata, não se vê muito bem como não possa o contrato de compra e venda de bens de existência incerta – aquele a que alude o artigo 881.°, do Código Civil – aqui aplicar-se sem reservas.

Que é possível a transmissão desse direito, resulta da própria leitura do n.° 1, do artigo 1395.° que consagra a possibilidade, dada a remissão para o artigo 1390.°, da aquisição do direito às águas por qualquer dos meios legítimos de adquirir a propriedade, logo, também por contrato de compra e venda.

Era esta, de resto, ao que sabemos, a solução preconizada por G. Moreira ao dizer:

«O contrário se dará se forem alienadas as águas subterrâneas de um prédio. Neste caso não se faculta apenas a exploração; transmite-se o direito às águas que se explorarem...»([184]).

Deste modo, a menos que as partes neguem ao contrato natureza aleatória, a *venda* é válida, sempre que no título a incerteza da existência do objecto mereça menção expressa ou, por qualquer forma, resulte nítida. Há que interpretar convenientemente os termos das declarações negociais.

Uma coisa é a validade do negócio, outra os seus efeitos, é forçoso dizer-se. No caso em apreço, o que pode acontecer é que o objecto da venda (águas subterrâneas) não venha, nunca, a existir. Em tal hipótese, não chega a surgir o direito. Este fica, por assim dizer, condicionado à superveniência da água. O efeito real proveniente da venda só se produzirá se, e quando, a coisa vier a ter existência material ou física.

O contrato fica já concluído, mas o seu efeito real só ocorre, aliás automaticamente, quando a coisa se tornar actual e determinada. É, de resto, a aplicação do princípio exposto no artigo 408.°, n.° 2 do Código Civil.

O efeito real fica transferido, pois, para momento posterior. Até lá há mera expectativa real([185]).

Não estamos, por conseguinte, do lado de P. Lima e A. Varela por sustentarem uma teoria demasiado restritiva e formalista, perdoe-se-nos a ousadia.

Mas, se a que defendemos não for a melhor, à mesma conclusão não pode deixar de chegar-se se o problema for, como pode, encarado numa perspectiva de

---

([183]) Direito real máximo (de gozo) – O. ASCENÇÃO, *ob. cit.*, págs. 12 e 380 e segs..

([184]) *Ob. cit.*, I, pág. 570.

([185]) Pode, inclusivé, dizer-se que quando a expectativa atinge directamente a coisa (coisa-mãe) que dará origem à coisa incerta e futura, a expectativa se transforma num verdadeiro direito real. – O. ASCENÇÃO, *ob. cit.*, págs. 497 e 561.

direito real de aquisição, em que a afectação da coisa não traduz um imediato benefício, antes visa o aparecimento de um novo direito([186]). A coisa que se vai adquirir não tem ainda existência autónoma antes da exploração([187]).

Sobre o prédio, no seu conjunto, adquire-se um direito, não com a filalidade de permitir a aquisição da coisa em si na sua totalidade, mas de produtos ou partes dessa coisa (a água subterrânea, como parte dela)([188]).

Mas, naquela como nesta perspectiva, a venda não é nula.

A lei é clara; refere-se ao direito de exploração a favor de terceiro.

Saber se o direito concedido visa a propriedade, servidão ou qualquer outra afectação é questão que só na presença do título se resolve. Como, também, só perante ele se solucionará a questão da possibilidade de o proprietário poder explorar paralelamente as águas objecto do negócio.

Na falta de clarividência do texto contratual, a dúvida resolve-se a favor de proprietário da água.

O título deverá procurar ser o mais claro possível, de forma, além do mais, a estabelecer se a atribuição ao terceiro de exploração das águas é extensível a todo o prédio, se apenas a parte dele.

Se nada disser a esse respeito, entender-se-á que a atribuição cobrirá toda a área do terreno. Isto, sem prejuízo, obviamente, de prova em sentido restritivo.

Convém assinalar aquilo que noutro passo já disséramos. A água é um bem imóvel nas circunstâncias que temos vindo a estudar. Logo, a sua alienação, por compra e venda, doação, promessa de transmissão com eficácia real carece de forma solene: escritura pública, testamento, etc. (cfr. arts. 875.°, 947.° e 413.° do C.C.). O mesmo sucederá, para alguns, no que respeita à simples atribuição a terceiros do direito de exploração das águas. Também aqui se estará perante uma restrição sujeita a escritura pública e a registo, com eficácia *erga omnes*([189]). A autorização verbal não se compadece com a natureza da coisa e , portanto, não é válida, nem eficaz.

Quanto ao registo predial, valem as disposições do art. 2.°, als. *a)*, *c)*, *e)*, *f)* e *m)*, do C.R.P..

([186]) Menezes Cordeiro, *ob. cit.*, pág. 495, 1.° vol.

([187]) O. Ascenção, *ob. cit.*, págs. 499 e 500.

([188]) Henrique Mesquita considera, pelo seu lado, válida a transacção, embora encarada, apenas, de um ponto de vista obrigacional. O adquirente até ao momento da separação definitiva da coisa-mãe só tem um mero direito de crédito – o direito de exigir que o alienante lhe permita distrair do prédio as coisas objecto do contrato. – *ob. cit.*, pág. 27.

([189]) M. Tavarela Lobo, *ob. cit.*, II, pág. 93.

As águas no Código Civil   166

90. JURISPRUDÊNCIA

1. «O proprietário que atribuir a terceiro o direito de explorar águas subterrâneas no seu prédio não fica inibido de também as explorar a não ser que tal abdicação resulte claramente do título constitutivo do direito de terceiro» – (Ac. da R.P., de 7/05/98, Proc. n.° 9 830 541).

2. «Os contitulares de herança indivisa em nome de cujo autor se encontra registado o direito ao subsolo de um prédio rústico englobante do direito de explorar águas e do direito às já exploradas podem dirimir processualmente entre si o direito como co-herdeiros a tais águas sem o pedido do cancelamento daquele registo consignado no artigo 8.°, n.° 1 do Código do Registo Predial, uma vez que não está em causa o efeito aquisitivo causal do registo» – (Ac. da R.P., de 7/12/93, Proc. n.° 9 250 362).

ARTIGO 1396.°

(Restrições ao aproveitamento das águas)

O proprietário que, ao explorar águas subterrâneas, altere ou faça diminuir as águas de fonte ou reservatório destinado a uso público é obrigado a repor as coisas no estado anterior; não sendo isso possível, deve fornecer, para o mesmo uso, em local apropriado, água equivalente àquela de que o público ficou privado.

Trabalhos preparatórios

Anteprojecto
art. 97.°

1. *O proprietário que, ao explorar águas subterrâneas, altere ou faça diminuir as águas de fonte ou reservatório destinado a uso público, é obrigado a repor as coisas no estado anterior; e, não sendo isso possível, deve fornecer, para o mesmo uso em local apropriado, água equivalente àquela de que o público ficou privado.*

2. *A administração do caudal de qualquer água pública ou particular, em consequência da exploração, não constitui violação de direito, salvo no caso previsto no artigo 6.°, ou se houver captação de águas públicas ou particulares por meio de infiltrações provocadas por obra do homem e não naturais.*

1.ª revisão min. do anteprojecto
art. 1383.º

1. *O proprietário que, ao explorar águas subterrâneas, altere ou faça diminuir as águas de fonte ou reservatório destinado a uso público, é obrigado a repor as coisas no estado anterior; e, não sendo isso possível, deve fornecer, para o mesmo uso, em local apropriado, água equivalente àquela de que o público ficou privado.*

2. *A diminuição do caudal de qualquer água pública ou particular, em consequência da exploração, não constitui violação de direito, salvo no caso previsto no artigo 1292.º ou no de haver captação de águas públicas ou particulares por meio de infiltrações provocadas por obra do homem e não naturais.*

2.ª revisão min. do anteprojecto
art. 1396.º

O proprietário que, ao explorar águas subterrâneas, altere ou faça diminuir as águas de fonte ou reservatório destinado a uso público é obrigado a repor as coisas no estado anterior; e, não sendo isso possível, deve fornecer, para o mesmo uso, em local apropriado, água equivalente àquela de que o público ficou privado.

A redacção definitiva foi obtida no artigo 1396.º do projecto.

Antecedentes históricos

91. O artigo inspira-se na correspondente disposição da Lei das Águas (art. 109.º), cuja redacção é a seguinte:

> *Aquele que, por qualquer forma, alterar ou fizer diminuir as águas de fontes ou reservatórios destinados a uso público será obrigado a repor as coisas no estado anterior; e, não sendo isso possível, terá de fornecer para o mesmo uso, em local apropriado, água equivalente àquela de que o público ficou privado.*

Este artigo 109.º, por seu turno, teve por fonte o artigo 451.º do Código Civil de 1867, com a seguinte redacção:

> *Aquele que por qualquer forma alterar ou diminuir as águas de fonte ou de qualquer reservatório, destinadas a uso público, será obrigado a repor as coisas no seu estado anterior.*

Observações

92. Generalidades – Vem do velho direito, anterior ao Código Civil de 1867, a limitação ao aproveitamento das águas subterrâneas quando dele possa resultar alteração ou diminuição do caudal das águas destinadas a um uso público[190].

Com a publicação do Código Civil de 1867 gerou-se alguma controvérsia em redor do preceito do artigo 451.º. A questão centrava-se na dúvida sobre se o normativo só seria de observar em relação às águas públicas ou se, concomitantemente, às águas comuns.

A orientação dominante, porém, era no sentido de que o preceito tinha um amplo campo de aplicação e que não era legítima a dúvida posta.

Determinante era que as águas estivessem adstritas a um uso público, qualquer que fosse a sua origem e localização.

Assim o entendia Dias Ferreira que, peremptoriamente, escrevia que o artigo «abrange, não só as fontes públicas... mas também as fontes comuns, que são, como aquelas, destinadas ao uso público, ou seja para abastecer os moradores da povoação ou casal, ou seja para saciar a sede dos animais domésticos, ou para lavagem de roupas, ou para acudir a incêndios»[191].

A Revista de Legislação e Jurisprudência sustentava a mesma doutrina[192].

Veloso de Almeida[193] e Guilherme Moreira[194] foram, também, cada um à sua maneira, defensores desta solução.

A dificuldade está, hoje, no entanto, algo diluída. A lei refere-se a «águas de fonte ou reservatório destinado a uso público». Significa que qualquer que seja a origem e localização (a fonte pode estar construída em prédio particular) as águas têm que estar afectas a um uso público (geral e abstracto) de uma população. Isto também significa que tanto podem ser públicas, como particulares, as águas das fontes ou reservatórios. Desde que estejam afectas a uso público, não podem sofrer limitação de caudal pelo proprietário que pretenda explorar águas subterrâneas particulares.

O uso não tem que ser determinado, nem quanto ao seu fim, nem quanto ao período mínimo de utilização, tal como acontece nas restrições ao uso das águas das fontes e nascentes (art. 1392.º). Pode ele ser, assim, para gastos domésticos

---

[190] LOBÃO, in *Tratado*, § 56 e Dissertação sobre águas subterrâneas, § 6.º, cit. por P. LIMA e A. VARELA, *ob. cit.*, III, pág. 298 e CORREIA TELES, *Digesto*, tomo 1.º, art. 772.º.

[191] *C.C. anot.*, tomo 1.º, 2.ª ed., pág. 319.

[192] Volume 1.º, n.º 28, pág. 437.

[193] *Ob. cit.*, pág. 323 (1.ª ed.) e 364 (2.ª ed.).

[194] *Ob. cit.*, I, págs. 577 e 578.

culinários, sanitários, lavagem de roupas, dessedentação de animais domésticos e dos próprios habitantes da povoação.

A restrição imposta ao proprietário da fonte ou reservatório, sendo uma verdadeira limitação ao direito de propriedade, não constitui, contudo, uma servidão, dado que as águas não ficam afectas a um determinado prédio em exclusivo, mas à satisfação das necessidades de toda uma população.

Preenchidos os pressupostos da violação da restrição que o artigo contempla, deve o proprietário repor as coisas ao estado anterior. Não, por certo, destruindo a obra que ele, porventura, tenha feito (a tanto não vai, nem pode ir, a lei), mas, por qualquer forma, restituindo à fonte ou ao reservatório as águas que de lá tenham faltado, por virtude das obras.

Pode até acontecer que não mais seja possível repor as coisas no estado anterior. Basta pensar na hipótese de a exploração das águas subterrâneas pelo particular ter definitivamente diminuído ou totalmente eliminado o caudal das águas que até então eram utilizadas pela população. Nesse caso, a disposição legal impõe que o proprietário em causa assuma na mesma medida o abastecimento público em quantidade de «água equivalente» àquela de que público ficou privado e em «local apropriado».

«Local apropriado» terá aqui um duplo sentido: por um lado, pretende-se que seja primacialmente um local situado na proximidade do sítio onde antes existia a fonte ou reservatório, de maneira a não sobrecarregar os utentes; por outro lado, procura que seja a conciliação dos interesses em presença: tanto, o das pessoas que à fonte acorriam, sem grandes deslocações, como o do proprietário onerado. Este, nessa hipótese, deverá, se tal for possível, ceder parte do seu terreno para o reaproveitamento da água pelos habitantes. Cremos que assim se apazigua socialmente a perturbação provocada com a sua actuação e é nessa dimensão que o seu ónus se deve sublinhar.

Não repugna, por outro lado, admitir que, enquanto a obra de captação pelo particular não estiver terminada, e sendo possível desde logo antever o prejuízo para o uso público que com as obras advirão, poderá haver lugar a providência cautelar de embargo (art. 412.º e segs. do C.P.C.), sem prejuízo de outras providências antecipatórias ou conservatórias no foro administrativo no quadro da nova reforma processual/administrativa consagrada nos arts. 112.º e segs. do C.P.T.A. (Código de Processo dos Tribunais Administrativos), porque agora nada obsta, actualmente, que os particulares possam ser demandados no novo contencioso administrativo[195].

---

[195] Sobre a *legitimidade* para as providências no novo contencioso administrativo, vide MÁRIO AROSO DE ALMEIDA, o *Novo Regime do Processo nos Tribunais Administrativos*, 2.ª ed., pág. 282.

As águas no Código Civil 170

A previsão da norma contempla, ainda, a alteração do estado qualitativo e sanitário das águas. Se a água se conspurcou, voluntariamente ou não, pelo proprietário, a este é imposta a obrigação de eliminar o foco da contaminação.

93. JURISPRUDÊNCIA

1. «I – A ilegitimidade de qualquer das partes só se verificará, quando em juízo se não encontrar o titular da alegada relação material controvertida ou quando legalmente não fôr permitida a titularidade daquela relação. II – Tendo uma Câmara Municipal, como autora, formulado dois pedidos – um, de declaração do direito dos habitantes de determinada povoação do concelho ao uso e fruição de água explorada em terreno dos réus; e outro, de condenação destes ao reconhecimento desse direito e na abstenção de quaisquer actos perturbadores ou impeditiva do livre curso dessa água –; e tendo fundamentado esses pedidos no facto de ter sido ela quem fez a exploração da água e quem construiu a fonte adequada, o depósito e a canalização, e também na circunstância de, posteriormente, um dos réus ter obstruído a saída da água para a canalização; cabendo-lhe, como lhe cabe, promover todas as acções tendentes à administração corrente do património municipal e à sua conservação, é irrecusável que ela tem legitimidade activa. III – A junta de freguesia respectiva tem, em relação ao objecto da causa, um interesse directo, próprio e activo, o qual, embora distinto do da Câmara Municipal é com ele compatível. IV – Esse interesse da Junta de Freguesia legitima a sua admissão como interveniente principal. V – O que caracteriza as fontes públicas é o uso das águas, num lugar determinado, para beber, para consumo doméstico ou para outros fins, e bem assim que hajam sido apropriadas, exploradas ou canalizadas pelo Estado ou pelas autarquias locais. VI – Reconhecido pelos réus o direito dos habitantes do lugar ao uso da água da nascente em apreço, será ilícita qualquer actividade por eles desenvolvida com o objectivo de destruir ou obstruir o depósito dessas águas. VII – Tendo os réus acordado com a Junta de Freguesia em colocar, na fonte pública, uma torneira de pistão, a fim de permitir que revertam, para o prédio daqueles e em seu benefício, as águas sobrantes, têm os mesmos direitos a essas sobras» – (Ac. da R.P., de 6/10/83, in *C.J.*, 83, tomo 4.°, pág. 247).

2. «I – Se restrições existem ao aproveitamento de águas subterrâneas, elas são impostas aos proprietários privados, em relação às águas para o uso público e não às entidades que em defesa do interesse público procuram captar águas para satisfazer as necessidades das populações que representam. II – Tendo ficado apenas provado que a abertura dos furos afectou o caudal da água que afluía à mina

existente no prédio do *A*. e que na maior parte da parte rústica do seu prédio apenas crescem matos, tojos, fetos silvas e vegetação rasteira, tal factualidade não conduz necessariamente à conclusão que teve prejuízo com a abertura dos referidos furos, já que nos locais onde vegetam tal tipo de plantas daninhas são em princípio terrenos húmidos. III – Acresce que ao réu não pode ser imputada qualquer responsabilidade, uma vez que com a abertura dos furos não foi violado o direito do *A*., uma vez que falta, *in casu*, ilicitude ao facto. IV – Desta forma, não há lugar a qualquer indemnização a pagar pelo réu em execução de sentença» – (Ac. da R.C., de 20/06/2000, Proc. n.º 1388/2000).

3. «Não obtendo *A* o reconhecimento de um direito de propriedade sobre as águas nascidas em prédio alheio, mas apenas um direito de servidão relativamente a tais águas, utilizadas em prédios seus, não tem ele o direito de obter a tapagem de um furo aberto pelo dono do prédio onde está a nascente» – (Ac. da R.P., de 8/04/2002, Proc. n.º 0 250 330).

ARTIGO 1397.º
(Águas originariamente públicas)

As águas referidas nas alíneas *d*), *e*) e *f*) do n.º 1 do artigo 1386.º são inseparáveis dos prédios a que se destinam, e o direito sobre elas caduca, revertendo as águas ao domínio público, se forem abandonadas, ou não se fizer delas um uso proveitoso correspondente ao fim a que eram destinadas ou para que foram concedidas.

Trabalhos preparatórios

Anteprojecto
art. 98.º

As águas a que se referem as alíneas d), e) *e* f) *do n.º 1 do artigo 87.º são inseparáveis dos prédios a que se destinam, e o direito sobre elas caduca, revertendo as mesmas ao dornínio público, se não se fizer delas um uso proveitoso, correspondente ao fim a que se destinavam ou para que foram concedidas, ou se forem abandonadas.*

As águas no Código Civil172

1.ª revisão min. do anteprojecto
art. 1384.º

As águas a que se referem as alíneas d), e) *e* f) *do n.º 1 do artigo 1373.º são inseparáveis dos prédios a que destinam e o direito sobre elas caduca, revertendo as águas ao domínio público, se não se fizer delas um uso proveitoso, correspondente ao fim a que se destinavam ou para que foram concedidas, ou se forem abandonadas.*

A redacção actual foi obtida na 2.ª revisão ministerial do anteprojecto.

Antecedentes históricos

94. O artigo foi inspirado nos artigos 33.º e 34.º da Lei das Águas, com as seguintes redacções, respectivamente:

> *«As águas públicas, que ao tempo da publicação deste decreto estiverem legalmente concedidas, ou sobre as quais alguma pessoa singular ou colectiva, tiver adquirido direitos fundados em título justo, de harmonia com a legislação em vigor, continuarão a ser aproveitadas nas mesmas condições, respeitando-se esses direitos adquiridos, salvo o caso de expropriação por utilidade pública e as demais restrições neste decreto, e sem prejuízo da devolução da água para o domínio público por motivo de caducidade».*

> *«São motivos de caducidade de qualquer concessão ou aproveitamento de águas públicas:*
> 1.º *Não começar as obras no prazo marcado;*
> 2.º *Não as concluir, sem motivo de força maior, no prazo marcado;*
> 3.º *Não fazer das águas um uso proveitoso correspondente ao fim para que foram concedidas ou a que se destinavam;*
> 4.º *O abandono de aproveitamento, considerando-se abandonadas as águas que por espaço de cinco anos não forem utilizadas para o fim a que eram destinadas.*
>
> § *único. Decretada a caducidade da concessão ou aproveitamento, as águas considerara-se no domínio público, revertendo as obras e instalações para o Estado ou corpo administrativo a quem o domínio das dgiras pertence»*[196].

---

[196] O artigo 34.º foi revogado pelo artigo 15.º, do Decreto n.º 16 767, de 20/4/29. Contudo, o artigo 3.º desse diploma continuou a considerar motivos de caducidade, além

Observações

95. As águas são inseparáveis dos prédios a que se destinam; alcance da fórmula – As águas preocupadas, doadas ou concedidas até 21 de Março de 1868 transitaram para o domínio privado.

Acentue-se, todavia, que só uma autêntica e consequente situação de domínio privado, materializado em actos de ocupação, uso e fruição devem ou podem fazer claudicar o direito público em favor do direito privado. Apenas quando os interesses particulares forem dignos de tutela, o interesse público se não sobrepõe, uma vez que é a este que, regra geral, se atribui a primazia. Mas, em casos que o demonstrem, o público terá que ceder perante o privado.

De todo o modo, o fim que inicialmente determinou a apropriação particular deve permanecer com a mesma identidade.

As águas são incorporadas, juridicamente, no prédio a que se destinaram. Assim é que, se elas foram preocupadas para accionarem um moinho, não poderão ser aproveitadas, ao abrigo do direito adquirido, para fins de irrigação[197],

Por força do princípio em epígrafe, não é possível a alienação do prédio, sem se alienar o respectivo direito à água (e vice-versa). Se, transmitido o prédio, nada se disser quanto às águas nele incorporadas, deve entender-se que a alienação do prédio abrange as próprias águas.

Dele resulta, ainda, que adquirido o direito de propriedade do prédio por usucapião, adquirido fica, também, por inerência, a propriedade daquelas águas.

Nesta perspectiva, afigura-se-nos ser, manifestamente, impossível a aquisição, em relação à água, por terceiro, seja da sua propriedade, seja da sua servidão para prédio diferente. Enfim, a água só para o prédio inicial se destina e não a outro.

Isto posto, impõe-se um esclarecimento: a ideia de inseparabilidade é uma ideia nova que surge com a publicação do Código Civil de 1966. Não vamos pôr em crise as razões, fundadas mesmo, que envolveram a consagração legislativa do princípio. O que se não admite é o prolongamento do âmbito temporal da sua vigência a um período anterior em que semelhante limitação se não fazia, do ponto de vista normativo.

Queremos dizer que, não o contemplando a legislação anterior à promulgação do Código Civil de 1966, não é aceitável que se o faça remontar àquela época.

---

de outros, o abandono e o uso irregular da água, fazendo-a, em tais casos, de novo reverter para o domínio público.

[197] Neste sentido, também, H. MESQUITA, *ob. cit.*, pág. 225, nota 4.

As águas no Código Civil 174

Sendo assim, adquirido o direito às águas originariamente públicas e integradas na esfera patrimonial do *preocupante, donatário, concessionário e licenciado,* é possível a sua aquisição por usucapião, a favor de terceiro, desde que consumada até Junho de 1967 (art. 2.°, do Dec.-Lei n.° 47 344, de 25/11/66), a menos que, ao tempo, elas tivessem retornado ao domínio público por operância de uma qualquer regra de caducidade (art. 34.°, da Lei das Águas e art. 3.°, do Dec. n.° 16 767, de 20/4/29).

96. Caducidade; motivos – Limitam-se a dois os motivos de caducidade do direito às águas preocupadas, doadas, regiamente concedidas ou licenciadas: *abandono e não uso proveitoso.*

Pelo primeiro deles – abandono – não pode deixar de entender-se o acto através do qual o beneficiário do direito manifesta uma indúbia intenção de renúncia à água e, logicamente, à qualidade de seu proprietário.

À contrario, para que o abandono não possa funcionar como motivo de caducidade é imperiosa a manutenção do efectivo exercício, ainda que não forçosamente contínuo. Pode acontecer que numa época do ano as chuvas tenham sido abundantes; admite-se que o dono tenha tentado, em determinada ocasião, um novo tipo de colheitas, etc. – os exemplos repetir-se-iam. São casos que não indiciam o abandono, seguramente([198]).

O não uso temporário pode provir de inúmeras causas. Ponto é que nenhuma delas aponte para a revelação de uma vontade do beneficiário em querer perder a qualidade de proprietário das águas aproveitadas.

O uso, a existir, e com isto introduz-se o segundo dos indicados motivos, deve ser *proveitoso* e correspondente ao fim a que as águas eram destinadas.

Tem que ser um uso proveitoso. É evidente que, segundo padrões de normalidade, todo o uso é proveitoso. Usa-se a coisa *em proveito,* em benefício de algo, próprio ou alheio. No que nos toca, se o proprietário utilizar as águas exclusivamente para accionar um moinho, quando o fim estabelecido no início do aproveitamento era o de irrigação (proveito agrícola), tal uso não pode deixar de ser proveitoso. É-o de facto; só que não corresponde ao benefício inicial.

Daí o dever-se interligar o *uso* (proveitoso) com o *fim* a que as águas estavam adstritas.

Servindo-nos do exemplo descrito, o uso será em proveito da agricultura e em conformidade com o fim tido em vista se o dono as utilizar em irrigação do prédio beneficiado.

([198]) P. LIMA e A. VARELA, *Ob. cit.,* III, pág. 302.

A noção de proveito comporta, também, uma ligeira nuance. É, ela, a de uma utilização profícua, útil, vantajosa, conveniente, contra a ideia de desleixo e desmazelo.

Se a utilização da água, embora segundo o fim tido em vista e para o prédio a que, desde logo, se destinou, se faz inconvenientemente, sem os resultados práticos que se anteviram inicialmente, esse uso deixa de ser proveitoso, com toda a certeza. Nesta medida, já o direito se não justifica na esfera do titular desmazelado. Há que transferir, então, as águas para o domínio público, de onde são provenientes, onde bem melhor podem servir relevantes interesses sociais.

O uso proveitoso e o próprio abandono não carecem do decurso do prazo de cinco anos, tal como o reclamava o artigo 34.º da Lei das Águas, para que a caducidade funcione.

O cerco é, hoje, bem mais apertado. Desde que dos actos materiais (acções e omissões) se infira a ideia de desinteresse pelas águas, fica preenchido o pressuposto legal da sua devolução ao domínio público.

CONDOMÍNIO DAS ÁGUAS

ARTIGO 1398.º

(Despesas de conservação)

1. Pertencendo a água a dois ou mais co-utentes, todos devem contribuir para as despesas necessárias ao conveniente aproveitamento dela, na proporção do seu uso, podendo para esse fim executar-se as obras necessárias a fazer-se os trabalhos de pesquisa indispensáveis, quando se reconheça haver perda ou diminuição de volume ou caudal.

2. O co-utente não pode eximir-se do encargo, renunciando ao seu direito em benefício dos outros co-utentes, contra a vontade destes.

Trabalhos preparatórios

Anteprojecto
art. 99.º

Pertencendo a água particular a dois ou mais co-utentes, qualquer deles, em consequência do disposto no artigo ... (compropriedade), tem o direito de obrigar os outros a contribuir para as despesas necessárias ao seu conveniente aproveitamento, na proporção do seu uso, podendo para esse fim executar-se as obras necessárias e fazer-se os trabalhos de pesquisa indispensáveis, quando se reconheça haver perda ou diminuição de volume ou caudal.

1.ª revisão min. do anteprojecto
art. 1385.º

Pertencendo a água particular a dois ou mais co-utentes, qualquer deles tem o direito de obrigar os outros a contribuir para as despesas necessárias ao seu conveniente aproveitamento, na proporção do seu uso, podendo para esse fim executar-se as obras necessárias e fazer-se os trabalhos de pesquisa indispensáveis, quando se reconheça haver perda ou diminuição de volume ou caudal.

A redacção definitiva foi obtida na 2.ª revisão ministerial do anteprojecto.

Desenvolvimento

Art. 1398.º, n.º 1

Pertencendo a água a dois ou mais co-utentes, todos devem contribuir para as despesas necessárias ao conveniente aproveitamento dela, na proporção do seu uso, podendo para esse fim executar-se as obras necessárias e fazer-se os trabalhos de pesquisa indispensáveis, quando se reconheça haver perda ou diminuição de volume ou caudal.

Antecedentes históricos

97. Corresponde ao artigo 125.º da Lei das Águas, cuja redacção se transcreve:

Quando algumas águas forem fruídas em comum por dois ou mais co-utentes, qualquer deles tem o direito de obrigar os outros a contribuir para as despesas necessárias ao seu conveniente aproveitamento, na proporção do seu uso, podendo para esse fim executar-se as obras necessárias e fazer-se os trabalhos de pesquisa indispensáveis, quando se reconheça haver perda ou diminuição do volume ou caudal.

Observações

98. Generalidades – O texto legal abre com um pressuposto, simultaneamente rígido e flexível. Rígido, porque impõe uma relação jurídica de pertença ou domínio; flexível, por não distinguir a qualidade em que o co-utente se encontra na apontada relação jurídica.

Na sua previsão cabem, pois, as situações de condomínio e as de compropriedade (antes de qualquer divisão). Mais difícil é aceitar a inclusão na hipótese legal de situações de uso meramente *tolerável* pelo dono do prédio superior (simples co-utentes), dada a ausência de domínio sobre as águas e, por consequência, de pertença aludida na norma. Ou então, a redacção do artigo, nesta parte é ambígua, o que não nos parece.

Portanto, o legislador terá querido excluir os meros co-utentes. Quisesse ele optar pela solução contrária e, certamente, teria utilizado uma expressão idêntica à contida no n.º 2, do artigo 1400.º *«também aos co-utentes que não sejam donos da água».*

A circunstância de a esta forma de comunhão se aplicarem as regras da compropriedade (art. 1404.º, do C.C.), só vale até onde for possível e compatível a sua conciliação com o «especialmente disposto» para o direito que ora se analisa([199]).

As despesas a suportar pelos utentes devem ser adequadas ao conveniente aproveitamento. São despesas relativas a trabalhos e obras de limpeza, conservação, fruição, pesquisa e novas captações, intimamente ligadas à manutenção, melhoramento ou ampliação do actual aproveitamento.

Em qualquer caso, preenchem, sempre, a nota de benfeitorias indispensáveis, necessárias. Necessárias, por se destinarem a evitar a perda, destruição ou deterioração do benefício (art. 216.º).

As despesas serão suportadas pelo co-utente na proporção do seu uso. Sendo a água fruída por todos, mas cone níveis de aproveitamento diferentes, é lógico que aquele que dela faça um uso mais intenso (mais horas, mais dias, etc.) deva aguentar com o maior peso do encargo. Não unia repartição segundo as quotas – esta é uma característica própria da compropriedade – mas segundo o uso.

Este encargo assume-se, pois, como uma obrigação inerente à coisa de que se é co-titular. Obrigação *propter rem* (por causa da coisa), dir-se-á, em que a identidade da pessoa obrigada não é relevante. De considerar, é apenas a causa da obrigação e a titularidade do direito real onerado – obrigado é quem fôr titular do direito real([200]).

Ao contrário do que sucede com a compropriedade em que a água não esteja dividida, o condomínio implica que as águas estejam divididas pelos diversos condóminos. Neste segundo caso, as despesas distribuem-se proporcionalmente em função do uso que cada um estiver a fazer dela. Mas, se as águas se mantêm em comum, presumem-se quantitativamente iguais as quotas de cada um, na falta de indicação em contrário no «título constitutivo» (art. 1403.º, n.º 2, do C.C.). As despesas, nessa hipótese, também serão iguais.

([199]) Em sentido diferente no que respeita aos mero co-utentes, vide P. LIMA e A. VARELA, in *Cod. cit.*, pág. 334 e M. TAVARELA LOBO, *ob. cit.*, II, pág. 113.

([200]) Obrigação *propter rem* é *«aquela cujo sujeito passivo (o devedor) é determinado não pessoalmente («intuitu personae»), mas realmente, isto é, determinado por ser titular de um determinado direito real sobre a coisa».* – A. MENEZES CORDEIRO, *ob. cit.,* pág. 512 e segs., onde se faz um interessante estudo sobre o instituto.

As águas no Código Civil   182

99. JURISPRUDÊNCIA

1. «I – São coisas diversas o condomínio e a compropriedade das águas, como se vê do cotejo entre os artigos 1398.º e 1403.º, ambos do Código Civil, aquele a caracterizar-se pela fixação de um direito exclusivo sobre uma parte delimitada da água e a compropriedade a definir-se pelo mero aproveitamento em comum dela. II – Assim, tendo os autores pedido o reconhecimento de comproprietários sobre determinadas águas, e nula a sentença, por condenação em objecto diverso do pedido, que condenou os réus a reconhecer o direito de condomínio dos autores sobre as mesmas águas. II – Ultrapassadas as fases do despacho liminar e do despacho saneador, não é legalmente possível concluir-se pela ineptidão da petição inicial. IV – Tendo a Relação concluído que os factos provados, e os que integravam a causa de pedir, caracterizam apenas um direito de servidão e não o de compropriedade (objecto do pedido) ou o de condomínio, a consequência será, não já a da ineptidão da petição inicial, mas a da improcedência da acção» – (Ac. do S.T.J. de 16/12/87, Proc. n.º 075 456).

2. «I – Pelo art. 1471.º, n.º 1, C.C., é aplicável ao nu-proprietário o disposto no art. 1394.º, n.º 1, do mesmo Código, pelo que pode procurar no prédio águas subterrâneas por meio de poços ou outras escavações, contanto que daí não resulte diminuição do valor do usufruto ou modificação do destino económico da coisa sujeita a usufruto. II – Em caso de compropriedade ou nua-propriedade, pelo princípio de que cada comproprietário pode usar a coisa comum na sua totalidade (art. 1406.º C.C.), é lícito a um dos nus-proprietários conduzir para prédio seu água por si captada no prédio comum» – (Ac. da R.P., de 23/05/91, Proc. n.º 0 406 450).

3. «I…; I…; III…; IV…; V…; VI…; VII…; VIII – A "Levada de Sortes", formada pelas águas que naturalmente decorrem dos prédios superiores, depois de abandonadas pelos donos daqueles, sendo tanto as que nesses nascem como as pluviais que neles caem, e desaguando no rio Ave, é uma corrente não navegável nem flutuável. IX – Tais águas encontram-se no domínio público e consideram-se fora do comércio jurídico, não podendo ser adquiridas por usucapião. X – Podem, porém, ser objecto de preocupação desde que tenham entrado no domínio privado até 21/03/1868 (último dia de vigência da legislação anterior ao Código Civil de 1867). XI – Hoje, decorrido mais de um século, e dado o regime de caducidade dos direitos adquiridos sobre águas públicas, só é possível reconhecer-se a preocupação como título aquisitivo anterior a 21/03/1868, se existirem obras permanentes de captação e derivação de águas contraias até àquela data. XII – Provados os factos integrantes do conceito jurídico de preocupação e,

consequentemente, a causa de pedir e cabendo ao tribunal indagar e indicar o direito aplicável e interpretá-lo e aplicá-lo, tem de considerar-se procedente o pedido de reconhecimento do direito dos autores à utilização da água da "Levada de Sortes", na medida da compropriedade, ou condomínio, de tal água, sem embargo de os autores terem invocado, com base em tais factos, a usucapião com título aquisitivo. XIII – Não se verificando que a água da nascente da "Fontela de Simões" seja abandonada, nem na nascente nem no seu trajecto até ao "Cano de Sortes", mas antes se mostra utilizada por consorte que a conduzia por rego situado na borda do prédio dos réus e o "Campo de Sortes", ou era conduzida para o "Cano de Sortes" a fim de ser aproveitada, conjuntamente, com a da "Levada de Sortes" pelos autores e outros, não é a "Fontela de Simões" uma nascente pública, nem a sua água é pública pelo menos até ao ponto em que no "Cano de Sortes" vai ser junta à da "Levada de Sortes", nem é abandonada. XIV – Tal água pode ser adquirida por usucapião desde que esta seja acompanhada de construção de obras, visíveis e permanentes, no prédio onde existe a nascente, que revelem a captação e posse da água desse prédio. XV – O uso da faculdade conferida pelos artigos 712.°, números 1 e 2, do Código de Processo Civil, pressupõe a interposição de recurso pela parte a quem possa aproveitar a alteração das respostas ou a anulação da decisão» – (Ac. da R.P., de 2/07/91, Proc. n.° 0 120 413).

4. «I – Provado que um poço pertence em compropriedade a vários consortes, os direitos destes na água são qualitativamente iguais, embora possam ser quantitativamente diferentes. II – As quotas presumem-se quantitativamente iguais na falta de indicação em contrário do título constitutivo. III – Sendo comuns as águas, comuns serão também as obras de captação ou armazenamento usualmente utilizadas no aproveitamento dessas águas. IV – O uso de coisa comum por um dos comproprietários não constitui posse exclusiva ou posse de quota superior à deste, salvo se tiver havido inversão de título. V – Cada compossuidor é possuidor em nome alheio em relação à parte da coisa que vai além da sua quota. VI – A inversão do título de posse supõe a substituição de uma posse precária, em nome de outrém, por uma posse em nome próprio. VII – Para tanto o detentor há-de tornar directamente conhecida de pessoa em cujo nome possuía, a sua intenção de actuar como titular do direito» – (Ac. da R.P., de 22/04/93, Proc. n.° 9 210 600).

5. «Não é possível ao tribunal "convolar" o pedido de reconhecimento do direito de compropriedade dos Autores sobre uma água para o de declaração de existência de uma servidão sobre essa água» – (Ac. da R.P., de 5/06/95, Proc. n.° 9 320 443).

6. «I – As águas das fontes públicas são especialmente destinadas ao uso de toda a gente, aos gastos domésticos. II – As águas que sobram deste fim e que não são, portanto, utilizadas, constituem águas sobejas. III – Estas águas sobejas pertencem à entidade que custeou a construção da fonte, poço ou reservatório, pelo que a essa entidade compete regular-lhe o uso ou torná-lo até objecto de concessão, excepto se houver direitos adquiridos, que a lei mande respeitar. IV – Mas, enquanto o Estado ou os Corpos Administrativos não regularem o uso dessas águas ou não as tornarem objecto de concessão, elas podem ser aproveitadas pelos proprietários vizinhos, segundo a contiguidade do prédio, aproveitamento este que é consentido a título precário e como mera tolerância. V – Enquanto meros co-utentes de águas sobejas, a título precário, não podem os mesmos co-utentes exigir a divisão das mesmas» – (Ac. da R.P., de 22/02/96, Proc. n.° 9 531 029).

7. «I – A aplicação do artigo 1400.° n.° 1 do Código Civil pressupõe uma situação de indivisão das águas e a inexistência ou insuficiência de título que especifique o direito de cada um dos condóminos da água. II – Sendo o autor proprietário de metade da água de determinada presa, nessa proporção pode usar e fruir a dita água sem qualquer limitação, designadamente temporal. III – Sendo o autor parte vencedora, não pode, a título de dolo substancial, ser condenado como litigante de má fé» – (Ac. da R.P., de 26/06/97, Proc. n.° 9 631 543).

8. «I – A linha de separação entre matéria de facto e matéria de direito não pode assumir-se como natureza fixa, antes dependendo quer da estrutura da norma aplicável, quer dos termos da causa, em maior ou menor medida. II – Poderá, assim, dizer-se que "o que é facto ou juízo de facto num caso, poderá ser direito noutro". III – O termo "corgo" ou "corga" não integra um conceito jurídico. IV – O direito dos particulares ao aproveitamento de águas oriundas de correntes não navegáveis nem flutuáveis, por delas ser proprietário, funda-se, geralmente, na preocupação verificada anteriormente ao alvará de 27 de Novembro de 1804, que veio estabelecer um regime de licença para quaisquer novas derivações de águas. V – Para ser reconhecido o direito às águas adquiridas por preocupação, para determinados prédios, apenas é necessário articular-se e provar que, desde anteriormente à vigência do Código Civil de 1867, existem obras de captação e derivação dessas águas, feitas no leito ou na margem da corrente, para utilização delas nesses prédios, onde, desde então, têm sido sempre utilizadas. VI – Não é da essência da preocupação a singularidade do preocupante preferindo a todos os outros. VII – Embora o uso e costume não seja um título de aquisição da água – "in casu" é-o a preocupação –, quando o utente seja dono dela, como acontece aqui, esse uso e costume seguido há mais de vinte anos na respectiva fruição pode converter a situação de compropriedade no efectivo regime de condomínio de

185   *Condomínio das águas – art. 1398.°*

águas. VIII – Esse uso e costume produz o mesmo efeito que derivaria dum título de partilha da água formalmente válido. IX – Assim, os co-utentes, depois de juridicamente fixado o critério de repartição, deixam de ser comproprietários e passam a ter um direito exclusivo sobre a respectiva fracção da água» – (Ac. da R.P., de 12/11/98, Proc. n.° 9 831 151).

9. «I – Nas acções reais a causa de pedir "é o título invocado como aquisitivo da propriedade ou do direito real limitado ou fraccionado que o autor pretende ver reconhecido e tutelado; não essa mesma propriedade ou esse mesmo direito real". II – O processo de jurisdição voluntária prevista no Decreto-Lei n.° 284/84, de 22 de Agosto, como meio de suprimento do registo, visa estabelecer o trato sucessivo, mas os justificantes não ficam titulares do direito inscrito; apenas ficam com a presunção de titularidade desse direito, de harmonia com a regra do artigo 7.° do Código do Registo Predial. III – Tendo o réu trazido ao processo uma versão dos factos totalmente contrária à realidade deles, por si conhecida, com o claro propósito de obter o reconhecimento de um direito que não detinha, bem condenado foi como litigante de má fé, alegou que tinha adquirido o direito em discussão, por usucapião, o que se revelou totalmente inverdadeiro. IV – A venda de coisa alheia é nula nos termos dos artigos 892.° primeira parte e 904.° do Código civil. V – Tendo o Autor alegado o seu direito a 2/3 da água que nasce em certo prédio com fundamento em que, nele, existe uma nascente de onde há mais de 20, 30, 40, mesmo 100 anos, os seus antecessores captam e conduzem, até ao seu prédio X, dois terços indivisos dessa água, captação e transporte evidenciados, desde aquele tempo, através de sinais que estão visíveis e permanentes no terreno, pedindo que se declarasse ser legítimo comproprietário, na proporção de 2/3, da água captada nessa nascente, invocou claramente a existência de um direito real de compropriedade, não de uma servidão. VI – Para efeitos de aquisição, por usucapião, da propriedade da água de fontes e nascentes, é indiferente que a obra (visível e permanente, reveladora da captação e posse da água) tenha sido realizada por quem invoca a propriedade: basta-lhe provar o aproveitamento dessa água durante o prazo de usucapião como se sua fosse. VII – As servidões, salvo as excepções previstas na lei, não podem ser separadas dos prédios a que pertencem, activa ou passivamente – artigo 1545.° n.° 1 do Código Civil. É a consagração do princípio da acessoriedade, segundo o qual as servidões têm de acompanhar as vicissitudes inerentes ao estatuto jurídico do prédio dominante, só podendo ser gozadas através dele» – (Ac. da R.P., de 5/07/99, Proc. n.° 9 950 794).

10. «I – Existindo, por força de um acordo negocial vertido em escritura pública de partilha, um condomínio sobre águas subterrâneas exploradas por meio de mina e utilizadas na rega, e abrangendo esse acordo, como também ficou regis-

tado na escritura, o sistema de fruição das águas que então ficaram divididas, os contitulares da água não têm direito a uma quota ideal do todo e são titulares de direito exclusivo sobre uma parte delimitada do objecto do condomínio. II – Essa escritura, não sendo arguida de falsa nem de inválida, tem força probatória plena, sendo inadmissível prova testemunhal sobre os factos ali documentados» – (Ac. da R.P., de 22/02/99, Proc. n.º 9 851 435)

11. «I – Considera-se justo título de aquisição da água das fontes e nascentes qualquer meio legítimo de adquirir a propriedade de coisas imóveis ou de constituir servidões. II – A usucapião só é atendida quando for acompanhada da construção de obras, visíveis e permanentes, que revelem a captação e a posse da água nesse prédio. III – Obras visíveis são obras perceptíveis e, portanto, susceptíveis de revelar a captação e a posse de águas por terceiros. IV – Obras permanentes são as que revestem a característica de estabilidade e não de provisoriedade ou precariedade. V – Sem obras permanentes não pode haver uma posse contínua, ininterrupta, e sem sinais de aparência a posse não preenche o requisito da publicidade indispensável à usucapião. VI – Sendo a água utilizada de acordo com um regime estável e normal de distribuição há mais de vinte anos, os respectivos utentes são verdadeiros condóminos dessa água. VII – As obras realizadas para um melhor aproveitamento do caudal da água não podem introduzir alterações no sistema da sua distribuição, com repercussão no conteúdo do direito dos restantes consortes, a não ser que haja consentimento por parte destes. VIII – Estando alegado e provado que os Réus colocaram um tubo de plástico no interior da mina para, assim, de forma permanente, levarem água para uma casa que possuem; que, em consequência de tais obras, os Autores deixaram de poder utilizar o sistema de pejeiros ou talhadouros existentes; e que os Réus deixaram de utilizar o aqueduto existente até certo local, fazendo assim com que o rego seque nos dias em que a utilização da água lhes pertence; e que deixaram de suportar a limpeza e conservação do aqueduto, destes factos resultam prejuízos e danos para os Autores, embora não quantificados, com obrigação de os Réus os indemnizarem. IX – A fixação dos danos, porque não quantificados, tem de ser feita em execução de sentença, nos termos do artigo 661.º n.º 2 do Código de Processo Civil» – (Ac. da R.P., de 28/06/99, Proc. n.º 9 950 542).

12. «I – As águas provenientes dos prédios superiores que os prédios inferiores estão sujeitos a receber, sem poder interferir, são apenas as que correspondem ao seu curso natural, ou seja, aquelas em que não houve qualquer alteração do fluxo normal por meio de obras do homem. II – Divididas as águas comuns em consequência do exercício do direito previsto no art. 1412.º do Código civil, o subsequente direito exclusivo de cada um dos consortes passa a ser exercido

187   *Condomínio das águas – art. 1398.°*

sobre certa parte da água (tantas horas, dias, semanas, certo volume de caudal, etc.). III – Entre os co-utentes das águas, ainda que não sejam os seus donos, também os costumes podem assumir força juridicamente vinculativa na divisão, verificado o condicionalismo previsto no art. 1400.° do Código Civil» – (Ac. da R.C., de 27/01/2000, Proc. n.° 2941/99).

13. «Não é possível ao tribunal "convolar" o pedido de reconhecimento do direito de compropriedade dos Autores sobre uma água para o de declaração de existência de uma servidão sobre essa água» – (Ac. da R.P., de 28/06/2001, Proc. n.° 0 130 600).

Art. 1398.°, n.° 2

O co-utente não pode eximir-se do encargo, renunciando ao seu direito em benefício dos outros co-utentes, contra a vontade destes.

Antecedentes históricos

100. Corresponde ao § 2.° do artigo 126.°, da Lei das Águas, cujo teor se transcreve, integralmente:

> *Os donos dos prédios servientes são obrigados a consentir as obra e trabalhos necessários para se tornar efectivo o direito reconhecido no artigo anterior, contanto que não importem alteração da servidão.*
>
> § 1.° *Se o dono do prédio serviente também for co-utente das águas, será obrigado a contribuir na proporção do seu interesse.*
>
> § 2.° *O co-utente das águas só poderá eximir-se das obrigações impostas neste artigo e no anterior, desistindo do uso das mesmas águas em proveito dos outros compartes.*

Observações

101. Generalidades – Sendo a obrigação *propter rem,* logo, inerente à titularidade da coisa[201], o encargo resultante do uso da água desaparece com

---

[201] O que só reforça a ideia, atrás defendida, de que o mero co-utente, porque as frui por mera tolerância, nenhum direito tem sobre as águas nem está contemplado na previsão do n.° 1 do artigo em análise.

As águas no Código Civil

o abandono liberatório, a renúncia ao direito de base. Mas, a renúncia não produz, por si só, os efeitos pretendidos. Tem que ser consentida pelos outros co-utentes.

O legislador afasta-se, neste ponto, da solução adoptada para o caso de renúncia em compropriedade. Na verdade, ali se a despesa não foi aprovada pelo renunciante (interessado), isso não obsta a que a renúncia se mantenha válida, ainda que sem consentimento dos restantes consortes (art. 1411.º, n.º 2, à contrário). Aqui, em matéria de águas, o co-utente não pode livremente renunciar ao direito em benefício dos outros, sem aprovação destes.

A exegese assenta, a nosso ver, em duas ordens de razões.

Em 1.º lugar, porque o encargo é proporcional ao uso, não faria sentido sobrecarregar os demais utentes com uma despesa supérflua e não querida, uma vez que da água do renunciante não têm manifesta necessidade.

Em 2.º lugar, pretende-se evitar a fuga a um encargo assumido. Se o co-utente utilizava a água é porque, ao menos aparentemente, dela carecia. Na formulação deste raciocínio, é óbvio que sobre si recaia a despesa inerente aos trabalhos necessários efectuados. Se a realidade, *de facto*, era outra, isto é, se a utilização se fazia sem absoluta necessidade, mas por oportunismo ou outra condenável razão, ainda assim o ónus deve recair sobre o desistente, porque, afinal, a obra também foi concluída a seu favor.

ARTIGO 1399.º

(Divisão de águas)

A divisão das águas comuns, quando deva realizar-se, é feita, no silêncio do título, em proporção da superfície, necessidades e natureza da cultura dos terrenos a regar, podendo repartir-se o caudal ou o tempo da sua utilização, como mais convier ao seu bom aproveitamento.

Trabalhos preparatórios

Anteprojecto
art. 100.º

A divisão das águas comuns quando deva ter lugar, será feita, nos silêncio do título, em proporção da superfície, necessidades e natureza da cultura dos ter-

renos a regar, podendo repartir-se o caudal ou o tempo da sua utilização, como mais convier ao seu bom aproveitamento.

1.º revisão min. do anteprojecto
art. 1386.º

A divisão das águas comuns, quando deva ter lugar, é feita, no silêncio do título, em proporção da superfície, necessidades e natureza da cultura dos terrenos a regar, podendo repartir-se o caudal ou o tempo da sua utilização, como mais convier ao seu bom aproveitamento.
A redacção da 2.ª revisão é igual à da 1.ª revisão.

Antecedentes históricos

102. A disposição teve por fonte o artigo 132.º da Lei das Águas, cuja redacção é a seguinte:

Nenhum co-utente de águas de qualquer natureza é obrigado a permanecer na indivisão, podendo em qualquer tempo requerer que sejam divididas em proporção da superfície, necessidades e natureza da cultura dos terrenos a regar ou da potência de qualquer engenho a pôr em laboração.
§ 1.º *A divisão pode fazer-se repartindo o caudal da corrente ou o tempo da sua utilização, como mais convier ao bom aproveitamento da água.*
§ 2.º *À divisão de todas as águas fruídas em comum é aplicável o processo especial estabelecido nos artigos 566.º e 567.º, do Código de processo civil.*
§ 3.º *Nas acções de divisão de águas as custas serão rateadas por todos os interessados, na proporção do quinhão que tiverem na água; mas, se houver oposição, as custas desta serão pagas pelo vencido, na proporção em que o fôr.*

Observações

103. Introdução – O artigo em questão firma uma regra idêntica àquela que na compropriedade se consagra quanto à possibilidade de se exigir a divisão da coisa. Como ali, a divisão pode ser feita pela via consensual ou judicialmente

As águas no Código Civil   190

(art. 1052.° e segs., designadamente 1057.° do C.P.C.). O artigo 1399.° refere-se, naturalmente, à segunda das vias.

Do texto legal infere-se, ainda, em conjugação com o disposto nos artigos seguintes, poderem ser três os modos de partilha das águas comuns.

O primeiro aponta para a existência de *título* onde resulte manifesto o direito de cada um dos co-titulares. Será de harmonia com as cláusulas convencionadas que a divisão tem que ser feita.

O segundo modo de divisão é o que se estabelece no artigo 1400.°. É a fruição resultante de uma divisão segundo o *costume* seguido há mais de vinte anos, de forma normal e estável. Não qualquer costume. Na parte aplicável, a regra tem que ceder, logicamente, ao princípio contido no artigo 1401.°. que considera abolidos os costumes torna-torna, torna-tornarás e outros semelhantes. Aliás, já os artigos 134.° e 135.° da Lei das Águas os reprovavam e aboliam.

Finalmente, por diferença, aparece o modo de divisão que o artigo 1399.° estabelece, regime supletivo aplicável ante a inexistência, insuficiência ou silêncio do título.

Dele resulta, para já, uma primeira conclusão: em caso algum, ele pode aplicar-se ao regime de fruição de águas para satisfação das necessidades primárias da vida humana. Fora da sua previsão ficam, indiscutivelmente, as águas utilizadas para gastos domésticos e sanitários do homem. De fora, também, as que sirvam e sejam fruídas para alimentação e dessedentação dos animais e, bem assim, à limpeza dos estábulos.

Enfim, a divisão a que o preceito alude atem-se, tão somente, às águas destinadas à irrigação de prédios rústicos. E nada mais.

É o que resulta de um exercício de pura interpretação literal, conclusão que, inclusive, sai reforçada devido ao facto de do texto do art. 132.° da Lei das Águas se ter suprimido a referência à divisão da água na proporção da *potência do engenho a pôr em laboração*. Querendo essa alusão abranger uma utilização para fins industriais, por exemplo, (moagem, azenha, utilização em pequenas industriais de produção de pasta de papel, etc), a supressão agora verificada poderá, efectivamente, querer significar que outro qualquer uso, que não o de simples irrigação, estará excluído. Ou seja, a divisão nos moldes descritos na disposição só serve para os casos de comunhão de águas destinadas a rega, caso em que, no silêncio do título, isto é, se coisa diferente não estiver especialmente estabelecida no respectivo documento, a partilha se fará na *proporção da superfície* do terreno, das *necessidades de rega* e da *natureza dos terrenos a regar*.

Contudo, não se deve esquecer que o condomínio das águas pode estar vocacionado ou destinado em concreto a outras utilizações. Ora, mesmo não prevendo o artigo em exame a divisão nesses outros casos, nem por isso ela dei-

191 *Condomínio das águas – art. 1399.º*

xará de ser feita. Sê-lo-á, porém, à luz do art. 1052.º do C.P.C., aplicável presentemente à divisão de quaisquer águas, independentemente do uso e do condomínio que delas esteja a ser feito, face ao art. 1057.º do mesmo Código. Sem embargo, não repugna aceitar, com a prudência e as cautelas que a diferença exige, e até onde for possível a extensão dos respectivos critérios e factores, a utilização dos princípios da economia e da justiça previstos no presente artigo na divisão dessas outras águas por influência de um paralelismo analógico (art. 10.º do C.C.).

104. Divisão; princípios básicos – Na partilha destas águas deve atender-se a dois basilares princípios. Um, de *justiça*, conexo com a superfície, necessidades e natureza da cultura dos terrenos a regar; outro, de *economia*, em função do tempo de aproveitamento e do caudal ou volume da água servienda.

No *princípio de justiça* estão inclusos os factores determinantes da divisão, os requisitos de procedência da pretensão. A base do direito invocado, em suma.

E o primeiro deles prende-se com a *superfície* do terreno que se quer irrigar. Variável como os restantes, cabe aos peritos a determinação concreta da justa medida da divisão.

Vem, depois, a *necessidade* a que não é alheia a própria morfologia e textura do terreno. Há que ver se o prédio dispõe, já, de alguma água, insuficiente todavia; se a terra é seca ou húmida (sequeiro ou regadio), inclinada ou plana. Em verdade, *«há terras declives e pendentes (vulgo ladeirentas) em que a água passa velozmente pela sua superfície sem a penetrar quando seja necessário; há terras porosas, que embebem facilmente a água; há terras fortes, que com o calor abrem fendas, e cisuras e precisam de mais água para se trespassarem; há umas planas de igual qualidade e natureza...»*([202]).

O terceiro e último requisito situa-se na *natureza da cultura*([203]). É evidente que as terras cultivadas com batata necessitam de mais água do que as cultivadas

---

([202]) Lobão, *Tratado prático e compendiário das Águas*, § 211, cit., por P. Lima e A. Varela, *ob. cit.*, III, pág. 306.

([203]) E não natureza do prédio. Repare-se que a lei não fala, sequer, em prédio, mas sim em terreno, o que logo afasta a sua aplicabilidade a prédios urbanos. Na terminologia legal, a dicotomia não é confundível. Contraria-se, assim, o alcance que ao conceito *natureza* dá Veloso de Almeida, para quem, nele, se inclui o prédio urbano nas diversas aplicações (habitação, comércio, etc.).

Se à natureza do terreno quisermos atender, e é forçoso que assim seja, a importância do elemento só pode ganhar assento no 2.º dos aludidos requisitos – necessidade do prédio –, não no 3.º – natureza da cultura.

As águas no Código Civil   192

a milho e outros cereais. Mas, estas, por sua vez, têm dela maior carência do que as terras de vinho, menos exigentes.

O *princípio de economia* reflecte-se na forma de distribuição, segundo dois modelos – *tempo de rega e caudal ou volume da água*.

A divisão segundo qualquer destes meios não é arbitrária. Depende do jogo das circunstâncias de cada caso. Aos peritos, que determinarão o modo de proceder à divisão, cabe a escolha do preferível e mais conveniente.

Em todo o caso, dir-se-á, é líquido que os prédios de lameiro, bem como os que são irrigados com água de lima ou merugem estão melhor servidos com a divisão pelo caudal, de modo a que a água fique a correr mais ou menos permanentemente, segundo as exigências específicas desses terrenos.

A divisão *pelo caudal* faz-se, em regra, por talhadouros[204], por meio de pedras com aberturas ou rasgos de certas medidas e, ainda, por meio de caixas de onde a água sai por tubos de determinado diâmetro. Convém, também, dizer que um prédio mais afastado do local onde se faz a distribuição necessita de um caudal mais abundante, pois que se sabe que, durante o percurso, parte dela se perde e consome pelos finos e inúmeros veios do rego ou aqueduto, maxime, se ele fôr térreo. Daí que, como regra de economia, se deva partir dos prédios mais próximos do local onde se inicia a operação de distribuição, passando-se depois, e gradualmente, aos mais afastados. Desta maneira, os prédios mais distantes têm maior garantia de receberem o caudal que lhes é determinado, uma vez que até lá já o rego se encontra bem embebido ou *chumbado* pela passagem da água para irrigação dos prédios precedentes[205].

A divisão *pelo tempo* é feita por períodos de minutos, horas, dias, semanas e, embora raramente, meses[206].

Se nada se disser no título, ou dele não resultar outro sentido, o tempo de utilização conta-se em consonância com a regra exposta no artigo 1402.º.

---

[204] Cortes de terra ou rasgos de pedra nas motas ou cômoros do rego-mestre ou levada por onde a água é desviada.

[205] O método, ainda hoje, prático de medição do caudal nas terras do interior é o da bóia flutuante de cortiça ou o do bugalho seco.

[206] Ainda hoje se utiliza, frequentemente, a hora solar, em detrimento da hora oficial. Há ainda quem admita, para além da repartição do caudal e do tempo, um sistema misto com utilização simultânea dos dois critérios de divisão: M. TAVARELA LOBO, in *Manual,* cit., II, pág. 122.

105. JURISPRUDÊNCIA

1. «I – Dos termos do n.° 1 do art. 1054.° do Código de Processo Civil resulta que constitui «oposição» formalmente válida, todo e qualquer ataque ao acto dos peritos, não importando que a objecção recaia sobre ponto essencial ou que vise destruí-lo. O simples retoque de aspecto acessório ou o mero aperfeiçoamento do acto referido, podem ser objecto de oposição. II – Constitui, pois, «oposição», a pretensão deduzida de alterar ou completar uma divisão de águas, estendendo-a às águas sobejas, por equivaler a considerá-la deficiente. III – Embora o art. 1399.° do Código Civil estabeleça dois métodos de divisão de águas comuns, consistentes em repartir o caudal, ou o tempo da sua utilização, não só é forçoso que se use só um ou só o outro, sendo admissível o emprego de um sistema misto de distribuição, tendo em atenção a época e o volume ou caudal das águas. IV – No entanto, em matéria tipicizada de direitos reais (art. 1306.°, n,° 1, do Código Civil), não será possível sair desses três métodos, principalmente quando daí surja uma figura atípica de quinhões de água mal definidos ou de carácter precário. V – Não é pois legal o pedido de, mantendo-se a repartição efectuada pelos peritos em função do tempo, se reconhecer a cada condómino o direito a água que a outro sobeje. VI – Além disso, tal sistema contrariaria o disposto pelo art. 1391.° do Código Civil, já que o condómino ficaria com o direito às águas vertentes, quando elas, por lei, são atribuídas aos donos dos prédios inferiores, como compensação do ónus de escoamento. VII – Tal sistema violaria o princípio da independência e delimitação dos quinhões, essencial a qualquer divisão de águas, tornando precária a situação do utente dos sobejos, já que eles poderiam desaparecer por simples vontade do dono da água, que sempre poderia fazer novos aproveitamentos (citado art. 1391.°)» – (Ac. da R.P., de 26/6/74, in *B.M.J.*, n.° 238/280).

2. «A divisão de todas as águas fruídas em comum pode ser feita pelo processo administrativo regulado nos artigos 222.°, 223.° e 224.° do Regulamento de 19 de Dezembro de 1892» – (Parecer da P.G.R., de 27/11/75, in *B.M.J.*, n.° 257/46 e R.L.J. ano 109/80).

3. «I – A circunstância de estar ultrapassada a questão (forma de processo comum em vez de acção de arbitramento), por se ter julgado no saneador, transitado, que não havia nulidades, não pode ela influir na apreciação dos pedidos feitos na acção. II – Na divisão de água comum, tem de atender-se, no silêncio do título, à superfície, necessidades e natureza dos terrenos a regar. III – Estando definitivamente decidido ser permanente a existência de uma levada ou rega em todo o percurso, bordado e enrelvado e permanentemente feito e conservado, uti-

As águas no Código Civil 194

lizado há mais de 200 anos, reiteradamente, à vista de todos, sem oposição de ninguém e como se exercessem um direito próprio, está constituída por usucapião uma servidão de aqueduto, com aquelas características» – (Ac. da R.C., de 1/3/83, in *C.J.*, 83, II, pág. 9).

4. «I – O artigo 1399.° do Código Civil tem de ser interpretado de sorte a não abarcar tão-somente as situações contempladas no seu teor verbal (a dos utentes serem comproprietários das águas), mas também as que se compreendem na "mens legis" (a dos utentes terem adquirido direito de servidão). II – A definição do direito ao aproveitamento das águas de cada um dos seus titulares, independentemente do título de aquisição, é feita através de acção de arbitramento do artigo 1052.° do Código do Processo Civil» – (Ac. da R.P., de 18/10/88, Proc. n.° 0 006 398, in *B.M.J.*, n.° 380/531).

5. «I – Numa acção de arbitramento para divisão de águas se se alega a usucapião relativamente a estas, não se cumpre o ónus de alegação se fica por dizer se a nascente dessas águas é pública ou particular – questão de indiscutível interesse atenta a imprescritibilidade no primeiro caso e o regime de prescritibilidade que a lei estabelece para o segundo. II – Exigindo a lei, para haver usucapião, que tenham sido feitas obras no prédio onde se situa a nascente, de modo a poder inferir-se o abandono do primitivo direito do dono desse prédio (revelado pela captação e posse da água nesse prédio) o autor terá de provar que, como foi alegado, o cano subterrâneo que atravessa o leito da estrada provem daquele prédio onde se situa a nascente. III – Tais obras devem ainda ser visíveis, pois só assim o dono da água esta em condições de se aperceber daquela captação e posse. IV – Evidenciando a alegação factual do autor que não existia por parte do vendedor um direito ao uso pleno da água, sem quaisquer limitações, mas apenas um direito a aproveitar a água nos seus prédios com as limitações incidentes as necessidades destes, o que havia era um direito de servidão, que é indivisível» – (Ac. da R.P., de 13/06/91, Proc. n.° 0 408 040).

6. «I – Numa acção de arbitramento para divisão de águas, os peritos procederam à divisão de água por tempo de utilização, reconhecendo que o prédio rústico dos apelantes, a favor do qual se mostra constituída a servidão de utilização de água captada no prédio dos apelados, tem necessidade de dia e meio de água por semana durante o ano. II – Mas tendo os peritos optado por esta forma de repartição de água, que veio a ser homologado, não se mostra suficientemente concretizado o conteúdo e a extensão de servidão constituída a favor do prédio dos apelantes, sem que se fixe, em concreto, o momento em que se inicia e finda o período de utilização de água» – (Ac. da R.P., de 20/05/93, Proc. n.° 9 210 594).

195   *Condomínio das águas – art. 1399.°*

7. «I – Numa acção de arbitramento para divisão de águas, os peritos procederam à divisão de água por tempo de utilização, reconhecendo que o prédio rústico dos apelantes, a favor do qual se mostra constituída a servidão de utilização de água captada no prédio dos apelados, tem necessidade de dia e meio de água por semana durante o ano. II – Mas tendo os peritos optado por esta forma de repartição de água, que veio a ser homologado, não se mostra suficientemente concretizado o conteúdo e a extensão de servidão constituída a favor do prédio dos apelantes, sem que se fixe, em concreto, o momento em que se inicia e finda o período de utilização de água» – (Ac. da R.P., de 14/06/93, Proc. n.° 9 330 369).

8. «I – As águas das fontes públicas são especialmente destinadas ao uso de toda a gente, aos gastos domésticos. II – As águas que sobram deste fim e que não são, portanto, utilizadas, constituem águas sobejas. III – Estas águas sobejas pertencem à entidade que custeou a construção da fonte, poço ou reservatório, pelo que a essa entidade compete regular-lhe o uso ou torná-lo até objecto de concessão, excepto se houver direitos adquiridos, que a lei mande respeitar. IV – Mas, enquanto o Estado ou os Corpos Administrativos não regularem o uso dessas águas ou não as tornarem objecto de concessão, elas podem ser aproveitadas pelos proprietários vizinhos, segundo a contiguidade do prédio, aproveitamento este que é consentido a título precário e como mera tolerância. V – Enquanto meros co-utentes de águas sobejas, a título precário, não podem os mesmos co-utentes exigir a divisão das mesmas» – (Ac. da R.P., de 22/02/96, Proc. n.° 9 531 029).

9. «Tendo sido julgada improcedente uma acção em que era pedido o reconhecimento da compropriedade de umas águas entre Autor e Réu, por se não haver provado a sua aquisição por preocupação, e tendo transitado em julgado a respectiva sentença, tal caso julgado impede a procedência de uma outra acção entre as mesmas partes para a divisão das mesmas águas, visto faltar a compropriedade que é pressuposto da aludida divisão (coisa comum) que se configura como uma fase executiva de um poder da compropriedade» – (Ac. da R.P., de 22/04/96, Proc. n.° 9 551 113).

10. «Na acção de divisão de águas comuns devem intervir, sob pena de ilegitimidade, todos os seus comproprietários» – (Ac. da R.P., de 19/01/98, Proc. n.° 97 503 10).

11. «I – Num processo em que o Autor pretenda a divisão de águas, compete a este alegar a compropriedade das águas que pretende dividir e a necessidade da divisão, competindo ao Réu contestar a alegada compropriedade ou alegar qualquer outra razão impeditiva da pretendida divisão» – (Ac. da R.P., de 25/11/99, Proc. n.° 9 930 497).

Artigo 1400.º
(Costumes na divisão de águas)

1. As águas fruídas em comum que, por costume seguido há mais de vinte anos, estiverem divididas ou subordinadas a um regime estável e normal de distribuição continuam a ser aproveitadas por essa forma, sena nova divisão.

2. A obrigatoriedade do costume impõe-se também aos co--utentes que não sejam donos da água, sem prejuízo dos direitos do proprietário, que pode a todo o tempo desviá-la ou reivindicá-la, se estiver a ser aproveitada por quem não tem nem adquiriu direito a ela.

Trabalhos preparatórios

Anteprojecto
art. 101.º

1. *As águas fruídas em comum que por costume seguido há mais de vinte anos, estiverem divididas ou subordinadas a um regime estável e normal de distribuição, continuarão a ser aproveitadas por essa forma, sem nova divisão.*

2. *A obrigatoriedade dos costumes referidos impõe-se também aos co--utentes que não sejam donos da água, sem prejuízo dos direitos do proprietário, que pode a todo o tempo desviá-la ou reivindicá-la, se estiver a ser aproveitada por quem não tem nem adquiriu o direito a ela.*

A redacção definitiva actual foi obtida, praticamente, na 1.ª revisão ministerial do anteprojecto.

Desenvolvimento

Art. 1400.º, n.º 1

As águas fruídas em comum que, por costume seguido há mais de vinte anos, estiverem divididas ou subornadas a um regime estável e normal de distribuição continuam a ser aproveitadas por essa forma, sem nova divisão.

Antecedentes históricos

106. Este número corresponde ao artigo 133.º da Lei das Águas, cuja redacção se transcreve:

> *As águas fruídas em comum que por deliberação de carácter permanente do respectivo corpo administrativo, por uso e costume, ou posse, seguidas há mais de trinta anos, estiverem divididas ou subordinadas a um regime estável e normal de distribuição, continuarão a ser aproveitadas por essa forma, sem nova distribuição.*

Observações

107. Introdução – Representa-se, por esta forma, o costume como modo de divisão de águas, a par da divisão amigável, dependente de título, e do método prescrito no artigo precedente.

A similitude com a regra exposta no artigo 133.º citado é flagrante. A única diferença notável situa-se ao nível da diminuição do tempo de fruição e posse costumeira. Enquanto aquele normativo estipulava um prazo superior a trinta anos, agora ele é reduzido ao mínimo de vinte anos e um dia.

Por outro lado, suprimiu-se a alusão à deliberação do órgão administrativo por não se justificar, de todo. Não se revelou, também, necessária a inclusão da posse enquanto elemento destacado. Assim, se as águas estão a ser fruídas *em comum*, é obvio que a posse de algum modo sempre está implícita. Seria uma excrescência manter vida própria a tal elemento normativo. De inutilidade se trataria, ainda, se o legislador de 1966 mantivesse a fórmula adoptada pelo legislador de 1919,concernente à fruição derivada de deliberação de um corpo administrativo. Os motivos são os mesmos. Importa é que a fruição se faça, sendo irrelevante a que título.

Determinante, para os efeitos legais, é a fruição costumeira.

108. Costume; sentido e alcance – O *costume* sempre foi palco de diferentes modelos interpretativos. O problema remonta, já, a um período anterior ao próprio Código Civil de 1867.

Segundo uma corrente, o costume tinha que ver, tão somente, com uma prática corrente de harmonia com a Lei da Boa Razão, de 18 de Agosto de 1869. Segundo outra, o uso e costume prendia-se exclusivamente, com o *costume da terra*. Era o costume-regra, o costume gerado direito consuetudinário. Para outros, mais cautelosos, o uso e costume significava o uso de facto relativo

As águas no Código Civil 198

a certas águas. Nada se conotava, no âmago desta tese, com o uso e costume local[207].

Foi esta última visão do conceito que acabou por vingar no novo Código.

O *costume* é, assim, encarado na perspectiva de uma prática habitual, permanente e, eminentemente, estável e duradoura relativa à distribuição de certas águas. Arreda-se, portanto, qualquer ponto de contacto com uma praxe ou uso local que, aliás, pode existir e contrariar aquele[208].

Por outro lado, o costume aqui em vista *não atribui direitos à água*, de propriedade ou quaisquer outros. Limita-se a dar certo efeito jurídico a um uso tradicional que, em relação à água, lhe dão determinados fluentes, considerando-a, por essa forma, dividida. O costume dá, apenas, a medida do direito de cada co-utente. Quando muito, pode dizer-se que ressalva o direito adquirido à água, se ele já existir, mas não visa a sua criação.

Suponha-se que *A*, *B* e *C*, por a terem adquirido por preocupação, passaram a aproveitar a água nos mesmos dias da semana respectivamente. Por exemplo, *A* às segundas e terças, *B* às quartas e quintas e *C* às sextas e sábados. O uso e costume pode, aqui, funcionar como título de aquisição de um direito. Mas, não de um direito originário sobre a água – esse foi adquirido pela preocupação – senão, antes, o direito de regar às segunda se terças, às quartas e quintas e às sextas e sábados, por cada um dos co-utentes.

Nesta óptica, o costume não constitui, logicamente, um título de aquisição originário da água[209].

Os actos praticados, segundo esta regra, impedem futura divisão. As águas consideram-se definitivamente divididas, tal com estão.

Os períodos resultantes da divisão são impessoais. Quer dizer, cada consorte, com direito a determinado período de tempo de fruição, pode, dela sendo dono, vender a água a outro consorte ou a um estranho. O adquirente, nesse caso, obtem a coisa com a virtualidade que ela tinha ao tempo da alienação. Ele terá, pois, que respeitar o modo e períodos de tempo estabelecidos anteriormente.

---

[207] Sobre a polémica surgida em redor do conceito, vide n.º 49.º, *supra*.

[208] *«Se numa região se tiver generalizado uma determinada forma de divisão e partilha de águas comuns, esse uso não pode prevalecer contra o costume de partilhar das suas águas adoptado por A, B e C há mais de trinta anos, só se impondo aquele aos proprietários que o tenham seguidamente adoptado durante esse tempo».* – P. Lima, in *Comentário*, cit., pág. 420, nota (1) – 1.ª ed. – e 476 – 2.ª ed.

[209] Pires de Lima, in *R.L.J.*, ano 96.º, págs. 26 e 64.

A norma parece, ainda, fazer supor que toda a água deva estar fruída. Mas assim não é. Há que interpretá-la em termos hábeis.

Tome-se o exemplo de a água estar a sofrer um giro certo, pelos utentes vários, durante todos os dias da semana, excepto ao domingo (ou qualquer outro), dia em que ela corre livremente, sem pertencer a ninguém em particular. Dir-se--ia, apressadamente, que a água de domingo não está dividida, sendo, por isso, susceptível de nova divisão.

Mas assim não tem que ser, necessariamente. Desde logo, se a fruição, segundo o costume, foi intencionalmente criada só para os dias úteis. A exclusão do domingo faria parte do próprio costume. Pois, então, tem que entender-se que o domingo integra o modelo de divisão adoptado, não no aspecto activo, mas passivamente.

Convém harmonizar a doutrina do artigo 1400.º com a do 1401.º. Sendo assim, não conta para os efeitos deste artigo um aproveitamento, ainda que contínuo, estável e duradouro, segundo o sistema torna-torna, torna-tornará, tapa-tapa e outros semelhantes. Se este fôr o uso seguido, ele arruma, definitivamente, a possibilidade de nova divisão, uma vez que a lei o não tutela.

Por contraste com o texto do número dois do artigo em análise, que também manda recair a obrigatoriedade do costume aos co-utentes que não são donos da água, a disciplina do n.º 1 sujeita, ao que parece, a divisão da água por fluentes que sobre ela têm, já, um direito prévio.

Agora, imagine-se a existência de obras que revelem, inequivocamente, a aquisição do direito à água por preocupação([210]). Imagine-se, ainda, que, não obstante elas, não se prova a sua autoria. Apurado fica, apenas, que a água é aproveitada por certo números de fluentes. Então, a pergunta: Será que não pode, por tal motivo, operar a divisão pelas forças do costume, nos termos do n.º 1 do artigo 1400.º, ainda que os pressupostos ali contidos se verifiquem claramente?

Sem dúvida que pode. Em hipóteses semelhantes presume-se, até prova em contrário, que a preocupação foi obtida pelos actuais utentes e seus antecessores([211]). Contudo, porque a preocupação só gera efeitos desde que consumada até 21 de Março de 1868, suposto é concluir que aquela presunção só funciona se se lograr demonstrar a utilização da água já no período anterior ao Código de 1867.

([210]) Sobre o conceito, vide n.º 18, *supra*.

([211]) Neste sentido, a *R.L.J.*, ano 96.º, pág. 20 e segs..

109. JURISPRUDÊNCIA

1. «I – Por falta de elementos para demonstrar a preocupação das águas públicas, o uso e costume constitui uma presunção desse título de aquisição, mas, porque é de natureza *tantum juris*, está sujeita a prova em contrário. II – O artigo 133.° da Lei das Águas (Decreto n.° 5 787-IIII) não prescreveu novo regime jurídico para aquisição do direito às águas públicas, e somente para situações já existentes e criadas nas circunstâncias de facto enunciadas no seu texto manteve a anterior distribuição, sem nova partilha. III – Por isso, para se aplicar o mesmo preceito, não é suficiente a utilização das águas por mais de 30 anos, sendo necessária a fruição das mesmas em comum, num regime normal e estável de distribuição, precedida de título aquisitivo anterior ao Código Civil» – (Ac. do S.T.J., de 12/6/62, in *R.L.J.*, ano 96, pág. 20).

2. «O costume na divisão de águas, a que alude o n.° 1 do art. 1400.° do Cód. Civ., tal como já acontecia no domínio do Decreto n.° 5 787-IIII de 10 de Maio de 1919, (art. 133.°) respeita aos costumes de facto, isto é, aos modos por que nas diferentes localidades os co-utentes aproveitam as águas e não ao costume como direito consuetudinário. Para que a um caso concreto fosse aplicável o costume seguido na respectiva região, que estabelece o período primavero-estival entre 4 de Maio e 30 de Setembro, seria necessário provar que os utentes haviam assim fruídas as águas pelo tempo bastante para ser legítimo o aproveitamento sem nova divisão. Desde que não ficou demonstrado que fosse praticado esse costume local, é de observar o disposto no art. 1402.° do Cód. Civ., correspondente ao art. 136.° do Decreto n.° 5 787-IIII, considerando o questionado uso como sendo o que começa em 1 de Abril e termina em 1 de Outubro seguinte» – (Ac. da R.C., de 21/5/71, in *B.M.J.*, 207/235).

3. «I – A "preocupação" deixou de ser título de apropriação de águas públicas com a entrada em vigor do Código Civil de 1867. Porém, continua a manter-se o direito a essas águas quando adquirido por esse modo em data anterior a essa entrada em vigor. II – A "preocupação" consiste na apropriação exclusiva de determinada quantidade de água pública, por meio de obras adequadas, como a presa, aqueduto ou levada, e a sua utilização em determinado prédio ou grupo de prédios. III – Para ser reconhecido o direito às águas de uma corrente não navegável nem flutuável, adquirido por preocupação, para determinados prédios, apenas é necessário articular e provar que, desde anteriormente à vigência do Código Civil de 1867, existem obras de captação e derivação dessas águas, feitas no leito ou margem da corrente, para utilização delas nesses prédios, onde, desde então têm sido sempre utilizadas. IV – Não é de exigir a

prova de que foi o dono desses prédios quem fez as obras, sendo suficiente que se mostre que estas estão construídas em proveito de tais imóveis. V – O *uso e costume* de utilização dessas águas por vários utentes, quando todos utilizam a mesma levada, revelam quem foram os seus adquirentes» – (Ac. da R.P., de 27/07/78, Proc. n.º 0 013 034).

4. «I – Nas situações criadas à face do direito anterior e ressalvadas pelos artigos 438 e 444 do Código de Seabra inclui-se o *uso e costume* de facto, seguido por certa colectividade, de tal sorte que a subsistência dessa situação de facto seja incompatível com o direito de livre disposição que o proprietário do prédio tem sobre as nascentes que nele haja. II – As escorrências naturais da água de um prédio por força da gravidade, ainda que se processem em certo sentido durante muitos anos e também durante muitos anos sejam aproveitadas sem o mínimo esforço pelo proprietário do prédio inferior, não podem fundamentar um direito subjectivo (artigo 2282.º do citado código), mesmo que se entenda que o artigo 438.º *ex vi* do artigo 444.º se refere aos casos de posse concreta e individual e não ao *uso e costume* praticado por uma certa colectividade» – (Ac. da R.P., de 14/10/78, Proc. n.º 0 013 078).

5. «I – Tendo-se provado que as águas que nascem na vertente Leste da serra da Nogueira, incluindo as de uma nascente situada na gleba distribuída aos Réus, se encontraram a ser aproveitadas pelos vizinhos da povoação de Rebordãos, as quais são conduzidas de maneira a formarem um único caudal, a partir do qual todos os vizinhos as utilizam, segundo prática que já dura há mais de dois séculos e, desde tempos imemoriais, da referida nascente parte uma agueira que conduz a água para aquele caudal, donde os vizinhos a derivam para a aproveitarem, tal prática integra um *uso* e um *costume* que já tinham mais de um século ao tempo em que o Código Civil de 1867 entrou em vigor. II – Sendo certo que no rigor dos conceitos, não será de haver essa prática como um título de aquisição do direito à água, enquadrável na ressalva do artigo 438º desse Código e ressalvado pelo artigo 133.º, do Decreto 5 787-III, de 10 de Maio de 1919, não deixará contudo de se lhe reconhecer a natureza de uma situação de facto que a lei, verificados certos pressupostos, converteu numa relação juridicamente vinculativa, como elemento de definição ou medida do direito de cada utente no aproveitamento comum, situação que se tem por consagrada em dispositivos legais contidos no artigo 1400.º do Código Civil de 1966. III – E não tendo os Réus provado qualquer título de aquisição do direito às águas da nascente da gleba que lhes foi distribuída, não se mostra justificada a legalidade das obras por eles realizadas para aproveitamento próprio das águas dessa nascente» – (Ac. do S.T.J., de 18/05/89, Proc. n.º 077 124).

As águas no Código Civil   202

6. «I – Para a prova da preocupação de águas originariamente publicas e, alem do mais (a sua entrada no domínio privado ate ao dia 21 de Março de 1868, por meio de canais, levadas, aquedutos de derivação, albufeiras e reservatórios de armazenamento construídos por pessoas singulares ou colectivas), necessário que a obra se revele feita em proveito do prédio, a depreender de factos concretos como a irrigação do prédio dos titulares por estes e seus antecessores e por actos conservatórios da poça de ancoramento e dos mecanismos de derivação e captação de águas; o uso das águas e sua repartição pelos utentes segundo *usos e costume* revelaria os adquirentes das águas. II – A declaração do dono de um prédio de que a este pertence água objecto de preocupação e ineficaz se se provar a inerência da mesma a outro prédio do vendedor visto que o respectivo direito e inseparável do ultimo prédio. III – Cabe, a quem se arroga o direito a águas por preocupação, o ónus da prova dos factos constitutivos do mesmo» – (Ac. da R.P., de 9/06/92, Proc. n.º 9 110 584).

7. «I – Provado que um poço pertence em compropriedade a vários consortes, os direitos destes na água são qualitativamente iguais, embora possam ser quantitativamente diferentes. II – As quotas presumem-se quantitativamente iguais na falta de indicação em contrário do título constitutivo. III – Sendo comuns as águas, comuns serão também as obras de captação ou armazenamento usualmente utilizadas no aproveitamento dessas águas. IV – O uso de coisa comum por um dos comproprietários não constitui posse exclusiva ou posse de quota superior à deste, salvo se tiver havido inversão de título. V – Cada compossuidor é possuidor em nome alheio em relação à parte da coisa que vai além da sua quota. VI – A inversão do título de posse supõe a substituição de uma posse precária, em nome de outrém, por uma posse em nome próprio. VII – Para tanto o detentor há-de tornar directamente conhecida de pessoa em cujo nome possuia, a sua intenção de actuar como titular do direito» – (Ac. da R.P., de 22/04/93, Proc. n.º 9 210 600).

8. «O uso da água, depois de ter saído do prédio da nascente, não pode constituir uso e costume relevante para integrar título justo de aquisição do direito à água ressalvado nos termos do artigo 444.º do Código Civil de 1867» – (Ac. da R.P., de 26/05/94, Proc. n.º 9 321 268).

9. «I – Demonstrada a compropriedade de autores e réus de determinada água, não pode proceder o pedido de restituição exclusiva da mesma aos autores» – (Ac. da R.P., de 5/06/95, Proc. n.º 9 320 443)

10. «I – A aplicação do artigo 1400.º n.º 1 do Código Civil pressupõe uma situação de indivisão das águas e a inexistência ou insuficiência de título que

203   *Condomínio das águas – art. 1400.°*

especifique o direito de cada um dos condóminos da água. II – Sendo o autor proprietário de metade da água de determinada presa, nessa proporção pode usar e fruir a dita água sem qualquer limitação, designadamente temporal. III – Sendo o autor parte vencedora, não pode, a título de dolo substancial, ser condenado como litigante de má fé» – (Ac. da R.P., de 26/06/97, Proc. n.° 9 631 543).

11. «I – A linha de separação entre matéria de facto e matéria de direito não pode assumir-se como natureza fixa, antes dependendo quer da estrutura da norma aplicável, quer dos termos da causa, em maior ou menor medida. II – Poderá, assim, dizer-se que "o que é facto ou juízo de facto num caso, poderá ser direito noutro". III – O termo "corgo" ou "corga" não integra um conceito jurídico. IV – O direito dos particulares ao aproveitamento de águas oriundas de correntes não navegáveis nem flutuáveis, por delas ser proprietário, funda-se, geralmente, na preocupação verificada anteriormente ao alvará de 27 de Novembro de 1804, que veio estabelecer um regime de licença para quaisquer novas derivações de águas. V – Para ser reconhecido o direito às águas adquiridas por preocupação, para determinados prédios, apenas é necessário articular-se e provar que, desde anteriormente à vigência do Código Civil de 1867, existem obras de captação e derivação dessas águas, feitas no leito ou na margem da corrente, para utilização delas nesses prédios, onde, desde então, têm sido sempre utilizadas. VI – Não é da essência da preocupação a singularidade do preocupante preferindo a todos os outros. VII – Embora o *uso* e *costume* não seja um título de aquisição da água – "in casu" é-o a preocupação –, quando o utente seja dono dela, como acontece aqui, esse *uso e costume* seguido há mais de vinte anos na respectiva fruição pode converter a situação de compropriedade no efectivo regime de condomínio de águas. VIII – Esse *uso e costume* produz o mesmo efeito que derivaria dum título de partilha da água formalmente válido. IX – Assim, os *co-utentes*, depois de juridicamente fixado o critério de repartição, deixam de ser comproprietários e passam a ter um direito exclusivo sobre a respectiva fracção da água» – (Ac. da R.P., de 12/11/98, Proc. n.° 9 831 151).

12. «As águas provenientes dos prédios superiores que os prédios inferiores estão sujeitos a receber, sem poder interferir, são apenas as que correspondem ao seu curso natural, ou seja, aquelas em que não houve qualquer alteração do fluxo normal por meio de obras do homem. II – Divididas as *águas comuns* em consequência do exercício do direito previsto no art. 1412.° do Código civil, o subsequente direito exclusivo de cada um dos consortes passa a ser exercido sobre certa parte da água (tantas horas, dias, semanas, certo volume de caudal, etc.). III – Entre os *co-utentes* das águas, ainda que não sejam os seus donos, também os *costumes* podem assumir força juridicamente vinculativa na divisão, verificado

o condicionalismo previsto no art. 1400.° do Código Civil» – (Ac. da R.P., de 22/02/99, Proc. n.° 9 851 435).

13. «I – Considera-se justo título de aquisição da água das fontes e nascentes qualquer meio legítimo de adquirir a propriedade de coisas imóveis ou de constituir servidões. II – A usucapião só é atendida quando for acompanhada da construção de obras, visíveis e permanentes, que revelem a captação e a posse da água nesse prédio. III – Obras visíveis são obras perceptíveis e, portanto, susceptíveis de revelar a captação e a posse de águas por terceiros. IV – Obras permanentes são as que revestem a característica de estabilidade e não de provisoriedade ou precariedade. V – Sem obras permanentes não pode haver uma posse contínua, ininterrupta, e sem sinais de aparência a posse não preenche o requisito da publicidade indispensável à usucapião. VI – Sendo a água utilizada de acordo com um regime estável e normal de distribuição há mais de vinte anos, os respectivos utentes são verdadeiros condóminos dessa água. VII – As obras realizadas para um melhor aproveitamento do caudal da água não podem introduzir alterações no sistema da sua distribuição, com repercussão no conteúdo do direito dos restantes consortes, a não ser que haja consentimento por parte destes. VIII – Estando alegado e provado que os Réus colocaram um tubo de plástico no interior da mina para, assim, de forma permanente, levarem água para uma casa que possuem; que, em consequência de tais obras, os Autores deixaram de poder utilizar o sistema de pejeiros ou talhadouros existentes; e que os Réus deixaram de utilizar o aqueduto existente até certo local, fazendo assim com que o rego seque nos dias em que a utilização da água lhes pertence; e que deixaram de suportar a limpeza e conservação do aqueduto, destes factos resultam prejuízos e danos para os Autores, embora não quantificados, com obrigação de os Réus os indemnizarem. IX – A fixação dos danos, porque não quantificados, tem de ser feita em execução de sentença, nos termos do artigo 661.° n.° 2 do Código de Processo Civil» – (Ac. da R.P., de 28/06/99, Proc. n.° 9 950 542)

14. «I – A divisão, loteamento e urbanização de um prédio rústico que passou a ser urbano, não extingue o direito de propriedade que os comproprietários têm sobre as águas do poço nele existente, não obstante esse poço tenha ficado a ocupar parte dum dos lotes agora urbanizado. II – As águas do poço construído num prédio rústico que são utilizadas pelos comproprietários para a rega das parcelas por cada um deles em dias variados, constituem um imóvel autónomo da propriedade rústica dividida, uma vez que estas sempre foram utilizadas por todos os comproprietários em dias e horas previamente determinados e acordados entre eles e continuaram a utilizá-las para a rega das fracções, mesmo depois da divisão e urbanização. III – Tendo-se provado que os Réus desde há mais de 20 anos que

205 · *Condomínio das águas – art. 1400.°*

vêm utilizando a água do poço para regar as plantas e terra do seu lote, continuadamente, à vista de todos e sem oposição de ninguém, adquiriram o direito de compropriedade sobre o imóvel das águas o direito de passagem para o poço e de aqueduto deste para o seu terreno, por usucapião» – (Ac. da R.C., de 12/07/99, Proc. n.° 2118/99).

15. «I – Num processo em que o Autor pretenda a divisão de águas, compete a este alegar a compropriedade das águas que pretende dividir e a necessidade da divisão, competindo ao Réu contestar a alegada compropriedade ou alegar qualquer outra razão impeditiva da pretendida divisão» – (Ac. da R.P., de 25/11/99, Proc. n.° 9 930 497).

16. «As águas provenientes dos prédios superiores que os prédios inferiores estão sujeitos a receber, sem poder interferir, são apenas as que correspondem ao seu curso natural, ou seja, aquelas em que não houve qualquer alteração do fluxo normal por meio de obras do homem. II – Divididas as *águas comuns* em consequência do exercício do direito previsto no art. 1412.° do Código civil, o subsequente direito exclusivo de cada um dos consortes passa a ser exercido sobre certa parte da água (tantas horas, dias, semanas, certo volume de caudal, etc.). III – Entre os *co-utentes* das águas, ainda que não sejam os seus donos, também os *costumes* podem assumir força juridicamente vinculativa na divisão, verificado o condicionalismo previsto no art. 1400.° do Código Civil» – (Ac. da R.C., de 27/01/2000, Proc. n.° 2941/99).

Art. 1400.°, n.° 2

A obrigatoriedade do costume impõe-se também aos co-utentes que não sejam donos da água, sem prejuízo dos direitos do proprietário, que pode a todo o tempo desviá-la ou reivindicá-la, se estiver a ser aproveitada por quem não tem nem adquiriu direito a ela.

Observações

110. Generalidades – O n.° 2 funciona, por assim dizer, como um desvio à regra enunciada no n.° 1. Ali, pressupõe-se um direito às águas; aqui, faz-se um prolongamento do costume a quem as usa sem, todavia, a elas ter qualquer direito.

Porém, uma diferença de tratamento resulta sensível. Enquanto além o direito do utente é estável e absoluto e, portanto, perene, aqui o mero utente pode ver-se desapossado da água a todo o tempo pelo seu proprietário.

As águas no Código Civil   206

Já se vê que a norma quer contemplar, sobretudo, os casos de utilização precária por mera tolerância do proprietário. Enquanto este não fizer valer o seu direito de desviar e reivindicar a água, fica reconhecida a divisão, dela beneficiando o mero utilizador. Isto posto, de qualquer modo, para que, ainda que condicionalmente, como vimos, a divisão possa aproveitar-lhe é preciso que ele, por si e seus antecessores, tenha estado na fruição (partilhada, dividida) da água de forma estável e normal, durante mais de vinte anos.

ARTIGO 1401.º

(Costumes abolidos)

1. Consideram-se abolidos no aproveitamento das águas o costume de as utilizar pelo sistema de torna-torna ou outros semelhantes, mediante os quais a água pertença ao primeiro ocupante, sem outra norma de distribuição que não seja o arbítrio; as águas que assim tenham sido utilizadas consideram-se indivisas para todos os efeitos.

2. Consideram-se igualmente abolidos os costumes de romper ou esvaziar os açudes e diques construídos superiormente, distraindo deles água para ser utilizada em prédios ou engenhos inferiormente situados que não têm direito ao aproveitamento; se existir direito ao aproveitamento, consideraram-se as águas indivisas.

Trabalhos preparatórios

Anteprojecto
art. 102.º

1. *Consideram-se abolidos no aproveitamento das águas o costume de as utilizar pelo sistema do torna-tornarás ou outros semelhantes, mediante os quais a água pertença ao primeiro ocupante, sem outra norma de distribuição que não seja o arbítrio. As águas que assim tenham sido utilizadas considerara-se indívisas para todos os efeitos.*

2. *Consideram-se igualmente abolidos os costumes de romper ou esvaziar os açudes e diques construídos superiormente, distraindo deles água para ser uti-*

lizada em prédios ou engenhos inferiormente situados que não tem direito ao aproveitamento. Se existir direito ao aproveitamento, consideram-se as águas indivisas.

Idêntica era a redacção da 1.ª revisão do anteprojecto.

A redacção definitiva foi obtida quando da 2.ª revisão ministerial.

Desenvolvimento

Art. 1401.°, n.° 1

Consideram-se abolidos no aproveitamento das águas o costume de as utilizar pelo sistema de torna-torna ou outros semelhantes, mediante os quais a água pertença ao primeiro ocupante, sem outra norma de distribuição que não seja o arbítrio; as águas que assim tenham sido utilizadas consideram-se indivisas para todos os efeitos.

Antecedentes históricos

111. Corresponde ao artigo 134.° da Lei das Águas, cuja redacção é a seguinte:

São abolidos no aproveitamento das águas os usos e costumes e as posses de as utilizar pelo sistema chamado torna-tornarás ou outros semelhantes, mediante os quais a água comum pertença ao primeiro ocupante, sem outra norma de distribuição que não seja o arbítrio, susceptível de causar o extravasamento e a perda.

As águas que assim tenham sido utilizadas consideram-se indivisas para todos os efeitos.

Observações

112. Abolição de costumes; razão de ser – O espírito do preceito assenta, fundamentalmente, numa ideia de equidade e justiça.

O aproveitamento *torna-torna* ou *torna-tornarás* apresentava-se como um sistema puramente arbitrário – o primeiro particular a chegar e a ocupar a água tinha direito exclusivo sobre ela.

Era um sistema instalado ao arrepio do melhor aproveitamento dos factores relevantes na exploração da terra. E, se tivermos em conta que as culturas são, quase sempre, idênticas dentro de uma mesma povoação, já se vê que a necessidade da água é sentida por igual por todos os seus habitantes. Ora, como a água demora algum tempo a represar, rapidamente se conclui que o sistema torna-tornarás, por vezes também designado de tapa-tapa, não podia servir correcta e equitativamente os desígnios de todos os fruentes, provocando neles insanas questões de vizinhança.

A água deve ser aproveitada, de forma alternada e adequada, em conformidade com a natureza das culturas, a natureza e superfície dos terrenos, a distância entre a sua localização e a fonte abastecedora, etc.. Daí, a abolição do sistema.

Em termos de consagração legislava, não é nova a solução. Vem, já, da Lei das Águas (art. 134.°). O legislador de 1966 não fugiu da mesma linha. E assim é que, para reforço da ideia explanada na 1.ª parte do n.° 1, considerou indivisas as águas assim aproveitadas.

Como se vê, é enorme a latitude temporal desenhada na norma. Ela vale para o futuro, dispondo simultaneamente sobre situações pre-existentes, tal como o fazia a lei das Águas – esse o sentido da expressão «as águas que assim tenham sido utilizadas consideram-se indivisas». Significa, portanto, que o costume ali definido se encontra definitivamente posto de parte no nosso direito, embora se saiba que na prática ele continue a ser, frequentemente, observado.

Veloso de Almeida, fazendo apelo ao Ac. do S.T.J., de 6 de Maio de 1927, defendia que o costume do aproveitamento pelo sistema *torna-tomarás*, apesar de abolido pelo art. 134.° citado, deveria ser respeitado como antigo título de aquisição do direito às águas[212].

Cunha Gonçalves repelia em absoluto tal entendimento[213], no que foi seguido por Pires de Lima.

Para este último ilustre civilista o sistema de torna-tornarás não pode valer de *per si* como título aquisitivo do direito de propriedade. Este, a existir, há-de ter origem num (outro) título anterior ao uso e costume que a Lei das Águas (dec. n.° 5 787-III) aboliu[214]. Isto é verdade e irrefutável. Agora, se o sistema torna--torna não gera, efectivamente, um direito de propriedade ele já pode, nalguns casos, servir como meio de prova do direito à água.

Assim será, provando-se o aproveitamento de uma água originariamente pública, com o devido acompanhamento de obras permanentes de captação e deri-

---

[212] *Ob. cit.*, pág. 51 (1.ª ed.) e 99 (2.ª ed.).

[213] *Ob. cit.*, III, pág. 326.

[214] *Reais*, pág. 153.

vação, até 21 de Março de 1868 (preocupação), sem, contudo, se apurar a autoria destas.

Os dados fornecidos são o sinal evidente de que a água foi apropriada. A dificuldade reside, apenas, na imputação subjectiva da apropriação. Pois, então, os actuais utentes terão que alegar e provar virem a seguir o costume torna-tornarás por si e por intermédio dos seus antecessores desde 1867, por exemplo[215]. O que tanto bastará para se presumir terem, eles, direito à água, de forma derivada do direito que também, presumivelmente se gerou a favor dos seus antecessores. A seu favor militará a presunção «juris tantum» que só a prova em contrário poderá destruir.

Não é, assim, de todo irrelevante aquele costume, apesar de abolido.

Art. 1401.°, n.° 2

Consideram-se igualmente abolidos os costumes de romper ou esvaziar os açudes e diques construídos superiormente, distraindo deles água para ser utilizada em prédios ou engenhos inferiormente situados que não têm direito ao aproveitamento; se existir direito ao aproveitamento, consideram-se as águas indivisas.

Antecedentes históricos

113. Corresponde ao artigo 135.° da Lei das Águas, cuja redacção é a seguinte:

São igualmente abolidos e reprovados, como opostos aos fins do presente decreto, os usos e costumes e as posses, por mais antigas que sejam, de romper ou esvaziar os açudes e diques construídos superiormente, distraindo deles água para ser utilizada em prédios ou engenhos inferiormente situados, que por lei ou contrato não tenham comunhão na água.

Existindo a comunhão, fundada em justo título, as águas consideram-se indivisas.

---

[215] Prova algo difícil, dado o enorme período de tempo decorrido, através do recurso ao depoimento de pessoas idosas, simultaneamente idóneas, portadoras de conhecimentos que lhes foram transmitidos pelos seus antepassados e à prova documental (datas gravadas na pedra, documentos escritos que façam referência àquele uso, etc.).

Observações

114. Generalidades – São conhecidas duas posições em redor do real alcance do artigo 135.° da Lei das Águas.

Para Guilherme Moreira, os proprietários dos prédios ou engenhos inferiormente situados não estavam contemplados pela norma quando o esvaziamento ou ruptura se fizesse nos dias e horas em que tivessem o direito de utilizar as águas. Nesse caso, pugnava, as águas não estariam indivisas.

São dele as palavras que se seguem:

> «*Declarando-se, porém, abolidos esses usos e posses, determina-se que, tendo os prédios inferiores, por* justo título, *comunhão nas águas, estas consideram-se indivisas. É obvio que a expressão justo título não compreende apenas a lei e o contrato, como óbvio é também que, se o esvaziamento ou ruptura dos açudes se faz para que os prédios inferiores se utilizem da água no tempo em que a ela tem direito, essas águas não podem considerar-se indivisas.*
>
> *Em nosso parecer, o decreto não quis abranger este caso e tanto que apenas declara abolido e reprovado o uso a que se refere se os prédios ou engenhos inferiormente situados não tiverem comunhão na água, havendo, caso se dê esta comunhão, o direito à sua divisão. A hipótese de o prédio ou engenho inferior ter direito à água e de esta estar dividida, não está consequentemente compreendida no artibo*»[216].

Pires de Lima e A. Varela sustentam uma tese diferente:

> «*A verdade, porém, é que a lei quis condenar os sistemas de aproveitamento nele previstas, por virtude dos seus inconvenientes económicos e sociais, quer os proprietários dos prédios ou engenhos inferiormente situados tenham direito ao aproveitamento, quer não tenham.*
>
> *Neste último caso, cessará pura e simplesmente a utilização abusiva que os interessados faziam. No primeiro caso, a água é considerada indivisa, devendo a sua divisão efectuar-se, por conseguinte, segundo os termos prescritos no artigo 1399.°*»[217].

---

[216] *Ob. cit.*, ap., pág. 427.
[217] *Ob. cit.*, III, pág. 311.

Artigo 1402.°

(Interpretação dos títulos)

Sempre que dos títulos não resulte outro sentido, entende-se por uso contínuo o de todos os instantes; por uso diário, o de vinte e quatro horas a contar da meia-noite; por uso diurno ou nocturno, o que medeia entre o nascer e o pôr do Sol ou vice-versa; por uso semanal, o que principia ao meio-dia de domingo e termina à mesma hora em igual dia da semana seguinte; por uso estival, o que começa em 1 de Abril e termina em 1 de Outubro seguinte; por uso hibernal, o que corresponde aos outros meses do ano.

Trabalhos preparatórios

Anteprojecto
art. 103.°

«Sempre que nos títulos se não expresse outra coisa, entende-se por uso contínuo o de todos os instantes, por uso diário o de vinte e quatro horas, a contar da meia-noite, por uso diurno ou nocturno o que medeia entre o nascer e o pôr do sol ou vice-versa, por uso semanal o que principia ao meio-dia de domingo e termina à mesma hora em igual dia da semana seguinte, por siso estival o que começa em 1 de Outubro seguinte, por uso hibernal o que corresponde aos outros meses do ano».

A redacção definitiva foi obtida quando da 1.ª revisão ministerial do anteprojecto.

Observações

115. Generalidades – Regra geral, a partilha é claramente definida no título. Pode, porém, acontecer que ele não seja rigorosamente claro, sendo necessário interpretá-lo. As regras relativas ao período de utilização encontram-se aqui vertidas.

O preceito refere-se, pois, à forma como interpretar o título, cuja existência é seu pressuposto. Como norma interpretativa terá que ceder, obviamente, sempre que fôr outro o sentido corrente e local das expressões contidas no título, mas que prevalecerá em caso de dúvida.

As águas no Código Civil   212

À falta de título é, no entanto, corrente recorrer-se a um uso costumeiro para se determinar o momento em que cada utente deve principiar e finalizar o seu giro ou tempo de rega ou os limites temporais de utilização próprios do conjunto de todos os fluentes.

Disso é flagrante exemplo o que se passa na generalidade das regiões do Minho em que o início e termo do aproveitamento da água coincide, frequentemente, com dias onomásticos de santos padroeiros e com manifestações festivas locais e em que a hora utilizada é a solar, por oposição à hora oficial.

116. JURISPRUDÊNCIA

1. «O costume na divisão de águas, a que alude o n.° 1 do art. 1400.° do Cód. Civ., tal como já acontecia no domínio do Decreto n.° 5 787-IIII de 10 de Maio de 1919 (art. 133.°), respeita aos costumes de facto, isto é, aos modos por que nas diferentes localidades os co-utentes aproveitam as águas e não ao costume como direito consuetudinário. Para que a um caso concreto fosse aplicável o costume seguido na respectiva região, que estabelece o período primavero-estival entre 4 de Maio e 30 de Setembro, seria necessário provar que os utentes haviam assim fruídas as águas pelo tempo bastante para ser legítimo o aproveitamento sem nova divisão. Desde que não ficou demonstrado que fosse praticado esse costume local, é de observar o disposto no art. 1402.° do Cód. Civ., correspondente ao art. 136.° do Decreto n.° 5 787-IIII, considerando o questionado uso como sendo o que começa em 1 de Abril e termina em 1 de Outubro seguinte» – (Ac. da R.C., de 21/5/71, in *B.M.J.*, n.° 207/235).

SERVIDÕES LEGAIS DE ÁGUAS

Artigo 1557.º

(Aproveitamento de águas para gastos domésticos)

1. Quando não seja possível ao proprietário, sem excessivo incómodo ou dispêndio, obter água para seus gastos domésticos pela forma indicada no artigo anterior, os proprietários vizinhos podem ser compelidos a permitir, mediante indemnização, o aproveitamento das águas sobrantes das suas nascentes ou reservatórios, na medida do indispensável para aqueles gastos.

2. Estão isentos da servidão os prédios urbanos e os referidos no n.º 1 do artigo 1551.º.

Trabalhos preparatórios

Anteprojecto
art. 17.º

Quando não fôr possível ao proprietário obter água para seus gastos domésticos pela forma indicada no art. 16.º, os proprietários vizinhos podem ser compelidos, mediante indemnização, a consentirem no aproveitamento indispensável para aqueles gastos, nas suas nascentes ou reservatórios.

l.ª revisão min. do anteprojecto
art. 1549.º

1. Quando não seja possível ao proprietário obter água, sem excessivo dispêndio ou incómodo, para seus gastos domésticos pela forma indicada no artigo anterior, os proprietários vizinhos podem ser compelidos, mediante indemnização, a consentir no aproveitamento indispensável para aqueles gastos, nas águas sobrantes das suas nascentes ou reservatórios.

2. Estão isentos da servidão os prédios a que se refere o n.º 1 do artigo 1543.º.

As águas no Código Civil

216

2.ª revisão min. do anteprojecto
art. 1557.°

1. *Quando não seja possível ao proprietário obter água, sem excessivo dispêndio ou incómodo, para seus gastos domésticos pela forma indicada no artigo anterior, os proprietários vizinhos podem ser compelidos, mediante indemnização, a permitir o aproveitamento indispensável para aqueles gastos nas águas sobrantes das suas nascentes ou reservatórios.*

2. *Estão isentos da servidão os prédios urbanos e os referidos no n.° 1 do artigo 1551.°.*

Projecto
art. 1557.°

1. *Quando não seja possível ao proprietário, sem excessivo dispêndio ou incómodo, obter água para seus gastos domésticos pela forma indicada no artigo anterior, os proprietários vizinhos podem ser compelidos, mediante indemnização, a permitir o aproveitamento das águas sobrantes das suas nascentes ou reservatórios, na medida do indispensável para aqueles gastos.*

2. *Estão isentos da servidão os prédios urbanos e os referidos no n.° 1 do artigo 1551.°.*

Desenvolvimento

Art. 1557.°, n.° 1

Quando não seja possível ao proprietário, sem excessivo incómodo ou dispêndio, obter água para seus gastos domésticos pela forma indicada no artigo anterior, os proprietários vizinhos podem ser compelidos a permitir, mediante indemnização, o aproveitamento das águas sobrantes das suas nascentes ou reservatórios, na medida do indispensável para aqueles gastos.

Observações

117. Servidão; apreciação global – Na análise do problema há que destacar duas primárias realidades: há servidões legais e outras que o não são. E, apesar dos esforços feitos, tem sido muito pouco nítida a fronteira entre ambas.

A expressão *servidões legais* vem sendo utilizada para designar certas categorias de servidões que podem ser coactivamente criadas, por oposição, a nosso ver erradamente, às que voluntariamente podem ser constituídas. Observados os necessários requisitos, elas constituir-se-iam por sentença judicial ou decisão administrativa, contrariamente ao que se passaria em relação às segundas, que nasceriam por facto do homem.

Se bem pensamos, só a primeira parte do raciocínio está certa.

Na verdade, não se pode dizer que as servidões voluntárias se contraponham às legais. julgamos, mesmo, ser assaz duvidosa uma classificação assim autonomizada[218]. Pelo contrário, é bem possível dizer-se que as servidões voluntárias constituem uma subespécie das legais, o que se depreende da própria fórmula utilizada no artigo 1547.°, n.° 2 do Código *«As servidões legais, na falta de constituição voluntária...».*

A asserção vale, assim, para infirmar o ponto de vista inicialmente colocado, com o que se conclui que as servidões legais podem constituir-se por três vias: *voluntariamente, sentença judicial e decisão administrativa* (art. 1547.°, n.° 2).

Do outro lado da questão estão as servidões que não carecem de preceito legal que as imponha. São as que dependem exclusivamente da intervenção humana, do *facto do homem*. E é aqui que alguns autores desenham uma certa conexão entre a *intervenção do homem* e a *voluntariedade* na constituição das servidões.

Simplesmente, a estancidade na colocação do problema não é, necessariamente, esta, sabido que a *vontade* pode estar, também, na origem das servidões legais.

Sendo assim, a via de solução sistemática que se propõe é aquela que procura fazer a separação, na perspectiva da sua constituição, entre as *servidões legais* e as *decorrentes do facto do homem*. Só assim, pensamos, se elimina a dificuldade de inserção da usucapião numa das categorias.

À usucapião, como se sabe, subjaz sempre um facto do homem prolongado no tempo, um facto constitutivo, uma situação fáctica a que a lei vai atribuir efeitos jurídicos. Porque assim é, a usucapião cabe na 2.ª das categorias apontadas ao lado, afinal, dos modos de constituição enumerados no n.° 1 do artigo 1547.°.

Nesta matéria, o legislador não foi particularmente feliz, sobretudo na busca rigorosa de conceitos aplicáveis. Daí, as inevitáveis confusões.

---

[218] P. LIMA e A. VARELA recusaram-se, pelo menos aparentemente, a confundir as voluntárias com as nascidas *por facto do homem* por causa das servidões decorrentes da usucapião – *ob. cit.*, pág. 557.

As águas no Código Civil 218

Repare-se nisto: se, como no artigo 1544.° se diz, no objecto da servidão cabem quaisquer utilidades, não se vê muito bem como possa considerar-se adequada a figura de *servidões prediais* (art. 1543.°). Melhor seria dizer-se, simplesmente, servidões[219].

Por outro lado, servidões legais, pelo menos no campo teórico, são afinal todas elas, pois que, em abstrato se têm que fundar na lei. Mas a confusão pode aumentar se se entender, como se deve, que em concreto toda a servidão tem na origem um facto constitutivo.

Daí, haver quem queira, para obviar à confusão, tomar às servidões *legais* a designação de *judiciais*[220]. A nosso ver, porém, enquanto uma revisão legislativa neste domínio se não consumar é inaceitável, de momento, tal visão – através da qual, inclusive, nunca as servidões se poderiam constituir voluntariamente por negócio jurídico, o que é, evidentemente, inexacto.

Mais acertada é a solução preconizada por Oliveira Ascenção ao sugerir preferível a designação doutrinária de *servidão coactiva*, em substituição de *servidão legal*, para evitar equívocos[221].

Para este autor, *coactiva* (legal) é a servidão que *pode ser* coactivamente imposta, *não a que foi* imposta coercivamente. É a servidão que em abstracto é autorizada por lei, mediante a outorga de um direito potestativo ao eventual beneficiário com a correlativa sujeição do futuro onerado. Quer dizer, só se constituirá em face da actuação concreta do poder potestativo[222].

Não fosse assim, isto é, se legais, *ipso jure*, fossem todas as servidões, estar-se-ia perante verdadeiras restrições *objectivas* aos direitos reais, o que na terminologia actual do Código é manifestamente insuportável[223].

É verdade que as servidões funcionam como limitações ao direito real de propriedade (*ius in re aliena*; a servidão, ela própria é um direito real limitado).

---

[219] O. ASCENÇÃO, *ob. cit.*, pág. 435.

[220] DIAS MARQUES, *Direitos Reais*, I, pág. 224 (1960).

[221] Mas, atenção: estamos no puro domínio doutrinário ou, se se quiser, na via dum plano de *iure constituendo*. Não se pode, por isso, segundo o direito constituído, falar-se em servidão coactiva, muito menos defini-la em termos absolutos, como uma realidade inequívoca, tal como o fez José Luis Santos, *Servidões Prediais* (Serventias), 2.ª ed., pág. 22.

[222] *Ob. cit.*, pág. 252 e segs..

[223] *«O que precisamente distingue as servidões das restrições é que aquelas têm origem num acto (negócio jurídico ou sentença) e estas resultam ipso jure de uma dada situação de facto em que ab origine se encontram os prédios por elas afectados»* – DIAS MARQUES, *ob. e loc. cits..*

Contudo, essa limitação, enquanto tal, não opera, «de per si», automaticamente. Preciso é sempre, um impulso exterior, ainda que com base na lei([224]).

Diz-se, por último, que a servidão é um direito real de gozo em sentido amplo, uma relação jurídica *propter rem* autonomizada (mas não autónoma). Relação jurídica propter rem (por causa da res), porque inerente, (dependente), à coisa que é objecto do direito real; autonomizada, porque a sua existência (não a sua constituição) se desliga da vida dos direitos cuja situação de conflito está na origem da sua constituição.

A servidão (relação jurídica propter rem) visa, assim, a resolução de um conflito entre dois titulares de direitos reais. Conflito que no caso toma o nome de *conflito de sobreposição*, porquanto sobre a mesma coisa surgem dois sujeitos a encabeçarem outros tantos direitos reais distintos e conflituosos – dum lado, o direito real de propriedade sobre a coisa; do outro, o direito real de gozo.

118. Alcance do preceito – O Código Civil de 1966, a par das tradicionais modalidades específicas, introduziu duas novas formas de servidão legal. São elas *o aproveitamento de águas sobrantes de prédios vizinhos para gastos domésticos* (art. 1557.°) e *aproveitamento de águas não utilizadas de prédios vizinhos para irrigação* (art. 1558.°).

Trataremos da primeira.

Da leitura do artigo 1557.°, em confronto com o texto do artigo 1556.°, n.° 1, resulta que a sua aplicação é subsidiária em relação a este último. Só nas situações em que o caso concreto se não subsuma à previsão do artigo 1558.°, o preceito em análise se tem por aplicável.

Ele apresenta-se aos olhos do mais distraído observador como um claro reflexo da *função social* que a propriedade hoje representa. Afinal, contra o espírito fortemente individualista, que via e vê na propriedade uma *função pessoal* radicada na ideia de afectação jurídica, plena e exclusiva em favor do seu dono.

Era aquela última função a que, seguramente, se vislumbrava no artigo 2167.° do Código Civil de 1867 ao assinalar ao direito de propriedade o desempenho da *conservação e melhoramento da condição do seu titular*. Pensamento que a Constituição de 1933 afastou, eliminando o carácter «absoluto» da propriedade para lhe conferir um papel socializante (art. 35.°).

([224]) Não é unânime a opinião dos autores sobre a natureza da servidão. «Uma corrente afirma que o direito de servidão é um desmembramento do direito de propriedade; uma outra, e é hoje a predominante, que a servidão não constitui um fraccionamento do direito» –– MANUEL RODRIGUES, *A Posse*, 3.ª ed., pág. 148, nota 4.

As águas no Código Civil 220

Contudo, só em 1966 esta função social ganhou vigor e foros de consagração legislativa comum, nomeadamente através do artigo 1557.° do Código e do acolhimento da figura do abuso de direito (art. 334.°).

Se no século passado a lei era parca no número de intervenções de carácter legislativo, hodiernamente multiplicam-se os exemplos de índole intervencionista, de modo a aumentar o proveito que socialmente se pode extrair do bem, de que o preceito em análise é flagrante nota modelar.

A roupagem do artigo revela bem, por isso, o espírito de que, nesta temática, o Código Civil actual está impregnado.

Ele representa uma limitação do direito de propriedade assaz peculiar: *a propriedade privada cede perante a propriedade privada*. Contra o tempo em que o pendor absoluto da propriedade só cedia perante alguma imperiosa razão de carácter público([225]).

Para finalizar, e bem se perceber o que se disse, veja-se o que dispunham:

– o artigo 6.° da Constituição de 1822:

A propriedade é um direito sagrado e inviolável que tem qualquer português de dispôr à vontade de todos os seus bens, segundo as leis. Quando por alguma razão de necessidade pública e urgente for necessário que ele seja privado deste direito, será primeiramente indemnizado na forma que as leis estabelecerem.

– o artigo 145.°, § 21.° da Carta Constitucional de 1826:

É garantido o direito de propriedade em toda a sua plenitude. Se o bem público, legalmente verificado, exigir o uso, o emprego da propriedade do cida-

---

([225]) *«Este artigo contém doutrina inteiramente nova. É de notar, no ponto de vista técnico, que se considera já claramente o direito à água existente em prédio alheio como um direito de servidão, quando ela se destine a beneficiar outro prédio, e não como um direito de propriedade perfeita. Mas a doutrina também é nova. Em nenhuma disposição da lei actual, e salvo nos casos de calamidade pública, se atribui aos proprietários o direito de aproveitamento coercivo de água alheia. Todavia não parece demasiadamente violento o princípio (adiante aplico-o noutro caso mais duvidoso) que se harmoniza com as novas concepções menos individualistas do direito de propriedade. Trata-se, é preciso notá-lo, da satisfação de necessidades primárias do indivíduo»* – PIRES DE LIMA, «Exposição de motivos», no *B.M.J.*, n.° 64/79.

Com a revisão Constitucional de 1982, apesar de expurgada da visão marxista repetidamente proclamada na Constituição de 1976, tolerado, embora, o sector privado dos meios de produção (art. 89.°), o espírito individualista da propriedade continua a não encontrar acolhimento, antes apontando para a manutenção da função social, apanágio de qualquer sistema intervencionista.

dão, será ele previamente indemnizado do valor dela. A lei marcará os casos em que tem lugar esta única excepção e dará as regras para se determinar a indemnização.

– o artigo 23.° da Constituição de 1838:

É garantido o direito de propriedade. Contudo, se o bera público, legalmente verificado, exigir o emprego ou danificação de qualquer propriedade, será o proprietário previamente indemnizado. Nos casos de extrema e urgente necessidade poderá o proprietário ser indemnizado depois da expropriação ou danificação.

– o artigo 7.°, da Lei das Águas, no campo legislativo ordinário:

Em casos urgentes de incêndio ou calamidade pública, o representante da autoridade administrativa local poderá, sem forma de processo, nem indemnização prévia, requisitar a utilização imediata de quaisquer águas públicas e, na falta delas, a dos particulares necessárias para conter ou evitar o dano.

§ único. Se da utilização da água, nos termos deste artigo, resultar prejuízo apreciável, terão os lesados direito a indemnização paga por aqueles em benefício de quem a água fôr requisitada, ou pela corporação administrativa, que legalmente os represente, quando o interesse seja duma povoação ou casal.

119. Pressupostos do direito

a) *Impossibilidade, sem excessivo incómodo ou dispêndio, de obtenção de água através de fontes, poços e reservatórios públicos e de corrente de domínio público.* – A impossibilidade de que trata o artigo não tem que ser uma impossibilidade absoluta. No conceito cabe, também, a ideia de *dificuldade.*

A possibilidade de captação da água de uma daquelas origens, mas somente à custa de grandes sacrifícios técnicos, humanos (...sem excessivo incómodo...), materiais e financeiros (...sem excessivo dispêndio...) não deixa de preencher, portanto, o primeiro pressuposto normativo.

É claro que, se o proprietário puder abrir um poço no *seu* prédio deverá fazê-lo, desde que a despesa da obra, no cômputo geral, não lhe seja demasiado gravosa. Só uma despesa *excessiva* justifica a criação do ónus. Paralelamente, a não ser que a despesa seja, manifestamente, desproporcionada deverá o interessado recorrer às águas públicas a que alude o artigo 1556.°.

A par da ideia de *dificuldade*, na terminologia utilizada inclui-se, ainda, a ideia de *insuficiência*. O proprietário pode carecer de mais água, para além da que *já possui*. Pois, neste caso, verificado o elemento do excessivo incómodo ou dis-

As águas no Código Civil

pêndio, ele terá a seu favor o direito potestativo de constituir a servidão. Basta que, para captar a que lhe falta, a despesa não se justifique ante a possibilidade de, com menor encargo, a poder obter a partir do proprietário vizinho[226].

b) *Necessidade da água para satisfação dos gastos domésticos* – Entram, aqui, as utilizações correntes que da água se costumam fazer com vista à satisfação das necessidades primárias da vida do homem e seus animais.

Compreende, portanto, a lavagem de roupas e casas, o uso culinário e sanitário, a dessedentação própria e dos familiares e animais, etc..

Da sua previsão fica excluída, naturalmente, a aplicação da água na irrigação das terras, para fins comerciais e industriais, ainda que pequena indústria caseira, como a moagem de cereais em moinhos[227] e, bem assim, para fins voluptuários ou ornamentais.

Convém assinalar, ainda, que o direito obtido não é perene. Com segurança, apenas se pode dizer que o prazo mínimo da sua duração é de dez anos. A partir daí, a sua vida está dependente de um *aproveitamento justificado* que o dono do prédio serviente queira fazer, ou não, da água (art. 1569.º, n.º 4).

No âmbito legal, finalmente, apenas é possível a atribuição do direito à figura de titular-proprietário, com exclusão de qualquer titular de outro direito, como o arrendatário ou usufrutuário («Quando não seja possível ao proprietário...»).

c) *Existência, no prédio vizinho, de água sobrante das suas nascentes ou reservatórios* – Sobrantes e não *supérfluas* embora, aparentemente, os termos possam ser confundíveis.

Sobrantes são as águas que restam depois de um aproveitamento ilimitado pelo seu proprietário, ou terceiro que sobre elas tenham um direito, por não lhes interessarem, momentaneamente, mais. Aproveitamento ilimitado no caudal, forma e destino da utilização, desde que sem exceder os limites impostos pela boa fé, bons costumes e fim social e económico do direito (art. 334.º). Assim, por exemplo, o proprietário está impedido de inquinar ou conspurcar as águas, desde que, embora delas não precise, outros possam vir, por necessidade, a utilizá-las ou estejam, mesmo, já a utilizá-las.

---

[226] Se a água do prédio dominante satisfizer apenas parte dessas necessidades pode constituir servidão para satisfação das restantes – Tavarela Lobo, in *R.D.E.S.*, n.º 13/216 e Pires de Lima e Antunes Varela, in *Ob. cit.*, pág. 597, III (1.ª ed.).

[227] V. Almeida, *ob. cit.*, pág. 281 (1.ª ed.) e 312 (2.ª ed.). Sobre gastos domésticos, vide nota 71 *supra*.

Supérfluas são as águas tornadas inúteis e sem interesse ao seu dono, porque escusadas. São águas tidas a mais, desnecessárias, sem utilização útil[228].

Quanto ao sentido de *proprietário vizinho*, parece-nos não haver razão para restringir a aplicação do preceito aos proprietários de pré*dio vizinho*, deixando de parte os *prédios contíguos*. Também estes são, indubitavelmente, vizinhos[229].

Uma palavra mais relativamente à *indemnização* a que o dono do prédio serviente tem direito. Ela não visa, rigorosamente, satisfazer um prejuízo, um dano (inexistente), pois que, sendo sobrantes as águas, delas não precisa o seu dono. A indemnização representa mais uma compensação pela oneração, pela limitação do direito de propriedade, que, afinal, tem um preço.

A indemnização, tomada no normal sentido do termo, como reparação de um evento danoso, só surge se para o aproveitamento fôr necessário realizar obras de represamento ou condução. Desta indemnização tratam os artigos subsequentes.

Finalmente, porque a lei o não distingue, o prédio vizinho onerado tanto pode ser urbano como rústico. Preciso é que disponha de águas sobrantes. Concedido o direito, o dono do prédio dominante pode constituir a seu favor, também, uma servidão de aqueduto, fazendo as obras necessárias no serviente, com vista à condução das águas (arts. 1561.º e 1566.º) e, eventualmente, uma servidão de presa (art. 1559.º).

Ou seja, esta servidão tanto é primária, abrangendo o direito de colheita da água directamente na nascente ou no reservatório, como secundária, isto é, permitindo o direito de represamento e derivação e condução das águas por meio de aqueduto.

---

[228] «*A análise desta disposição levou a encarar desde logo duas questões: 1.ª, a de saber se não deveria limitar-se o direito ao aproveitamento das águas dos prédios vizinhos que fossem* sobejas on supérfluas; 2.ª ....

Quanto à 1.ª questão, todos os membros se inclinaram para a solução da limitação às águas sobrantes. De resto – como acentuou o Prof. Pires de Lima – era essa a orientação que estava já no espírito do art. 17.º.

A propósito, o Prof. Vaz Serra põe o problema de saber o que deverá entender-se por água supérflua *e cita a expressão empregada na nota ao artigo «satisfação das necessidades primárias do indivíduo» como possível critério de orientação para avaliar dos interesses em conflito. E aponta a seguinte hipótese: um indivíduo precisa de água para viver – sem ela morre de sede; e outro precisa dela para regar umas flores. Parece que neste caso a água se não deve considerar sobejante, porque é muito mais importante o interesse do primeiro que o do segundo. E ainda no caso de precisar de água para dar de beber aos animais»* – «Actas da Comissão Revisora», in *B.M.J.*, n.º 136/121.

[229] Em contrário, ao que parece, RODRIGUES BASTOS, in *Direito das Coisas*, IV, pág. 166. No sentido por nós defendido, também M. TAVARELA LOBO, *Manual* cit., II, págs. 146 e 332.

As águas no Código Civil

120. Prédio serviente; titulares dominantes; extinção da servidão – No que respeita ao encargo propriamente dito, pelo lado passivo, dissemos que a servidão incide sobre prédios vizinhos, sejam ou não contíguos, e que tanto onera os prédios rústicos como os urbanos.

A pergunta que se põe é a seguinte: qual deles em concreto deverá suportar o encargo se forem vários os prédios vizinhos capazes de satisfazerem as necessidades do titular do prédio dominante?

Os mais próximos? Os que disponham de mais água sobrante? Aqueles aos quais seja mais fácil aceder? Os contíguos?

A lei não fornece a resposta. Em todo o caso, parecer-nos-á que só a situação concreta deverá proporcionar a solução. Pode suceder que o mais próximo, mesmo assim, obrigue a maior dispêndio de custos; Pode suceder que o contíguo não esteja em tão boas condições de fornecer a quantidade de água indispensável ao vizinho, por ser escassa a água sobrante, etc., etc.. Será, pois, do jogo de interesses em presença que a oneração se deve estabelecer. De qualquer modo, sempre se dirá o seguinte: se para criar a servidão, a lei supõe que para obtenção de água sua (em terreno seu, admitamos) o proprietário apenas o consegue com excessivo dispêndio ou incómodo, também não quererá que faça o aproveitamento com uma carga excessiva de despesas e transtornos. Desta maneira, pensamos que o aproveitamento deverá ser feito à custa do menor esforço (financeiro e de comodidade), em função da água de que o proprietário precise (mesmo que o prédio onerado se situe mais distante).

Os titulares do direito ao aproveitamento, sendo vários, obedecerão a alguma regra de prioridade e de preferência? Conceder-se-ia o direito ao que primeiro manifestasse a intenção?

A lei também não responde a estas interrogações. Crê-se, no entanto, que a solução deverá uma vez mais obter-se em jeito de ponderação de interesses, num quadro de equilíbrio entre as necessidades de cada um e no respeito, por outro lado, da esfera do proprietário onerado. O tribunal, se o caso lhe for presente e as partes não facilitarem o recurso à equidade (art. 4.º, al. *b*), do C.C.), aquilatará da forma mais sensata os elementos da situação e, prudentemente, decidirá. Não deixará, no entanto, de ter na devida conta as necessidades dos requerentes, as condições específicas do dispêndio e incómodo de cada um, a quantidade de água sobrante do prédio serviente e do transtorno que para si advenha da satisfação das necessidades daqueles([230]).

Relativamente à *extinção* da servidão, ela dependerá da necessidade que da água venha supervenientemente a revelar o proprietário do prédio serviente para

---

([230]) Neste sentido, M. TAVARELA LOBO, *ob. cit.*, pág. 334.

225 Servidões legais de águas – art. 1557.°

um "aproveitamento justificado", portanto, devidamente fundamentado e sério, nos termos do n.° 4, do art. 1569.° do C.C.([231]).

Art. 1557.°, n.° 2

Estão isentos da servidão os prédios urbanos e os referidos no n.° 1 do artigo 1551.°.

Observações

121. Generalidades – A segunda das questões, deixada em aberto na anotação 228, prende-se com a possibilidade de os prédios referidos no artigo 10.° do anteprojecto – quintas muradas, quintais, jardins, hortos ou pátios adjacentes a prédios urbanos – se submeterem à servidão.

O problema foi decidido negativamente. Assim, a servidão de que trata o artigo 1557.° não abrange as águas de nascentes ou reservatórios integrados em prédios urbanos ou incorporados nos terrenos descritos no artigo 1551.°([232]).

122. JURISPRUDÊNCIA

1. «I – O direito às águas de prédio alheio será elemento de servidão e não um direito autónomo de propriedade quando pressupuser a sujeição desse prédio em proveito de outro, de dono diferente. II – Naquela primeira hipótese, o direito poderá ser adquirido com a constituição da servidão» – (Ac. da R.P., de 22/1/71, in *B.M.J.*, n.° 203/215).

2. «I...; II...;III – Conforme o disposto no n.° 1 do artigo 1556.° daquele Código, só no caso em que as águas sejam de fontes, poços e reservatórios públi-

---

([231]) Ver comentário 7.° ao art. 1569.° *infra*. Também MOTA PINTO, in *R.D.E.S.*, 21.°, pág. 152.

([232]) «*...Quanto à segunda questão – levantada pelo Dr. Tavarela Lobo – o Prof. Pires de Lima aceitou a sugestão no sentido de se isentar da servidão os prédios referidos no art. 10.°, se bem que a passagem para utilização de água para gastos domésticos seja normalmente mais limitada que a passagem tida em vista na citada disposição, pois destina-se à utilização de todo o prédio. Os restantes membros concordaram também com a sugestão apontada. Todavia, os Profs. Vaz Serra e Gomes da Silva e Dr. Oliveira de Carvalho entendem que tais prédios não deveriam ser isentos quando se tratasse de água para beber, para uso pessoal*» – «Actas da Comissão Revisora», in *B.M.J.*, n.° 136/121.

cos ou de correntes do domínio público se podem constituir servidões de passagem com vista ao aproveitamento dessas águas para os *gastos domésticos* dos proprietários que de outro modo a elas não tenham acesso. IV – Tendo desaparecido o encrave justificativo da servidão legal e sendo a extinção desta permitida pelo n.º 3 do artigo 1569.º do Código Civil, referido ao seu n.º 2, deve ter-se como prejudicado o direito de preferência, independentemente de requerimento do proprietário do prédio serviente» – (Ac. do S.T.J., de 26/4/78, Proc. n.º 067 189).

3. «I – No caso de aquisição de água em prédio alheio por meio de servidão (artigo 1390.º n.º 1 e 1395.º n.º 1 do Código Civil), se forem várias as minas fornecedoras da água, várias serão também as correspondentes servidões de água, presa e aqueduto. II – As servidões podem ser constituídas entre prédios que não sejam vizinhos e ainda que de permeio existam caminhos públicos e outros prédios particulares» – (Ac. do S.T.J., de 15/01/81, Proc. n.º 069 070).

4. «I – A usucapião só é considerada justo título de aquisição da água das nascentes, desde que acompanhada da construção de obras no terreno ou prédio onde existe a nascente. II – A expressão "baldio" é um conceito de direito: não é, por isso, bastante a utilização desta palavra para, só por si, se considerarem os baldios como bens inseridos no domínio público. III – Concretizada uma situação de aproveitamento da água de uma fonte ou nascente, para gastos domésticos, por mais de 5 anos, é ao proprietário dessa fonte ou nascente que a lei inibe de mudar o seu curso» – (Ac. da R.P., de 10/05/84, Proc. n.º 0 018 209).

5. «I – O artigo 1399.º do Código Civil tem de ser interpretado de sorte a não abarcar tão-somente as situações contempladas no seu teor verbal (a dos utentes serem comproprietários das águas), mas também as que se compreendem na "mens legis" (a dos utentes terem adquirido direito de servidão). II – A definição do direito ao aproveitamento das águas de cada um dos seus titulares, independentemente do título de aquisição, é feita através de acção de arbitramento do artigo 1052.º do Código do Processo Civil» – (Ac. da R.P., de 18/10/88, Proc. n.º 0 006 398).

6. «I – A utilização de água captada em nascente situada em prédio de outrem, não para certo e determinado prédio ou prédios do utilizador mas sim para rega e gastos domésticos sem qualquer limitação, é posse susceptível de conduzir a usucapião do direito à propriedade da água (e não à figura da servidão). II – O que releva, no conceito de posse pública, é a ostensividade dos actos praticados e a possibilidade objectiva de eles serem conhecidos pelos interessados. III – A usucapião é título justo de aquisição de água das fontes e nascentes» – (Ac. a R.P., de 5/12/95, Proc. n.º 9 420 803).

227 *Servidões legais de águas – art. 1557.°*

7. «I – As águas das fontes públicas são especialmente destinadas ao uso de toda a gente, aos gastos domésticos. II – As águas que sobram deste fim e que não são, portanto, utilizadas, constituem *águas sobejas*. III – Estas águas sobejas pertencem à entidade que custeou a construção da fonte, poço ou reservatório, pelo que a essa entidade compete regular-lhe o uso ou torná-lo até objecto de concessão, excepto se houver direitos adquiridos, que a lei mande respeitar. IV – Mas, enquanto o Estado ou os Corpos Administrativos não regularem o uso dessas águas ou não as tornarem objecto de concessão, elas podem ser aproveitadas pelos proprietários vizinhos, segundo a contiguidade do prédio, *aproveitamento* este que é consentido a título precário e como mera tolerância. V – Enquanto meros co-utentes de águas sobejas, a título precário, não podem os mesmos co-utentes exigir a divisão das mesmas» – (Ac. da R.P., de 22/02/96, Proc. n.° 9 531 029).

8. «III – Pode haver, sobre a água proveniente da mesma nascente, uma servidão para rega de um prédio rústico, e, ao mesmo tempo, uma servidão para gastos domésticos de um prédio urbano» – (Ac. da R.P., de 07/07/98, Proc. n.° 9 820 703).

9. «I – Servidão constituída por decisão administrativa e servidão administrativa são realidades diferentes. II – A servidão administrativa constitui um encargo imposto por disposição da lei sobre certo prédio em proveito da utilidade pública duma coisa (pressupõe-se, além da constituição por via legal, facilitar a utilidade pública do bem público dominante – o bem do Estado afecto à utilidade pública constitui o prédio ou bem dominante; exemplo disso, a servidão para a passagem de gás natural). III – O acto administrativo que licencia uma construção em prédio alheio não é acto de constituição de servidão. IV – Quando a lei fala em servidão constituída por decisão administrativa apenas visa a intervenção do Estado, sentido amplo, em conceder ao particular a utilização dum uso a favor dum prédio deste, como, por exemplo, o aproveitamento de águas públicas por particulares» – (Ac. do S.T.J., de 11/02/99, Proc. n.° 99B001).

10. «I – Embora se tenha provado que, desde Setembro de 1992, os recorrentes têm utilizado a água para os seus gastos domésticos, a inexistência da constituição da servidão de aqueduto preclude toda e qualquer possibilidade de poderem recorrer à via possessória para defesa de quaisquer direitos de que se arroguem titulares. II – Constituindo a existência da servidão de aqueduto um facto condicionante do reconhecimento do direito do possuidor de ser restituído à titularidade do direito de que se viu privado, incumbe ao titular de tal direito o ónus da prova dos factos constitutivos do mesmo e não ao proprietário do prédio onerado com uma servidão não alegada, a prova da sua inexistência – artigo 342.° do Código Civil» – (Ac. da R.P., de 26/04/2001, Proc. n.° 0 031 723).

As águas no Código Civil

ARTIGO 1558.º
(Aproveitamento de águas para fins agrícolas)

1. O proprietário que não tiver nem puder obter, sem excessivo incómodo ou dispêndio, água suficiente para a irrigação do seu prédio, tem a faculdade de aproveitar as águas dos prédios vizinhos, que estejam sem utilização, pagando o seu justo valor.

2. O disposto no número anterior não é aplicável às águas provenientes de concessão nem faculta a exploração de águas subterrâneas em prédio alheio.

Trabalhos preparatórios

Anteprojecto
art. 19.º

1. *Se o proprietário não tiver ou não puder obter, em condições vantajosas, água suficiente para a irrigação do seu prédio, pode, mediante o pagamento do seu justo valor, aproveitar as águas dos prédios vizinhos que estejam sem utilização.*

2. *O disposto no número anterior não se aplica às águas provenientes de concessão, nem faculta, em qualquer caso, a exploração de águas subterrâneas em prédio alheio sem consentimento do respectivo proprietário.*

1.ª revisão min. do anteprojecto
art. 1550.º

1. *Se o proprietário não tiver ou não puder obter, em condições economicamente satisfatórias, água suficiente para a irrigação do seu prédio, pode, mediante o pagamento do seu justo valor, aproveitar as águas dos prédios vizinhos que estejam sem utilização.*

2. *O disposto no número anterior não é aplicável às águas provenientes de concessão nem faculta a exploração de águas subterrâneas em prédio alheio.*

2.ª revisão min. do anteprojecto
art. 1558.º

1. *O proprietário que não tiver ou não puder, em condições economicamente satisfatórias, água suficiente para a irrigação do seu prédio, tem a facul-*

dade de aproveitar as águas dos prédios vizinhos que estejam sem utilização, pagando o seu justo valor.

2. *O disposto no número anterior não é aplicável às águas provenientes de concessão, nem faculta a explorarão de águas subterrâneas em prédio alheio.*

A redacção actual é em tudo semelhante à do artigo 1558.° do Projecto, salvo a substituição da expressão «sem dispêndio excessivo» por «sem excessivo incómodo ou dispêndio».

Desenvolvimento

Art. 1558.°, n.° 1

O proprietário que não tiver nem puder obter, sem excessivo incómodo ou dispêndio, água suficiente para a irrigação do seu prédio, tem a faculdade de aproveitar as águas dos prédios vizinhos, que estejam sem utilização, pagando o seu justo valor.

Antecedentes históricos

123. O preceito inspira-se no proémio do artigo 130.° da Lei das Águas, cuja redacção é a seguinte:

> *Se a água do aqueduto não for toda necessária a seus donos e os donos dos prédios servientes quiserem ter parte no excedente, ser-lhes-á concedida essa parte a todo o tempo em que a requeiram, mediante prévia indemnização e pagando, além disso, a quota proporcional à despesa feita com a condução dela até o ponto donde a pretendem derivar.*

Observações

124. Generalidades – Tal como no artigo precedente, também este consagra uma medida legislativa arrojada no domínio do direito de propriedade, contrária à tradição individualista do século passado. É, uma vez mais, o reconhecimento da *função social* que a propriedade representa, depois da *função pessoal* inerente à coisa.

As águas no Código Civil   230

É, também, a perfilhação de um singular espírito intervencionista e de solidariedade social ao reconhecer o aproveitamento coercivo de águas alheias. Por outras palavras, há que retirar da *res* todas as utilidades possíveis[233].

125. Pressupostos do direito

a) *Impossibilidade, sem excessivo incómodo ou dispêndio, de obtenção de água* – O primeiro requisito acolhe duas ideias básicas: *dificuldade* e *insuficiência*. Pela primeira, basta que ao proprietário seja, de facto, difícil obter outra água de que careça. Pode, é certo, obtê-la no seu prédio. Contudo, a norma funciona a seu favor desde que a despesa a efectuar não compense o resultado obtido. Quer dizer, o sacrifício técnico, humano («excessivo incómodo»), material e financeiro («excessivo dispêndio») não justificam a exploração. Pense-se na morfologia rochosa do subsolo.

Porque a norma é subsidiária, forçoso é que o interessado não possa satisfazer as suas carências através do recurso às fontes, poços e reservatórios públicos (art. 1556.º). Só se os encargos dali resultantes forem excessivos, pode o artigo 1558.º funcionar.

b) *Necessidade da água para fins de irrigação de prédio rústico* – Vaz Serra propunha que a doutrina do artigo se deveria alargar ao aproveitamento das águas para fins industriais. No entanto, o autor do anteprojecto entendeu ser previsível que a instalação de uma unidade industrial se faça, pelos normais gastos que ela implica, junto da água indispensável, existente, para o efeito[234].

O preceito é, hoje, claro. Fica reduzido a um aproveitamento agrícola. Por outro lado, a necessidade da água pelo dono do prédio dominante cederá, a partir do limite de dez anos consecutivos de utilização, contados sobre o momento da constituição da servidão, se o dono do prédio serviente dela (água) precisar. Cabe-

---

[233] *«O proprietário da água ou aproveita o seu valor económico, utilizando-a na irrigação ou alienando-a, ou deixa de justificar-se a protecção legal do direito. Está em causa um alto interesse público»* – «Exposição de motivos», in *B.M.J.*, n.º 64/21.

[234] O Prof. PIRES DE LIMA *«é de opinião que a faculdade concedida pelo art. 19.º não deve ter lugar para fins industriais, pela razão de que, quando se cria uma indústria, deve prever-se a possibilidade de obter água para ele.*

A este propósito, o Eng. Vieira de Campos observou que lhe parece difícil encontrar água particular suficiente para uma indústria. E o Prof. Gomes da Silva, por sua vez, alinhando com o autor do Anteprojecto, observou também que a indústria pode, em princípio, mudar de local, o que não acontece com «agricultura»» – «Actas da Comissão Revisoras», in *B.M.J.*, n.º 136/125.

231 Servidões legais de águas – art. 1558.°

-lhe, então, invocar uma necessidade nova, superveniente (aproveitamento justificado). Nesta hipótese, extingue-se a servidão (art. 1569.°, n.° 4; ver infra comentário n.° 7 a esse artigo).

c) *Existência, no prédio vizinho, de águas sem utilização* – É o caso de um proprietário vizinho manter as águas abandonadas no seu próprio prédio, porque delas não precise ou porque as não queira, simplesmente, aproveitar. São águas paradas, sem utilização económica. Razão suficiente para que o proprietário carente as possa utilizar, ante a presença de uma necessidade séria e idónea[235].

Em torno deste requisito suscitou-se a questão que o artigo 1050.° do Código Civil italiano solucionou. Tratava-se de estender a aplicação da doutrina não só às águas *não aproveitadas*, mas também às que estivessem a ser utilizadas, pelo seu dono, para fins meramente voluptuários ou ornamentais.

Porque não estivessem a ser proficuamente aproveitadas na satisfação de necessidades domésticas, agrícolas ou industriais do seu dono, pretendia-se que se consagrasse a possibilidade de expropriação por terceiros delas carecidos. Entendia-se que no conflito entre um interesse voluptuário (alimentação de uma piscina, um repuxo num lago, um chafariz, etc.) e um interesse real e sério agrícola se deveria sacrificar o primeiro. Isto quer dizer que se o dono do prédio estiver a utilizar a água numa piscina, num lago artificial, num repuxo, etc, não se pode dizer que dela não está a fazer utilização. Voluptuária, sim, mas em todo o caso, utilização. Desta maneira, não pode o vizinho onerá-lo com a servidão de que trata o preceito, nem que seja para utilização para fins agrícolas[236].

A ideia era, porém, demasiado vanguardista e não passou da mera discussão por ocasião da 1.ª revisão ministerial do artigo 19.° do anteprojecto.

Num assomo de pertinência e oportunidade, o Dr. Tavarela Lobo perguntou como resolver na hipótese de vários serem os interessados a quererem usar da faculdade do artigo 1558.°.

---

[235] T. LOBO, *ob. cit.*, págs. 264 e 266.

[236] Assim pugnava VAZ SERRA. Contudo, o Prof. PIRES DE LIMA, persuasivo *«encarando as questões acabadas de referir, esclareceu que procurou ser cauteloso na elaboração do art. 19.° dada a doutrina revolucionária que consagra. Entendeu adoptar uma fórmula diferente da do Código Italiano, porque os nossos sentimentos sobre o direito de propriedade reagiriam desfavoravelmente perante uma solução dessa natureza. O proprietário deve poder utilizar a sua água mesmo para fins meramente ornamentais. O fim da utilidade ou interesse público como critério orientador parece-lhe insuficiente e duvidoso»* – «Actas da Comissão Revisora», in *B.M.J.*, n.° 136/125. No sentido do texto, ver MOTA PINTO, in *R.D.E.S.*, 21.°, pág. 151 e *Direitos Reais*, compilação de lições 1970/1971 por ÁLVARO MOREIRA e CARLOS FRAGA, pág. 345/346.

As águas no Código Civil   232

Ainda que sem foros de consagração legislativa, e, portanto, no campo meramente opinativo, o autor do Anteprojecto defendeu que o direito deveria ser atribuído ao primeiro que viesse pedir o aproveitamento, ao primeiro que movesse acção judicial, para o efeito.

Para Rodrigues Bastos, a questão não pode ser resolvida deste modo, sob pena de contradição entre a formalidade do princípio exposto no artigo e a sua aplicabilidade prática. Para si, embuído que está do espírito de propriedade-função social, o artigo terá que ajustar-se, casuisticamente, aos interesses e necessidades em jogo, se vários forem os requerentes([237]).

Por último, importa assinalar três aspectos: o primeiro é que, posto que a lei não faça distinção, o prédio vizinho tanto pode ser rústico, como urbano. Relevante é que possua água desaproveitada, parada, sem uso, abandonada.

O segundo tem a ver com a *forma* do aproveitamento pelo terceiro. Posto que a lei lhe confere o *direito à água*, pode ele fazer as obras necessárias destinadas à sua condução, ainda que através do prédio onerado (é, afinal, também a servidão de aqueduto, de que trata o art. 1561.º; cfr. tb. 1566.º). Eventualmente, ainda, é-lhe permitida a constituição da servidão de presa (art. 1559.º).

Finalmente, o terceiro prende-se com a noção de *justo valor*. O proprietário beneficiário da servidão tem que compensar o dono da água. Não numa óptica indemnizatatória, uma vez que nenhum prejuízo lhe advém, sabido que a água está sem utilização. Digamos que o *justo valor* é a medida da compensação adequada a que o proprietário da água tem direito, no jogo entre a apreciação valorativa da água e do benefício resultante para o prédio dominante. Essa compensação terá, já, um sentido indemnizatório se além deste direito à água fôr necessário, ainda, como é comum, constituir-se uma servidão de presa ou escoamento, para o que será preciso erguer as apropriadas obras.

126. JURISPRUDÊNCIA

1. «I...; II...; III...; IV...; V...; VI...; VII – Tendo os réus acordado com a Junta de Freguesia em colocar, na fonte pública, uma torneira de pistão, a fim de permitir que revertam, para o prédio daqueles e em seu benefício, as águas sobrantes, têm os mesmos direitos a essas sobras» – (Ac. da R.P., de 6/10/83, in *C.J.*, 83, IV, pág. 247).

([237]) *Ob. cit.*, IV, págs. 170 e 171. Também concordamos.

2. «I – No caso de aquisição de água em prédio alheio por meio de servidão (artigo 1390.° n.° 1 e 1395.° n.° 1 do Código Civil), se forem várias as minas fornecedoras da água, várias serão também as correspondentes servidões de água, presa e aqueduto. II – As servidões podem ser constituídas entre prédios que não sejam vizinhos e ainda que de permeio existam caminhos públicos e outros prédios particulares» – (Ac. do S.T.J., de 15/01/81, Proc. n.° 069 070, in *B.M.J.*, n.° 303/226).

3. «I – São diferentes quanto à sua constituição as servidões dos artigos 1547.° e 1550.° do Código Civil. II – As primeiras chamadas prediais ou voluntárias (embora com fraco rigor terminológico, já que podem ter origem na usucapião) ou somente servidões derivando em regra da autonomia da vontade, do acordo das partes – contrato, testamento, destinação do pai de família para além da usucapião; as segundas, chamadas servidões legais, significam não só o direito potestativo de se constituir a servidão, através de sentença ou acto administrativo, como também a própria servidão já constituída. III – Algumas das servidões legais estão directamente contempladas na lei civil, como as de passagem (no caso de encrave), para aproveitamento das águas de presa, etc. IV – Contudo, as servidões legais são declaradas sem prejuízo de poderem ser constituídas voluntariamente» – (Ac. do S.T.J., de 7/03/85, Proc. n.° 072 367).

4. «I – O artigo 1399.° do Código Civil tem de ser interpretado de sorte a não abarcar tão-somente as situações contempladas no seu teor verbal (a dos utentes serem comproprietários das águas), mas também as que se compreendem na "mens legis" (a dos utentes terem adquirido direito de servidão). II – A definição do direito ao aproveitamento das águas de cada um dos seus titulares, independentemente do título de aquisição, é feita através de acção de arbitramento do artigo 1052.° do Código do Processo Civil» – (Ac. da R.P., de 18/10/88, Proc. n.° 0 006 398).

5. «I – A convicção de se exercer um direito próprio não implica a existência de boa fé. II – Esta convicção constitui o elemento subjectivo da posse e só depois de verificados o " corpus " e o " animus " se coloca o problema da existência de boa ou má fé. III – Ao contrário do que acontecia no Código Civil de Seabra, em que a posse só podia ser de boa fé se fosse titulada, o Código Civil de 1966 não exige, para haver boa fé, que a posse seja titulada, embora presuma de má fé a posse não titulada. IV – Segundo este Código, o direito à água que nasce em prédio de terceiro pode ser um direito ao uso pleno da mesma, sem quaisquer limitações – direito de propriedade –, podendo também ser apenas o direito de a aproveitar noutro prédio, com as limitações derivadas das necessidades deste – direito de servidão. V – Se a água se destinava apenas à rega de um

As águas no Código Civil 234

prédio, não sendo objecto de um uso pleno, um uso para além desse, a utilização assim limitada apenas pode conduzir à aquisição de um direito de servidão» – (Ac. da R.P., de 14/11/91, Proc. n.º 9 050 390).

6. «I – As águas são consideradas coisas imóveis. II – Os títulos de sua aquisição são, portanto, os meios legítimos de aquisição da propriedade sobre imóveis ou de constituir servidão. III – Conforme o título da sua constituição, o direito à água que nasce em prédio alheio pode ser um direito ao uso pleno da água, sem qualquer limitação ou, apenas, o direito de a aproveitar noutro prédio mas apenas de acordo com as necessidades deste. IV – No primeiro caso está-se perante um direito de propriedade da água; no segundo está-se perante um direito de servidão. V – Tanto a propriedade como a servidão podem ser adquiridas por usucapião» – (Ac. da R.P., de 17/09/92, Proc. n.º 9 140 088).

7. «I – Tendo ficado provado que: *a*) o arguido procedeu à abertura de uma vala, com início no seu prédio x e termo num outro prédio, também sua propriedade, separado do primeiro por uma estrada; *b*) nessa vala instalou tubos, pelos quais captou para o segundo dos prédios a água a que o ofendido tinha direito; *c*) visto que tem constituída no campo x uma servidão de águas a favor do campo anexo z, sua propriedade, para o qual, através de tubo subterrâneo, era conduzida a água da mina existente no primeiro; *d*) o ofendido se viu assim privado da normal utilização daquelas águas até..., altura em que foi possível a reposição da situação anterior; *e*) o arguido aqui livre e conscientemente, com intenção de privar completamente o ofendido da normal utilização daquelas águas, bem sabendo do direito daquele à utilização das mesmas, que a sua conduta era proibida e que com a sua actuação causaria ao ofendido, como efectivamente causou, os correspondentes prejuízos patrimoniais, demonstrada está a verificação do crime de danos previsto e punido pelo artigo 308.º do Código Penal. II – A ordem jurídica, designadamente o artigo 1394 do Código Civil, não consente o procedimento do arguido porque ressalva os direitos que terceiros hajam adquirido por justo título. III – A circunstância de o ofendido não ter deduzido pedido cível não significa renúncia (expresssa ou tácita) à indemnização pelo que não se pode dar por verificada a condição suspensiva prevista no artigo 3.º, n.º 1 da Lei 23/91, de 4 de Julho» – (Ac. da R.P., de 08/03/95, Proc. n.º 9 430 446).

8. «I – A utilização de água captada em nascente situada em prédio de outrem, não para certo e determinado prédio ou prédios do utilizador mas sim para rega e gastos domésticos sem qualquer limitação, é posse susceptível de conduzir a usucapião do direito à propriedade da água (e não à figura da servidão). II – O que releva, no conceito de posse pública, é a ostensividade dos actos praticados e a possibilidade objectiva de eles serem conhecidos pelos interessa-

235   *Servidões legais de águas – art. 1558.°*

dos. III – A usucapião é título justo de aquisição de água das fontes e nascentes» – (Ac. da R.P., de 5/12/95, Proc. n.° 9 420 803).

9. «I...; II – Quando o direito à água de uma nascente é um simples direito de servidão a favor de um prédio rústico não pode aquele ser alienado sem este, dado o princípio da inseparabilidade das servidões» – (Ac. da R.P., de 12/12/95, Proc. n.° 9 250 024).

10. «I – A nascente de águas, quando não dá origem a uma servidão de águas, está incluída no direito de propriedade e acompanha a venda do respectivo prédio. II – Se em escritura de justificação notarial se atribui ao prédio onde nascem as águas uma identificação registral diferente da dada em anterior escritura em que as águas são mencionadas, não se põe em causa a propriedade da nascente pelo que carece de legitimidade, por falta de interesse em agir, o respectivo proprietário para intentar acção de simples apreciação com o fim de defender tal direito» – (Ac. da R.P., de 13/11/97, Proc. n.° 9 730 961).

11. «I...; II...; III – Pode haver, sobre a água proveniente da mesma nascente, uma servidão para rega de um prédio rústico, e, ao mesmo tempo, uma servidão para gastos domésticos de um prédio urbano» – (Ac. da R.P., de 07/07/98, Proc. n.° 9 820 703).

12. «I – O direito sobre uma água pode constituir-se como direito de servidão quando, continuando a água a pertencer ao dono de um prédio, se concede a terceiro a possibilidade de aproveitá-la, em função das necessidades de um prédio diferente e em conformidade com o tipo de aproveitamento previsto no título constitutivo do direito. II – Esse direito de servidão é compatível com a existência de uma servidão de aqueduto sobre o prédio a que pertence a água. III – A desnecessidade, como fundamento de extinção de uma servidão, tem de resultar de uma alteração sobrevinda no prédio dominante, na sequência da qual a servidão perca a respectiva utilidade» – (Ac. da R.P., de 11/05/2000, Proc. n.° 9 931 406).

13. «Enquanto na constituição legal de uma servidão a servidão surge por imperativo de criar condições para a fruição de um outro direito – o direito a certa água, para certo prédio – na constituição da servidão por usucapião trata-se de regular jurídica e definitivamente a situação de facto já criada» – (Ac. da R.P., de 09/01/2001, Proc. n.° 0 020 230).

14. «I – A restrição ao uso das águas das fontes ou nascentes particulares, instituída para assegurar os gastos domésticos dos habitantes de povoação ou casal, visa salvaguardar necessidades primárias da vida. II – Pressupõe assim que estas águas são necessárias ao utilizador e não apenas úteis, ficando excluída a

As águas no Código Civil

236

irrigação de terras e a aplicação afins industriais» – (Ac. da R.P., de 01/03/2001, Proc. n.º 0 130 161).

15. «Constituída uma servidão de águas, através da qual o titular de um prédio tem o direito de explorar e conduzir a água de uma mina situada em prédio vizinho, ficam os titulares deste privados de explorar as águas subterrâneas do seu prédio na medida em que essa exploração interfira com a exclusividade atribuída por aquela servidão» – (Ac. da R.P., de 15/03/2001, Proc. n.º 0 130 284).

16. «Não obtendo *A* o reconhecimento de um direito de propriedade sobre as águas nascidas em prédio alheio, mas apenas um direito de servidão relativamente a tais águas, utilizadas em prédios seus, não tem ele o direito de obter a tapagem de um furo aberto pelo dono do prédio onde está a nascente» – (Ac. da R.P., de 08/04/2002, Proc. n.º 0 250 330).

Art. 1558.º, n.º 2

O disposto no número anterior não é aplicável às águas provenientes de concessão nem faculta a exploração de águas subterrâneas em prédio alheio.

Observações

127. Generalidades – Já vimos que a água pública adquirida por concessão se torna particular[238].

Mas, a propriedade assim adquirida toma aspectos singulares. Por um lado, a água desse modo apropriada é considerada inseparável do prédio a que é destinada (art. 1397.º, 1.ª parte); por outro, o respectivo direito pode caducar na presença de determinados pressupostos legais, como o uso indevido e o abandono (art. 1397.º, 2.ª parte). O que significa que a propriedade só é plena, absoluta e exclusiva do beneficiário da concessão, enquanto durarem os pressupostos que determinaram a atribuição do direito. Verificada qualquer causa de caducidade, a água volta ao domínio público sem que, doravante, outro particular possa vir a beneficiar da faculdade ínsita no artigo 1558.º.

Por outro lado, a água concedida deve limitar-se ao caudal estritamente necessário ao fim a que se destina (art. 1386.º, n.º 2), não consentindo usos excessivos, aproveitamentos estéreis ou, mesmo, desaproveitamentos.

---

[238] Ver n.os 21, 22, 95 e 96, *supra*.

Compreende-se, ainda, à restrição que a lei faz relativamente às águas sub-terrâneas. Pois se é certo que o proprietário, na sua máxima latitude, é dono do subsolo e elementos de que se compõe e se a todo o tempo pode explorar as águas subterrâneas nele existentes (art. 1394.°), haveria contradição nos próprios termos se fosse permitido a um terceiro aproveitar-se de tais águas (necessariamente *não utilizadas* antes de qualquer exploração).

ARTIGO 1559.°

(Servidão legal de presa)

Os proprietários e os donos de estabelecimentos industriais, que tenham direito ao uso de águas particulares existentes em pré-dio alheio, podem fazer neste prédio as obras necessárias ao represamento e derivação da respectiva água, mediante o pagamento da indemnização correspondente ao prejuízo que causaram.

Trabalhos preparatórios

Anteprojecto
art. 20.°

Os proprietários e os donos de estabelecimentos industriais que tenham direito ao uso de águas particulares existentes em prédio alheio, podem fazer neste prédio as obras necessárias ao represamento e derivação da respectiva água, mediante o pagamento de uma indemnização correspondente aos prejuízos sofridos.

1.ª revisão min. do anteprojecto
art. 1551.°

Os proprietários e os donos de estabelecimentos industriais, que tenham direito ao uso de águas particulares existentes em prédio alheio, podem fazer neste prédio as obras necessárias ao represamento e derivação da respectiva água, mediante o pagamento da indemnização correspondente aos prejuízos sofridos.

2.ª revisão min. do anteprojecto
art. 1559.º

Os proprietários e os donos de estabelecimentos industriais, que tenham direito ao uso de águas particulares existentes em prédio alheio, podem fazer neste prédio as obras necessárias ao represamento e derivação da respectiva água, mediante o pagamento da indemnização correspondente ao prejuízo sofrido.

A redacção actual corresponde ao artigo 1559.º do Projecto.

Observações

128. Introdução – Chegou a ter seguidores a doutrina, em tempos defendida, em razão da qual o direito de utilização de águas de prédio alheio não podia ser, nunca, um direito de servidão, mas de propriedade.

Assim o postulavam Guilherme Moreira[239] e Pires de Lima[240] embora admitissem que no uso do direito de propriedade das águas existentes em prédio de outrem fosse necessário, por vezes, constituir uma servidão de presa ou aqueduto.

Esta doutrina, por contrária à tradição romanista, não viria, porém, a ser acolhida no Código Civil e, portanto, a possibilidade de constituição de um direito de servidão relativo a águas existentes em prédio alheio, de que o artigo 1559.º é particular expressão, é, hoje, inequívoca.

129. Alcance normativo da servidão – O artigo contém ínsito, bem visível, um basilar princípio – o de que a servidão legal de presa pressupõe, necessariamente, um prévio direito à água de que, aliás, é acessório[241]. Donde, extinto o direito à água, não subsistirá o direito de servidão de presa.

---

[239] Ver n.os 48 e 52, *supra*.

[240] In *Comentário*, cit., pág. 264 (1.ª ed.) e 290 e 328 (2.ª ed.) e R.L.J., ano 73.º, pág. 300.

[241] Se assim não fosse de nada serviria ao utente ter adquirido a servidão de presa sem aquisição prévia ou simultânea do direito à água. Neste sentido, P. LIMA, in *Lições*, 4.ª ed., pág. 397. É claro que, segundo padrões de normalidade das relações jurídicas, o direito à água (que será de *servidão* se afecta ao uso exclusivo de determinado prédio ou de *propriedade*, sempre que o utente dela possa usar e dispôr livremente) se constitui simultaneamente com a servidão de presa, maxime quando o direito à água é de servidão.

Tem-se dito, com alguma leviandade, que a servidão legal de presa consiste no direito do titular de determinado prédio fazer no prédio vizinho obras de captação de água([242]). Atónica das obras é colocada, nesta definição, num lugar de destaque, como principal objectivo do direito. E não é assim.

A nosso ver, a servidão legal de presa encerra dois campos de forças colocados em momentos distintos.

O primeiro, o verdadeiro cerne do direito, é o que tem que ver com a faculdade legal de *represar* a água e *derivá-la* para o prédio dominante. A *represa* e posterior *derivação* é que formam a nota dominante do conceito.

O segundo, consequência, atributo ou emanação do primeiro, é o que se prende com a possibilidade de exercer, na prática, aquele direito, através das obras necessárias à utilização da água. Situa-se num momento temporal diferente e posterior, relativamente ao primeiro.

Nesta perspectiva, a servidão legal de presa define-se como o direito concedido ao proprietário ou dono de estabelecimento industrial de represar e derivar as águas existentes num prédio vizinho (sobre as quais tem um direito prévio) mediante a construção de obras necessárias à sua consecução.

O elemento das obras, portanto, sendo importante, não é, contudo, essencial para a compreensão do instituto, como verdade não é, também, que elas se destinem *a captação*. As obras podem, inclusivé, já existir e a captação estar já feita. Para efeitos do artigo, elas devem, antes, ter em vista o *represamento* e *derivação,* o que é diferente da captação.

É assim uma servidão *positiva* ou *afirmativa,* traduzida numa actuação, num acto positivo do proprietário do prédio dominante, que o dono do serviente tem que suportar.

Esta servidão tem um âmbito de aplicação muito vasto.

Ela abrange todos os proprietários, incluindo os de estabelecimentos industriais, qualquer que seja o escopo da utilização da água (irrigação, gastos domésticos, industriais, etc.).

As obras têm que ser *as necessárias*, o que afasta a ideia de supérfluo, requinte ou perfeccionismo escusado. Deve entender-se que são *necessárias*, por essenciais tanto à plena concretização material do direito, como também à sua dimensão qualitativa. O que afasta, por conseguinte, as obras desnecessárias, a mais, que causem escusado gravame à esfera do dono do prédio serviente.

A indemnização, aqui, tem por objectivo ressarcir os prejuízos causados com as obras (dano emergente) e cobrir os benefícios que o dono do prédio serviente deixa de obter em consequência delas (lucro cessante). Na fixação do quan-

---

([242]) O. ASCENÇÃO, *ob. cit.*, pág. 445 e JOSÉ L. SANTOS, *ob. cit.*, pág. 47.

As águas no Código Civil 240

tum indemnizatório poderá, também, sempre que devam comprovadamente existir, atender-se aos danos futuros (art. 564.°).

130. Figuras próximas da servidão legal de presa

a) *Direito de presa* – É o direito atribuído ao proprietário de poder efectuar no *seu* prédio uma presa e outras obras de derivação para aproveitamento de águas de correntes ribeirinhas ou de fontes e reservatórios desse mesmo prédio.

Ao contrário do que se passa na servidão legal de presa, não há aqui uma limitação do direito de propriedade ou, vistas as coisas de outro ângulo, uma extensão do direito real para além do conteúdo normal, traduzido no exercício de poderes sobre um prédio vizinho. O direito de presa representa, antes, a manifestação do direito de propriedade na sua máxima projecção.

b) *Direito de utilização, in loco, de águas que se encontram em prédio vizinho* – Agora, a água é utilizada directamente no próprio local onde se encontre. Não há obras de derivação embora possa, eventualmente, haver lugar a depósito.

É o exemplo que Guilherme Moreira aponta de se poder usar a água represada, ou não, como bebedouro de animais. Pode haver servidão para esse fim, mas não, seguramente, o de represamento e derivação da água para o prédio vizinho([243]).

131. JURISPRUDÊNCIA

1. «I – Existindo uma presa em terreno alheio, na falta de elementos comprovativos de pertencer aos utentes o terreno em que ela assenta, tem de considerar-se esse terreno propriedade do dono onerado com a respectiva servidão. II – O dono do prédio onde existe a represa e aqueduto é obrigado a dar passagem aos donos dos prédios dominantes para a inspecção do aqueduto e para nele se fazerem os consertos necessários. III – Se o proprietário do prédio serviente, sem acordo com os donos dos dominantes, lançar sobre a presa uma placa que dificulte, embora por forma não sensível, a limpeza da presa, os donos dos prédios dominantes podem exigir que a mesma obra seja desfeita. IV – Na falta de acordo, a terra que na presa e no rego se junte, vinda do exterior, só deve ficar no prédio

---

([243]) *Ob. cit.*, II, pág. 175. Neste sentido, também OLIVEIRA ASCENSÃO, *Direitos Reais*, 1971, pág. 473 e de 1983, 4.ª ed., pág. 445.

Sobre *direito de presa*, v. tb. GUILHERME A. MOREIRA, in *As Águas* cit., II, pág. 174 e segs.; M. TAVARELA LOBO, *ob. cit.*, II, pág. 343.

241   *Servidões legais de águas – art. 1559.º*

serviente pelo tempo necessário para daí ser removida, mas os detritos formados
pelas terras das bordas da presa e do rego que se desmoronam e as ervas nascidas
na presa e no rego pertencem ao dono do prédio serviente, podendo os dominantes retirá-las daí para exercerem as servidões e depositá-las junto da presa e do
rego» – Sentença da 2.ª Vara Cível (2.ª Secção) do Porto, de 17/51966, in *R.T.*,
ano 88 (1970), pág. 369.

2. «I – O direito às águas de prédio alheio será elemento de servidão e não
um direito autónomo de propriedade quando pressupuser a sujeição desse prédio
em proveito de outro, de dono diferente. II – Naquela primeira hipótese, o direito
poderá ser adquirido com a constituição da servidão» – (Ac. da R.P., de 22/1/71,
in *B.M.J.*, n.º 203/215).

3. «I – Os prédios marginais das correntes não navegáveis nem flutuáveis
têm direito à utilização das respectivas águas para sua irrigação como um poder
legal, não subjectivado. II – A servidão de presa e aqueduto pressupõe o direito
à água. Este direito pode ser precário e temporário, como os que os arts.122.º da
Lei das Águas e 4.º do Decreto 23 925 conferem» – (Ac. da R.C., de 8/4/80, in
C.J., 80, II, pág. 38).

4. «I – No caso de aquisição de água em prédio alheio por meio de servidão (artigos 1390.º, n.º 1, e 1395.º, n.º 1, do Código Civil), se forem várias as
minas fornecedoras dessa água, várias serão as correspondentes servidões de
água, presa e aqueduto. II – As servidões podem ser constituídas entre prédios que
não sejam vizinhos e ainda que de permeio existam caminhos públicos e outros
prédios particulares. III – Para efeitos do artigo 1549.º do Código Civil, os sinais
não deixam de ser permanentes por dependerem de licença precária a conceder
pela Administração. IV – Para a constituição de servidões por destinação do pai
de família basta que algum ou alguns dos sinais sejam visíveis e permanentes e,
se os mesmos, de per si, não revelarem uma relação de serventia entre os dois prédios, a equivocidade dos sinais visíveis pode ser destruída pelo recurso a elementos estranhos a esses próprios sinais, através de quaisquer meios de prova» – (Ac.
do S.T.J., de 15/01/81, Proc. n.º 069 070).

5. «I – São diferentes quanto à sua constituição as servidões dos artigos
1547.º e 1550.º do Código Civil. II – As primeiras chamadas prediais ou voluntárias (embora com fraco rigor terminológico, já que podem ter origem na usucapião) ou somente servidões derivando em regra da autonomia da vontade, do
acordo das partes – contrato, testamento, destinação do pai de família para além
da usucapião; as segundas, chamadas servidões legais, significam não só o direito
potestativo de se constituir a servidão, através de sentença ou acto administrativo,

As águas no Código Civil   242

como também a própria servidão já constituída. III – Algumas das servidões legais estão directamente contemplados na lei civil, como as de passagem (no caso de encrave), para aproveitamento das águas de presa, etc.. IV – Contudo, as servidões legais são declaradas sem prejuízo de poderem ser constituídas voluntariamente» – (Ac. do S.T.J., de 7/03/85, Proc. n.º 072 367).

6. «IV – Sendo a faculdade de acesso acessória da servidão de presa e porque desta faz parte, ela só pode exercer-se sobre o prédio onde se localiza a poça acima referida e não sobre um prédio de terceiros. V – Sobre este prédio poderá eventualmente constituir-se uma servidão de passagem, mas não pode fazer-se valer sem mais o poder de passagem como acessório – adminícula – da servidão de água, a não ser quando a necessidade de inspecção o justifique» – (Ac. da R.P., de 7/04/92, Proc. n.º 9 150 640).

7. «I – Na servidão de aqueduto que tem como acessória a de poço ou represa, a sorte da servidão acessória segue a da principal e está sujeita às mesmas regras gerais. II – A inovação consistente na construção de novos poços em locais onde nunca existiram e a simples probabilidade do aumento do caudal das águas permite concluir que se verificou uma modificação ilegal, quer na localização quer na extensão e modo de exercício da anterior servidão em detrimento do prédio serviente, o mesmo se dizendo da abertura de valas ao longo dos regos a céu aberto, com as quais se ligam as nascentes aos referidos poços, e com a finalidade de canalizar a água subterraneamente» – (Ac. do S.T.J., de 28/05/96, Proc. n.º 088 411).

8. «I – Tendo constituído direito de servidão de presa e de aqueduto sobre o prédio dos Réus para captar e fazer derivar para o seu prédio água concessionada de corrente não navegável nem flutuável, a servidão não se extingue enquanto perdurar ou se renovar o licenciamento para o uso da água, apesar de o Autor não ser proprietário da mencionada água pública nem o seu prédio ser confinante com o respectivo curso de água» – (Ac. da R.P., de 28/09/99, Proc. n.º 9 821 411).

9. «I...; II...; III – A constituição de uma servidão legal de presa pressupõe, antes de mais, que o proprietário do prédio dominante "tenha direito à água"» – (Ac. da R.P., de 7/11/2002, in C.J., 2002, V, pág. 165).

10. «I – A condenação dos réus a não impedirem a realização de obra nova ou de reparação implica uma obrigação de prestação de facto negativo, na modalidade de obrigação de tolerância ou de deixar fazer (obrigação de pati). II – O processo próprio para executar este tipo de obrigação é o de execução para prestação de facto negativo, nos termos previstos nos arts. 941.º e 942.º do Código de Processo Civil» – (Ac. da R.G., de 19/11/2003, Proc. n.º 1897/03-1).

ARTIGO 1560.º
(Servidão legal de presa para o aproveitamento de águas públicas)

1. A servidão de presa para o aproveitamento de águas públicas só pode ser imposta coercivamente nos casos seguintes:

a) Quando os proprietários, ou os donos de estabelecimentos industriais, sitos na margens de uma corrente não navegável nem flutuável, só possam aproveitar a água a que tenham direito fazendo presa, açude ou obra semelhante que vá travar no prédio fronteiro;

b) Quando a água tenha sido objecto de concessão.

2. No caso da alínea *a*) do número anterior e no de concessão de interesse privado, não estão sujeitas à servidão as casas de habitação, nem os quintais, jardins ou terreiros que lhes sejam contíguos; no caso de concessão de utilidade pública, estes prédios só estão sujeitos ao encargo se no respectivo processo administrativo se tiver provado a impossibilidade material ou económica de executar as obras sem a sua utilização.

3. No caso da alínea *b*) do n.º 1, a servidão considera-se constituída em consequência da concessão, mas a indemnização, na falta de acordo, é fixada pelo tribunal.

4. Se o proprietário do prédio fronteiro sujeito à servidão de travamento quiser utilizar a obra realizada, pode torná-la comum, provando que tem direito a aproveitar-se da água e pagando uma parte da despesa proporcional ao benefício que receber.

Trabalhos preparatórios

Anteprojecto
art. 21.º

1. *Tratando-se do aproveitamento de águas públicas a que se tenha direito, a servidão de presa só pode ser imposta em prédios alheios, nos seguintes casos:*

a) Quando os proprietários ou donos de estabelecimentos industriais, marginais a uma corrente de água não navegável nem flutuável, só possam aproveitá-la fazendo presa, açude ou obra semelhante que vá travar no prédio fronteiro;

b) Quando a água tenha sido objecto duma concessão. Neste caso, salvo pelo que respeita à indemnização, que será fixada pelos tribunais, as servidões consideram-se constituídas por força da própria concessão.

2. Se o proprietário do prédio fronteiro sujeito à servidão referida na alínea a) do número anterior, quiser utilizar a dita obra poderá torná-la comum, provando que tem direito a aproveitar-se da água, e pagando uma parte da despesa proporcional ao benefício que receber.

3. No caso da mencionada alínea e no de concessão de interesse privado, não estão sujeitas à servidão as casas de habitação e os quintais, jardins, hortos ou pátios que lhes forem contíguos e, no caso de concessão de utilidade pública, estes prédios só estão sujeitos ao encargo, se no respectivo processo administrativo se tiver provado a impossibilidade material ou económica de executar as obras sem a sua utilização.

1.ª revisão min. do anteprojecto
art. 1552.º

1. Tratando-se do aproveitamento de águas públicas a que se tenha direito, a servidão de presa só pode ser imposta em prédios alheios, nos seguintes casos:

a) Quando os proprietários ou donos de estabelecimentos industriais, marginais a uma corrente de água não navegável nem flutuável, só possam aproveitá-la fazendo presa, açude ou obra semelhante que vá travar no prédio fronteiro;

b) Quando a água tenha sido objecto duma concessão: neste caso, salvo pelo que respeita à indemnização, que é fixada pelos tribunais, as servidões consideram-se constituídas por força da própria concessão.

2. No caso da alínea a) do número anterior e no de concessão de interesse privado, não estão sujeitas à servidão as casas de habitação nem os quintais, jardins, terreiros ou pátios que lhes sejam contíguos e, no caso de concessão de utilidade pública, estes prédios só estão sujeitos ao encargo, se no respectivo processo administrativo se tiver provado a impossibilidade material ou económica de executar as obras sem a sua utilização.

3. Se o proprietário do prédio fronteiro sujeito à servidão de travamento quiser utilizar a obra realizada, pode torná-la comum, provando que tem direito a aproveitar-se da água e pagando uma parte da despesa proporcional ao benefício que receber.

2.ª revisão min. do anteprojecto
art. 1560.°

1. *Tratando-se do aproveitamento de águas públicas a que a utente tenha direito, a servidão de presa só pode ser imposta em prédios alheios, nos casos seguintes:*

a) *Quando os proprietários ou donos de estabelecimentos industriais, marginais a uma corrente de água não navegável nem flutuável, só possam aproveitá-la fazendo presa, açude ou obra que vá travar no prédio fronteiro;*

b) *Quando a água tenha sido objecto duma concessão.*

2. *No caso da alínea a) do número anterior, e no de concessão de interesse privado, não estão sujeitas à servidão as casas de habitação nem os quintais, jardins ou terreiros que lhes sejam contíguos; no caso de concessão de utilidade pública, estes prédios só estão sujeitos ao encargo se no respectivo processo administrativo se tiver provado a impossibilidade material ou económica de executar as obras sem a sua utilização.*

3. *No caso da alínea b) do n.° 1, a servidão considera-se constituída em consequência da concessão, mas a indemnização, na falta de acordo, é fixada pelo tribunal.*

4. *Se o proprietário do prédio fronteiro sujeito à servidão de travamento quiser utilizar a obra realizada, pode torná-la comum, provando que tem direito a aproveitar-se da água e pagando uma parte da despesa proporcional ao benefício que receber.*

Projecto
art. 1560.°

1. *A servidão de presa para o aproveitamento de águas públicas só pode ser imposta coercivamente nos casos seguintes:*

a) *Quando os proprietários ou os donos de estabelecimentos industriais, sitos na margem de uma corrente não navegável nem flutuável, só tenham possibilidade de aproveitar a água a que tenham direito, fazendo presa, açude ou obra semelhante que vá travar no prédio fronteiro;*

b) *Quando a água tenha sido objecto de concessão.*

2. *No caso da alínea a) do número anterior, e no de concessão de interesse privado, não estão sujeitas à servidão as casas de habitação, nem os quintais, jardins ou terreiros que lhes sejam contíguos; no caso de concessão de utilidade pública, estes prédios só estão sujeitos ao encargo se no respectivo processo administrativo se tiver provado a impossibilidade material ou económica de executar as obras sem a sua utilização.*

As águas no Código Civil 246

3. *No caso da alínea* b) *do n.° 1, a servidão considera-se constituída em consequência da concessão, mas a indemnização, na falta de acordo, é fixada pelo tribunal.*

4. *Se o proprietário do prédio fronteiro sujeito à servidão de travamento quiser utilizar a obra realizada, pode torná-la comum, provando que tem direito a aproveitar-se da água e pagando uma parte da despesa proporcional ao benefício que receber.*

Desenvolvimento

Art. 1560.°, n.° 1, al. a)

A servidão de presa para o aproveitamento de águas públicas só pode ser imposta coercivamente: *Quando os proprietários, ou os donos de estabelecimentos industriais, sitos na margem de uma corrente não navegável nem flutuável, só possam aproveitar a água a que tenham direito fazendo presa, açude ou obra semelhante que vá travar no prédio fronteiriço.*

Antecedentes históricos

132. A fonte desta alínea encontra-se no proémio do artigo 122.° das Águas, cuja redacção é a seguinte:

> *Quando o possuidor dum prédio sito na margem de qualquer corrente, ao uso de cujas águas tenha direito, nos termos deste decreto, só possa aproveitá-las fazendo presa, açude ou obra semelhante que vá travar na margem do prédio fronteiro, não poderá o dono deste obstar à dita obra, uma vez que seja previamente indemnizado, se algum prejuízo daí lhe provier.*

O artigo 122.°, nesta parte, por seu turno, reproduz, quase integralmente, o corpo do artigo 463.° do Código Civil de 1867, com a seguinte redacção:

> *Quando o possuidor de um prédio sito na margem de qualquer corrente, ao uso de cujas águas tenha direito, só poderá aproveitá-las fazendo presa, açude ou obra semelhante, que vá travar no prédio de outro vizinho, não poderá este obstar à dita obra, uma vez que seja previamente indemnizado, se algum prejuízo daí lhe provier.*

Observações

133. Alcance do preceito – Enquanto o artigo antecedente se dirige às águas particulares, agora estamos perante uma servidão legal de presa para o aproveitamento de águas públicas às quais os proprietários e os donos de estabelecimentos industriais tenham direito.

É, também, *servidão de travamento de presa,* assim designada por resultar da necessidade de aproveitar o prédio fronteiro a fim de nele se apoiar ou encastrar o açude ou a presa.

Como acolá, também aqui é imperioso que o utente esteja a utilizar as águas públicas ao abrigo de um direito adquirido, que pode ser o de propriedade (cfr. art. 1386.º, n.º 1, als. *d); e) e f)*) ou outro, nomeadamente licença (cfr. art. 18.º, n.º 1, do Dec.-Lei n.º 468/71, de 5/11).

Este uso estava já contemplado nos artigos 17.º e 21.º da Lei das Águas, referentes aos proprietários e aos donos de estabelecimentos industriais, respectivamente, desde que localizados à margem das correntes não navegáveis nem flutuáveis.

A questão que se discutiu([244]) a propósito da possibilidade de oposição do dono do prédio superior não tem hoje sentido. Assim, a servidão tem lugar de forma coerciva independentemente de ser superior ou inferior o prédio travado. Basta que seja fronteiro para que lhe possa ser imposta a servidão.

Art. 1560.º n.º 1, al. b)

> A servidão de presa para o aproveitamento de águas públicas só pode ser imposta coercivamente quando a água tenha sido objecto de concessão.

Antecedentes históricos

134. O teor desta alínea inspirou-se nos artigos 53.º (proémio e § 1.º) e 77.º, da Lei das Águas, relativos a concessões por utilidade pública e particular, respectivamente, com as seguintes redacções:

([244]) G. Moreira, *ob. cit.,* II, pág. 186 e segs. e V. Almeida, *ob. cit.*, pág. 72 e 84 (1.ª e 2.ª edições, respectivamente) e P. Lima, in *Comentário* cit., pág. 72 e 84 (1.ª e 2.ª edições, respectivamente).

O problema consistia em saber se o aproveitamento daquelas se tinha que fazer mediante licença e se o dono do prédio superior podia ou não opôr-se à constituição da servidão de presa, por causa e com base nas obras que a ela dissessem respeito.

As águas no Código Civil   248

53.° *A publicação no «Diário do Governo» do decreto de concessão importa a declaração de utilidade pública e correlativo direito de expropriação nos prédios particulares e nas concessões de interesse privado preexistentes, de quaisquer terrenos, oficinas, servidões ou outros direitos que sejam necessários para a execução das obras,* represamento e derivação das águas, *ficando a cargo do concessionário a liquidação e pagamento das indemnizações, nos termos da lei reguladora das expropriações por utilidade pública.*

§ 1.° *As concessões preexistentes de utilidade pública para aproveitamento da energia hidráulica não ficam sujeitas a expropriação ou diminuição do caudal que devidamente utilizam, por motivo de nova concessão da mesma natureza, salvo o caso de a nova concessão realizar o aproveitamento de uma potência hidráulica, ao menos cinco vezes superior.*

77.° *É lícito a um proprietário ou grupo de proprietários, que possuam terrenos em situação de beneficiar com o aproveitamento, requerer concessão para tirar das correntes, nascentes e outras águas públicas, canal ou levada destinadas à rega ou enateiramento, ou para colmatar ou dessalgar as suas terras, sendo inundadas ou salgadas, podendo fazer açude ou represa em qualquer ponto do leito das correntes e estabelecer servidões de travamento e aqueduto sobre prédios alheios para derivação das águas e devolução das remanescentes.*

Observações

135. Generalidades – O problema aqui é, em tudo, idêntico ao equacionado na análise da alínea anterior, salvo duas diferenças que se apontam:

a) A favor do *concessionário* (só a ele) consagra-se a faculdade de constituir coercivamente uma servidão legal de presa para represamento e derivação de água pública.

Além, o benefício aproveita a todos os *proprietários* e *donos de estabelecimentos industriais.*

b) Contra o que é estabelecido na alínea anterior, não é, aqui, imposta a restrição *obra que vá travar no prédio fronteiro.* Donde, dada a amplitude do preceito, o inferir-se que nem a servidão se restringe ao *travamento,* admitindo, também, a construção das obras de represamento e derivação *dentro dos limites do prédio onerado,* nem se dirige, exclusivamente, a *prédio fronteiro,* mas também, a qualquer outro que satisfaça as condições necessárias à fruição da água em causa.

Art. 1560.º n.º 2

No caso da alínea *a*) do número anterior e no de concessão de interesse privado, não estão sujeitas à servidão as casas de habitação nem os quintais, jardins ou terreiros que lhe sejam contíguos; no caso de concessão de utilidade pública, estes prédios só estão sujeitos ao encargo se no respectivo processo administrativo se tiver provado a impossibilidade material de executar as obras sem a sua utilização.

Antecedentes históricos

136. O preceito em referência tem por fonte o § único do artigo 463.º do Código Civil de 1867, o § 2.º do artigo 53.º, o artigo 81.º e § 1.º do artigo 122.º, estes das Leis das Águas, cuja redacção a seguir se transcreve:

463.º, § único *Os prédios urbanos não ficam sujeitos à servidão mencionada neste artigo.*

53.º, § 2.º *As casas de habitação e os pátios, jardins, alamedas ou quintais, quando sejam contíguos às casas, somente serão expropriados se no inquérito se tiver demonstrado a impossibilidade material ou económica de executar as obras sem utilizar os referidos prédios.*

81.º *As casas de habitação e os pátios, jardins e quintais que lhes forem imediatamente contíguos são exceptuados da obrigação de dar as servidões a que se refere o art. 77.º.*

122.º, § 1.º *Os prédios urbanos não ficam sujeitos à servidão mencionada neste artigo.*

Observações

137. Alcance do preceito – A razão intrínseca da exclusão das casas de habitação e dos seus logradouros contíguos da servidão coloca-se na necessidade de defender a propriedade de devassamentos e intromissões intoleráveis.

Ante a presença de dois interesses privados conflituosos deve eleger-se aquele cuja protecção seja merecedora de maior tutela. E não há dúvida de que, na configurada hipótese legal, a criação da servidão representaria, quase sempre, um gravame e um desvalor mais acentuados do que o benefício valorado dela resultante.

As águas no Código Civil 250

Os quintais, jardins e terreiros estão, regra geral, afectos a actividades de lazer, recreio e exploração agrícola ou similar servindo, quantas vezes, de suporte à satisfação das necessidades ocasionais dos donos respectivos. E com uma tão grande importância que o seu valor estimativo pode ultrapassar, de longe, o seu valor real produtivo.

No fundo, a questão reconduz-se à *utilidade* da propriedade. Só que, desta vez, olhada muito piais numa perspectiva de *função pessoal,* relegando-se para segundo plano o aspecto *social* que ela representa. Sendo certo que a coisa (res) deve satisfazer tudo e todos, quanto lhe seja possível, ela nestes casos particulares, atentas as suas especiais características, deve estar voltada, primacialmente, à resolução das carências (afectivas, estimativas, económicas ou outras) do seu dono.

Por outro lado, dada a inevitável proximidade dessas glebas de terreno com o centro da vida familiar a que são destinadas e cujos interesses e desígnios visam, de resto, servir, dir-se-ia, não fosse a restrição legal, haver violação da intimidade e vida privada familiares.

E tudo quanto se deixa dito é aplicável, por maioria de razão, às próprias casas de habitação.

Estes princípios sofrem, apenas, um desvio e mesmo assim é forçosa a verificação de um requisito para que possa funcionar: haverá servidão se o direito à água provier de concessão por utilidade pública, desde que se tenha *provado* (no processo administrativo) a *impossibilidade de construção das obras sem a utilização da casa de habitação e seus logradouros.*

A filosofia, agora, é outra. O interesse público geral, da colectividade, deve naturalmente, sobrepor-se aos interesses particulares, ainda que sérios e igualmente dignos. É, aqui, a explanação da ideia de *função-social* da propriedade, contra o espírito fortemente individualista que caracterizou o século XIX, neste e noutros domínios.

Art. 1560.° n.° 3

No caso da alínea *b*) do n.° 1, a servidão considera-se constituída em consequência da concessão, mas a indemnização, na falta de acordo, é fixada pelo tribunal.

Antecedentes históricos

138. As fontes mais próximas deste preceito encontram-se no § 3.° dos artigos 53.°, 122.°, § 2.° e 127.°, da Lei das Águas, a seguir transcritos:

53.° ....

§ 3.° *Mediante prévio depósito ou caução, correspondente à importância fixada pelos tribunais civis depois da primeira vistoria, como valor das indemnizações aos interessados, pode o concessionário proceder à execução das obras.*

122.° ....

§ 2.° *A servidão de travamento ou presa ou açude entre prédios superiores é inerente às concessões reguladas no título III deste decreto, mas tão-somente nos termos e para os fins aí declarados pode ser imposta.*

127.° *As questões relativas à constituição ou mudança de servidões e à liquidação das indemnizações a que se referem os artigos precedentes, serão resolvidas pelo poder judicial, se as partes se não concertarem amigavelmente, observando-se a forma de processo estabelecida na Secção II do Capítulo III do presente Decreto.*

Art. 1560.° n.° 4

Se o proprietário do prédio fronteiro sujeito à servidão de travamento quiser utilizar a obra realizada, pode torná-la comum, provando que tem direito a aproveitar-se da água e pagando uma parte da despesa proporcional ao benefício que receber.

Antecedentes históricos

139. Corresponde ao artigo 123.° da Lei das Águas, cuja redacção se transcreve:

Se o dono do prédio fronteiro, sujeito à servidão mencionada no artigo precedente, quiser utilizar a dita obra, poderá torná-la comum, provando que tem direito a aproveitar-se da água e pagando uma parte da despesa, proporcional ao benefício que receber.

Teve, também, por fonte o artigo 464.° do Código Civil de 1867, com o seguinte teor:

Mas, se o vizinho sujeito à servidão mencionada no artigo precedente quiser aproveitar-se da dita obra, poderá torná-la comum, pagando uma parte da despesa proporcional ao benefício que receber.

Observações

140. Generalidades – Patenteia-se, aqui, o *princípio de economia* como contrapartida da servidão. Sendo esta de constituição coerciva, o mais natural é que ela deva servir, simultaneamente, os interesses do directo beneficiário da servidão, como o dono do prédio fronteiro onde a presa ou açude vão travar. Sobretudo, como é pressuposto normativo, quando este proprietário tem um prévio direito à água pública, de propriedade ou outro.

A obra realizada passa a ser comum, desde que o dono do prédio fronteiro tome parte nas despesas que ela ocasionou.

Numa primeira leitura, o texto parece conduzir o intérprete para uma ideia de aproveitamento arbitrário, a seu bel-prazer, por parte do proprietário fronteiriço. Mas não. A expressão *«Se o proprietário... quiser...»* tem que ser conjugada com estoutra *«proporcional ao benefício que receber»*. Quer dizer, a comunhão a favor desse proprietário tem que visar um benefício, portanto, uma utilidade. O que não se coaduna com um aproveitamento fútil e banal. Aliás, sendo a água pública, só se justifica a manutenção do direito a ela se o beneficiário mantiver vivos os pressupostos que determinaram a sua atribuição. Caso contrário, caducará o direito às águas.

141. JURISPRUDÊNCIA

1. «I – São diferentes quanto à sua constituição as servidões dos artigos 1547.º e 1550.º do Código Civil. II – As primeiras chamadas prediais ou voluntárias (embora com fraco rigor terminológico, já que podem ter origem na usucapião) ou somente servidões derivando em regra da autonomia da vontade, do acordo das partes – contrato, testamento, destinação do pai de família para além da usucapião; as segundas, chamadas servidões legais, significam não só o direito potestativo de se constituir a servidão, através de sentença ou acto administrativo, como também a própria servidão já constituída. III – Algumas das servidões legais estão directamente contemplados na lei civil, como as de passagem (no caso de encrave), para aproveitamento das águas de presa, etc.. IV – Contudo, as servidões legais são declaradas sem prejuízo de poderem ser constituídas voluntariamente» – (Ac. do S.T.J., de 7/03/85, Proc. n.º 072 367).

2. «I – Tendo sido demandados vários réus em processo sumário no sentido de serem condenados a reconhecer que os autores são os únicos donos da água que nasce no prédio dos primeiros réus e é recolhida através de uma mina e se represa numa poça, ambas situadas naquele prédio, questionando os auto-

res a propriedade dessas águas e imputando factos ilícitos violadores do direito de propriedade que se arrogam tanto aos primeiros réus como aos segundos réus a quem aqueles venderam a água já explorada bem como o direito à exploração de qualquer outra que possa existir no prédio, a acção deve ser proposta, como foi, contra todos os réus, pois só assim os autores conseguem obter uma decisão que produza o seu «efeito útil normal». Trata-se de litisconsórcio necessário o que impede a condenação no pedido dos réus não contestantes. II – São requisitos da aquisição da água por usucapião: que a nascente se situe em prédio alheio; os requisitos gerais da posse que conduzem àquele modo de adquirir e ainda que no prédio onde nasce a água tenham sido feitas obras de captação. Adquirido por usucapião o direito às águas nascentes no prédio dos primeiros réus, adquiridos se mostram também os direitos de servidão de presa e aqueduto como acessórios que são do direito à água» – (Ac. da R.P., de 9/06/97, Proc. n.º 9 651 208).

3. «I – Tendo constituído direito de servidão de presa e de aqueduto sobre o prédio dos Réus para captar e fazer derivar para o seu prédio água concessionada de corrente não navegável nem flutuável, a servidão não se extingue enquanto perdurar ou se renovar o licenciamento para o uso da água, apesar de o Autor não ser proprietário da mencionada água pública nem o seu prédio ser confinante com o respectivo curso de água» – (Ac. da R.P., de 28/09/99, Proc. n.º 9 821 411).

4. «I – As águas nascentes ou existentes em terreno baldio são do domínio público. II – O direito privativo à utilização das águas de correntes não navegáveis nem flutuáveis, para irrigação de prédios, ainda que marginais, está dependente de licença ou concessão do órgão público que a elas superintende» – (Ac. da R.P., de 7/11/2002, Proc. n.º 0 231 317).

ARTIGO 1561.º
(Servidão legal de aqueduto)

1. Em proveito da agricultura ou da indústria, ou para gastos domésticos, a todos é permitido encanar, subterraneamente ou a descoberto, as águas particulares a que tenham direito, através de prédios rústicos alheios, não sendo quintais, jardins ou terreiros contíguos a casas de habitação, mediante indemnização do prejuízo

que da obra resulte para os ditos prédios; as quintas muradas só estão sujeitas ao encargo quando o aqueduto seja construído subterraneamente.

2. O proprietário do prédio serviente tem, a todo o tempo, o direito de ser também indemnizado do prejuízo que venha a resultar da infiltração ou erupção das águas ou de deterioração das obras feitas para a sua condução.

3. A natureza, direcção e forma do aqueduto serão as mais convenientes para o prédio dominante e as menos onerosas para o prédio serviente.

4. Se a água do aqueduto não for toda necessária ao seu proprietário, e o proprietário do prédio serviente quiser ter parte no excedente, ser-lhe-á concedida essa parte a todo o tempo, mediante prévia indemnização, e pagando ele, além disso, a quota proporcional à despesa feita com a sua condução até ao ponto donde pretende derivá-la.

Trabalhos preparatórios

Anteprojecto
art. 22.º

1. *Em proveito da agricultura ou da indústria, ou para gastos domésticos, a todos é permitido encanar, subterraneamente ou a descoberto, as águas particulares a que tenha direito, através de prédios rústicos alheios, não sendo quintas muradas, quintais, jardins, hortos ou pátios adjacentes a prédios urbanos, precedendo indemnização do prejuízo que daí resulte para os ditos prédios.*

2. *O proprietário do prédio serviente tem, a todo o tempo, o direito de ser também indemnizado dos prejuízos que vierem a resultar da infiltração ou erupção das águas, ou da deterioração das obras feitas para a sua condução.*

3. *A natureza, direcção e forma do aqueduto a construir serão as mais convenientes e as menos onerosas para o prédio serviente.*

4. *Se a água do aqueduto não for toda necessária ao seu proprietário, e o proprietário do prédio serviente quiser ter parte no excedente, ser-lhe-á concedida essa parte a todo o tempo, mediante prévia indemnização, e pagando, além disso, a quota proporcional à despesa feita com a sua condução até ao ponto donde a pretende derivar.*

1.ª revisão min. do anteprojecto
art. 1553.º

1. *Em proveito da agricultura ou da indústria, ou para gastos domésticos, a todos é permitido encanar, subterraneamente ou a descoberto, as águas particulares a que tenham direito, através de prédios rústicos alheios, não sendo quintais, jardins, terreiros ou pátios contíguos a casas de habitação, precedendo indemnização do prejuízo que da obra resulte para os ditos prédios. As quintas muradas só estão sujeitas ao encargo quando seja construído subterraneamente o aqueduto.*

2. *O proprietário do prédio serviente tem, a todo o tempo, o direito de ser também indemnizado dos prejuízos que venham a resultar da infiltração ou erupção das águas ou da deterioração das obras feitas para a sua condução.*

3. *A natureza, direcção e forma do aqueduto a construir serão as mais convenientes e as menos onerosas para o prédio serviente.*

4. *Se a água do aqueduto não for toda necessária ao seu proprietário e o proprietário do prédio serviente quiser ter parte no excedente, ser-lhe-á concedida essa parte a todo o tempo, mediante prévia indemnização, e pagando, além disso, a quota proporcional à despesa feita com a sua condução até ao ponto donde a pretende derivar.*

2.ª revisão min. do anteprosecto
art. 1561.º

1. *Em proveito da agricultura ou da indústria, ou para gastos domésticos, a todos é permitido encanar, subterraneamente ou a descoberto, as águas particulares a que tenham direito através de prédios rústicos alheios, não sendo quintais, jardins ou terreiros contíguos a casas de habitação, precedendo indemnização do prejuízo que da obra resulte para os ditos prédios. As quintas muradas só estão sujeitas ao encargo quando seja construído subterraneamente o aqueduto.*

2. *O proprietário do prédio serviente tem, a todo o tempo, o direito de ser também indemnizado dos prejuízos que venham a resultar da infiltração ou erupção das águas ou da deterioração das obras feitas para a sua condução.*

3. *A natureza, direcção e forma do aqueduto serão as mais convenientes para o prédio dominante e as menos onerosas para o prédio serviente.*

4. *Se a água do aqueduto não for toda necessária ao seu proprietário, e o proprietário do prédio serviente quiser ter parte no excedente, ser-lhe-á concedida essa parte a todo o tempo, mediante prévia indemnização, e pagando, além disso, a quota proporcional à despesa feita com a sua condução até ao ponto donde a pretende derivar.*

As águas no Código Civil

256

Projecto
art. 1561.º

1. *Em proveito da agricultura ou da indústria, ou para gastos domésticos, a todos é permitido encanar, subterraneamente ou a descoberto, as águas particulares a que tenham direito, através de prédios rústicos alheios, não sendo quintais, jardins ou terreiros contíguos a casas de habitação, mediante indemnização do prejuízo que da obra resulte para os ditos prédios; as quintas muradas só estão sujeitas ao encargo quando seja construído subterraneamente o aqueduto.*

2. *O proprietário do prédio serviente tem, a todo o tempo, o direito de ser também indemnizado do prejuízo que venha a resultar da infiltração ou erupção das águas ou da deterioração das obras feitas para a sua condução.*

3. *A natureza, direcção e forma do aqueduto serão as mais convenientes para o prédio dominante, e as menos onerosas para o prédio serviente.*

4. *Se a água do aqueduto não fôr toda necessária ao seu proprietário, e o proprietário do prédio serviente quiser ter parte no excedente, ser-lhe-á concedida essa parte a todo o tempo, mediante prévia indemnização, e pagando ele, além disso, a quota proporcional à despesa feita com a sua condução até ao ponto donde pretende derivá-la.*

Desenvolvimento

Art. 1561.º n.º 1

Em proveito da agricultura ou da indústria, ou para gastos domésticos, a todos é permitido encanar, subterraneamente ou a descoberto, as águas particulares a que tenham direito, através de prédios rústicos alheios, não sendo quintais, jardins ou terreiros contíguos a casas de habitação, mediante indemnização do prejuízo que da obra resulte para os ditos prédios; as quintas muradas só estão sujeitas ao encargo quando o aqueduto seja construído subterraneamente.

Antecedentes históricos

142. Este preceito apoia-se quase literalmente no texto dos artigos 456.º (proémio) do Código Civil de 1867 e 114.º (proémio) da Lei das Águas, de que se transcreve, apenas, o primeiro, por o segundo ser a sua reprodução textual:

É permitido a qualquer encanar subterraneamente ou a descoberto, em proveito da agricultura ou da indústria, as águas a que

257   *Servidões legais de águas – art. 1561.º*

tenha direito, através dos prédios rústicos alheios, não sendo quintas muradas ou quintais, jardins, hortas ou pátios adjacentes a prédios urbanos, precedendo indemnização do prejuízo, que disso resultar, para os ditos prédios.

Observações

143. Pressupostos básicos – A servidão legal de aqueduto consiste no direito atribuído ao dono de um prédio de fazer passar as águas, a que tem direito, através de um prédio alheio, subterraneamente ou à superfície.

No direito romano tomava a noção de *jus aquae ducendi per fendum alienum.*

Chegou a defender-se que a noção de aqueduto estaria compreendida na própria servidão de presa. Assim se pensava, partindo do seguinte raciocínio: a utilidade da servidão de presa, além do represamento (num primeiro momento), é a de derivação e, portanto, condução da água para determinado prédio[245] (2.º momento).

Hoje, todavia, a clarividência do artigo 1561.º não permite tal interpretação[246].

Dele emerge um basilar requisito: a servidão, porque se prende com a *condução* (conduz-se algo) carece da existência, prévia ou simultânea, de um direito à água que se quer conduzir, não importa a que título (propriedade, servidão, usufruto, etc.). Nesta perspectiva, a servidão é sempre um acessório do direito à água. A vida daquela pressupõe a deste. Não se concebe a servidão sem o objecto da condução.

Daí, a necessidade de prova desse direito que, tantas vezes, é alicerçado, nos nossos tribunais, em factos conducentes à usucapião. Não sem que a questão se não eive de algumas dificuldades, mormente quando se pense no requisito das obras (arts. 1390.º e 1395.º) e sua autoria (arts. cits.)[247].

No entanto, para já, o que interessa reter é que o aqueduto não tem autonomia jurídica e, por conseguinte, não pode, de per si, isoladamente, proporcionar a servidão.

---

[245] G. MOREIRA, *ob. cit.*, II, pág. 174 e segs..

[246] P. LIMA, *Lições* cits., pág. 389.

[247] Ver n.º 58, *supra.*

As águas no Código Civil   258

144. Constituição da servidão – Os títulos de aquisição da servidão de aqueduto([248]) são os que resultam dos princípios gerais atinentes com esta matéria.

Apresentam-se, portanto, duas modalidades.

Na primeira, avultam as servidões que resultam de *contrato, testamento, destinação de pai de, família e usucapião*. São as servidões constituídas *pelo facto do homem,* por intervenção humana.

Vamos deter-nos, algum tempo, com a usucapião.

Há quem confunda a servidão resultante de usucapião com a servidão legal: a servidão obtida pelas forças da usucapião seria, assim, uma espécie de servidão legal. Mas, quanto a nós, infundadamente.

Com efeito, a servidão que decorre da usucapião apoia-se ,sempre, em factos humanos prolongados no tempo. A simples intervenção legal, pela via judicial, não visa, senão, regular jurídica e definitivamente a situação criada. A lei fica-se pela atribuição de efeitos jurídicos ao facto humano.

Já, a servidão legal é aquela que resulta do funcionamento prático de certos requisitos normativos em determinado momento. Em vez de impôr o decurso de um prazo mínimo, como na usucapião, limita-se, apenas, a requerer uma situação fáctica subsumível ao preceito legal. Verificados os requisitos, o potencial beneficiário pode, potestativamente, recorrer a tribunal solicitando a sua criação coerciva, a não ser que entre os sujeitos determinados pela relação jurídica se alcance uma solução negociada, *voluntária*. Mas, ainda nesta hipótese, a servidão assim constituída não deixa de ser legal. Simplesmente, não foi, desta vez, imposta ou criada coercivamente([249]).

Para além do prazo determinado por lei e dos elementos integradores da posse do direito, a usucapião depende, ainda, da observância de alguns condicionalismos específicos que se podem traduzir nos seguintes conceitos: *continuidade* e *aparência*.

Pelo primeiro, que não costuma oferecer dificuldades de maior, é suposto verificar-se uma prática duradoura, sem lapsos temporais reveladores de *desinteresse*. Neste figurino, não se integram, naturalmente, os casos de temporária *impossibilidade* e *força maior,* qualquer que seja a razão, uma vez que aí lhe não subjaz a ideia de *não querer*. O titular continua a possuir com ânimo adequado, embora não exerça o direito por razões que ultrapassam a sua vontade.

Pelo segundo, torna-se necessária a existência, no prédio serviente ou no dominante (importa é que revelem, peremptoriamente a servidão), de sinais *visí-*

([248]) Servidão de aqueduto em termos amplos, capaz de abarcar as servidões de iniciativa humana e as legais, ou seja as que podem ser coercivamente impostas.

([249]) Ver n.° 111, *supra*.

veis e permanentes, posto que as servidões não aparentes não são usucapíveis (arts. 1293.°, al. *a*) e 1548.°). A razão de base é afastar-se qualquer possível conexão entre o exercício assumido de um direito e uma mera faculdade ou tolerância por parte do dono do prédio serviente.

As hesitações que neste ponto, por vezes, pairam situam-se, mais, ao nível da maior ou menor Sibilidade das conduções subterrâneas.

Contudo, a visibilidade não tem que ser escancarada, que faça doer os olhos de tanta nitidez. Basta que seja perceptível, suficiente.

Já se sabe que um cano subterrâneo não é visível à superfície. Mas, não há dúvida, também, de que a *boca* e *saída* do tubo podem ser bem reveladores daquela condução. E o reforço destes sinais pode ocorrer se, ao longo do percurso, houver *janelas* ou *portas de visita* para desobstrução dos detritos acumulados.

A *permanência,* a que se liga a ideia de continuidade, não implica, como à primeira vista se pode concluir, a noção de *dia após dia,* todos os dias, ao longo de cada ano. Se o rego é aberto para a condução das águas de rega, sensivelmente no período que decorre entre Abril e Outubro, é evidente que a constituição da servidão fica confinada àquela época do ano. Importante é que a obra seja permanente e visível no período da utilização([250]).

Na segunda categoria, integram-se as servidões que dependem de *sentença judicial ou decisão administrativa* (servidão imposta, coerciva) *e negócio* entre os interessados (servidão voluntária). São as servidões *legais,* cujos condicionalismos estão patentes no artigo 1561.°.

145. Fins para que se constitui – No domínio do Código Civil de 1867 e, mais tarde, na Lei das Águas a servidão legal de aqueduto tinha por objectivo a condução de águas para fins exclusivamente agrícolas e industriais.

A novidade agora introduzida consiste na possibilidade de canalização das águas para gastos domésticos. De fora, apenas, portanto, as utilizações voluptuárias ou ornamentais (o que exclui, portanto, a utilização da água para repuxo, chafariz, pequeno lago ou queda ornamental de água). No seu âmbito, pois, tudo quanto seja necessário à subsistência e às necessidades da vida, sejam gastos domésticos (culinários, sanitários, dessedentação própria e dos animais, lavagem das roupas, etc.), sejam consumos agrícolas (rega, lima, colmatagem, dessalinização de terrenos, etc.), sejam aproveitamentos industriais (força motriz, arrefecimento de máquinas, etc.).

([250]) R.T., n.° 21, pág. 298. Noutro sentido, porém, G. Moreira, *ob. cit.*, II, pág. 213 e P. Lima, *Lições,* cits., pág. 392.

As águas no Código Civil 260

Agora, pergunta-se: a servidão esgota-se no local onde a água é aproveitada? Dito de outra maneira: depois de utilizada, que destino o titular deverá dar-lhe? Poderá fazê-la seguir pelos prédios vizinhos inferiores?

Para acudir à resposta, Guilherme Moreira dizia que os seus efeitos se deveriam estender até onde fosse possível e necessário ao conveniente desaguamento e escoamento das águas aproveitadas. No seu entender, tal escoamento, sempre que represente uma condição necessária para um aproveitamento adequado das águas, pode considerar-se, relacionado que está com o aqueduto, como constituindo um complemento necessário da servidão e não como formando, de per si, a servidão de escoamento ou de esgoto das águas([251]).

A nós, afigura-se-nos pouco credível tal proposição. Na verdade a servidão tem por única finalidade a condução da água para determinado prédio. Aí chegada, ela é consumida por direito próprio. Conseguiu-se o que se queria – fazê-la chegar lá. Uma vez nos seus limites territoriais, a água é consumida como se do prédio fosse natural, nele brotasse. Serve isto para dizer que, depois de utilizada, o proprietário não pode fazer seguir a que reste pelo prédio vizinho inferior como *complemento da servidão de aqueduto*. Seria ir longe de mais e a tanto não vai a letra nem o espírito da lei.

Por conseguinte, a partir dali pode haver uma servidão de escoamento (art. 1563.°), se se verificarem os correlativos pressupostos, mas nunca um prolongamento ou complemento da servidão legal de aqueduto. Esta esgotou a sua finalidade no prédio servido.

Finalmente, convém dizer que a concretização da condução importa, frequentemente, a utilização de uma faixa de terreno (carreiro de pé) contígua ao aqueduto. É uma asserção que se retira da própria letra da lei (art. 1565.°), ainda que não de forma expressa, ao estipular que a servidão importa *tudo o que é necessário para o seu uso e conservação*. Aquele carreiro figura como um acessório da servidão, absolutamente indispensável à condução, desobstrução, limpeza ou expuragação do rego e, bem assim, à sua reparação([252]).

146. Características da servidão

a) *Aqueduto subterrâneo ou a descoberto* – O que materialmente caracteriza a servidão é a existência de um cano ou rego condutor.

No direito romano *rivi* eram os canais de irrigação correspondentes aos nossos familiares regos ou canais descobertos.

([251]) *Ob. cit.*, II, págs. 210, 211 e 246.

([252]) GUERRA DA MOTA, *Manual da Acção Possessória*, II, pág. 164; V. ALMEIDA, *ob. cit.,* 2.ª ed., pág. 404.

261   *Servidões legais de águas – art. 1561.º*

Ontem, como hoje, a lei não é exigente quanto ao tipo de obras a realizar. Quaisquer obras são boas, desde que capazes de servirem o fim a que se destinem. Um rego térreo, de betão, ou de pedra costumam ser os exemplos mais flagrantes. E não precisam de ser obras de arte.

Subterraneamente, são idênticos os condicionalismos. Servem canalizações de pedra, ferro, chumbo, cimento e, mais recentemente, de plástico.

A servidão pode ser concedida por cima ou por baixo de outro aqueduto pre-existente, pertencente a terceiro, desde que nenhum prejuízo resulte para a anterior servidão.

Por outro lado, é concebível que o mesmo aqueduto possa ser utilizado por terceiro no exercício de outra servidão. É, aliás, aconselhável em certos casos.

Imagine-se uma servidão a favor de *A* durante o período de rega (Abril a Outubro). Porque não consentir que *B* utilize o mesmo aqueduto, e portanto constitua uma servidão, durante o período de lima (Outubro a Abril)? São duas servidões perfeitamente, possíveis e compatíveis.

b) *Prédio rústico alheio* – Toda a servidão constitui um encargo sobre um prédio alheio a favor de outro, já é sabido.

O problema reside, porque a terminologia legal o não distingue, na possibilidade, ou não, de a servidão se constituir sobre bens de domínio público (estradas nacionais e municipais ou de freguesia).

A questão não é nova e remonta ao tempo do Código Civil de 1867.

Na análise ao artigo 456.º daquele diploma, defendeu-se que esta servidão não se podia estender aos caminhos e vias públicas. Esta era a opinião de Adriano Antero, para quem as *estradas* e todas as vias públicas *não eram prédios* por mais que se ampliasse o sentido da palavra. Nesta matéria, continuava o autor, os tribunais não podem impôr servidões, porquanto só ao Estado e às Câmaras Municipais compete o direito de concederem licenças para a construção de tais aquedutos[253].

Dias Ferreira, pelo seu lado, sustentava a possibilidade de constituição legal de aqueduto em bens de domínio público, devendo, para o efeito recorrer-se ao poder judicial[254], no que foi seguido pelos acórdãos do S.T.J., de 8/8/1909 e 6/12/1910[255].

O Ac. da Relação do Porto de 14 de junho de 1908 resolveu negativamente a dúvida ao decidir que os caminhos públicos não estão compreendidos na expressão *prédios rústicos alheios,* visto que o direito por essa forma adquirido ficaria

---

[253] In *R.T.*, Vol. IV, págs. 305 e 306.

[254] *Ob. cit.*, vol. I, pág. 322.

[255] In *G.R.L.,* vols. 23.º e 25.º, págs. 437 e 61, respectivamente.

As águas no Código Civil 262

constituindo uma propriedade privada, embora imperfeita. Na perspectiva do acórdão, só com autorização da Câmara Municipal poderia a servidão ser constituída e, mesmo assim, sempre com natureza precéria, susceptível de a todo o tempo poder ser revogada[256].

Também a Revista de Legislação e jurisprudência trilhou esta orientação ao considerar mais harmonizável com as disposições do direito civil e administrativo a doutrina que considera tais servidões insusceptíveis de serem constituídas coactivamente pela via judicial[257].

O tema chegou a ser abordado na revisão do Anteprojecto do Código de Pires de Lima, prevalecendo, porém, a tese defendida pelo seu autor, em virtude da qual a servidão de aqueduto em vias públicas não pode ser imposta judicialmente. A sua constituição, ainda assim sempre a título precário, depende de licença concedida pela administração central ou local, consoante a classificação da via[258].

---

[256] *G.R.L.*, vol. 22.°, pág. 234.

[257] Ano 44.° n.° 1876, págs. 263 a 265. Este era também o sentido da doutrina proposta por G. Moreira, in *ob. cit.*, II, pág. 220 e P. Lima, in *Comentário* cit., pág. 392 (2.ª ed.).

[258] *«O problema mais importante que se levantou a propósito desta disposição consiste em saber se é possível constituir a servidão de aqueduto em bens do domínio público, por ex., sobre as estradas, do Estado ou municipais.*

O Dr. Oliveira Carvalho aponta a frequência dos casos em que se torna necessário utilizar as estradas para condução de águas, pelo que lhe parece que deveria permitir-se em relação a elas a constituição subterrânea de aqueduto, com a autorização da Junta Autónoma das Estradas ou das entidades que superintendem na conservação da estrada.

Abordando também a questão, o Prof. Vaz Serra entende que a matéria é melindrosa e pertence ao domínio do direito administrativo. Se se entender – como certos autores – que o domínio público é, no fundo, uma propriedade privada com características especiais, então parece possível constituir-se tecnicamente uma servidão sobre as coisas pertencentes àquele domínio.

O Prof. Pires de Lima esclareceu que procurou afastar todas as questões de direito administrativo, porque, à face da actual legislação, a servidão sobre coisas de domínio público não é tecnicamente uma servidão: tais coisas só podem ser utilizadas precariamente mediante licença a conceder pela administração. Logo a tais situações não se lhes pode aplicar o regime das servidões de direito privado.

Também o Prof. Gomes da Silva interveio na discussão, esclarecendo que há, na verdade, a possibilidade de constituir verdadeiros direitos reais sobre os bens do domínio público, direitos reais de natureza privada, como aliás procurou demonstrar o Prof. Marcello Caetano em estudo que há tempos levou a efeito.

Assim, será possível estabelecer verdadeiras servidões sobre aqueles bens, embora

263
Servidões legais de águas – art. 1561.°

A letra da lei não consente, actualmente, uma tão lata aplicação, efectiva-mente, de modo a abranger as estradas públicas. Aliás estas, incluindo as suas bermas, não são prédios rústicos, com toda a certeza. A sua natureza é flagrante-mente diferente. E só estes estão inseridos na previsão passiva da norma. O que acaba de se dizer das estradas e vias públicas em geral (que, no entanto, podem ser sujeitas a servidões de interesse público: cfr. arts. 40.° e 53.° e § 2 da Lei das Águas), é extensível a outros bens de domínio público, como os cursos de água, por exemplo.

147. Prédios onerados – Potencialmente servientes são todos os prédios rústicos. Inexoravelmente afastados dos ónus ficam as casas de habitação e os quintais, jardins ou terreiros que lhe estejam contíguos.

Evita-se, aqui, o devassamento da propriedade e violação da intimidade fa-miliar alheia.

É sabido que aquelas glebas de terreno são, por via de regra, destinadas a usos particulares de prazer, recreio e exploração agrícola ou similar. Não é, portanto, a utilidade económica que se pretende sobretudo defender, mas a utilidade pessoal que as pessoas delas retiram (valor estimativo, de descanso, mais valia, etc.)[259].

As quintas muradas estão, também, arredadas do encargo quando se pre-tenda a construção do aqueduto a descoberto, à superfície. A razão, no fundo, é a mesma. Quem ergue muros em redor da sua propriedade[260] não quer, obvia-mente, que a invadam, seja a que título fôr.

A encanação subterrânea, essa é permitida, mesmo na quinta murada, por-que representa, na prática, um gravame substancialmente reduzido. A violação, ao fim e ao resto, só se concretiza *uma única vez* por altura da colocação da tubagem.

---

concorde com o Prof. Pires de Lima no sentido de não deverem ser encaradas no Código Civil, por se tratar de realidades do direito administrativo.

A intervenção do Prof. Gomes da Silva levou o autor do Anteprojecto a dizer mais algumas palavras sobre a questão, declarando que os mais modernos tratadistas, quer de direito civil, quer de direito administrativo, que há pouco consultara, não admitem servi-dões sobre as coisas de domínio público, fazendo uma excepção apenas: ter-se consti-tuído a servidão sobre tais coisas em momento anterior à sua integração no domínio público, respeitando-se, pois, os direitos anteriores.

É o caso, por ex., de certas servidões resultantes do atravessamento de alguns pré-dios pelos cabos aéreos das minas de S. Pedro da Cova, no Porto». – Actas da Comissão Revisora, in *B.M.J.*, n.° 136/132.

[259] Ver n.° 137, *supra*.

[260] Uma quinta murada é, no sentido comum da expressão, uma propriedade vedada com um prédio urbano nele incluído.

As águas no Código Civil   264

148. Indemnização – A fixação do quantum indemnizatório obedece, na ausência de acordo entre os donos dos prédios em jogo, às regras de cálculo estabelecidas no artigo 564.°, do Código Civil.

O seu valor é determinado por 3 peritos nomeados – 2, designados por cada uma das partes; o terceiro, pelo tribunal – na 2.ª fase do processo (arts. 1052.° e segs. e 570.° do C.P.C.).

149. JURISPRUDÊNCIA

1. «I – Existindo uma presa em terreno alheio, na falta de elementos comprovativos de pertencer aos utentes o terreno em que ela assenta, tem de considerar-se esse terreno propriedade do dono onerado com a respectiva servidão. II – O dono do prédio onde exista a represa e aqueduto é obrigado a dar passagem aos donos dos prédios dominantes para a inspecção do aqueduto e para nele se fazerem os consertos necessários. III – Se o proprietário do prédio serviente, sem acordo com os donos dos dominantes, lançar sobre a presa uma placa que dificulte, embora por forma não sensível, a limpeza da presa, os donos dos prédios dominantes podem exigir que a mesma obra seja desfeita. IV – Na falta de acordo, a terra que na presa e no rego se junte, vinda do exterior, só deve ficar no prédio serviente pelo tempo necessário para daí ser removida, mas os detritos formados pelas terras das bordas da presa e do rego que se desmoronam e as ervas nascidas na presa e no rego pertencem ao dono do prédio serviente, podendo os dominantes retirá-las daí para exercerem as servidões e depositá-las junto da presa e do rego» – Sentença da 2.ª Vara Cível (2.ª secção) do Porto, de 17/5/966, in *R.T.*, ano 88 (1970), pág. 369.

2. «I – Não é de presumir que as obras relativas ao encanamento de águas através de prédios alheios sejam feitas e pagas pelos donos dos prédios que das águas não beneficiam. II – As obras necessárias a uma servidão de aqueduto não podem ser consideradas como propriedade do dono do prédio serviente se este não provar a aquisição delas. III – A lei não impõe a obrigação geral do dono do prédio serviente se abster de toda e qualquer ingerência na construção das obras implantadas naquele, destinadas exclusivamente à condução de água para o prédio dominante. IV – É lícito ao dono do prédio serviente utilizar, em benefício da sua propriedade, as obras do aqueduto, nomeadamente, fazer construções sobre ele, contanto que tais obras não estorvem nem possam estorvar o exercício da servidão. V – Obras prejudiciais ao exercício da servidão são não só aquelas que de momento embaraçam o curso das águas, mas, também, as que, dada a sua natureza, podem vir a embaraçá-lo, ou que de tal são susceptíveis, por impedirem a

sua regular e normal conservação interna e externa. VI – O conceito de estorvo da servidão abrange a dificuldade criada à vista e conservação do aqueduto e susceptibilidade de as obras causarem danos no mesmo» – (Ac. do S.T.J., de 17/11/72, in *B.M.J*, n.° 221/225).

3. «I – Têm direito às águas de uma corrente não navegável nem flutuável, adquirido por preocupação e ressalvado pelos artigos 438.° do Código Civil de 1867, 33.° do Decreto n.° 5 787-IIII e 1381.°, n.° 1, al. *d*), do Código Civil actual, os proprietários de certos prédios rústicos, uns marginais e outros não, quando se mostre que aqueles, por si e pelos seus antecessores, ininterruptamente há mais de 150 anos, à vista e com conhecimento de toda a gente e mediante regime estável de distribuição entre eles estabelecido, vêm aproveitando a água da referida corrente para rega e lima desses seus prédios, por meio de obras visíveis e aparentes, designadamente uma presa, feitas no leito da corrente, à vista de toda a gente e sem oposição de quem nisso mostrasse interesse. II – Uma vez adquirido por preocupação o direito às águas, estas tornam-se particulares e como tal passaram a poder ser objecto de negócio jurídico ou de usucapião nos termos gerais. III – Existindo um rego térreo que, através de vários prédios conduz a água retida numa presa feita no leito da corrente não navegável nem flutuável para os prédios não marginais, e que, ininterruptamente e há mais de 150 anos, é utilizada pelos proprietários desses prédios e seus antecessores, à vista e com conhecimento de toda a gente, sem oposição de quem nisso mostrasse interesse, e sempre com a convicção de existir um direito justificativo da condução da água para esses mesmos prédios, constituiu-se por usucapião uma servidão de aqueduto a favor dos mesmos prédios (arts. 2272.° e 2273.° do Código de 1867 e arts. 1547.° e 1548.° do Código vigente)» – (Ac. do S.T.J., de 29/5/73, in *B.M.J.*, n.° 227/159).

4. «I – Se, para obter uma sentença de constituição forçada de uma servidão (art. 1561.° C.C.) é necessário pedir ao tribunal, expressamente, o reconhecimento do direito à água, justamente porque se trata de uma acção constitutiva, nos casos de violação do direito de servidão, a acção é de condenação e nestas acções, como escreve Anselmo de Castro, estando patentes dois juízos – um de apreciação e outro de condenação – o tribunal não pode condenar o eventual infractor, sem antes se certificar da existência e violação do direito do demandante. Simplesmente as duas operações – apreciação e condenação – não gozam de independência. II – Sendo assim, pedido o reconhecimento do direito de servidão de aqueduto, basta alegar e provar o direito à respectiva água» – (Ac. da R.P., de 3/10/75, in *B.M.J.*, n.° 252/200).

As águas no Código Civil 266

5. «I – A servidão consiste em encargo, é uma restrição ou limitação ao direito de propriedade do prédio onerado – jus ia re aliena – ou um direito real limitado. II – Trata-se de um encargo imposto no prédio, de uma restrição ao gozo efectivo pelo dono do prédio serviente inibindo-o de praticar actos que possam prejudicar o exercício da servidão. III – Mas, quer se trate de servidões positivas ou negavas, não se pode afirmar que haja um desmembramento do direito de propriedade. IV – Sendo os apelados titulares de uma servidão de aqueduto estão os apelantes, como donos e possuidores de prédio serviente, limitados no gozo do direito de propriedade pela obrigatoriedade legal de não praticarem actos que, por qualquer modo, prejudiquem o aqueduto ou a sua conservação. V – Assim, o facto de os apelantes serem proprietários do prédio por onde este passa, não lhes concede, sem mais, o reconhecimento legal da sua utilização para o transporte de quaisquer águas, fora dos períodos em que isso é feito pelos apelados» – (Ac. da R.C., de 28/1/77, in *B.M.J.*, n.° 265/287).

6. «I...; II – Só as servidões legais de passagem são fonte do deito de frequência, qualquer que seja o seu título constitutivo – art. 1555.°, n.° 1, do citado Código Civil. E são servidões legais de passagem as constituídas por decisão judicial e aquelas que, embora constituídas por qualquer outro título, poderiam ser judicialmente impostas se não fora a existência desse título» – (Ac. da R.P., de 11/2/77, in *C.J.*, 1977, I, pág. 97).

7. «I – A servidão de aqueduto é sempre um acessório do direito à água e, portanto, a sua constituição pressupõe o direito à água conduzida ou a conduzir pelo aqueduto. II – A preocupação, que constitui título legítimo de aquisição de águas públicas no domínio da legislação anterior ao Código Civil de 1867, só é possível reconhecer-se actualmente, desde que seja anterior a 21 de Março de 1868 e se revele por obras permanentes de captação e derivação de água construídas até essa data» – (Ac. da R.P., de 11/4/78, in *C.J.*, 1978, II, pág. 667).

8. «I – São particulares as águas captadas em terreno particular, ainda que as respectivas nascentes sejam alimentadas por infiltrações subterrâneas provenientes de rios ou outras correntes de água pública. II – Pode ser constituída coercivamente a servidão de aqueduto através de terrenos alheios para fins de aproveitamento agrícola, desde que o A. tenha direito à água» – (Ac da R.C., de 23/10/79, in *C.J.*, 1979, IV, pág. 1111).

9. «I – Os particulares não podem constituir servidões de aqueduto sobre estradas ou caminhos públicos. II – Tal impossibilidade mantém-se, mesmo no caso de o domínio estar afecto a uso privativo com base num título jurídico individual conferido pela administração» – (Ac. da R.P., de 21/2/80, in *C.J.*, 1980, I, pág. 51).

267   *Servidões legais de águas – art. 1561.º*

10. «I – Os prédios marginais das correntes não navegáveis nem flutuáveis têm direito à utilização das respectivas águas para sua irrigação como um poder legal, não subjectivado. II – A servidão de presa e aqueduto pressupõe o direito à água. Este direito pode ser precário e temporário como os que os arts. 122.º da Lei das Águas e 4.º do Decreto 23 925 conferem» – (Ac. da R.C., de 8/4/80, in *C.J.*, 1980, II, pág. 38).

11. «I – A circunstância de estar ultrapassada a questão (forma de processo comum em vez de acção de arbitramento), por se ter julgado no saneador, transitado, que não havia nulidades, não pode ela influir na apreciação da procedência dos pedidos feitos na acção. II – Na divisão de água comum, tem de atender-se, no silêncio do título, à superfície, necessidades e natureza dos terrenos a regar. III – Estando definitivamente decidido ser permanente a existência de uma levada ou rega em todo o percurso, bordado e enrelvado e permanentemente feito e conservado, utilizado há mais de 200 anos reiteradamente, à vista de todos, sem oposição de ninguém e como se exercessem um direito próprio, está constituída por usucapião uma servidão de aqueduto, com aquelas características» – (Ac. da R.C., de 1/3/83, in *C.J.*, 1983, II, pág. 9).

12. «I – Em princípio, a substituição de um rego de vala aberta para condução de águas por um tubo de plástico ou de outro material integra-se no tipo de obras que o dono do prédio dominante pode efectuar no prédio dominante. II – E em tal caso, não há alteração da servidão» – (Ac. da R.P., de 15/3/83, in *C.J.*, 1983, II, pág. 226).

13. «I – Reconhecida por sentença a constituição de uma servidão de aqueduto por destinação de pai de família, daí não resulta a propriedade ou posse de água que por ele passa. II – Dividida entre dois prédio, pelo seu proprietário, a água que nasce num deles, o tempo em que ele assim a fruiu não pode ser considerado na contagem do prazo necessário para a aquisição dessa água, por usucapião, pelo adquirente do prédio onde ela é somente utlizada» – (Ac. da R.P. de 9/10/84, in *C.J.*, 84, IV, pág. 222).

14. «I – Para a constituição da servidão de aqueduto para as águas particulares, quanto à sua dominialidade, apenas se exige que se tenha direito a elas, direito esse que pode existir sem a correlativa propriedade do terreno. II – Quem tem direito a águas particulares que explora em terreno de que é comproprietário, goza da faculdade de as poder transportar através de aqueduto instalado nos prédios de outrem. III – O artigo 1561.º do Código Civil não exige a exclusiva propriedade das águas. IV – O aqueduto, consistente na implantação subterrânea e permanente de tubo de plástico de três polegadas tanto onera esses prédios com a

As águas no Código Civil 268

passagem contínua das águas, como com a passagem por tempo reduzido na proporção do direito sobre elas. V – Só no caso da servidão de aqueduto se tornar mais gravosa para os prédios servientes é que os donos destes poderiam discutir os limites da fruição daquele direito às águas. VI – O artigo 1406.º do Código Civil apenas tem em vista a regulamentação do uso das coisas comuns por parte dos seus comproprietários, quando eles estejam em desacordo sobre o seu uso» – (Ac. do S.T.J., de 05/11/74, Proc. n.º 065 263).

15. «Os particulares não podem constituir servidões de aqueduto sobre estradas ou caminhos públicos. II – Tal impossibilidade mantém-se mesmo no caso de o domínio público estar afecto a uso privativo com base num título jurídico individual conferido pela administração» – (Ac. da R.P., de 21/02/80, Proc. n.º 14 147, in *C.J.*, 1980, I, pág. 51).

16. «I – No regime do Código Civil actual (artigo 1390.º, n.º 2) a usucapião só e atendida quando for acompanhada de construção de obras, visíveis e permanentes, no prédio onde existe a fonte ou nascente, que revelem a captação e a posse da água desse prédio. II – Desde a vigência do Código de 1867 ate a publicação da Lei das Águas, em 1919 (Decreto n.º 5 787-IIII) a água não podia ser adquirida por prescrição e assim tal tempo nunca podia contar para usucapião. III – Servidão predial e o encargo imposto num prédio em proveito exclusivo de outro prédio pertencente a dono diferente. IV – A servidão de águas seria constituída pela obrigação dos autores suportarem a passagem da água no seu prédio para uso e beneficio do prédio dos réus. A constituição desta servidão pressupõe a existência do direito às águas» – (Ac. do S.T.J., de 18/06/84, Proc. n.º 072 494).

17. «I – Se o prédio for dividido, a servidão que o onerava continuará onerando todas as suas partes; mas se, por sua natureza, o exercício da servidão recair só uma das parcelas, só esta continuará onerada. II – A simples construção de um novo aqueduto, embora com o consenso do dono do prédio serviente, não permite julgar que foi constituída uma nova servidão ou que a anterior foi mudada, se não forem alegados factos que integrem os respectivos conceitos legais e que tais negócios revestiram a forma legal» – (Ac. da R.P., de 6/12/84, in *C.J.*, 1984, V, pág. 264).

18. «Existe uma servidão de aqueduto se, sem qualquer descontinuidade de tempo, o escoamento das águas de um determinado prédio se fazia, há mais de 90 anos, à vista de toda a gente, sem oposição de quem quer que fosse e como se de coisa própria se tratasse, através de aquedutos em pedra, construídos noutro prédio. II – Se, no entanto, os donos dos prédios acordaram entre si, embora tão-só verbalmente, em acabar com a dita passagem de águas e, em execução desse

269 · Servidões legais de águas – art. 1561.º

acordo, foram destruídos os aquedutos através dos quais se fazia o escoamento das águas, a referida servidão extinguiu-se, por cedência feita pelo dono do prédio dominante ao do prédio serviente. III – E isso é assim, mesmo que, posteriormente a tal destruição, o dono do prédio serviente tivesse, durante algum tempo, passado a abrir aí um rego, para aproveitar as águas sobrantes do prédio dominante na rega das suas culturas» – (Ac. da R.P., de 15/06/86, Proc. n.º 0 004 766).

19. «I – Para o reconhecimento do direito de constituir servidão legal de aqueduto, basta ao autor alegar e provar os factos constitutivos desse direito no n.º 1 do art. 1561.º do Cod. Civil. II – A exigência constante do n.º 3 do citado artigo não é facto constitutivo do direito alegado, pelo que a falta de indicação expressa do trajecto da água pelo prédio dos réus não implica a deficiente configuração da causa de pedir na petição inicial, nem a ineptidão desta» – (Ac. da R.P., de 7/11/89, in *B.M.J.*, n.º 391/688).

20. «A faculdade de constituir uma servidão de aqueduto sobre outro prédio, independentemente da vontade do seu dono, tem dois pressupostos: *a)* Um positivo – que o proprietário tenha um efectivo direito à água que pretende transportar através do prédio vizinho; *b)* Outro negativo – que não esteja já constituída, para o efeito, outra servidão de aqueduto» – (Ac. da R.E., de 16/11/89, in *C.J.*, 1989, V, pág. 261).

21. «I – O pedido de autorização para instalar através do prédio serviente um cano subterrâneo adutor de água de um poço existente junto deste mesmo prédio já onerado com uma servidão de rego aberto e de pé posto, não consubstanciando qualquer pretensão de melhoria ou conservação da servidão existente e pretendendo, pelo contrário, o estabelecimento duma outra servidão de aqueduto, não pode ser atendido com base na disciplina dos artigos 1565.º e 1566.º do Código Civil. II – O mesmo pedido, dentro da consideração de que a faculdade de constituir uma servidão de aqueduto sobre outro prédio independentemente da vontade do seu dono, pressupõe não só o direito efectivo à água por parte do dono do prédio dominante, mas ainda (pressuposto negativo) que não esteja já constituída, para o efeito, outra servidão de aqueduto, e enquanto violador do princípio da menor onerosidade para o prédio serviente por possibilidade de constituição de uma nova servidão, improcede também à luz do artigo 1561.º do Código Civil. III – Como improcederá, ainda ao abrigo do n.º 2 do art. 1568.º do Código Civil, se entendido como mudança de servidão, não forem articulados (e não se possam ter como verificados) factos integrativos dos pressupostos em que assenta a autorização judicial da mudança de servidão: *a)* vantagem para o prédio dominante; *b)* ausência de prejuízo para o prédio serviente» – (Ac. da R.E., de 16/11/89, Proc. n.º 112/89, in *B.M.J.*, n.º 391/726).

As águas no Código Civil   270

22. «I – São pressupostos para a constituição da servidão de aqueduto: o direito à água, necessidade de a conduzir para casa de habitação e que a direcção e forma sejam mais convenientes para o prédio dominante e menos onerosos para o prédio serviente. II – A implantação da servidão de aqueduto pode fazer-se por prédios rústicos alheios ou caminhos particulares ou vicinais» – (Ac. da R.C., de 20/01/91, in *C.J.*, 91, I, pág. 63).

23. «Apurado, de um ponto de vista técnico e de eficiência, a mais conveniente direcção de um aqueduto para o prédio dominante, deve o tribunal aceita-la, nos termos do disposto no artigo 1561.°, n.° 3 do C.Civ.. E não havendo outro trajecto menos oneroso para o prédio eventualmente serviente, devera adoptar-se o mais curto para a constituição da servidão de aqueduto. Tendo o Autor o direito de explorar certas águas em proveito da agricultura, sendo elas particulares e não tendo o A. a possibilidade de as transportar pelo que e seu, estão reunidos os requisitos consignados no n.° 1 do artigo 1569.° do C.Civ. para a constituição da servidão legal de aqueduto» – (Ac. da R.P., de 07/03/91, Proc. n.° 0 120 346).

24. «I – A servidão de aqueduto tem por conteúdo a passagem de água através de cano ou rego condutor desde prédio alheio, em que é derivada, até àquele em que é aproveitada. II – Se na petição inicial os autores alegam que, por si e antecessores, vêm utilizando, para rega do seu prédio, as águas existentes em duas poças, à vista de toda a gente, com conhecimento das pessoas do lugar e de outros consortes das águas, entre os quais os réus, sem oposição de quem quer, sendo feita a respectiva condução por um rego quando atravessa um prédio dos réus, aduzem factos caracterizadores da posse pública e pacífica da servidão de aqueduto» – (Ac. da R.P., de 10/02/92, Proc. n.° 9 140 631).

25. «I – Na acção destinada à constituição de servidão de aqueduto (forçada), o autor tem de alegar e provar que as águas lhe pertencem, e o tribunal tem de previamente ajuizar da existência de direito à água como pressuposto do juízo de condenação na constituição da servidão. II – Não carece, porém, o autor de formular um pedido expresso no sentido de ser declarado o direito à água. III – Para se poder estabelecer que as águas pertencem aos autores é necessário que se prove que o prédio rústico onde fez a sua exploração é seu, ou, então, que provem que adquiriram o direito às águas subterrâneas que aí exploram por qualquer título válido de aquisição dessas águas» – (Ac. da R.P., de 26/03/92, Proc. n.° 9 130 806).

26. «I – Para que a servidão de aqueduto se constitua por usucapião e necessário que seja aparente, isto e, que se revele por sinais visíveis e permanentes (artigos 1293.° alínea *a*) e 1548.° n.ᵒˢ 1 e 2 do Código Civil). II – Aqueles

271   *Servidões legais de águas – art. 1561.°*

sinais são tudo o que revele a existência de obras destinadas a facilitar ou tornar possível a servidão e tanto podem existir no prédio serviente como no dominante, em ambos ou no ponto em que há presa ou derivação de água, mas hão-de ser visíveis, por forma a patentearem claramente a respectiva relação de servidão, e permanentes. III – A existência de um poço com sifão no prédio dos Autores e de canos que transportam aquela água subterraneamente através do prédio dos Réus, não constituem sinais visíveis e perceptíveis de que os Réus pudessem ou devessem tomar conhecimento, revelador da existência da servidão de aqueduto no seu prédio» – (Ac. do S.T.J., de 14/05/92, Proc. n.° 082 018).

27. « – A extinção de servidão por desnecessidade é aplicável às servidões legais, qualquer que tenha sido o título da sua constituição. II – A servidão que abrange o escoamento de águas impuras não é servidão de escoamento, mas servidão de cloaca ou latrina, só susceptível de constituir servidão voluntária, que não servidão legal. III – Não podem extinguir-se por desnecessidade as chamadas servidões voluntárias, excepto quando delas nasce uma servidão legal» – (Ac. da R.P., de 26/05/92, Proc. n.° 9 230 016).

28. «Não constitui servidão autónoma de acesso, mas faculdade acessória duma servidão, a passagem pelo prédio serviente para acesso ao poço ali existente, bem como ao equipamento de captação instalado, para limpeza ou reparação, portanto na medida indispensável ao conveniente exercício do direito da utilização do aqueduto» – (Ac. da R.C., de 12/04/94, in *B.M.J.*, n.° 436/445).

29. «I – Existe servidão de aqueduto quando a condução de águas se faz em favor de um prédio, através de prédio alheio, por meio de cano ou rego condutor. II – Sinais visíveis e permanentes (necessários à constituição dessa servidão por usucapião) são tudo aquilo que possa conduzir à revelação de qualquer coisa ou facto, principalmente os indícios que revelam a existência de obras destinadas a facilitar ou tornar possível a servidão. III – Há servidão real se ela traduz um encargo de um prédio em favor de outro prédio; servidão pessoal se esse encargo é em favor de uma pessoa. IV – Porque o nosso direito não acolhe as servidões pessoais, um tal encargo reveste mera natureza obrigacional. V – Se da descrição predial de um imóvel não consta registado um tal ónus, ele não se impõe a terceiros, "maxime", a quem tenha adquirido e conservado direitos sobre o imóvel» – (Ac. da R.P., de 6/10/94, Proc. n.° 9 450 160).

30. «I – Opera-se a aquisição, por usucapião, da água – e respectiva servidão de aqueduto – proveniente de uma mina aberta em prédio alheio – tal como a poça do seu represamento – através do qual foi conduzida para prédio do Autor, por um rego a céu aberto, permanentemente, e, depois, substituído por tubagem,

As águas no Código Civil   272

de forma visível, tudo acompanhado de trabalhos de limpeza. II – Tal aquisição traduz um direito de propriedade e não um direito de servidão de águas, pelo que esse direito não é passível de extinção por não uso durante dez anos. III – O poder de uso de águas, conferido no artigo 1329.°, n.° 1, do Código Civil, aos habitantes de povoação ou casal para gastos domésticos, é condicionado pelo seu aproveitamento no seguimento do seu curso, não podendo operar-se no local onde as águas nascem, e a invocação desse poder depende da alegação e prova das características do "casal", alegada que não seja a utilização por povoação. IV – Sendo embora de conhecimento oficioso o abuso de direito, deve quem o invoca alegar e provar os seus fundamentos; não ocorre tal abuso na reivindicação da água acima referida contra os donos do prédio onde está aberta a mina e a poça e que daquela a desviaram por canos para sua casa» – (Ac. da R.P., de 26/06/95, Proc. n.° 9 451 133).

31. «I – Não é possível a existência legal de uma servidão de águas, por exemplo do tipo de escoamento ou de aqueduto, sem que, simultaneamente, ocorra o direito à água, sendo a servidão um mero acessório daquela água» – (Ac. da R.P., de 10/07/95, Proc. n.° 9 451 169).

32. «I – O direito à água que nasce em prédio alheio pode ser um direito de propriedade ou um direito de servidão, conforme se traduzir no uso pleno da água ou no seu aproveitamento limitado às necessidades de outro prédio. II – A aquisição do direito à água de fonte ou nascente existente em prédio alheio, por usucapião, pressupõe a realização de obras, nesse prédio, as quais devem ser objecto de acção do homem, e que essas obras sejam visíveis, no sentido de serem perceptíveis aos olhos de todos ou com uma nitidez suficiente, e permanentes, no sentido de existirem, pelo menos, durante o prazo da usucapião, ainda que só em determinadas épocas do ano. III – A constituição de servidão de aqueduto pressupõe a verificação de, pelo menos, dois requisitos: ter o dono do prédio dominante direito às águas particulares encanadas; e terem sido efectuadas obras (cano ou rêgo condutor) em terreno alheio, o prédio serviente, destinadas à condução dessas águas» – (Ac. da R.P., de 5/12/95, Proc. n.° 9 330 418).

33. «I – Na servidão de aqueduto que tem como acessória a de poço ou represa, a sorte da servidão acessória segue a da principal e está sujeita às mesmas regras gerais. II – A inovação consistente na construção de novos poços em locais onde nunca existiram e a simples probabilidade do aumento do caudal das águas permite concluir que se verificou uma modificação ilegal, quer na localização quer na extensão e modo de exercício da anterior servidão em detrimento do prédio serviente, o mesmo se dizendo da abertura de valas ao longo dos regos a céu aberto, com as quais se ligam as nascentes aos referidos poços, e com a

273   *Servidões legais de águas – art. 1561.°*

finalidade de canalizar a água subterraneamente» – (Ac. do S.T.J., de 28/05/96, Proc. n.° 088 411).

34. «I – Um dos pressupostos da servidão legal de aqueduto é a titularidade do direito à água. Deste modo para que a servidão de aqueduto se possa constituir imperativo é que exista o direito à água conduzida ou a conduzir pelo aqueduto. Alegando os autores a existência sobre o prédio dos réus de uma servidão legal de aqueduto mas não tendo alegado nem provado o direito à água que, no caso de águas públicas teria de ser adquirido por preocupação, a acção tem de improceder. II – A preocupação que constituía título legítimo de aquisição de águas públicas no domínio da legislação anterior ao Código Civil de 1867, só é possível reconhecer-se actualmente, desde que seja anterior a 21 de Março de 1868 e se revele por obras permanentes de captação e derivação de águas construídas até essa data. III – Não tendo os autores direito à água inexiste a invocada servidão de aqueduto sobre o prédio dos réus. Sendo assim, se os réus não pudessem destruir o rego condutor de água, deixariam de ter o direito de pleno gozo sobre o seu prédio. Ao destruí-lo limitaram-se a defender o seu direito, pelo que não actuaram com abuso de direito» – (Ac. da R.P., de 22/09/97, Proc. n.° 9 651 490).

35. «I – A servidão de aqueduto é o direito que compete a um proprietário de fazer passar a água pelo cano ou rego através de prédio alheio para o seu prédio onde aproveita essa água. II – Não é possível a existência legal de uma servidão de água, seja de presa, de aqueduto ou de escoamento, sem a existência simultânea do direito à água, de que a servidão não é mais que um acessório. III – Não constitui servidão o encargo imposto aos prédios inferiores de receberem as águas dos prédios superiores que, naturalmente e sem acção do homem, para eles se escoam, embora represente uma limitação do direito de propriedade desses prédios inferiores» – (Ac. da R.P., de 19/01/99, Proc. n.° 9 520 828, in *B.M.J.*, n.° 483/277).

36. «I – Envolve violação do disposto no artigo 1392.° do C.C. o entupimento, com terra, de poço destinado ao armazenamento de água de nascente que abastece um fontenário, que, por sua vez, abastece os habitantes de determinada povoação. II – Se a condução de água a partir do poço até ao fontenário se processa no prédio onde se situa a nascente, não há que falar em servidão de aqueduto, pois este só ocorre quando a condução se faz através de prédio alheio» – (Ac. do S.T.J., de 20/01/99, Proc. n.° 98B707).

37. «I – As servidões são indivisíveis pelo que, se o prédio serviente for dividido entre vários donos, cada porção fica sujeita à parte da servidão que lhe

As águas no Código Civil

cabia (art. 1546.º do C.Civ.). II – Assim se dividido em lotes o prédio onerado com uma servidão de águas só ficam onerados com o encargo os lotes percorridos pelo cano condutor da água em que se exerce a servidão. III – A existência de ónus registado (v.q. uma servidão de aqueduto) não integra incumprimento de contrato-promessa se desconhecida dos contraentes aquando da respectiva celebração. IV – Não incorre em mora a parte que notificada pela contra-parte para proceder ao cancelamento do ónus no prazo de 70 dias, a fim de ser celebrada a escritura se viu, impossibilitada de satisfazer a intimação face à notória exiguidade desse prazo, atentas as normais delongas registrais para tal efeito. V – Se as partes não acordarem, em tal eventualidade, no estabelecimento de um prazo razoável para tal *desideratum* haverá que deferir ao Tribunal a respectiva fixação, nos termos dos n.ºs 1 e 2 do art. 777.º do C.Civ.. VI – Não existe, também em tal caso, mora por parte dos promitentes compradores se recusarem a outorga da escritura enquanto os promitentes eliminantes não procederem ao aludido cancelamento» – (Ac. do S.T.J., de 23/09/99, Proc. n.º 99B539).

38. «I – A servidão voluntária, ou puramente voluntária, é a que resulta unicamente da vontade das partes (contrato, testamento, usucapião ou destinação do pai de família), sem que haja preceito legal que possibilite a sua imposição. II – Servidão legal é a faculdade (direito potestativo) de, verificados certos requisitos objectivos, constituir coercivamente uma servidão e de, posteriormente, manter esse cargo. III – As servidões legais podem constituir-se voluntariamente, não deixando por isso de ser legais; o que conta é que, não fosse a voluntariedade da constituição, sempre assistisse ao respectivo sujeito activo a faculdade de, coercivamente, impor a constituição da servidão. IV – A servidão voluntária de aqueduto pode constituir-se e manter-se ainda que não ocorram os requisitos dos arts. 1561.º ou 1562.º do C.Civil, normas que são inaplicáveis à constituição das servidões voluntárias» – (Ac. do S.T.J., de 28/10/99, Proc. n.º 99B830).

39. «I – Está vedado aos tribunais superiores mandar corrigir ou retirar expressões da sentença que a parte entenda ofensivas à dignidade do seu patrono, pois tais poderes cabem ao juiz que as proferiu. II – Podem ser objecto de servidão predial quaisquer utilidades, ainda que futuras ou eventuais, susceptíveis de serem gozadas por intermédio do prédio dominante mesmo que não aumentem o seu valor. III – Dentro dos requisitos da constituição coerciva de uma servidão de aqueduto, as águas têm de pertencer ao requerente e existir em prédio não contíguo. IV – A celebração de um contrato para fornecimento de água feito por um particular com uma autarquia não interfere com a qualificação jurídica daquela, isto é, a água não deixa de ser pública mesmo desde o contador até à sua saída para ser utilizada. V – Não é permitida a constituição de uma servidão de aque-

duto de águas para consumo doméstico provenientes de uma rede pública de distribuição» – (Ac. da R.P., de 28/02/2000, Proc. n.° 0 050 097).

40. «I – Os "sinais visíveis", como requisito da servidão aparente, têm de ser visíveis para toda e qualquer pessoa, não bastando que sejam conhecidos do dono do pre´dio serviente. II – A servidão de aqueduto, com a instalação de tubos soterrados, é não aparente, não sendo admitida a defesa da sua posse» – (Ac. da R.P., de 9/03/2000, *B.M.J.*, n.° 495/364).

41. «I – O direito sobre uma água pode constituir-se como direito de servidão quando, continuando a água a pertencer ao dono de um prédio, se concede a terceiro a possibilidade de aproveitá-la, em função das necessidades de um prédio diferente e em conformidade com o tipo de aproveitamento previsto no título constitutivo do direito. II – Esse direito de servidão é compatível com a existência de uma servidão de aqueduto sobre o prédio a que pertence a água. III – A desnecessidade, como fundamento de extinção de uma servidão, tem de resultar de uma alteração sobrevinda no prédio dominante, na sequência da qual a servidão perca a respectiva utilidade» – (Ac. da R.P., de 11/05/2000, Proc. n.° 9 931 406).

42. «I – Da improcedência de uma acção de simples apreciação negativa não resulta o reconhecimento do direito do réu; este, se o quer ver declarado, tem de reconvir pedindo o seu reconhecimento e que o autor seja condenado a respeitá-lo. II – A servidão figura no actual C.Civ. como encargo excepcional. III – Não constitui servidão de escoamento, mas restrição normal imposta directamente por lei ao direito de propriedade ter o prédio inferior de suportar o escoamento de águas, assim como a terra e entulhos por elas arrastados, que, naturalmente e sem obra do homem, provenham do prédio superior. IV – A servidão, mesmo a legal, tem de ser constituída por acto voluntário do homem, sentença ou acto administrativo, ao passo que o encargo resulta directamente da lei» – (Ac. do S.T.J., de 23/01/2001, Proc. n.° 00A3364).

43. «I – O autor, para ver constituída a servidão de aqueduto, tem de alegar e provar, além do mais, os factos constitutivos do seu direito à água que se propõe transportar por prédios alheios para ser consumida em prédios seus. II – Ao réu cabe alegar e provar os factos impeditivos ou extintivos do direito do autor. III – São particulares as águas que nascerem em prédio particular e as pluviais que nele caírem, enquanto transpuserem, abandonadas, os limites do mesmo prédio ou daquele para onde o dono delas as tiver conduzido, e ainda as que, ultrapassando esses limites e correndo por prédios particulares, forem consumidas antes de se

As águas no Código Civil 276

lançarem no mar ou em outra água pública. IV – O dono do prédio onde haja alguma fonte ou nascente de água pode servir-se dela e dispor do seu uso livremente, salvas as restrições, previstas na lei e o direito que terceiro haja adquirido ao uso da água por justo título. V – O n.° 1 do artigo 1390.° do Código Civil, considera justo título de aquisição das águas das fontes e nascentes, só entre outros, a usucapião. Esta, porém, só é atendida quando for acompanhada da construção de obras, visíveis e permanentes, no prédio onde existe a fonte ou nascente, que revelem a captação e a posse da água nesse prédio» – (Ac. da R.P., de 4/04/2002, Proc. n.° 0 230 411).

44. «I – A servidão de aqueduto tanto pode assumir a natureza de servidão voluntária, como de servidão legal, só esta última pressupõe nos termos do preceituado no art. 1561.° do Código Civil o direito à água. II – O Código Civil adoptou a concepção subjectiva da posse, a qual exige a coexistência do *corpus* e do *animus*. Todavia considerando que a prova do *animus* se pode revestir de séria dificuldade, a lei estabelece uma presunção: no artigo 1252.° n.° 2 refere-se que "em caso de dúvida presume-se a posse naquele que exerce o poder de facto sem prejuízo do disposto no n.° 2 do art. 1257.°". III – Uma servidão terá que ser aparente para que possa constituir-se por usucapião; no entanto quando o aqueduto, embora subterrâneo, se manifesta por meio de quaisquer obras ou sinais exteriores em relação em prédio em que a servidão se acha constituída quer no ponto em que há a presa ou derivação da água quer durante o curso desta, quer no termo desse curso, a servidão não poderá deixar de considerar-se aparente» – (Ac. da R.C., de 4/02/2003, Proc. n.° 3803/02).

45. «Uma servidão de aqueduto, porque se prende com a condução, carece da existência, prévia ou simultânea, de um direito à água que se quer conduzir» – (Ac. da R.P., de 29/04/2003, Proc. n.° 0 020 131).

46. «I – Para que possa verificar-se a obtenção do direito de aqueduto, é indispensável que o proprietário do prédio dominante tenha igualmente direito à água, por qualquer título. É igualmente indispensável que a sua condução, para um aproveitamento agrícola, tenha de se fazer através de prédio alheio» – (Ac. da R.E., de 10/07/2003, Proc. n.° 1367/03-2).

Art. 1561.° n.° 2

O proprietário do prédio serviente tem, a todo o tempo o direito de ser também indemnizado do prejuízo que venha a resultar da infiltração ou erupção das águas ou da deterioração das obras feitas para a sua condução.

Antecedentes históricos

150. Reproduz a doutrina exposta no artigo 456.° do Código Civil de 1867, cuja redacção é a seguinte:

> *Os donos dos prédios servientes têm também o direito de serem indemnizados dos prejuízos que de futuro vierem a resultar da infiltração ou erupção das águas, ou da deterioração das obras feitas para a condução destas.*

O artigo 114.°, § único da Lei das Águas reproduziu, quase integralmente, o teor do artigo 456.° transcrito.

Observações

151. Generalidades – É mais um caso típico de indemnização devida por factos danosos futuros.

São prejuízos que se vão reflectir numa menor capacidade produtiva dos prédios onerados com o ónus. Lembre-se a hipótese de rebentamento dos canos subterrâneos condutores, cuja reparação obriga, por vezes, à destruição das culturas ao longo deles localizadas.

São prejuízos que, porque não previsíveis no momento da constituição da servidão, só serão quantificáveis no momento da sua ocorrência.

152. JURISPRUDÊNCIA

1. «Apurado, de um ponto de vista técnico e de eficiência, a mais conveniente direcção de um aqueduto para o prédio dominante, deve o tribunal aceitá-la, nos termos do disposto no artigo 1561.°, n.° 3 do C.Civ.. E não havendo outro trajecto menos oneroso para o prédio eventualmente serviente, deverá adoptar-se o mais curto para a constituição da servidão de aqueduto. Tendo o Autor o direito de explorar certas águas em proveito da agricultura, sendo elas particulares e não tendo o A. a possibilidade de as transportar pelo que é seu, estão reunidos os requisitos consignados no n.° 1 do artigo 1569.° do C.Civ. para a constituição da servidão legal de aqueduto. Na falta de elementos para determinar o prejuízo adveniente da constituição da servidão legal de aqueduto, deve relegar-se a fixação da indemnização respectiva para execução de sentença nos termos das normas conjugadas dos artigos 1561.°, n.° 2, do C.Civ., e 661.°, n.° 2, do C.P.C.» – (Ac. da R.P., de 7/03/91, Proc. n.° 0 124 306).

As águas no Código Civil 278

2. «I – Para que a servidão de aqueduto se constitua por usucapião e necessário que seja aparente, isto e, que se revele por sinais visíveis e permanentes (artigos 1293.° alínea *a*) e 1548.° n.ᵒˢ 1 e 2 do Código Civil). II – Aqueles sinais são tudo o que revele a existência de obras destinadas a facilitar ou tornar possível a servidão e tanto podem existir no prédio serviente como no dominante, em ambos ou no ponto em que há presa ou derivação de água, mas hão-de ser visíveis, por forma a patentearem claramente a respectiva relação de servidão, e permanentes. III – A existência de um poço com sifão no prédio dos Autores e de canos que transportam aquela água subterraneamente através do prédio dos Réus, não constituem sinais visíveis e perceptíveis de que os Réus pudessem ou devessem tomar conhecimento, revelador da existência da servidão de aqueduto no seu prédio» – (Ac. do S.T.J., de 14/05/92, Proc. n.° 08 218).

3. «Apurado, de um ponto de vista técnico e de eficiência, a mais conveniente direcção de um aqueduto para o prédio dominante, deve o tribunal aceitá-la, nos termos do disposto no artigo 1561.°, n.° 3 do C.Civ.. E não havendo outro trajecto menos oneroso para o prédio eventualmente serviente, devera adoptar-se o mais curto para a constituição da servidão de aqueduto. Tendo o Autor o direito de explorar certas águas em proveito da agricultura, sendo elas particulares e não tendo o A. a possibilidade de as transportar pelo que e seu, estão reunidos os requisitos consignados no n.° 1 do artigo 1569.° do C.Civ. para a constituição da servidão legal de aqueduto. Na falta de elementos para determinar o prejuízo adveniente da constituição da servidão legal de aqueduto, deve relegar-se a fixação da indemnização respectiva para execução de sentença nos termos das normas conjugadas dos artigos 1561.° n.° 2, do C.Civ., e 661.°, n.° 2, do C.P.C.» – (Ac. da R.P., de 17/09/92, Proc. n.° 0 120 346).

4. «I – Os proprietários de terrenos são obrigados a consentir na ocupação temporária deles para a execução, pelas Câmaras Municipais, de escavações e assentamento de tubagens e seus acessórios com vista à instalação da rede pública de saneamento, não podendo consequentemente embargar tais obras. II – Fica-lhes salvo, porém, o direito a serem indemnizados pela diminuição, transitória ou permanente, do rendimento efectivo dos terrenos, bem como pela diminuição do seu valor efectivo, resultante da constituição de servidões administrativas de aqueduto público» – (Ac. da R.P., de 15/1/96, in *C.J.*, 1996, I, pág. 196).

5. «I – As questões cuja falta de conhecimento, pelo juiz, implicam nulidade da sentença, são apenas aquelas que as partes oportuna e adequadamente submeteram à sua apreciação. II – A profundidade de uma servidão de aqueduto não é uma questão em si, mas apenas um aspecto da questão de saber se a forma

do aqueduto (a descoberto ou subterrâneo e, neste caso, a que profundidade) é a mais conveniente para o prédio dominante e a menos onerosa para o serviente. III – Por resultar directamente da lei, não cumpre ao juiz fixar na sentença constitutiva da servidão de aqueduto a indemnização ao dono do prédio serviente pelo prejuízo que venha a sofrer em resultado de infiltração de águas ou de deterioração das obras feitas para a sua condução, nem cumpre ao juiz condenar o dono do prédio serviente a, findas as obras, repôr o terreno nas condições actuais» – (Ac. da R.P., de 22/02/99, Proc. n.º 9 950 012).

6. «I – Para que possa verificar-se a obtenção do direito de aqueduto, é indispensável que o proprietário do prédio dominante tenha igualmente direito à água, por qualquer título; É igualmente indispensável que a sua condução, para um aproveitamento agrícola, tenha de se fazer através de prédio alheio; II – Finalmente, na escolha do local de passagem, também é necessário que seja o mais conveniente em relação ao prédio dominante, mas de forma que tal local de passagem seja o menos oneroso para o prédio serviente, havendo lugar ao pagamento da correspondente indemnização» – (Ac. da R.E., de 10/07/2003, Proc. n.º 1367/03-2).

Art. 1561.º n.º 3

A natureza, direcção e forma do aqueduto serão as mais convenientes para o prédio dominante e as menos onerosas para o prédio serviente.

Antecedentes históricos

153. Teve por fonte o artigo 457.º do Código Civil de 1867,cuja redacção é a seguinte:

> As questões relativas à direcção, natureza e forma do aqueduto e ao valor da indemnização, serão resolvidas sumariamente pelo poder judicial, se as partes se não concertarem amigavelmente.

Inspirou-se, ainda, na filosofia expressa no artigo 115.º da Lei das Águas, do seguinte teor:

> Quem pretender estabelecer a servidão de que trata o artigo antecedente deverá alegar, com obrigação de o provar, se fôr impugnado:
>
> a) Que a água lhe pertence;

As águas no Código Civil   280

b) *Que a natureza, direcção e forma do aqueduto que pretende construir são as mais convenientes e as menos onerosas para e prédio serviente.*

Observações

154. Alcance do preceito – A servidão, pelo que essencialmente representa, só deve coercivamente impôr-se sempre que a condução não possa efectuar-se através de prédio pertencente ao peticionante. Esta a ideia mestre subjacente a qualquer servidão.

Ideia em que, apenas, é legitimo inserir-se a *impossibilidade absoluta* – ele não tem outro prédio por onde fazer passar a água. Excluída, fica a ideia de *impossibilidade relativa* ou mera dificuldade – o interessado, tendo um outro prédio (seu) por onde possa conduzira água, não o faz por lhe ser inconveniente ou dispendioso.

Tendo ela por fundamento a necessidade da água para a cultura, indústria e gastos domésticos de certos prédios, haveria violência desmedida, inaceitável, a imposição da servidão por prédio alheio, no segundo caso.

Efectivamente, a tanto não pode levar-se a função social da propriedade. Se da coisa há que retirar todas as suas potencialidades, não importa a favor de quem, é justo que a observância do princípio tome acolhimento na direcção certa. Se é possível extrair-se a utilidade de que a *res* é capaz, a pretensão deve ser concretizada *a partir dela* ou *através dela*, ainda que de forma mais dispendiosa, e não, apenas, *em favor dela*. Haveria contradição nos termos, se assim não fosse.

Podendo o prédio *A* servir (ser útil a) o prédio *B*, do mesmo dono, não se vê motivo forte que justifique dever recorrer-se ao prédio *C*, alheio, para a concretização do mesmo objectivo, ainda que, eventualmente, de forma menos onerosa.

No conflito de interesses deve ceder o menos razoável. E a razoabilidade está do lado do impugnante portador da posição acima explanada.

Aliás, nem só de um ponto de vista de valência da propriedade se pode equacionar a questão. Ela pode ser, ainda, encarada à luz das relações vicinais.

É indiscutível que as relações de vizinhança são, normalmente, afectadas quando uma servidão é coactivamente imposta (tanto é assim que, para se encontrar a solução do diferendo, foi preciso recorrer a tribunal). Ora, se é assim quando outro recurso é absolutamente inviável, por inexistir prédio *próprio* capaz de servir aqueles desígnios, aquelas relações serão incomensuravelmente mais afectadas quando se queira impôr a servidão através de prédio de outrem, apenas por razões de comodidade ou menor dispêndio.

Agora, um subsídio de carácter literal para ajudar à compreensão do instituto.

Se o legislador quisesse abranger a *impossibilidade relativa* (ou mera dificuldade), como fundamento da servidão, tê-lo-ia dito, de forma expressa, servindo-se de uma fórmula idêntica à vazada no artigo 1550.° *«nem condições que permitam estabelecê-la sem excessivo incómodo ou dispêndio»* (repare-se que o autor do projecto de ambas as normas foi a mesma pessoa).

Enfim, julgamos que a hipótese legal só permite contemplar as situações em que o dono da água não tem terreno seu por onde possa conduzi-la ao ponto desejado[261].

Esta, pois, a interpretação que se nos afigura correcta.

O que se disse apenas merecerá correcção, sempre que, *in casu*, se deparar uma situação de inoperância técnica. Quer dizer, apesar de o demandante possuir um segundo prédio que, abstractamente poderia servir à condução, sem ser preciso incomodar terreno alheio, o certo é que, na prática a sua utilização, para o efeito, seria tecnicamente inviável.

Aqui, sim, o problema muda de feição. Verificada esta circunstância, tudo se passa, então, como de uma autêntica *impossibilidade absoluta* se tratasse. Impossibilidade não de um ponto de vista físico, expresso na inexistência de terreno próprio por onde a água pudesse seguir, mas técnico.

Sendo vários os prédios através dos quais a água possa ser conduzida, há que averiguar qual deles é o mais aqueduado, conveniente e menos onerado com a servidão.

É necessário alegar e provar que o prédio apontado pelo demandante é o ideal e que a condução, por ele, é a mais conveniente e a menos onerosa.

Pode dar-se o caso de, entre dois prédios, ser igualmente *conveniente* a construção do aqueduto, mas mais *onerosa* para um deles; ou, então, ser igualmente *onerosa* mas de diferentes *conveniências*. É no jogo destas circunstâncias, arredado sempre o arbítrio, que deve ser encontrada a resposta casuística para o caso submetido a tribunal.

Uma vez que o aqueduto tem que atravessar um prédio alheio, há que escolher o que, dentre os possíveis, fôr menos onerado com a servidão do ponto de vista da natureza, direcção e forma do canal condutor.

---

[261] Neste sentido, V. ALMEIDA, *ob. cit.*, pág. 399 (2.ª ed.); Acs., R.P., de 20/3/1907 e 8/7/1921, in *R.T.*, anos 25.° e 40.°, págs. 345 e 247, respectivamente. Em contrário, G. MOREIRA, *ob. cit.*, II, pág. 227; CUNHA GONÇALVES, *Ob. cit.*, III, pág. 400 e P. LIMA, *Comentário* cit., pág. 399 (nota 2.ª). Em sentido contrário, também, M. TAVARELA LOBO, *Manual* cit., II, pág. 390/391.

As águas no Código Civil   282

A *natureza* respeita aos materiais a utilizar; *a direcção*, ao sentido do trajecto a tomar; *a forma*, à implantação a descoberto ou subterraneamente, à altura ou profundidade da sua colocação, às dimensões, etc..

155. JURISPRUDÊNCIA

1. «A expropriação por utilidade particular, para condução de águas, só pode ser imposta em propriedade alheia, quando a servidão não possa ser estabelecida em prédio do próprio proprietário, e quando se mostre que o proveito deste é superior ao prejuízo que ao prédio serviente advém da servidão» – (Ac. da R.P., de 20/3/1907, in *R.T.*, ano 25.°, pág. 345).

2. «A faculdade conferida pelo artigo 456.° do Código Civil de qualquer encanarem proveito da agricultura ou da indústria, as águas a que tenha direito, através de prédios rústicos alheios, que não sejam quintas muradas ou quintais, jardins, hortas ou pátios adjacentes a prédios urbanos, só é atendível quando o requerente não possa encanar essas águas através de prédios seus, ainda que essa obra seja mais dispendiosa que através de prédios alheios» – (Ac. da R.P., de 8/7/1921, in *R.T.*, ano 40.°, pág. 247).

3. «I – Não é de presumir que as obras relativas ao encanamento de águas através de prédio alheios sejam feitas e pagas pelos donos dos prédios que das águas não beneficiam. II – As obras necessárias a uma servidão de aqueduto não podem ser consideradas como propriedade do dono do prédio serviente se este não provar a aquisição delas. III – A lei não impõe a obrigação geral do dono do prédio serviente se abster de toda e qualquer ingerência na construção das obras implantadas naquele, destinadas exclusivamente à condução de água para o prédio dominante. IV – É lícito ao dono do prédio serviente utilizar, em benefício da sua propriedade, as obras do aqueduto, nomeadamente, fazer construções sobre ele, contanto que tais obras não estorvem nem possam estorvar o exercício da servidão. V – Obras prejudiciais ao exercício da servidão são não só aquelas que de momento embaraçam o curso das águas, mas, também, as que dada a sua natureza, podem vir a embaraçá-la, ou que de tal são susceptíveis, por impedirem a sua regular e normal conservação interna e externa. VI – O conceito de estorvo da servidão abrange a dificuldade criada à vista e conservação do aqueduto e susceptibilidade de as obras causarem danos no mesmo» – (Ac. do S.T.J., de 17/11/72, in *B.M.J.*, n.° 221/225).

4. «I – A servidão consiste em encargo, é uma restrição ou limitação ao direito de propriedade do prédio onerado – jus in re aliena – ou um direito real

limitado. II – Trata-se de um encargo imposto no prédio, de uma restrição ao gozo efectivo pelo dono do prédio serviente inibindo-o de praticar actos que possam prejudicar o exercício da servidão. III – Mas, quer se trate de servidões positivas ou negativas, não se pode afirmar que haja um desmembramento do deito de propriedade. IV – Sendo os apelados titulares de uma servidão de aqueduto estão os apelantes, como donos e possuidores de prédio serviente, limitados no gozo do direito de propriedade pela obrigatoriedade legal de não praticarem actos que, por qualquer modo, prejudiquem o aqueduto ou a sua conservação. V – Assim, o facto de os apelantes serem proprietários do prédio por onde este passe, não lhes concede, sem mais, o reconhecimento legal da sua utilização para o transporte de quaisquer águas, fora dos períodos em que isso é feito pelos apelados» – (Ac. da R.C., de 28/1/77, in *B.M.J.*, n.º 265/287).

5. «I – Se o prédio por dividido, a servidão que o onerava continuará onerando todas as suas partes; mas se, por sua natureza, o exercício da servidão recair só numa delas, só esta continuará onerada. II – A simples construção de um novo aqueduto, embora com o consenso do dono do prédio serviente, não permite julgar que foi constituída uma nova servidão ou que a anterior foi mudada, se não fossem alegados factos que integram os respectivos conceitos legais e que tais negócios revestiram a forma legal» – (Ac. da R.P., de 6/12/84, in *C.J.*, tomo V, pág. 264).

6. «I…; II – A exigência constante do n.º 3 do citado artigo não é facto constitutivo do direito alegado, pelo que a falta de indicação expressa do trajecto da água pelo prédio dos réus não implica a deficiente configuração da causa de pedir na petição inicial, nem a ineptidão desta» – (Ac. da R.P., de 7/11/89, in *B.M.J.*, n.º 391/688).

7. «I – Na servidão de aqueduto que tem como acessória a de poço ou represa, a sorte da servidão acessória segue a da principal e está sujeita às mesmas regras gerais. II – A inovação consistente na construção de novos poços em locais onde nunca existiram e a simples probabilidade do aumento do caudal das águas permite concluir que se verificou uma modificação ilegal, quer na localização quer na extensão e modo de exercício da anterior servidão em detrimento do prédio serviente, o mesmo se dizendo da abertura de valas ao longo dos regos a céu aberto, com as quais se ligam as nascentes aos referidos poços, e com a finalidade de canalizar a água subterraneamente» – (Ac. do S.T.J., de 28/05/96, Proc. n.º 088 411).

8. «Apurado, de um ponto de vista técnico e de eficiência, a mais conveniente direcção de um aqueduto para o prédio dominante, deve o tribunal aceitá-

As águas no Código Civil   284

-la, nos termos do disposto no artigo 1561.° n.° 3 do C.Civ.. E não havendo outro trajecto menos oneroso para o prédio eventualmente serviente, devera adoptar-se o mais curto para a constituição da servidão de aqueduto. Tendo o Autor o direito de explorar certas águas em proveito da agricultura, sendo elas particulares e não tendo o A. a possibilidade de as transportar pelo que e seu, estão reunidos os requisitos consignados no n.° 1 do artigo 1569.° do C.Civ. para a constituição da servidão legal de aqueduto. Na falta de elementos para determinar o prejuízo adveniente da constituição da servidão legal de aqueduto, deve relegar-se a fixação da indemnização respectiva para execução de sentença nos termos das normas conjugadas dos artigos 1561.° n.° 2, do C.Civ., e 661.° n.° 2, do C.P.C.» – (Ac. da R.P., de 07/03/91, Proc. n.° 0 124 306).

Art. 1561.° n.° 4

> Se a água do aqueduto não fôr toda necessária ao seu proprietário, e o proprietário do prédio serviente quiser ter parte no excedente, ser-lhe-á concedida essa parte a todo o tempo, mediante prévia indemnização, e pagando ele, além, disso, a quota proporcional à despesa feita com a sua condução até ao ponto donde pretende derivá-la.

Antecedentes históricos

156. Corresponde ao proémio do artigo 20.° da Lei das Águas, com a seguinte redacção:

> *Se a água do aqueduto não fôr toda necessária a seus donos e os donos dos prédios servientes quiserem ter parte no excedente, ser-lhes-á concedida essa parte a todo o tempo em que a requeiram, mediante prévia indemnização e pagando, além disso, a quota proporcional à despesa feita com a condução dela até o ponto donde a pretendem derivar.*

Observações

157. Alcance do preceito – Nas relações de servidão vigora o princípio da reciprocidade real – ao *encargo* assumido pelo dono do prédio onerado corresponde um *direito* na participação dos benefícios resultantes da servidão.

285

Nele radica o espírito do preceito. Como contrapartida do ónus que o dono do prédio serviente é obrigado a suportar, é-lhe reconhecido o direito à água que o dono do prédio dominante não utiliza, por desnecessidade.

Este direito pode ser exercido *a todo o tempo,* conquanto se não deva confundir esta expressão com o *tempo de utilização.* Efectivamente, pode acontecer que a água só seja excedentária no Inverno. Caso em que só nesse período é permitido ao dono do prédio serviente valer-se da faculdade legal.

A comunhão na água não está dependente, por parte do dono do prédio serviente, de uma utilidade concreta, precisa, fixada por lei, ao contrário do que sucede com o dono do prédio dominante. Assim, enquanto o titular da servidão carece de demonstrar a necessidade da água para benefícios determinados (agrícolas, industriais e domésticos), ao dono do prédio onerado basta *querer* participar na água excedentária, o que não exclui uma utilização voluptuária, de recreio ou outra parecida.

Em todo o caso, o exercício da faculdade depende da observância de dois requisitos: pagamento de prévia indemnização e comparticipação na despesa feita com a condução até ao ponto donde a água deva ser derivada.

Mas, que indemnização? E a favor de quem?

Já sabemos que o titular da servidão deve indemnizar o proprietário com ela onerado em função do *prejuízo* resultante da obra (repara-se um dano). É, aliás, o que resulta do disposto no n.° 1, do artigo 1561.°.

Desta vez, porém, a indemnização tem por finalidade *compensar* pela parte da água de que o titular passou a ficar privado. Certo que, em princípio, a ela não deveria ter direito, uma vez que da utilização por aquele interessado lhe não adviria qualquer prejuízo. Todavia, isto só é verdade por princípio. Na verdade, excedentária hoje, amanhã poderia vir a revelar-se precisa. E esta perda parcial do direito tem, obviamente, um preço.

Dizemos perda parcial, na medida em que o dono do prédio serviente *adquire* a parte da água correspondente à utilização. Aquisição que não é, sequer, posta em crise pela circunstância de ocorrer *no momento* em que não é *totalmente* necessária, quando o poderia vir a ser no futuro.

Daí que, ante a nocividade, possível, futura, se pergunte legitimamente:

Será de propriedade o direito conferido ao proprietário do prédio serviente? Como assim, se a água que lhe é atribuída é, na ocasião, meramente excedentária? Poderá impedir-se o actual titular de a poder, de novo, utilizar quando, justificadamente, dela tiver necessidade séria? Não será, por isso, um direito de mera utilização?

Questões pertinentes, sim, mas com solução à vista na lei.

São expressões como *«quiser tornar parte»* e *«ser-lhe-á concedida»* que demonstram ser afirmativa a resposta à última delas. Se assim não fosse, que

As águas no Código Civil 286

razão intrínseca motivaria o direito a *indemnização?* A não ser que o termo aqui represente o conceito de preço, o que não nos parece. Pelo seu próprio significado, não se concebe a *indemnização* a gerar propriedade. E que válidos argumentos se aduziriam para fundamentar a necessidade de comparticipação nas despesas ocasionadas com o aqueduto. Quisesse o legislador atribuir-lhe a *propriedade* e tê-lo--ia feito expressamente.

Mero direito de utilização, pois. Direito que acompanha de perto as prerrogativas daquele de que depende.

E, indemnização a favor de quem?

Em *«Se a água do aqueduto não fôr toda necessária ao seu proprietário»* a quem se dirige a palavra proprietário? Proprietário da água ou do aqueduto? A resposta a estas perguntas ditará o beneficiário da indemnização.

Não deixaremos de notar que a redacção do preceito é, neste aspecto, algo ambígua.

Claro, se o dono do aqueduto é simultaneamente dono da água, não há dificuldade na resolução da dúvida. A indemnização é concedida à pessoa que, na circunstância, reúne as duas qualidades.

Já, quando o dono do aqueduto não detém a propriedade da água mas dela é simples usufrutuário ou mero fruente (em virtude de um direito de mera utilização, de servidão da água, etc.) a solução não é tão visível.

A letra da lei parece sugerir a ideia de que *proprietário* se refere ao dono da água. Na defesa desta tese dir-se-ia: não faria sentido que a parte da água *usufruída* (sendo esse o caso) fosse *apropriada* por um terceiro completamente estranho à relação de usufruto; não faria sentido, também, que parte da água utilizada a título de mera servidão pudesse transitar para a esfera do dono do prédio serviente que irada tem a ver com a constituição do direito à água.

Contudo, a força de tal argumentação tem que ceder perante a resposta ao problema nuclear que esteve no centro da análise da questão anterior. Quer dizer, ela teia cabimento se o direito atribuído ao dono do prédio serviente fosse o de propriedade, que não é. Ele é, como foi dito, de mera utilização e depende da implantação temporal do direito de que depende. Por outras palavras, terminada a vida do usufruto, por exemplo, deixa de haver servidão de aqueduto.

Sendo assim, o dono da água não pode opôr ao proprietário onerado com a servidão a sua qualidade, com êxito, com vista a impedir a *participação* na água conduzida. Se outra razão forte não houvesse, sempre valeria a de que à relação da servidão de aqueduto ele (dono da água) é absolutamente estranho.

Mas, dizemos que o beneficiário da indemnização é o dono do aqueduto, ainda, pelo seguinte:

Servidões legais de águas – art. 1561.º

O proprietário onerado tem que pagar uma indemnização, é sabido. Ora, supondo-se que, apesar de excedente, aquele proprietário não quisesse aproveitar--se da água nenhuma compensação teria de perceber o seu dono (da água); tão pouco o direito de a utilizar para si. É um problema que o ultrapassa e que apenas diz respeito à pessoa que à água tenha o direito.

Porque assim é, a participação na água (entenda-se *participação no direito à água*), nenhum prejuízo causando ao seu dono, nem afrontando o seu direito real pleno, de modo nenhum lhe poderá proporcionar direito a indemnização. Indemnizar o quê? E a que título? – perguntar-se-ia.

Ao contrário, já o titular do direito à água, simultaneamente da servidão de aqueduto, vai, certamente, perder parte do direito que sobre ela tinha. Ele, daí em diante, vai passar a utilizar menos água do que aquela de que podia, efectivamente, dispôr. Merecerá, pois, a devida indemnização.

Por outro lado, a participação na água depende, ainda, de comparticipação nas despesas efectuadas com o aqueduto, relativamente à parte dele de que vai beneficiar.

Ora, se o dono da água não efectuou quaisquer despesas com o aqueduto, ao qual é, aliás, completamente alheio, delas não tem que ser comparticipado. Isto é óbvio.

E posto que a indemnização e a comparticipação nas despesas são endereçadas à mesma pessoa, evidente é que ela só pode ser a do proprietário do aqueduto, ou seja o titular da servidão e do direito à água conduzida.

158. JURISPRUDÊNCIA

1. «I – Nas acções de arbitramento, havendo contestação, é lícito deduzir reconvenção com pedido a que corresponda também processo comum, verificados que sejam os requisitos legais respectivos. II – Para a dedução do pedido de servidão de aqueduto é necessário o reconhecimento judicial do direito à água. III – É admissível, em acção de arbitramento para constituição de servidão de aqueduto e em que se pede também o reconhecimento da propriedade dos AA. sobre um prédio rústico e das águas subterrâneas respectivas, a dedução na contestação do pedido reconvencional de condenação do A. a reconhecer o R. como proprietário de dois prédios em cujo subsolo alega que o A. abriu uma mina, a repor tais prédios no estado anterior e a retirar um depósito que lá construiu e ainda a conceder-lhe parte do excedente da água em questão» – (Ac. da R.P., de 02/03/92, Proc. n.º 9 150 704).

As águas no Código Civil   288

ARTIGO 1562.º
(Servidão legal de aqueduto para o aproveitamento de águas públicas)

1. Para o aproveitamento de águas públicas, a constituição forçada de servidão de aqueduto só é admitida no caso de haver concessão da água.

2. É aplicável a esta servidão o disposto nos n.ºs, 2 e 3 do artigo 1560.º.

Trabalhos preparatórios

Anteprojecto
art. 23.º

1. Para o aproveitamento de águas públicas a constituição forçada de servidão de aqueduto só é admitida no caso de haver concessão das águas.

2. São aplicáveis a esta servidão as disposições da alínea b) *do n.º 1 do art. 21.º, e os n.ºs 2 e 3 do mesmo artigo.*

1.ª revisão min. do anteprojecto
art. 1554.º

1. Para o aproveitamento de águas públicas, a constituição forçada de servidão de aqueduto só é admitida no caso de haver concessão das águas.

2. São aplicáveis a esta servidão as disposições da alínea b) *do n.º 1 do artigo 1552.º e os n.ºs 2 e 3 do mesmo artigo.*

2.ª revisão min. do anteprojecto
art. 1552.º

1. Para o aproveitamento de águas públicas, a constituição forçada de servidão de aqueduto só é admitida no caso de haver concessão das águas.

2. É aplicável a esta servidão o disposto nos n.ºs 2, 3 e 4 do artigo 1560.º.

Desenvolvimento

Art. 1562.º n.º 1

Para o aproveitamento de águas públicas, a constituição forçada de servidão de aqueduto só é admitida no caso de haver concessão da água.

Antecedentes históricos

159. A fonte do preceito encontra-se no proémio dos artigos 53.º e 77.º da Lei das Águas[262].

Observações

160. Embora de similares princípios, o alcance do artigo não é confundível com o do artigo 1560.º. De comum, entre eles, apenas, a origem da água (pública em ambos os casos), a exclusão da servidão das casas de habitação quintais e jardins ou terreiros contíguos e a forma de fixação da indemnização.

Mas, enquanto além a servidão é de travamento, aqui ela é de aqueduto. Por outro lado, a servidão estabelecida neste artigo só pode estabelecer-se em relação a águas que tenham sido *concedidas*.

Art. 1562.º n.º 2

É aplicável a esta servidão o disposto nos n.ºs 2 e 3 do artigo 1560.º.

Observações

161. Preceito novo, embora inspirado na doutrina dos artigos do Código Civil de 1867 e da Lei das Águas que estiveram na base da formulação dos n.ºs 2 e 3 do artigo 1560.º[263].

Pressente-se, aqui, reflectido o eco da protecção concedida às casas de habitação quintais, jardins e terreiros que lhe sejam contíguos bem visível no artigo 1560.º, n.º 2.

---

[262] Vide redacção em n.º 134, *supra*.

[263] Vide redacção *supra*, em anot. ao artigo 1560.º, n.ºs 2 e 3.

As águas no Código Civil   290

A servidão considera-se constituída em consequência de concessão e a indemnização, na falta de concertação entre os sujeitos da relação, é fixada pelo tribunal.

Conquanto a lei o não diga claramente, defende-se que esta servidão não pode firmar-se através de bens dominiais públicos, designadamente estradas e caminhos públicos([264]).

162. JURISPRUDÊNCIA

1. «I – Tendo constituído direito de servidão de presa e de aqueduto sobre o prédio dos Réus para captar e fazer derivar para o seu prédio água concessionada de corrente não navegável nem flutuável, a servidão não se extingue enquanto perdurar ou se renovar o licenciamento para o uso da água, apesar de o Autor não ser proprietário da mencionada água pública nem o seu prédio ser confinante com o respectivo curso de água» – (Ac. da R.P., de 28/09/99, Proc. n.º 9 821 411).

1. «I – Está vedado aos tribunais superiores mandar corrigir ou retirar expressões da sentença que a parte entenda ofensivas à dignidade do seu patrono, pois tais poderes cabem ao juiz que as proferiu. II – Podem ser objecto de servidão predial quaisquer utilidades, ainda que futuras ou eventuais, susceptíveis de serem gozadas por intermédio do prédio dominante mesmo que não aumentem o seu valor. III – Dentro dos requisitos da constituição coerciva de uma servidão de aqueduto, as águas têm de pertencer ao requerente e existir em prédio não contíguo. IV – A celebração de um contrato para fornecimento de água feito por um particular com uma autarquia não interfere com a qualificação jurídica daquela, isto é, a água não deixa de ser pública mesmo desde o contador até à sua saída para ser utilizada. V – Não é permitida a constituição de uma servidão de aqueduto de águas para consumo doméstico provenientes de uma rede pública de distribuição» – (Ac. da R.P., de 28/02/2000, Proc. n.º 0 050 097).

2. «I – São do domínio público as águas que nasçam ou existam nos baldios. II – Não é possível a existência legal de uma servidão de águas sem a existência simultânea do direito à água, de que a servidão é um simples acessório» – (Ac. da R.P., de 8/07/2004, Proc. n.º 0 433 043).

([264]) Vide n.º 146-b), *supra*.

Artigo 1563.°
(Servidão legal de escoamento)

1. A constituição forçada da servidão de escoamento é permitida, precedendo indemnização do prejuízo:

a) Quando, por obra do homem, e para fins agrícolas ou industriais, nasçam águas em algum prédio ou para ele sejam conduzidas de outro prédio;

b) Quando se pretenda dar direcção definida a águas que seguiam o seu curso natural;

c) Em relação às águas provenientes de gaivagem, canos falsos, valas, guarda-matos, alcorcas ou qualquer outro modo de enxugo de prédios;

d) Quando haja concessão de águas públicas, relativamente às sobejas.

2. Aos proprietários onerados com a servidão de escoamento é aplicável o disposto no artigo 1391.°.

3. Na liquidação da indemnização será levado em conta o valor dos benefícios que para o prédio serviente advenham do uso da água, nos termos do número anterior; e, no caso da alínea *b*) do n.° 1, será atendido o prejuízo que já resultava do decurso natural das águas.

4. Só estão sujeitos à servidão de escoamento os prédios que podem ser onerados com a servidão legal de aqueduto

Trabalhos preparatórios

Anteprojecto
art. 24.°

1. *A constituição forçada da servidão de escoamento, precedendo indemnização dos prejuízos, é permitida:*

a) *Quando, por obra do homem, nasceram águas em algum prédio, ou para ele tiverem sido conduzidas de outro prédio, para fins agrícolas ou industriais;*

As águas no Código Civil

292

b) *Quando se pretenda dar direcção definida a águas que seguiam o seu curso natural;*

c) *Em relação às águas provenientes de gaivagens, canos falsos, valas, guarda-matos, alcorcas ou qualquer outro modo de enxugo de prédios;*

d) *Havendo concessão de águas públicas e relativamente às sobejas.*

2. *Os proprietários onerados com a servidão de escoamento podem eventualmente aproveitar as águas nos mesmos prédios; mas a privação desse uso por efeito de novo aproveitamento que faça o proprietário do prédio dominante não constitui violação do direito.*

3. *Na liquidação da indemnização será levado em, conta o valor de qualquer benefício que ao prédio serviente fosse resultar do uso da água, nos termos do número anterior e, no caso da alínea b) do n.° 1, se, à atendido o prejuízo que já resultava do curso natural das águas.*

4. *Só estão sujeitos à servidão de escoamento os prédios que podem ser onerados com a servidão legal de aqueduto.*

1.ª revisão min. do anteprojecto
art. 1555.°

1. *A constituição forçada da servidão de escoamento, precedento indemnização dos prejuízos, é permitida:*

a) *Quando, por obra do homem, nascerem águas em algum prédio ou para ele tiverem sido conduzidas de outro prédio, para fins agrícolas ou industriais;*

b) *Quando se pretenda dar direcção definida a águas que seguiam o seu curso natural;*

c) *Em relação às águas provenientes de gaivagem, canos falsos, valas, guarda-matos, alcorcas ou qualquer outro modo de enxugo de prédios;*

d) *Havendo concessão de águas públicas e relativamente às sobejas.*

2. *Aos proprietários onerados com a servidão de escoamento é aplicável o disposto no artigo 1378.°.*

3. *Na liquidação da indemnização será levado em conta o valor de qualquer benefício que para o prédio serviente advenha do uso da água, nos termos do número anterior; e no caso da alínea b) do n.° 1, será atendido o prejuízo que já resultava do decurso natural das águas.*

4. *Só estão sujeitos à servidão de escoamento os prédios que podem ser onerados core a servidão legal de aqueduto.*

2.ª revisão min. do anteprojecto
art. 1563.°

1. *A constituição forçada da servidão de escoamento, precedendo indemnização dos prejuízos, é permitida:*

a) *Quando, por obra do homens, e para fins agrícolas ou industriais, nasçam águas em algum prédio ou para ele sejam conduzidas de outro prédio;*

b) *Quando se pretenda dar direcção definida a águas que seguiam o seu curso natural;*

c) *Em relação às águas provenientes de gaivagem, canos, falsos, valas, guarda-matos, alcorcas ou qualquer outro modo de enxugo de prédios.*

d) *Havendo concessão de águas públicas, relativamente às sobejas.*

2. *Aos proprietários onerados cone a servidão de escoamento é aplicável o disposto no artigo 1391.°.*

3. *Na liquidação da indemnização será levado em conta o valor dos benefícios que para o prédio serviente advenham do uso da água, nos termos do número anterior; e, no caso da alínea b) do n.° 1, será atendido o prejuízo que já resultava do decurso natural das águas.*

Só estão sujeitos à servidão de escoamento os prédios que podem ser onerados com a servidão legal de aqueduto.

Projecto
art. 1563.°

1. *A constituição forçada da servidão de escoamento é permitida, precedendo indemnização dos prejuízos:*

a) *Quando, por obra do homem, e para fins agrícolas ou industriais, nasçam águas em algum prédio, ou para ele sejam conduzidas de outro prédio;*

b) *Quando se pretenda dar direcção definida a águas que seguiam o seu curso natural;*

c) *Em relação às águas provenientes de gaivagem, canos falsos, valas, guarda-matos, alcorcas ou qualquer outro modo de enxugo de prédios;*

d) *Quando haja concessão de águas públicas, relativamente às sobejas.*

2. *Aos proprietários onerados com a servidão de escoamento é aplicável o disposto no artigo 1391.°.*

3. *Na liquidação da indemnização será levado em conta o valor dos benefícios que para o prédio serviente advenham do uso da água, nos termos do número, anterior; e, no caso da alínea b) do n.° 1, será atendido o prejuízo que já resultava do decurso natural das águas.*

As águas no Código Civil   294

4. *Só estão sujeitos à servidão de escoamento os prédios que podem ser onerados com a servidão legal de aqueduto.*

Desenvolvimento

Art. 1563.° n.° 1, al. a)

A constituição forçada da servidão de escoamento é permitida precedendo indemnização do prejuízo:

Quando, por obra do homem, e para fins agrícolas ou industriais, nasçam águas em algum prédio ou para ele sejam conduzidas de outro prédio.

Antecedentes históricos

163. Teve por fonte os artigos 103.° (corpo); 110.°, § único e 116.° da Lei das Águas, com as seguintes redacções:

Art. 103.° (corpo) *Ao proprietário que por indústria descobrir no seu prédio alguma nova nascente é lícito encaminhar as águas vertentes sobre prédios alheios, contra a vontade dos donos precedendo autorização judicial e indemnização do prejuízo, se algum causar.*

Art. 110.°, § único. *Quando as obras feitas no prédio superior tiverem por objectivo algum dos lícitos aproveitamentos neste decreto, serão os donos dos prédios inferiores indemnizados do prejuízo que lhes resultar das águas vertentes.*

Art. 116.° *Os donos dos prédios inferiores àquele a que se dirige o aqueduto são obrigados a receber as águas vertentes ou dar-lhes passagem, contanto que sejam indemnizados dos prejuízos que daí lhes venham a resultar, observando-se o disposto no § único do artigo 114.°.*

Observações

164. Introdução – Não é fortemente inovador o artigo em apreço relativamente à anterior matéria legislativa correspondente. Limitou-se a concentrar, de forma algo mais precisa, situações concretas passíveis de integrarem a servidão de escoamento coerciva.

A lei não formula claramente uma noção de *escoamento*. Mas, da análise das circunstâncias taxativamente enumeradas, pode afiançar-se a seguinte ideia: o escoamento tem lugar sempre que num prédio haja água em quantidade excessiva que seja preciso fazer escorrer para outro, ou quando para um prédio sejam conduzidas águas vindas de prédio alheio.

Em qualquer dos casos, é suposto que as águas escorram por obra do homem. Não é de considerar na figura o encargo de os prédios inferiores receberem as águas que decorrem dos superiores *naturalmente* e sem obra do homem. Nestas condições, o escoamento não figura como um encargo excepcionalmente imposto. Passa a ser, apenas, um ónus *(propter rem)* normal, resultante da própria situação dos prédios. É, afinal, um caso típico de regulamentação do direito de propriedade e não de uma limitação excepcional a esse direito.

165. Águas nascidas num prédio ou para ele conduzidas – Na 1.ª parte da expressão estão as águas brotadas num prédio por obra humana com vista ao aproveitamento agrícola e industrial.

Suscitaram-se dúvidas a propósito de casos não incluídos no artigo 110.º da Lei das Águas, nem no seu § único. A hipótese mais comum que costuma ser apontada é a de num prédio ser feita exploração de uma pedreira (indústria) no decorrer da qual venha a ser encontrado um veio de água[265]. Quer dizer, a água surge, não como um fim em si mesmo, mas de forma acidental.

A controvérsia situava-se na exacta subsunção da hipótese – se ao artigo 110.º, se ao seu § único ou ao artigo 103.º do citado diploma.

Segundo uns, aplicável seria o artigo 110.º uma vez que ele apenas faz referência ao *decurso das águas*, o que tudo fazia crer ser irrelevante o modo e razão por que as águas brotassem.

Para os sequazes desta doutrina a água surgida acidentalmente em consequência da exploração de uma pedreira não é o resultado objectivado da indústria (hipótese considerada no artigo 103.º que, por seu turno, se refere aos modos de procura de água consignados no artigo 102.º)[266].

Por outro lado, a água assim surgida não se compreende na fórmula do § único do mesmo artigo. Este preceito, dizem, teria em vista a realização de obras com o fim de aproveitamento de água para a cultura dos prédios, indústria ou para consumo doméstico. Ora, a água surgida por mero acaso não se integra

---

[265] P. LIMA, *ob. cit.*, 3.ª ed., pág. 414.
[266] Vide n.º 78 e segs., *supra*.

As águas no Código Civil   296

em nenhuma das situações aludidas. Sendo assim, a hipótese melhor se integra no corpo do artigo 110.°. Além do mais, ainda nesta tese, é inconcebível que o legislador tenha querido impôr ao proprietário do prédio a obrigação de reter as águas surgidas daquela forma.

Segundo outros, a hipótese não cabia nem no corpo do artigo 110.° nem no seu § único, já que este último preceito se limitava aos aproveitamentos conscientes e queridos da água para fins agrícolas, industriais ou domésticos, através de obra humana com esse fito. Por isso se julgava aplicável o artigo 103.°.

Para uma terceira via, a hipótese integrar-se-ia no § único do artigo 110.°. *«De facto, o legislador não distingue os casos em que as obras sejam feitas com o intuito de descobrir águas ou com qualquer outro. Parece, é certo, que o § único tem em vista somente os casos em que as obras sejam feitas para a exploração de água, mas certo é também que o princípio é o mesmo do art. 103.°, no qual se confere o direito de constituir a servidão de escoamento precisamente nos mesmos casos do § único do art. 110.° e além deles, no da hipótese que se discute»*([267]).

Guilherme Moreira situava-se entre os defensores desta tese. Segundo este autor, embora se não possa considerar rigorosamente compreendida no artigo 103.° a nascente brotada por qualquer dos modos que não sejam os referidos no artigo 102.°, não se lhe afigurava duvidoso que existe, também neste caso, a servidão legal de escoamento imposta pelo parágrafo único do artigo 110.°([268]).

Toda esta profusão doutrinária resultava da falta de clareza dispositiva dos comandos normativos citados.

Com o intuito de resolver as dúvidas, o legislador desdobrou em duas directivas, apenas, os citados preceitos da Lei das Águas – dum lado, a servidão legal de escoamento (art. 1563.°, al. *a*)); do outro, o encargo natural de escoamento (art. 1351.°). Contudo, não foi, ainda assim, particularmente feliz nas fórmulas utilizadas, sobretudo no que se refere à servidão legal.

Fala-se aí em obras do homem, para fins agrícolas ou industriais, por virtude das quais nasçam águas em determinado prédio.

A questão resume-se nisto:

As obras humanas destinam-se à descoberta da água para aproveitamento agrícola ou industrial? Ou são, em si mesmo, realizadas para fins agrícolas e industriais e só, acidentalmente, as águas vêm a surgir?

A nosso ver, é indiferente o ponto de vista por que se queira olhar o problema. Além, a obra destina-se à captação de água (fim próximo) para ser apli-

---

([267]) P. LIMA, *ob. e loc. cits.*.
([268]) *Ob. cit.*, II, pág. 253 e 354.

cada na agricultura ou na indústria (fim último); aquém, a obra destina-se à aplicação agrícola ou industrial (fim imediato) e só por mero acaso aparece água. De qualquer modo, em ambos os casos, dois pontos são comuns: a *obra humana* e o *fim agrícola ou industrial.*

O fim essencial é sempre o mesmo – fim agrícola ou industrial; o meio de o alcançar – a obra.

Agora, saber se:

– é a obra que satisfaz, ela própria, aquele fim e só, fortuitamente, por virtude dela a água vem a surgir; ou

– a obra é, simplesmente, um meio para se alcançar a água com vista à satisfação do fim agrícola ou industrial,

– é a questão irrelevante (a mediatidade ou imediatidade da obra não altera a solução).

A redacção da alínea *a)* do n.º 1 do artigo em análise funda-se no artigo 103.º da Lei das Águas onde se diz que *«o proprietário que por indústria descobrir no seu prédio alguma nova nascente...».* Ora, parece claro que este artigo se abstrai do objectivo com que a indústria é promovida.

A letra da lei não nega tal interpretação, antes a sugere. A colocação da expressão *«para fins agrícolas ou industriais»* logo depois da referência às obras leva a crer ser esse, efectivamente, o verdadeiro sentido.

Por outro lado, no artigo 1563.º, n.º 1, al. *a)* estão reunidas as três fontes equivalentes da Lei das Águas (arts. 103.º, 110.º, § único e 116.º). Ora, a eliminação do § único do artigo 110.º do elenco do actual texto evidencia, ao que parece, não ser necessário, hoje, que as obras tenham por objectivo algum dos lícitos aproveitamentos da água permitidos pela Lei das Águas[269].

Se o legislador quisesse reduzir o alcance do artigo ao aproveitamento das águas subterrâneas ter-se-ia servido de uma expressão idêntica à utilizada no artigo 1394.º.

Finalmente, a não se aceitar a solução proposta, cair-se-ia num resultado algo equívoco e absurdo – a água obtida *casualmente* não poderia ser escoada a *título de servidão,* porquanto a obra não tinha por objectivo seu aparecimento, nem a título de *escoamento natural,* na medida em que tal figura não supõe. como se julga sabido, antes afasta, a existência de obra humana no nascimento da água.

Não se aceitar a solução proposta equivaleria a inibir o proprietário do prédio superior em dar saída às águas, o que o legislador, certamente, não pode ter querido, pela simples razão de que a natureza o não consente, também.

---

[269] P. LIMA, «Exposições de motivos», *ob. cit.,* pág. 25.

As águas no Código Civil

O preceito contempla, ainda, as hipóteses de condução, por obra do homem, de água de um para outro prédio. Também aqui, a necessidade de escoamento deve ser evidente, por forma a que, sem ela, não possa ser feita uma conveniente utilização agrícola ou industrial.

E por falar em utilização agrícola ou industrial, vale a pena referir que esse é, na verdade, o fim único da servidão a que se refere a alínea em exame. Não quis o legislador que as águas pudessem ter uma utilização doméstica, ornamental ou voluptuária. E no que à primeira concerne, partiu do pressuposto de que, normalmente, nos gastos domésticos o problema não tem acuidade bastante para constituir um problema que urja resolver através de uma servidão de escoamento.

Resta referir que a jurisprudência, normalmente, não aceita que nesta servidão se incluam águas conspurcadas ou impuras.

166. JURISPRUDÊNCIA

1. «I – Embora a expressão «águas vertentes» seja um conceito de direito, deve tomar-se em consideração a resposta ao quesito em que, com a expressão, se quis traduzir o facto de as águas trasbordarem de um poço. II – A sujeição ao escoamento natural das águas não confere ao proprietário do prédio inferior o direito à sua aquisição, nem impõe ao do prédio superior qualquer restrição a novo aproveitamento da fonte ou nascente de onde brotam as águas» – (Ac. da R.P., de 10/1/84, in *C.J.*, 84, L, pág. 211).

2. «I – Feitas, há mais de 40 anos, pelo proprietário de um prédio rústico, uma construção subterrânea, utilizando pedras, com uma abertura do mesmo material, para escoamento das águas desse prédio com vista ao aproveitamento para cultura de todo o terreno deste, as quais por aí se encaminham para uma poça distante que recebe outras águas, constituiu-se por usucapião uma servidão de escoamento a que se refere a alínea *c*) do n.º 1 do artigo 1563.º do Código Civil, anteriormente prevista no artigo 117.º do Decreto n. 5 787-IIII, de 10 de Maio de 1919. II – Os proprietários dos prédios onerados com a servidão que aproveitem as águas escoadas são meros detentores ou possuidores precários dessas águas (artigos 1563.º, n.º 2, e 1391.º do Código Civil), não podendo, assim, proceder a acção de manutenção dessa posse intentada com fundamento em obras no prédio dominante das quais resultou a privação do uso de tais águas. III – A presunção estabelecida no n.º 2 do artigo 1252.º do Código Civil só funciona em caso de dúvida e não quando se trata de uma situação definida, que exclui a titularidade do direito invocado» – (Ac. do S.T.J., de 22/03/74, Proc. n.º 065 059, *B.M.J.*, n.º 235/285).

3. «Reveste a natureza de servidão legal a servidão destinada a dar direc-ção definida a águas pluviais que, sem essa providência, seguiriam o seu curso normal» – (Ac. da R.E., de 20/07/76, *B.M.J.*, n.° 262/203).

4. «O lançamento para o prédio vizinho de efluentes resultantes de lava-gens e esgotos, mesmo que praticado desde há cerca de 30 anos, não conduz à constituição de servidões de escoamento por ser ilegal (art. 95.° do RGEU)» – (Ac. da R.C., de 8/05/90, in *C.J.*, 1990, III, pág. 45).

5. «I – A visibilidade dos sinais, que deve ser objectiva, evidenciada "erga omnis" (artigo 1548.°, n.° 2 do Código Civil), constitui condição indispensável à apreciação de determinados actos, como constituindo um exercício "jure servi-tutus" e não um exercício "jure familiaritatis" – um acto de favor, ou de mera tole-rância, característica das relações de boa vizinhança. II – Exige-se ainda, na ser-vidão de escoamento, que os sinais demonstrem uma modificação artificial, um "opus manu factum", revelador da intenção de exercer tal servidão. III – Além de visíveis – e permanentes – os sinais devem inequivocamente revelar o destino das obras ao exercício da servidão. IV – Duas pedras, à entrada de um rego natural podem, só por si, não revelar a destinação das obras à serventia de escoamento pelo prédio serviente; mas podem revestir esse significado, quando conjugados os sinais com outros indícios e pode a equivocidade ser destruída por recurso a elementos estranhos aos mesmos, através de quaisquer meios de prova. V – Nem pode constituir obstáculo à constituição da servidão ser o rego natural e não de mão humana: se havia rego natural, porventura no local mais adequado – por mais próximo do limite do prédio serviente – não há razão plausível para o seu não aproveitamento, para desviar por ali as águas e para a abertura de outro rego ao lado daquele» – (Ac. da R.P., de 29/09/92, Proc. n.° 9 130 266).

6. «I – Não é permitida qualquer modificação na escorrência de águas, quer pelo dono do prédio inferior que a estorve, quer pelo dono do prédio superior que a agrave, ressalvando-se os casos de constituição de servidão legal de escoa-mento. II – O proprietário do prédio inferior não pode instalar um dique contra o qual a água de torrente natural ou da chuva fique retida» – (Ac. do S.T.J., de 9/11/95, Proc. n.° 087 242).

7. «I – O escoamento natural das águas dos prédios superiores para os inferiores não origina, por si, a constituição de qualquer servidão. II – O prédio situado a nível inferior não tem o encargo de receber as águas de um prédio superior, provenientes de um tanque de lavar roupa aí construído e as utilizadas na lavagem de vasilhame, feita aí também» – (Ac. da R.P., de 12/06/97, Proc. n.° 9 631 159).

As águas no Código Civil 300

8. «I – As águas provenientes dos prédios superiores que os prédios inferiores estão sujeitos a receber, sem poder interferir, são apenas as que correspondem ao seu curso natural, ou seja, aquelas em que não houve qualquer alteração do fluxo normal por meio de obras do homem. II – Divididas as águas comuns em consequência do exercício do direito previsto no art. 1412.° do Código Civil, o subsequente direito exclusivo de cada um dos consortes passa a ser exercido sobre certa parte da água (tantas horas, dias, semanas, certo volume de caudal, etc.). III – Entre os co-utentes das águas, ainda que não sejam os seus donos, também os costumes podem assumir força juridicamente vinculativa na divisão, verificado o condicionalismo previsto no art. 1400.° do Código Civil» – (Ac. da R.C., de 27/01/2000, Proc. n.° 2941/99).

9. «I – O dono do prédio superior não pode realizar obras que agravem a servidão de escoamento natural de águas a que se refere o artigo 1351.° do Código Civil. II – São dessa natureza as obras realizadas pelo dono do prédio superior, transformando este em logradouro e pátio de prédio urbano onde se procede a lavagens que fazem escorrer águas sujas para o prédio inferior; agrava também a servidão, a construção de um muro divisório com buracos de escoamento das águas e a colocação de cubos de cimento junto ao muro que impedem a natural absorção das águas das chuvas» – (Ac. da R.P., de 31/01/2000, Proc. n.° 9 951 397).

10. «I – Tendo os autores apresentado articulado superveniente que foi admitido, não tendo dele havido recurso, não incorre em excesso de pronúncia a sentença cuja condenação verse sobre esse pedido constante da ampliação. II – Não se considerando as águas colatícias ou escorredoiras águas remanescentes, podem ser aproveitadas pelos proprietários dos prédios inferiores, logo que ultrapassem os limites dos prédios superiores, sendo certo que estes prédios não têm qualquer direito a essas águas, a não ser que as hajam adquirido por contrato ou usucapião. II – Desta forma, apesar da escritura de compra e venda que titula a aquisição do prédio dominante ser omissa quanto aos direitos das águas escorredoiras, mas constando da escritura de partilhas do antepossuidor não só a partilha dos prédios, mas também a das águas da propriedade dominante, têm os actuais proprietários o direito de servidão sobre as referidas águas, por efeito do contrato constante dessa escritura de partilhas já que, salvo declaração em contrário, um prédio é sempre transmitido com todas as suas pertenças, acessórios e partes integrantes» – (Ac. da R.C., de 06/06/2000, Proc. n.° 931/2000).

11. «I – Da improcedência de uma acção de simples apreciação negativa não resulta o reconhecimento do direito do réu; este, se o quer ver declarado, tem de reconvir pedindo o seu reconhecimento e que o autor seja condenado a respeitá-lo. II – A servidão figura no actual CCIV como encargo excepcional. III – Não

301   *Servidões legais de águas – art. 1563.°*

constitui servidão de escoamento, mas restrição normal imposta directamente por lei ao direito de propriedade ter o prédio inferior de suportar o escoamento de águas, assim como a terra e entulhos por elas arrastados, que, naturalmente e sem obra do homem, provenham do prédio superior. IV – A servidão, mesmo a legal, tem de ser constituída por acto voluntário do homem, sentença ou acto administrativo, ao passo que o encargo resulta directamente da lei» – (Ac. do S.T.J., de 23/01/2001, Proc. n.° 00A3364).

12. «I – Os prédios inferiores estão obrigados a receber as águas que decorram naturalmente e sem obra do homem dos prédios superiores. II – Essas águas devem escoar naturalmente; nem o dono do prédio superior pode modificar esse escoamento natural de tal modo que obrigue o prédio inferior a suportá-lo de uma forma mais gravosa, nem o dono do prédio inferior pode fazer obras que impeçam ou dificultem esse escoamento natural, de modo a agravar a situação do prédio superior com a retenção dessas águas. III – Se o proprietário do prédio superior fizer obras que impermeabilizem o solo, colocar caleiras nos beirados, construir caixas de captação de águas, canalizando-as para uma descarga directa no prédio inferior, agrava o ónus deste prédio, que assim deixará de estar sujeito a recebê-las, nos termos do n.° 1 do artigo 1351.° do C.Civil» – (Ac. da R.C., de 26/06/2001, Proc. n.° 1171/2001).

13. «O desvio do curso normal de águas pluviais, provocado por obras realizadas pelo dono do prédio onde elas caem, pode dar lugar a uma servidão legal de escoamento, independentemente de o prédio para o qual sejam derivadas essas águas se situar ou não em plano inferior àquele» – (Ac. da R.P., de 4/12/2001, Proc. n.° 0 121 012).

14. «I – A servidão de escoamento, que visa solucionar o problema das águas sobejas no prédio dominante – quer estas provenham duma corrente ou das chuvas, quer tenham brotado do solo por obra do homem, quer sejam conduzidas doutro prédio – também pode constituir-se por usucapião. II – Como expressamente estipula o artigo 1548.° do Código Civil, em conformidade com o artigo 1293.° al. *a*), as servidões não aparentes não podem constituir-se por usucapião. Por isso, a aquisição por usucapião da servidão de escoamento só pode fundar-se na existência de sinais visíveis e permanentes, sendo neste elemento que reside a aparência das servidões. III – Por sinal deve entender-se tudo aquilo que possa conduzir à revelação de qualquer coisa ou facto, principalmente os indícios que revelam a existências das obras destinadas a facilitar ou a tornar possível a servidão. Esses sinais devem ser visíveis, pois ao dono da obra do prédio serviente não pode ser imposta a constituição de um ónus se não puder ter tido conhecimento das obras inerentes ao exercício da servidão para querendo reagir contra os actos

As águas no Código Civil

praticados. IV – A servidão de escoamento pressupõe a realização de obras que desviem o curso normal das águas ou que provoquem a derivação de águas que tenderiam a ficar estagnadas no prédio dominante. V – A visibilidade das obras não exige que elas se apresentem nitidamente à vista de todos, basta que sejam perceptíveis e que revelem uma actuação de terceiros. VI – Utilizando os AA. um tubo há mais de 20 anos, enquanto obra visível e permanente, como meio de desviar as águas do seu prédio para o prédio dos RR., o facto de o mesmo atravessar um caminho público, não constituiu obstáculo a que se tivesse constituído por usucapião o direito de servidão de escoamento. VII – A questão de saber se o tubo é ou não coisa pública e/ou se os AA, donos do prédio o dominante, têm ou não licença para o utilizar respeita à Administração e não aos RR., proprietários do prédio serviente» – (Ac. da R.G., de 23/10/2002, Proc. n.° 948/02-2).

15. «I – A obrigação do dono de um prédio situado em plano inferior deixar escoar sem estorvo, as águas decorrentes de prédio superior, só existe quando o escoamento se faça de harmonia com a natureza do terreno e não devido a obra humana que impeça as águas de seguir o seu curso natural (sem prejuízo da constituição de servidão forçada de escoamento, quando admissível). II – Se os réus, donos de prédio inferior, estavam nessa situação de não ter que receber águas pluviais provenientes do prédio superior, dos autores, e obstruíram um boieiro ou buraco para evitar inundações no prédio deles, réus, estes não têm que indemnizar aqueles pelos danos resultantes da obstrução» – (Ac. da R.P., de 03/12/2002, Proc. n.° 0 121 414).

16. «O escoamento de águas através de prédio vizinho pode basear-se em dois títulos diversos: como simples restrição imposta ao prédio vizinho (artigo 1351.° do Código Civil); ou como servidão de escoamento, em sentido técnico (artigo 1563.° do mesmo Código). II – No primeiro caso, há um escoamento natural, imposto pelas circunstâncias, não influenciado por obra do homem e independente da vontade dos donos dos respectivos prédios. III – No segundo caso, o escoamento resulta de obra do homem e devem ocorrer os requisitos gerais da constituição das servidões, designadamente da servidão de aqueduto» – (Ac. da R.P., de 17/02/2003, Proc. n.° 0 250 270).

Art. 1563.° n.° 1, al. b)

A Constituição forçada da servidão de escoamento é permitida, precedendo indemnização do prejuízo:

Quando se pretenda dar direcção definida a águas que seguiam o seu curso natural.

Observações

167. Generalidades – A doutrina da alínea *b*) não tem expressão equivalente em diplomas legislativos anteriores.

As águas de uma corrente, proveniente de enxurros, torrentes, barrancos, das chuvas, etc., acabam com o tempo, de acordo, também, com o próprio declive e textura do terreno, por formar um curso natural.

Há, no entanto, razões várias que podem justificar a alteração daquele curso. Quais?

Podem resumir-se em duas as principais áreas de motivação – *desinteresse passivo e interesse activo.*

Na verdade, o dono do prédio atravessado pelas águas pode, a certa altura, sentir apreciáveis prejuízos nas suas culturas devido à sua passagem. E assim, na parte atravessada, ele desvia-as, obrigando-as a correr, porventura, no mesmo prédio, mas numa outra direcção. Alteração que se reflectirá, talvez, num percurso em pontos diferentes dos prédios anteriormente já percorridos e até, quiçá, em novos prédios.

Aqui, o proprietário que muda o curso mostra não ter interesse na sua manutenção.

Mas a alteração pode provir, ainda, de um inegável interesse que o proprietário tem em fazer um mais cuidado e integral aproveitamento da água livre.

Em última análise, o desvio pode decorrer da necessidade de um aproveitamento geral e público de toda uma população ou de um órgão administrativo.

Deve entender-se, porém, que seja qual for o motivo do desvio, ele deve sempre radicar num pressuposto lícito: proporcionar ao dono do prédio dominante uma utilidade ou, então, a prevenção de danos ou, no mínimo, o afastamento de um incómodo, gravame ou escusada causa de perturbação. Em caso algum, o desvio do curso natural das águas deve ser movido por razões reles, de vingança, de má vizinhança ou outras semelhantes, porque isso denotaria ilicitude e abuso de direito.

Seja como fôr, o dono do prédio inferior é obrigado a deixar livremente escorrer as águas desviadas.

168. JURISPRUDÊNCIA

1. «I – De harmonia com as disposições combinadas dos n.ᵒˢ 2 e 3 do art. 1569.º do Código Civil, as servidões legais, qualquer que tenha sido o título da sua constituição, podem ser judicialmente declaradas extintas a requerimento do proprietário do prédio serviente, desde que se mostrem desnecessárias ao

As águas no Código Civil 304

prédio dominante. II – Observando-se a evolução legislativa demarcada pelos arts. 106.°, § único e 110.° da Lei das Águas, e 1351.° e 1563.°, n.° 1, al. *b*) do Código Civil, tem de se concluir que reveste a natureza de servidão legal a destinada a dar direcção definida a águas pluviais que, sem essa providência, seguiriam o seu curso natural. III – Não impede a sua classificação como legal, em face do actual Código Civil, o facto de a servidão ter sido constituída por contrato no domínio da legislação anterior a este diploma – assim o impõe o n.° 2 do art. 12.° do Código Civil» – (Ac. da R.E., de 20/7/76, in *B.M.J.*, n.° 262/203).

2. «I – Na al. *b*) do n.° 1 do art. 1563.° do Código Civil atende-se às águas que sejam desviadas do seu curso normal por mercê de obras destinadas a darem--lhe uma direcção definida. Em tal caso, a lei faculta a constituição de uma servi-dão de escoamento já que a tais águas não se aplica o art. 1351.° do Código Civil que se refere às que escorrem dos prédios superiores naturalmente e sem obra do homem, ou seja, por mera acção do relevo ou do desnivelamento do terreno. II – Neste último caso, estamos em presença de uma faculdade condedida ao dono do prédio superior que não se materializa no exercício de uma servidão propria-mente dita, antes representa uma restrição imposta imediatamente por lei, em razão da situação dos prédios e da necessidade de facilitar ao dono daquele, que se situa em plano superior, o escoamento das águas nele surgidas, sem obra sua, a fim de lhe proporcionar condições de cultivo e de salubridade» – (Ac. da R.P., de 6/7/78, in *C.J.*, 1978, pág. 1198).

3. «I – Embora a expressão «águas vertentes» seja um conceito de direito, deve tomar-se em consideração a resposta ao quesito em que, com a expressão, se quis traduzir o facto de as águas trasbordarem de um poço. II – A sujeição ao escoamento natural das águas não confere ao proprietário do prédio inferior o direito à sua aquisição, nem impõe ao do prédio superior qualquer restrição a novo aproveitamento da fonte ou nascente de onde brotam as águas» – (Ac. da R.P., de 10/1/84, in *C.J.*, 84, 1.° vol., pág. 211).

Art. 1563.° n.° 1, al. c)

A constituição forçada da servidão de escoamento é permitida, precedendo indemnização do prejuízo:

Em relação às águas provenientes de gaivagem, canos falsos, valas, guarda-matos, alcorcas ou qualquer outro modo de enxugo de prédios.

305   *Servidões legais de águas – art. 1563.°*

Antecedentes históricos

169. O preceito teve por fonte o artigo 117.°, da Lei das Águas, cuja redacção se transcreve:

> *As disposições dos artigos precedentes são aplicáveis às águas provenientes de gaivagem, canos falsos, valas, guarda-matos, alcorcas, ou de qualquer outro modo de enxugo de prédios, quando essas águas houverem de atravessar o prédio ou prédios de diverso dono, para chegarem a alguma corrente ou a outra via de escoamento.*

Observações

170. Alcance do preceito – A importância da norma reside, sobretudo, no papel que desempenha em defesa das necessidades agrícolas, na medida em que permite uma conveniente cultura dos prédios onde hajam águas estagnadas.

Mas, posto que a lei não estabelece distinção alguma, a disposição pode ter, também, aplicação nos casos em que se possam ter em vista fins industriais ou outros, desde que, para tanto, seja necessário o enxugo de prédios rústicos.

Possível é, pois, a sua aplicação à hipótese de alguém querer construir uma casa de habitação num terreno habitualmente húmido ou abundante em águas – caso em que a drenagem e posterior escoamento através de terrenos vizinhos acaba por ser de uma indiscutível necessidade.

A par deste fim, a disposição é, ainda, aplicável às situações de risco e perigo da higiene e salubridade públicas. Em tais circunstâncias, como medida preventiva, a servidão de escoamento pode ter lugar sob promoção dos poderes públicos.

Com a expressão *«ou qualquer outro modo de enxugo de prédios»* não se teve em vista a *forma* como o enxugo deve ser observado, já que este nunca pode estar dependente da vontade discricionária do dono do prédio dominante. Significa, antes, que o escoamento pode fazer-se segundo uma razão não especialmente prevista, desde que mais conveniente ao prédio dominante e menos oneroso ao serviente.

Gaivagem, canos-falsos, valas, guarda-matos e alcorcas são termos usados nas várias terras do país que, sinonimamente, exprimem a mesma ideia – regos ou aquedutos destinados à drenagem ou enxugo de prédios.

171. JURISPRUDÊNCIA

1. «I – Feitas, há mais de 40 anos, pelo proprietário de um prédio rústico, uma construção subterrânea, utilizando pedras, com uma abertura do mesmo material, para escoamento das águas desse prédio com vista ao aproveitamento para cultura de todo o terreno desta, as quais por aí se encaminham para uma poça distante que recebe outras águas, constitui-se por usucapião uma servidão de escoamento a que se refere a al. *c*) do n.° 1, do art. 1563.°, do Código Civil, anteriormente prevista no art. 117.° do Dec. n.° 5 787-IIII de 10-5-919. II – Os proprietários dos prédios onerados com a servidão que aproveitem as águas escoadas são meros detentores ou possuidores precários dessas águas (arts. 1563.° e 1319.°, do Cód. Civil) não podendo assim, proceder acção de manutenção dessa posse, intentada, com o fundamento em obras no prédio dominante das «quais resultou a privação do uso de tais águas». III – A presunção estabelecida no n.° 2 do art. 1252.° do C.C., só funciona em caso de dúvida e não quando se trata de uma actuação definida, que exclui a titularidade do direito invocado» – (Ac. do S.T.J., de 23/3/74, in *B.M.J.*, n.° 235/285 e R.T., 92.°/463).

2. «I – Embora a expressão «águas vertentes» seja um conceito de direito, deve tomar-se em consideração a resposta ao quesito em que, com a expressão, se quis traduzir o facto de as águas trasbordarem de um poço. II – A sujeição ao escoamento natural das águas não confere ao proprietário do prédio inferior o direito à sua aquisição, nem impõe ao do prédio superior qualquer restrição a novo aproveitamento da fonte ou nascente de onde brotam as águas» – (Ac. da R.P., de 10/1/84, in *C.J.*, 84, I, 211).

3. «I – Feitas, há mais de 40 anos, pelo proprietário de um prédio rústico, uma construção subterrânea, utilizando pedras, com uma abertura do mesmo material, para escoamento das águas desse prédio com vista ao aproveitamento para cultura de todo o terreno deste, as quais por aí se encaminham para uma poça distante que recebe outras águas, constituiu-se por usucapião uma servidão de escoamento a que se refere a alínea *c*) do n.° 1 do artigo 1563.° do Código Civil, anteriormente prevista no artigo 117.° do Decreto n.° 5 787-IIII, de 10 de Maio de 1919. II – Os proprietários dos prédios onerados com a servidão que aproveitem as águas escoadas são meros detentores ou possuidores precários dessas águas (artigos 1563.°, n.° 2, e 1391.° do Código Civil), não podendo, assim, proceder a acção de manutenção dessa posse intentada com fundamento em obras no prédio dominante das quais resultou a privação do uso de tais águas. III – A presunção estabelecida no n.° 2 do artigo 1252.° do Código Civil só funciona em caso de duvida e não quando se trata de uma situação definida, que exclui a titularidade do direito invocado» – (Ac. do S.T.J., de 22/03/74, Proc. n.° 065 059, *B.M.J.*, n.° 235/285).

Art. 1563.° n.° 1, al. d)

A constituição forçada da servidão de escoamento é permitida, precedendo indemnização do prejuízo:

Quando haja concessão de águas públicas, relativamente às sobejas.

Observações

172. Generalidades – Esta disposição inspira-se nos artigos 53.° e 77.° da Lei das Águas([270]).

A concessão de água pública restringe-se ao caudal necessário para o fim inicialmente proposto. Se, eventualmente, a água não for toda aproveitada, a parte excedente, a sobeja, volta à utilidade, fim e domínio públicos iniciais (art. 1386.°, n.° 2). É na prossecução desse fim (de retorno ao domínio público) que os particulares têm que ceder a passagem (escoamento).

Art. 1563.° n.° 2

Aos proprietários onerados com a servidão de escoamento é aplicável o disposto no artigo 1391.°.

Antecedentes históricos

173. Esta disposição inspira-se na doutrina exarada no artigo 105.° da Lei das Águas, cuja redacção se transcreve:

> *Os donos dos prédios para onde se derivem as águas vertentes de qualquer fonte ou nascente podem eventualmente aproveitá-las nos mesmos prédios; mas a privação deste uso por efeito de novo aproveitamento, que faça o dono do prédio, onde as águas nascem, não constitui violação de direito.*

Observações

174. Generalidades – Para além da indemnização, o encargo do escoamento imposto ao proprietário inferior determina, na sua esfera, a possibilidade de

---

([270]) Ver n.° 134, *supra*.

As águas no Código Civil   308

utilização das águas, sempre que necessário. É uma compensação – *ubi incommodum ibi commodum*. Não uma compensação geradora de um direito perene, mas confinada ao período da utilização *tolerada,* isto é, ao período em que o dono da água a não quiser de novo aproveitar. Quer dizer, aquele aproveitamento é meramente precário.

Significa, por conseguinte, que a livre disposição da água pelo dono do prédio serviente só toma a configuração de um direito, enquanto necessária contrapartida da mera tolerância do dono do prédio dominante([271]).

175. JURISPRUDÊNCIA

1. «I – Feitas, há mais de 40 anos, pelo proprietário de um prédio rústico, uma construção subterrânea, utilizando pedras, com uma abertura do mesmo material, para escoamento das águas desse prédio com vista ao aproveitamento para cultura de todo o terreno deste, as quais por aí se encaminham para uma poça distante que recebe outras águas, constituiu-se por usucapião uma servidão de escoamento a que se refere a alínea *c*) do n.º 1 do artigo 1563.º do Código Civil, anteriormente prevista no artigo 117.º do Decreto n.º 5 787-IIII, de 10 de Maio de 1919. II – Os proprietários dos prédios onerados com a servidão que aproveitem as águas escoadas são meros detentores ou possuidores precários dessas águas (artigos 1563.º, n.º 2, e 1391.º do Código Civil), não podendo, assim, proceder a acção de manutenção dessa posse intentada com fundamento em obras no prédio dominante das quais resultou a privação do uso de tais águas. III – A presunção estabelecida no n.º 2 do artigo 1252.º do Código Civil só funciona em caso de dúvida e não quando se trata de uma situação definida, que exclui a titularidade do direito invocado» – (Ac. do S.T.J., de 22/03/74, Proc. n.º 065 059, *B.M.J.*, n.º 235/285).

Art. 1563.º n.º 3

Na liquidação da indemnização será levado em conta o valor dos benefícios que para o prédio serviente advenham do uso da água, nos termos do número anterior; e, no caso da alínea *b)* do n.º 1, será atendido o prejuízo que já resultava do decurso natural das águas.

([271]) Ver n.os 65 e 66.

Antecedentes históricos

176. O preceito teve por fonte o § único do artigo 103.° da Lei das Águas, cujo teor aqui se reproduz:

> *Na liquidação da indemnização será levado em conta o valor de qualquer benefício que aos prédios servientes possa resultar do uso das águas vertentes.*

Observações

177. Alcance do preceito – O quantum indemnizatório, aqui, não é obtido de harmonia com a regra de cálculo prevista no artigo 564.° do Código Civil. Antes, numa ideia de equilíbrio, obedece ao jogo dos efectivos prejuízos (lucro cessante e dano emergente), dum lado, e dos benefícios advenientes para o prédio serviente em resultado do uso da água, do outro.

Se, acaso, na mesma pessoa, o benefício superar o prejuízo haverá ou não lugar a indemnização ? Supõe-se que não.

Em tal hipótese, como o lucro compensa, ultrapassando-o, o prejuízo, não se pode dizer, em bom rigor, haver um real dano. Nesta medida, posto que o artigo 1563.° pressupõe um prejuízo efectivo («precedendo indemnização do prejuízo») não haverá, a nosso ver, lugar a indemnização. A propriedade, em tal caso, atingiu, plenamente, os objectivos ínsitos no conceito de *propriedade-função social* – tanto serviu os desígnios do prédio dominante, como os interesses do prédio serviente.

Mas pergunta-se:

Não se justificará a indemnização de um ponto de vista dinâmico? Ela não deverá ser arbitrada *a partir* e *por causa* do benefício que o prédio dominante obteve?

São perguntas e simultaneamente juízos opinativos, numa acepção em que o dever de indemnizar assentaria num movimento partido do prédio dominante para o onerado $(A \rightarrow B)$.

É claro que esta não pode ser a interpretação correcta. O benefício em favor do prédio dominante nunca pode ser móbil indemnizatório, embora se diga que, por regra, ele gera indemnização. Só que lhe anda, também, inerente a verificação de um prejuízo. Portanto, a indemnização, isoladamente, não nasce *a partir* do benefício para o prédio dominante, em caso algum.

E se o benefício para o prédio serviente, resultante da utilização da água, fôr equivalente ao prejuízo efectivo, decorrente da servidão que lhe é imposta?

As águas no Código Civil   310

Nesta hipótese, dir-se-á, o dono do prédio onerado nada ganha nem perde com a servidão, o que à primeira vista nada parece aconselhar a fixação de uma indemnização. Mas não é assim.

A servidão traduz-se sempre num encargo, numa limitação ao pleno direito de propriedade, já se sabe. Sendo assim, o dano emergente ao lado do encargo, que afinal tem um preço, acabam, juntos, por representar um desvalor maior do que o valor do benefício que o uso da água lhe pode originar – mesmo em termos numéricos seriam dois desvalores contra uma única valoração. Neste caso, parece não haver dúvidas de que a indemnização a favor do dono do prédio onerado se impõe, ainda que na liquidação seja *«levado em conta o valor dos benefícios»*. Isto, sem falar, naturalmente, do eventual lucro cessante ou de um previsível prejuízo futuro, pois que, então, a questão nem chega a merecer quaisquer dúvidas, dado o desnível entre os pratos da balança e os interesses em jogo.

O que se disse vale em relação às águas desviadas do primitivo curso natural. Também aqui é preciso atender ao prejuízo, porventura, existente no momento em que as águas seguiam livremente. O prejuízo, agora, pode ser, efectivamente, maior ou menor que o anteriormente verificado. Será, então, da conjugação desse novo factor com o benefício que para o prédio serviente resulte do aproveitamento da água que a indemnização deve ser arbitrada.

Art. 1563.° n.° 4

> Só estão sujeitos à servidão de escoamento os prédios que podem ser onerados com a servidão legal de aqueduto.

Observações

178. Generalidades – Embora a letra da lei o possa, de algum modo, sugerir a servidão de escoamento não funciona como complemento necessário da servidão de aqueduto. Com o n.° 4 quer dizer-se, tão só, que nem todos os prédios estão sujeitos ao escoamento coactivo, mas, apenas, os que o artigo 1561.° refere - prédios rústicos e, eventualmente, quintas muradas, desde que a água se escoe, por obra humana, subterraneamente. De fora, pois, as casas de habitação e quintais, jardins ou terreiros a elas contíguos.

179. JURISPRUDÊNCIA

1. «I – A extinção de servidão por desnecessidade é aplicável às servidões legais, qualquer que tenha sido o título da sua constituição. II – A servidão que abrange o escoamento de águas impuras não é servidão de escoamento, mas servidão de cloaca ou latrina, só susceptível de constituir servidão voluntária, que não servidão legal. III – Não podem extinguir-se por desnecessidade as chamadas servidões voluntárias, excepto quando delas nasce uma servidão legal» – (Ac. da R.P., de 26/05/92, Proc. n.° 9 230 016).

2. «I – Da improcedência de uma acção de simples apreciação negativa não resulta o reconhecimento do direito do réu; este, se o quer ver declarado, tem de reconvir pedindo o seu reconhecimento e que o autor seja condenado a respeitá--lo. II – A servidão figura no actual C.Civ. como encargo excepcional. III – Não constitui servidão de escoamento, mas restrição normal imposta directamente por lei ao direito de propriedade ter o prédio inferior de suportar o escoamento de águas, assim como a terra e entulhos por elas arrastados, que, naturalmente e sem obra do homem, provenham do prédio superior. IV – A servidão, mesmo a legal, tem de ser constituída por acto voluntário do homem, sentença ou acto administrativo, ao passo que o encargo resulta directamente da lei» – (Ac. do S.T.J., de 23/01/2001, Proc. n.° 00A3364).

APÊNDICE N.º 1

A – **Exercício das servidões**
    I – *Modo e extensão*
    II – *Obras*

B – **Mudança das servidões**

C – **Extinção das servidões**

D – **Exercício parcial das servidões**

E – **Exercício em época diversa**

A – EXERCÍCIO DAS SERVIDÕES

I – MODO E EXTENSÃO

ARTIGO 1564.º
(Modo de exercício)

As servidões são reguladas, no que respeita à sua extensão e exercício, pelo respectivo título; na insuficiência do título, observar-se-á o disposto nos artigos seguintes.

ARTIGO 1565.º
(Extensão da servidão)

1. O direito de servidão compreende tudo o que é necessário para o seu uso e conservação.

2. Em caso de dúvida quanto à extensão ou modo de exercício, entender--se-á constituída a servidão por forma a satisfazer as necessidades normais e previsíveis do prédio dominante com o menor prejuízo para o prédio serviente.

1. Introdução

O título constitutivo da servidão (ver art. 1547.º, n.ᵒˢ 1 e 2, do C.C.) representa a fonte do seu exercício e extensão. A ele se deve recorrer para a compreensão do fenómeno da servidão concreta e apuramento do grupo de direitos e deveres a observar por ambos os donos dos prédios determinados pela relação jurídica.

Isto posto, há que atender às diversas espécies de servidão e ao modo como foram adquiridas.

Nas legais, é a lei a estipular quais os ónus e, afinal, o serviço que um prédio tem que prestar a outro, de dono diferente. Nas constituídas pelo facto do homem, são as cláusulas negociais a ditar a forma como a servidão deve ser observada.

Só residualmente, na falta de elementos titulados, se deve lançar mão do recurso às disposições estabelecidas no Código.

As águas no Código Civil   316

2. Servidão de presa

Em princípio, tornado efectivo o direito de presa, os direitos e obrigações do titular da servidão coincidem com os que pertencem ao titular de qualquer outra servidão.

É assim que, tratando-se de água particular e nenhuma restrição houver ao seu uso, o direito de presa pode livremente ser exercido. Sendo pública e tendo sido concedida por tempo determinado e para certo fim, só nessas condições de tempo e aproveitamento o direito de presa pode ter expressão prática.

Por outro lado, se no título por que é conferido o direito à água – concessão ou negócio jurídico – estiver precisado o volume de água a utilizar, só esse volume pode ser derivado. Nada tendo sido estipulado a esse respeito, entender--se-á que apenas há direito ao caudal necessário para o fim a que as mesmas se destinam (art. 1386.°, n.° 2).

3. Servidão de aqueduto

Pela servidão de aqueduto, o prédio serviente fica onerado com a condução da água a favor de prédio alheio. O titular da servidão, pelo seu lado, fica com o direito à prática dos actos que para o efeito sejam necessários.

Esta a regra que, naturalmente, cederá se outra coisa tiver sido convencionada no negócio jurídico titulado.

Evidentemente, não obstante a servidão, o dono do prédio serviente pode retirar dele todas as utilidades, contanto que não prejudique o aqueduto e o fim a que se destina. O direito de propriedade do dono do prédio serviente fica, apenas, limitado, no seu *exercício* quanto à prática de actos que possam, consciente ou inconscientemente, prejudicar o aqueduto, quer no que respeita ao curso das águas, quer no que tange à sua conservação. Daí, não lhe estar vedada a possibilidade de realização de qualquer construção sobre o aqueduto (cobri-lo, designadamente, a fim de permitir a passagem sobre ele de qualquer alfaia ou máquina agrícola e o cultivo contínuo de todo o terreno), desde que o curso das águas não seja embaraçado.

Nesta mesma linha, o proprietário onerado pode vedar o seu prédio, posto que não impeça o dono do aqueduto de o inspeccionar ou nele fazer os consertos imprescindíveis, enfim, tudo o que for preciso ao pleno exercício da servidão. Com isto quer dizer-se que o titular da servidão tem todo o direito de exigir do proprietário onerado a passagem pelo seu prédio para condução das águas e, bem assim, limpeza, expurgação do aqueduto e obras de conservação. O que, apesar disso, não obsta a que o dono do prédio serviente possa fechar à chave a porta de ingresso ao seu prédio, desde que ao dono do aqueduto forneça uma chave para seu uso pessoal[1].

---

[1] *R.L.J.*, ano 50.°, pág. 216.

A mesma ideia serve, aliás, para fazer compreender a razão da possibilidade que o proprietário do aqueduto tem de depositar junto dele, no prédio serviente, os materiais destinados à sua reparação (areia, cimento, tijolos, pedra, etc.). Tal como faz perceber como deva o dono do prédio serviente ser obrigado a suportar, no seu prédio, os detritos resultantes da limpeza (terra, entulho, etc.).

Em ambos os casos, porém, são prerrogativas só temporariamente atribuídas ao dono do aqueduto. Findos os trabalhos de reparação e limpeza, ele está obrigado a remover os materiais e substâncias ali depositadas.

Finalmente, ainda que a lei o não diga expressamente, o dono do aqueduto, sendo o rego de bordo vivo, pode servir-se de terra e torrões retirados do prédio serviente para formar as respectivas bordas e lançar de ambos os lados, para melhor o ampararem, o limo e lodo que dele extrair.

Tudo isto, como se disse, na falta de especiais disposições tituladas e na observância do exarado no artigo 1568.°, dispositivo que encerra um basilar princípio – a extensão e o modo do exercício da servidão devem satisfazer as necessidades *normais* e *previsíveis* do prédio dominante com o *menor prejuízo* para o serviente.

Neste particular, o Código sancionou a orientação até então predominante, acolhendo o critério da satisfação das necessidades *actuais* (no momento da constituição) ou *futuras* (previstas e previsíveis), resultantes das exigências bem determináveis dos prédios. Só as naturais e previsíveis são atendíveis.

Certo que a terminologia utilizada pelo Código pode comportar algumas dificuldades de integração casuística. A fronteira entre o normal e o anormal, entre o previsível e o imprevisível é na prática, por vezes pouco nítida. Se um prédio é de cultivo (semeadura, regadio, pastagem) é admissível que se considere normal e previsível a exploração pecuária, *complementar* da exploração agrícola. Mas, já deverão ser anormais e imprevisíveis as necessidades derivadas de uma exploração industrial e comercial em larga escala (aviário, unidade agro-pecuária, etc.)[2].

4. Servidão de escoamento

A este tipo de servidão são aplicáveis os princípios gerais, comuns aos restantes tipos estudados.

Constituída a servidão, os proprietários dos prédios dominante e serviente ficam tendo, enquanto perdurar a relação, os direitos e obrigações que para o seu uso se tornem adequados.

De específico, apenas o direito que ao dono do prédio serviente assiste de se aproveitar das águas que para lá forem escoadas.

---

[2] Outros exemplos: *R.L.J.*, ano 47.°/248; 48.°/299 e 469 e CUNHA GONÇALVES, *ob. cit.*, vol. II, pág. 672.

JURISPRUDÊNCIA

1. «I – Na alínea *b*) do n.° 1 do artigo 1563.° do C.C.V., atende-se às águas que sejam desviadas do seu curso normal por mercê de obras destinadas a darem--lhe uma direcção definida. Em tal caso, a lei faculta a constituição de uma servidão de escoamento, já que a tais águas não se aplica o artigo 1351.° do mesmo C.C.V., que se refere às que escorrem dos prédios superiores, naturalmente e sem obra do homem, ou seja, por mera acção do relevo ou do desnivelamento do terreno. II – Neste último caso, estamos em presença de uma faculdade concedida ao dono do prédio superior, que não se materializa no exercício de uma servidão propriamente dita, antes representa uma restrição imposta imediatamente pela lei, em razão da situação dos prédios e da necessidade de facilitar ao dono daquele que se situa em plano superior, o escoamento das águas nele surgidas sem obra sua, a fim de lhe proporcionar condições de cultivo e de salubridade» – (Ac. da R.P., de 6/07/78, Proc. n.° 0 012 628).

2. «VIII – O abuso de direito supõe a existência de um lesado pelo respectivo exercicio, tendo este o poder de exigir que o exercício do direito se exerça com moderação, equilíbrio, lógica e racionalidade, mas não o de requerer que o direito não seja reconhecido» – (Ac. do S.T.J., de 29/06/89, Proc. n.° 077 210).

3. «I – Só pode ser reconhecido o direito de propriedade se quem o invoca provar a sua aquisição originária, ou que dele era titular o transmitente na aquisição derivada. II – Seja qual for o modo de constituição das servidões, o dono do prédio dominante não adquire o direito de propriedade sobre o prédio serviente, cuja entrega não pode exigir; os seus direitos limitam-se ao exercício, não estorvado, da servidão adquirida» – (Ac. do S.T.J., de 20/06/90, Proc. n.° 078 859).

4. «I – Por destinação do pai de família pode adquirir-se servidão da água para seu aproveitamento no prédio dominante, conforme as necessidades deste, mas não o direito de propriedade da água. II – Não se pedindo o reconhecimento de servidão da água e decidido que ela não pertence aos autores, não podem estes conduzi-la por aqueduto para o seu prédio» – (Ac. do S.T.J., de 15/10/91, Proc. n.° 080 522).

5. «1 – Nem todo o estado de facto, que torna possível o exercício de poderes sobre as coisas e a que, de um modo geral, se pode dar o nome de relação possessoria, merece a mesma consideração: a noção jurídica de posse não coincide sempre com a relação material. 2 – Tendo existido apenas posse tolerada, mera detenção, vez alguma, pelo escoamento da água referida no processo, presidiu no espírito dos autores o "animus possidendi" da correlativa servidão» – (Ac. da R.P., de 12/12/91, Proc. n.° 0 309 800).

6. «Pedindo-se o reconhecimento judicial de uma servidão de passagem já constituída, não é necessária uma descrição pormenorizada e exaustiva das neces-

319   *Apêndice 1.° – Exercício das servidões*

sidades normais e previsíveis do prédio dominante, bastando uma descrição de que resultem indirectamente essas necessidades» – (Ac. da R.L., de 14/01/93, Proc. n.° 0 066 412).

7. «II – O direito de servidão compreende tudo o que é necessário para o seu uso e conservação. III – Em caso de dúvida quanto à extensão ou modo de exercício, entender-se-á constituída a servidão por forma a satisfazer as necessidades normais e previsiveis do prédio dominante, com o menor prejuízo para o prédio serviente» – (Ac. do S.T.J., de 25/02/93, Proc. n.° 082 884).

8. «I – Numa acção de arbitramento para divisão de águas, os peritos procederam à divisão de água por tempo de utilização, reconhecendo que o prédio rústico dos apelantes, a favor do qual se mostra constituída a servidão de utilização de água captada no prédio dos apelados, tem necessidade de dia e meio de água por semana durante o ano. II – Mas tendo os peritos optado por esta forma de repartição de água, que veio a ser homologado, não se mostra suficientemente concretizado o conteúdo e a extensão de servidão constituída a favor do prédio dos apelantes, sem que se fixe, em concreto, o momento em que se inicia e finda o período de utilização de água» – (Ac. da R.P., de 20/05/93, Proc. n.° 9 120 594).

9. «III – Do exercício do direito de tapagem não pode resultar a extinção do encargo de escoamento natural das águas decorrentes do prédio superior. Este encargo não se confunde com a servidão legal de escoamento. Este encargo é objectivo, existindo independentemente do direito de propriedade sobre os prédios confinantes; assenta na posição correlativa dos prédios e não na abertura de sulcos» – (Ac. da R.L., de 28/09/93, Proc. n.° 0 066 261).

10. «I – O proprietário de prédio onerado com servidão de passagem pode proceder à sua vedação, colocando um portão nos respectivos acessos, desde que não seja impedido ou dificultado o uso da servidão. II – A conciliação dos interesses opostos dos proprietários serviente e dominante deve ser analisada em função das circunstâncias de cada caso concreto, devendo atender-se, além do mais, ao tipo de construção efectuada e ao conteúdo da servidão» – (Ac. do S.T.J., de 19/04/95, Proc. n.° 086 608).

11. «I – Constituída uma servidão de aqueduto para condução de águas por rêgo a céu aberto, a pretensão do titular dessa servidão de a condução das águas se passar a fazer por tubo plástico colocado no subsolo dos mesmos prédios não implica a constituição de nova servidão mas o simples melhoramento da já existente. II – O meio processual adequado a essa pretensão é a acção especial de arbitramento» – (Ac. da R.P., de 26/06/95, Proc. n.° 9 550 040).

12. «I – Na servidão de aqueduto que tem como acessória a de poço ou represa, a sorte da servidão acessória segue a da principal e está sujeita às mes-

As águas no Código Civil 320

mas regras gerais. II – A inovação consistente na construção de novos poços em locais onde nunca existiram e a simples probabilidade do aumento do caudal das águas permite concluir que se verificou uma modificação ilegal, quer na localização quer na extensão e modo de exercício da anterior servidão em detrimento do prédio serviente, o mesmo se dizendo da abertura de valas ao longo dos regos a céu aberto, com as quais se ligam as nascentes aos referidos poços, e com a finalidade de canalizar a água subterraneamente» – (Ac. do S.T.J., de 28/05/96, Proc. n.º 088 411).

13. «I – O dono do prédio serviente não está inibido de fazer no seu prédio alterações, desde que não prejudique ou só prejudique pouco o dono do prédio dominante, e desde que o faça à sua custa; II – O modo e o tempo de exercício de uma servidão podem igualmente ser alterados desde que se verifiquem os mesmos requisitos; III – Constituída por qualquer título uma servidão de estilicídio, o proprietário do prédio serviente não pode levantar edifício ou construção que impeça o escoamento das águas, devendo realizar as obras necessárias para que tal escoamento se faça sobre o seu prédio, sem prejuízo para o prédio dominante» – (Ac. da R.P., de 15/09/98, Proc. n.º 9 720 450).

14. «I – As servidões legais podem ser constituídas por sentença judicial, por decisão administrativa e voluntariamente, sendo possível, neste caso, a constituição por contrato, por testamento, por usucapião e por destinação do pai de família. II – Apenas quanto às servidões não aparentes é de excluir, por disposição expressa da lei, a sua constituição por usucapião. III – O direito de preferência concedido no artigo 1555.º do C. Civil existe qualquer que tenha sido o título constitutivo da servidão legal de passagem em causa» – (Ac. do S.T.J., de 14/02/99, Proc. n.º 98A1016).

15. «I – A servidão predial é um direito real consistente na imposição de um encargo a um prédio em proveito exclusivo de outro prédio, no quadro do artigo 1543.º do Código Civil. II – Nas servidões prediais é essencial que as vantagens ou utilidades proporcionadas pelo prédio serviente se conexionem com o prédio dominante e possam ser aproveitadas ou usadas através dele, ou seja, que a servidão respectiva se ligue objectivamente a esse prédio, e não a pessoas, no âmbito do artigo 1540.º daquele diploma substantivo. III – Tal servidão predial pode ser constituída por destinação de pai de família, nomeadamente, nas fronteiras do artigo 1547.º, ainda daquele diploma. IV – A existência de porta de entrada deitando directamente sobre o prédio serviente é um índice da sua afectação ao exercício da servidão de passagem, no âmbito dos artigos 1360.º e 1362.º, n.º 1, do Código Civil» – (Ac. do S.T.J., de 13/01/2000, Proc. n.º 99B977).

16. «I – Embora se tenha provado que, desde Setembro de 1992, os recorrentes têm utilizado a água para os seus gastos domésticos, a inexistência da

constituição da servidão de aqueduto preclude toda e qualquer possibilidade de poderem recorrer à via possessória para defesa de quaisquer direitos de que se arroguem titulares. II – Constituindo a existência da servidão de aqueduto um facto condicionante do reconhecimento do direito do possuidor de ser restituído à titularidade do direito de que se viu privado, incumbe ao titular de tal direito o ónus da prova dos factos constitutivos do mesmo e não ao proprietário do prédio onerado com uma servidão não alegada, a prova da sua inexistência – artigo 342.° do Código Civil. III – Não existindo, nos factos provados, quaisquer elementos susceptíveis de permitir a atribuição aos reconvintes da titularidade do direito de propriedade sobre o prédio rústico, não pode merecer qualquer acolhimento do tribunal o pedido de eliminação das restrições ao pleno exercício daquele direito, levadas a cabo através da abertura, no subsolo, da galeria de uma mina, já que se ignora a identidade do titular, ou titulares, do direito de propriedade sobre tal prédio» – (Ac. da R.P., de 26/04/2001, Proc. n.° 0 031 723).

17. «I – A palavra extensão, aplicada ao exercício das servidões tem uma significação quantitativa, exprimindo a concretização prática e os limites do respectivo modo de exercício. II – Quer na extensão quer no modo de exercício, as servidões regulam-se pelo título constitutivo, e, na insuficiência deste, pelas normas dos artigos 2565.° e seguintes do Código Civil, de que se destaca a do n.° 2 daquele último preceito, onde se prescreve, para os casos de dúvida, que a servidão deverá satisfazer as necessidades normais e previsíveis do prédio dominante com o menor prejuízo para o serviente» – (Ac. do S.T.J., de 4/04/2002, Proc. n.° 02B736).

18. «Não obtendo A o reconhecimento de um direito de propriedade sobre as águas nascidas em prédio alheio, mas apenas um direito de servidão relativamente a tais águas, utilizadas em prédios seus, não tem ele o direito de obter a tapagem de um furo aberto pelo dono do prédio onde está a nascente» – (Ac. da R.P., de 8/04/2002, Proc. n.° 0 250 330).

19. «I – Atendendo ao duplo objectivo consagrado no artigo 1565.°, n.° 2 do Código Civil – maior utilidade possível para o prédio dominante e menor dano possível para o prédio serviente –, as necessidades a satisfazer por meio da servidão são as já existentes no momento da sua constituição e ainda todas aquelas decorrentes das modificações naturais e previsíveis do prédio dominante, com exclusão de certos casos que tornem a servidão mais onerosa. Essencial é que seja sempre respeitada a função da servidão e tais modificações não se traduzam num agravamento do ónus. II – Constitui utilidade normal de todo o prédio rústico a sua potencialidade edificativa. III – Por isso, a satisfação das necessidades normais e previsíveis do prédio dominante e decorrentes da sua transformação de prédio rústico em prédio urbano, impõe que a servidão de passagem constituída para ser utilizada "a pé, de carros de tracção animal ou tractores"

As águas no Código Civil

possa ser utilizada por outros veículos automóveis. IV – Mantendo-se inalterada a largura do leito do caminho, a servidão não passa a ser mais onerosa nem mais limitativa do direito de propriedade dos réus» – (Ac. da R.G., de 11/12/2002, Proc. n.° 1178/02-2).

20. «I – Da noção legal de servidão (C.C. – 1543.°) decorre quer de per si quer da sua conjugação com outras normas bem como dos 3 artigos seguintes, que a lei apenas reconhece a servidão com natureza real, não a admite enquanto nem como servidão pessoal. II – Uma das características das servidões é a atipicidade do seu conteúdo (C.C. – 1544.°). III – A servidão por destinação do pai de família só nasce no momento da separação de domínios. IV – A visibilidade destina-se a garantir a não clandestinidade, por ela os sinais denunciam a prestação de uma utilidade não transitória mas estável que constitui o conteúdo da servidão e há-de ser apreciada em termos de objectividade (não se exige que dos sinais tenham conhecimento o alienante e o adquirente, no acto jurídico que serve de veículo à separação) e do significado que as obras que traduzem esses sinais revestem. V – O requisito vale e existe por si; não existe, desaparece ou reaparece consoante o que cada sucessivo adquirente conheça no acto da aquisição (ou mesmo posteriormente). VI – Os sinais podem existir num só ou em ambos os prédios, bastando que a visibilidade e a permanência se verifique em relação a um deles. VII – Por desnecessidade apenas se podem extinguir servidões que não têm na sua base um facto voluntário (C.C. – 1569.°, 2 e 3), pelo que não é causa de extinção de uma servidão constituída por destinação do pai de família. VIII – A colisão de direitos entre o direito de propriedade e o direito real de gozo de servidão (de qualquer servidão, independentemente do modo de constituição e do seu conteúdo) e a conflitualidade de interesses entre o titular daquele e o titular deste existe por natureza, decorre como consequência da admissibilidade e do reconhecimento legal deste direito real de gozo e do que ele compreende e autoriza. Não é maior pelo facto de ser constituída por destinação do pai de família» – (Ac. do S.T.J., de 11/11/2003, Proc. n.° 03A3510).

21. «I – A servidão predial de escoamento pode constituir-se por destinação do pai de família desde que estejam preenchidos os requisitos previstos no art. 1549.° do C. Civil. II – Não pode ser qualificado de abusivo o exercício de um direito quando constitua a reacção contra uma situação ilícita. III – A reacção contra o indeferimento da realização da inspecção ao local é o recurso de agravo, a interpor no prazo de 10 dias. IV – A inspecção judicial não é obrigatória, como resulta do disposto no art. 612.°, n.° 1, do C. P. Civil, dependendo a sua realização de o tribunal a julgar conveniente para se esclarecer sobre qualquer facto que interesse à decisão da causa» – (Ac. da R.C., de 18/05/2004, Proc. n.° 640/04).

II – OBRAS

Artigo 1566.º
(Obras no prédio serviente)

1. É lícito ao proprietário do prédio dominante fazer obras no prédio serviente, dentro dos poderes que lhe são conferidos no artigo anterior, desde que não torne ainda mais onerosa a servidão.

2. As obras devem ser feitas no tempo e pela forma que sejam mais convenientes para o proprietário do prédio serviente.

Artigo 1567.º
(Encargos das obra)

1. As obras são feitas à custa do proprietário do prédio dominante, salvo se outro regime tiver sido convencionado.

2. Sendo diversos os prédios dominantes, todos os proprietários são obrigados a contribuir, na proporção da parte que tiverem nas vantagens da servidão, para as despesas das obras; e só poderão eximir-se do encargo renunciando à servidão em proveito dos outros.

3. Se o proprietário do prédio serviente também auferir utilidades da servidão, é obrigado a contribuir pela forma estabelecida no número anterior.

4. Se o proprietário do prédio serviente se houver obrigado a custear as obras, só lhe será possível eximir-se desse encargo pela renúncia ao seu direito de propriedade em benefício do proprietário dominante, podendo a renúncia, no caso de a servidão onerar apenas uma parte do prédio, limitar-se a essa parte; recusando-se o proprietário do prédio dominante a aceitar a renúncia, não fica, por isso, dispensado de custear as obras.

1. Servidão de presa

A não ser que os intervenientes na relação de servidão tenham clausulado coisa diferente, é o dono do prédio dominante quem suporta as despesas inerentes às obras necessárias ao exercício do seu direito.

Contudo, porque o dono do prédio serviente se pode, como se viu, servir da água e das próprias obras feitas, também ele terá que contribuir, na proporção da vantagem retirada, para as despesas efectuadas. Isto posto, também se aplica à hipótese de vários serem os proprietários onerados interessados na utilização da água e obras realizadas – doutrina aplicável, por maioria de razão, à circunstância de vários, também, serem os proprietários dominantes (art. 1567.º, n.º 2).

As águas no Código Civil 324

Se o dono do prédio serviente se tiver obrigado, por convenção, a custear as obras só poderá eximir-se ao encargo assumido através da renúncia ao seu direito de propriedade sobre o prédio. Se a servidão onerar mais do que uma parcela de terreno, é a essa parcela de terreno que deve renunciar-se, não a todo o prédio.

As obras a efectuar devem limitar-se às estritamente necessárias de modo a não tornarem mais onerosa a servidão.

Para a realização das obras de conservação, têm os utentes o direito de passagem pelos prédios servientes. Em quaisquer trabalhos a promover, deverá o beneficiário do direito, segundo um princípio de equidade, escolher a forma e tempo mais adequados para o proprietário do prédio serviente.

JURISPRUDÊNCIA

1. «I – Existindo uma presa em terreno alheio, na falta de elementos comprovativos de pertencer aos utentes o terreno em que ela assenta, tem de considerar-se esse terreno propriedade do dono do prédio onerado com a respectiva servidão. II – O dono do prédio onde exista a represa e de aqueduto é obrigado a dar passagem aos donos dos prédios dominantes para a inspecção do aqueduto e para nele se fazerem os consertos necessários. III – Se o proprietário do prédio serviente, sem acordo com os donos dos dominantes, lançar sobre a presa uma placa que dificulte, embora por forma não sensível, a limpeza da presa, os donos dos prédios dominantes podem exigir que a mesma obra seja desfeita. IV – Na falta de acordo, a terra que na presa e no rego se junte, vinda do exterior só deve ficar no prédio serviente pelo tempo necessário para daí ser removida, mas os detritos formados pelas terras das bordas da presa e do rego que se desmoronam e as ervas nascidas na presa e no rego pertencem ao dono do prédio serviente, podendo os dominantes retirá-las daí para exercerem as servidões e depositá-las junto da presa e do rego» – Sentença da 2.ª Vara Cível (2.ª Secção) do Porto, de 17/5/966, in *R.T.*, ano 88 (1970), pág. 369.

2. «I – O erro na apreciação das provas e na fixação dos factos materiais da causa não pode ser objecto de recurso de revista, salvo exigências de determinado meio de prova (artigo 722.º, n.º 2 do Código de Processo Civil). II – O direito de servidão compreende tudo o que é necessário para seu uso e conservação. III – É lícito ao proprietário do prédio dominante fazer obras no prédio serviente, dentro dos poderes legais, desde que não torne mais onerosa a servidão. IV – Pretendendo os autores invocar a desnecessidade da servidão, cabe-lhes alegar e provar a formalidade pertinente» – (Ac. do S.T.J., de 25/09/91, Proc. n.º 080 470).

3. «I – Os direitos às águas particulares e respectivas servidões de presa e aqueduto, nascidas e constituídas em determinado prédio, não justificam que sobre este sejam exercidas, pelo dono do prédio dominante, outros poderes além

325   *Apêndice 1.° – Exercício das servidões*

dos necessários para conservar e limpar as obras anteriormente realizadas de molde a assegurar o pleno gozo dos direitos consolidados» – (Ac. da R.P., de 29/06/95, Proc. n.° 9 530 039).

2. Servidão de aqueduto

Construído o aqueduto, todas as obras posteriores que nele vierem a ser implantadas deverão ter por fim a sua devolução ao estado inicial, às condições ideais e primitivas com vista à normal circulação das águas.

O dono do aqueduto tem todo o interesse em promover a realização das obras futuras, porquanto dos prejuízos que, por infiltração ou erupção das águas ou da deterioração das obras feitas inicialmente, para o dono do prédio serviente resultarem, é ele obrigado a prestar indemnização.

O direito de realização de obras abrange, acessoriamente, o de poder depositar, com o menor gravame, os materiais indispensáveis à sua consecução junto do aqueduto.

Em *obras necessárias* poderá ver-se a faculdade de substituição do primitivo rego por um novo, quiçá de materiais distintos?

No artigo 118.° da Lei das Águas falava-se apenas em *consertos* necessários, o que parecia arredar tal possibilidade. A letra do actual artigo 1566.°, diferentemente, dada a sua amplitude, já permite uma resposta afirmativa. Para tanto, bastará alegar e provar que a substituição se apresenta justificada em função das imperiosas necessidades, normais e previsíveis, do prédio dominante, sem, de qualquer forma onerar, ainda mais, o prédio serviente (art. 1565.°).

De fundamental, da previsão dos preceitos relativos às obras, fica excluída toda e qualquer construção que possa significar *inovação para mais,* que tenha em vista a ampliação abusiva do direito de servidão, como a que resultaria da colocação de um cano de maior diâmetro do que o do já existente, de modo a aumentar a sua capacidade de transporte.

Em casos análogos ao citado, estar-se-ia perante uma *alteração* da servidão, a regular por forma especial, implicando, nomeadamente, nova indemnização ao dono do prédio serviente (art. 1052.° e segs. do C.P.C.).

De uma maneira geral, poderemos concluir que não há agravamento da servidão sempre que se pretende a substituição de um cano em pedra para condução subterrânea das águas por um tubo de ferro ou de plástico para a mesma finalidade, de forma a evitar perdas de água no percurso. Mas ficará mais onerosa (e, por isso, será ilícita) a servidão se, por causa do maior número de pessoas que da água estão presentemente a dispor no prédio dominante, o titular deste quiser alargar o aqueduto para dimensões irrazoáveis que perturbem o destino que ao prédio dominante o seu dono estiver a dar-lhe, ou se pretender mudar o próprio curso do rego ou do aqueduto ou, inclusive, transformar a natureza e constituição do rego, com a alteração dos materiais utilizados, com isso impedindo o dono do serviente de fazer derivação da água para o seu prédio nos dias a que a ela tiver direito.

As águas no Código Civil 326

Os tribunais, no entanto, na sua sensatez e prudência, saberão apurar da (i)licitude das obras perante a situação concreta das necessidades de cada sujeito da relação tendo presente a ponderação dos interesses em presença.

JURISPRUDÊNCIA

1. «I – Existindo uma presa em terreno alheio, na falta de elementos comprovativos de pertencer aos utentes o terreno em que ela assenta, tem de considerar-se esse terreno propriedade do dono do prédio onerado com a respectiva servidão. II – O dono do prédio onde exista a represa e a aqueduto é obrigado a dar passagem aos donos dos prédios dominantes para a inspecção do aqueduto e para nele se fazerem os consertos necessários. III – Se o proprietário do prédio serviente, sem acordo com os donos dos dominantes, lançar sobre a presa uma placa que dificulte, embora por forma não sensível, a limpeza de presa, os donos dos prédios dominantes podem exigir que a mesma obra seja desfeita. IV – Na falta de acordo, a terra que na presa e no rego se junte, vinda do exterior, só deve ficar no prédio serviente pelo tempo necessário para daí ser removida, mas os deteritos formados pelas terras das bordas da presa e do rego que se desmoronam e as ervas nascidas na presa e no rego pertencem ao dono do prédio serviente, podendo os dominantes retirá-las daí para exercerem as servidões e depositá-las junto da presa e do rego» – Sentença da 2.ª Vara Cível (2.ª Secção) do Porto, de 17/5/966, in R.T., ano 88 (1970), pág. 369.

2. «I – Não é de presumir que as obras relativas ao encanamento de águas através de prédios alheios sejam feitas e pagas pelos donos dos prédios que das águas não beneficiam. II – As obras necessárias a uma servidão de aqueduto não podem ser consideradas como propriedade do dono do prédio serviente se este não provar a aquisição delas. III – A lei não impõe a obrigação geral do dono do prédio serviente se abster de toda e qualquer ingerência na construção das obras implantadas naquele, destinadas exclusivamente à condução de água para o prédio dominante. IV – É lícito ao dono do prédio serviente utilizar, em benefício da sua propriedade, as obras do aqueduto, nomeadamente, fazer construções sobre de, contanto que tais obras não estorvem nem possam estorvar, o exercício da servidão. V – Obras prejudiciais ao exercício da servidão são não só aquelas que de momento embaraçam o curso das águas, mas, também, as que, dada a sua natureza, podem vir a embaraçá-lo, ou que de tal são susceptíveis, por impedirem a sua regular e normal conservação interna e externa. VI – O conceito de estorvo de servidão abrange a dificuldade criada à vista e conservação do aqueduto e susceptibilidade de as obras causarem danos no mesmo» – (Ac. do S.T.J., de 17/11/72, in B.M.J., n.º 221/225).

3. «I – A servidão consiste em encargo, é uma restrição ou limitação ao direito de propriedade do prédio onerado – jus in re aliena – ou um direito real

327 *Apêndice 1.° – Exercício das servidões*

limitado. II – Trata-se de um encargo imposto no prédio, de uma restrição ao gozo efectivo pelo dono do prédio serviente inibindo-o de praticar actos que possam prejudicar o exercício da servidão. III – Mas, quer se trate de servidões positivas ou negativas, não se pode afirmar que haja um desmembramento do direito de propriedade. IV – Sendo os apelados titulares de uma servidão de aqueduto estão os apelantes, como donos e possuidores do prédio serviente, limitados no gozo do direito de propriedade pela obrigatoriedade legal de não praticarem actos que, por qualquer modo, prejudiquem o aqueduto ou a sua conservação. V – Assim, o facto de os apelantes serem proprietários do prédio por onde este passa, não lhes concede, sem mais, o reconhecimento legal da sua utilização para o transporte de quaisquer águas, fora dos períodos em que isso é feito pelos apelados» – (Ac. da R.C., de 28/1/77, in *B.M.J.*, n.° 265/287).

4. «I – Uma servidão de conduta subterrânea implica para os titulares do prédio dominante a possibilidade de inspecção, reparação e eventual substituição dessa conduta e, consequentemente, a passagem de pessoas na zona do aqueduto. II – Daí que deva ser demolida uma edificação construída no prédio serviente na medida em que invade a servidão de passagem acima do aqueduto. III – Como princípio essencial, deve escolher-se. Entre as possíveis formas de satisfazer as necessidades do prédio dominante, aquela que for menos gravosa para o prédio serviente. IV – Confinando-se a estes princípios, os titulares do prédio dominante não agem em abuso do direito» – (Ac. da R.E., de 18/02/81, Proc. n.° 197/80, in *C.J.*, 1981, I, pág. 113).

5. «I – Estando as partes de acordo quanto à existência e ao conteúdo de certo direito de uma delas, não pode o juiz, salvo quando a lei lho permita, declarar que tal direito não existe. II – Nos dias em que lhe cabe utilizar a água da mina, os AA, para sua condução e para evitar perdas, podem colocar um cano de plástico ao longo do rego, uma vez que isso não torna mais onerosa a servidão» – (Ac. da R.P., de 21/11/89, in *C.J.*, 1989, V, pág. 192).

6. «I – Na servidão de aqueduto que tem como acessória a de poço ou represa, a sorte da servidão acessória segue a da principal e está sujeita às mesmas regras gerais. II – A inovação consistente na construção de novos poços em locais onde nunca existiram e a simples probabilidade do aumento do caudal das águas permite concluir que se verificou uma modificação ilegal, quer na localização quer na extensão e modo de exercício da anterior servidão em detrimento do prédio serviente, o mesmo se dizendo da abertura de valas ao longo dos regos a céu aberto, com as quais se ligam as nascentes aos referidos poços, e com a finalidade de canalizar a água subterraneamente» – (Ac. do S.T.J., de 28/05/96, Proc. n.° 088 411).

7. «II – A profundidade de uma servidão de aqueduto não é uma questão em si, mas apenas um aspecto da questão de saber se a forma do aqueduto (a des-

As águas no Código Civil 328

coberto ou subterrâneo e, neste caso, a que profundidade) é a mais conveniente para o prédio dominante e a menos onerosa para o serviente. III – Por resultar directamente da lei, não cumpre ao juiz fixar na sentença constitutiva da servidão de aqueduto a indemnização ao dono do prédio serviente pelo prejuízo que venha a sofrer em resultado de infiltração de águas ou de deterioração das obras feitas para a sua condução, nem cumpre ao juiz condenar o dono do prédio serviente a, findas as obras, repôr o terreno nas condições actuais» – (Ac. da R.P., de 22/02/99, Proc. n.° 9 950 012).

8. «I – Na servidão de aqueduto o elemento característico e diferencial é o cano ou rego condutor que atravessa prédio ou prédios alheios. II – O direito de servidão compreende tudo o que é necessário para o seu uso e conservação, sendo lícito ao proprietário do prédio dominante fazer obras no prédio serviente desde que não torne mais onerosa a servidão. III – Se o dono do prédio dominante aprofundou o rego nuns locais e elevou a cota noutros, colocando no respectivo leito um artefacto de cimento, denominado "meia cava", tendo também, nalguns locais, alargado o rego e alterado alguns galhadouros, que o proprietário do prédio serviente nele tinha para derivação da água, que também lhe pertence, o que dificulta e até impossibilita o desvio da água para os seus terrenos, esta alteração não é consentida pelo artigo 1566.° do Código Civil» – (Ac. da R.P., de 27/06/2000, Proc. n.° 0 020 734, in *C.J.*, 2000, III, pág. 320).

3. Servidão de escoamento

Também aqui o proprietário do prédio dominante tem o direito de realizar todas as obras que se tornem indispensáveis ao seu uso e conservação, posto que não agravem a servidão.

Pode, entretanto, acontecer que as obras se justifiquem em razão das necessidades do prédio superior, de modo a aumentarem ou diminuírem o caudal das águas escoadas.

No primeiro caso (aumento do caudal), pode, efectivamente, vir a dar-se um aumento real do prejuízo do prédio inferior. Dir-se-á, então, e com razão, que as obras não foram efectuadas na observância das regras gerais sobre esta matéria – não foram convenientes para o proprietário do prédio serviente, além de tornarem mais onerosa a servidão. Com o que, por isso, estaria configurada, não o exercício normal da servidão, mas a alteração da anterior. Em tal hipótese restaria ao titular da servidão servir-se dos mecanismos legais conducentes à alteração da servidão (arts. 1561.° e segs.), o que implicaria a fixação de nova indemnização a favor do dono do prédio onerado com o escoamento.

No segundo caso (diminuição do caudal), ainda que possa haver um eventual aumento do prejuízo na medida da correspondente diminuição do aproveitamento das águas pelo dono do prédio inferior, não se está perante, (sequer o afloramento), uma alteração de servidão. É que o aproveitamento das águas escorridas

329   *Apêndice 1.º – Exercício das servidões*

pelo dono do prédio inferior não constitui um direito pleno e ilimitado, antes está dependente do uso que delas fizer o proprietário superior. Digamos que se trata de um direito precário, sujeito à medida do tempo e modo como o dono do prédio dominante se sirva das águas em causa (art. 1391.º, 2.ª parte, «ex vi» n.º 2, do art. 1563.º).

JURISPRUDÊNCIA

1. «I – Se no título de constituição de servidão de escoamento das águas pluviais nada se estipulou quanto a obras no prédio serviente, cabe aos proprietários do prédio dominante fazé-las à sua custa – arts. 1566.º e 1567.º do Código Civil. II – Deve, pois, ser indeferida liminarmente, com o fundamento de que a pretensão dos autores não pode proceder, nos termos do art. 474.º, n.º 1, al. *c*), do C.P.C., a petição em que o proprietário do prédio dominante pede a condenação dos proprietários do prédio serviente a efectuarem as obras necessárias para que o escoamento se faça livremente e sem qualquer obstrução, se não foi convencionado regime diferente do que supletivamente resulta do n.º 1 do citado art. 1567.º, se naquele articulado não se alegam factos que possam concretizar estorvo do proprietário do prédio serviente ao uso da servidão» – (Ac. R.E., de 12/7/74, in *B.M.J.*, 238/297).

«2. «I – Os direitos às águas particulares e respectivas servidões de presa e aqueduto, nascidas e constituídas em determinado prédio, não justificam que sobre este sejam exercidas, pelo dono do prédio dominante, outros poderes além dos necessários para conservar e limpar as obras anteriormente realizadas de molde a assegurar o pleno gozo dos direitos consolidados» – (Ac. do S.T.J., de 9/11/95, Proc. n.º 087 242).

B – MUDANÇA DAS SERVIDÕES

ARTIGO 1568.°
(Mudança de servidão)

1. O proprietário do prédio serviente não pode estorvar o uso da servidão, mas pode, a todo o tempo, exigir a mudança dela para sítio diferente do primitivamente assinado ou para outro prédio, se a mudança lhe fôr conveniente e não prejudicar os interesses do proprietário do prédio dominante, contanto que a faça à sua custa; com o consentimento de terceiro pode a servidão ser mudada para o prédio deste.

2. A mudança também pode dar-se a requerimento e à custa do proprietário do prédio dominante, se dela lhe advierem vantagens e com ela não for prejudicado o proprietário do prédio serviente.

3. O modo e o tempo de exercício da servidão serão igualmente alterados, a pedido de qualquer dos proprietários, desde que se verifiquem os requisitos referidos nos números anteriores.

4. As faculdades conferidas neste artigo não são renunciáveis nem podem ser limitadas por negócio jurídico.

1. Servidão de presa, aqueduto e escoamento

Regra geral, uma vez estabelecida, a servidão fica confinada a determinado conteúdo e exercício até que, eventualmente, se extinga. Situações há, porém, que obrigam à sua modificação nos seus aspectos caracterizadores.

Assim, se no local primitivamente assinalado a derivação for muito incómoda para o proprietário do prédio serviente, ou for impossível a realização de reparações ou melhoramentos importantes no prédio, é possível a sua mudança para sítio diferente, se dela não resultarem prejuízos para o proprietário dominante.

Esta mudança, ainda que não represente alteração no conteúdo da servidão, assume-se como uma autêntica alteração do *modus faciendi* da mesma.

O *local* passa ser outro, a requerimento do proprietário do prédio serviente, com as despesas a suas exclusivas expensas. A mudança de local tanto se pode traduzir numa mudança de sítio dentro do mesmo prédio, como mudança para

As águas no Código Civil 332

outro prédio, contíguo ou não. É, aliás, por essa razão que se fala em *mudança de servidão*, já que o local da servidão é um elemento da própria servidão. Esta mudança, já se sabe, não pode ser prejudicial aos interesses do proprietário do prédio dominante. Não havendo dissídio sobre estes aspectos, a alteração poderá ser consensual. Mas, algumas vezes haverá em que as partes se não põem de acordo quanto a eles. Nesse caso, caberá ao tribunal resolver a controvérsia, ora para aquilatar da conveniência ao proprietário do prédio dominante, ora para apreciar da existência de danos e ofensa aos interesses do proprietário do prédio serviente. A medida da conveniência de um será, grande parte das vezes, a medida da inconveniência do outro.

De qualquer modo, cumpre notar que do que se trata, neste passo, é da alteração dos elementos objectivos da servidão (local de captação, derivação, condução, etc.), o que significará que o conteúdo material permanece intacto(haverá de ser a mesma quantidade de água, nos mesmos dias e horas, etc., etc.).

Mas, como a parte final do n.° 1 tolera que a mudança se faça para prédio de terceiro, aqui já estaremos, concomitantemente, perante uma modificação subjectiva da servidão, pois que, embora de igual conteúdo, o sujeito passivo do encargo será agora pessoa diferente daquela que até então carregava o respectivo ónus. Compreende-se, assim, que este novo onerado deva prestar o seu consentimento inequívoco.

Diferente desta hipótese é a circunstância de ter havido divisão do prédio, de maneira a que o prédio serviente, em consequência, tenha passado a ter outros donos para além (ou em vez de) do primitivo. Neste caso, a mudança subjectiva pouco alterará o modo e o tempo de exercício da servidão, embora não esteja afastada, por exemplo, a possibilidade de cada um dos novos onerados impugnar judicialmente a validade do título constitutivo da servidão no primitivo e único proprietário, a partir do momento em que venham a ter conhecimento de vícios invalidantes de que ele enfermava.

Mesmo nestes casos, e, bem assim, sempre que haja mudança de local da servidão, entendemos que o exercício do respectivo direito pelo proprietário dominante é acompanhado do direito de utilização do terreno alheio para passagem e caminho, enquanto acessório da servidão (adminiculum).

Claro que sobre este ponto se coloca uma questão: este direito de passagem (unicamente acessório do direito de servidão da água, não podendo, por conseguinte, constituir fonte de aquisição do direito autónomo da "servidão de passagem" dos arts. 1550.° a 1556.° do Cod. Civil) é compatível com a tapagem do prédio serviente?

O art. 1356.° do Cod. Civil fornece-nos a resposta: «*A todo o tempo o proprietário pode murar, valar, rodear de sebes o seu prédio, ou tapá-lo de qualquer modo*».

Isto significa que, mesmo em caso de servidão, o dono do prédio serviente pode proceder à vedação ou **tapagem** do seu prédio, contanto, porém, que com isso não estorve ou impeça o exercício do direito do proprietário dominante.

Nesse caso, colocando, por exemplo, uma cancela ou portão munidos de fechadura, deverá fornecer ao dono do prédio dominante uma cópia da respectiva chave. Fazendo-o, não se pode dizer haver aí alteração da servidão, desde que a transposição do portão possa ser feita sem qualquer limitação, sem constrangimento de qualquer ordem.

Já não estaremos a falar do mesmo se, por exemplo, o dono do prédio serviente, durante o período em que o do dominante costumava passar pelo terreno daquele (para limpar e desobstruir o rego, para fechar a comporta de derivação das águas para outro rumo, desviando-as para o seu, etc., etc.), permite que o seu cão de guarda circule livremente no terreno agora murado. Pelo receio que a presença livre e solta do animal possa constituir para a integridade física do interessado, tal facto será, sem dúvida nenhuma, obstáculo ao uso pleno do direito daquele. Nesta circunstância, estaremos perante uma intolerável mudança, quase impedimento, da servidão, a urgir a reposição à situação *ex ante*.

A alteração pode, também, ser encarada segundo uma perspectiva de *modo* e *tempo* diferentes dos inicialmente consignados. Nestas circunstâncias, basta que qualquer dos proprietários determinados pela relação de servidão alegue e prove a conveniência, para si, da alteração solicitada e a ausência de prejuízo para o outro.

Como se alcança, a primeira condição da mudança a observar é a *conveniência* dela adveniente para o proprietário interessado.

A lei não é, particularmente, exigente neste domínio, quiçá porque, de toda a maneira, sempre lhe deverá acrescer a verificação prática do segundo pressuposto – não prejuízo para o outro proprietário.

É no jogo das forças deste binómio que a solicitação dirigida ao tribunal há-de ter ou não procedência.

Como se dizia, o legislador limitou-se à fixação dum pressuposto genérico, em branco, a preencher casuisticamente – a conveniência. Não, evidentemente, uma conveniência artificialmente criada, superficial, mas uma conveniência real e séria, portadora de um interesse digno de protecção.

Na maioria dos casos, à conveniência liga-se a ideia de *quase imprescindibilidade* – sem a alteração requerida, o prédio fica menos produtivo, mais reduzido nas suas potencialidades. Nesta hipótese, flagrante e limite, a não satisfação da conveniência aproxima-se rapidamente do dano. Logo, a mudança é a todas as luzes de uma insofismável conveniência.

Melindrosa é a justificação da mudança segundo modelos de integração meramente voluptuários. Não é fácil a resposta, nem simples a sua negação. Melhor será deixar à jurisprudência a solução casuística do problema ante a presença de todos os elementos naturalísticos em jogo.

Ainda assim, talvez não seja descabido de todo opinar no sentido afirmativo à suscitada questão, contanto que, da mudança, não resulte prejuízo para o outro proprietário. Sendo esse o caso, não se vê motivo atendível, aparentemente pelo menos, a obstar ao êxito de semelhante asserção.

Com ela não fica violado o primordial princípio da propriedade-função, paradigma, nesta matéria, das modernas concepções utilitárias da propriedade. De resto, ainda que voluptuária a mudança, ela não deixa de se alicerçar num interesse real e sério, atendível portanto, com o que a conveniência não pode pôr-se em dúvida. A voluptuosidade não deixa de ser, de toda a maneira, uma utilidade.

Isto, sem negar, naturalmente, a existência de situações de uma irrefutável fantasia e mero capricho, desmerecedoras, indiscutivelmente, de qualquer chance e tutela. A estas não pode a lei, nem o intérprete, dar cobertura.

A 2.ª condição imposta tem que ver com a ausência de prejuízo na esfera de interesses do outro proprietário.

Por ocasião da revisão do anteprojecto o assunto foi abordado. Por sugestão do Prof. Vaz Serra à palavra *interesses* deveria aditar-se o adjectivo *sérios*. O autor do anteprojecto, em resposta, esclareceu que «interesses», por si só, já inculca uma noção de seriedade e não de mesquinhez.

Posto isto, e porque tal juízo se apresenta perfeito, o interesse a defender tem que ser um interesse digno de ponderação, oposto à ideia de mero capricho ou simples comodidade.

Em suma, o duplo requisito *conveniência-ausência de prejuízo* deve funcionar de forma perfeita, equilibrada, em sintonia, matéria que ficará sujeita à prudente e ponderada actuação dos tribunais.

De inspiração germânica, optou o legislador de 1966 pela consagração expressa do princípio da irrenunciabilidade do direito de exigir a mudança de servidão, bem como da auto-limitação do exercício desse direito através de negócio jurídico.

Na base do princípio está a concepção utilitária da propriedade, apanágio dos estados modernos. A propriedade tem que estar apta a servir todas as utilidades de que é capaz, não importa a quem.

E não seria filosoficamente certo coarctar-lhe aquelas potencialidades, sabido que os motivos da mudança podem vir a ser os mais relevantes, inclusivé numa perspectiva pública. Há, pois, que acautelar a imprevisibilidade de tais motivos, certamente atendíveis no futuro, ainda que desprezíveis no momento.

Daí, nenhum dos proprietários poder renunciar às faculdades concedidas legalmente. Esta restrição funciona, já se vê, quer para as servidões legais, quer para as constituídas por facto do homem.

Os princípios enunciados aplicam-se, sem pormenores de fundo a assinalar, a todas as servidões em estudo.

Uma nota mais, apenas, e ainda assim comum a todas elas.

Imagine-se que o volume da água existente num prédio, à qual outro proprietário tem direito, aumentou. Poderá o dono do prédio serviente servir-se do preceituado no n.° 3 do artigo 1568.°?

A hipótese, tal como está configurada, admite duas vertentes e outras tantas soluções.

Num caso, se o prédio dominante beneficia de uma parte alíquota da água existente no serviente (metade, um terço, etc.) é óbvio que ao aumento do caudal corresponderá um aumento no volume a aproveitar. O critério, então, não pode deixar de ser o que nega ao dono do prédio serviente semelhante pretensão.

Se, porventura, a medida da servidão é certa e limitada a um caudal determinado, já o dono do serviente, porque o do dominante não beneficia do aumento do caudal, se pode servir da faculdade legal.

Pode ainda suceder que um prédio forneça a outro a água de duas minas ou nascentes nele existentes. Se se verificar o aumento do caudal de uma delas de modo a satisfazer todas as necessidades do prédio dominante, poderá o dono do prédio serviente fazer uso da providência que a lei consagra no artigo 1568.°, n.° 3?

Costuma entender-se que sim, sem oposições conhecidas[3]. De facto, os pressupostos da alteração estão patentes – dum lado, a conveniência do requerente; do outro, a ausência de prejuízo nos interesses do titular da servidão.

Serve isto para ilustrar, de alguma forma, o conceito de *modo* enunciado, ainda que não definido, no n.° 3 do artigo 1568.°.

O modo da servidão surge, contra a acepção romana de *modus servitutis,* como a modalidade, a *maneira* do exercício, sem um preciso e criterioso leque de faces, como a servidão deva ser exercida – o modo comporta tudo quanto é necessário ao bom e regular funcionamento da servidão.

A mudança na extensão do aqueduto, para mais ou para menos; a transformação de um rego em vala aberta em um cano subterrâneo; a substituição dos materiais utilizados por outros mais resistentes; a mudança do lugar do aqueduto e correlativa passagem de pé para acompanhamento; a abertura de mais «janelas» de limpeza; a substituição do local de escoamento parecem-nos, entre tantos outros, exemplos significativos.

A noção de *tempo* não tem sido alvo de fortes dúvidas na doutrina e na jurisprudência. Ele compreende o período ou duração do exercício da servidão. A mudança da servidão para dia diferente da semana; a mudança das horas, do giro, do período de lima para o período de rega, cabem aqui perfeitamente.

JURISPRUDÊNCIA

1. «I – Se as instâncias entenderam que o termo "carro" usado na constituição escrita de uma servidão de passagem abrangia todo o trânsito automóvel adequado, julgaram definitivamente por se tratar de matéria de facto – entendimento de uma cláusula contratual. II – A definição do sentido escritural das servidões

---

[3] A. VARELA, em anot. ao Ac. do S.T.J., de 15/1/81, in *R.L.J.,* ano 115.°/211 e TAVARELA LOBO, *ob. cit.,* pág. 218.

As águas no Código Civil 336

não abrange um alargamento do caminho que o título e o processo não comportam. III – Também a existência de danos por obstrução à passagem pelo dono do prédio serviente é da exclusiva competência das instâncias. IV – Sendo caso disso, o meio próprio para obter a mudança de servidões é a acção especial de expropriação por utilidade particular» – (Ac. do S.T.J., de 5/08/88, Proc. n.° 075 810).

2. «Há que interpretar a norma do n.° 1 do artigo 1568.° do C.C., no sentido de a existência de conveniência ser facto constitutivo do direito e a de prejuízos facto impeditivo do direito» – (Ac. da R.L., de 29/11/90, Proc. n.° 0 014 086).

3. «A sentença proferida numa acção de arbitramento para mudança de servidão não pode servir de fundamento para uma acção executiva para prestação de facto nos termos do artigo 933.° do Código de Processo Civil» – (Ac. da R.P., de 31/01/94, Proc. n.° 9 331 103).

4. «A mudança de servidão só opera quando se verifiquem, cumulativamente, estes pressupostos: _a_) – conveniência da mudança para o prédio serviente, _b_) – não ser o interesse do proprietário do prédio dominante afectado com a dita mudança» – (Ac. da R.L., de 16/03/95, Proc. n.° 0 093 802).

5. «I – As acções de arbitramento desenvolvem-se em duas fases distintas: uma de natureza declarativa, que se concretiza com a sentença em que se decide se assiste ou não razão à pretensão do autor; e a outra de índole executiva, onde tem lugar a nomeação de peritos, a realização da diligência e a notificação do resultado a que chegaram os peritos. II – Na fase executiva da mudança de servidão, os peritos são chamados unicamente a pronunciar-se sobre as obras a fazer para a mudança se efectuar e sobre o sítio para onde ela deve ser efectuada. III – Quando surgirem dúvidas sobre o facto de estarem ou não feitas as obras, nos termos fixados, são as mesmas resolvidas pelo juiz na própria acção de arbitramento. IV – A acção declarativa não é o meio próprio para se pedir que sejam realizadas as obras determinadas em acção de arbitramento. V – O uso de tal acção traduz erro na forma de processo, que produz a nulidade de todo o processo, com a absolvição do réu da instância» – (Ac. da R.P., de 25/05/95, Proc. n.° 9 530 289).

6. «I – Na acção de arbitramento para mudança de servidão devem ser resolvidas as questões suscitadas sobre se se encontram ou não concluídas as obras nos termos fixados na sentença. II – Não é lícito intentar nova acção em que possam fazer valer posições que as partes deviam ter assumido na acção especial para mudança de servidão, designadamente o pedido de reparação de prejuízos resultantes da não realização das obras de que depende a mudança» – (Ac. do S.T.J., de 29/02/96, Proc. n.° 088 193)

7. «I – Ao tribunal de recurso é vedado conhecer de matéria nova. II – As servidões constituídas por usucapião só podem ser declaradas extintas, se des-

337   *Apêndice 1.° – Mudança das servidões*

necessárias ao prédio dominante, mediante acção de arbitramento proposta pelo proprietário do prédio serviente onde alegue e prove aquela desnecessidade. III – Constituída a servidão de aqueduto com condução da água para o prédio dominante através de um rego a céu aberto, a posterior obra de substituição do rego por tubos para condução da água, realizada pelo dono do prédio serviente, confina-se no seu direito de aí fazer quaisquer modificações desde que elas não estorvem a servidão. IV – O exercício do direito de tapagem do dono do prédio serviente, construindo um muro ao longo do rego ou aqueduto, não pode prejudicar o direito do dono do prédio dominante de transitar junto da conduta de água para acompanhamento e vigilância da mesma» – (Ac. da R.P., de 27/01/97, Proc. n.° 9 650 075).

8. «I – O direito de tapagem, quanto a prédio onerado com servidão de passagem, tem de ser conciliado com o direito que assiste ao proprietário dominante de passar por aquele. II – O proprietário serviente pode vedar o seu prédio, deixando entrada servida de cancela, porta ou portão que permita o exercício da servidão, nada obstando a que esses meios de tapagem sejam dotados de fechadura desde que se dê ao titular da servidão a respectiva chave. III – Formulado o pedido de retirada do portão, pode condenar-se o réu na entrega da chave, por não resultar daí condenação além do pedido ou em objecto diverso deste» – (Ac. da R.P., de 18/12/97, Proc. n.° 9 620 882).

9. «I – A doutrina e a jurisprudência admitem, por força do artigo 1568.° do Código Civil a ampliação de servidões existentes. II – Permite também a lei, ao lado da mudança da servidão, a alteração do modo e do tempo do seu exercício» – (Ac. da R.P., de 5/05/98, Proc. n.° 9 820 277).

10. «I – O dono do prédio serviente não está inibido de fazer no seu prédio alterações, desde que não prejudique ou só prejudique pouco o dono do prédio dominante, e desde que o faça à sua custa; II – O modo e o tempo de exercício de uma servidão podem igualmente ser alterados desde que se verifiquem os mesmos requisitos; III – Constituída por qualquer título uma servidão de estilicídio, o proprietário do prédio serviente não pode levantar edifício ou construção que impeça o escoamento das águas, devendo realizar as obras necessárias para que tal escoamento se faça sobre o seu prédio, sem prejuízo para o prédio dominante» – (Ac. da R.P., de 15/09/98, Proc. n.° 9 720 450).

11. «O dono do prédio serviente pode vedá-lo ou tapá-lo com portão ou cancela, mesmo fechada, desde que seja apenas com o trinco e aberta à mão com toda a facilidade, de modo a não estorvar o uso da servidão de passagem» – (Ac. da R.P., de 19/02/2001, Proc. n.° 0 051 634).

12. «III – Qualquer obra que houvesse de ser feita para garantir a desnecessidade, sempre haveria de ser custeada pelos requerentes do prédio serviente,

por argumento de maioria de razão relativamente ao que se passa quanto ao instituto da "mudança de servidão". IV – Não pode ver-se na mudança do modo do exercício de uma servidão de passagem (v.g. substituindo o tradicional uso de carros de bois, por tractores agrícolas ou camionetas) fundamento para extinção da correspondente servidão, mas apenas do seu eventual desagravamento» – (Ac. da R.C., de 20/02/2001, Proc. n.° 2927/00).

13. «I – Existindo uma servidão de aqueduto constituída por uma levada aberta para conduzir água de um açude para terrenos de agricultura, não é essencial a maneira, o leito em que a água corre, desde que ela chegue ao local e satisfaça a finalidade a que se destina. II – Alterar essa levada de modo a que nela passe a existir um cano por onde segue a água não deve ser visto como uma alteração do "modo de exercício" para efeitos do n.° 3 do artigo 1568.° do Código Civil. III – Trata-se de uma simples alteração no leito, no meio de condução da água, que tem de ser apreciada como uma modificação cuja legalidade deve ser ponderada unicamente pelo critério do estorvo do uso imposto na 1.ª parte do n.° 1 do citado normativo» – (Ac. da R.P., de 18/04/2002, Proc. n.° 0 230 526).

14. «I – São pressupostos da mudança de servidão a conveniência da mesma para o proprietário do prédio serviente e a ausência de prejuízos para o do prédio dominante. Trata-se de factos constitutivos do direito do Autor a alegar e provar por este. II – Mesmo considerando que no elenco dos prejuízos atendíveis para o Réu só cabem os relevantes à luz de um critério de normalidade, deve ser julgada improcedente a acção de mudança de servidão em que resulta provado que com aquela verá o prédio dominante diminuída a sua área de cultivo, tendo ainda que proceder ao corte de pinheiros do seu prédio para que a dita mudança se possa concretizar»– (Ac. da R.C., de 30/04/2002, Proc. n.° 914/02).

15. «A ponderação dos interesses dos donos do prédio serviente e do prédio dominante para o efeito de mudança da servidão passa obrigatoriamente por critério de proporcionalidade entre a necessidade ou conveniência da diminuição do encargo sobre o prédio serviente e o prejuízo que a mudança de servidão possa acarretar para o prédio encravado» – (Ac. da R.P., de 19/11/2002, Proc. n.° 0 020 168).

16. «I – Numa servidão de aqueduto, a substituição de um cano ou rego, existente à superfície do terreno do prédio serviente, por um cano implantado, subterraneamente, nesse prédio, traduz-se em alteração do modo de exercício da servidão. II – Essa alteração não pode fazer-se por decisão unilateral de qualquer dos proprietários dominante ou serviente, tendo qualquer desses proprietários, na falta de acordo, de recorrer a juízo para obtenção da referida alteração» – (Ac. da R.P., de 11/03/2003, Proc. n.° 0 220 547).

C – EXTINÇÃO DAS SERVIDÕES

ARTIGO 1569.°
(Casos de extinção)

1. As servidões extinguem-se:

a) Pela reunião dos dois prédios, dominante e serviente, no domínio da mesma pessoa;

b) Pelo não uso durante vinte anos, qualquer que seja o motivo;

c) Pela aquisição, por usucapião, da liberdade do prédio;

d) Pela renúncia;

e) Pelo decurso do prazo, se tiverem sido constituídas temporariamente.

2. As servidões constituídas por usucapião serão judicialmente declaradas extintas, a requerimento do proprietário do prédio serviente, desde que se mostrem desnecessárias ao prédio dominante.

3. O disposto no número anterior é aplicável às servidões legais, qualquer que tenha sido o título da sua constituição; tendo havido indemnização, será esta restituída, no todo ou em parte, conforme as circunstâncias.

4. As servidões referidas nos artigos 1557.° e 1558.° também podem ser remidas judicialmente, mostrando o proprietário do prédio serviente que pretende fazer da água um aproveitamento justificado; no que respeita à restituição da indemnização, é aplicável o disposto anteriormente, não podendo, todavia, a remição ser exigida antes de decorridos dez anos sobre a constituição da servidão.

5. A renúncia a que se refere a alínea *d*) do n.° 1 não requer aceitação do proprietário do prédio serviente.

ARTIGO 1570.°
(Começo do prazo para a extinção pelo não uso)

1. O prazo para a extinção das servidões pelo não uso conta-se a partir do momento em que deixaram de ser usadas; tratando-se de servidões para cujo exercício não é necessário o facto do homem, o prazo corre desde a verificação de algum facto que impeça o seu exercício.

As águas no Código Civil 340

2. Nas servidões exercidas com intervalos de tempo, o prazo corre desde o dia em que poderiam exercer-se e não foi retomado o seu exercício.

3. Se o prédio dominante pertencer a vários proprietários, o uso que um deles fizer da servidão impede a extinção relativamente aos demais.

ARTIGO 1571.º
(Impossibilidade de exercício)

A impossibilidade de exercer a servidão não importa a sua extinção, enquanto não decorrer o prazo da alínea *b*) do n.º 1 do artigo 1569.º.

ARTIGO 1574.º
(«Usucapio libertatis»)

1. A aquisição, por usucapião, da liberdade do prédio só pode dar-se quando haja, por parte do proprietário do prédio serviente, oposição ao exercício da servidão.

O prazo para a usucapião só começa a contar-se desde a oposição.

1. Confusão

Sendo a servidão um encargo imposto num prédio em proveito de outro de dono diferente, a reunião *na mesma pessoa* dos dois prédios, dominante e serviente, faz extinguir o ónus criado.

A reunião na mesma pessoa é, portanto, fundamental. Tanto que, casos há a merecerem solução diferente, não obstante a semelhança de modelos.

Vejamos alguns:

1. Se o *dono* de um prédio (serviente ou dominante) se tornar *comproprietário* do outro (dominante ou serviente) não há extinção da servidão. A medida da co-titularidade do prédio por parte de um dos proprietários não se estende à medida do restante comproprietário. Este permanece, assim, à parte da confusão na medida da *sua* necessidade da água.

Mas, se os *comproprietários* de um deles (dominante ou serviente) se tornarem os únicos *comproprietários* do outro (serviente ou dominante) já haverá lugar, obviamente, à extinção da servidão. A similitude com a confusão numa só pessoa é total. Se todos os comproprietários de um prédio passam a ser comproprietários do outro, então deixa de justificar a oneração derivada da servidão.

2. Nos casos em que não haja reunião total dos dois prédios, mas parcial somente, a servidão subsiste ou é .extinta da mesma maneira como subsistirá ou se extinguirá em resultado de divisão do prédio – dependerá do lugar e da forma, onde e como a reunião é feita.

Apêndice 1.º – Extinção das servidões

A confusão e consequente extinção da servidão não lesa os direitos de terceiros, desde que os respectivos pressupostos permaneçam válidos. Assim, poderão o arrendatário e usufrutuário continuar a utilizar o benefício da servidão (extinta) enquanto naquela qualidade permanecerem.

A servidão, apesar de extinta, pode, contudo, reviver no caso de anulação do acto pelo qual se operou, na mesma pessoa, a propriedade dos dois prédios e, bem assim, no caso de evicção. Em tais hipóteses, cessa a confusão com efeito reportado ao tempo em que ela se verificara.

A servidão pode, ainda, renascer na hipótese de um dos prédios (dominante ou serviente) for, posteriormente, transmitido para terceiro. Este renascimento, contudo, não é consequência automática do próprio acto de transmissão, antes depende da verificação dos requisitos próprios do instituto da servidão.

2. Não uso

Não importa a razão pela qual se não faz uso da servidão, se essa situação se prolongar por uni período igual ou superior a vinte anos (art. 1569.º, n.º 1, al. *b*)).

O não uso termina, pois, com a limitação ao direito de propriedade que pela servidão se estabeleceu. O direito de propriedade adquire de novo autonomia e plenitude.

Assinale-se, ainda assim, que o *não uso* tem uma amplitude diferente da *impossibilidade de exercício* (art. 1571.º). Enquanto aquele arranca do não exercício durante vinte anos consecutivos, a impossibilidade de exercício advém, sempre, de uma circunstância impeditiva superveniente. O exercício foi interrompido, mas retomado mais tarde. Quer dizer, a *impossibilidade* é sempre temporária, confinada a um período inferior a vinte anos (de contrário, cair-se-ia na 1.ª figura de *não uso*).

Por outro lado, na *impossibilidade* cabem os casos de impossibilidade relativa ou absoluta, qualquer que seja a causa e o local que a gerou – no prédio dominante ou no serviente. Para além disso, não adquire relevo especial a pessoalidade da causa – ela tanto pode residir num facto praticado pelo dono do prédio serviente ou do dominante, como ter origem num facto natural.

Importa referir que o *não uso* por parte dos vários comproprietários do prédio dominante não traz consequências no plano da extinção, desde que qualquer dos outros (basta um) continue a fazer o uso da servidão. É o que emana directamente do art. 1570.º, n.º 3, do Cod. Civ.

Da mesma maneira, não se extingue a servidão mesmo que o proprietário do prédio dominante apenas aproveite uma parte da utilidade que a servidão por direito lhe confere. Neste caso, a servidão considera-se exercida *por inteiro*, conforme no-lo diz o art. 1572.º do Cod. Civil (sobre o assunto, ver infra D – EXERCÍCIO PARCIAL DAS SERVIDÕES).

As águas no Código Civil   342

3. Usucapio libertatis

Talvez a forma mais interessante de extinção das servidões, a *usucapio libertatis* representa, como contraponto necessário, a aquisição por banda do proprietário, de parte do conteúdo do seu direito, de que se via privado em razão da servidão[4].

Tome-se, por exemplo, o caso do proprietário do prédio onerado com a servidão estar a possuí-lo convencido de que nenhuma limitação desse tipo existe. Ele adquire, por hipótese, o prédio como se livre de ónus estivesse e nessa convicção o possui. Deparado com a verdadeira situação, não poderá ele exercer firme oposição ao exercício da servidão?

Evidentemente que sim. Ponto é que, com êxito, consiga evitar aquele exercício.

Naturalmente, gizando esta figura a existência, inevitável, da usucapião, é forçoso que os restantes elementos desta se apresentem figurados, nomeadamente o ânimo de realização de um direito próprio.

Será a partir do início da oposição do proprietário que o prazo usucapível de contará.

No nosso exemplo, a dificuldade maior situa-se ao nível da relevância a conferir à existência de sinais visíveis e permanentes conducentes à verificação da servidão a favor de outrem.

Como modelo aquisitivo originário, a usucapião depende, em primeira linha, da posse de um direito mantida por certo prazo de tempo (art. 1287.º). E, no que às servidões especificamente concerne, ela carece de obras visíveis e permanentes (arts. 1293.º, al. *a*) e 1458.º). Estando todos estes elementos preenchidos no prédio adquirido, terão eles força capaz de destruírem a regra exposta na alínea *c*) do artigo 1569.º?

Noutros termos, poderá o proprietário do prédio serviente adquirir a plena liberdade do prédio?

O nosso juízo é afirmativo à segunda das questões e negativo quanto à primeira. É que a *usucapio libertatis* não se funda numa situação objectiva, nem tem por exegese a tutela do direito eventualmente adquirido pelo dono do prédio dominante. Quer dizer, a filosofia desta causa extintiva tem um movimento dinâmico contrário ao que, seguramente, se estabelece no momento da criação da servidão.

Ele parte do dono do prédio serviente para o do dominante. Inversamente, na servidão é o titular do direito a impôr a limitação, ao dono do prédio serviente, do seu direito de propriedade.

Sendo assim, não é relevante a existência dos sinais visíveis e permanentes. Pouco importa, sequer, que o dono do prédio dominante manifeste interesse na

---

[4] MOTA PINTO, in *R.D.E.S.*, n.º 21, pág. 148.

continuação da servidão. Determinante é, tão só, que o dono do prédio serviente se oponha com êxito, a partir de dado momento, ao exercício da servidão.

Há, por conseguinte, na formulação do raciocínio uma inversão da dinâmica criativa da servidão. Importa, contudo, que se esclareça um ponto: a «usucapio libertatis» só funciona com êxito desde que, dentro do prazo adequado ao caso, o dono do prédio serviente consiga, *de facto*, evitar, através de oposição, que a servidão se exerça. Por outras palavras, é suposto que o dono do prédio dominante não impeça a realização prática da intencionalidade do outro proprietário, quer exercendo, ele próprio, judicialmente os seus direitos, pedindo o reconhecimento da servidão, quer mediante a prática naturalística de actos integrados na servidão.

Recorrendo o titular da servidão a tribunal para pedir a declaração do seu direito, e obtendo-a, fica estabelecido um ónus limitativo do direito real do proprietário serviente, caso em que a este nada mais resta senão deixar que a servidão se exerça, sem a estorvar ou impedir.

Em suma, não se exige que o dono do prédio serviente, para lograr o êxito pretendido, demonstre a inexistência daqueles sinais, nem o dono do dominante fará ruir a pretensão daquele com a prova da existência de tais elementos. A existência ou inexistência destes, por incipientes e inócuos, não podem ser o núcleo central de qualquer ónus probatório a favor de um ou outro proprietário.

Ao dono do prédio serviente bastar-lhe-á alegar e demonstrar a oposição conseguida durante o prazo da usucapião.

4. Renúncia

A renúncia apresenta-se como a 4.ª causa extintiva das servidões.

Renúncia não, de todo, conexa com *cedência*. Aquela configura um negócio jurídico unilateral; esta assenta num contrato, gratuito ou oneroso.

Pela renúncia perde-se o direito, independentemente de qualquer contrária declaração de vontade por parte do proprietário serviente; na cedência pressupõe-se uma declaração de aceitação. Enfim, na renúncia o seu efeito não é consensualmente obtido; na cedência, sim.

A renúncia pode ser total ou parcial. De qualquer modo, só pelo titular da servidão pode ser manifestada e por ela não podem ser lesados direitos que terceiros hajam adquirido sobre o prédio dominante e partes dele integrantes, como a água.

5. Decurso do prazo, nas servidões temporárias

A doutrina exposta na al. *e*) do artigo 1569.° revela a possibilidade legal de constituição de servidões temporárias.

A servidão e seus efeitos cessam findo o prazo previsto no momento da sua constituição.

As águas no Código Civil 344

6. Desnecessidade

A actuação da desnecessidade está limitada às servidões constituídas por usucapião (modalidade de constituição *por facto do homem*) e às legais (neste caso, qualquer que tenha sido o título de sua constituição) – art. 1569.°, n.ᵒˢ 2 e 3(5).

Só naqueles casos específicos se admite a desnecessidade como causa extinta. Ficando de fora as constituídas *por facto do homem*(6) (à excepção da obtida por usucapião, como se disse), parece estar-se ante um aparente desvio à fisionomia da servidão, por se revelar absurdo manter-se, em tal hipótese, uma servidão desnecessária. Mas não.

O que se passa, ali, é simplesmente a imposição de uma regra aplicável às servidões que precisam das forças da lei para se constituírem, o que é compreensível. Se foi com base em determinados pressupostos legais que a servidão se gerou, deve ser a lei a determinar o termo da sua vida em casos de desnecessidade na sua manutenção.

Ao contrário, as constituídas pelo facto livre e espontâneo do homem (as enunciadas no artigo 1547.°), à excepção da resultada de usucapião, seja qual for a sua (des)necessidade só pelo facto do homem, também, devem ser destruídas. Não se compreenderia que essas servidões se extinguissem automaticamente, por se tornarem desnecessárias. Seria uma intromissão insuportável na vida dos negócios jurídicos, livremente assumidos pelas partes contratantes.

7. Aproveitamento justificado

É uma causa que só opera nas servidões legais constituídas para fins de aproveitamento em gastos domésticos ou agrícolas (arts. 1557.° e 1558.°).

O espírito do preceito (art. 1569.°, n.° 4) é bem visível: os artigos 1557.° e 1558.° consagram uma autêntica expropriação por utilidade particular das águas sobrantes ou que estejam sem utilização, mas confinada ao período de tempo em que o seu *dono* as não *queira aproveitar*. O exercício da servidão não se integra, portanto, indefinidamente na esfera jurídica do beneficiário. Deve, pois, dar-se a possibilidade de o seu proprietário delas não ficar perpetuamente privado. Daí, a necessidade de inclusão no preceito (art. 1569.°, n.° 4) da condição do *aproveitamento justificado*.

Ao tribunal ficará reservado o papel de, «in casu», apreciar a justificação do pedido, em ordem a sacrificar ou não a utilização que das águas vem fazendo o dono do prédio dominante, ou seja o titular da servidão.

---

(5) Considerando preferível estender a desnecessidade a todas as servidões, v. M. TAVARELA LOBO, *Manual* cit, II, pág. 323.

(6) Vide, *supra*, n.° 117.

Em todo o caso, a fim de salvaguardar, compensar ou não tornar rapidamente inúteis as despesas feitas com a servidão, quiçá avultadas, a pretensão do peticionante só adquirirá probabilidade de êxito volvidos dez anos sobre a criação da servidão.

Pode acontecer que o proprietário serviente venha invocar um aproveitamento justificado *temporário*. Será atendível a sua vontade?

Não nos repugna aceitar uma resposta positiva, condicionada, porém, à revivificação da servidão uma vez esgotada a razão do aproveitamento temporário. Quer dizer, a servidão verdadeiramente não se extinguiu, antes ficou, temporariamente, suspensa no seu exercício. Entenda-se, porém, bem o seguinte: a utilização temporária a que nos referimos não cabe na figura central da disposição legal em análise. Trata-se de um aproveitamento justificada e fundamentadamente temporário, por prazo necessariamente inferior ao de dez anos a que alude o preceito e, por conseguinte, nessa situação estará afastada a hipótese de um quadro de facto que produza a extinção da servidão. Para haver lugar à extinção será necessário que o aproveitamento justificado, se represente apoiado numa necessidade definitiva e permanente, que não dê margem alguma a logros e situações de fraude. O tribunal, em cada caso concreto, averiguará da existência dos respectivos pressupostos.

O que nos parece é que, se o proprietário dominante, ele mesmo, disser que o uso que da água pretende efectuar é precário, temporário, provisório, por tempo definido e de curto prazo, a situação nunca poderá proporcionar o fim da servidão: segundo os seus próprios termos, aliás, essa não será, sequer, a sua intenção.

JURISPRUDÊNCIA

1. «I – Julgado procedente ou improcedente um pedido com certo fundamento, não se torna necessário esgotar o conhecimento de outros fundamentos que reforcem aquele resultado. II – Para que possa funcionar o direito de preferência previsto no artigo 1380.° do Código Civil e necessário: *a*) Que o preferente seja proprietário de terrenos confinantes com os vendidos, de área inferior a unidade de cultura; *b*) Que possa haver reciprocidade de direitos de preferência entre os proprietários de quaisquer desses prédios, na venda que seja feita de uns ou de outros; *c*) Que o comprador dos prédios não seja proprietário de prédios confinantes com os vendidos. III – Conforme o disposto no n.° 1 do artigo 1556.° daquele Código, só no caso em que as águas sejam de fontes, poços e reservatórios públicos ou de correntes do domínio publico se podem constituir servidões de passagem com vista ao aproveitamento dessas águas para os gastos domésticos dos proprietários que de outro modo a elas não tenham acesso. IV – Tendo desaparecido o encrave justificativo da servidão legal e sendo a *extinção* desta permitida pelo n.° 3 do artigo 1569.° do Código Civil, referido ao seu n.° 2, deve ter-se como prejudicado o direito de preferência, independente-

mente de requerimento do proprietário do prédio serviente» – (Ac. do S.T.J., de 26/04/78, Proc. n.° 067 189).

2. «I – O uso de uma servidão, mediante autorização do dono do prédio serviente não significa *não uso* para os efeitos do artigo 1569.°, n.° 1, alínea *b*) do Código Civil actual, como o não significa para os do artigo 2279.°, n.° 2 do Código Civil anterior. II – O instituto da "*usucapio libertatis*" só vigora no nosso Direito após a entrada em vigor do actual Código Civil» – (Ac. da R.P., de 24/01/84, Proc. n.° 0 018 032, in *C.J.*, 1984, I, pág. 227).

3. «I – Tanto o Código de Seabra como o Código Civil em vigor admitem a extinção das servidões pelo *não uso*, com a diferença de que o prazo exigido é agora menor. II – O Código Civil de 1966, contrariamente ao de 1867, também admite a extinção das servidões pela aquisição, por usucapião, da liberdade do prédio» – (Ac. do S.T.J., de 21/02/85, Proc. n.° 072 248).

4. «I – Se ambas as partes ficarem vencidas, cada uma delas terá de recorrer se quiser obter a reforma da decisão na parte que lhe seja desfavorável. II – Não o fazendo, essa decisão constitui caso julgado entre as partes. III – A servidão de passagem, na linguagem do Código Civil de 1867, era uma servidão descontínua: na do vigente, uma servidão para cujo exercício e necessário o facto do homem. IV – Quer na vigência daquele Código, quer na deste, o prazo para extinção da servidão de passagem conta-se a partir do mesmo momento: aquele em que deixou de ser usada. V – No Código Civil de 1867, contrariamente ao actual, não existia disposição da qual pudesse resultar que era admitida a extinção das servidões por "*usucapio libertatis*"» – (Ac. do S.T.J., de 28/02/85, Proc. n.° 072 248).

5. «I – Existe uma servidão de aqueduto se, sem qualquer descontinuidade de tempo, o escoamento das águas de um determinado prédio se fazia, há mais de 90 anos, à vista de toda a gente, sem oposição de quem quer que fosse e como se de coisa própria se tratasse, através de aquedutos em pedra, construídos noutro prédio. II – Se, no entanto, os donos dos prédios acordaram entre si, embora tão--só verbalmente, em acabar com a dita passagem de águas e, em execução desse acordo, foram destruídos os aquedutos através dos quais se fazia o escoamento das águas, a referida servidão extinguiu-se, por cedência feita pelo dono do prédio dominante ao do prédio serviente. III – E isso é assim, mesmo que, posteriormente a tal destruição, o dono do prédio serviente tivesse, durante algum tempo, passado a abrir aí um rego, para aproveitar as águas sobrantes do prédio dominante na rega das suas culturas» – (Ac. da R.P., de 15/06/86, Proc. n.° 0 004 766).

6. «I – Para produzir a extinção do direito de servidão de passagem, a renúncia deve constar de escritura pública. II – A renúncia tácita desse direito pode produzir eficácia meramente obrigacional. III – Não há abuso de direito, se quem

347   *Apêndice 1.° – Extinção das servidões*

renunciar tacitamente, vem a juízo pedir a condenação do dono do prédio serviente a reconhecer a existência do direito de servidão. IV – Há abuso de direito, se esse renunciante vem a juízo pedir algo que traduza o exercício do direito de servidão» – (Ac. da R.P., de 28/03/89, Proc. n.° 0 022 302, in *C.J.*, 1989, II, pág. 210).

7. «I – A extinção de servidão por desnecessidade é aplicável às servidões legais, qualquer que tenha sido o título da sua constituição. II – A servidão que abrange o escoamento de águas impuras não é servidão de escoamento, mas servidão de cloaca ou latrina, só susceptível de constituir servidão voluntária, que não servidão legal. III – Não podem extinguir-se por desnecessidade as chamadas servidões voluntárias, excepto quando delas nasce uma servidão legal» – (Ac. da R.L., de 26/05/92, Proc. n.° 9 230 016).

8. «I – A servidão é uma restrição ou limitação ao direito de propriedade sobre o prédio onerado e um direito real limitado. II – A cessação do direito à água é uma causa típica de extinção da servidão de aqueduto: como essa servidão é um acessório do direito à água, caducado esse direito, do mesmo modo cessa o direito à correspondente servidão de aqueduto» – (Ac. da R.P., de 1/07/93, Proc. n.° 9 320 154).

9. «III – Do exercício do direito de tapagem não pode resultar a extinção do encargo de escoamento natural das águas decorrentes do prédio superior. Este encargo não se confunde com a servidão legal de escoamento. Este encargo é objectivo, existindo independentemente do direito de propriedade sobre os prédios confinantes; assenta na posição correlativa dos prédios e não na abertura de sulcos» – (Ac. da R.L., de 28/09/93, Proc. n.° 0 066 261).

10. «I – A transacção é o contrato pelo qual as partes previnem ou terminam um litígio mediante recíprocas concessões, podendo estas envolver a constituição, modificação ou extinção de direitos diversos do direito controvertido. II – Os contratos consideram-se justo título de aquisição da água de fontes e nascentes. III – A partir da transacção homologada por sentença transitada em julgado – em que particulares reconhecem o direito da Câmara Municipal sobre a água (ou parte dela) duma presa ou fonte (esta referida a uma mina) implantada num prédio deles para uso e aproveitamento doméstico dos moradores das proximidades, bem como o direito de manter dentro da presa um tanque e respectiva cobertura, bem como outras obras já executadas na mina, mediante o pagamento de uma indemnização ou compensação pela ocupação do terreno – a Câmara Municipal ficou titular do direito de propriedade sobre a água em causa, e não de um mero direito de servidão. IV – Tal direito não se extingue por desnecessidade» – (Ac. da R.P., de 10/02/94, Proc. n.° 9 320 750).

As águas no Código Civil 348

11. «I – A extinção do direito de servidão pelo *não uso* durante 20 anos não se opera automaticamente, carecendo esse não uso, para se desencadear a sua eficácia extintiva, de ser invocado pelo proprietário serviente. II – Precludiu-se o direito à declaração judicial extintiva da servidão pelo não uso, se o proprietário serviente não arguiu a respectiva excepção peremptória na contestação de uma acção possessória» – (Ac. da R.P., de 28/06/94, Proc. n.º 9 321 089).

12. «A desnecessidade susceptível de conduzir à extinção da servidão há--de resultar de uma mudança na situação jurídica do prédio dominante, ocorrida em momento posterior à continuação da servidão em consequência da qual a servidão perdeu a sua utilidade para aquele período» – (Ac. da R.C., de 20/09/94, Proc. n.º 1251/93, in *B.M.J.*, 439/666).

13. «I – Tendo a Relação entendido, por falta de impugnação, que as obras que os Réus fizeram e a fazer sobre o seu prédio afectaram o escoamento das águas do telhado dos Autores, prejudicando ou dificultando o exercício da servidão de estilicídio, isto em matéria de facto, da sua competência, os Autores provaram a ofensa a essa sua servidão, não podendo o proprietário do prédio serviente estorvar o uso dessa servidão, o que sucedeu com as obras dos Réus no seu prédio. II – As obras levadas a efeito pelo Réus, impediram e impedem ou dificultam o exercício de "adminicula servitutis", ou seja, as faculdades inerentes à servidão, designadamente as de a vigiar, limpar e conservar» – (Ac. do S.T.J., de 24/01/95, Proc. n.º 086 277).

14. « I – O período de 20 anos para a extinção das servidões pelo não uso terá de ser contado seguidamente e em conformidade com o estatuído no artigo 1570 do Código Civil. II – Períodos interpolados de não uso que somados perfazem o total de 20 anos não podem ser contados para o efeito da dita extinção» – (Ac. da R.P., de 13/02/95, Proc. n.º 9 450 413).

15. «A desnecessidade da servidão ocorre quando, devido a alterações que tiveram lugar no prédio dominante, a sua utilização perdeu a utilidade para esse prédio» – (Ac. da R.C., de 13/06/95, Proc. n.º 973/94, in *B.M.J.*, n.º 448/452).

16. «I – Opera-se a aquisição, por usucapião, da água – e respectiva servidão de aqueduto – proveniente de uma mina aberta em prédio alheio – tal como a poça do seu represamento – através do qual foi conduzida para prédio do Autor, por um rego a céu aberto, permanentemente, e, depois, substituído por tubagem, de forma visível, tudo acompanhado de trabalhos de limpeza. II – Tal aquisição traduz um direito de propriedade e não um direito de servidão de águas, pelo que esse direito não é passível de extinção por não uso durante dez anos» – (Ac. da R.P., de 26/06/95, Proc. n.º 9 451 133).

349   *Apêndice 1.º – Extinção das servidões*

17. «I – Ao tribunal de recurso é vedado conhecer de matéria nova. II – As servidões constituídas por usucapião só podem ser declaradas extintas, se desnecessárias ao prédio dominante, mediante acção de arbitramento proposta pelo proprietário do prédio serviente onde alegue e prove aquela desnecessidade. III – Constituída a servidão de aqueduto com condução da água para o prédio dominante através de um rego a céu aberto, a posterior obra de substituição do rego por tubos para condução da água, realizada pelo dono do prédio serviente, confina-se no seu direito de aí fazer quaisquer modificações desde que elas não estorvem a servidão. IV – O exercício do *direito de tapagem* do dono do prédio serviente, construindo um muro ao longo do rego ou aqueduto, não pode prejudicar o direito do dono do prédio dominante de transitar junto da conduta de água para acompanhamento e vigilância da mesma» – (Ac. da R.P., de 27/01/97, Proc. n.º 9 650 075).

18. «I – Na interpretação das declarações contratuais deve atender-se a um sentido que tenha o mínimo de correspondência no respectivo texto. II – Se das declarações resulta que sobre determinada parcela de terreno se constituiu um direito de posse e de servidão, não pode concluir-se pela existência de um direito de compropriedade. III – Se com o *não uso* da servidão de águas a mesma se extinguiu, não importa discutir se quem estava onerado com aquela adquiriu, por usucapião, o respectivo terreno onde estava implantada. IV – Para afastar a aquisição, por usucapião, basta provar que a posse não é pacífica» – (Ac. da R.P., de 28/04/97, Proc. n.º 9 651 466).

19. «I – Se os prédios, dominante e serviente, passam a pertencer ao mesmo proprietário, tal reunião implica, necessariamente, a extinção da servidão» – (Ac. da R.P., de 30/10/97, Proc. n.º 9 730 864).

20. «A *renúncia* a uma servidão para ser eficaz não necessita da aceitação do dono do prédio serviente. II – A renúncia tem de resultar de actos inequívocos para o que não basta a sua não utilização durante um pequeno período de tempo recomeçando-se depois» – (Ac. da R.P., de 9/11/98, Proc. n.º 9 720 693).

21. «I – Os artigos 1376.º e 1380.º, n.º 1, do C.Civil traduzem a mesma intenção legislativa de evitar e combater, por razões de ordem económica, a pulverização da propriedade rústica, no propósito de garantir a sua melhor rentabilidade. II – Cabe ao autor a prova dos factos constitutivos do alegado direito de preferência; sobre o réu/adquirente impende o ónus de provar a excepção peremptória prevista na alínea *a*) do artigo 1381.º, como facto impeditivo do direito do autor – provar que o terreno adquirido se destina a outro fim, que não a cultura. III – Decisivo é o fim que o adquirente pretende dar ao terreno isto é, que a aquisição se destine a qualquer outro fim que não seja a cultura; por outro lado, é necessário que este facto psicológico tenha reflexo na conduta fáctica apurada, ou

As águas no Código Civil 350

seja, que a intenção de se dar determinado destino, diferente da cultura, tenha nos autos concretização e prova bastante. IV – O que aqui importa é qualquer outro fim que não seja a cultura, podendo o terreno "destinar-se, por exemplo, a um campo de jogos, a um fim acessório de qualquer indústria". V – Os proprietários de prédio encravado gozam de um direito potestativo (ou faculdade) de constituir uma servidão de passagem (artigo 1550.° do C.Civil). VI – Tendo desaparecido o pressuposto que condicionou a servidão legal de passagem – qual seja, não ter o prédio comunicação com a via pública (artigo 1550.°) –, essa servidão perdeu a sua razão de ser a partir do momento em que o prédio deixou de estar na situação que justificava a, constituição da servidão. VII – Mantendo-se a servidão porque o proprietário do prédio serviente não requereu a declaração judicial da sua extinção por desnecessidade (artigo 1569.°, n.° 3), não parece razoável, antes se configura como excessivo, que lhe seja permitido exercer direito de preferência na alienação do prédio dominante» – (Ac. do S.T.J., de 15/12/98, Proc. n.° 98A971).

22. «I – A extinção de uma servidão pelo não uso durante 20 anos, prevista na alínea *b*) do n.° 1 do artigo 1569.° do Código Civil, não representa qualquer prescrição do respectivo direito uma vez que os direitos reais de gozo, como as servidões, não prescrevem. II – Age com abuso de direito aquele que invoca a omissão de passagem para uma servidão durante 20 anos como forma de extinção desta, quando a omissão dessa passagem foi por ele provocada, dado que passou a impedir os titulares da servidão de a utilizarem» – (Ac. da R.P., de 7/10/99, Proc. n.° 9 931 096).

23. «I – O direito sobre uma água pode constituir-se como direito de servidão quando, continuando a água a pertencer ao dono de um prédio, se concede a terceiro a possibilidade de aproveitá-la, em função das necessidades de um prédio diferente e em conformidade com o tipo de aproveitamento previsto no título constitutivo do direito. II – Esse direito de servidão é compatível com a existência de uma servidão de aqueduto sobre o prédio a que pertence a água. III – A desnecessidade, como fundamento de extinção de uma servidão, tem de resultar de uma alteração sobrevinda no prédio dominante, na sequência da qual a servidão perca a respectiva utilidade» – (Ac. da R.P., de 11/05/2000, Proc. n.° 9 931 406).

24. «A servidão constituída por destinação de pai de família não se pode extinguir por desnecessidade» – (Ac. da R.L., de 15/06/2000, Proc. n.° 0 019 132).

25. «As servidões constituídas por destinação do pai de família não podem extinguir-se por desnecessidade» – (Ac. da R.P., de 19/03/2001, Proc. n.° 0 150 186).

26. «A desnecessidade da servidão a que se refere o artigo 1569.° n.° 2 do Código Civil tem de ser objectiva, típica e exclusiva da servidão, supondo uma mudança no prédio dominante, que não no serviente e, não se confunde com a

351   *Apêndice 1.° – Extinção das servidões*

desnecessidade subjectiva, assente na ausência de interesse, vantagem ou conveniência pessoal do titular do direito. Não releva, pois, que os titulares do direito possam eventualmente, manter interesse pessoal na manutenção da servidão ou o facto de ainda hoje fazerem uso da mesma» – (Ac. da R.P., de 26/02/2002, Proc. n.° 0 120 767).

27. «A desnecessidade – susceptível de conduzir à extinção da servidão – tem de ser objectiva e exclusiva da servidão. Supõe uma mudança da situação, não do prédio onerado ou serviente, mas do prédio dominante. II – Essas «mudança/desnecessidade» têm de surgir num momento posterior à constituição da servidão. III – Assim, se ao proprietário do prédio dominante não interessar, por razões pessoais, a utilização da servidão, tal não configura essa "desnecessidade"» – (Ac. da R.C., de 16/04/2002, in *C.J.*, 2002, II, pág. 23).

28. «Ao limitar a relevância da causa extintiva "desnecessidade" às servidões legais e às constituídas por usucapião (art. 1569.°-2 e 3 do C.Civil), o legislador deu prevalência ao princípio da autonomia privada deixando na disponibilidade das partes o poder de extinção quer quanto às servidões voluntárias (que resultam do acordo das partes) quer quanto às servidões por destinação de pai de família assentes que são os sinais da sua constituição em declaração tácita de vontade. Mas a extinção por *não uso* e por *desnecessidade* são realidades jurídicas diversas, não estando aquela causa de extinção limitada por tal princípio da autonomia privada (art. 1569.°-1-*b*), 2 e 3 do C.Civil). Assim, não limitada pela Lei no âmbito da sua aplicação, tal causa extintiva (por não uso) é aplicável a todas as servidões, inclusivamente às constituídas por designação de pai de família» – (Ac. da R.L., de 27/06/2002, Proc. n.° 00 103 476).

29. «Competindo às entidades gestoras dos sistemas de drenagem de águas residuais, municípios ou associações de municípios a exclusiva competência para obrigar os proprietários à ligação das respectivas redes de águas residuais domésticas dos seus prédios urbanos à rede pública, tal exercício constitui pressuposto imprescindível para a extinção, por desnecessidade, de uma servidão de aqueduto» – (Ac. da R.P., de 3/10/2002, Proc. n.° 0 230 246).

30. «I – O conceito de «desnecessidade da servidão» não se extrai de meros subjectivismos atinentes ao proprietário do prédio dominante. II – Antes deve ser valorado com base na ponderação da superveniência de factos que, por si, e objectivamente, tenham determinado uma mudança juridicamente relevante nesse mesmo prédio, por forma a concluir-se que a servidão deixou de revestir-se para ele de qualquer utilidade» – (Ac. do S.T.J., de 7/11/2002, Proc. n.° 02B2838).

31. «III – O conceito de "desnecessidade" emanante do disposto no artigo 1569.° n.° 2 do C.C. radica num "status superveniens", ou seja, na ocorrência de

As águas no Código Civil 352

algo "ex novo" que, já depois de a servidão se ter constituído por usucapião, veio alterar o estado das coisas, por tal forma que passou a ser inútil o gozo da servidão» – (Ac. da R.C., de 10/12/2002, Proc. n.º 3712/02).

32. «I – Uma servidão de passagem pode, a qualquer momento, perder a sua razão de ser, ou seja, a sua utilidade para o prédio dominante. II – A desnecessidade da servidão nunca pode ser originária, já que nenhuma servidão se pode constituir contra a tipificação legal. III – A desnecessidade tem de ser objectiva, típica e exclusiva da servidão, não se confundindo com a desnecessidade subjectiva, que assentaria na ausência de interesse, vantagem ou conveniência pessoal do titular do direito, o que se compreende, dada a perspectiva de que a servidão se afere a uma relação predial. IV – O artigo 1569.º, n.º 2 C.C. não estabelece qualquer distinção entre desnecessidade originária e superveniente. V – A desnecessidade tem de existir no momento em que a acção é proposta e compete ao tribunal ponderar, face ao quadro circunstancial concreto que se lhe depare, se existe ou não uma justificação para sacrificar o direito de propriedade relativo ao prédio serviente, na perspectiva de um interesse relevante para o prédio dominante: no fundo, se a servidão continua a ser necessária para a realização do direito de gozo deste último prédio. Não bastará que, além da passagem objecto da servidão, exista outra via de acesso do prédio dominante para a via pública. è necessário que este outro aceso ofereça condições de utilização similares ou, pelo menos, não desproporcionadamente agravadas. VI – Confrontando a situação do prédio serviente e os prejuízos que a este e aos seus donos vêm sendo causados pela dita servidão, com o facto de não se provar, muito pelo contrário, que o caminho onde se situa a servidão seja mais cómodo ou benéfico que o alternativo, não restam dúvidas de que a servidão se deve considerar extinta por desnecessidade» – (Ac. da R.L., de 30/01/2003, Proc. n.º 0 094 718).

33. «I – O art. 1569.º, n.º 2, do Cod. Civil não estabelece qualquer distinção entre desnecessidade originária e superveniente. II – A desnecessidade tem de ser actual. III – É apreciada objectivamente, sendo irrelevante, só por si, o facto de os tiotulares do prédio dominante usarem a referida passagem» – (Ac. da R.L., de 30/01/2003, in C.J., 2003, I, pág. 90).

34. «I – Da noção legal de servidão (C.C.-1543.º) decorre, quer de per si, quer da sua conjugação com outras normas, bem como dos 3 artigos seguintes, que a lei apenas reconhece a servidão com natureza real, não a admite enquanto nem como servidão pessoal. II – Uma das características das servidões é a atipicidade do seu conteúdo (C.C.-1544.º). III – A servidão por destinação do pai de família só nasce no momento da separação de domínios. IV – A visibilidade destina-se a garantir a não clandestinidade, por ela os sinais denunciam a prestação de uma utilidade não transitória mas estável que constitui o conteúdo da servidão e há-de ser apreciada em termos de objectividade (não se exige que dos sinais

353   *Apêndice 1.° – Extinção das servidões*

tenham conhecimento o alienante e o adquirente, no acto jurídico que serve de veículo à separação) e do significado que as obras que traduzem esses sinais revestem. V – O requisito vale e existe por si; não existe, desaparece ou reaparece consoante o que cada sucessivo adquirente conheça no acto da aquisição (ou mesmo posteriormente). VI – Os sinais podem existir num só ou em ambos os prédios, bastando que a visibilidade e a permanência se verifique em relação a um deles. VII – Por desnecessidade apenas se podem extinguir servidões que não têm na sua base um facto voluntário (CC-1569.°, 2 e 3), pelo que não é causa de extinção de uma servidão constituída por destinação do pai de família. VIII – A colisão de direitos entre o direito de propriedade e o direito real de gozo de servidão (de qualquer servidão, independentemente do modo de constituição e do seu conteúdo) e a conflitualidade de interesses entre o titular daquele e o titular deste existe por natureza, decorre como consequência da admissibilidade e do reconhecimento legal deste direito real de gozo e do que ele compreende e autoriza. Não é maior pelo facto de ser constituída por destinação do pai de família» – (Ac. do S.T.J., de 11/11/2003, Proc. n.° 03A3510).

35. «6. A extinção da servidão por desnecessidade não opera automaticamente, tornando-se necessária uma decisão judicial que a declare. 7. Verificados todos os pressupostos de constituição de servidão por destinação do pai de família, não pode impedir-se, com fundamento no abuso de direito, nem mesmo invocada a sua desnecessidade, que os seus titulares peçam ao tribunal o reconhecimento desse direito real e o convencimento dos réus – que o não aceitavam – da sua existência na ordem jurídica concreta» – (Ac. do S.T.J., de 13/11/2003, Proc. n.° 03B3029).

36. «I – A prova testemunhal não tem como limite legal o conhecimento directo dos factos. Qualquer facto enunciado por uma testemunha pode legalmente influenciar a convicção do julgador. II – Na constituição da servidão por destinação do pai de família, o requisito do proveito exclusivo do prédio dominante é substituído pelo da serventia de um prédio sobre o outro. III – A servidão por destinação do pai de família não pode ser extinta por desnecessidade, por não estar prevista essa situação no art. 1569.° do C.Civil» – (Ac. do S.T.J. de 18/12/2003, Proc. n.° 03B2987).

D – EXERCÍCIO PARCIAL DAS SERVIDÕES

ARTIGO 1572.º
(Exercício parcial)

A servidão não deixa de considerar-se exercida por inteiro, quando o proprietário do prédio dominante aproveite apenas uma parte das utilidades que lhe são inerentes.

Apreciação

Este dispositivo estabelece uma concepção utilitária da servidão.

A servidão nasce para satisfazer as necessidades do titular do direito. Se, porventura, num dado momento as necessidades do dono do prédio dominante diferirem das apontadas no momento da criação da servidão nem por isso ela deixa de ser útil – é-o na medida da nova necessidade.

A servidão subsiste, portanto, ainda que seja exercitada de molde a, dela, se extrair uma utilidade menor do que a *ab initio* facultada, seu pressuposto.

Aliás, por força do *princípio da indivisibilidade* da servidão, a solução não pode deixar de ser a que se sugere. A servidão não se reparte em tantas quantos os actos do seu exercício. Ela não se divide só porque se pratica um acto de exercício menor que o usual. Este acto, ainda assim, configura a afirmação do poder derivado do título constitutivo, poder que é um só, naturalmente.

É, também, o resultado da aplicação da regra assim formulada:

A servidão extingue-se, por inteiro, quando se exercita uma servidão diferente *(aliud)*; mas, subsiste, integralmente, quando se pratica em medida diversa *(plus* ou *minus)*.

Regra que é válida, quer no que toca ao tempo, quer no que toca ao modo de exercício.

Por isso, se a utilização da água pode ser feita às segunda, quarta e sexta--feiras, passará a haver exercício parcial se o dono do prédio dominante a usa, apenas, às segunda e sexta-feiras.

Assim será, ainda, quando o titular da servidão tem direito à água em dois ou mais períodos, alternada (ex, de dia, primeiro, de noite depois), ou alternativamente (de dia ou de noite, ou em qualquer altura do dia ou da da noite) e, não obstante, a utiliza apenas durante um só período.

De servidão parcial se terá que falar também quando o proprietário dominante, apesar de poder derivar 100 litros de água, só se serve de um caudal de cerca de metade (50 litros).

Em todos estes casos a servidão não se extingue – é a mesma, modificada, apenas, na medida do seu exercício.

Há autores que perfilham a opinião de que a servidão se conserva por inteiro se ela se exercita de modo a extrair-se uma utilidade menor do que a inicial, condição da sua criação, *não por livre determinação* do proprietário dominante, mas por imposição do proprietário serviente[7]. É indiscutível.

Tem-se entendido, por outro lado, que os *adminicula* (isto é, os actos preparatórios que acompanham a servidão, como a utilização de um carreiro para passagem de pé, com vista ao encaminhamento da água), *por si só,* não se integram no exercício da servidão.

O *adminiculum*, pois, sem o exercício, mesmo parcial, da servidão não é considerado, já por si, um exercício parcial da servidão. É preparatório, logo acessório duma servidão em exercício[8].

---

[7] T. LOBO, *ob. cit.*, pág. 191 e *Manual cit.*, II, pág. 318.
[8] T. LOBO, *ob. cit.*, pág. 190 e P. LIMA e A. VARELA, *ob. cit.*, III, 627.

E – **EXERCÍCIO DAS SERVIDÕES EM ÉPOCA DIVERSA**

ARTIGO 1573.º
(Exercício em época diversa)

O exercício da servidão em época diferente da fixada no título não impede a sua extinção pelo não uso, sem prejuízo da possibilidade de aquisição de uma nova servidão por usucapião.

Apreciação

Diferentemente do que se passa no artigo anterior é a situação contemplada no artigo 1573.º.

Plasma-se aqui um exercício em *época diferente* da fixada no título. Se o dono do prédio serviente tem direito a conduzir a água no período de Verão (rega) não pode passar a utilizá-la no inverno (lima), sob pena de poder vir a extinguir--se, *pelo não uso,* a servidão durante a época de rega[9].

O mesmo se passa quando o proprietário dominante só pode utilizar a água durante a *noite* e, apesar disso, a utiliza, somente, de dia (ou vice-versa).

Como além, também ali o exercício se está a fazer em época diversa, logo sujeitando a servidão inicial à sua extinção por não uso, decorridos vinte anos de ausência de exercício.

O exercício em época diversa equivale, pois, a *um não exercício* da servi-dão fixada; representa, não um *mais* ou um *menos,* mas uma coisa *diferente.* Coisa diferente que, como o tempo e pelas forças da usucapião, se pode trans-formar numa nova servidão – extinguiu-se uma, mas adquiriu-se outra, de con-teúdo diferente.

---

[9] O tempo não pode considerar-se elemento acessório. Como elemento essen-cial que é, ou a servidão é exercida na época fixada ou deixa de exercer-se e, então, extingue-se.

APÊNDICE N.º 2

– **Aluvião**

– **Avulsão**

– **Mudança de leito**

– **Formação de ilhas e mouchões**

– **Lagos e lagoas**

– **Escavações**

– **Escoamento natural das águas**

– **Obras defensivas das águas**

– **Presunção de comunhão**

– **Exploração de águas**

– **Servidões de passagem para o aproveitamento de águas**

ARTIGO 1328.º
(Aluvião)

1. Pertence aos donos dos prédios confinantes com quaisquer correntes de água tudo o que, por acção das águas, se lhes unir ou neles for depositado, sucessiva e imperceptivelmente.

2. É aplicável o disposto no número anterior ao terreno que insensivelmente se for deslocando, por acção das águas, de uma das margens para outra, ou de um prédio superior para outro inferior, sem que o proprietário do terreno perdido possa invocar direitos sobre ele.

Antecedentes históricos

1. Corresponde à doutrina exposta no artigo 2291.º, do Código Civil de 1867, com a seguinte redacção:

Pertence aos donos dos prédios confinantes com os rios, ribeiros ou quaisquer correntes de água tudo o que, por acção das águas, se lhes unir, ou nelas for depositado.

Observações

2. Prédios confiantes com quaisquer correntes de água

I – O artigo 1328.º, na fórmula que utiliza, tem uma amplitude que urge, a nosso ver, limitar à sua verdadeira dimensão.

Começa por referir-se, genericamente, aos donos dos prédios confinantes com quaisquer *correntes de água*. Ora, a expressão carece de alguma correcção.

No deito romano, como na doutrina dominante anterior ao Código Civil de 1867, era, regra geral, entendido que a natureza pública do terreno do leito resultava do domínio, também, público da água que o cobria. Se, a partir de certa altura, a água deixasse de o banhar, ele perdia aquela natureza.

E, porque não era unívoca a opinião dos autores sobre a natureza do terreno público, a propósito da titularidade do deito de propriedade (para uns, era um *res communes omnium;* para outros, uma *res nullius*) havia que encontrar-se-lhe um

As águas no Código Civil 362

proprietário, logo que a água pública o abandonasse. Não repugnava que o proprietário fosse o dono do terreno marginal contíguo.

Hoje, está assente que a faixa de terreno contígua ou sobranceira à linha que limita o leito das águas – margem por definição([1]) – tanto pode ser pública([2]), como particular([3]). Daí, a necessidade de apurar o verdadeiro sentido da expressão acima destacada.

Ela, numa primeira leitura, inculca a ideia de que todos os particulares contíguos se podem servir da faculdade legal, ainda que na presença de uma corrente de domínio público. E, não é assim, seguramente, como veremos.

II – Anexos às águas públicas podem estar terrenos públicos ou particulares. Vamos ver, rapidamente, o que se passa com as *correntes não navegáveis nem flutuáveis* (ribeiros, riachos, fios de água, corgas, torrentes, barrancos, enxurros ou córregos de caudal descontínuo, etc.), águas públicas como sabemos.

Atravessando, elas, prédios particulares as suas margens são necessariamente particulares (art. 5.°, n.° 2, do Dec.-Lei n.° 468/71). É indiscutível que, neste caso, os materiais nelas depositados por acção das águas são pertença do proprietário desses prédios.

Se atravessarem prédios públicos, idêntica é a solução: os materiais ali depositados, porque públicas são também as margens; pertencem ao domínio público.

Convém, no entanto, frisar que nem sempre um terreno de afectação pública pertence ao Estado. Casos há, na verdade, em que esse terreno é pertença particular, o que obriga à atribuição da margem à propriedade privada, bem como o que alise depositar([4]).

Por conseguinte, o que interessa destacar é que não é a afectação pública do terreno que determina a titularidade da margem e leito dessas correntes. Relevante é a dominialidade – os terrenos banhados pelas águas públicas têm que ser *pertença* do Estado para que os leitos e margens também o possam ser (públicos).

Esta é a orientação plasmada no artigo 5.° da L.T.D.H., muito embora a colocação da expressão «*sempre que tais leitos e margens lhe pertençam*» antes da referência às «*águas não navegáveis nem flutuáveis que atravessem terrenos públicos do Estado*» possa, à primeira vista sugerir o contrário. Mas não é assim.

([1]) Cfr. art. 3.°, n.° 1, do Dec.-Lei n.° 468/71, de 5/11, também chamado Lei dos Terrenos do Domínio Hídrico (L.T.D.H.).

([2]) É o caso das margens das águas do mar e quaisquer outras navegáveis e flutuáveis, sempre que tais margens lhe pertençam, e, bem assim, as margens das águas não navegáveis nem flutuáveis que atravessem terrenos públicos do Estado (art. 5.°, n.° 1, da L.T.D.H.).

([3]) Particulares são, obviamente, as margens das águas particulares e as das correntes não navegáveis nem flutuáveis que atravessem terrenos particulares (art. 1387.°, n.os 1, al. *b*), 2 e 4, do Código Civil).

([4]) Ver F. AMARAL, *ob. cít.*, pág. 102.

363   *Apêndice 2.° – Aluvião (art. 1328.°)*

A simples alusão *«que atravessem terrenos públicos do Estado»* revela bem ter
sido aquela a intenção que se quis por na redacção do artigo[5].

III – No que concerne às águas das *correntes navegáveis e flutuáveis,* Pires
de Lima e Antunes Varela entenderam que, para que se verificasse a acessão, seria
preciso que os prédios fossem *confinantes* com a corrente. E diziam: *«Ora, só
poderão ser considerados confinantes os prédios cuja margem for particular.
Sendo esta pública, é em benefício desta, e, portanto, do domínio público que
pode verificar-se a acessão»*[6].

A doutrina está exacta; vamos apenas esclarecê-la.

As águas navegáveis e flutuáveis (correntes navegáveis, lagos, lagoas e pântanos) dispõem de uma margem de 10 metros de largura (art. 3.°, n.° 3, do Dec.-
-Lei n.° 468/71). O que não significa, como é bom de ver, que essa faixa de terreno pertença, sem mais, ao Estado só porque é pública a água. Pois, decerto, se
a água atravessa terreno particular é óbvio que as margens, porque daquele integrantes, pertencem ao dono desse prédio[7]. O que acontece, daí alguma confusão, é que tais margens estão afectas a um uso público, acessório de navegação e
flutuação, fiscalização e política, pesca, etc.. Mas, não é legítimo confundir-se o
uso público, ou a utilidade pública dele resultante, com a dominialidade pública.

Já, se o terreno banhado é pertença do Estado, públicas são também as suas
margens (sendo pertença privada do Estado, privadas do Estado serão as margens).

As consequências, agora, são visíveis:

No primeiro caso, os materiais depositados por aluvião, os acrescidos, são
propriedade particular; no segundo, do Estado e, portanto, do domínio público, a
não ser que as margens tenham sido, por qualquer forma, desafectadas desse domínio público ou reconhecidas como privadas (art. 5.°, n.° 2, L.T.D.H.), caso em
que os acrescidos integram a esfera patrimonial privada particular. Sendo o terreno propriedade privada do Estado, propriedade privada do Estado serão as margens respectivas.

Os aluviões de cota inferior à linha normal limite do leito fazem deste parte
integrante e sujeitam-se ao seu mesmo regime jurídico.

3. União e depósitos sucessíveis e imperceptíveis

Para que o *acréscimo,* por acção das águas, possa ser considerado com carácter de aluvião é forçoso que ele se tenha formado *pouco a pouco, prolongada-*

---

[5] Sobre o assunto, vide *F. Amaral, ob. cit.,* pág. 94 e segs.

[6] *Ob cit.,* III, pág. 128.

[7] Só assim não será quando tais margens forem expropriadas. Neste sentido *R.L.J.,*
anos 65.° e 67.°, págs. 261 e 259, respectivamente; Assento do S.T.J., de 22/1/35; José
António de Almeida, in *R.T.,* ano 69.°, pág. 66 e Azeredo Perdigão, in *Revista da
Ordem dos Advogados,* ano 5.° pág. 60.

As águas no Código Civil 364

mente no tempo, o que exclui os casos em que determinadas porções de terreno são, subitamente, destacadas de uma das margens e transportadas para a outra, em consequência, por exemplo, de uma cheia extraordinária ou obras efectuadas na margem.

O aluvião não representa, pois, qualquer tipo de acção súbita e violenta, seja ela natural ou artificial, decorrente de obra humana.

O aluvião assume-se, antes, como uma actividade lenta, gradual, progressiva, pouco nítida – *per alluvionem autem id videtur adici, quod ita paulatim adicitur, ut intellegere non possimus quantum quoque momento temporis adiciatur* (Digesto).

O aluvião opõe-se, em suma, à noção de avulsão que abordaremos adiante.

4. Conclusão

Dissemos não constituir aluvião a união súbita de terras em uma das margens vindas da outra. Mas, se a separação, e consequente depósito, for sucessivo, lento e imperceptível, já a situação configura o aluvião. De aluvião se tratará, também, face ao depósito lento, sucessivo e imperceptível de terras, num prédio, vindas de outro superior. Em ambos os casos, o proprietário do terreno perdido não pode, sobre ele ou por causa dele, invocar quaisquer direitos, designadamente qualquer indemnização compensatória.

A hipótese prevista no n.º 1 refere-se à *união* e *depósito* de partículas, qualquer que seja a sua origem («*tudo o que,...*»). Mais restrito, e com alcance mais preciso, é o conteúdo do n.º 2, uma vez que se limita a contemplar o «*terreno... que se for deslocando*».

O momento de aquisição do acrescido é o da verificação do facto solto. Serão, assim, tantos os momentos quantas as ocasiões em que se der a união ou o depósito de partículas (lodo, areia, etc.) ou a deslocação de terra, de uma para outra margem ou de um prédio superior para outro inferior.

Sabemos, no entanto, ser extremamente difícil a determinação do exacto (certo) momento aquisitivo, tal como se reconhece difícil, senão impossível, a individualização dos elementos arrastados. Daí, o considerar-se, nestes casos, uma aquisição permanente.

Aquisição do direito de propriedade, então, que tem como singular pressuposto material a *união* de coisa *alheia* à *própria*, por acção da natureza. Afinal, uma das formas de acessão natural, instituto através do qual se adquire originariamente a propriedade[8].

---

[8] O. ASCENÇÃO, ao que parece, pouco inclinado a uma indiscutível aceitação da noção de *união*, hipótese-padrão, da nossa fórmula de aluvião, pugna mais pela atribuição a esta hipótese de acessão natural – tal como a que resulta da continua incorporação de depósitos por força do vento (agente natural) – da ideia ou sentido de *modificação do objecto*. Não há, a seu ver, união de coisas visto o depósito não ter características que permitam falar-se juridicamente de coisa. – *Ob. cit.*, págs. 302, 398 e 399.

O que acima tivemos ocasião de dizer não tem o aplauso de F. Amaral e José Pedro Fernandes. Para estes autores, o art. 6.º da LTDH (ver apêndice n.º 3) teria derrogado parcialmente o art. 1328.º do Código Civil ao determinar que continua a pertencer ao domínio hídrico, desde que não exceda a largura estabelecida no art. 3.º desse diploma, o terreno dos leitos dominiais abandonados pelas águas (por recuo permanente com o consequente enxuto do leito) ou a estas conquistados. A solução destes autores seria a de que o art. 1328.º só seria possível para as situações em que a acção das águas tenha depositado as matérias *dentro* do prédio confinante com o leito[9].

Mas a situação prevista no art. 6.º não tem, quanto a nós, qualquer semelhança ou paralelismo com a que o art. 1328.º regula. Nesta, o que se verifica é uma conquista imperceptível, contínua e lenta dos elementos soltos que as águas arrastam ou transportam, enquanto além a situação é de "conquista" (através de acção humana e artificial) e de "abandono" das próprias águas, em consequência do que o leito fica a descoberto. São situações, portanto, inconfundíveis e, por isso mesmo, as soluções não podem deixar de ser diferentes. Não há, pois, que falar em revogação.

Aliás, a teses daqueles autores não deixa mesmo de cair em contradição. Na verdade mal se compreende que o recuo (abandono) das águas possa fazer depositar materiais do leito *dentro* do prédio marginal, se a lei da física, ao invés, aponta para que os materiais do leito assim expostos acabem por descer também na direcção da água – salvo os casos em que por acção do vento algumas partículas sejam levadas para dentro ou para cima do prédio marginal, mas não pensamos que essa hipótese tenha sido, sequer, pensada por eles.[10]

ARTIGO 1329.º
(Avulsão)

1. Se, por acção natural e violenta, a corrente arrancar quaisquer plantas ou levar qualquer objecto ou porção conhecida de terreno, e arrojar essas coisas sobre prédio alheio, o dono delas tem o direito de exigir que lhe sejam entregues, contanto que o faça dentro de seis meses, se antes não foi notificado para fazer a remoção no prazo judicialmente assinado.

2. Não se fazendo a remoção nos prazos designados, é aplicável o disposto no artigo anterior.

---

[9] In *Comentário cit.*, pág, 113/118. Em sentido semelhante, também o *Parecer da P.G.R.* n.º *33/1992*, de 9/07/92, in D.R., de 17/11/93.

[10] TAVARELA LOBO, também não se mostra grande entusiasta da solução preconizada pelos autores referidos, in *Manual cit.*, I, pág. 242/249.

Antecedentes históricos

5. Corresponde ao artigo 2292.°, do Código Civil de 1867, com a seguinte redacção:

Mas, se a corrente arrancar quaisquer plantas, levar qualquer objecto, ou porção conhecida de terreno, e arrojar essas coisas sobre os prédios alheios, conservará o dono delas o seu direito, e poderá exigir que lhe sejam entregues, contanto que o faça dentro em três meses, se antes não for intimado para fazer a remoção no prazo que judicialmente lhe for assinado.

Observações

6. Aluvião – avulsão; diferenças

A avulsão apresenta-se com uma fisionomia bem demarcada da do aluvião. De comum, apenas:
– O elemento transformador da coisa, ou seja, a acção da natureza;
– O veículo de ligação entre as coisas transformadas, isto é, a água;
– A ausência de qualquer indemnização[11].

As diferenças situam-se, sobretudo, ao nível do *modo de transformação* e da *natureza do objecto veiculado*. E são importantes.

Com efeito, o aluvião pressupõe uma *união* ou *depósito,* termos que sugerem uma justaposição dos elementos. As partículas arrastadas incorporam-se, diga-se assim, na coisa aumentada num todo indivisível. Por outro lado, essa justaposição tem que ser, necessariamente, *sucessiva* e *imperceptível,* portanto gradual, lenta e pouco nítida, senão ao fim de um período de tempo razoavelmente longo.

Se se pensa em termos de avulsão, depressa se conclui que assim não acontece. A avulsão não significa sobreposição, justaposição, incorporação, mas o *contacto,* a *adjunção* do objecto acrescido. Este *(acrescido)* não se liga de forma indivisível e perene à coisa. O acrescido é arrastado e ali arrojado, sempre com diferenças notáveis em relação à coisa pre-existente, sem com ela se misturar ou confundir e sem dela fazer parte integrante, imediatamente.

---

[11] Num caso e noutro o beneficiário do direito não tem que abrir mão de qualquer quantia compensatória pelo prejuízo, eventualmente, havido e sofrido pelo outro proprietário. Aliás, na avulsão ela não se justifica, de todo, na medida em que o dono dos objectos arrojados os não quis remover, em tempo útil, demonstrando, dessa maneira, uma vontade de abandono, por assim dizer. Mas, a filosofia é recíproca – o dono do prédio onde os objectos foram parar também não tem o direito de pedir indemnização pelos prejuízos que os objectos arrastados possam provocar – tem apenas o direito de os fazer seus.

Que assim é, basta atentar no tipo de elementos avulsionados – plantas ou objectos e porções conhecidas e identificáveis de terrenos. É a própria lei a estabelecer apertados limites quanto aos objectos que podem ser arrancados e transportados pela corrente. E não é a mera referência a *objectos* que coloca em crise o princípio, uma vez que também eles devem ser reconhecidos pelo seu dono, sob pena de os não poder reivindicar.

Para além disso, a avulsão caracteriza-se por uma acção violenta, brusca e impetuosa *(arrojo),* de que uma inundação, enxurrada, tremor de terra ou um ciclone constituem bons exemplos. Patente a ideia de *uma vez só,* ou *muito poucas, identificáveis* e *quantificáveis,* contra a de *inúmeras* e *inquantificáveis.*

Também o *objecto é* distinto em ambos os institutos.

No aluvião, ele é constituído por meras partículas de reduzidas dimensões (grãos de areia, lodo, filamentos de detritos orgânicos em suspensão, etc.).

Na avulsão, são maiores as dimensões e conhecidas a natureza e proveniência dos acrescidos (árvores, objectos e porções conhecidas de terreno alheio).

7. Carácter da aquisição

Também aqui se vislumbra uma diferença sensível entre as figuras de aluvião e avulsão.

No primeiro caso, o acrescido integra-se imediatamente na propriedade do 2.º prédio. Dir-se-á tratar-se de uma aquisição automática, com carácter potestativo.

No lado da avulsão, já a aquisição não é imediata, nem automática. Depende da não reivindicação atempada da coisa pelo seu dono. Só na hipótese de ele não fazer a remoção nos prazos designados (6 meses ou outro judicialmente fixado, a requerimento do dono do 2.º prédio) a aquisição, por banda do dono do prédio para onde os materiais se arrojaram, pode operar. Nesse caso, aquisição potestativa sim, automática não.

Artigo 1330.º
(Mudança de leito)

1. Se a corrente mudar de direcção, abandonando o leito antigo, os proprietários deste conservam o direito que tinham sobre ele, e o dono do prédio invadido conserva igualmente a propriedade do terreno ocupado de novo pela corrente.

2. Se a corrente se dividir em dois ramos ou braços, sem que o leito antigo seja abandonado, é ainda aplicável o disposto no número anterior.

Antecedentes históricos

8. Teve por fonte os artigos 2293.º e 2296.º do Código Civil de 1867, com as seguintes redacções:

Art. 2293.º *Se a corrente mudar de direcção, os donos dos prédios invadidos adquirirão direito ao terreno, que ocupava o álveo antigo, cada um em proporção do terreno perdido pela variação da corrente.*

Art. 2296.º *Se a corrente se dividir em dois ramos, ou braços, sem que o leito seja abandonado, o dono ou os donos dos prédios invadidos conservarão os direitos, que tínham no terreno que lhes pertencia, e que foi invadido pela corrente.*

Observações

9. Generalidades

O artigo prevê hipóteses não raro frequentes – mudança de direcção da corrente de água não navegável nem flutuável[12] ou de uma corrente navegável e flutuável, desde que, em ambos os casos, o leito seja particular.

---

[12] O art. 5.º do D.L. n.º 468/71 revogou, na parte respectiva, a doutrina do § 2.º do art. 1.º da Lei das Águas, preceito que remetia para o domínio público as águas navegáveis e flutuáveis, com seus leitos e margens, sem atender à origem (pública ou privada) do terreno.

Hoje, os leitos das correntes e flutuáveis são, tal como as suas margens, regra geral, públicos, desde que o respectivo terreno pertença ao Estado (art. 5.º cit.), por origem ou por expropriação de terreno particular.

Sendo públicos os leitos das correntes navetáveis e flutuáveis (bem como os das não navegáveis nem flutuáveis) o regime da mudança de direcção não está contemplado no artigo 1330.º, mas no artigo 6.º da L.T.D.H. (D.L. 468/71). Sendo públicos os leitos, públicas serão as respectivas águas.

Sendo-o, é obvio que o Código Civil, voltado que está para as relações de domínio privado, não está em condições de o regular. Só as normas de direito público, como é o caso dos artigos 5.º e 6.º citados, o podem fazer.

Sendo particular o terreno, particulares serão, também, os seus leitos e margens. Isto é, de resto, por força do artigo 5.º citado e art. 1387.º, n.º 1, al. *b*) do Cód. Civil, aplicável ao leito das correntes não navegáveis nem flutuáveis. Sendo particular, então, o leito, o regime encontra-se previsto no artigo 1330.º.

PIRES DE LIMA e ANTUNES VARELA, em anotação a este artigo sustentaram que o artigo 1330.º só era aplicável às correntes não navegáveis nem flutuáveis, o que é hoje inaceitável, face à regra do artigo 5.º apontado.

369   *Apêndice 2.° – Formação de ilhas e mouchões (art. 1331.°)*

Os donos dos leitos conservam, porque nunca o perderam, o direito de propriedade sobre eles, tal como o dono do novo terreno ocupado o não chega a perder – esta a regra exposta([13]).

Se a água, mantendo, parcialmente, o primitivo, vem a formar um novo leito, a solução é idêntida – o leito continua a pertencer ao(s) proprietários) anterior(s) e o novo pertencerá ao dono do terreno ocupado.

Se a corrente voltar ao leito primitivo?

Entre repartir o novo leito abandonado pelos proprietários marginais, como defendem alguns, e conferi-lo somente ao proprietário do prédio invadido, como se de inundação se tratasse, Tavarela Lobo([14]) prefere a segunda via. Nós também.

ARTIGO 1331.°
(Formação de ilhas e mouchões)

1. As ilhas ou mouchões que se formem nas correntes de água pertencem ao dono da parte do leito ocupado.

2. Se, porém, as ilhas ou mouchões se formarem por avulsão, o proprietário do terreno onde a diminuição haja ocorrido goza do direito de remoção nas condições prescritas pelo artigo 1329.°.

Antecedentes históricos

10. Corresponde aos artigos 2294.° e 2295.° do Código Civil de 1867, com as seguintes redacções:

Art. 2294.° *As ilhas e mouchães, que se formarem nos mares adjacentes ao território português, ou nos rios navegáveis ou flutuáveis, pertencerão ao estado, e só poderão ser adquiridos pelos particulares, por legítima concessão, ou por prescrição.*

§ único. *Porém, se, por ocasião da formação de mouchões e aterros nos rios, alguns dos prédios marginais, ou mais de um padecerem diminuição, os mouchões ou aterros pertencerão aos proprietários dos terrenos, onde a diminuição houver ocorrido, e em proporção dela.*

Art. 2295.° Os *mouchões e aterros, que se formarem rios não navegáveis nem flutuáveis, pertencerão aos proprietários marginais, de cujo lado se formarem, tirando uma linha divisória pelo meio do álveo do rio.*

§ único. A *estes mouchões e aterros é aplicável o que fica disposto no § único do artigo antecedente.*

([13]) Sobre o assunto, vide anot. 4.ª ao artigo 1330.° do C.C. *anot.* de P. LIMA e A. VARELA, III.

([14]) Ver *Manual cit.*, I, pág. 260.

As águas no Código Civil

Observações

11. Generalidades

Quando no artigo sefala em ilhas ou mouchões na *corrente* é preciso entender a referência com algum cuidado. Seria inconcebível a formação das ilhas e dos mouchões à superfície da água, sem um suporte na terra de que o leito se constitua. Por isso dizemos que naquela alusão *(na corrente)* está implícita a ideia de *no leito da corrente.*

As ilhas e mouchões[15] ficam a pertencer ao dono do leito ocupado.

Porém, qual a forma de o dividir, sempre que a corrente passe entre dois prédios?

O artigo 1387.°, n.° 3, dá a resposta, como princípio geral – pertence a cada proprietário o tracto compreendido entre a linha marginal e a linha divisória do leito. Como princípio que é, contudo, esta regra sofre os desvios que os artigos 1328.° e seguintes contemplam.

Tome-se o exemplo de a corrente ser desviada do seu leito primitivo, para passar a ocupar dois terrenos confinantes, num mais que no outro. Pois, segundo a doutrina vazada no artigo 1330.° a forma de divisão do leito deixa de ser a do artigo 1387.°, n.° 3, uma vez que cada proprietário conserva a propriedade do terreno ocupado. Sendo assim, um deles terá uma maior parte do leito em relação ao seu vizinho fronteiriço. Consequentemente, o mouchão formado na sua parte pertence-lhe.

O próprio aluvião e a avubão podem determinar idênticos desvios. Daí a redacção do artigo 1331.°, mais precisa que a do seu parente artigo 2295.° do Código Civil de 1867 – as ilhas e mouchões pertencerão ao dono do leito ocupado, de harmonia com as fórmulas de divisão do leito atrás apontadas.

O aparecimento destas novas porções de terra,segundo otexto,pode ocorrer por deposição aluvial ou por avulsão. No primeiro caso, a aquisição da propriedade é automática e potestativa a favor do dono da parte do leito invadida. No segundo, o dono do prédio diminuído pode reclamá-las nas condições e prazos referidos no artigo 1329.°. A aquisição não é, portanto, automática, nem imediata a favor do dono do leito ocupado.

A disposição em análise tanto é aplicável às águas particulares, como às públicas, desde que os respectivos leitos pertençam ao domínio privado (cfr. artigo 1387.°, n.° 1, al. *b*), quanto aos leitos das águas não navegáveis nem flutuáveis e artigo 5.°, n.os 1 e 2, do D.L. n.° 468/71, quanto às águas navegáveis e flutuáveis). Em relação aos leitos públicos valem as disposições dos artigos 2.°

---

(15) Ilhotas que, à semelhança do que acontece nas ilhas, podem ser arborizadas e cultiváveis.

371   *Apêndice 2.° – Lagos e lagoas (art. 1332.°)*

(que integra os mouchões no conceito de leito) e 5.° (que atribui a condição jurídica dominial de leito, qualquer que seja a forma como se apresenta) do citado Dec.-Lei n.° 468/71, de 5 de Novembro.

ARTIGO 1332.°
(Lagos e lagoas)

As disposições dos artigos antecedentes são aplicáveis aos lagos e lagoas, quando aí ocorrerem facto análogos.

Antecedentes históricos

12. Corresponde ao artigo 2297.° do Código Civil de 1867, com a seguinte redacção:

As disposições dos artigos antecedentes são igualmente aplicáveis aos lagos e lagoas, nos factos análogos que aí possam ocorrer.

Observações

13. Generalidades

As águas dos lagos e lagoas são, por definição, estagnadas, paradas – não são correntes no sentido etimológico do termo. Por isso, se diz, às vezes, que a avulsão não é possível verificar-se ali[16]. Contudo, é perfeitamente plausível que uma inundação, uma enxurrada, um abalo sísmico ou uma tromba de água provoquem deslocações bruscas de terra de uma para outra margem ou para o centro da massa de água, originando a criação de ilhas ou mouchões. Mais difícil é, já, a possibilidade de mudança do leito prevista no artigo 1330.°[17].

O aparecimento das ilhas e mouchões pode criar problemas de domínio, quando vários forem os proprietários dos terrenos circundantes.

Se a existência dos vários proprietários resultou de uma venda ou qualquer outro negócio há que ver se o título contemplou a situação. Na hipótese negativa, sugere-se a seguinte solução:

– do leito, pertencerá ao dono do terreno adjacente a superfície situada dentro de um triângulo em que a base é constituída pela porção de terra sobranceira

---

[16] C. GONÇALVES, *ob. cit.*, XI, n.° 1773 e 1774.
[17] Assim, também, T. LOBO, *Manual cit.*, I, pág. 255.

As águas no Código Civil

à linha de água e os lados formados por linhas imaginárias que partem das extremidades da base até à intercepção no centro da massa de água([18]).

O preceito é aplicável aos casos em que a água, leito e margens são particulares, pois sendo públicos valem as disposições do Dec.-Lei n.° 468/71 já citadas nas observações aos artigos anteriores.

ARTIGO 1348.°
(Escavações)

1. O proprietário tem a faculdade de abrir no seu prédio minas ou poços e fazer escavações, desde que não prive os prédios vizinhos do apoio necessário para evitar desmoronamentos ou deslocações de terra.

2. Logo que venham a padecer danos com as obras feitas, os proprietários vizinhos serão indemnizados pelo autor delas, mesmo que tenham sido tomadas as precauções julgadas necessárias.

Antecedentes históricos

14. Teve por fonte os artigos 2321.° a 2323.°, com as seguintes redacções:

Art. 2321.° *O proprietário pode abrir no seu prédio minas, ou poços, e fazer as escavações que bens lhe parecerem, salvas as seguintes disposições.*

Art. 2322.° *Nenhum proprietário pode estender as suas minas e escavações além da linha perpendicular divisória, sem consentimento do seu vizinho.*

Art. 2323.° *No seu próprio prédio ninguém poderá abrir poços, fossos, valas, ou canos de despejo junto de muro, quer comum, quer alheio, sem guardar a distância, ou fazer as obras necessárias para que desse facto não resulte prejuízo ao dito muro.*

§ 1.° *Observar-se-ão, nesta parte, os regulamentos municipais, ou administrativos.*

§ 2.° *Logo, porém, que o vizinho venha a padecer dano com as obras mencionadas, será indemnizado pelo autor delas, salvo se tiver havido acordo expresso em contrário.*

([18]) CUNHA GONÇALVES entendia que se deve traçar mentalmente uma linha mediana; as ilhas e mouchões que se formarem num dos lados pertencerão aos proprietários marginais desse lado (*ob. cit.*, n.° 1776). Esta solução, contudo, não resolve a dúvida sobre a forma de partilhar os mouchões, sempre que forem mais que dois os proprietário marginais – por outras palavras não nos indica a forma de divisão pelos vários proprietários existentes de cada um dos lados obtidos com aquela linha mediana mental.

Observações

15. Generalidades

A doutrina do artigo arranca do mesmo pensamento subjacente ao artigo 1394.°. O dono do prédio é livre de fazer nele as escavações, ninas ou poços que entenda necessários ao aproveitamento de água subterrânea nele existente. Porém, a liberdade desse direito tem por limite a liberdade do direito de propriedade em favor do prédio vizinho.

Além, pretende evitar-se um prejuízo e um facto danoso sobre águas a que terceiro tenha direito adquirido por título justo; aqui, quer evitar-se o desmoronamento o deslocações de terra no prédio fronteiriço.

É uma vez mais a consagração da generalidade do princípio exposto no artigo 1344.°.

O n.° 2 prevê a sanção à violação da liberdade fica do prédio confinante. O que demonstra bem, ao lado de outras disposições espalhadas pelo Código, a importância que o legislador atribuiu às relações de vizinhança.

Uma das características do direito de vizinhança, na sua acepção mais profunda, é o dever, reciprocamente estabelecido, de *respeito pelo estado dos lugares, ou* seja, pela liberdade fica da sua existência e configuração. Em caso de alteração dessa ordem a lei intervém concedendo aos vizinhos prejudicados o direito a indemnização, a exigir do autor do facto perturbador – no caso, as obras lesivas.

Indemnização que se funda na modificação objectiva do estado dos lugares, que o vizinho, subjectivamente, não é obrigado a suportar, e não numa reacção a um acto ilícito[19]. Seja ou não a obra (e a funesta consequência no prédio fronteiriço) levada a cabo com culpa, o dever de indemnizar existe sempre.

JURISPRUDÊNCIA

1. «I – Em face do disposto no artigo 1348.° do Código Civil, o proprietário do prédio vizinho que sofre danos com as escavações, tem o direito de ser indemnizado por tais danos pelo proprietário do prédio onde foram feitas as escavações, independentemente da existência de culpa por parte deste. II – Assim, sendo irrelevante a existência de culpa, não tem aplicação o artigo 494.° do Código Civil que se refere à limitação da indemnização no caso de mera culpa» – (Ac. do S.T.J., de 5/01/84, Proc. n.° 070 992).

---

[19] O. Ascenção, in *ob. cit.*, pág. 244. A diferença entre o que dissemos e a tese do autor situa-se ao nível da qualificação respeitante à modificação do estado dos lugares (e das coisas, obviamente) – uma vez que o prédio fronteiriço sofre alteração na sua fisionomia (aspecto físico) a modificação é, necessariamente, objectiva.

As águas no Código Civil   374

2. «I – Pelo art. 1471.°, n.° 1, C.C., é aplicável ao nu-proprietário o disposto no art. 1394.°, n.° 1, do mesmo Código, pelo que pode procurar no prédio águas subterrâneas por meio de poços ou outras escavações, contanto que daí não resulte diminuição do valor do usufruto ou modificação do destino económico da coisa sujeita a usufruto. II – Em caso de compropriedade ou nua-propriedade, pelo princípio de que cada comproprietário pode usar a coisa comum na sua totalidade (art. 1406.° C.C.), é lícito a um dos nus-proprietários conduzir para prédio seu água por si captada no prédio comum» – (Ac. da R.P., de 23/05/91, Proc. n.° 0 406 450).

3. «II – Para que exista responsabilidade civil independente de culpa decorrente de escavações e abertura de poços ou minas nos termos do artigo 1348.° do C.Civil não basta que os danos sofridos pelo proprietário cooperante sejam posteriores àquela actividade. É ainda necessária a demonstração de que entre esta e os danos houve um nexo de causalidade nos termos do artigo 563.° do C.Civil» – (Ac. da R.L., de 18/03/93, Proc. n.° 0 051 986).

4. «I – Para que um proprietário tenha que indemnizar os danos provocados num prédio vizinho, com a abertura no seu prédio de minas, poços ou escavações não exige a lei que tenha havido culpa da sua parte (artigo 1348.° do Código Civil). II – Todavia, para que o dano seja ressarcível, há-de ser causado pela actuação do proprietário, existindo entre o facto praticado pelo agente e o resultado obtido um nexo de causalidade adequada, uma relação provável de causa e efeito» – (Ac. da R.P., de 13/04/93, Proc. n.° 9 250 873).

5. «Mesmo constituindo as escavações no terreno próprio um acto lícito e não culposo por terem sido tomadas as precauções necessárias, o proprietário não pode privar os prédios vizinhos do apoio necessário para evitar desmoronamentos ou deslocações de terras, tendo, se o fizer, obrigação de indemnizar mediante reparação natural, repondo o terreno de forma a evitar tais consequências» – (Ac. da R.L., de 15/04/99, Proc. n.° 0 010 812).

6. «1 – Em princípio, e salvo o caso fortuito ou de força maior, o proprietário é sempre responsável pelos desmoronamentos ou deslocações de terras no prédio vizinho que resultem de escavações no seu próprio prédio, seja com base na responsabilidade objectiva, nos termos do art. 1348.°, n.° 2, seja com base na responsabilidade por actos ilícitos, nos termos do art. 483.°. 2 – Das duas, uma: ou tomou as precauções julgadas necessárias e, por não haver culpa, temos a responsabilidade objectiva consagrada no art. 1348.°; ou não tomou, e temos a responsabilidade por factos ilícitos, consagrado no art. 483.°, mesmo quando pareça não haver culpa, por se julgar, erradamente, que foram tomadas as devidas precauções, pois bem pode acontecer que o proprietário faça uma avaliação errada das precauções que se devem tomar, e aí está a culpa do proprietário: não ter previsto como devia, quais as precauções efectivamente necessárias» – (Ac. da R.C., de 14/12/99, Proc. n.° 2430/99).

Apêndice 2.° – Escavações (art. 1348.°)

7. «Não obtendo A o reconhecimento de um direito de propriedade sobre as águas nascidas em prédio alheio, mas apenas um direito de servidão relativamente a tais águas, utilizadas em prédios seus, não tem ele o direito de obter a tapagem de um furo aberto pelo dono do prédio onde está a nascente» – (Ac. da R.P., de 8/04/2002, Proc. n.° 0 250 330).

8. «I – O princípio geral é o da livre exploração de águas subterrâneas. II – Cada proprietário só pode explorar, para além das águas estagnadas ou armazenadas no seu prédio, as que, infiltrando-se naturalmente, o atinjam, os veios que naturalmente o alcancem ou atravessem, não lhe sendo lícito, por constituir violação de direitos de terceiro, provocar artificialmente o desvio das águas que se encontrem ou passem em prédio vizinho, à superfície ou no subsolo. III – Não demonstrado esse desvio, é lícito a sua actuação, no exercício do direito de exploração e aproveitamento de veios subterrâneos nos seus limites normais» – (Ac. do S.T.J., de 19/03/2002, Proc. n.° 02B421).

9. «II – O artigo 1348.° n.° 2 do Código Civil, contém uma norma de responsabilidade objectiva do dono da obra, pois que, independentemente de culpa, ele tem o dever de indemnizar os proprietários dos prédios vizinhos por danos decorrentes nomeadamente de escavações. III – Não havendo normas que consagrem a responsabilidade objectiva dos empreiteiros e não estando perante qualquer caso de presunção de culpa – artigo 493.° n.° 2 do Código Civil – a responsabilidade daqueles só pode ter por base a culpa» – (Ac. da R.P., de 4/11/2002, Proc. n.° 0 151 117).

10. «1 – A responsabilidade civil extracontratual das sociedades depende de os seus agentes ou representantes praticarem acções ou omissões envolvidas de ilicitude e, em regra, de culpa, geradora de danos reparáveis na esfera jurídica de outrem. 2 – Derivados os estragos no prédio vizinho de deficiências nas escavações e ou na contenção periférica censuráveis do ponto de vista ético-jurídico aos representantes e ou agentes da sociedade empreiteira que as executou, ela é responsável pelo seu ressarcimento. 3 – As expressões seu autor a que se reporta o n.° 2 do artigo 1348.° do Código Civil significa o proprietário do prédio em que as obras foram feitas, e a expressão proprietário também nele prevista abrange, por interpretação extensiva, o dono do estabelecimento comercial instalado no prédio afectado pelas escavações no prédio contíguo. 4 – O artigo 505.° do Código Civil é inaplicável à situação de responsabilidade independente de culpa de uns, a que se reporta o artigo 1348.° do Código Civil, e de responsabilidade envolvente por culpa de outros. 5 – Independentemente da sua culpa, é a dona da obra solidariamente responsável pelos danos causados pelas escavações da nova edificação na esfera do dono do prédio vizinho com os empreiteiros obrigados a título de culpa» – (Ac. do S.T.J., de 18/03/2004, Proc. n.° 04B658).

As águas no Código Civil   376

11. «A responsabilidade pelos danos produzidos em prédio vizinho por abertura de minas ou poços ou por escavações feitas é do proprietário do prédio mesmo que as obras não sejam por si executadas» – (Ac. da R.P., de 16/09/2004, Proc. n.º 0 432 533).

ARTIGO 1351.º
(Escoamento natural das águas)

1. Os prédios inferiores estão sujeitos a receber as águas que, naturalmente e sem obra do homem, decorrem dos prédios superiores, assim como a terra e entulhos que elas arrastam na sua corrente.

2. Nem o dono do prédio inferior pode fazer obras que estorvem o escoamento, nem o dono do prédio superior obras capazes de o agravar, sem prejuízo da possibilidade de constituição da servidão legal de escoamento, nos casos em que é admitida.

Antecedentes históricos

16. Teve por fonte os artigos 110.º da Lei das Águas e 2282.º do Código Civil de 1867, com as seguintes redacções:

Art. 110.º *Os prédios inferiores estão obrigados a receber as águas que decorrem, naturalmente e sem obra do homem, dos prédios superiores, assim corno a terra e entulhos que elas arrastam na sua ocorrente.*

Nem o dono do prédio inferior pode fazer obras que estorvem essa servidão, nem o dono do prédio superior obras que a possam agravar.

§ único. Quando as obras feitas no prédio superior tiverem por objectivo algum dos lícitos aproveitamentos permitidos neste decreto, serão os donos dos prédios inferiores indemnizados do prejuízo que lhes resultar das águas vertentes.

Art. 2282.º *Os prédios inferiores estão obrigados a receber as águas que decorrem, naturalmente e sem obra do homem, dos prédios superiores, assim como a terra ou entulhos que arrastam na sua corrente. Nem o dono do prédio inferior pode fazer obras que estorvem esta servidão, nem o dono do prédio superior obras que a possam agravar.*

Observações

17. Natureza do encargo

O Código de Seabra e, bem assim, a Lei das Águas, consideravam o encargo contemplado nos textos transcritos como uma verdadeira servidão.

Na moderna terminologia, a servidão implica, regra geral, a construção de obras no prédio onerado, além de conter ínsita, sempre, a ideia de *querer* o seu estabelecimento por banda do dono do prédio dominante. Ora, aqui não há obras humanas, nem o dono do prédio superior *quer* que a água se escoe para o prédio inferior – elas escorrem, simplesmente, por efeito do declive do terreno. Não se pode falar, por isso, em servidão propriamente dita. Será, quando muito, uma servidão imprópria.

O Código de 1966 coloca o escoamento natural ao lado de outras restrições do direito de propriedade absoluto. São obrigações que resultam da própria existência da coisa *(propier rem)* e não de uni facto constitutivo.

18. Expressão do encargo

O princípio expressado na fórmula *«Os prédios inferiores estão sujeitos a receber as águas que, naturalmente e sem obra do homem, decorrera dos prédios superiores»* estava já sancionado no antigo direito romano: *Semper enim hanc esse servitutem inferiorum, ut natura profluentem aquam accipiant.*

O binómio *prédios inferiores-prédios superiores* revela bem que a *contiguidade* dos terrenos não é importante, muito menos imprescindível.

Entre eles podem, inclusivé, interpôr-se vários prédios, particulares ou públicos (uma via pública, por exemplo). Relevante, pois, é que estejam, um em relação ao outro, numa situação de desnível, de modo a que as águas que no prédio superior existam, caiam ou transitem, possam escoar-se, naturalmente, para o inferior.

Daí. não poder o dono do prédio superior fazer obras que desviem o curso da água ou tornem mais oneroso o encargo ao dono do inferior.

Enfim, a água não tem, forçosamente, que transitar (escoar) directamente de um para o outro prédio.

Por outro lado, só se deve conceber o escoamento se o dono do prédio superior não puder, de jeito algum, fazer o escoamento pelos seus próprios prédios, tendo-os.

Discutiu-se, em tempos, a propósito da correspondente norma do artigo 110.º da Lei das Águas se não existirá, para o dono do prédio inferior, a obrigação de receber, do prédio superior, as águas *não brotadas naturalmente,* mas por acção de quaisquer *transformações* efectuadas naquele prédio.

É este o exemplo clássico:

Se a água advém da exploração de uma pedreira, criar-se-á o encargo de o prédio inferior a ter de receber?

Vimos que a servidão legal de escoamento (art. 1563.º, al. *a*)) se estabelece em dois casos:

Quando a água nasce:

1. Intencionalmente, com o fim de utilização agrícola ou industrial;
2. Fortuitamente.

As águas no Código Civil 378

Relevante é que o fim agrícola ou industrial determine a realização de obras, por virtude das quais se venha a obter a água, casual ou intencionalmente. A água assim obtida conduzirá, pois, à servidão legal de escoamento e não ao encargo natural do escoamento.

Cita-se, a propósito, G. Moreira: «*Na fórmula do artigo* 110.°, naturamente e sem acção do homem *compreende-se não só o decurso das águas mas também o modo por que essas águas aparecem no prédio e portanto o facto de se tornarem superficiais as águas subterrâneas. Seja qual for esse facto, desde que a nascente brote em virtude de acção do homens, não poderá considerar-se devido só à acção natural o decurso dessa água, sendo o proprietário do prédio superior obrigado a indemnizar o proprietário do prédio inferior de quaisquer prejuízos que lhe cause*»[20].

Sendo, embora, lícito ao proprietário explorar o seu prédio como melhor lhe convier, ele deve considerar-se responsável pelo prejuízo que cause ao prédio vizinho inferior.

Serve isto para dizer que, no nosso caso, o dono do prédio superior terá que indemnizar o dono do inferior, na medida em que o direito de propriedade sobre aquele está limitado pelo direito de propriedade sobre o segundo. Em virtude daquela exploração não pode o dono do prédio superior lançar no inferior qualquer produto, nomeadamente a água daquela forma surgida.

Em suma, porque a água não brotou naturalmente, ela também não pode naturalmente escoar-se. Com o que fica afastada a possibilidade de criação do encargo aqui previsto, em resposta à pergunta inicialmente colocada.

19. Objecto do encargo

A lei fala em águas que decorrem naturalmente e sem obra do homem.
Quais são essas águas?

Já dissemos que têm que ser águas naturalmente surgidas, nunca por acção de transformação do homem.

Sendo assim parece fácil a resposta. Serão todas e quaisquer águas puras, naturais, sejam pluviais e as provenientes da liquefacção das neves e dos gelos, sejam as que naturalmente brotam de nascentes.

A exigência única que se faz é a de que todas elas devem decorrer *espontaneamente* do prédio superior para o inferior, por virtude do declive do terreno. Este o pressuposto básico.

Arredadas do encargo ficam, ainda, as escorridas que sofrerem uma prévia e nociva acção do homem. As águas residuais provenientes do exercício de certas indústrias contendo tintas, sabões, restos de combustível, produtos químicos e tóxicos não estão, obviamente, abrangidas na previsão legal. Os prédios inferio-

---

[20] *Ob. cit.*, II, págs., 252 e 253; Contra, C. GONÇALVES, *ob. cit.*, XI, n.° 1769.

res não estão obrigados a receber as águas inquinadas pelo uso a que o prédio superior as destina, sequer pelos detritos dos animais, urinas, líquidos infectos de latrinas, adubos de animais[21].

A lei fala, também, em *terras* e *entulhos* arrastados na corrente. O que significa que, também aqui, se pretende que as substâncias arrastadas devam ser naturais, exclusivamente.

Não há lugar, pela forma conto o preceito está redigido, à figura do *abuso de direito ou dos actos emulativos* (ad odium). O dono do prédio superior está, pura e simplesmente, legitimado ao escoamento natural das águas através do prédio inferior. Tudo o que daí extravase não chega a apresentar-se, sequer, como um exercício abusivo do direito – é antes um problema de inexistência do direito (ele não pode fazê-lo).

20. Obras de estorvo e agravamento do escoamento

O encargo envolve uma obrigação negativa de *non facere* sobre ambos os proprietários superior e inferior.

Nem o primeiro pode fazer obras que tornem mais oneroso o encargo, nem o segundo pode estorvar o escoamento.

Como exemplos, apontam-se as obras que o dono do prédio superior quer fazer com vista ao aumento do caudal da água, à sua mudança de direcção ou às transformações das condições de relevo do terreno, por forma a poder prejudicar as culturas ou quaisquer outros interesses do proprietário inferior.

É, também, o caso de o dono do prédio inferior construir qualquer engenho (dique, por exemplo), de modo a impedir que as águas ali transitem, com o que elas voltariam ao prédio superior, com evidente prejuízo para o seu dono, que se veria obrigado a retê-las[22].

Levando por diante a acção, qualquer dos proprietários lesados tem o direito de exigir do lesante a devida indemnização.

21. Duração do encargo

Uma vez que ele está condicionado pela acção natural dos elementos, é óbvio que a sua duração não pode estar limitada por qualquer imposição legal, a não ser que as partes interessadas assim o resolvam consensualmente.

Em todo o caso, afastada aquela hipótese singular de consenso, o encargo perdurará enquanto os caprichos da natureza o determinarem. E, como o preceito

---

[21] ALBANO E DZ MARTÍNO citados por P. LIMA e A. VARELA, in *ob. cit.*, III, pág. 174; Ainda, C. GONÇALVES, *ob. cit.*, n.° 1769. Também T. LOBO, *Manual cit.*, II, pág. 423.

[22] MOTA PINTO, in *ob. cit.*, pág. 246.

As águas no Código Civil 380

não contempla uma faculdade de escoamento, antes impõe uma obrigação (propter rem) impessoal ao dono do prédio inferior (*«os prédios inferiores estão sujeitos a receber as águas... que decorrem dos prédios superiores»*), está claro que não há que falar-se em *não uso,* por exemplo. O não uso opõe-se ao uso, logo acção humana.

O que se pode dizer é que o escoamento poderá não ocorrer em determinados períodos do ano (Verão, por exemplo), dados os condicionalismos de secura dos terrenos e ausência de águas pluviais. Contudo, ainda assim, não se pode falar em extinção do encargo na hipótese. Ele renascerá, por assim dizer, logo que as águas surjam.

JURISPRUDÊNCIA

1. «I – O n.° 2 do artigo 1351.° do Código Civil só proibe, ao dono do prédio superior, fazer obras capazes de agravarem o escoamento natural das águas; não lhe proibe que faça obras destinadas a regulá-lo. II – Não dá lugar a indemnização, a remoção ou a demolição das obras que, no prédio superior, tivessem sido feitas para prevenir os danos que o curso normal das águas causaria nos prédios inferiores, desde que, com tais obras, se restaure apenas esse curso natural. III – O n.° 4 do artigo 1375.° do Código Civil regula a reparação ou a reconstrução da parede ou do muro comum, originadas apenas por ruína ou deterioração; e não também as causadas por destruição voluntária por um dos consortes» – (Ac. da R.L., de 9/11/79, Proc. n.° 0 008 393)

2. «III – O disposto no artigo 1544.° do Código Civil pressupõe que as utilidades objecto de servidão sejam conformes com a lei ou com o sistema jurídico em geral. IV – Não pode constituir-se servidão para escoamento de líquidos mal cheirosos e conspurcantes, ainda que se tenham provado os elementos material e psicológico da usucapião. V – O lançamento para o prédio vizinho de efluentes de lavagens e esgotos é lesivo de direitos de personalidade, como o direito à saúde, ao bem estar, à qualidade de vida dos ocupantes do prédio vizinho. VI – É sempre precária e revogável qualquer convenção permissiva do escoamento daqueles líquidos para o prédio vizinho – artigo 81.° do Código Civil. VII – Não tem a natureza de servidão a sujeição ao escoamento natural das águas não servidas, imposto pelo artigo 1351.°, n.° 1 do Código Civil» – (Ac. da R.P., de 15/05/90, Proc. n.° 0 409 049).

3. «III – Por razões que decorrem da própria natureza, nomeadamente pelo respeito que devem merecer as linhas de água que ao longo dos tempos se foram formando com (e para) o escoamento natural das águas pluviais, o legislador impôs aos prédios inferiores o encargo de suportarem esse mesmo escoamento, não podendo fazer obras que o estorvem ou impeçam. IV – Incumbia aos réus alegar e provar que as águas, que o seu prédio recebe do prédio superior, dos auto-

381   *Apêndice 2.° – Escoamento natural das águas (art. 1351.°)*

res, decorriam por obra do homem e não naturalmente, por ser facto impeditivo do direito destes» – (Ac. da R.P., de 5/11/92, Proc. n.° 9 210 266).

4. «III – Do exercício do direito de tapagem não pode resultar a extinção do encargo de escoamento natural das águas decorrentes do prédio superior. Este encargo não se confunde com a servidão legal de escoamento. Este encargo é objectivo, existindo independentemente do direito de propriedade sobre os prédios confinantes; assenta na posição correlativa dos prédios e não na abertura de sulcos» – (Ac. da R.L., de 28/09/93, Proc. n.° 0 066 261).

5. «II – A construção de uma casa e a abertura de regos num logradouro para condução de água para buracos de um muro são factos que afectam ou impedem o escoamento natural de águas para o prédio inferior» – (Ac. da R.P., de 25/10/93, Proc. n.° 9 350 498).

6. «1 – Em princípio, e salvo o caso fortuito ou de força maior, o proprietário é sempre responsável pelos desmoronamentos ou deslocações de terras no prédio vizinho que resultem de escavações no seu próprio prédio, seja com base na responsabilidade objectiva, nos termos do art. 1348.°, n.° 2, seja com base na responsabilidade por actos ilícitos, nos termos do art. 483.°. 2 – Das duas, uma: ou tomou as precauções julgadas necessárias e, por não haver culpa, temos a responsabilidade objectiva consagrada no art. 1348.°; ou não tomou, e temos a responsabilidade por factos ilícitos, consagrado no art. 483.°, mesmo quando pareça não haver culpa, por se julgar, erradamente, que foram tomadas as devidas precauções, pois bem pode acontecer que o proprietário faça uma avaliação errada das precauções que se devem tomar, e aí está a culpa do proprietário: não ter previsto como devia, quais as precauções efectivamente necessárias» – (Ac. do S.T.J., de 9/11/95, Proc. n.° 087 242).

7. «I – O escoamento natural das águas dos prédios superiores para os inferiores não origina, por si, a constituição de qualquer servidão. II – O prédio situado a nível inferior não tem o encargo de receber as águas de um prédio superior, provenientes de um tanque de lavar roupa aí construído e as utilizadas na lavagem de vasilhame, feita aí também» – (Ac. da R.P., de 12/06/97, Proc. n.° 9 631 159).

8. «I – As águas provenientes dos prédios superiores que os prédios inferiores estão sujeitos a receber, sem poder interferir, são apenas as que correspondem ao seu curso natural, ou seja, aquelas em que não houve qualquer alteração do fluxo normal por meio de obras do homem. II – Divididas as águas comuns em consequência do exercício do direito previsto no art. 1412.° do Código Civil, o subsequente direito exclusivo de cada um dos consortes passa a ser exercido sobre certa parte da água (tantas horas, dias, semanas, certo volume de caudal, etc.). III – Entre os co-utentes das águas, ainda que não sejam os seus donos, também os costumes podem assumir força juridicamente vinculativa na divisão, veri-

As águas no Código Civil 382

ficado o condicionalismo previsto no art. 1400.° do Código Civil» – (Ac. da R.C., de 27/01/2000, Proc. n.° 2941/99).

9. «I – O dono do prédio superior não pode realizar obras que agravem a servidão de escoamento natural de águas a que se refere o artigo 1351.° do Código Civil. II – São dessa natureza as obras realizadas pelo dono do prédio superior, transformando este em logradouro e pátio de prédio urbano onde se procede a lavagens que fazem escorrer águas sujas para o prédio inferior; agrava também a servidão, a construção de um muro divisório com buracos de escoamento das águas e a colocação de cubos de cimento junto ao muro que impedem a natural absorção das águas das chuvas» – (Ac. da R.P., de 31/01/2000, Proc. n.° 9 951 397).

10. «I – Da improcedência de uma acção de simples apreciação negativa não resulta o reconhecimento do direito do réu; este, se o quer ver declarado, tem de reconvir pedindo o seu reconhecimento e que o autor seja condenado a respeitá-lo. II – A servidão figura no actual C.Civ. como encargo excepcional. III – Não constitui servidão de escoamento, mas restrição normal imposta directamente por lei ao direito de propriedade ter o prédio inferior de suportar o escoamento de águas, assim como a terra e entulhos por elas arrastados, que, naturalmente e sem obra do homem, provenham do prédio superior. IV – A servidão, mesmo a legal, tem de ser constituída por acto voluntário do homem, sentença ou acto administrativo, ao passo que o encargo resulta directamente da lei» – (Ac. do S.T.J., de 23/01/2001, Proc. n.° 00A3364).

11. «I – Os prédios inferiores estão obrigados a receber as águas que decorram naturalmente e sem obra do homem dos prédios superiores. II – Essas águas devem escoar naturalmente; nem o dono do prédio superior pode modificar esse escoamento natural de tal modo que obrigue o prédio inferior a suportá-lo de uma forma mais gravosa, nem o dono do prédio inferior pode fazer obras que impeçam ou dificultem esse escoamento natural, de modo a agravar a situação do prédio superior com a retenção dessas águas. III – Se o proprietário do prédio superior fizer obras que impermeabilizem o solo, colocar caleiras nos beirados, construir caixas de captação de águas, canalizando-as para uma descarga directa no prédio inferior, agrava o ónus deste prédio, que assim deixará de estar sujeito a recebê-las, nos termos do n.° 1 do artigo 1351.° do C.Civil» – (Ac. da R.C., de 26/06/2001, Proc. n.° 1171/2001).

12. «I – O escoamento de águas através de prédio vizinho pode basear-se em dois títulos diversos: como simples restrição imposta ao prédio vizinho (artigo 1351.° do Código Civil); ou como servidão de escoamento, em sentido técnico (artigo 1563.° do mesmo Código). II – No primeiro caso, há um escoamento natural, imposto pelas circunstâncias, não influenciado por obra do homem e independente da vontade dos donos dos respectivos prédios. III – No segundo caso,

o escoamento resulta de obra do homem e devem ocorrer os requisitos gerais da constituição das servidões, designadamente da servidão de aqueduto» – (Ac. da R.P., de 17/02/2003, Proc. n.° 0 250 270).

ARTIGO 1352.°
(Obras defensivas das águas)

1. O dono do prédio onde existam obras defensivas para conter as águas, ou onde, pela variação do curso das águas, seja necessário construa novas obras, é obrigado a fazer os reparos precisos, ou a tolerar que os façam, sem prejuízo dele, os donos dos prédios que padeçam danos ou estejam expostos a danos iminentes.

2. O disposto no número anterior é aplicável, sempre que seja necessário despojar algum prédio de materiais cuja acumulação ou queda estorve o curso das águas com prejuízo ou risco de terceiro.

3. Todos os proprietários que participam do benefício das obras são obrigados a contribuir para as despesas delas, em proporção do seu interesse, sem prejuízo da responsabilidade que recaia sobre o autor dos danos.

Antecedentes históricos

22. Teve por fonte os artigos 2283.°, 2284.° e 2285.° do Código Civil de 1867, com as seguintes redacções:

Art. 2283.° *O dono do prédio, onde existam obras defensivas para conter as águas, ou onde seja necessário, pela variação do curso das mesmas águas, construí-las de novo, é obrigado a fazer os reparos precisos ou a tolerar que os façam, sem prejuízo dele, os donos dos prédios que padeçam ou se achem expostos a danos iminentes por falta de tais reparos.*

Art. 2284.° *O que fica disposto no artigo antecedente é aplicável aos casos em que se torne necessário despojar algum prédio de materiais, cuja acumulação ou queda estorve o curso das águas, com prejuízo, ou risco de terceiro.*

Art. 2285.° *Todos os proprietários, que participam do benefício proveniente das obras mencionadas nos artigos precedentes, são obrigados a contribuir para as despesas delas, em proporção do seu interesse, sem prejuízo da responsabilidade que possa pesar sobre o autor do dano, nos casos de culpa ou dolo.*

Estas disposições vieram, mais tarde, a ser literalmente adoptadas pelos artigos 111.°, 112.° e 113.° da Lei das Águas.

Observações

23. Generalidades

I – Refere-se às obras (represas, diques, etc.) necessárias para conter o ímpeto e a força das águas pluviais que formam barrancos, torrentes, enxurros, etc., de molde a evitar danos nos prédios particulares e, numa outra dimensão, nas próprias povoações.

Não são, por isso, obras que configurem uma servidão relativa ao uso das águas[23]. Representam, antes, uma obrigação recaída sobre o dono do prédio, pelo simples facto de nele existirem, independentemente da pessoa que as construiu. Se existem, é porque são úteis; se o são, devem ser reparadas, sempre que isso se mostre necessário, em ordem à satisfação da finalidade para que foram erguidas. Do mesmo modo, se o curso de água mudar de direcção e as obras se revelarem imprescindíveis, há que fazê-las.

Esta obrigação, a que o proprietário está sujeito, é uma obrigação *de prestação alternativa* (fazer os reparos ou permitir que outros os façam). Pode também dizer-se que ele goza da faculdade (ou dispõe do direito potestativo) de escolher uma dessas duas prestações disjuntivas. Optando por uma, a outra fica, obviamente, prejudicada[24].

Crê-se, no entanto, que do ponto de vista do direito não é indiferente a pessoa onerada com o encargo das reparações. A certeza jurídica não permitiria tal entendimento sem contornos definidos, que poderia, inclusive, conduzir a certos exageros e arrastamentos temporais insuportáveis e desmedidos.

Por isso, não obstante o proprietário dispor de uma obrigação de prestação alternativa, deve interpretar-se o texto legal da seguinte maneira:

O encargo das obras recai em primeira linha sobre o proprietário; subsidiariamente, sobre terceiros, na hipótese de aquele as não querer efectuar[25].

Vindo a ser executadas por terceiros, as obras de reparação devem ser de molde a não provocarem prejuízos no prédio *(«sem prejuízo dele»)*, exceptuando aqueles danos pouco expressivos que sempre se verificariam, mesmo que levadas a cabo pelo próprio.

II – Da mesma maneira, o dono do prédio onde se acumulem materiais que estorvem o curso das águas, com prejuízo ou risco para terceiro que as esteja a utilizar, ou o desviem para um prédio alheio, nele provocando danos, deve desobstruir a passagem ou, não o querendo fazer, permitir que os interessados o façam. A natureza do encargo é a mesma.

---

[23] G. MOREIRA, *ob. cit.*, pág. 265.

[24] P. LIMA e A. VARELA, *ob. cit.*, III, pág. 177.

[25] M. CORDEIRO, *ob. cit.*, págs. 599 e 600.

385   *Apêndice 2.° – Valas, regueiras e valados (art. 1357.°)*

III – Todos os interessados beneficiados, seja no caso de reparação ,ou realização de obras novas, seja no de remoção dos materiais, devem contribuir, na proporção do benefício, na liquidação das despesas ocasionadas.

É claro que, nem seria preciso dizê-lo, se a acumulação dos materiais ou a deterioração das obras forem devidas a dolo ou culpa de quem quer que seja, será o seu autor a responder pelo respectivo dano causado. E assim, se o lesante for o próprio proprietário, não lhe é possível exigir de terceiros qualquer comparticipação nas despesas. É a aplicação, pura e simples, da responsabilidade subjectiva baseada em factos ilícitos, com acolhimento geral no artigo 483.° do Código.

JURISPRUDÊNCIA

1. «Falando o art. 1352.° em «reparos precisos» – e reparar significa restaurar, consertar, melhorar o que já está feito, por forma a que a renovação, o restauro, o conserto, o melhoramento mantenham a coisa ou objecto na sua traça primitiva – não se podem considerar abrangidos na terminologia legal o desvio e o encaminhamento das águas por forma diversa da que se vinha processando há mais de 50 ou 60 anos, dado tratar-se de obra nova, que é bem diferente de um simples reparo e só pode conseguir-se pela via da servidão legal de escoamento» – (Ac. da R.C., de 11/12/79, in *B.M.J.*, n.° 294/406).

2. «I – O cabeça de casal de uma herança indivisa, que foi casado com o autor da herança no regime da comunhão geral, tem legitimidade para, desacompanhado dos demais herdeiros, intentar uma acção em que pede a condenação de uma Junta de Freguesia a fazer obras numa mina a esta pertencente e que atravessa subterraneamente um prédio da herança. II – Se se provar que as águas sobrantes provenientes da mina alagam o prédio da herança, causando-lhe danos, cabe à Junta de Freguesia a obrigação de realizar nela os «reparos precisos» para conter as ditas águas sobrantes, nos termos do art. 1352.° do Cod. Civil. III – Sendo a Ré uma pessoa colectiva pública, ela é responsável pelos actos da sua gestão privada, nos termos gerais, incluindo o título de omissão culposa: arts. 165.°, 501.°, 483.° e segs., e 708.° e segs. do Cod. Civil» – (Ac. da R.P., de 22/11/2001, in *C.J.*, 2001, V, pág. 192).

ARTIGO 1357.°

(Valas, regueiras e valados)

O proprietário que pretenda abrir vala ou regueira ao redor do prédio é obrigado a deixar mota externa de largura igual à profundidade da vala e a conformar--se com o disposto no artigo 1348.°; se fizer valado, deve deixar externamente regueira ou alcorca, salvo havendo, em qualquer dos casos, uso da terra em contrário.

As águas no Código Civil 386

Antecedentes históricos

24. Corresponde ao artigo 2347.° do Código Civil de 1867, cuja redacção se transcreve:

O proprietário, que pretender abrir vala ao redor da sua propriedade, será obrigado a deixar mota externa, de largura igual à profundidade da vala; e se quiser fazer valado deverá deixar externamente regueira ou alcorca, salvo, em ambos os casos, uso e costume da terra em contrário.

Observações

25. Vala; regueira; mota; valado; alcorca – conceito

Vala é uma escavação aberta num terreno, mais ou menos larga e profunda, destinada à condução de águas soltas, instalação de canalização para água, esgoto, gás ou, ainda, ao plantio de vinha ou outras culturas arbenses.

Regueira é um rego pouco profundo, mais ou menos extenso, para condução de água.

As diferenças mais sensíveis entre os dois conceitos situam-se ao nível da *profundidade* e do *objectivo* proposto.

A vala é, regra geral, profunda; a regueira localiza-se quase sempre à superfície. Aquela tem por finalidade a condução de água, colocação de canos condutores ou o plantio agrícola; esta, quase exclusivamente a passagem de água.

Mota é uma faixa de terreno que ladeia, em toda a sua extensão, a vala aberta.

Este o significado mais puro do termo. É normal que aquela faixa, sobretudo, quando a vala é aberta junto da linha divisória de um prédio, corresponda à porção de terreno que separa o limite externo da vala e a extrema desse prédio.

Nesta acepção, a mota não tem aproveitamentos bem definidos.

Mas, numa segunda acepção, *mota* pode expressar a ideia de terreno normalmente destinado à passagem de pessoas e animais junto à vala.

Em termos jurídicos, mota representa mais a primeira das acepções. Isso resulta da própria fórmula utilizada pelo legislador *«abrir vala... ao redor do prédio»*, a sugerir a colocação da vala próximo da extremidade de um prédio, em confinância com outro pertencente a dono distinto.

A largura que a lei lhe impõe tem por principal objectivo evitar que, por acção das águas ou outro motivo, possa haver desmoronamento da parte externa da vala para o prédio vizinho e impedir que o prédio fronteiriço possa ser devassado com a queda de materiais por virtude do trânsito de pessoas e animais nele feito. Razão é também evitar que o prédio confinante seja prejudicado com a infiltração das águas corridas na vala, o que certamente ocorreria se o espaço entre o limite externo da vala e o do prédio vizinho fosse curto, sobretudo havendo entre ambos desnível acentuado.

A terra resultante da abertura pode ser vertida para aquém ou para além da vala, pode assegurar-se. Sendo assim, contra o que defende Cunha Gonçalves, a mota não é, forçosamente, formada pela terra resultante da abertura da vala([26]).

Valado pode significar uma vala mais ou menos profunda onde se lancem semente ou plantem árvores([27]). Contudo, o conceito aqui utilizado tem mais o sentido de elevação de terra que limita e rodeia uma propriedade rústica([28]).

Alcorca pode definir-se como uma regueira ou fosso aberto destinado ao esgoto e derivação das águas que se juntam ao longo dos valados, com vista à sua protecção e enxugo da terra.

O artigo, que não se aplica, analogicamente, aos poços([29]), permite a ressalva de, pontualmente, haver *usos da terra em contrário,* isto é, práticas sociais observadas em certas povoações, que a lei torna juridicamente atendíveis([30]).

JURISPRUDÊNCIA

1. «Em princípio, a substituição de um rego de vala aberta para condução de águas por um tubo de plástico ou de outro material integra-se no tipo de obras que o dono do prédio dominante pode efectuar no prédio serviente. II – E em tal caso, não há alteração da servidão» – (Ac. da R.P., de 15/03/83, Proc. n.º 0 001 845).

2. «Não havendo sinal contrário, os valados presumem-se comuns, se não existir regueira ou alcorca na sua parte exterior. Não é senão esta a condição imposta pelo artigo 1357.º do Código Civil, cuja falta implica, de harmonia com o disposto no artigo 1358.º, n.º 1, a presunção da comunhão. A presunção não depende dos motivos por que não existe regueira ou alcorca; a falta destas faz sempre presumir a comunhão do valado» – (Ac. do S.T.J., de 20/03/84, Proc. n.º 071 389, in *B.M.J.*, n.º 335/287).

3. «I – Direito de demarcação é o direito que tem o proprietário de um prédio de delimitar as extremas deste das dos prédios confinantes; II – O meio processual próprio para tal é a acção de demarcação – artigo 1052.º do Código de Processo Civil; III – Havendo compropriedade, o termo desta alcança-se através

---

([26]) *Ob. cit.*, XII, pág. 141.

([27]) *Grande Dicionário da Língua Portuguesa*, Tomo XII, pág. 405.

([28]) «Valado..., segundo toda a gente sabe, é uma espécie de muro espesso de terra, com 1 a 2 metros de altura, e outro tanto ou mais de largo, muro que é, frequentemente, plantado de videiras, oliveiras e outras árvores» – C. GONÇALVES, *ob. cit.*, XII, 141.

([29]) *R.L.J.*, ano 79.º, pág. 229.

([30]) Vide n.º 49, *supra.*

As águas no Código Civil

388

da acção de divisão de coisa comum; IV – Se, na pendência da acção de demarcação, se verificar a existência de uma vala, comum aos prédios confinantes, tal acção não pode prosseguir» – (Ac. da R.L., de 11/06/92, Proc. n.º 0 060 112).

4. «Tendo ficado provado que o prédio rústico do Réu está a um nível superior ao prédio urbano do A., que na confrontação dos dois prédios existe uma vala pela qual escorriam as águas pluviais, que o Réu atulhou a faixa de terreno e nela plantou cactos, e que devido ao entulho colocado naquela faixa de terreno as águas pluviais vão inundar a casa do Autor, impõe-se a condenação do Réu a desentupir a vala, apesar de não se ter provado se esta pertencia a um ou a outro» – (Ac. da R.L., de 25/01/96, Proc. n.º 0 003 432).

5. «I – A existência de uma vala junto ao muro do autor não autoriza o proprietário do prédio vizinho a aprofundá-la para além da profundidade original sem que seja observado o disposto no artigo 1357.º do Código Civil. II – O aprofundamento equivale, na prática, à abertura de nova vala, pois altera completamente a situação existente» – (Ac. da R.P., de 4/04/2002, Proc. n.º 0 230 123).

6. «I – Numa acção em se pede a condenação dos réus a retirarem duma regueira existente no seu prédio as pedras, areias e outros objectos que lá colocaram, fazendo os trabalhos necessários para que a água saída da represa ali localizada circule livremente na regueira até chegar ao prédio dos autores, e ainda a absterem-se de utilizar essa água para rega ou para outro fim, a existência do direito real de servidão não é objecto do pedido, mas sim um pressuposto da sua procedência. II – Por isso, cabendo aos autores a demonstração da posse da servidão e dos actos de esbulho imputados aos réus, deve relegar-se para a sentença final a decisão sobre o mérito da causa se tais factos forem controvertidos» – (Ac. da R.C., de 28/05/2002, Proc. n.º 1818/02).

7. «Não há violência, para o efeito de restituição provisória de posse, se o requerido se limita a abrir uma vala em terreno alheio, onde foram colocados uns tubos e um cabo eléctrico destinados à extracção da água por motor colocado num poço existente neste prédio» – (Ac. da R.P., de 17/10/2002, Proc. n.º 0 231 116).

Artigo 1358.º
(Presunção de comunhão)

1. As valas, regueiras e valados, entre prédios de diversos donos, a que faltem as condições impostas no artigo antecedente presumem-se comuns, não havendo sinal em contrário.
2. É sinal de que a vala ou regueira sem mota externa não é comum o achar--se a terra da escavação ou limpeza lançada só de um lado durante mais de um ano; neste caso, presume-se que a vala é do proprietário de cujo lado a terra estiver.

Antecedentes históricos

26. Corresponde aos artigos 2348.° e 2349.° do Código Civil de 1867, cujo teor se transcreve:

Art. 2348.° *Os valados e regueiras entre prédios de diversos donos, a que faltarem as condições impostas no artigo antecedente, presumem-se comuns, não havendo prova ou sinal em contrário.*

Art. 2349.° *É sinal, de que a vala ou regueira sem mota externa não é comum, o achar-se a terra da escavação ou limpeza lançada só de um lado, durante mais de um ano: neste caso presume-se que a vala é do proprietário, de cujo lado a terra estiver.*

Observações

27. Generalidades

I – Se:
– em redor da vala ou regueira não existir mota externa de largura igual à sua profundidade, ou
– em redor do valado não se deixar uma regueira ou alcorca na sua parte exterior,
– presumem-se comuns as obras, desde que situadas entre prédios confinantes de diferentes donos.

Esta regra, porque alicerçada numa presunção *iuris tantum*, ilidível portanto, admite, porém, prova em contrário. O proprietário que se julgue com direito de propriedade exclusiva sobre elas pode infirmar o sentido da presunção através dos diversos meios ao seu alcance.

Torna-se evidente que, havendo, desde logo e *ab initio sinal* em contrário bem denunciador da real situação, a presunção não chega, sequer, a tomar corpo. É o caso de a configuração do terreno onde as obras se acham implantadas ser de tal ordem que não torne legítima qualquer dúvida a respeito da sua propriedade.

Seria difícil, também, aceitar-se que a vala pudesse considerar-se comum quando apenas atravessa um prédio, muito embora os proprietários confinantes da água, que nela corra, se aproveitem.

Se a regueira, eis outro exemplo, colocada na linha divisória de dois prédios, está, à excepção do seu limite externo, toda implantada num deles, exclusivamente, não se vê como possa considerar-se obra comum.

II – O n.° 2 firma um desvio ou, se se quiser, uma presunção de sinal contrário.

As águas no Código Civil   390

Ainda que a vala e regueira não estejam ladeadas por uma mota externa, devem considerar-se pertença exclusiva do dono do prédio onde, durante mais de um ano consecutivo, for despejada terra resultante da sua escavação e limpezas periódicas.

Compreende-se a filosofia que ilumina o preceito. Um ano é tempo mais que suficiente à acumulação de detritos (lodo, folhagens, pedras resultantes da erosão, etc.) e nascimento de ervas daninhas que urge retirar por forma a permitir o livre curso da água.

É natural que as limpezas e desobstruções devam ser feitas várias vezes durante o ano. Ora, sendo o mesmo proprietário a proceder, sempre, a tais encargos, a seu favor passa a militar a presunção de propriedade do canal desimpedido[31].

Esta fórmula presuntiva nem sempre funciona, porém. Pense-se no proprietário confinante que, por motivos de saúde, ausência forçada ou outra razão de força maior, não pode efectuar as limpezas necessárias. Aqui, evidentemente, não pode operar a presunção a favor do outro proprietário.

Quando a obra é comum, aplicam-se-lhe as regras da compropriedade (art. 1403.° e segs.), designadamente a da repartição dos direitos e encargos, bem como a da faculdade de exigir-se a divisão da coisa.

JURISPRUDÊNCIA

«Não havendo sinal contrário, os *valados* presumem-se comuns, se não existir regueira ou alcorca na sua parte exterior. Não é senão esta a condição imposta pelo artigo 1357.° do Código Civil, cuja falta implica, de harmonia com o disposto no artigo 1358.°, n.° 1, a *presunção da comunhão*. A presunção não depende dos motivos por que não existe regueira ou alcorca; a falta destas faz sempre presumir a comunhão do valado» – (Ac. do S.T.J., de 20/03/84, Proc. n.° 071 389, in *B.M.J.*, n.° 335/287).

ARTIGO 1459.°
(Exploração de águas)

1. O usufrutuário pode, em benefício do prédio usufruído, procurar águas subterrâneas por meio de poços, minas ou outras escavações.

2. As benfeitorias a que o número anterior se refere ficam sujeitas ao que neste código se dispõe quanto ao possuidor de boa fé.

---

[31] «Se a vala fosse comum, os detritos retirados seriam lançados, indiferentemente, para ambos os lados da vala» – C. GONÇALVES, *ob. cit.*, XII, pág. 142.

391　　　　　　　　　　　　　　　*Apêndice 2.° – Exploração de águas (art. 1459.°)*

Antecedentes históricos

28. Corresponde ao artigo 2213.° do Código Civil de 1867, cuja redacção se transcreve:

O usufrutuário não pode abrir de novo reinas ou pedreiras.
§ único. *A disposição deste artigo não abrange as obras de pesquisa de águas e de adubos minerais, para serem aplicados no melhoramento dos respectivos prédios, bem como as pedreiras para reparações ou obras, a que o usufrutuário seja obrigado, ou que se tornem necessárias.*

Observações

29. Generalidades

O artigo 1394.° concede ao proprietário o direito de procurar as águas subterrâneas, existentes no seu prédio, por meio de poços, minas e outras escavações. O que bem se compreende enquanto prerrogativa do direito de propriedade plena sobre a totalidade do prédio, incluindo o espaço aéreo e subsolo correspondentes (art. 1344.°,n.° 1).

O artigo 1459.° estende o exercício daquela faculdade ao usufrutuário, ainda que um tanto à revelia do artigo 1450.°, n.° 1 que não permite a realização da benfeitorias que possam alterar a forma e substância da coisa usufruída. A razão de ser prende-se com o inegável aumento de valor produtivo que para o prédio advém da exploração.

Mas, terá o usufrutuário direito a indemnização pela realização das benfeitorias?

Negava-o o artigo 2217.° do Código Civil de 1867, tal como o autor do anteprojecto propôs[32]. A solução, porém, não era razoável nem justa. Se a benfeitoria traz ao prédio um novo motivo de interesse, aumentando-lhe o seu valor, é justo que, da despesa que aquela acarretou, o seu autor seja compensado, sob pena de locuplamento do proprietário à custa do usufrutuário.

Daí que o anteprojecto, nesta parte, tenha sofrido a adequada alteração, por ocasião da 3.ª revisão ministerial, acabando por considerar aplicável ao usufrutuário o regime que o Código determina quanto ao possuidor de boa fé.

Assim, quanto às benfeitorias *úteis,* ele tem direito ao seu levantamento, a não ser que, com ele, haja possibilidade de detrimento da coisa, caso em que pode exigir a restituição do valor correspondente, calculado segundo as regras do enriquecimento sem causa.

---

[32] In *B.M.J.*, n.° 79/64.

As águas no Código Civil   392

Relativamente às *voluptuárias* (e são estas, tal como aquelas que a lei lhe permite realizar – art. 1450.°, n.° 1), o usufrutuário tem direito ao seu levantamento, salvo havendo detrimento da coisa; mas não o poderá fazer, nem haver o seu valor, no caso contrário (art. 1275.°).

O usufrutuário pode constituir novas servidões sobre o mesmo direito à água (porém, dentro dos condicionalismos previstos no n.° 2, do art. 1460.°), assim como pode alienar, arrendar ou criar novos direitos reais. Em todo o caso, estes novos direitos ficam submetidos à disciplina do direito de usufruto de que dependem, designadamente em matéria de duração, já que não podem ultrapassar a duração do usufruto (art. 1460.°, n.° 1, do C.C.).

Findo o usufruto, deve o usufrutuário "restituir a coisa ao proprietário" – neste caso, o direito à água, dada a impossibilidade de devolver a consumida (art. 1483.° do C.C.).

Artigo 1556.°
(Servidões de passagem para o aproveitamento de águas)

1. Quando para seus gastos domésticos os proprietários não tenham acesso às fontes, poços e reservatórios públicos destinados a esse uso, bem como às correntes de domínio público, podem ser constituídas servidões de passagem nos termos aplicáveis dos artigos anteriores.

2. Estas servidões só serão constituídas depois de se verificar que os proprietários que as reclamam não podem haver água suficiente de outra proveniência, sem excessivo incómodo ou dispêndio.

Antecedentes históricos

30. Teve por fonte os artigos 440.°, do Código Civil de 1867 e 6.°, §§ 1.° e 2.°, da Lei das Águas, cuja redacção se transcreve:

Art. 440.° *Os proprietários marginais de quaisquer correntes de água não podem impedir os seus vizinhos de aproveitar a necessária, para os seus gastos domésticos, contanto que sejam indemnizados do prejuízo, que padecerem com o trânsito pelos seus prédios.*

§ 1.° *Esta servidão só se dará, verificando-se que os ditos vizinhos não podem haver água de outra parte, sem grande incómodo ou dificuldade.*

§ 2.° *As questões que a este respeito se levantarem, excepto no tocante a indemnizações, serão resolvidas administrativamente.*

§ 3.° *O direito do uso de águas, a que este artigo se refere, não prescreve, mas cessa logo que, pela construção de alguma fonte pública, as pessoas a quem ele é concedido, possam haver sem grande dificuldade ou incómodo a água de que carecem.*

393   *Apêndice 2.° – Servidões de passagem para o aproveitamento de águas (art. 1556.°)*

Art. 6.° *Para os seus gastos domésticos todos podem utilizar as águas das fontes, poços e reservatórios públicos a esse uso destinados, bem como as das correntes de domínio público, quando para ele haja acesso por terreno, estrada ou serventia pública, guardadas as prescrições dos regulamentos e posturas municipais.*

§ 1.° *Não havendo acesso à corrente senão por terrenos particulares, serão seus donos indemnizados do prejuízo que possa causar-lhes o trânsito pelos seus prédios.*

§ 2.° *Esta servidão só se dará, verificando-se que as pessoas ou a povoação que a reclamam não podem haver água doutra parte sem grande incómodo ou dificuldade.*

Observações

31. Generalidades

O Decreto n.° 5 787-IIII, de 10 de Maio de 1919 (Lei das Águas) conferiu uma maior amplitude ao espírito que iliminou a correspondente norma do Código Civil de 1867, passando a permitir a servidão legal de trânsito destinado à captação de águas públicas para satisfação e usos domésticos. Por outro lado, onerados passaram a ser não só os prédios marginais de quaisquer correntes, mas também todos e quaisquer outros prédios particulares, desde que a sua utilização seja necessária para acesso às fontes e reservatórios públicos.

Foi esta doutrina que transitou para o novo Código. Apesar disso, no que diz respeito à pessoa do beneficiário da servidão, regressou-se à figura de *proprietário* estabelecida no artigo 440.° do Código Civil de 1867, contra a de *pessoas* (todos, sem distinção) configurada no artigo 6.° da Lei das Águas.

32. Pressupostos

A constituição da servidão de passagem depende da verificação dos seguintes pressupostos:

a) *Necessidade da água para satisfação de gastos domésticos* – Cabe aqui tudo o que é despendido na satisfação das necessidades primárias ou ordinárias da vida do homem e seus animais. Vale, por isso, a utilização da água para fins culinários, sanitários, limpeza e dessedentação do agregado familiar do proprietário e seus animais domésticos([33]).

Fora do âmbito do artigo estão, pois, os aproveitamentos de água para fins agrícolas ou industriais.

([33]) Ver n.° 119, *supra*.

As águas no Código Civil

b) *Utilização de água pública de fontes, poços, reservatórios e correntes* – Impõe-se que o proprietário esteja a usar água pública, daquelas especificadas proveniências, com exclusão de quaisquer outras.

Como coisas públicas que são, a todos é possível utilizá-las para seus gastos domésticos, mesmo que, para tanto, se tenha que transitar através de terrenos particulares. A não ser assim, ficaria sem expressão o direito de qualquer proprietário se poder servir da água; seria um direito impraticável, sem sentido, meramente formal.

c) *Impossibilidade de obtenção de água suficiente de outra proveniência, sem excessivo incómodo ou dispêndio* – Não uma impossibilidade absoluta, necessariamente; mas, também não uma dificuldade artificial, meramente aparente. É suposto que o proprietário não possa obter a água de que carece, capaz de acudir às necessidades normais e previsíveis.

A lei não faz distinção quanto às possíveis *proveniências alternativas* de onde o titular do direito possa colher outra água. Isto significa que, havendo possibilidade de ele a poder obter através de um poço, mina ou outra escavação dentro do seu prédio, fica prejudicada a estatuição legal aqui estabelecida. A não ser, é claro, que com esse tipo de exploração para ele resulte excessivo incómodo e dispêndio ([34]).

33. Conclusão

Esta servidão tem muito de comum com a que o artigo 1557.° determina, salvo a diferença de aqui a servidão se ater, tão só, com a *passagem em terras particulares para o aproveitamento de águas públicas,* enquanto além ela se limita ao *aproveitamento de águas sobrantes de prédios particulares.*

A referência a *«nos termos dos artigos anteriores»* leva a concluir que as regras gerais da servidão legal de passagem aqui se têm por aplicáveis. Assim, não fogem ao encargo as quintas muradas, quintais, jardins e terreiros adjacentes a prédios urbanos([35]).

Afastadas, no entanto, ficam as disposições próprias dos artigos 1552.° e 1555.°([36]).

([34]) Vide n.° 119, *supra.*

([35]) V. ALMEIDA, *ob. cit.*, 2.ª ed., pág. 36; P. LIMA, *ob. cit.*, pág. 381 e P. LIMA e A. VARELA, *ob. cit.*, III, pág. 596.

([36]) Actas da Comissão Revisora, in *B.M.J.*, n.° 136/118.

395   *Apêndice 2.° – Servidões de passagem para o aproveitamento de águas (art. 1556.°)*

JURISPRUDÊNCIA

1. «III – Conforme o disposto no n.° 1 do artigo 1556.° daquele Código, só no caso em que as águas sejam de fontes, poços e reservatórios públicos ou de correntes do domínio público se podem constituir servidões de passagem com vista ao aproveitamento dessas águas para os gastos domésticos dos proprietários que de outro modo a elas não tenham acesso. IV – Tendo desaparecido o encrave justificativo da servidão legal e sendo a extinção desta permitida pelo n.° 3 do artigo 1569.° do Código Civil, referido ao seu n.° 2, deve ter-se como prejudicado o direito de preferência, independentemente de requerimento do proprietário do prédio serviente» – (Ac. do S.T.J., de 26/04/78, Proc. n.° 067 189).

2. «I – A utilização de água captada em nascente situada em prédio de outrem, não para certo e determinado prédio ou prédios do utilizador mas sim para rega e gastos domésticos sem qualquer limitação, é posse susceptível de conduzir a usucapião do direito à propriedade da água (e não à figura da servidão). II – O que releva, no conceito de posse pública, é a ostensividade dos actos praticados e a possibilidade objectiva de eles serem conhecidos pelos interessados. III – A usucapião é título justo de aquisição de água das fontes e nascentes» – (Ac. da R.P., de 5/12/95, Proc. n.° 9 420 803).

3. «I – Assumem a natureza de águas públicas as que nascerem em prédio particular, se forem abandonadas, logo que ultrapassem os limites desse prédio onde nascem ou do prédio para onde forem transportadas, e formem, à saída daquele ou deste prédio, uma corrente que se dirija para o mar ou para outra água pública. II – Tais águas não deixam de ser públicas ainda que só parcialmente ou só durante certa época do ano se lancem ao mar ou em outra água pública e ainda que, em certos pontos do seu percurso, corram subterraneamente. III – A servidão administrativa denominada "servidão de margem" e prevista no Decreto-Lei n.° 468/71, de 5 de Novembro, apenas existe em relação às correntes do domínio público, ou seja, às águas públicas» – (Ac. da R.P., de 9/10/97, Proc. n.° 9 730 837).

4. «I – São públicas as águas que nasçam ou caiam em prédios particulares logo que ultrapassem, abandonadas, os limites do prédio (de origem ou outro) onde sejam aproveitadas, como águas particulares, ao abrigo de um direito, e que atinjam directa ou indirectamente o mar. II – O leito das correntes não navegáveis nem flutuáveis assume a natureza, pública ou privada, dos terrenos que atravessam. III – O prédio particular que for atravessado por corrente, não navegável nem flutuável, de águas públicas, está sujeita a servidão administrativa caracterizada por esse atravessamento. IV – São públicas as obras destinadas à disciplina e aproveitamento de águas públicas» – (Ac. da R.P., de 13/04/99, Proc. n.° 9 450 402).

As águas no Código Civil   396

5. «I – Tendo constituído direito de servidão de presa e de aqueduto sobre o prédio dos Réus para captar e fazer derivar para o seu prédio água concessionada de corrente não navegável nem flutuável, a servidão não se extingue enquanto perdurar ou se renovar o licenciamento para o uso da água, apesar de o Autor não ser proprietário da mencionada água pública nem o seu prédio ser confinante com o respectivo curso de água» – (Ac. da R.P., de 28/09/99, Proc. n.º 9 821 411).

6. «I – O poder legal que a lei concede a particulares, proprietários de prédios marginais de um ribeiro público, do uso de águas públicas basta para que lhes seja reconhecida a constituição de servidão de passagem que esteja directamente ligada a esse uso. II – O carácter precário desse direito não obsta a que possam ser constituídas servidões de passagem» – (Ac. da R.P., de 6/07/2000, Proc. n.º 0 020 313).

7. «I – A lei permite a constituição de servidões legais de águas, quer públicas, quer particulares (artigos 1557.º a 1560.º do Código Civil) mas, tendo-se os autores limitado a alegar que têm direito ao uso da água de determinada poça para rega do seu prédio, tal alegação é inócua para efeitos de reconhecimento do pretenso direito que se arrogam. II – O poder conferido ao Juiz no n.º 3 do artigo 508.º do Código de Processo Civil não se configura como dever "vinculado", cuja omissão seja susceptível de gerar nulidade» – (Ac. da R.P., de 11/02/2003, Proc. n.º 0 320 429).

APÊNDICE N.º 3

– **Dec.-Lei n.º 468/71, de 5 de Novembro**
– **Dec.-Lei n.º 513-P/79, de 26 de Dezembro**
– **Dec.-Lei n.º 269/82, de 10 de Julho**
– **Dec.-Lei n.º 84/90, de 16 de Março**
– **Dec.-Lei n.º 90/90, de 16 de Março**
– **Dec.-Lei n.º 46/94, de 22 de Fevereiro**

DECRETO-LEI N.º 468/71,
de 5 de Novembro

LEI DOS TERRENOS DO DOMÍNIO HÍDRICO

Nota: *O presente articulado sofreu as modificações introduzidas pelos DL n.ᵒˢ 53/74, de 15/02, 89/87, de 26/02 e Lei n.° 16/2003, de 4/06.*
– *O primeiro diploma procedeu à alteração dos arts. 3.°, 4.°, 5.°, 13.° e 16.°.*
– *O segundo introduziu as seguintes modificações:*
 • *alterou os arts. 14.° e 15.°;*
 • *aditou um novo capítulo IV, constituído pelos arts. 32.°, 33.°, 34.° e 35.°;*
 • *o capítulo IV passou a ser o V;*
 • *os arts. 32.°, 33.°, 34.° desse capítulo V passaram a ser os arts. 36.°, 37.° e 38.°.*
– *O terceiro voltou a alterar os arts. 3.°, 4.°, 5.°, 13.° e 36.°, republicando integralmente o DL n.° 468/71, vulgarmente designado Lei dos Terrenos do Domínio Hídrico (L.T.D.H.)*

1. Com o presente diploma pretende o Governo rever, actualizar e unificar o regime jurídico dos terrenos incluídos no que se convencionou chamar o domínio público hídrico.

Impunha-se, com efeito, proceder a tal revisão, pois o direito aplicável a uma matéria tão vasta e complexa como esta encontrava-se muito antiquado e muito disperso, não satisfazendo por isso as necessidades actuais.

Muito antiquado: na verdade, grande parte das disposições até agora vigentes datavam de 1892, ano em que foi publicado o Regulamento dos Serviços Hidráulicos, que regulou o assunto segundo as concepções da época, e vários outros preceitos agora substituídos, embora mais recentes, vinham já dos regulamentos marítimos de 1919 ou das reformas de 1926.

E muito disperso: realmente, o regime aplicável aos terrenos do domínio público hídrico constituía, nos últimos tempos, uma autêntica manta de retalhos, daí advindo todas as indesejáveis consequência que se verificam em circunstâncias semelhantes e, nomeadamente, a perturbação da certeza do direito e a incoerência das soluções adoptadas nos diferentes diplomas e nas várias épocas.

As águas no Código Civil

400

2. Refere-se o presente diploma ao domínio público hídrico do continente e das ilhas adjacentes, mas não visa regular o regime das águas públicas que o compõem antes pretende estabelecer apenas o regime dos terrenos públicos conexos com tais águas, ou sejam, na terminologia adoptada, os leitos, as margens e as zonas adjacentes.

Houve a preocupação de definir, com o possível rigor, esses conceitos, de traçar, com maior precisão, a extensão territorial das três realidades a que se reportam e, enfim, de fixar por forma expressa o estatuto jurídico dos terrenos incluídos em cada uma dessas categorias.

Quanto aos leitos e às margens, foram acolhidas as noções tradicionais, embora se tenha aproveitado a ocasião para resolver alguns problemas suscitados perante fórmulas menos explícitas, para eliminar certas lacunas de regulamentação em pontos relativamente importantes e, ainda, para aumentar de 5 m para 10 m, por motivos imperiosos de interesse público e também para defesa dos proprietários confinantes, a largura da margem das águas não navegáveis nem flutuáveis.

Mas o que mais importa sublinhar é a fixação em 50 m da largura da margem das águas do mar e das águas navegáveis ou flutuáveis sujeitas à jurisdição das autoridades marítimas ou portuárias. Resolveu-se, assim, eliminar as dúvidas de interpretação que as disposições até agora vigentes consentiam, acolhendo a solução que melhor salvaguarda os interesses do Estado e que corresponde, aliás, ao entendimento que sempre tem sido sustentado pela nossa administração dominial.

Quanto às zonas adjacentes, trata-se de uma figura nova, caracterizada pela sujeição a determinadas restrições de utilidade pública dos terrenos situados para além das margens, mas em posição tal que tenham de ser considerados como terrenos ameaçados pelo mar ou como terrenos ameaçados pelas cheias (dos rios). Pensa-se que, assim, pelo *contrôle* das edificações a erguer em tais zonas, confiadas aos serviços hidráulicos, tecnicamente apetrechados para o efeito será possível actuar de modo mais eficaz na prevenção de graves acidentes como os que têm vitimado, por motivo do avanço das águas do mar ou de cheias extraordinárias dos rios, os habitantes de zonas ameaçadas que aí construíram as suas casas sem que o Estado pudesse legalmente intervir para os defender contra a sua própria imprevidência.

3. Os preceitos que definem o estatuto público ou privado dos terrenos que integram os leitos, margens e zonas adjacentes das águas públicas não alteram, no essencial, o regime vigente. Mas entendeu-se que havia vantagem em adoptar critérios explícitos que permitam resolver as questões suscitadas pelo recuo e pelo avanço das águas.

Já quanto ao reconhecimento da propriedade privada sobre parcelas de leitos ou margens públicos se tocou num aspecto mais relevante, que, sem envolver modificação profunda do direito vigente, beneficia contudo num ponto importante, aliás com inteira justiça, os proprietários particulares: quando se mostre terem ficado destruídos por causas naturais os documentos anteriores a 1864 ou a 1868 existentes em arquivos ou registos públicos, presumir-se-ão particulares os terrenos em relação aos quais se prove que, antes de 1 de Dezembro de 1892, eram objecto de propriedade ou posse privadas. Aliviando deste modo o peso do ónus da prova imposto aos interessados, vai-se ao encontro da opinião que se tem generalizado no seio da Comissão do Domínio Público Marítimo, dada a grande dificuldade, em certos casos, de encontrar documentos que inequivocamente fundamentem as pretensões formuladas à administração dominial.

Não pode, no entanto, esquecer-se que esta orientação, baseada em princípios gerais firmemente assentes na nossa ordem jurídica – o princípio da não retroactividade das leis e o princípio do respeito dos direitos adquiridos –, não deverá prejudicar, na prática, os interesses gerais da colectividade, em razão dos quais, precisamente, se foi criando e se mantém na titularidade do Estado o domínio público hídrico. É por isso que se institui, pela primeira vez em termos genéricos, um conjunto de providências tendentes a permitir ao Estado fazer ingressar no seu domínio público as parcelas privadas dos leitos ou margens públicos.

Também se dispõe, por forma piais completa e mais clara, acerca das operações de delimitação e do julgamento das questões de propriedade ou posse.

4. No que diz respeito à matéria das servidões administrativas a que estão sujeitos os leitos e as margens, ou suas parcelas, quando sejam objecto da propriedade privada, o presente diploma limita-se a reafirmar ou, quando muito a alargar determinações já contidas noutros preceitos que se não afigurou oportuno revogar ou desmembrar. Ainda assim, sempre se esclareceram vários pontos duvidosos e se preencheram algumas lacunas, sobretudo em matéria de expropriações.

Quanto às restrições de utilidade pública impostas aos proprietários confinantes com as margens das águas do mar ou dos rios, importa salientar a já mencionada inovação das zonas adjacentes.

O respectivo regime consiste fundamentalmente em assegurar, aí, a intervenção dos serviços hidráulicos no planeamento urbanístico ou no licenciamento da edificação, de modo que possam ser tomados em conta os perigos emergentes da proximidade das águas e da probabilidade da sua acção devastadora. Este regime só é aplicável, todavia, nas zonas que sejam classificadas como ameaçadas pelo mar ou pelas cheias por decreto do Ministro das Obras Públicas, depois de ouvidas, conforme os casos, as demais entidades interessadas, designadamente o Ministério da Marinha e a Secretaria de Estado da Informação e Turismo.

5. A última parte do presente diploma compendia e sistematiza os traços essenciais do regime jurídico dos usos privativos do domínio público, de acordo com os princípios, com a nossa tradição legislativa e com as necessidades do momento, e à luz das mais recentes concepções formuladas no direito comparado, na doutrina e na jurisprudência.

As águas no Código Civil   402

Revestem-se de especial importância os preceitos que estabelecem em novos moldes a distinção entre licenças e concessões de uso privativo, o elenco dos poderes e deveres dos respectivos titulares, os termos em que são possíveis as utilizações provisórias, o regime das taxas aplicáveis, as regras sobre transmissões e hipotecas, os sistemas de cessação do uso privativo e os meios de defesa da Administração e dos utentes privativos contra ocupações abusivas e outras atitudes ilícitas.

Não deve, contudo, deixar de salientar-se em especial, de entre todos estes aspectos, aquele que se afigura mais relevante e de maior alcance – a substituição de um regime de estabilidade ao regime puramente precário em que os particulares efectuaram, até aqui, os seus investimentos em iniciativas de utilidade pública nos terrenos do domínio público hídrico.

Se realmente certo uso privativo é requerido para um fim de utilidade pública – aproveitamento de águas públicas para abastecimento de povoações, ou edificação de um hotel com interesse para o turismo, por exemplo – não faz sentido, nem é justo, submetê-lo ao regime da licença precária, revogável a todo o tempo e sem que o interessado tenha direito a qualquer indemnização como vinha sucedendo até hoje.

Determinou-se, portanto, que se adoptará antes o regime da concessão – o que acarreta, nomeadamente, em caso de rescisão, o dever de indemnizar o custo das obras e das instalações fixas que ainda não possa estar amortizado – sempre que se trate de usos privativos que exijam a realização de investimentos em instalações indesmontáveis e sejam considerados de utilidade pública.

Crê-se poder, com isto, instaurar uma nova fase na exploração das riquezas contidas no domínio hídrico nacional, atraindo mais intensamente os capitais e impondo critérios mais justos nas suas relações com o Estado.

Nestes termos:

Usando da faculdade conferida pela 1.ª parte do n.° 2.° do artigo 109.° da Constituição, o Governo decreta e eu promulgo, para valer como lei, o seguinte:

Capítulo I
Princípios gerais

Artigo 1.°
Âmbito de aplicação

Os leitos das águas do mar, correntes de água, lagos e lagoas, bem como as respectivas margens e zonas adjacentes, ficam sujeitos ao preceituado no presente diploma em tudo quanto não seja regulado por leis especiais ou convenções internacionais.

Artigo 2.°
Noção de leito; seus limites

1. Entende-se por leito o terreno coberto pelas águas, quando não influenciadas por cheias extraordinárias, inundações ou tempestades. No leito compreendem-se os mouchões, lodeiros e areais nele formados por deposição aluvial.

2. O leito das águas do mar, bem como das demais águas sujeitas à influência das marés, é limitado pela linha da máxima preia-mar de águas vivas equinociais. Essa linha é definida, para cada local, em função do espraiamento das vagas em condições médias de agitação do mar, no primeiro caso, e em condições de cheias médias, no segundo.

3. O leito das restantes águas é limitado pela linha que corresponder à estrema dos terrenos que as águas cobrem em condições de cheias médias, sem transbordar para o solo natural, habitualmente enxuto. Essa linha é definida, conforme os casos, pela aresta ou crista superior do taludo marginal ou pelo alinhamento da aresta ou crista do taludo molhado das motas, cômoros, valados, tapadas ou muros marginais.

Artigo 3.°
Noção de margem; sua largura

1. Entende-se por margem uma faixa de terreno contígua ou sobranceira à linha que limita o leito das águas.

2. A margem das águas do mar, bem como a das águas navegáveis ou flutuáveis sujeitas à jurisdição das autoridades marítimas ou portuárias, tem a largura de 50 m.

3. A margem das restantes águas navegáveis ou flutuáveis tem a largura de 30 m.

4. A margem das águas não navegáveis nem flutuáveis, nomeadamente torrentes, barrancos e córregos de caudal descontínuo, tem a largura de 10 m.

5. Quando tiver natureza de praia em extensão superior à estabelecida nos números anteriores, a margem estende-se até onde o terreno apresentar tal natureza.

6. A largura da margem conta-se a partir da linha limite do leito. Se, porém, esta linha atingir arribas alcantiladas, a largura da margem será contada a partir da crista do alcantil.

7. Nas Regiões Autónomas, se a margem atingir uma estrada regional ou municipal existente, a sua largura só se estenderá até essa via.

ARTIGO 4.º
Noção de zona adjacente; sua largura

1. Entende-se por zona adjacente toda a área contígua à margem que como tal seja classificada por decreto, por se encontrar ameaçada pelo mar ou pelas cheias.

2. As zonas adjacentes estendem-se desde o limite da margem até uma linha convencional definida, para cada caso, no decreto de classificação, nos termos e para os efeitos do presente diploma.

3. Nas Regiões Autónomas, se a linha limite do leito atingir uma estrada regional ou municipal, a zona adjacente estende-se desde o limite do leito até à linha convencional definida nos termos do número anterior.

ARTIGO 5.º
Condição jurídica dos leitos, margens e zonas adjacentes

1. Consideram-se do domínio público do Estado os leitos e margens das águas do mar e de quaisquer águas navegáveis ou flutuáveis, sempre que tais leitos e margens lhe pertençam, e bem assim os leitos e margens das águas não navegáveis nem flutuáveis que atravessem terrenos públicos do Estado.

2. Consideram-se objecto de propriedade privada, sujeitos a servidões administrativas, os leitos e margens das águas não navegáveis nem flutuáveis que atravessem terrenos particulares, bem como as parcelas dos leitos e margens das águas do mar e de quaisquer águas navegáveis ou flutuáveis que forem objecto de desafectação ou reconhecidas como privadas nos termos deste diploma.

3. Consideram-se objecto de propriedade privada, sujeitas a restrições de utilidade pública, as zonas adjacentes.

4. Nas Regiões Autónomas, os terrenos tradicionalmente ocupados junto à crista das arribas alcantiladas das respectivas ilhas constituem propriedade privada.

ARTIGO 6.º
Recuo das águas

Os leitos dominiais que forem abandonados pelas águas, ou lhes forem conquistados, não acrescem às parcelas privadas da margem que porventura lhes sejam contíguas, continuando integrados no domínio público, se não excederem as larguras fixadas no artigo 3.º, e entrando automaticamente no domínio privado do Estado, no caso contrário.

405   *Apêndice 3.° – Decreto-Lei n.° 468/71, de 5/11*

ARTIGO 7.°
Avanço das águas

1. Quando haja parcelas privadas contíguas a leitos dominiais, as porções de terreno corroídas lenta e sucessivamente pelas águas consideram-se automaticamente integradas no domínio público, sem que por isso haja lugar a qualquer indemnização.

2. Se as parcelas privadas contíguas a leitos dominiais forem invadidas pelas águas que nelas permaneçam sem que haja corrosão dos terrenos, os respectivos proprietários conservam o seu direito de propriedade, mas o Estado pode expropriar essas parcelas.

ARTIGO 8.°
Reconhecimento da propriedade privada
sobre parcelas de leitos ou margens públicos

1. As pessoas que pretendam obter o reconhecimento da sua propriedade sobre parcelas de leitos ou margens das águas do mar ou de quaisquer águas navegáveis ou flutuáveis devem provar documentalmente que tais terrenos eram, por título legítimo, objecto de propriedade particular ou comum antes de 31 de Dezembro de 1864 ou, se se tratar de arribas alcantiladas, antes de 22 de Março de 1868.

2. Na falta de documentos susceptíveis de comprovar a propriedade dos terrenos nos termos do n.° 1 deste artigo, presumir-se-ão particulares, sem prejuízo dos direitos de terceiros, os terrenos em relação aos quais se prove que, naquelas datas, estavam na posse em nome próprio de particulares ou na fruição conjunta de indivíduos compreendidos em certa circunscrição administrativa.

3. Quando se mostre que os documentos anteriores a 1864 ou a 1868, conforme os casos, se tornaram ilegíveis ou foram destruídos por incêndio ou facto semelhante ocorrido na conservatória ou registo competente, presumir-se-ão particulares, sem prejuízo dos direitos de terceiros, os terrenos em relação aos quais se prove que, antes de 1 de Dezembro de 1892, eram objecto de propriedade ou posse privadas.

4. Não ficam sujeitos ao regime de prova estabelecido nos números anteriores os terrenos que, nos termos da lei, hajam sido objecto de um acto de desafectação.

ARTIGO 9.°
Constituição da propriedade pública
sobre parcelas privadas de leitos ou margens públicos

1. Em caso de alienação, voluntária ou forçada, por acto entre vivos, de quaisquer parcelas privadas de leitos ou margens públicos, o Estado goza do

As águas no Código Civil   406

direito de preferência, nos termos dos artigos 416.° a 418.° e 1410.° do Código Civil, podendo a preferência exercer-se, sendo caso disso, apenas sobre a fracção do prédio que, nos termos dos artigos 2.° e 3.° deste diploma, se integre no leito ou na margem.

2. O Estado pode proceder, nos termos da lei geral, a expropriação por utilidade pública de quaisquer parcelas privadas de leitos ou margens públicos sempre que isso se mostre necessário para submeter ao regime da dominialidade pública todas as parcelas privadas existentes em certa zona.

3. Os terrenos adquiridos pelo Estado de harmonia com o disposto neste artigo ficam automaticamente integrados no seu domínio público.

ARTIGO 10.°
Delimitações

1. A delimitação dos leitos e margens dominiais confinantes com terrenos de outra natureza compete ao Estado, que a ela procederá oficiosamente, quando necessário, ou a requerimento dos interessados.

2. Das comissões de delimitação farão sempre parte representantes dos proprietários dos terrenos confinantes com os leitos ou margens dominiais a delimitar.

3. Sempre que às comissões de delimitação se depararem questões de índole jurídica que elas não estejam em condições de decidir por si, poderão os respectivos presidentes requerer a colaboração ou solicitar o parecer do delegado do procurador da República da comarca onde se situem os terrenos a delimitar.

4. A delimitação, uma vez homologada pelos Ministros da Justiça e da Marinha, será publicada no *Diário do Governo*.

ARTIGO 11.°
Questões de propriedade ou posse

1. A delimitação a que se proceder por via administrativa não preclude a competência dos tribunais comuns para decidir da propriedade ou posse dos leitos e margens, ou suas parcelas.

2. Se, porém, o interessado pretender seguir o acto de delimitação de quaisquer vícios próprios desta que se não traduzam numa questão de propriedade ou posse, deve interpor o respectivo recurso contencioso de anulação.

Capítulo II
Servidões administrativas e restrições de utilidade pública

Artigo 12.º
Servidões sobre parcelas privadas de leitos e margens públicos

1. Todas as parcelas privadas de leitos ou margens públicos estão sujeitas às servidões estabelecidas por lei e, nomeadamente, a uma servidão de uso público no interesse geral do acesso às águas e da passagem ao longo das águas, da pesca, da navegação ou flutuação, quando se trate de águas navegáveis ou flutuáveis, e ainda da fiscalização e polícia das águas pelas autoridades competentes.

2. Nas parcelas privadas de leitos ou margens públicos, bem como no respectivo subsolo e no espaço aéreo correspondente, não é permitida a execução de quaisquer obras, permanentes ou temporárias, sem licença do Ministério das Obras Públicas, pela Direcção-Geral dos Serviços Hidráulicos.

3. Os proprietários de parcelas privadas de leitos ou margens públicos estão sujeitos a todas as obrigações que a lei estabelece no que respeita à execução de obras hidráulicas, nomeadamente de correcção, regularização, conservação, desobstrução e limpeza.

4. Se da execução pelo Estado de qualquer das obras referidas no n.º 3 deste artigo resultarem prejuízos que excedam os encargos resultantes das obrigações legais dos proprietários, o Estado indemnizá-los-á. Se se tornar necessária, para a execução dessas obras, qualquer porção de terreno particular, ainda que situada para além das margens, o Estado poderá expropriá-la.

Artigo 13.º
Zonas ameaçadas pelo mar

1. Sempre que se preveja tecnicamente o avanço das águas do mar sobre terrenos particulares situados para além da margem, pode o Estado classificar a área em causa como zona ameaçada pelo mar.

2. A classificação de uma área como zona ameaçada pelo mar será feita por decreto emanado do Ministério das Obras Públicas, ouvido o Ministério da Marinha e, tratando-se de zonas com interesse turístico, a Secretaria de Estado da Informação e Turismo.

3. Uma vez classificada certa área como zona ameaçada pelo mar, os terrenos nela abrangidos ficam sujeitos ao regime estabelecido no artigo 15.º

4. Nas Regiões Autónomas podem ser classificadas como zonas ameaçadas pelo mar as áreas contíguas ao leito, nos termos do n.º 3 do artigo 4.º

As águas no Código Civil   408

Artigo 14.º
Zonas ameaçadas pelas cheias

1. O Governo pode classificar como zona ameaçada pelas cheias, adiante designada por zona adjacente, a área contígua à margem de um curso de água, que se estende até à linha alcançada pela maior cheia com probabilidade de ocorrência no período de um século (cheia dos 100 anos).

2. A classificação de uma área como zona adjacente será feita por portaria do Ministro do Plano e da Administração do Território, ouvidas as autoridades marítimas, em relação aos trechos sujeitos à sua jurisdição.

3. A portaria referida no número anterior conterá em anexo uma planta delimitando a área classificada e definindo dentro desta as áreas de ocupação edificada proibida e ou áreas de ocupação edificada condicionada.

4. Uma vez classificada certa área como zona adjacente, os terrenos nela abrangidos ficam sujeitos ao regime estabelecido no artigo 15.º

5. Poderão ser sujeitas a medidas preventivas, nos termos do capítulo II do Decreto-Lei n.º 794/76, de 5 de Novembro, as áreas que, de acordo com os estudos elaborados, se presumam venham a ser classificadas ao abrigo do presente artigo.

6. A iniciativa para a criação de zona adjacente poderá pertencer ao Ministro do Plano e da Administração do Território, ouvida a câmara municipal da área respectiva, ou decorrer de proposta desta última.

7. As acções de fiscalização e a execução de obras de conservação e regularização, a realizar nas zonas adjacentes, podem ser exercidas no regime e colaboração a que se refere o artigo 12.º do Decreto-Lei n.º 77/84, de 8 de Março.

8. A aprovação de planos ou anteplanos de urbanização e de contratos de urbanização, bem como o licenciamento de operações de loteamento urbano ou de quaisquer obras ou edificações, relativos a áreas contíguas a cursos de água que não estejam ainda classificadas como zonas adjacentes, carecem de parecer vinculativo da Direcção-Geral dos Recursos Naturais, quando estejam dentro do limite da maior cheia conhecida ou de uma faixa de 100 m, para cada lado da linha de margem do curso de água, quando se desconheça aquele limite.

Artigo 15.º
Regime das zonas adjacentes

1. Nas áreas delimitadas, ao abrigo do artigo 4.º ou do n.º 3 do artigo 14.º, como zonas de ocupação edificada proibida é interdito:

a) Destruir o revestimento vegetal ou alterar o relevo natural, com excepção da prática de culturas tradicionalmente integradas em explorações agrícolas;

b) Instalar vazadouros, lixeiras, parques de sucata ou quaisquer outros depósitos de materiais;

409 Apêndice 3.º – Decreto-Lei n.º 468/71, de 5/11

c) Implantar edifícios ou realizar obras susceptíveis de constituir obstrução à livre passagem das águas;

d) Dividir a propriedade rústica em áreas inferiores à unidade mínima de cultura.

2. Nas áreas referidas no número anterior, a implantação de infra-estruturas indispensáveis ou a realização de obras de correcção hidráulica depende de parecer vinculativo da Direcção-Geral do Ordenamento, do Território e da Direcção-Geral dos Recursos Naturais, emitido no prazo de 60 dias, findo o qual se interpreta a ausência de parecer como consentimento.

3. Podem as áreas classificadas referidas no n.º 1 ser utilizadas para instalação de equipamentos de lazer, desde que não impliquem a construção de edifícios, dependendo de parecer vinculativo da Direcção-Geral do Ordenamento do Território e da Direcção-Geral dos Recursos Naturais, emitido no prazo de 60 dias, findo o qual se interpreta a ausência de parecer como consentimento.

4. Nas áreas delimitadas como zonas de ocupação edificada condicionada, classificadas ao abrigo do artigo 4.º ou do n.º 3 do artigo 14.º, só é permitida, mediante parecer favorável da Direcção-Geral dos Recursos Naturais, a instalação de edifícios que constituam complemento indispensável de outros já existentes e devidamente licenciados ou, então, que se encontrem inseridos em planos já aprovados à data da entrada em vigor deste diploma.

5. As cotas dos pisos inferiores dos edifícios a construir nas áreas referidas no número anterior deverão ser sempre superiores às cotas previstas para a cheia dos 100 anos, devendo este requisito ser expressamente referido no respectivo processo de licenciamento.

6. São nulos e de nenhum efeito todos os actos ou licenciamentos que desrespeitem o regime referido nos números anteriores.

ARTIGO 16.º
Disposições complementares

1. Quando o Estado efectuar expropriações nos termos deste diploma ou pagar indemnizações aos proprietários prejudicados por obras hidráulicas de qualquer natureza, o auto de expropriação ou indemnização será enviado à repartição de finanças competente, para que se proceda, se for caso disso, à correcção do valor matricial do prédio afectado.

2. A competência conferida ao Ministério das Obras Públicas no tocante às obras de correcção, regularização, conservação, desobstrução e limpeza de leitos e margens é transferível para as câmaras municipais ou para as administrações portuárias e pode ser exercida por aquele ou por estas em colaboração com quaisquer entidades, públicas ou privadas, nas condições técnicas e financeiras que forem definidas pelo Governo.

Capítulo III
Usos privativos

Artigo 17.º
Permissão de usos privativos

Com o consentimento das entidades competentes, podem parcelas determinadas dos terrenos públicos referidos neste diploma ser destinadas a usos privativos.

Artigo 18.º
Licenças e concessões

1. O direito de uso privativo de qualquer parcela dominial só pode ser atribuído mediante licença ou concessão.
2. Serão objecto de contrato administrativo de concessão os usos privativos que exijam a realização de investimentos em instalações fixas e indesmontáveis e que sejam consideradas de utilidade pública; serão objecto de licença, outorgada a título precário, todos os restantes usos privativos.
3. Não se consideram precárias as licenças conferidas para a construção ou para obras em terrenos ou prédios particulares situados na área de jurisdição das autoridades marítimas, hidráulicas ou portuárias.

Artigo 19.º
Usos de utilidade pública

São de utilidade pública, além dos que como tal forem declarados, pelo Conselho de Ministros, os usos privativos realizados para algum dos seguintes fins:

a) Aproveitamento de águas públicas por pessoas colectivas de direito público ou de utilidade pública administrativa e por empresas de interesse colectivo;

b) Instalação de serviços de apoio à navegação marítima ou fluvial;

c) Instalação de postos para venda de combustíveis ou de estações de serviço para apoio à circulação rodoviária;

d) Aproveitamento de salinas, sapais e terrenos semelhantes para explorações agrícolas, salineiras ou outras actividades económicas análogas;

e) Edificação de estabelecimentos hoteleiros ou similares declarados de interesse para o turismo e de conjuntos turísticos como tais qualificados nos termos da legislação aplicável.

Artigo 20.°
Prazos

1. As licenças e concessões podem ser outorgadas pelos prazos máximos de, respectivamente, 5 e 30 anos.

2. Em casos especiais, devidamente justificados, o Conselho de Ministros pode autorizar a outorga de concessões por prazo superior a 30 anos ou por tempo indeterminado.

Artigo 21.°
Conteúdo do direito de uso privativo

1. As licenças e concessões de uso privativo, enquanto se mantiverem, conferem aos seus titulares o direito de utilização exclusiva, para os fins e com os limites consignados no respectivo título constitutivo, das parcelas dominiais a que respeitam.

2. Se a utilização permitida envolver a realização de obras ou alterações, o direito do uso privativo abrange poderes de construção, transformação ou extracção, conforme os casos, entendendo-se que tanto as construções efectuadas como as instalações desmontáveis se mantêm na propriedade do titular da licença ou da concessão até expirar o respectivo prazo. Uma vez expirado o prazo, aplica-se o disposto no artigo 26.°

3. Cabe à autoridade administrativa competente entregar ao titular do direito de uso privativo o terreno dominial, facultando-lhe o início da utilização consentida.

Artigo 22.°
Realização de obras

1. Sempre que o uso privativo implique a realização de obras pelo interessado, cabe a este submeter o respectivo projecto à aprovação da entidade competente, devendo executar as obras dentro dos prazos que lhe forem fixados e de harmonia com o projecto aprovado e com as leis e regulamentos em vigor.

2. A execução das obras fica sujeita à fiscalização das entidades competentes, cujos agentes terão livre acesso ao local dos trabalhos.

3. Terminadas as obras deve o interessado remover todo o entulho e materiais daquelas provenientes para local onde não causem prejuízos de qualquer espécie.

4. Sem prejuízo da aplicação das outras sanções que no caso couberem, a inobservância das disposições deste artigo será punida com a multa estipulada no contrato ou dará lugar, se forem realizadas obras sem projecto aprovado ou com

As águas no Código Civil   412

desrespeito do projecto aprovado, à sua demolição compulsiva, total ou parcial, por conta do contraventor.

5. Cabe ao interessado a responsabilidade por todos os prejuízos que causar com a execução das obras.

Artigo 23.º
Uso dos bens e sua fiscalização

1. Os terrenos dominiais que tenham sido objecto de licença ou concessão de uso privativo, e bem assim as obras neles executadas, não podem, sem autorização da entidade competente, ser utilizados para fim diferente do que expressamente estiver fixado no título constitutivo.

2. Nas concessões, o respectivo titular tem o dever de proceder à utilização intensiva dos terrenos concedidos e das obras executadas, sem o que a autoridade competente pode aplicar-lhe as multas estipuladas no contrato ou, se for caso disso, rescindir a concessão.

3. Os titulares de licenças e concessões de uso privativo estão sujeitos à fiscalização que as entidades com jurisdição no local entendam dever realizar para vigiar a utilização dada aos bens dominiais e para velar pelo cumprimento das normas aplicáveis e das cláusulas estipuladas.

Artigo 24.º
Taxas

1. Pelo uso privativo de terrenos dominiais é devida uma taxa, a pagar anualmente, salvo estipulação em contrário, calculada de harmonia com as tarifas aprovadas ou, na falta delas, conforme o que em cada caso for fixado pela entidade competente.

2. Quando o direito de uso privativo for atribuído a uma pessoa colectiva de direito público ou a um particular para fins de beneficência ou semelhantes, pode ser concedida a isenção do pagamento da taxa ou a redução desta.

3. Sempre que forem consentidos, a título provisório, usos privativos em terrenos a respeito dos quais esteja em curso um processo de delimitação, as taxas devidas não são imediatamente exigíveis, mas o interessado deve caucionar logo de início o pagamento das respectivas importâncias.

4. Reconhecida a dominialidade de tais terrenos, torna-se exigível, após a publicação do respectivo acto de delimitação, o pagamento das quantias devidas por todo o período de utilização já decorrido. Se não for reconhecida a dominialidade, nada é devido, podendo o interessado proceder ao levantamento da caução.

Apêndice 3.º – Decreto-Lei n.º 468/71, de 5/11

ARTIGO 25.º
Transmissão das licenças e concessões; hipoteca

1. Aqueles a quem for consentido o uso privativo de terrenos dominiais não podem, sem autorização da entidade que conferiu a licença ou a concessão, transmitir para outrem os direitos conferidos, nem por qualquer forma fazer-se substituir no seu exercício.
2. O disposto no número anterior é aplicável à transmissão de propriedade das obras efectuadas e das instalações montadas pelo titular da licença ou concessão em terrenos dominiais.
3. Nos casos de sucessão legítima ou legitimária, as licenças e as concessões transmitem-se aos herdeiros, mas a entidade competente pode revogá-las ou rescindi-las se isso lhe convier.
4. As obras e os edifícios construídos em terrenos dominiais não podem ser hipotecados sem autorização da entidade competente.
5. A violação do disposto nos n.os 1, 2 e 4 deste artigo importa a nulidade do acto de transmissão, substituição ou constituição de hipoteca, sem prejuízo das outras sanções que no caso couberem.

ARTIGO 26.º
Decurso do prazo

1. Decorrido o prazo da licença ou concessão de uso privativo, as instalações desmontáveis deverão ser removidas do local pelo respectivo proprietário, no prazo que lhe for marcado.
2. Em caso de concessão, as obras executadas e as instalações fixas revertem gratuitamente para o Estado; em caso de licença, devem ser demolidas pelo respectivo titular, salvo se o Estado optar pela reversão ou prorrogar a licença.
3. A entidade competente pode consentir ao titular da concessão a continuação da exploração nos termos que em novo contrato forem estipulados, mediante o arrendamento dos bens que hajam revertido para o Estado.

ARTIGO 27.º
Não cumprimento das obrigações do utente

1. A entidade competente pode revogar as licenças a rescindir as concessões de uso privativo, ouvido o interessado, sempre que a este seja imputável o não cumprimento das cláusulas estipuladas no título constitutivo ou das obrigações legais e regulamentos aplicáveis.
2. Quando o não cumprimento não for exclusivamente imputável ao utente privativo, a entidade competente deve, conforme os casos, prorrogar os prazos excedidos ou diminuir ou excluir as multas aplicáveis.

As águas no Código Civil 414

3. Em caso de revogação ou de rescisão determinadas como sanção, é aplicável o disposto nos n.ᵒˢ 1 e 2 do artigo 26.°

ARTIGO 28.°
Extinção de uso privativo por conveniência de interesse público

1. A entidade competente pode extinguir em qualquer momento, por acto fundamentado, os direitos de uso privativo constituídos mediante licença ou concessão, se os terrenos dominiais forem necessários à utilização pelo público sob a forma de uso comum ou se outro motivo de interesse público assim o exigir.
2. A revogação das licenças não confere ao interessado direito a qualquer indemnização.
3. A rescisão das concessões confere ao interessado direito a uma indemnização equivalente ao custo das obras realizadas e das instalações fixas que ainda não possa estar amortizado, calculada em função do tempo que faltar para terminar o prazo da concessão. A indemnização não poderá, porém, exceder o valor das obras e instalações fixas no momento da rescisão.

ARTIGO 29.°
Redução de área

1. Quando a área afectada ao uso privativo for reduzida em consequência de quaisquer causas naturais ou por conveniência de interesse público, o particular optará pela redução proporcional da taxa a pagar ou pela renúncia ao seu direito de uso privativo.
2. Se, na segunda das hipóteses previstas no número anterior, o particular optar pela renúncia à concessão, terá direito a uma indemnização calculada nos termos do n.° 3 do artigo 28.°

ARTIGO 30.°
Utilização abusiva

1. Se for abusivamente ocupada qualquer parcela dominial, ou nela se executarem indevidamente quaisquer obras, a entidade competente intimará o contraventor a desocupar o domínio ou a demolir as obras feitas no prazo que lhe for marcado.
2. Decorrido o prazo fixado sem que a intimação se mostre cumprida, e sem prejuízo da aplicação das penas que no caso couberem ou da efectivação da responsabilidade civil do contraventor pelos danos que causar, a entidade competente assegurará o destino normal da parcela ocupada, designadamente pelo recurso à força pública, ou mandará demolir as obras por conta do contraventor,

415   *Apêndice 3.° – Decreto-Lei n.° 468/71, de 5/11*

sendo as despesas cobradas pelo processo de execução fiscal, servindo de título executivo certidão passada pela entidade competente para ordenar a demolição, extraída de livros ou documentos donde conste a importância da despesa e com os demais requisitos exigidos no artigo 156.° do Código de Processo das Contribuições e Impostos.

3. Se, porém, o interessado sustentar que o terreno ocupado lhe pertence, deverá requerer a respectiva delimitação, podendo a entidade competente autorizar provisoriamente a continuidade da utilização privativa, nos termos do n.° 3 do artigo 24.°

ARTIGO 31.°
Defesa dos direitos do utente privativo

1. Sempre que alguma parcela dominial se encontrar afectada a um uso privativo e este for perturbado por ocupação abusiva ou outro meio, pode o titular da respectiva licença ou concessão requerer à entidade competente que tome as providências referidas no artigo 30.°, ou outras que se revelem mais eficazes, para garantia dos direitos que lhe pertencem.

2. O Estado e as demais entidades competentes, ou os respectivos órgãos e agentes, respondem civilmente perante o interessado, nos termos gerais, por todos os danos que para este advierem da falta, insuficiência ou inoportunidade das providências adequadas à garantia dos seus direitos.

CAPÍTULO IV
Fiscalização e sanções

ARTIGO 32.°
Sujeição a registo

O ónus real resultante da classificação de uma área como zona adjacente, nos termos do artigo 14.° e da alínea *c*) do n.° 1 do artigo 15.°, é acto sujeito a registo, nos termos e para os efeitos da alínea *u*) do n.° 1 do artigo 2.° do Código de Registo Predial.

ARTIGO 33.°
Embargo e demolição

1. Tanto a Direcção-Geral do Ordenamento do Território como a Direcção-Geral dos Recursos Naturais são competentes para promover directamente o

As águas no Código Civil 416

embargo e demolição de obras ou de outras acções realizadas em violação do disposto nos artigos 4.º, 14.º e 15.º

2. A entidade embargante intimará o proprietário a demolir as obras feitas ou a repor o terreno no estado anterior à intervenção no prazo que lhe for marcado. Decorrido o prazo sem que a intimação se mostre cumprida, proceder-se-á à demolição ou reposição nos termos do n.º 1, por conta do proprietário, sendo as despesas cobradas pelo processo de execução fiscal, servindo de título executivo certidão passada pela entidade competente para ordenar a demolição, extraída de livros ou documentos donde conste a importância, bem como os demais requisitos exigidos no artigo 156.º do Código de Processo das Contribuições e Impostos.

ARTIGO 34.º
Desobediência aos embargos

1. Qualquer empresa ou empresas que prossigam obras ou acções que estejam embargadas, nos termos do artigo anterior, podem, sem prejuízo de outros procedimentos legais, ser impedidas de participar em concursos públicos para fornecimento de bens e serviços ao Estado, por prazo não superior a dois anos, ou ser determinada a perda de benefícios fiscais e financeiros, em termos a definir por despacho conjunto dos Ministros das Finanças e do Plano e da Administração do Território.

2. As sanções previstas no número anterior serão comunicadas à Comissão de Inscrição e Classificação dos Empreiteiros de Obras Públicas e Industriais de Construção Civil, a qual pode deliberar aplicar acessoriamente a pena de suspensão ou cassação do alvará prevista no Decreto-Lei n.º 582/70, de 24 de Novembro, e na Portaria n.º 351/71, de 30 de Junho.

ARTIGO 35.º
Contra-ordenações

1. A violação do disposto nos artigos 14.º e 15.º por parte dos proprietários ou titulares de direitos reais sobre os prédios, seus comissários ou mandatários é punível como contra-ordenação, nos termos do Decreto-Lei n.º 438/82, de 27 de Outubro, cabendo à entidade competente para proceder ao embargo a instrução do processo, o levantamento dos autos e a aplicação das coimas.

2. O montante das coimas será graduado entre o mínimo de 50 000$00 e o máximo de 5 000 000$00, ou 10 000 000$00, se houver dolo.

3. A tentativa e a negligência são sempre puníveis.

CAPÍTULO V
Disposições finais e transitórias

ARTIGO 36.º
Entidades competentes nas Regiões Autónomas

Nas áreas sob jurisdição portuária e nas Regiões Autónomas as competências conferidas pelo presente diploma são exercidas, respectivamente, pelos departamentos, organismos ou serviços a que legalmente estão atribuídas e pelos departamentos, organismos ou serviços das respectivas administrações regionais autónomas com atribuições correspondentes.

ARTIGO 37.º
Disposições expressamente revogadas

Ficam expressamente revogados o artigo 261.º do Regulamento dos Serviços Hidráulicos, o artigo 14.º do Decreto n.º 12445, de 29 de Setembro de 1926, o artigo 5.º do Decreto-Lei n.º 23925, de 29 de Maio de 1934, e o artigo 1.º do Decreto-Lei n.º 49215, de 30 de Agosto de 1969.

ARTIGO 38.º
Entrada em vigor

O presente diploma entra em vigor 90 dias após a sua publicação.

Visto e aprovado em Conselho de Ministros. – *Marcello Caetano – Mário Júlio Brito de Almeida Costa – Manuel Pereira Crespo – Rui Alves da Silva Sanches.*

Promulgado em 27 de Outubro de 1971.

Publique-se.

O Presidente da República, AMÉRICO DEUS RODRIGUES THOMAZ.

DECRETO-LEI N.º 513-P/79,
de 26 de Dezembro

As disposições do Decreto-Lei n.º 468/71, de 5 de Novembro, atribuíram à Direcção-Geral dos Recursos e Aproveitamentos Hidráulicos poderes mais amplos do que os consignados no Regulamento dos Serviços Hidráulicos, aprovado por Decreto de 19 de Dezembro de 1892,e mais legislação em vigor, tendo em vista a disciplina das construções nas zonas marginais dos cursos de águas afectados pelas cheias, através da definição do conceito de zonas adjacentes.

Sucede, porém, que esses poderes só poderão ter concretização prática após a definição das referidas zonas adjacentes, nos termos do artigo 14.º daquele diploma legal, o que vem impossibilitar a utilização imediata das disposições legais atribuídas pelo Decreto-Lei n.º 468/71 para os casos em que não tenham ainda sido definidas tais zonas. Em muitos casos, como sejam os principais rios do País (Tejo, Douro, Guadiana e Mondego), está em curso ou prevista a realização de grandes obras que irão alterar profundamente todo o funcionamento hidráulico desses cursos de água, o que não permite desde já definir as zonas adjacentes consequentes de tais obras.

Para obviar aos inconvenientes apontados e permitir que os serviços hidráulicos disponham de legislação aplicável para o cabal desempenho das suas funções, considera-se necessário estabelecer um regime de transição entre a aplicabilidade prática das disposições consignadas no Decreto-Lei n.º 468/71 e as que constam de legislação que o precedeu, no que respeita à utilização dos leitos e margens dos cursos de água, lagos e lagoas, incluindo as zonas inundáveis pelas cheias.

Nestes termos:

O Governo decreta, nos termos da alínea *a*) do n.º 1 do artigo 201.º da Constituição, o seguinte:

Artigo único. 1. Repõe-se em vigor a disciplina dos artigos 261.º do Regulamento dos Serviços Hidráulicos, aprovados por Decreto de 19 de Dezembro de 1892, e 5.º do Decreto-Lei n.º 23 925, de 29 de Maio de 1934, mantendo-se a sua vigência até à publicação dos diplomas que vierem a definir, nos termos do artigo 14.º do Decreto-Lei n.º 468/71, de 5 de Novembro, as zonas adjacentes dos cursos de água, lagos e lagoas.

As águas no Código Civil   420

2. As disposições do artigo 15.° do Decreto-Lei n.° 468/71, de 5 de Novembro, para os casos em que não se encontrem ainda definidas as zonas adjacentes dos cursos de água, nos termos do artigo 14.° do mesmo diploma, são aplicáveis aos campos marginais tradicionalmente inundados pelas águas, quer ordinárias, quer de cheias.

Maria de Lourdes Ruivo da Silva Matos Pintasilgo – Mário Adriano de Moura e Castro Brandão Fernandes de Azevedo.

Promulgado em 17 de Dezembro de 1979.

Publique-se.

O Presidente da República, ANTÓNIO RAMALHO EANES.

DECRETO-LEI N.º 269/82,

de 10 de Julho

REGIME DAS OBRAS DE FOMENTO HIDROAGRÍCOLA

(Nota: este diploma sofreu alterações pelo D.L. n.º 69/92, de 27/04 e 86/2002, de 6/04. O texto que segue constitui a republicação fornecida pelo D.L. n.º 86/2002).

A importância crescente das obras de fomento hidroagrícola no desenvolvimento económico-social do País tem motivado o sector agrário para uma renovação progressiva das bases fundamentais daquelas obras e das suas estruturas.

Constitui exemplo bem elucidativo a execução das obras de rega, de drenagem, de enxugo e de defesa dos terrenos utilizados na agricultura.

Deve-se, porém, à Lei n.º 1949, de 15 de Fevereiro de 1937, o impulso verificado no domínio da hidráulica agrícola de que resultaram as grandes obras já executadas e em execução.

Entretanto, as mais recentes disposições, designadamente as relativas às bases gerais da Reforma Agrária e às leis orgânicas do ex-Ministério da Agricultura e Pescas (actual Ministério da Agricultura, Comércio e Pescas) e da Direcção-Geral de Hidráulica e Engenharia Agrícola, impõem a necessidade de revisão da legislação sobre política de fomento hidroagrícola, profunda e imperiosa em si, e de decidir quanto à transferência de competências, relativas à execução da referida política, do Ministério da Habitação, Obras Públicas e Transportes para o Ministério da Agricultura, Comércio e Pescas.

A revisão em causa envolve necessariamente aspectos fundamentais, como sejam a caracterização e classificação das obras, os projectos, a sua forma de execução, a participação activa de todos os beneficiários, novas organizações para a gestão dos perímetros de rega e o respectivo regime financeiro.

Este diploma contempla também todos os princípios basilares da anterior legislação sobre fomento hidroagrícola que, ao longo do tempo, se mostraram mais eficazes na transformação das estruturas agrárias com vista ao ra-

As águas no Código Civil   422

cional aproveitamento das áreas beneficiadas pelos aproveitamentos hidroagrícolas.

Reconhecida, porém, a importância dos pequenos regadios no racional aproveitamento dos recursos hídricos nacionais, pretende-se agora imprimir nova orientação quanto ao apoio a conceder pelo Estado a essas obras de fomento hidroagrícola, com o fim de promover a sua expansão e desenvolvimento.

Esta orientação justifica-se, no aspecto económico, pela maior capacidade de resposta dos agricultores face aos investimentos e, no plano social, pela possibilidade de contemplar regiões do País extremamente carenciadas onde as grandes obras de fomento hidroagrícola não têm justificação.

Para além do apoio técnico e financeiro a conceder às chamadas obras de interesse local com impacte colectivo e às de interesse particular quando se revelem de elevado impacte social, criam-se e regulamentam-se instituições verdadeiramente autónomas e participadas destinadas à gestão das primeiras.

Nestes termos, o Governo decreta, nos termos da alínea *a*) do n.º 1 do artigo 201.º da Constituição, o seguinte:

CAPÍTULO I
Definição e classificação das obras

SECÇÃO I
Definição das obras

ARTIGO 1.º
Obras de fomento hidroagrícola

1. São consideradas de fomento hidroagrícola as obras de aproveitamento de águas do domínio público para rega, enateiramento ou colmatagem, drenagem, enxugo e defesa dos terrenos para fins agrícolas, adaptação ao regadio das terras beneficiadas, melhoria de regadios existentes e a conveniente estruturação agrária.

2. Consideram-se obras de adaptação ao regadio o nivelamento das terras, a construção das redes terciárias de rega ou de enxugo e, bem assim, quaisquer outros trabalhos complementares, nomeadamente infra-estruturas viárias e de distribuição de energia, que se tornem necessários para a exploração e valorização das terras beneficiadas.

3. As águas particulares ou por qualquer título sujeitas ao seu regime podem também, mediante indemnização prévia, ser aproveitadas para obras de fomento hidroagrícola ou, quando adstritas a regadios existentes, ser redistribuídas

423   *Apêndice 3.° – Decreto-Lei n.° 269/82, de 10/7*

sem prejuízo dos direitos existentes, os quais serão salvaguardados nos termos dos artigos 40.°, 41.° e 42.°

ARTIGO 2.°

Aproveitamento hidráulico com componente agrícola

Nos aproveitamentos de fins múltiplos, o presente regime apenas será aplicável às obras de fomento hidroagrícola neles integradas.

ARTIGO 3.°

Aproveitamentos hidroeléctricos das obras

A exploração dos aproveitamentos hidroeléctricos das obras subordina-se, sempre, às necessidades hidroagrícolas.

ARTIGO 4.°

Obras subsidiárias

Poderão ser consideradas obras subsidiárias das de fomento hidroagrícola e abrangidas total ou parcialmente nestas:

a) As de regularização dos leitos e margens dos rios e outros cursos de água, dos lagos e das lagoas, quando se destinem a assegurar, completar ou melhorar a exploração das obras a que se refere o artigo 1.°;

b) As de conservação do solo e da água para garantia dos caudais, defesa contra o assoreamento e protecção contra a erosão;

c) As de defesa contra a acção do vento.

ARTIGO 5.°

Fases das obras

1. Na execução e utilização das obras hidroagrícolas distinguem-se as fases seguintes:

a) 1.ª – concepção;

b) 2.ª – construção;

c) 3.ª – exploração.

2. A 3.ª fase a que se refere o número anterior subdivide-se em dois períodos, sendo o primeiro de adaptação e o segundo de plena produção.

As águas no Código Civil 424

Secção II
Classificação das obras

Artigo 6.º
Grupos de obras

As obras de que trata a secção precedente classificam-se nos quatro grupos seguintes:

Grupo I – obras de interesse nacional visando uma profunda transformação das condições de exploração agrária de uma vasta região;

Grupo II – obras de interesse regional com elevado interesse para o desenvolvimento agrícola da região;

Grupo III – obras de interesse local com elevado impacte colectivo;

Grupo IV – outras obras colectivas de interesse local.

Artigo 7.º
Competência para a classificação das obras

1. A classificação das obras nos grupos I e II é da competência do Conselho de Ministros, sob proposta do Ministro da Agricultura, do Desenvolvimento Rural e das Pescas, tendo em conta o disposto no artigo 10.º

2. A classificação das obras nos grupos III e IV é da competência do Ministro da Agricultura, do Desenvolvimento Rural e das Pescas, sob proposta da Direcção-Geral de Hidráulica e Engenharia Agrícola.

Capítulo II
Acção do Estado

Artigo 8.º
Atribuição por parte do Estado

Compete ao Estado, relativamente às obras de fomento hidroagrícola:

a) Elaborar estudos e projectos e realizar as obras consideradas pelo Governo de grande interesse económico e social;

b) Apoiar e promover a realização de outras obras pelas entidades interessadas, podendo, designadamente, prestar assistência técnica e financeira às associações de agricultores legalmente constituídas;

c) Orientar, fiscalizar e, nos casos previstos no presente decreto-lei, efectuar a exploração e conservação das obras de modo que se tire delas a maior utilidade económica e social;

425 Apêndice 3.º – Decreto-Lei n.º 269/82, de 10/7

d) Promover e melhorar a reestruturação da propriedade rústica e estimular a constituição de associações de agricultores, no sentido de aumentar o interesse económico e a utilidade social dos terrenos beneficiados ou a beneficiar;

e) Assegurar a coordenação das obras com as actividades nos demais sectores de desenvolvimento económico e social com elas relacionadas, tendo em vista a valorização integral das regiões interessadas;

f) Assistência técnica e financeira às explorações agrícolas interessadas.

CAPÍTULO III
Concepção e construção das obras

SECÇÃO I
Participação dos interessados

ARTIGO 9.º
Iniciativa das obras

1. As obras dos grupos I e II são de iniciativa estatal.

2. As obras dos grupos III e IV são de iniciativa das autarquias e ou dos agricultores interessados em conjunto com os proprietários ou possuidores, podendo as do grupo III ser também de iniciativa estatal quando as mesmas se revistam de elevado interesse económico-social.

SECÇÃO II
Concepção das obras

SUBSECÇÃO I
Das obras dos grupos I e II

ARTIGO 10.º
Identificação dos projectos e realização dos estudos prévios das obras dos grupos I e II

1. A identificação dos projectos hidroagrícolas dos grupos I e II compete ao Ministro da Agricultura, do Desenvolvimento Rural e das Pescas.

2. O início dos estudos prévios respeitantes a obras dos grupos I e II será determinado por despacho do Ministro da Agricultura, do Desenvolvimento Rural e das Pescas, que estabelecerá o prazo para a sua apresentação pelo IHERA.

As águas no Código Civil 426

ARTIGO 11.º
Competência

Compete ao IHERA a elaboração dos estudos prévios e dos projectos de execução e a construção das obras, incluindo estruturas hidráulicas primárias, centrais hidroeléctricas, regularização fluvial, rede de rega a jusante dos circuitos hidráulicos primários, redes de enxugo e drenagem, estações elevatórias respectivas, adaptação ao regadio, defesa e conservação do solo, rede viária agrícola e electrificação rural.

ARTIGO 12.º
Conteúdo dos estudos prévios

1. Os estudos prévios visam a definição do interesse hidroagrícola das obras, a avaliação da viabilidade económica, social e ambiental e a fixação das condições técnicas e financeiras de exequibilidade.

2. Os estudos prévios incluirão obrigatoriamente:

a) Delimitação da zona a beneficiar, numa escala não inferior a 1:25 000;

b) Cartas temáticas relevantes para a caracterização de aptidão dos solos para o regadio;

c) Definição do projecto agrícola e caracterização das unidades de exploração a estabelecer na zona a beneficiar;

d) Indicação de todas as acções e estudos complementares necessários à execução e posterior utilização do empreendimento, nomeadamente reestruturação agrária e infra-estruturas de apoio;

e) Preços mínimos e máximos aplicáveis às terras do sequeiro a beneficiar conforme a sua aptidão agrícola e preços mínimos e máximos aplicáveis ao regadio já existente à data do despacho a que se refere o artigo 10.º;

f) Características técnicas, económicas e sociais do empreendimento;

g) Avaliação do volume de água disponível para os diversos fins;

h) Especificação dos investimentos públicos e privados necessários;

i) Situação agrícola actual e sua potencialidade sem obra;

j) Dados meteorológicos (30 anos), quando existentes;

l) Estudo do regime dos cursos de água;

m) Viabilidade económica e social do empreendimento, designadamente no que respeita à estimativa de custos e previsão dos encargos de conservação e exploração a suportar pelos beneficiários e ao levantamento das expectativas dos agricultores em relação à obra e inerentes acções de reestruturação agrária;

n) Identificação dos principais impactes e condicionantes ambientais, devendo apresentar, se possível, soluções técnicas e de localização alternativas.

3. Após a sua conclusão pelo IHERA, os estudos prévios são objecto de parecer do INAG no âmbito do regime jurídico da utilização do domínio público hídrico.

4. Para os projectos sujeitos ao regime de avaliação de impacte ambiental, de acordo com o previsto no Decreto-Lei n.º 69/2000, de 3 de Maio, os estudos prévios deverão ser obrigatoriamente acompanhados de um estudo de impacte ambiental.

Artigo 13.º
Intervenção obrigatória do Conselho de Ministros

Tendo em consideração os estudos prévios e após a audiência dos interessados nos termos do Código do Procedimento Administrativo, o Conselho de Ministros decidirá, sob proposta do Ministro da Agricultura, do Desenvolvimento Rural e das Pescas, a elaboração dos projectos de execução, classificando a obra, fixando a área de intervenção, que compreenderá todas as áreas susceptíveis de virem a ser áreas beneficiadas, o regime de construção, conservação e exploração, declarando a utilidade pública urgente dos empreendimentos e fixando a percentagem do respectivo custo a financiar a fundo perdido pelo Estado e o número de anos e a taxa de juros a considerar no reembolso do remanescente.

Artigo 14.º
(Revogado)

Artigo 15.º
(Revogado)

Artigo 16.º
(Revogado)

Artigo 17.º
Projectos de execução e relatório de conformidade ambiental

1. Os projectos de execução desenvolverão as premissas fixadas nos estudos prévios, estabelecendo as especificações técnicas a que as obras, as instalações e os equipamentos têm de subordinar-se, e conterão as peças escritas, os desenhos e as cartas com o detalhe necessário para a delimitação do perímetro hidroagrícola, os orçamentos, os programas de execução e os projectos dos regulamentos provisórios das obras e os respectivos planos de conservação e de exploração, bem como carta cadastral com implantação das infra-estruturas e identificação dos prédios e áreas a expropriar.

As águas no Código Civil   428

2. Para os projectos sujeitos ao regime de avaliação de impacte ambiental será elaborado o respectivo relatório de conformidade ambiental do projecto de execução com a declaração de impacte ambiental, de acordo com o previsto no Decreto-Lei n.° 69/2000, de 3 de Maio.

ARTIGO 18.°
Cadastro da propriedade

1. Quando se trate de zonas ainda não submetidas ao regime de cadastro, o Instituto Geográfico e Cadastral executará os trabalhos topográficos necessários às plantas cadastrais, segundo os princípios adoptados no cadastro geométrico da propriedade rústica, podendo ser-lhe também dado o encargo da execução de outros trabalhos topográficos necessários à elaboração dos projectos e que, conduzidos simultaneamente com os dos levantamentos, sejam realizados mais economicamente.

2. Para os efeitos do disposto no número anterior, será dado conhecimento ao Instituto, com a possível antecedência, do perímetro das zonas a beneficiar e das datas em que os levantamentos deverão estar concluídos.

3. Se o Instituto Geográfico e Cadastral não tiver possibilidade de executar os trabalhos dentro do tempo conveniente, estes poderão ser efectuados pelas Direcções-Gerais de Hidráulica e Engenharia Agrícola e dos Recursos e Aproveitamentos Hidráulicos, segundo as normas do cadastro geométrico compatíveis com os estudos das obras, cabendo-lhes e aos seus funcionários, para esse efeito, competência e direitos iguais aos concedidos por lei ao Instituto Geográfico e Cadastral e respectivos funcionários para a realização dos trabalhos preparatórios de execução do cadastro.

ARTIGO 19.°
Menções obrigatórias do projecto de regulamento provisório

Do projecto de regulamento provisório constarão, além das disposições especiais que para cada caso devem ser fixadas:

a) Descrição das obras ou blocos constituintes a que o mesmo regulamento é de aplicar;

b) Custo total das obras, efectivo ou estimado, se aquele ainda não puder ser definitivamente fixado;

c) Origens da água e plano da sua utilização, no caso de obras de rega ou mistas de defesa, enxugo e rega;

d) Duração prevista para o primeiro período a que se refere o n.° 2 do artigo 5.° em relação ao conjunto das obras ou aos seus blocos constituintes;

e) Valores dos padrões de rendimento ou de intensidade de exploração exigível para os diversos tipos de exploração cultural após a entrada da obra, ou dos seus blocos constituintes, em funcionamento, previstos para as duas fases referidas no n.º 2 do artigo 5.º;

f) Prazo e juro fixados para a amortização da obra a que se refere o artigo 13.º;

g) Progressão do valor da taxa de beneficiação, quando admitido;

h) Critérios de repartição pelos utentes dos encargos anuais relativos à taxa de beneficiação;

i) Direitos e obrigações dos utentes de água para fins não agrícolas;

j) Especificação dos critérios nos quais se baseie a determinação da taxa de conservação e fixação do seu montante provisório.

ARTIGO 20.º
Aprovação dos projectos de execução

1. Os projectos de execução são aprovados pelo Ministro da Agricultura, do Desenvolvimento Rural e das Pescas.

2. Com a aprovação do projecto de execução, é fixado o perímetro hidroagrícola, entrando o regulamento provisório da obra de aproveitamento hidroagrícola em vigor com a sua publicação no *Diário da República*, 2.ª série.

SUBSECÇÃO II
Das obras dos grupos III e IV

ARTIGO 21.º
Apoio técnico e financeiro

1. Qualquer grupo ou associação de agricultores, por si ou através das autarquias locais, pode solicitar o apoio técnico e ou financeiro do Estado para a execução das obras dos grupos III e IV, em requerimento dirigido ao Ministro da Agricultura, do Desenvolvimento Rural e das Pescas, sem prejuízo do disposto no n.º 2 do artigo 9.º

2. O requerimento será apresentado na DRA da zona onde se situe a maior parte das terras a beneficiar, acompanhado de documento justificativo em que se delimite a área a beneficiar, se exponham as razões que o fundamentam e se assuma a expressa responsabilidade dos requerentes pela exploração e conservação, bem como pela percentagem do custo das obras que não venha a ser financiada a fundo perdido.

3. O apoio técnico e financeiro solicitado ao Ministro da Agricultura, do Desenvolvimento Rural e das Pescas será objecto de contrato-programa nos termos da legislação em vigor.

As águas no Código Civil

ARTIGO 22.º
Indeferimento inicial de requerimentos

O requerimento não terá seguimento sempre que não venha acompanhado dos elementos a que se refere o n.º 2 do artigo anterior ou, quando apresentados, dos mesmos resulte a manifesta inviabilidade económica das obras pretendidas e, bem assim, se os requerentes não se tiverem responsabilizado nos termos do mesmo preceito.

ARTIGO 23.º
Esclarecimentos complementares

1. Quando os elementos constantes do documento justificativo não permitam tirar conclusões quanto ao interesse da obra pretendida, o director regional de agricultura a que se refere o n.º 2 do artigo 21.º determinará que se proceda, no âmbito do contrato-programa previsto no artigo 21.º, n.º 3, aos necessários estudos prévios.

2. Sempre que a natureza dos estudos prévios a que se refere o n.º 1 o implique, serão os mesmos efectuados pelo IHERA ou com a colaboração deste, a solicitação do director regional de agricultura.

ARTIGO 24.º
Remessa dos processos para aprovação

Permitindo os documentos prever o interesse das obras ou terminados os estudos a que se refere o artigo anterior, serão os processos remetidos para aprovação à Direcção-Geral de Hidráulica e Engenharia Agrícola, acompanhados de proposta quanto à classificação das obras nos grupos III e IV e quanto à entidade a quem deve competir a elaboração dos respectivos projectos de execução, quando os mesmos não tenham acompanhado o requerimento.

ARTIGO 25.º
Acções complementares

Quando, por motivos de ordem técnica, se verifique que a obra pretendida deverá beneficiar zona que exceda a representada pelos requerentes, o requerimento só terá seguimento desde que a alteração proposta mereça o acordo destes.

431   *Apêndice 3.° – Decreto-Lei n.° 269/82, de 10/7*

ARTIGO 26.°
Entidade competente para aprovação dos projectos e seus encargos

1. O Ministro da Agricultura, do Desenvolvimento Rural e das Pescas, sob proposta fundamentada da DRA, decidirá da execução das obras e da sua classificação, determinando, quando necessário, qual a entidade a quem competirá a elaboração dos respectivos projectos de execução, e fixará a percentagem do custo das obras a financiar a fundo perdido pelo Estado.

2. Da proposta a submeter ao Ministro da Agricultura, do Desenvolvimento Rural e das Pescas pela DRA constará o parecer do IHERA sobre a matéria da sua competência e do INAG.

3. Aos estudos prévios e projectos de execução das obras dos grupos III e IV é aplicável, com as necessárias adaptações, o disposto nos artigos 12.° e seguintes para as obras dos grupos I e II.

ARTIGO 27.°
Projecto de execução

A aprovação dos projectos de execução é da competência do Ministro da Agricultura, do Desenvolvimento Rural e das Pescas.

SECÇÃO III
Construção das obras

SUBSECÇÃO I
Das obras dos grupos I e II

ARTIGO 28.°
Competência para a construção das obras

Compete ao IHERA promover a construção das obras dos grupos I e II, de acordo com o estabelecido no artigo 11.°

SUBSECÇÃO II
Das obras do grupo III

ARTIGO 29.°
Responsabilidade de execução das obras

1. A construção das obras do grupo III é da responsabilidade do serviço que houver elaborado o respectivo projecto de execução ou daquele que o Ministro da

Agricultura, do Desenvolvimento Rural e das Pescas determinar no despacho que aprovar o projecto de execução, ainda quando o mesmo haja sido entregue pelos requerentes.

2. Quando a construção das obras seja da responsabilidade de uma DRA, esta será apoiada pela Direcção-Geral de Hidráulica e Engenharia Agrícola.

Subsecção III
Das obras do grupo IV

Artigo 30.°
Competências para a construção das obras

1. A construção das obras do grupo IV compete, em princípio, ao serviço que houver elaborado o respectivo projecto de execução ou àquele que o Ministro da Agricultura, do Desenvolvimento Rural e das Pescas determinar, quando o projecto de execução haja sido entregue pelos requerentes.

2. Quando a simplicidade das obras o permita, pode o Ministro da Agricultura, do Desenvolvimento Rural e das Pescas autorizar que as mesmas, ou parte delas, sejam directamente executadas pelos requerentes, a pedido destes e sob fiscalização e apoio técnico do serviço competente.

Secção IV
Disposições gerais

Artigo 31.°
Direito e obrigação de rega nas obras dos grupos I e II

As obras dos grupos I e II e as subsidiárias destas pertencem ao domínio público, mas o direito e obrigação de regar atribuídos a cada prédio ficarão nele incorporados e serão dele inseparáveis para efeitos de transmissão.

Artigo 32.°
Expropriações por utilidade pública

Para a realização das obras dos grupos I e II e subsidiárias destas, nomeadamente para os efeitos de reestruturação agrária, podem ser expropriados por utilidade pública, nos termos da legislação aplicável, os prédios rústicos e urbanos, as águas particulares, os direitos que lhes sejam inerentes, num e noutro caso, e os direitos adquiridos sobre águas públicas.

Artigo 33.º
Declaração de utilidade pública

O regime estabelecido nos artigos anteriores é extensivo às obras dos grupos III e IV quando, caso a caso, seja declarada a utilidade pública do empreendimento.

Artigo 34.º
Competência para expropriações

As expropriações de que tratam o artigo 32.º competirão ao IHERA, e as do artigo 33.º àquele Instituto ou à DRA respectiva, consoante for determinado pelo MADRP nos termos do n.º 1 do artigo 26.º

Artigo 35.º
Obrigações dos proprietários ou possuidores de terras nas áreas das obras

1. Os proprietários ou possuidores legítimos de terrenos em que tenha de proceder-se a estudos ou trabalhos preparatórios, levados a cabo por entidades públicas, das obras de fomento hidroagrícola e subsidiárias destas ou de terrenos que lhes derem acesso ficam obrigados a consentir na ocupação desses terrenos, na passagem através deles e no desvio de águas e de vias de comunicação enquanto durarem os referidos estudos ou trabalhos.

2. Excepto no caso de simples passagem através dos terrenos, a obrigação a que o n.º 1 se refere só se efectiva 15 dias após notificação pelos serviços, na qual se informe da necessidade de ocupação dos terrenos e desvio de águas ou de vias de comunicação e se convidem os interessados a dar o seu parecer, dentro daquele prazo, sobre a melhor forma de realizar os trabalhos com o menor prejuízo.

Artigo 36.º
Outras obrigações de proprietários ou possuidores de terras

O disposto no artigo anterior aplica-se igualmente aos proprietários e possuidores legítimos de terrenos necessários aos trabalhos de execução das obras, quando esses terrenos não devam ser expropriados ou enquanto se não tiver efectuado a sua expropriação.

ARTIGO 37.º
Indemnizações

1. Os proprietários e possuidores a que se referem os dois artigos anteriores têm direito a ser indemnizados pelos prejuízos efectivamente causados pelos estudos e trabalhos.

2. Tais indemnizações serão fixadas, dentro do prazo de seis meses, por acordo entre os interessados e a entidade que efectuou os mesmos estudos e trabalhos ou, na falta de acordo, por uma comissão arbitral composta de três peritos, sendo um nomeado pelo proprietário ou possuidor, outro pelo serviço público interessado e o terceiro escolhido por aqueles ou designado pelo juiz de direito da comarca a requerimento de qualquer das partes.

3. As decisões das comissões arbitrais serão tomadas por maioria ou, não sendo possível obter uma decisão arbitral por unanimidade ou maioria, valerá como tal a média aritmética dos laudos que mais se aproximarem.

4. Da decisão haverá recurso para os tribunais, nos termos da legislação geral sobre expropriação por utilidade pública.

ARTIGO 38.º
Imputação das indemnizações

A importância de todas as indemnizações a que as acções previstas nesta secção derem lugar será incluída no custo das obras.

ARTIGO 39.º
Impossibilidade de embargo das obras

Os trabalhos e obras de fomento hidroagrícola dos grupos I e II e, bem assim, os do grupo III, quando haja sido declarada a sua utilidade pública, não podem em caso algum ser embargados nem a sua execução ser interrompida por sentença ou despacho judicial ou administrativo.

ARTIGO 40.º
Águas particulares – sua incorporação

As águas particulares ou sobre as quais tenham sido adquiridos direitos fundados em justo título e adstritas a regadios existentes, quando aproveitadas para as obras de fomento hidroagrícola e uma vez concluídas estas, ficarão incorporadas, para todos os efeitos legais, no novo aproveitamento, com as suas obras de captação e derivação, sendo reconhecido, porém, aos respectivos proprietários e consortes o direito à sua antiga utilização, nos termos dos artigos seguintes.

Artigo 41.º
Critério da atribuição de água aos regadios já existentes

O caudal de água considerado em efectivo aproveitamento em cada uma das levadas, valas, canais, aquedutos ou aproveitamentos particulares será determinado pelo serviço competente, para a elaboração do projecto de execução, segundo os critérios adoptados para a fixação do caudal dos novos aproveitamentos e repartido por cada um dos utentes na proporção de tempo de rega que na data actual lhe pertencer.

Artigo 42.º
Isenção de taxa de beneficiação e redução da taxa de exploração

1. Fixado pelo modo indicado no artigo anterior o direito de cada proprietário ou consorte, é reconhecida a cada um dos utentes a faculdade de regar com isenção do pagamento da taxa de beneficiação e de redução da taxa de exploração da obra uma área de terreno que será determinada em função do respectivo caudal e da dotação de rega que for fixada para a área de regadio em que estiver situado o prédio.

2. Se em consequência da repartição referida no artigo anterior couber ao utente água que exceda as necessidades de regadio dos seus terrenos, determinadas de harmonia com o critério estabelecido no projecto da obra, ou se aquele não tiver terrenos em condições de serem irrigados, poderá ser expropriado o excesso de água ou toda a água, conforme a situação verificada.

3. Para os efeitos do n.º 1, a taxa de exploração será reduzida em função do valor médio do respectivo caudal.

Artigo 43.º
Cadastro das áreas isentas de taxa de beneficiação

Quando a área do terreno a regar com isenção do pagamento da taxa de beneficiação não abranger a totalidade de um prédio e ficar uma parte sujeita ao pagamento desse encargo, serão as duas parcelas discriminadas no respectivo cadastro das propriedades.

Artigo 44.º
Utilização e conservação de obras particulares

Não será devida indemnização pela utilização para a condução das águas de rega ou de enxugo, dos canais, levadas e valas de consortes ou particulares dis-

As águas no Código Civil 436

poníveis, mas a sua conservação ficará, neste caso, a cargo da entidade à qual couber a exploração e conservação das obras.

Artigo 45.º
Redução dos encargos de conservação e de exploração

A todos ou alguns dos antigos consortes ou proprietários de águas incorporadas em novos aproveitamentos poderão ser fixadas taxas de conservação e de exploração inferiores às dos novos regantes, em atenção às condições mais favoráveis em que anteriormente aproveitavam as suas águas.

Artigo 46.º
Redistribuição de águas afectas a regadios existentes

As águas afectas a regadios existentes que sejam afins de obras de fomento hidroagrícola a fio de água ou que com elas interfiram podem ser redistribuídas em conformidade com os horários estabelecidos nestas obras, mas sem prejuízo dos direitos adquiridos, que serão salvaguardados nos termos dos artigos 41.º e 42.º, salvo em épocas de escassez, em que a redistribuição poderá ser feita nos termos em que os interessados acordem ou, na falta de acordo, pela forma que for estabelecida pelo Governo.

Capítulo IV
Exploração e conservação das obras

A) Entidades a quem compete a exploração e conservação das obras

Artigo 47.º
Exploração e conservação das obras no aspecto global

1. A conservação e exploração das obras de aproveitamento hidroagrícola são da responsabilidade das entidades a quem tiver sido atribuída a respectiva concessão, nos termos do presente diploma, sem prejuízo das atribuições conferidas por lei ao IHERA e às DRA nas obras do grupo I e II e às DRA nas obras do grupo III.

2. A exploração e conservação das obras do grupo IV é da exclusiva responsabilidade dos beneficiários respectivos.

Artigo 48.º
Exploração e conservação das obras a cargo do IHERA

Serão efectuadas pelo IHERA a exploração e conservação das obras na parte em que os respectivos regulamentos lhe atribuam essa competência.

B) Exploração pelos beneficiários

Secção I
Das obras dos grupos I e II

Artigo 49.º
Participação das associações de beneficiários

Determinada a elaboração do projecto de execução de uma obra dos grupos I, II e III, a DRA em cuja área de jurisdição se situe a maior parte dos terrenos a beneficiar, em conjunto com o IHERA, apoiará a constituição de uma associação de beneficiários e promoverá a sua audição nas componentes do projecto que lhe digam directamente respeito.

Artigo 50.º
(Revogado)

Artigo 51.º
(Revogado)

Secção II
Das obras do grupo III

Artigo 52.º
Criação das juntas de agricultores ou cooperativas de rega

1. Aprovado o projecto de execução de uma obra do grupo IV entregue pelos requerentes nos termos do artigo 21.º, a DRA respectiva promoverá, no prazo de 60 dias, uma reunião para a qual serão convocados todos os empresários agrícolas e os proprietários dos prédios situados na zona beneficiada, quer tenham sido ou não requerentes da obra.

As águas no Código Civil   438

2. A reunião de que trata o número anterior será presidida pelo director regional de agricultura, ou um seu representante, e destina-se à eleição de uma junta de agricultores que, em representação de todos os beneficiários, assegure a exploração e conservação da obra, se não deliberarem constituir-se em associação de forma cooperativa – cooperativa de rega – ou integrar-se numa associação de beneficiários já existente.

3. A reunião só pode funcionar validamente desde que estejam presentes ou representados dois terços dos requerentes da obra, mas as deliberações tomadas a todos vinculam.

4. Não podendo a reunião funcionar, far-se-á nova convocatória; voltando a verificar-se falta de participação, do facto será dado conhecimento ao Ministro da Agricultura, do Desenvolvimento Rural e das Pescas, que resolverá sobre a conclusão dos projectos de execução.

ARTIGO 53.º
(*Revogado*)

SECÇÃO III
Das obras do grupo IV

ARTIGO 54.º
(*Revogado*)

C) *Atribuições da Direcção-Geral de Hidráulica e Engenharia Agrícola*

ARTIGO 55.º
Atribuições do IHERA

Sem prejuízo das competências estabelecidas no presente diploma e das que lhe forem reservadas pelo contrato de concessão, o IHERA tem as seguintes atribuições em matéria de conservação e exploração das obras de aproveitamento hidroagrícola:

a) Elaborar os projectos de regulamentos definitivos das obras dos grupos I, II e III e submetê-los à aprovação do Ministro da Agricultura, do Desenvolvimento Rural e das Pescas;

b) Receber das entidades a quem tenha sido atribuída, nos termos do presente diploma, a responsabilidade pela sua construção as partes das obras dos grupos I, II e III e promover a outorga do respectivo contrato de concessão, nas condições previstas nos regulamentos respectivos;

439   *Apêndice 3.° – Decreto-Lei n.° 269/82, de 10/7*

c) Submeter à aprovação do Governo, a partir da entrada no segundo período a que se refere o n.° 2 do artigo 5.°, a taxa de beneficiação para as diferentes obras de aproveitamento hidroagrícola, tendo em conta o estipulado no regime financeiro deste diploma;

d) Propor ao Ministro da Agricultura, do Desenvolvimento Rural e das Pescas a revisão das taxas de beneficiação sempre que se verifiquem importantes alterações nas bases em que assentou a respectiva fixação;

e) Propor ao Ministro da Agricultura, do Desenvolvimento Rural e das Pescas a taxa de conservação e dar parecer sobre a taxa de exploração;

f) Explorar e conservar as obras concluídas e liquidar e cobrar taxas de exploração e de conservação, enquanto não for outorgado o respectivo contrato de concessão, em conjunto ou por blocos;

g) Promover a declaração de entrada das obras dos grupos I, II e III ou blocos delas no primeiro e segundo períodos a que se refere o n.° 2 do artigo 5.°;

h) Gerir o contrato de concessão, zelando pelo cumprimento de todas as obrigações dos concessionários e praticando todos os actos nele previstos;

i) Promover a inclusão e exclusão de áreas nas zonas beneficiadas pelas obras de aproveitamento hidroagrícola, quando assim for aconselhável;

j) Dar parecer sobre os projectos das novas utilizações de águas públicas nas bacias hidrográficas a montante das obras de aproveitamento hidroagrícola realizados pelo Estado que tenham implicações directas na gestão destes aproveitamentos;

l) Conceder subsídios às associações de beneficiários e a outros órgãos de gestão de perímetros de rega em situações absolutamente anormais resultantes da persistência de situações climáticas extremas que ponham em causa as condições de conservação e exploração das obras;

m) Promover a exploração de centrais hidroeléctricas inseridas nas obras de aproveitamento hidroagrícola, por forma que se retire dessas centrais o rendimento mais consentâneo com o interesse do aproveitamento;

n) Propor para as diferentes obras de aproveitamento hidroagrícola que o aconselhem a elaboração de planos de desenvolvimento económico que dependam da acção conjugada dos vários sectores da Administração Pública;

o) Promover a elaboração de estudos e projectos, bem como a execução e fiscalização das obras que visem a melhoria dos aproveitamentos hidroagrícolas.

ARTIGO 56.°
Atribuições das DRA

As DRA têm as seguintes atribuições em matéria de exploração e conservação das obras de aproveitamento hidroagrícola:

a) Receber do IHERA as obras ou partes das obras do grupo IV cuja execução tenha cabido àquele Instituto e entregá-las às entidades que devam explorá-las e conservá-las;

As águas no Código Civil 440

b) Entregar as obras, ou parte delas, do grupo IV cuja execução lhes tenha cabido às entidades que devam explorá-las e conservá-las;

c) Superintender na conservação e exploração das obras do grupo IV, formulando as recomendações convenientes, respondendo às consultas recebidas e assegurando a necessária assistência técnica;

d) Assistir tecnicamente os beneficiários das obras do grupo IV, sempre que para isso solicitadas;

e) Propor ao Ministro da Agricultura, do Desenvolvimento Rural e das Pescas a suspensão das atribuições das juntas de agricultores ou da actividade das cooperativas de rega quando se verifiquem deficiências ou falta de diligência na sua actuação que ponham em risco a exploração e conservação das obras e dar parecer sobre os requerimentos de suspensão apresentados pelos beneficiários;

f) Exercer, até eleição de novas juntas, as atribuições das juntas suspensas;

g) Aprovar os orçamentos e as contas anuais apresentados pelas juntas de agricultores;

h) Conceder, procedendo o despacho ministerial de autorização e mediante proposta devidamente fundamentada, subsídios, quando para tal habilitadas, às juntas de agricultores, às cooperativas de rega e aos beneficiários das obras do grupo IV, destinados a financiar as despesas fortuitas ou extraordinárias com a exploração e conservação das obras;

i) Realizar todos os actos da competência do IHERA em relação às obras do grupo III que por este lhes venham a ser consignados mediante protocolo.

CAPÍTULO V
Financiamento e regime financeiro

SECÇÃO I
Financiamento

ARTIGO 57.º
Financiamento das obras dos grupos I e II

1. O custo das obras dos grupos I e II será integralmente financiado pelo Estado.

2. O Estado participará, a fundo perdido, no custo de cada obra dos grupos I e II na percentagem fixada pelo Conselho de Ministros, nos termos do artigo 13.º

3. O valor não participado do custo da obra será reembolsado pelos beneficiários respectivos, nas condições de prazo e juro igualmente fixadas nos termos do artigo 13.º, mediante o pagamento da taxa a que se referem os artigos 61.º e seguintes.

441   *Apêndice 3.º – Decreto-Lei n.º 269/82, de 10/7*

ARTIGO 58.º
Participação do Estado no financiamento das obras do grupo III

O custo das obras do grupo III será directamente financiado pelo Estado, a fundo perdido, na percentagem fixada pelo Ministro da Agricultura, do Desenvolvimento Rural e das Pescas, nos termos do artigo 26.º

ARTIGO 59.º
Financiamento pelo Estado das obras do grupo IV

As obras do grupo IV serão financiadas directamente pelo Estado quando seja reconhecido o seu interesse social, caso em que se aplicará o disposto no artigo anterior para as obras do grupo III.

ARTIGO 60.º
(Revogado)

SECÇÃO II
Regime financeiro

SUBSECÇÃO I
Taxa de beneficiação

ARTIGO 61.º
Taxa de beneficiação das obras

1. O Estado cobrará dos beneficiários de cada obra hidroagrícola dos grupos I, II e III uma taxa anual, denominada «taxa de beneficiação», destinada ao reembolso da percentagem do seu custo não participado a fundo perdido.
2. Para os efeitos do número anterior, são considerados beneficiários os proprietários ou possuidores legítimos de prédios rústicos situados na zona beneficiada, os utilizadores industriais directos da respectiva obra e as autarquias locais consumidoras de água pela mesma fornecida.

ARTIGO 62.º
Condições de cobrança da taxa de beneficiação

A taxa de beneficiação será cobrada, para toda a obra ou para as parcelas concluídas, a partir da entrada no segundo período a que se refere o n.º 2 do artigo

As águas no Código Civil   442

5.º, podendo ser progressiva no período inicial da exploração, e será devida até ao integral reembolso ao Estado fixado nos termos do artigo 13.º

ARTIGO 63.º
Repartição de encargos relativos à taxa de beneficiação

1. Na repartição dos encargos anuais relativos à taxa de beneficiação pelos beneficiários, deverá atender-se nomeadamente à área beneficiada, dotações e consumos de água, ao interesse económico e social das culturas, à valorização dos prédios e das produções e às condições efectivas de rega e enxugo verificadas, bem como à taxa de beneficiação fixada para os utilizadores industriais directos e autarquias locais nos termos do número seguinte.
2. A taxa de beneficiação para os utilizadores industriais directos e autarquias locais, consumidores de água pela mesma fornecida, é calculada na proporção do volume consumido e da garantia de fornecimento.

ARTIGO 64.º
Entidade responsável pela liquidação da taxa de beneficiação

A liquidação da taxa de beneficiação será feita pela entidade responsável pela conservação e exploração da obra.

ARTIGO 65.º
Afixação dos mapas da taxa de beneficiação

1. Para os efeitos de reclamação, a liquidação da taxa deverá ser precedida da afixação dos respectivos mapas até à data que for determinada no regulamento.
2. As reclamações serão dirigidas à entidade responsável pela conservação e exploração da obra no prazo de 15 dias a contar da afixação dos mapas, devendo ser todas resolvidas nos 90 dias seguintes.
3. Das deliberações que desatendam as reclamações haverá recurso, nos termos gerais de direito.
4. As reclamações e os recursos sobre liquidação da taxa de beneficiação não terão efeito suspensivo; sendo obtido provimento, far-se-á, no primeiro pagamento posterior à decisão final que vier a ser tomada, a dedução correspondente ao que tiver sido cobrado em excesso.
5. Os mapas de liquidação da taxa de beneficiação serão, logo que concluído o prazo de reclamação, remetidos às secções de finanças dos concelhos respectivos para os efeitos de cobrança.

443   *Apêndice 3.º – Decreto-Lei n.º 269/82, de 10/7*

6. Na falta de pagamento voluntário da taxa de beneficiação no prazo de 30 dias contado do termo do prazo para reclamação, será a cobrança efectuada coercivamente pelos tribunais das execuções fiscais.

7. O encargo do pagamento da taxa de beneficiação constitui ónus sujeito a registo, nos termos e para os efeitos previstos no Código do Registo Predial.

8. Quando se trate de áreas nacionalizadas, o Instituto de Gestão e Estruturação Fundiária providenciará no sentido de o Estado ser reembolsado da importância correspondente à taxa de beneficiação.

9. Constitui receita da Direcção-Geral de Hidráulica e Engenharia Agrícola uma percentagem da taxa de beneficiação fixada pelo Governo e destinada a satisfazer os encargos resultantes do disposto na alínea *l*) do artigo 55.º

SUBSECÇÃO II
Taxa de exploração e conservação

ARTIGO 66.º
Taxa de conservação

1. Pelos prédios e parcelas beneficiados pelas obras de aproveitamento hidroagrícolas, é devida pelos proprietários ou usufrutuários uma taxa de conservação anual por hectare beneficiado.

2. A taxa de conservação destina-se exclusivamente a cobrir os custos de conservação das infra-estruturas e será fixada nos regulamentos provisório e ou definitivo, previstos no n.º 2 do artigo 20.º e na alínea *a*) do artigo 55.º do presente diploma, ficando sujeita a revisão anual por portaria do Ministro da Agricultura, do Desenvolvimento Rural e das Pescas.

ARTIGO 67.º
Taxa de exploração

1. Pela utilização da obra, é devida pelos regantes beneficiários e utentes precários uma taxa de exploração em função do volume de água utilizado.

2. A taxa de exploração destina-se exclusivamente a cobrir os custos de gestão e exploração da obra, incluindo os custos de utilização da água previstos no Decreto-Lei n.º 47/94, de 22 de Fevereiro, e é proposta anualmente pela entidade responsável pela exploração da obra de aproveitamento hidroagrícola e aprovada pelo Ministro da Agricultura, do Desenvolvimento Rural e das Pescas, após parecer do IHERA.

3. A taxa de exploração para utentes precários agrícolas é agravada.

4. Os proprietários ou usufrutuários são solidariamente responsáveis pelo pagamento da taxa de exploração.

As águas no Código Civil   444

5. Nos aproveitamentos de fins múltiplos, a taxa de exploração compreenderá ainda os custos estabelecidos para o fornecimento de água a partir das redes posicionadas a montante da obra, incluindo os que resultarem do regime previsto no Decreto-Lei n.º 47/94, de 22 de Fevereiro.

6. Até à outorga do contrato de concessão, é fixada uma taxa provisória pelo Ministério da Agricultura, do Desenvolvimento Rural e das Pescas, sob proposta do IHERA.

ARTIGO 68.º

Liquidação e cobrança das taxas de conservação e de exploração

A liquidação e a cobrança das taxas de conservação e de exploração serão realizadas pela entidade responsável pela exploração da obra de aproveitamento hidroagrícola e cobradas a partir da disponibilização da água para rega.

ARTIGO 69.º

Afixação dos mapas da taxa de exploração e conservação

1. Para os efeitos de reclamação, a liquidação das taxas de conservação e de exploração deverá ser precedida da afixação dos respectivos mapas até à data que for determinada no regulamento de cada obra.

2. As reclamações serão dirigidas à direcção da entidade responsável pela conservação e exploração da obra no prazo de 15 dias a contar da afixação dos mapas.

3. Das deliberações que desatendam as reclamações haverá recurso, nos termos gerais de direito.

4. As reclamações e recursos sobre a liquidação das taxas de conservação e de exploração não terão efeito suspensivo; sendo obtido provimento, far-se-á, no primeiro pagamento posterior à decisão final que vier a ser tomada, a dedução correspondente ao que tiver sido cobrado em excesso.

5. Na falta de pagamento voluntário das taxas de conservação e de exploração no prazo de 30 dias contado do termo do prazo para reclamações, serão cobrados coercivamente pelos tribunais das execuções fiscais, revertendo ainda a favor da respectiva entidade responsável pela conservação e exploração, 50 % dos juros de mora devidos.

6. O encargo do pagamento das taxas de conservação e de exploração constitui ónus sujeito a registo, nos termos e para os efeitos previstos no Código do Registo Predial.

7. Quando se trate de áreas nacionalizadas, o IHERA providenciará no sentido de reembolsar a entidade responsável pela conservação e gestão da importância correspondente às taxas em dívida.

445   *Apêndice 3.º – Decreto-Lei n.º 269/82, de 10/7*

8. Constitui receita do IHERA uma percentagem das taxas de conservação e de exploração fixada pelo Governo e destinada a satisfazer os encargos resultantes da alínea *l*) do artigo 55.º

Subsecção III
Taxa de exploração e conservação para actividades não agrícolas

Artigo 69.º-A
Taxa de conservação e exploração para actividades não agrícolas

1. A utilização da obra hidroagrícola para fins não agrícolas não pode, excepto quando se trate de abastecimento público, prejudicar a satisfação de todas as necessidades das áreas beneficiadas, sendo devida uma taxa de conservação e exploração nos termos a fixar pelo Ministro da Agricultura, do Desenvolvimento Rural e das Pescas, por proposta do IHERA.

2. É aplicável à taxa de conservação e exploração para actividades não agrícolas o regime estabelecido na subsecção anterior, sendo a mesma devida a partir do início da actividade.

Capítulo VI
Regime das zonas beneficiadas

A) *Cadastro das obras*

Artigo 70.º
Cadastro obrigatório das áreas beneficiadas

1. A organização ou revisão do cadastro das terras abrangidas pelas obras de fomento hidroagrícola a cargo do Instituto Geográfico e Cadastral deverá estar concluída até ao fim da 2.ª fase a que se refere o artigo 5.º, com base nos elementos que para o efeito lhe serão oportunamente fornecidos pelas Direcções-Gerais de Hidráulica e Engenharia Agrícola e dos Recursos e Aproveitamentos Hidráulicos.

2. Nos casos em que houver necessidade de proceder ao levantamento de plantas parcelares e à colheita de elementos cadastrais, aplicar-se-á o disposto no artigo 18.º

As águas no Código Civil

ARTIGO 71.º
Elementos cadastrais – sua reclamação

1. Os elementos cadastrais serão postos em reclamação pelas entidades responsáveis pela exploração e conservação das obras de fomento hidroagrícola ou por quem as substitua, as quais terão competência equivalente à conferida às juntas cadastrais concelhias, nos termos e para os efeitos estabelecidos no Decreto--Lei n.º 36505, de 11 de Setembro de 1947, que aprovou a organização dos serviços de avaliação do cadastro geométrico da propriedade rústica.

2. Além dos elementos cadastrais, constitui fundamento de reclamação a inclusão do prédio no perímetro ou a sua exclusão dele.

ARTIGO 72.º
Apreciação das reclamações

Para os efeitos de apreciação e julgamento das reclamações e recursos respeitantes ao cadastro das obras hidroagrícolas, farão parte do conselho de cadastro, que funciona junto do Instituto Geográfico e Cadastral, representantes das Direcções-Gerais de Hidráulica e Engenharia Agrícola e dos Recursos e Aproveitamentos Hidráulicos e da entidade a quem compete a exploração e conservação da respectiva obra.

ARTIGO 73.º
Remessa das decisões sobre as reclamações às entidades competentes

Resolvidas as reclamações e recursos, o Instituto Português de Cartografia e Cadastro (IPCC) enviará à Direcção-Geral dos Impostos e ao IHERA os elementos cadastrais a transmitir por este último às entidades responsáveis pela conservação e exploração, nomeadamente para os efeitos da elaboração dos mapas de liquidação das taxas de beneficiação, de conservação e de exploração, de acordo com os regulamentos respectivos.

ARTIGO 74.º
Inscrição de prédios na secção de finanças

1. A secção de finanças procederá à inscrição dos prédios ou à correcção das inscrições efectuadas, de harmonia com os elementos recebidos.

2. No caso de os prédios serem beneficiados apenas em parte, far-se-á a inscrição do todo sob o mesmo número, com especificação das duas partes.

3. Da matriz predial deverá constar o número atribuído no cadastro a cada prédio ou parcela beneficiada.

447 Apêndice 3.° – Decreto-Lei n.° 269/82, de 10/7

ARTIGO 75.°
Efeitos da inscrição dos prédios para fins fiscais

1. Efectuadas as inscrições dos prédios na matriz ou as necessárias correcções, nos termos dos artigos anteriores, as secções de finanças comunicarão às entidades responsáveis pela conservação e exploração os números de inscrição e o rendimento colectável dos prédios para serem transcritos no registo cadastral.
2. Recebida a comunicação, as entidades referidas no n.° 1 requererão à conservatória do registo predial competente a descrição dos prédios abrangidos no cadastro e a inscrição, a favor do Estado, do ónus a que se referem o n.° 7 do artigo 65.° e o n.° 6 do artigo 69.°
3. Os requerimentos serão instruídos com certidão de teor da inscrição matricial dos respectivos prédios e com certidão extraída do cadastro previsto no artigo 65.°
4. Se os prédios já estiverem descritos, deverá a descrição ser actualizada, oficiosamente, de harmonia com as operações resultantes do cadastro, desde que se mostrem confirmadas pela certidão da respectiva inscrição matricial.

ARTIGO 76.°
Nota de registo

1. Efectuado o registo, os conservadores enviarão às entidades responsáveis pela conservação e exploração a correspondente nota.
2. A nota do registo substituirá a passagem do certificado.

ARTIGO 76.°-A
(Revogado)

B) *Obrigação da rega e economia de exploração*

ARTIGO 77.°
Aquisição de terras pelo Estado

1. Até ao início da 3.ª fase a que se refere o artigo 5.°, os prédios situados na zona a beneficiar pelas obras de fomento hidroagrícola poderão ser adquiridos pelo Estado pelo valor de antes das obras, mediante requerimento dos respectivos proprietários.
2. Após a tomada de decisão de construção das obras, o Ministro da Agricultura, do Desenvolvimento Rural e das Pescas tornará públicos os preços máxi-

As águas no Código Civil   448

mos a aplicar às terras do sequeiro a beneficiar e ao regadio já existente à data do despacho a que se refere o artigo 10.°, para os efeitos da aquisição dos terrenos referidos no n.° 1, tendo em conta, nomeadamente, os estudos prévios.

ARTIGO 78.°
Faculdade de expropriação de terras beneficiadas

1. Após a entrada da obra, ou dos seus blocos constituintes, no período designado de plena produção, o Governo fica com a faculdade de expropriar por utilidade pública os prédios beneficiados que não utilizem água de rega fornecida pelos canais em funcionamento ou que, embora regando, não atinjam os valores dos padrões de rendimento ou de intensidade de exploração mínima exigível no regadio, comprometendo assim, através de uma inadequada ou deficiente utilização da terra e da água, a rendibilidade económica e social do empreendimento.
2. Os valores mínimos dos padrões de rendimento ou de intensidade de exploração exigível em regadio para cada obra serão fixados nos regulamentos respectivos.
3. No cálculo das indemnizações devidas pelas expropriações referidas no presente artigo aplicar-se-á o disposto na legislação geral que regula as expropriações por utilidade pública, nunca podendo, porém, a importância da indemnização exceder o valor actualizado que resultaria para a respectiva aquisição, nos termos do n.° 2 do artigo 77.°, acrescido dos valores das benfeitorias entretanto efectuadas.
4. O valor actualizado a que se refere o número anterior será determinado, para cada caso, pelo Instituto de Gestão e Estruturação Fundiária.
5. Quando se verifiquem as condições indicadas no n.° 1 deste artigo relativamente a áreas nacionalizadas, o Instituto de Gestão e Estruturação Fundiária fará cessar o contrato de exploração e uso da terra vigente, de acordo com a legislação aplicável, e promoverá conjuntamente com a DRA da área respectiva a sua entrega para exploração a outros agricultores que dêem garantias de adequada capacidade empresarial.

ARTIGO 79.°
Suspensão temporária do pagamento da taxa de beneficiação

Quando se verifiquem circunstâncias excepcionais que afectem gravemente a exploração das terras beneficiadas por obras de fomento hidroagrícola, o Governo poderá suspender, durante esse período, o pagamento da taxa de beneficiação ou diminuir o seu montante, não sendo de aplicar por todo esse tempo o disposto no artigo anterior.

Artigo 80.º
Adaptação ao regadio

A adaptação ao regadio e a exploração das terras beneficiadas pelas obras de fomento hidroagrícola serão orientadas e assistidas tecnicamente pela DRA, com a colaboração, sempre que necessária, dos restantes organismos do Ministérios da Agricultura, Comércio e Pescas, nomeadamente da Direcção-Geral de Hidráulica e Engenharia Agrícola e dos demais serviços do Estado, de modo a extrair a maior rendibilidade do investimento efectuado.

Artigo 81.º
Apoio técnico aos agricultores

Durante a execução e utilização das obras de aproveitamento hidroagrícola, a DRA respectiva promoverá a divulgação, junto dos agricultores e trabalhadores rurais abrangidos, dos tipos e técnicas culturais de manejo da água e dos solos mais convenientes em conformidade com os resultados obtidos em explorações piloto, nos centros tecnológicos e em campos experimentais.

Capítulo VII
Crédito aos agricultores

Artigo 82.º
(Revogado)

Artigo 83.º
(Revogado)

Artigo 84.º
(Revogado)

Artigo 85.º
(Revogado)

Artigo 86.º
(Revogado)

Capítulo VIII
Disposições gerais e transitórias

Artigo 87.º
(Revogado)

Artigo 88.º
(Revogado)

Artigo 89.º
(Revogado)

Artigo 90.º
(Revogado)

Artigo 91.º
Legislação anterior

É revogada a Lei n.º 1949, de 15 de Fevereiro de 1937, e toda a legislação complementar que não seja compatível com o presente diploma.

Artigo 92.º
(Revogado)

Artigo 93.º
(Revogado)

Capítulo IX
Integridade dos perímetros hidroagrícolas

Artigo 94.º
Inscrição e registo

Com a aprovação do projecto de execução das obras dos grupos I, II e III, o IHERA, as DRA ou as entidades responsáveis pela conservação e exploração da obra promoverão a inscrição na matriz e no registo predial da sujeição do prédio ou das parcelas do prédio ao regime do presente diploma.

451   *Apêndice 3.° – Decreto-Lei n.° 269/82, de 10/7*

Artigo 95.°
Protecção das áreas beneficiadas

1. São proibidas todas e quaisquer construções, actividades ou utilizações não agrícolas de prédios ou parcelas de prédios das áreas beneficiadas, excepto as que, nos termos dos regulamentos provisório e definitivo da obra, forem admitidas como complementares da actividade agrícola.

2. Sem prejuízo do estabelecido nos artigos seguintes, são nulos todos os actos administrativos que licenciem ou autorizem obras ou actividades em violação do disposto no número anterior.

3. O Estado e demais pessoas colectivas públicas são responsáveis pelos prejuízos que advenham para os particulares de boa-fé da nulidade dos actos administrativos prescrita no número anterior.

Artigo 96.°
Cessação das acções violadoras

Independentemente do processamento das contra-ordenações e da aplicação das coimas, o IHERA ou as DRA, conforme os casos, devem ordenar a cessação imediata das acções desenvolvidas em violação do disposto no presente diploma.

Artigo 97.°
Ordem de embargo e reposição da situação anterior à infracção

1. O IHERA ou as DRA, conforme os casos, devem, após a audição dos interessados, mas independentemente de aplicação das coimas, determinar, aos responsáveis pelas acções violadoras do regime estabelecido no presente diploma, que se abstenham dessas acções e procedam à reposição da situação anterior à infracção, fixando o prazo e os termos que devem ser observados.

2. À ordem de embargo e reposição da situação anterior é integralmente aplicável o regime estabelecido no Decreto-Lei n.° 92/95, de 9 de Maio.

Artigo 98.°
Contra-ordenações

1. Constitui contra-ordenação a prática pelos proprietários, usufrutuários, beneficiários ou utilizadores a título precários dos seguintes actos:

a) Execução de obras, infra-estruturas, plantações, trabalhos ou actividades de natureza diversa não previstos nos regulamentos provisório ou definitivo da

As águas no Código Civil   452

obra ou, estando previstos, sem autorização da entidade responsável pela gestão da obra;

b) Não acatamento da ordem de embargo e reposição da situação anterior à infracção;

c) Alteração ou destruição total ou parcial de infra-estruturas, de qualquer natureza, afectas à obra ou de materiais e equipamentos afectos à sua conservação, manutenção, construção ou limpeza;

d) Sementeiras, plantações ou corte de árvores, ramos e arbustos em terrenos dominais em violação do plano de uso de solos estabelecidos sem a autorização do IHERA;

e) Não cumprimento das normas estabelecidas nos regulamentos provisório e definitivo da obra;

f) Não cumprimento da obrigação de rega de culturas;

g) Não cumprimento dos valores dos padrões de rendimento ou de intensidade de exploração mínima exigível no regadio para os diversos tipos de exploração cultural após a entrada da obra em funcionamento;

h) Impedimento do exercício da fiscalização;

i) Falta de pagamento das taxas devidas;

j) Não cumprimento das obrigações legais relativas a transacção de terrenos, parcelas, construções, infra-estruturas e equipamentos.

2. A tentativa e a negligência são puníveis.

3. Compete ao presidente do IHERA determinar a instauração de processos de contra-ordenação, designar o instrutor e aplicar as respectivas coimas.

4. O produto das coimas é repartido e constitui receita própria das seguintes entidades:

60% do Estado;

20% do IHERA;

20% da entidade responsável pela exploração.

5. Em tudo o que não se encontra expressamente previsto e regulado neste diploma, designadamente quanto ao montante e à determinação da medida das coimas, é aplicável o regime geral das contra-ordenações contido no Decreto-Lei n.º 433/82, de 27 de Outubro, com as alterações introduzidas pelo Decreto-Lei n.º 244/95, de 14 de Setembro.

ARTIGO 99.º
Sanções acessórias

As contra-ordenações previstas no n.º 1 do artigo anterior podem ainda determinar, quando a gravidade da infracção o justifique, a aplicação das seguintes sanções acessórias:

a) A interdição do exercício da actividade responsável pela ocorrência dos factos por um período máximo de dois anos;

453   *Apêndice 3.° – Decreto-Lei n.° 269/82, de 10/7*

b) A privação do direito a subsídio outorgado por entidades ou serviços públicos;

c) A apreensão de objectos utilizados na prática da infracção.

Artigo 100.°
Expropriação

A faculdade prevista no artigo 78.° só pode ser exercida, no que respeita ao conteúdo das alíneas *f*) e *g*) do n.° 1 do artigo 98.°, após a aplicação de três contra-ordenações.

Artigo 101.°
Exclusão de prédios

1. A exclusão de prédios ou parcelas de prédios das áreas beneficiadas por obras de aproveitamento hidroagrícola e consequente desafectação da Reserva Agrícola Nacional só pode ser efectuada por despacho do Ministro da Agricultura, do Desenvolvimento Rural e das Pescas, na sequência de proposta do IHERA, instruída com parecer da respectiva Comissão Regional de Reserva Agrícola.

2. Sem prejuízo do disposto no número seguinte, a exclusão prevista no número anterior só é admissível desde que, além do cumprimento dos requisitos estabelecidos para a desafectação da RAN, não seja posta em causa a viabilidade técnica e económica ou o interesse público, nacional ou regional, conforme os casos, que determinou a realização da obra hidroagrícola.

3. O despacho de exclusão previsto no n.° 1 fixará o montante compensatório, cujo efectivo pagamento pelo interessado constitui condição da sua eficácia.

4. Para a fixação do montante compensatório, que constitui receita própria do IHERA, ter-se-á em atenção o custo, por hectare beneficiado, das obras de aproveitamento hidroagrícola e das obras subsidiárias, devidamente actualizado em função do índice de preços no consumidor estabelecido pelo Instituto Nacional de Estatística.

Capítulo X
Concessão

Artigo 102.°
Concessão

1. A conservação e exploração das obras de aproveitamento hidroagrícola poderá ser atribuída, no todo ou em parte, através de concessão, a pessoas colec-

As águas no Código Civil 454

tiva públicas ou privadas com capacidade técnica e financeira adequada, sendo dada preferência às entidades do tipo associativo ou cooperativo que representem a maioria dos proprietários e dos regantes beneficiados com a obra e às autarquias locais.

2. A decisão de proceder à concessão cabe ao Ministro da Agricultura, do Desenvolvimento Rural e das Pescas e poderá ser tomada em qualquer fase.

3. O contrato de concessão fixa os direitos e obrigações do concedente e do concessionário, dele fazendo parte integrante os regulamentos provisório e ou definitivo da obra e suas alterações.

4. O contrato de concessão prevê expressamente a alteração pelo concedente dos regulamentos provisório e ou definitivo da obra, a aplicação pelo concedente de penalidades em caso de violação das obrigações, as condições de suspensão do contrato e a assunção directa da gestão da obra pelo concedente, bem como da rescisão unilateral do contrato pelo concedente no caso de violação grave nele tipificada das obrigações do concessionário.

5. A minuta base do contrato de concessão e dos regulamentos provisório e definitivo anexos e as minutas finais dos contratos a celebrar com cada entidade são aprovadas por portaria e despacho, respectivamente, do Ministro da Agricultura, do Desenvolvimento Rural e das Pescas.

CAPÍTULO XI
Disposições finais e transitórias

ARTIGO 103.º
Reclassificação das obras do grupo III

1. As obras do grupo III são reclassificadas como obras do grupo IV.

2. No prazo de seis meses a contar da entrada em vigor do presente diploma, o Ministro da Agricultura, do Desenvolvimento Rural e das Pescas procederá, por proposta do IHERA, à reclassificação das obras referidas no número anterior que, pela complexidade da sua conservação e exploração e gestão, devam ser concessionadas nos termos do presente diploma e reclassificadas no grupo III.

3. No prazo fixado no n.º 2, o IHERA e o INAG submeterão ao Ministério da Agricultura, do Desenvolvimento Rural e das Pescas e ao Ministério do Ambiente e do Ordenamento do Território uma proposta conjunta sobre as infra-estruturas a integrar nos perímetros de rega a cargo do IHERA.

Artigo 104.º
Regime de concessão

1. A conservação e exploração de obras de aproveitamento hidroagrícola entregues pelo IHERA e pelas DRA às associações de beneficiários à data da entrada em vigor do presente diploma ou que, não o tendo sido, deva caber a estas deverá ser regulamentada através de contrato de concessão.

2. O prazo da celebração de contratos de concessão prevista no número anterior é de três anos.

3. Findo o prazo estabelecido no número anterior, o IHERA assume automaticamente a conservação e exploração das obras de aproveitamento hidroagrícola que não foram objecto de contrato de concessão.

Artigo 105.º
Obras incluídas no aproveitamento de fins múltiplos do Alqueva

1. Para os efeitos da aplicação do disposto no artigo 2.º, a componente hidroagrícola do empreendimento de fins múltiplos do Alqueva refere-se exclusivamente aos perímetros de rega definidos, ou a definir, naquele empreendimento, bem como às infra-estruturas que os integram, nomeadamente as de distribuição de água para rega, posicionados a jusante do sistema primário daquele empreendimento.

2. No empreendimento de fins múltiplos do Alqueva é aplicável a alínea d) do n.º 1 e o n.º 2 do artigo 2.º do Decreto-Lei n.º 32/95, na redacção dada pelo Decreto-Lei n.º 335/2001, de 24 de Dezembro.

Artigo 106.º
Obras abrangidas pelo presente diploma

O presente diploma é exclusivamente aplicável às obras de aproveitamento hidroagrícola, tal como definidas nos artigos 1.º a 4.º do presente diploma, iniciadas ou concluídas na vigência do Decreto-Lei n.º 42665, de 20 de Novembro de 1959, sem prejuízo do estabelecido em diplomas especiais e nos Decretos-Leis n.os 45/94, 46/94 e 47/94, todos de 22 de Fevereiro.

Artigo 107.º
Legislação complementar

1. A legislação aplicável às associações de beneficiários e juntas de agricultores será objecto de revisão por decreto regulamentar com vista a adaptar

o respectivo regime ao disposto no presente diploma no prazo máximo de 180 dias.

2. As cooperativas de rega ficam sujeitas às disposições regulamentares referidas no número anterior, bem como ao disposto no Código Cooperativo e demais legislação complementar.

Visto e aprovado em Conselho de Ministros de 29 de Abril de 1982 – *Francisco José Pereira Pinto Balsemão.*

Promulgado em 22 de Junho de 1982.

Publique-se.

O Presidente da República, ANTÓNIO RAMALHO EANES.

DECRETO-LEI N.° 84/90,

de 16 de Março

REGIME JURÍDICO DE EXPLORAÇÃO E APROVEITAMENTO DE ÁGUAS DE NASCENTE

O Decreto-Lei n.° 90/90, de 16 de Março, ao estabelecer o novo regime jurídico a que fica sujeito o exercício das actividades de prospecção, pesquisa e exploração dos recursos geológicos, remeteu, no seu artigo 51.°, para legislação própria a fixação da disciplina específica aplicável a cada tipo de recurso.

Nestes termos, e no que concerne à exploração de nascente, são desenvolvidos pelo presente diploma os princípios orientadores do exercício das actividades referidas, com vista ao seu racional aproveitamento técnico-económico e valorização, de acordo com o conhecimento técnico-científico já hoje adquirido e os interesses da economia nacional.

Foi ouvida a Associação Nacional de Municípios Portugueses.

Assim:

No uso da autorização legislativa concedida pelo artigo 1.° da Lei n.° 13/89, de 29 de Junho, nos termos das alíneas *a*) e *b*) do n.° 1 do artigo 201.° da Constituição, o Governo decreta o seguinte:

ARTIGO 1.°
Âmbito

O presente diploma é aplicável ao aproveitamento das águas de nascente.

ARTIGO 2.°
Qualificação de água de nascente

A qualificação de uma água como água de nascente compete à Direcção--Geral de Geologia e Minas, adiante designada abreviadamente por Direcção-

As águas no Código Civil 458

-Geral, a qual verifica a conformidade das características do recurso com a definição constante do artigo 6.° do Decreto-Lei n.° 90/90, de 16 de Março, após emissão do parecer da Direcção-Geral dos Cuidados de Saúde Primários.

ARTIGO 3.°
Licença

1. A licença de estabelecimento para as explorações de nascente a que se refere o artigo 10.° do decreto-lei mencionado no artigo anterior, é concedida por despacho do Ministro da Indústria e Energia, adiante designado abreviadamente por Ministro.

2. Para efeitos do disposto no número anterior, a Direcção-Geral, com base no parecer mencionado no artigo 2.° do presente diploma, caso reconheça a qualificação do recurso cuja exploração é requerida como água de nascente, verificará se, de acordo com os termos propostos pelo requerente, se encontra devidamente acautelada a protecção do respectivo aquífero e, em caso afirmativo, submeterá o seu parecer a decisão do Ministro.

3. As competências atribuídas nos termos do presente diploma ao Ministro da Indústria e Energia incluem a faculdade de delegação nos restantes membros do Governo que o coadjuvam e de subdelegação destes últimos nos respectivos directores-gerais.

ARTIGO 4.°
Processo de licenciamento

1. O processo para o licenciamento das explorações de nascente é instruído com os elementos seguintes:

a) Requerimento, dirigido ao Ministro e entregue, em triplicado, na Direcção-Geral, do qual constem a identificação completa do requerente, a sua qualificação para o exercício do direito de exploração e, bem assim, a identificação do prédio no qual se localizam as captações;

b) Estudo hidrogeológico da área da ocorrência e circulação da água, com a descrição das captações, a caracterização físico-química e bacteriológica do recurso, a indicação, para cada captação, dos respectivos caudal e temperatura, bem como a apreciação da vulnerabilidade da zona envolvente à poluição e proposta de criação de uma área de protecção;

c) Planta topográfica, à escala 1:10 000, com a localização da implantação das captações e dos elementos fundamentais revelados pelo estudo hidrogeológico;

d) 12 análises físico-químicas e bacteriológicas, contemplando os indicadores essenciais comprovativos da qualidade da água realizadas a partir de amostras colhidas a intervalos regulares de um mês;

e) Análise química completa;

459   *Apêndice 3.º – Decreto-Lei n.º 84/90, de 16/3*

f) Estudo radioactivo da água;

g) Prova da celebração do contrato de exploração, a que se refere a alínea *b*) do n.º 2 do artigo 10.º do Decreto-Lei n.º 90/90, de 16 de Março, no caso de o requerente não poder dispor da água, ou, podendo, o respectivo título comprovativo;

h) Projecto das captações definitivas;

i) Parecer previsto no artigo 2.º deste diploma;

j) Documentos comprovativos da obtenção de autorizações ou pareceres necessários, bem como de outros elementos que a Direcção-Geral, fundamentalmente, solicite para a apreciação do pedido.

2. Para efeitos do disposto na alínea *j*) do número anterior, a Direcção-Geral fixará, fundamentando-o, um prazo, findo o qual poderá o Ministro indeferir o pedido.

ARTIGO 5.º
Perímetro de protecção

1. Sempre que a adequada protecção do aquífero assim o exija, deverá a Direcção-Geral definir um perímetro de protecção, nos termos do disposto no artigo 12.º do Decreto-Lei n.º 90/90, de 16 de Março, e tendo em atenção a proposta mencionada na alínea *b*) do n.º 1 do artigo 4.º deste diploma.

2. O perímetro de protecção mencionado no número anterior e as respectivas zonas serão susceptíveis de revisão, a requerimento do titular da respectiva licença ou por iniciativa da Direcção-Geral.

ARTIGO 6.º
Eficácia da licença

1. A eficácia da licença de estabelecimento fica condicionada ao licenciamento da actividade para a unidade industrial de engarrafamento.

2. A licença de estabelecimento caduca se no prazo de um ano após a sua emissão o seu titular não fizer prova junto da Direcção-Geral do facto mencionado no número anterior.

3. O prazo referido no número anterior pode ser prorrogado pela Direcção-Geral, mediante prova pelo titular de que o incumprimento do mesmo não lhe é imputável.

ARTIGO 7.º
Transmissão da licença

A transmissão inter vivos ou mortis causa da licença de estabelecimento só pode operar-se validamente a favor de quem tenha adquirido a posição de explorador por título legítimo, mediante prévia autorização, por despacho do Ministro.

Artigo 8.º
Cessação de efeitos jurídicos da licença

Os efeitos jurídicos da licença de estabelecimento podem cessar:
a) Por caducidade;
b) Por revogação.

Artigo 9.º
Caducidade

A caducidade da licença de estabelecimento depende da verificação de qualquer dos seguintes factos:
a) Morte da pessoa singular ou extinção da pessoa colectiva titular da licença, se a sua transmissão a favor do respectivo sucessor não for requerida no prazo de seis meses;
b) Extinção do contrato de exploração, salvo comprovação pelo titular da licença da aquisição de outro título legítimo para dispor da água;
c) Abandono da exploração;
d) Esgotamento do recurso, nomeadamente por perda de qualificação.

Artigo 10.º
Revogação

A licença de estabelecimento pode ser revogada por acto da mesma entidade que a concedeu nos seguintes casos:
a) Quando se verifique o não cumprimento das normas de higiene aplicáveis à captação;
b) Quando, sem motivo justificado, o título da licença não cumpra as determinações impostas pela fiscalização técnica, sem prejuízo do seu direito de recurso;
c) Quando a gravidade ou a repetição da falta ou faltas cometidas evidencie a incapacidade do titular da licença para a boa exploração.

Artigo 11.º
Deveres do explorador

1. São deveres do titular da licença, nomeadamente, os seguintes:
a) Apresentar as análises da água e demais elementos solicitados pela Direcção-Geral;
b) Obter a autorização prévia da Direcção-Geral para qualquer alteração do sistema de captação;

461   Apêndice 3.º – Decreto-Lei n.º 84/90, de 16/3

c) Cumprir as normas e regulamentos em vigor, nomeadamente em matéria de higiene, segurança e saúde dos trabalhadores, e bem assim as recomendações formuladas pela Direcção-Geral;

d) Até ao final do mês de Março de cada ano, enviar à Direcção-Geral os dados estatísticos relativos ao ano anterior, apresentados de acordo com o modelo por esta aprovado.

2. Os elementos estatísticos mencionados na alínea *d*) do número anterior são confidenciais.

ARTIGO 12.º
Suspensão da exploração

1. A suspensão temporária ou o encerramento da exploração não dependem de autorização prévia, mas devem ser tempestivamente comunicados à Direcção-Geral.

2. Quando a suspensão se prolongar por mais de três meses, a exploração não pode ser retomada sem a prévia autorização expressa da Direcção-Geral.

ARTIGO 13.º
Ambiente e paisagem

1. Aos titulares de licenças de estabelecimento compete adoptar as providências adequadas à garantia da minimização do impacte ambiental das respectivas actividades.

2. A exploração e o abandono dos recursos do presente diploma ficarão sujeitos, designadamente, às seguintes medidas:

a) Construção de instalações adoptadas à paisagem envolvente;

b) Finda a exploração, desocupação e reconstituição da área abrangida pela actividade, permitindo a sua eventual utilização segundo as finalidades a que estava adstrita antes do início da mesma.

ARTIGO 14.º
Fiscalização administrativa

1. A actividade de exploração das águas de nascente ficará sujeita à fiscalização administrativa da Direcção-Geral e das autoridades municipais e policiais.

2. Quaisquer factos ou ocorrências verificados pelas autoridades municipais ou policiais nos termos do disposto no número anterior que contrariem normas ou regulamentos em vigor deverão ser comunicados à Direcção-Geral.

As águas no Código Civil   462

ARTIGO 15.º
Fiscalização técnica

1. Compete à Direcção-Geral fiscalizar o exercício das actividades reguladas no presente diploma com vista ao cumprimento das obrigações legais decorrentes da licença de estabelecimento.

2. Sempre que necessário, pode a Direcção-Geral determinar a adopção de medidas ou a execução de trabalhos de natureza especial adequados à eficaz prevenção contra a poluição do recurso, fundamentando.

3. A Direcção-Geral pode, no exercício das suas competências técnicas e administrativas, requisitar a cooperação de outros organismos com competência fiscalizadora e, bem assim, a das autoridades municipais e policiais.

4. A fiscalização das condições de higiene e segurança do trabalho será assegurada pela Inspecção-Geral do Trabalho, enquanto que a protecção do ambiente e a recuperação paisagística serão fiscalizadas pela respectiva comissão de coordenação regional ou pelo Serviço Nacional de Parques, Reservas e Conservação da Natureza.

ARTIGO 16.º
Contra-ordenações

1. Constitui contra-ordenação punível com coima de 250 000$00 a 3 000 000$00 o exercício da actividade prevista no presente diploma sem a necessária licença e, bem assim, a inobservância do disposto na alínea *b*) do n.º 2 do artigo 13.º e no artigo 7.º

2. A violação do perímetro de protecção previsto no artigo 5.º e de qualquer das respectivas zonas a que o mesmo se refere constitui contra-ordenação punível com coima de 100 000$00 a 3 000 000$00.

3. A infracção da medida constante da alínea *a*) do n.º 2 do artigo 13.º constitui contra-ordenação punível com coima de 100 000$00 a 2 000 000$00.

4. Constitui contra-ordenação punível com coima de 75 000$00 a 1 000 000$00 a violação do disposto no n.º 1 do artigo 11.º

5. A violação da disciplina prevista no artigo 12.º e no n.º 2 do artigo 15.º será punível com coima de 50 000$00 a 500 000$00.

6. Em todas as infracções previstas nos números anteriores será sempre punível a negligência.

7. O limite máximo das coimas a aplicar a pessoas singulares, nos termos do presente artigo, é de 500 000$00.

Artigo 17.º
Tramitação processual

1. A iniciativa para a instauração e instrução dos processos de contra-ordenação compete à Direcção-Geral.
2. A aplicação das coimas previstas no presente diploma é da competência do director-geral de Geologia e Minas.
3. O produto da aplicação das coimas constitui receita da Direcção-Geral.

Artigo 18.º
Actuação dos agentes e funcionários da administração

Os agentes ou funcionários da Administração aos quais, nos termos da disciplina estabelecida no presente diploma, fica cometida a fiscalização deverão nortear a sua actuação com vista a assegurar a necessária ponderação e eficácia na transição dos regimes jurídicos aplicáveis às actividades aqui mencionadas, compatibilizando os interesses do Estado com os dos titulares dos direitos de prospecção, pesquisa e exploração.

Artigo 19.º
Taxas

Pela prática de actos previstos no presente diploma será devido o pagamento de taxas, de montante a fixar por portaria conjunta dos Ministros das Finanças e da Indústria e Energia.

Visto e aprovado em Conselho de Ministros de 28 de Dezembro de 1989. – *Aníbal António Cavaco Silva – Miguel José Ribeiro Cadilhe – Luís Francisco Valente de Oliveira – José António da Silveira Godinho – Joaquim Fernando Nogueira – Nuno Manuel Franco Ribeiro da Silva – Maria Leonor Couceiro Pizarro Beleza de Mendonça Tavares.*

Promulgado em 23 de Fevereiro de 1990.

Publique-se.

O Presidente da República, Mário Soares.

Referendado em 2 de Março de 1990.

O Primeiro-Ministro, *Aníbal António Cavaco Silva.*

DECRETO-LEI N.º 90/90,

de 16 de Março

REGIME JURÍDICO DA REVELAÇÃO
E APROVEITAMENTO DOS RECURSOS GEOLÓGICOS

O conceito de «recursos geológicos» tem vindo, progressivamente, a afirmar-se com o reconhecimento da importância que na vida económica das nações têm assumido certos produtos naturais que, sendo parte constituinte da crosta terrestre, não ocorrem generalizadamente, mas antes se concentram em ocorrências localizadas, determinadas pelo condicionalismo geológico do território.

Há milénios que se exploram minérios para a produção dos metais. Há muitos séculos que se valorizam os mármores e trabalham as argilas. As nascentes termais são utilizadas desde os tempos do Império Romano. As margas são a matéria-prima para a indústria do cimento. Os carvões, o petróleo, os minérios de urânio, constituem, actualmente, indispensáveis matérias-primas energéticas, suporte da civilização industrial em que vivemos. Os fluidos naturais quentes são já aproveitados na produção comercial de energia.

A dependência em que, colectivamente, hoje nos encontramos da produção e distribuição destes recursos, a velocidade do progresso tecnológico, a ditar frequentes mudanças na hierarquia dos seus valores relativos e absolutos, catapultando para posição de destaque produtos até aí negligenciáveis, os consumos crescentes reclamados pela contínua elevação do nível de vida, as factuais limitações de reservas disponíveis, as pressões sociais que transferem para os órgãos de poder a responsabilidade da gestão global e disposição dos recursos existentes, tudo são realidades que impõem ao Estado o estabelecimento de regras ajustadas a uma actualizada clarificação de conceitos e à definição dos direitos e deveres dos agentes envolvidos.

E não só no campo da optimização do uso dos recursos geológicos se reclama a presença do Estado. Também porque a actividade exploradora se configura como potencialmente conflitual com outros valores do património nacional comum, como seja a indispensável manutenção do equilíbrio ecológico, reclama-se, no que a ela concerne, uma procura contínua das soluções mais adequadas.

As águas no Código Civil 466

A legislação em vigor no nosso país não contempla todos os tipos de recursos actualmente passíveis de utilização económica. Além disso, encontra-se dispersa por diplomas vários, na sua generalidade desactualizados, não se ajustando já às possibilidades deixadas em aberto pelas técnicas hoje em dia aplicáveis. A necessidade da actualização deste normativo e, bem assim, da sua mais rigorosa sistematização é reconhecida por todos quantos detêm o conhecimento dos obstáculos colocados à indispensável avaliação das potencialidades existentes e ao melhor aproveitamento e valorização dos recursos.

A diversidade das características dos recursos geológicos classificados, das técnicas mobilizadas no seu aproveitamento e das implicações decorrentes da sua exploração aconselha, naturalmente, ao estabelecimento de enquadramentos jurídicos específicos.

Desta forma, considerou o Governo adoptar como estrutura jurídica adequada à prossecução dos objectivos visados a elaboração de um regime jurídico geral, complementado pelos necessários diplomas específicos.

Foram ouvidos os órgãos de governo próprio das Regiões Autónomas dos Açores e da Madeira.

Assim:

No uso da autorização legislativa concedida pelo artigo 1.° da Lei n.° 13/89, de 29 de Junho, e nos termos das alíneas *a*) e *b*) do n.° 1 do artigo 201.° da Constituição, o Governo decreta o seguinte:

Título I
Disposições gerais

Capítulo I
Âmbito de aplicação

Artigo 1.°
Âmbito de aplicação

1. O presente diploma disciplina o regime jurídico de revelação e aproveitamento de bens naturais existentes na crosta terrestre, genericamente designados por recursos geológicos, integrados ou não no domínio público, com excepção das ocorrências de hidrocarbonetos.

2. Integram-se no domínio público do Estado os recursos geológicos que no presente diploma são designados por:

a) Depósitos minerais;
b) Recursos hidrominerais;
c) Recursos geotérmicos.

3. Não se integram no domínio público do Estado, podendo ser objecto de propriedade privada ou outros direitos reais, os recursos geológicos que no presente decreto-lei são designados por:

a) Massas minerais;

b) Águas de nascente.

ARTIGO 2.º
Depósitos minerais

1. Para efeitos do presente diploma, entende-se por depósitos minerais todas as ocorrências minerais existentes em território nacional e nos fundos marinhos da zona económica exclusiva que, pela sua raridade, alto valor específico ou importância na aplicação em processos industriais das substâncias nelas contidas, se apresentam com especial interesse para a economia nacional.

2. Ao aproveitamento de depósitos minerais existentes em fundos marinhos da zona económica exclusiva são aplicáveis as disposições do presente decreto-lei e demais legislação especial.

ARTIGO 3.º
Recursos hidrominerais

1. Para efeitos deste diploma, entende-se por recursos hidrominerais:

a) As águas minerais naturais;

b) As águas mineroindustriais.

2. Água mineral natural é uma água considerada bacteriologicamente própria, de circulação profunda, com particularidades físico-químicas estáveis na origem dentro da gama de flutuações naturais, de que resultam propriedades terapêuticas ou simplesmente efeitos favoráveis à saúde.

3. As águas mineroindustriais são águas naturais subterrâneas que permitem a extracção económica de substâncias nelas contidas.

4. A qualificação técnica dos recursos hidrominerais consta de regulamento próprio, aprovado mediante decreto-lei.

ARTIGO 4.º
Recursos geotérmicos

Para efeitos deste diploma, entende-se por recursos geotérmicos os fluidos e as formações geológicas do subsolo, de temperatura elevada, cujo calor seja susceptível de aproveitamento.

Artigo 5.º
Massas minerais

Para efeitos do presente diploma, entende-se por massas minerais as rochas e as ocorrências minerais não qualificadas legalmente como depósito mineral.

Artigo 6.º
Águas de nascente

Para efeitos do presente diploma, entende-se por águas de nascente as águas subterrâneas naturais que se não integrem no conceito de recursos hidrominerais, desde que na origem se conservem próprias para beber.

Artigo 7.º
Concorrência de qualificações

Quando um recurso geológico corresponda a mais de uma das qualificações legalmente definidas, ser-lhe-á aplicável o regime próprio da que lhe conferir maior importância económica e contemple, na exploração, o aproveitamento possível de todas as suas potencialidades.

Capítulo II
Da revelação e aproveitamento dos recursos

Artigo 8.º
Áreas reservadas

O território nacional e a zona económica exclusiva compreendem, para efeitos de revelação e aproveitamento dos recursos que se integram no domínio público, dois tipos de áreas:

a) Áreas reservadas, definidas como aquelas sobre as quais incidem direitos decorrentes de licenças de prospecção e pesquisa ou direitos de exploração;

b) Áreas disponíveis, as restantes.

Artigo 9.º
Direitos sobre recursos do domínio público

1. Quanto aos recursos que se integram no domínio público, podem ser constituídos os seguintes direitos:

469   *Apêndice 3.º – Decreto-Lei n.º 90/90, de 16/3*

a) De prospecção e pesquisa, permitindo a prática de operações visando a descoberta de recursos e a determinação das suas características, até à revelação da existência de valor económico;

b) De exploração, permitindo o exercício da actividade posterior à prospecção e pesquisa, ou seja, o aproveitamento económico dos recursos.

2. Os direitos referidos no número anterior, para prospecção e pesquisa ou concessão de exploração, adquirem-se por contratos administrativos, os quais são obrigatoriamente reduzidos a escrito.

3. O Estado, através dos serviços competentes, pode executar trabalhos de prospecção e pesquisa, visando a descoberta de quaisquer recursos geológicos.

Artigo 10.º
Licença de estabelecimento

1. A exploração dos recursos que não se integram no domínio público do Estado depende da obtenção de prévia licença de estabelecimento, nos termos legais.

2. A licença de estabelecimento apenas pode ser concedida:

a) Ao proprietário do prédio;

b) A terceiro, se tiver celebrado contrato de exploração com o proprietário, nos termos legais.

Artigo 11.º
Designação dos estabelecimentos

1. Os estabelecimentos de exploração de massas minerais tomam a designação legal de pedreiras.

2. Os estabelecimentos de exploração de águas de nascente tomam a designação legal de explorações de nascente.

Artigo 12.º
Protecção dos recursos e condicionamentos às actividades

1. Deve ser assegurada a conveniente protecção dos recursos geológicos com vista ao seu aproveitamento.

2. Tanto na revelação como no aproveitamento de quaisquer recursos geológicos deverão ficar convenientemente salvaguardados, sempre que possível preventivamente, os seguintes interesses:

a) Das pessoas directa ou indirectamente envolvidas no exercício da actividade, incluindo os que se referem à salvaguarda da segurança e da saúde dos trabalhadores e de terceiros;

b) Das pessoas potencial ou efectivamente afectadas pelos efeitos da actividade;

c) Do racional aproveitamento de todos os recursos;

d) Da manutenção da capacidade de renovação de todos os recursos;

e) Da manutenção da estabilidade ecológica.

3. As normas para a salvaguarda da saúde, higiene e segurança dos trabalhadores envolvidos nas actividades de aproveitamento dos recursos a que se refere o presente diploma constam de legislação própria.

4. Sem prejuízo das disposições constantes de legislação própria, são desde já estabelecidos os seguintes princípios:

a) Nos casos de exploração de recursos hidrominerais, será fixado, com fundamento em estudo hidrogeológico, um perímetro de protecção para garantir a disponibilidade e características da água, bem como condições para uma boa exploração;

b) O perímetro de protecção previsto na alínea anterior abrangerá três zonas: zona imediata, zona intermédia e zona alargada;

c) Sempre que tal se justifique, poderá a atribuição de licença de estabelecimento relativa a exploração de nascente ser condicionada à constituição de um perímetro de protecção, como o referido nas alíneas anteriores.

5. A exploração e o abandono dos recursos geológicos ficam sujeitos à adequada aplicação das técnicas e normas de higiene e segurança e ao cumprimento das apropriadas medidas de protecção ambiental e recuperação paisagística, nomeadamente as que constem de planos aprovados pelas entidades competentes.

TÍTULO II
Dos direitos sobre recursos do domínio público

CAPÍTULO I
Da prospecção e pesquisa

ARTIGO 13.º
Atribuição de direitos

1. Os direitos de prospecção e pesquisa podem ser atribuídos a pessoas singulares ou colectivas que ofereçam garantias de idoneidade e capacidade técnica e financeira adequadas à natureza dos trabalhos a executar.

2. Sem prejuízo do disposto no número anterior, pode o Estado, através dos órgãos e serviços competentes, formular convite para apresentação de pro-

postas destinadas à atribuição de direitos de prospecção e pesquisa, através de concurso público ou limitado, em áreas e para recursos que definirá caso a caso.

3. Os direitos de prospecção e pesquisa incidirão sobre áreas disponíveis ou sobre áreas reservadas, desde que não se verifique incompatibilidade nas actividades de exploração de recursos decorrente de concessões já outorgadas ou a outorgar nos termos legais.

4. Na atribuição de direitos de prospecção e pesquisa constitui condição de preferência a apresentação de melhor proposta de realização desta actividade, nos termos da lei e tendo em conta o interesse público.

ARTIGO 14.º
Do contrato

1. Do contrato administrativo para o exercício de actividade de prospecção e pesquisa a celebrar entre o Estado e o interessado devem constar, para além dos direitos e obrigações recíprocos, a área e a respectiva delimitação, o prazo inicial, as condições de prorrogação, o programa de trabalhos e o plano de investimentos e demais condições que constem de legislação própria.

2. Do contrato mencionado no número anterior poderão ainda constar outras condições específicas relativas quer a prospecção e pesquisa, quer à eventual posterior exploração dos recursos.

ARTIGO 15.º
Garantia de direitos

Com a outorga do contrato para prospecção e pesquisa compete ao Estado garantir os seguintes direitos:

a) O de realizar na área e para os recursos abrangidos pela mesma os estudos e trabalhos inerentes à prospecção e pesquisa;

b) O de ocupar temporariamente os terrenos necessários à realização dos trabalhos de prospecção e pesquisa e à implantação das respectivas instalações, nos termos da lei;

c) O de obter a concessão de exploração dos recursos revelados, desde que preenchidas as condições constantes das normas legais e contratuais aplicáveis.

ARTIGO 16.º
Obrigações perante o Estado

Constituem obrigações para com o Estado, no exercício das actividades de prospecção e pesquisa, nomeadamente, as seguintes:

a) Iniciar os trabalhos no prazo de três meses a contar da celebração do contrato, salvo se outro prazo neste for convencionado;

As águas no Código Civil   472

b) Executar os trabalhos de acordo com o programa aprovado;

c) Indemnizar terceiros por todos os danos que lhes forem directamente causados em virtude das actividades de prospecção e pesquisa e executar as medidas de segurança prescritas, mesmo que aquelas tenham já cessado.

ARTIGO 17.º
Área

A área abrangida na atribuição de direitos de prospecção e pesquisa não poderá, salvo casos excepcionais de especial relevância para o exercício da actividade, ser superior a 1 000 km².

ARTIGO 18.º
Período de vigência

O período de vigência de cada contrato de prospecção e pesquisa, incluindo as suas eventuais prorrogações, não poderá exceder, salvo casos especiais, devidamente justificados:

a) Cinco anos, para os depósitos minerais;

b) Três anos, para os recursos hidrominerais ou geotérmicos.

ARTIGO 19.º
Prorrogações

De acordo com os termos fixados no respectivo contrato administrativo, em cada prorrogação será necessariamente tornada área disponível parte da área inicialmente abrangida.

ARTIGO 20.º
Extinção do contrato

O contrato de prospecção e pesquisa extingue-se:

a) Por caducidade;

b) Por acordo entre as partes;

c) Por rescisão declarada pelo Estado, sempre que se verifique o não cumprimento das obrigações legais ou contratuais;

d) Por rescisão declarada pela outra parte, quando, com base nos trabalhos já executados, faça prova, técnica ou económica, perante a entidade competente da inviabilidade prática da revelação de recursos na área abrangida.

Capítulo II
Da exploração

Artigo 21.º
Atribuição de concessão

1. A concessão de exploração é atribuída, tendo em atenção o disposto na alínea c) do artigo 15.º, mediante requerimento, desde que se encontrem satisfeitos os respectivos requisitos legais e contratuais.

2. Independentemente da existência de prévia prospecção e pesquisa, podem ser concedidos direitos de exploração sobre recursos:

a) Sitos em áreas disponíveis;

b) Sitos em áreas abrangidas por direitos de prospecção e pesquisa relativamente a recursos não abrangidos pelos respectivos contratos, quando se não verifique incompatibilidade do exercício de actividades.

3. A atribuição directa de direitos, nos termos do n.º 2, pode resultar de requerimento dos interessados ou de convite formulado pelo Estado, constituindo, contudo, em qualquer caso, condição de preferência a apresentação de proposta de maior valorização dos recursos a realizar pelo concessionário.

Artigo 22.º
Concessão de exploração

1. Do contrato de concessão de exploração constarão, para além dos direitos e obrigações recíprocos, a área abrangida, o prazo, as condições exigidas para eventuais prorrogações e condições específicas de cada caso.

2. A concessão é outorgada quando houver sido revelada a existência de recursos susceptíveis de exploração rendível, na sequência de contrato de prospecção e pesquisa ou de atribuição directa, nos termos dos n.ᵒˢ 2 e 3 do artigo anterior.

3. Se os recursos revelados, pela natureza da sua composição ou pelo modo da sua ocorrência, não apresentarem as condições necessárias para o imediato estabelecimento de uma exploração normal, poderá ser concedido ao interessado, mediante a celebração de contrato, um período de exploração experimental.

4. No contrato a que se refere o número anterior serão estabelecidos o prazo e demais condicionalismos da exploração e subsequentes estudos complementares, tendo em vista a concessão prevista n.º 1 do presente artigo.

As águas no Código Civil   474

Artigo 23.°
Direitos dos concessionários

1. Os concessionários terão, nomeadamente, os seguintes direitos:
a) O de explorar os recursos nos termos da lei e do respectivo contrato;
b) O de comercializar todos os produtos resultantes da exploração;
c) O de usar, observando os condicionalismos legais, as águas e outros bens do domínio público que não se acharem aproveitados ou possuídos por outro título legítimo;
d) O de contratar com outrem a execução de trabalhos especiais ou prestação de assistência técnica, desde que tais acordos não envolvam uma transferência de responsabilidades inerentes à sua condição de concessionário;
e) O de requerer a expropriação por utilidade pública e urgente dos terrenos necessários à realização dos trabalhos e à implantação dos respectivos anexos, ainda que fora da área demarcada, ficando os mesmos afectos à concessão;
f) O de obter a constituição a seu favor por acto administrativo das servidões necessárias à exploração dos recursos;
g) O de preferir na venda ou dação em cumprimento de prédio rústico ou urbano existente na área demarcada, desde que a aquisição dessa propriedade se mostre indispensável à exploração e não exista sobre o imóvel outro direito de preferência decorrente da lei.
2. O titular de uma exploração experimental terá os direitos previstos no número anterior, com excepção dos referidos nas alíneas *e*) e *g*), e poderá ainda ocupar temporariamente, mediante retribuição aos respectivos titulares, os terrenos necessários à execução dos trabalhos e à implantação dos respectivos anexos.

Artigo 24.°
Obrigações dos concessionários

1. Constituem obrigações dos concessionários, nomeadamente, as seguintes:
a) Iniciar, dentro do prazo de três meses, contados da data da celebração do respectivo contrato de concessão, os trabalhos indispensáveis à exploração, salvo se naquele contrato for fixado prazo diferente;
b) Manter a exploração em estado de constante laboração, a menos que a suspensão da mesma tenha sido prévia e devidamente autorizada;
c) Indemnizar terceiros por danos causados pela exploração;
d) Cumprir as normas e medidas de higiene e segurança do trabalho e protecção ambiental aplicáveis, ainda quando seja extinta a concessão;
e) Fazer o aproveitamento dos recursos, segundo normas técnicas adequadas e em harmonia com o interesse público do melhor aproveitamento desses bens;

475 *Apêndice 3.° – Decreto-Lei n.° 90/90, de 16/3*

f) Explorar, sempre que possível, os recursos do domínio público que sejam revelados na área demarcada com reconhecido valor económico e desde que se verifique compatibilidade de exploração;

g) Apresentar, com a periodicidade que lhes for fixada pela entidade concedente, elementos de informação relativos ao conhecimento do recurso, devendo esta fundamentar a periodicidade referida;

h) Tratando-se de exploração de depósitos minerais, não fazer lavra ambiciosa, comprometendo, desse modo, o melhor aproveitamento económico dos recursos.

2. Sobre os titulares de explorações experimentais impendem, para além das obrigações estabelecidas no número anterior, a de executar, com continuidade e persistência, os trabalhos de reconhecimento dos recursos, por forma a definir no prazo fixado as suas características.

Artigo 25.°
Demarcação da concessão

1. Designa-se por demarcação a linha, normalmente poligonal, que à superfície delimita a área na qual se exercem, em exclusivo, os direitos de exploração.

2. A delimitação em profundidade é dada pelas verticais de todos os pontos da linha que constitui a demarcação.

3. A área demarcada poderá ser reduzida ou alargada por acordo entre o Estado e o concessionário sempre que daí resultem benefícios para a exploração.

4. Ao concessionário é reconhecido o direito de exigir aos proprietários dos terrenos confinantes com a área de concessão que concorram para a implantação da demarcação.

5. É aplicável nas explorações a céu aberto o disposto nos n.ºs 1 e 2 do artigo 38.°

Artigo 26.°
Integração de concessões

1. A requerimento dos respectivos concessionários, pode ser estabelecida para a exploração de recursos da mesma natureza uma única demarcação para a totalidade ou parte das áreas abrangidas por concessões contíguas ou vizinhas, a qual ficará a corresponder, para todos os efeitos legais, a uma só concessão, mas sujeita a nova demarcação e a novo contrato.

2. Por resolução do Conselho de Ministros, sob proposta do membro do Governo competente, pode ser determinada, a título excepcional, a integração de concessões vizinhas numa única concessão quando daí resulte um mais econó-

As águas no Código Civil

mico e racional aproveitamento dos respectivos recursos e, assim, um claro benefício para a economia nacional ou regional.

3. Na falta de acordo entre a totalidade ou parte dos respectivos concessionários, poderão ser resgatadas, nos termos do estabelecido na alínea *e*) do artigo 29.º, as concessões que constituam obstáculo à integração, atribuindo-se a nova concessão à entidade constituída segundo as condições constantes da decisão de integração.

4. No caso previsto na parte final do número anterior serão os encargos resultantes de eventuais resgates suportados pela entidade à qual for atribuída a nova concessão.

ARTIGO 27.º

Anexos da exploração

1. Salvo exclusão expressa constante da lei ou contrato, são considerados «anexos» as instalações para serviços integrantes ou complementares da exploração pertencentes aos concessionários, situem-se ou não dentro da área demarcada.

2. Os anexos serão sujeitos a licenciamento e fiscalização próprios.

3. Os anexos, sendo embora da titularidade do respectivo concessionário, só poderão ser transmitidos, alienados ou, exceptuada a constituição de hipoteca, onerados separadamente mediante prévia e expressa autorização do membro do Governo competente.

4. A violação do disposto no número anterior determina a nulidade dos actos nele referidos.

ARTIGO 28.º

Suspensão de exploração

1. A interrupção de laboração ou a sua redução a nível inferior ao normal, quando não tenham carácter ocasional ou sazonal, são consideradas, para os efeitos previstos no presente diploma, suspensão de exploração.

2. A suspensão de exploração é autorizada pelo membro do Governo competente quando tenha resultado directamente de razões de força maior, devidamente comprovadas.

3. A suspensão de exploração poderá ainda ser autorizada quando respeite a recursos que possam ser considerados como reserva adequada de outros em exploração pelo mesmo concessionário.

4. A autorização da suspensão de exploração reportar-se-á sempre à data em que foi requerida e será válida até ao final do ano civil no qual foi concedida, podendo ser renovada, de igual modo, a requerimento do interessado.

477 *Apêndice 3.º – Decreto-Lei n.º 90/90, de 16/3*

5. O concessionário, ainda quando autorizada a suspensão de exploração, manter-se-á responsável pela conservação das instalações essenciais da exploração, devendo, nessa conformidade, adoptar todas as medidas que para tal se configurem necessárias.

Artigo 29.º
Extinção do contrato

Os contratos administrativos pelos quais são outorgados direitos de exploração podem extinguir-se:

a) Por caducidade;

b) Por acordo entre as partes;

c) Por rescisão declarada pelo Estado, nos casos especialmente previstos no próprio contrato ou quando se verifique o não cumprimento das obrigações mencionadas no artigo 24.º;

d) Por rescisão declarada pelo titular da concessão, nos casos especialmente previstos no próprio contrato;

e) Por resgate, mediante indemnização, de montante calculado em atenção às circunstâncias do caso concreto e ao valor dos bens indispensáveis ao exercício da exploração.

Artigo 30.º
Comercialização e trânsito

1. Qualquer operação de comercialização ou valorização dos produtos da exploração está sujeita a fiscalização.

2. É proibida a exportação, a venda ou qualquer transmissão, ainda que a título gratuito, dos produtos que não sejam provenientes de explorações autorizadas ou legalmente importados.

3. Mediante prévia autorização do membro do Governo competente, poderá ser admitida, todavia, na vigência do contrato de prospecção e pesquisa de depósitos minerais a exportação de minérios ou terras destinados exclusivamente a análise ou ensaios industriais.

4. Os minérios não podem transitar sem se encontrarem devidamente acompanhados de guias de trânsito, para efeitos estatísticos e de fiscalização.

Artigo 31.º
Ocupação de imóveis do domínio público

Sempre que na área abrangida pela concessão se encontrem imóveis que se integrem no domínio público e cuja ocupação seja considerada pelo concessioná-

As águas no Código Civil 478

rio e reconhecida pelo membro do Governo competente como necessária para efeitos da exploração, sobrepondo-se esta utilidade àquela a que tais imóveis se achem afectos, a concessão abrangerá também os referidos imóveis, sem prejuízo do pagamento da adequada e devida retribuição.

TÍTULO III
Das restrições ao regime de direito privado

CAPÍTULO I
Da ocupação, expropriação e servidão

ARTIGO 32.º
Ocupação temporária de terrenos para prospecção e pesquisa

Os proprietários dos terrenos cuja ocupação se mostre necessária à execução de trabalhos de prospecção e pesquisa ou exploração temporária não podem opor-se a essa ocupação, mas têm o direito ao recebimento de uma retribuição adequada e a que lhes seja prestada caução destinada a cobrir eventuais prejuízos dali decorrentes.

ARTIGO 33.º
Período de ocupação

1. A ocupação temporária prevista no artigo anterior deverá cessar no prazo de 30 dias a contar da data em que se extinguir o contrato que a legitimou, salvo o disposto no número seguinte.

2. No caso de vir a ser posteriormente outorgada concessão, mantém-se o direito de ocupação temporária pelo tempo necessário à efectivação do arrendamento, compra ou expropriação, nos termos do artigo 34.º, devendo, contudo, no prazo máximo de um ano sobre a data prevista no número anterior, ser estabelecido acordo para arrendamento ou compra ou ser requerida a respectiva expropriação.

3. A desocupação do terreno envolve para as entidades licenciadas ou concessionárias previstas no número anterior as seguintes obrigações:

a) De remoção de instalações e construções, bem como o adequado tratamento de detritos produzidos;

b) De recuperação ambiental possível da área, nela se incluindo, sendo caso disso, a reconstituição do solo e do coberto vegetal.

Artigo 34.º
Expropriação de terrenos

1. É permitida a expropriação por utilidade pública dos terrenos necessários à exploração de massas minerais ou de águas de nascente quando nisso se reconheça existir interesse relevante para a economia nacional ou regional.

2. A expropriação poderá ser operada a favor do Estado ou de qualquer outra pessoa jurídica, singular ou colectiva, interessada na exploração.

3. O direito a requerer a expropriação de terrenos necessários à exploração de bens do domínio público é inerente à qualidade de concessionário, nos termos da lei geral.

Artigo 35.º
Servidão administrativa

O prédio no qual se localize uma pedreira ou uma exploração de nascente e, bem assim, os prédios vizinhos podem ser objecto de servidão administrativa, em razão do interesse económico da exploração.

Capítulo II
Das outras restrições

Artigo 36.º
Áreas de reserva

1. Quando as circunstâncias assim o aconselharem, poderá o Governo, mediante decreto regulamentar, definir áreas de reserva para o aproveitamento de recursos geológicos de especial interesse para a economia nacional ou regional, com vista a impedir ou minorar efeitos prejudiciais para a sua exploração.

2. O decreto regulamentar definirá, em cada caso, a área de reserva, restrições e condicionalismos a observar.

Artigo 37.º
Áreas cativas

Quando a exploração de determinadas massas minerais deva considerar-se de relevante interesse para a economia nacional ou regional, poderá o Governo declarar cativas as áreas nas quais tais massas minerais se localizem e impor condições especiais para a sua exploração.

As águas no Código Civil 480

ARTIGO 38.º
Zonas de defesa

1. Fica vedada a exploração de massas minerais em zonas de terreno que circundem edifícios, obras, instalações, monumentos, acidentes naturais, áreas ou locais classificados de interesse científico ou paisagístico, dentro dos limites que legalmente sejam definidos.

2. A construção de obras a que seja inerente, nos termos do número anterior, uma zona de defesa que afecte pedreiras já em exploração carece de autorização prévia, a conceder por despacho conjunto dos Ministros do Planeamento e da Administração do Território e da Indústria e Energia.

3. A autorização referida no número anterior será sempre precedida da audição dos interessados e poderá determinar a cessação da actividade da pedreira ou o seu condicionamento, mediante o pagamento de justa indemnização pelos prejuízos causados.

ARTIGO 39.º
Explorações simultâneas

1. Quando a exploração de massas minerais possa afectar a exploração de recursos do domínio público, a Administração, pelas entidades competentes, decidirá se é ou não viável a sua exploração simultânea.

2. No caso de ser julgada viável a exploração simultânea mediante a execução de obras determinadas pelas entidades competentes da Administração, ouvidos os interessados, serão as mesmas executadas e os seus custos equitativamente repartidos por aqueles.

3. No caso de ser inviável a exploração simultânea, a Administração, pelas entidades competentes, decidirá qual das explorações deve manter-se para melhor prossecução do interesse público, havendo lugar a indemnização do lesado, a suportar integralmente pela outra parte.

ARTIGO 40.º
Sobreposição de direitos e expectativas

Quando na área abrangida por um contrato de prospecção e pesquisa de depósitos minerais se localize uma ocorrência de massas minerais objecto de licença de estabelecimento já atribuída ou requerida e se torne necessário efectuar trabalhos dentro da zona objecto de atribuição ou prevista para esta exploração, não poderão os mesmos ser iniciados sem prévio acordo escrito entre o explorador da pedreira ou requerente da licença de estabelecimento e o titular de direitos de prospecção e pesquisa, por forma que as relações entre ambos fiquem perfeitamente reguladas, no sentido da sua justa harmonização.

481 *Apêndice 3.º – Decreto-Lei n.º 90/90, de 16/3*

ARTIGO 41.º
Produtos de pedreiras

Quando necessário para a realização de obras públicas, poderá a Administração, pelas entidades competentes, mediante acordo com o explorador da respectiva pedreira, adquirir os produtos resultantes da exploração da mesma.

ARTIGO 42.º
Zona imediata de protecção

1. Na zona imediata referida na alínea *b*) do n.º 4 do artigo 12.º são proibidos, salvo o disposto no n.º 3 seguinte:

a) As construções de qualquer espécie;

b) As sondagens e trabalhos subterrâneos;

c) A realização de aterros, desaterros ou de outras operações que impliquem ou tenham como efeito modificações no terreno;

d) A utilização de adubos orgânicos ou químicos, insecticidas, pesticidas ou quaisquer outros produtos químicos;

e) O despejo de detritos e de desperdícios e a constituição de lixeiras;

f) A realização de trabalhos para a condução, tratamento ou recolha de esgotos.

2. Na zona imediata ficam condicionados a prévia autorização das entidades competentes da Administração o corte de árvores e arbustos, a destruição de plantações e a demolição de construções de qualquer espécie.

3. As obras e os trabalhos a que se referem as alíneas *a*), *b*), *c*) e *f*) do n.º 1, quando aproveitem à conservação e exploração do recurso, poderão ser autorizados pelas entidades competentes da Administração.

ARTIGO 43.º
Zona intermédia de protecção

Na zona intermédia referida na alínea *b*) do n.º 4 do artigo 12.º são proibidas as actividades referidas nos n.ºs 1 e 2 do artigo anterior, salvo quando devidamente autorizadas pela entidade competente da Administração, se da sua prática, comprovadamente, não resultar interferência no recurso ou dano para a exploração.

ARTIGO 44.º
Zona alargada de protecção

Por despacho do Ministro da Indústria e Energia poderão ser proibidas na zona alargada referida na alínea *b*) do n.º 4 do artigo 12.º as actividades mencio-

As águas no Código Civil   482

nadas nos n.ᵒˢ 1 e 2 do artigo 42.º quando estas representem riscos de interferência ou contaminação para o recurso.

Título IV
Disposições transitórias e finais

Capítulo I
Transição de regimes jurídicos

Artigo 45.º
Registos anteriores

1. Ficam ressalvados os direitos emergentes de registos de manifestos efectuados até à data da entrada em vigor do presente diploma.

2. A atribuição das correspondentes concessões reger-se-á pelo disposto no presente diploma e legislação complementar.

Artigo 46.º
Concessões anteriores

1. O regime das concessões existentes passará a ser o previsto neste diploma, devendo ser celebrados os respectivos contratos, sem prejuízo dos direitos adquiridos.

2. Será concedido, em casos justificados, o período de adaptação que se mostre indispensável.

3. Os concessionários cuja exploração se encontre suspensa, quer tal suspensão se ache ou não autorizada, deverão comunicar, justificando, à Direcção-Geral de Geologia e Minas, no prazo de 180 dias contados da data de entrada em vigor deste decreto-lei, se se encontram ou não em condições de reiniciar a exploração e, em caso afirmativo, juntar o respectivo programa de trabalhos a que se obrigam, para aprovação, com indicação da data do seu início.

4. Na falta de cumprimento do disposto no número anterior ou nos casos de não aprovação do programa de trabalhos ou não procedência da justificação apresentada, o concessionário será intimado a pronunciar-se num prazo de 45 dias, sob pena de revogação do respectivo alvará ou rescisão do respectivo contrato.

Artigo 47.º
Títulos anteriores para prospecção e pesquisa

Os títulos de prospecção e pesquisa existentes à data da entrada em vigor do presente decreto-lei passam a reger-se pelo que nele se dispõe, sem prejuízo dos direitos adquiridos.

Artigo 48.º
Áreas cativas existentes

Todas as áreas declaradas cativas para o Estado ao abrigo da legislação anterior passam a ser consideradas áreas disponíveis, excepto nas parcelas sobre as quais incidam direitos de prospecção, pesquisa ou exploração.

Capítulo II
Disposições finais

Artigo 49.º
Intransmissibilidade

1. As posições contratuais nas fases de prospecção e pesquisa ou de exploração são intransmissíveis, salvo prévia e expressa autorização do membro do Governo competente.

2. A morte de pessoa singular ou a extinção de pessoa colectiva que seja titular de qualquer das posições contratuais a que se refere o número anterior não determina a sua transmissão, mas apenas a do valor patrimonial que lhe corresponda.

3. Nos casos previstos nos números anteriores, as posições contratuais neles consideradas serão atribuídas na sequência de convite para apresentação de propostas, fixando-se previamente o valor da posição contratual em causa, calculada tendo em conta as circunstâncias do caso concreto e o valor dos bens envolvidos.

Artigo 50.º
Hipoteca

1. Sobre os direitos resultantes das concessões de exploração, bem como sobre as instalações acessórias, apenas pode ser constituída hipoteca para garantia de créditos destinados a trabalhos de exploração, devendo tal facto ser tempestivamente comunicado à Direcção-Geral de Geologia e Minas.

As águas no Código Civil 484

2. Quando haja lugar a execução da hipoteca, o processo seguirá os seus termos, segundo a lei geral, até à arrematação, que será feita, através da Direcção-Geral de Geologia e Minas, por concurso público e com fixação do valor do objecto da hipoteca.

ARTIGO 51.º
Regulamentação

Cada uma das categorias de recursos geológicos previstas no artigo 2.º será objecto de regulamentação própria, a aprovar por decreto-lei.

ARTIGO 52.º
Aplicação às regiões autónomas

O disposto no presente diploma é aplicável às Regiões Autónomas dos Açores e da Madeira, sem prejuízo das competências dos respectivos órgãos de governo próprio e de diploma regional adequado que lhe introduza as necessárias adaptações.

ARTIGO 53.º
Entrada em vigor

O presente decreto-lei entra em vigor, para cada uma das espécies de recursos referidos no artigo 1.º, simultaneamente com a legislação referida no artigo 51.º

ARTIGO 54.º
Norma revogatória

Com a entrada em vigor do presente decreto-lei e legislação referida no artigo 51.º ficam revogados, na parte aplicável, os seguintes diplomas:
Decreto com força de lei n.º 15401, de 17 de Abril de 1928;
Decreto n.º 18713, de 1 de Agosto de 1930;
Decreto-Lei n.º 29725, de 28 de Junho de 1939;
Decreto n.º 30072, de 10 de Novembro de 1939;
Decreto n.º 30597, de 17 de Julho de 1940;
Decreto n.º 31218, de 15 de Abril de 1941;
Decreto-Lei n.º 31636, de 12 de Novembro de 1941;
Decreto-Lei n.º 36367, de 23 de Junho de 1947;

Decreto-Lei n.º 48093, de 7 de Dezembro de 1967;
Decreto-Lei n.º 48828, de 2 de Janeiro de 1969;
Artigos 1.º a 4.º do Decreto-Lei n.º 48935, de 27 de Março de 1969;
Decreto-Lei n.º 560-C/76, de 16 de Junho;
Decreto-Lei n.º 292/80, de 16 de Agosto;
Decreto-Lei n.º 227/82, de 14 de Junho;
Decreto Regulamentar n.º 71/82, de 26 de Outubro;
Decreto-Lei n.º 196/88, de 31 de Maio.

Visto e aprovado em Conselho de Ministros de 28 de Dezembro de 1989. – *Aníbal António Cavaco Silva. Vasco Joaquim Rocha Vieira. Lino Dias Miguel. Eurico Silva Teixeira de Melo. Miguel José Ribeiro Cadilhe. Luís Francisco Valente de Oliveira. Joaquim Fernando Nogueira. Álvaro Roque de Pinho Bissaia Barreto. Nuno Manuel Franco Ribeiro da Silva. Roberto Artur da Luz Carneiro. João Maria Leitão de Oliveira Martins. Maria Leonor Couceiro Pizarro Beleza de Mendonça Tavares. José Albino da Silva Peneda. Joaquim Martins Ferreira do Amaral.*

Promulgado em 23 de Fevereiro de 1990.

Publique-se.

O Presidente da República, MÁRIO SOARES.

Referendado em 2 de Março de 1990.

O Primeiro-Ministro, *Aníbal António Cavaco Silva.*

DECRETO-LEI N.° 46/94,

de 22 de Fevereiro

REGIME JURÍDICO DA UTILIZAÇÃO DO DOMÍNIO HÍDRICO SOB JURISDIÇÃO DO INSTITUTO DA ÁGUA

(Nota: este diploma sofreu alterações aos arts. 45.°, 46.°, 47.° e 48.° pelo D.L. n.° 234/98, de 22/07)

Com o presente diploma pretende o Governo rever, actualizar e unificar o regime jurídico da utilização do domínio hídrico, sob jurisdição do Instituto da Água.

Com efeito, tal revisão torna-se imprescindível, já que a legislação actualmente em vigor, para além de dispersa, mostra-se desactualizada, encontrando-se muitas das suas normas consagradas no Regulamento dos Serviços Hidráulicos de 1892 e na Lei de Águas de 1919.

O presente diploma pretende reunir, de forma coerente, as utilizações do domínio hídrico, quer público, quer privado, sujeitas a licenciamento e sob jurisdição do Instituto da Água, contando para tal com as regras definidas ao nível do Plano Nacional da Água e dos planos de bacia hidrográfica.

Distinguem-se 13 utilizações do domínio hídrico que necessitam de ser tituladas por licença ou contrato de concessão.

A licença caracteriza-se pela sua precariedade e pode ser atribuída por um prazo máximo de 10 anos ou de 35 anos, consoante as utilizações. Nos casos em que a licença é atribuída por período superior a 5 anos, é precedida de um processo de inquérito público. O contrato de concessão, que pode atingir um prazo máximo de 75 anos, é, por regra, precedido de concurso público e caracteriza-se por ser um verdadeiro contrato administrativo com direitos e deveres específicos das partes contratantes.

Procura-se, deste modo, instituir uma gestão eficaz dos recursos hídricos, baseada na articulação de utilizações distintas da água e terrenos com ela conexos, incluindo as águas subterrâneas, sujeita ao princípio do licenciamento da utilização do domínio hídrico.

Foram ouvidos os órgãos de governo próprio das Regiões Autónomas dos Açores e da Madeira e a Associação Nacional de Municípios Portugueses.

As águas no Código Civil 488

Assim:

No uso da autorização legislativa concedida pelo artigo 2.º da Lei n.º 62/93, de 20 de Agosto, e nos termos das alíneas *a*) e *b*) do n.º 1 do artigo 201.º da Constituição, o Governo decreta o seguinte:

CAPÍTULO I
Disposições gerais

ARTIGO 1.º
Objecto

O presente diploma estabelece o regime da utilização do domínio hídrico, sob jurisdição do Instituto da Água (INAG).

ARTIGO 2.º
Âmbito

1. O domínio hídrico abrange, para efeitos do presente diploma, os terrenos das faixas da costa e demais águas sujeitas à influência das marés, nos termos do artigo 1.º do Decreto-Lei n.º 201/92, de 29 de Setembro, as correntes de água, lagos ou lagoas, com seus leitos, margens e zonas adjacentes, nos termos do Decreto-Lei n.º 468/71, de 5 de Novembro, com o respectivo subsolo e espaço aéreo correspondente, bem como as águas subterrâneas.

2. O domínio hídrico referido no número anterior compreende o domínio público hídrico estabelecido no artigo 1.º do Decreto n.º 5 787-IIII, de 10 de Maio de 1919, e o domínio hídrico privado estabelecido nos artigos 1385.º e seguintes do Código Civil.

ARTIGO 3.º
Utilizações sujeitas a título de utilização

1. Para efeitos do presente diploma, carecem de título de utilização, qualquer que seja a natureza e personalidade jurídica do utilizador, as seguintes utilizações do domínio hídrico:

a) A captação de águas;
b) A rejeição de águas residuais;
c) As infra-estruturas hidráulicas;
d) A limpeza e desobstrução de linhas de água;
e) A extracção de inertes;
f) As construções;

489   *Apêndice 3.° – Decreto-Lei n.° 46/94, de 22/2*

g) Os apoios de praia e equipamentos;
h) Os estacionamentos e acessos;
i) As culturas biogenéticas;
j) As marinhas;
l) A navegação e competições desportivas;
m) A flutuação e estruturas flutuantes;
n) A sementeira, plantação e corte de árvores.
2. O presente diploma não se aplica aos recursos hidrominerais, geotérmicos e águas de nascente a que se refere o Decreto-Lei n.° 90/90, de 16 de Março.

Artigo 4.°
Requisitos gerais do título de utilização

1. São requisitos gerais do título de utilização:
a) O respeito pelo disposto no Plano Nacional da Água e pelos planos de bacia hidrográfica;
b) O respeito pelo disposto nos planos regionais de ordenamento do território e nos planos municipais de ordenamento do território;
c) O respeito pelo disposto nos planos de ordenamento de albufeiras classificadas;
d) O respeito pelo disposto nos planos de ordenamento da orla costeira;
e) O respeito pelas zonas delimitadas como áreas protegidas;
f) Nos casos previstos na lei, a apresentação de um estudo de impacte ambiental.
2. O título de utilização deve prever que o utilizador se abstenha da prática de actos ou actividades que causem a exaustão ou a degradação dos recursos hídricos e outros impactes negativos sobre o meio hídrico da prática de actos ou actividades que inviabilizem usos alternativos considerados prioritários.

Capítulo II
Dos títulos de utilização

Secção I
Disposições gerais

Artigo 5.°
Formas de utilização

1. A utilização privativa do domínio hídrico a que se refere o presente diploma é titulada por licença ou por contrato de concessão.

As águas no Código Civil   490

2. A licença é atribuída pela respectiva direcção regional do ambiente e recursos naturais (DRARN) e o contrato de concessão é autorizado pelo Ministro do Ambiente e Recursos Naturais.

3. Os titulares de licenças ou concessões de utilização do domínio público hídrico, no âmbito do presente diploma, estão sujeitos ao pagamento de taxas, nos termos fixados em legislação própria.

4. A atribuição de qualquer título de utilização é precedida da emissão de parecer por parte das entidades competentes, nos termos da legislação em vigor, cabendo à DRARN remeter-lhes a documentação necessária para o efeito.

ARTIGO 6.°
Licença de utilização do domínio hídrico

A licença de utilização do domínio hídrico é conferida a título precário, podendo ser outorgada pelos prazos máximos de 10 ou 35 anos, consoante os usos licenciados, estando sujeita a inquérito público a licença atribuída por prazo superior a 10 anos.

ARTIGO 7.°
Conteúdo das licenças

1. Da licença deve constar:
a) A identificação do seu titular;
b) A indicação da finalidade da utilização;
c) A situação exacta do local da utilização;
d) O prazo da licença;
e) A obrigatoriedade do cumprimento das normas de qualidade;
f) A obrigatoriedade de pagamento ou isenção, total ou parcial, da taxa de utilização.

2. A licença atribuída pelo prazo máximo de 10 anos é titulada por alvará entregue ao interessado mediante termo de responsabilidade, no qual devem constar os elementos referidos no número anterior.

3. A atribuição de licença pelo prazo máximo de 35 anos é titulada por alvará, entregue mediante termo de responsabilidade que, para além do referido no n.° 1, deve conter outros elementos fundamentais relativos à utilização atribuída.

4. O inquérito público referido no artigo anterior é aberto pela DRARN através de afixação de editais nos lugares de estilo e, se necessário, mediante aviso publicado em dois dos jornais mais lidos no concelho, um dos quais de âmbito nacional.

5. O período de inquérito público e de exposição do projecto, a anunciar com a antecedência mínima de 8 dias, não pode ser inferior a 30 dias.

491   *Apêndice 3.° – Decreto-Lei n.° 46/94, de 22/2*

6. As reclamações são entregues na DRARN respectiva no prazo máximo de 30 dias a contar da publicação dos editais referidos no n.° 1, devendo aquela decidir no prazo de 30 dias a contar da entrega das reclamações.

7. Findo o prazo estipulado na primeira parte do número anterior sem que sejam enviadas quaisquer reclamações à DRARN, prossegue o processo de atribuição de licença.

ARTIGO 8.°

Decurso do prazo

1. Findo o prazo da licença, as instalações desmontáveis devem ser removidas pelo respectivo titular no prazo que lhe for fixado; as obras executadas e as instalações fixas devem ser demolidas, salvo se a Administração optar pela reversão a título gratuito a seu favor, sem prejuízo de legislação especial.

2. Em caso de demolição, deve o titular da licença repor a situação que existia anteriormente à execução das obras.

ARTIGO 9.°

Concessão de utilização do domínio hídrico

1. A utilização do domínio hídrico pode ser atribuída mediante contrato de concessão a celebrar entre a Administração e o interessado, pelo prazo máximo de 75 anos.

2. A competência atribuída ao Ministro do Ambiente e Recursos Naturais para autorizar a celebração dos contratos de concessão é susceptível de delegação no presidente do INAG.

3. A iniciativa para a atribuição da concessão pode ser privada ou pública.

4. São os seguintes os elementos essenciais a incluir no programa do concurso público, quando a ele houver lugar:

a) A identificação da entidade concedente;

b) A composição da comissão de avaliação das propostas;

c) Os prazos de prestação de esclarecimentos adicionais e de recepção das propostas;

d) A forma jurídica a adoptar pelos concorrentes;

e) Os requisitos de admissibilidade respeitantes às exigências técnicas, económicas e financeiras mínimas;

f) A obrigatoriedade da redacção das propostas em língua portuguesa;

g) O montante da caução a prestar, quando exigida;

h) O prazo de validade das propostas;

i) A data, o local, a hora e as pessoas autorizadas a assistir à abertura das propostas;

As águas no Código Civil   492

j) As entidades cujo parecer deve ser obtido pela comissão de avaliação, se for caso disso;

l) O prazo de avaliação;

m) O critério de adjudicação;

n) O prazo de adjudicação.

ARTIGO 10.º
Contrato de concessão

1. O contrato de concessão de utilização do domínio hídrico deve mencionar todos os direitos e obrigações das partes contratantes, bem como o seu objecto e prazo de validade.

2. A concessão confere ao seu titular a utilização exclusiva, para os fins e com os limites consignados no respectivo contrato, dos bens objecto da concessão e o direito de utilizar, nos termos da lei, terrenos privados de terceiros para realização dos estudos, pesquisas e sondagens necessários, mediante indemnização dos prejuízos causados.

3. Em todos os contratos de concessão deve ser referida a faculdade que assiste, nos termos da lei, à Administração de:

a) Modificar unilateralmente o conteúdo das prestações, com respeito pelo objecto da concessão e o seu equilíbrio financeiro;

b) Rescindir unilateralmente o contrato, antes do termo do prazo, por motivo de interesse público, mediante o pagamento de justa indemnização;

c) Fiscalizar o modo de execução do contrato e aplicar as sanções previstas para a sua inexecução.

ARTIGO 11.º
Decurso do prazo

Findo o prazo da concessão, as instalações desmontáveis devem ser removidas pelo respectivo titular no prazo que lhe for fixado; as obras executadas e as instalações fixas revertem gratuitamente para o Estado, sem prejuízo de legislação especial.

ARTIGO 12.º
Revogação e revisão dos títulos de utilização

1. Constituem causas de revogação das licenças e concessões, nomeadamente:

a) O não cumprimento dos requisitos gerais previstos para cada utilização;

493   *Apêndice 3.° – Decreto-Lei n.° 46/94, de 22/2*

b) A não observância das condições impostas na respectiva licença e no contrato;

c) O abandono pelo período máximo de um ano da utilização objecto da licença ou da concessão;

d) O não início da utilização no prazo de seis meses.

2. A entidade competente para atribuir o título de utilização pode proceder à revisão das condições fixadas nas licenças e concessões quando:

a) Se verifique alteração significativa das circunstâncias de facto existentes à data da sua outorga e determinantes desta;

b) Ocorram secas, catástrofes naturais ou outros casos de força maior.

ARTIGO 13.°
Transmissibilidade dos títulos de utilização

1. As licenças e concessões são transmissíveis mediante autorização da DRARN, desde que se mantenham os requisitos técnicos que presidiram à sua atribuição.

2. A transmissão é averbada à licença ou ao contrato de concessão, que para o efeito são remetidos ao novo titular.

ARTIGO 14.°
Caducidade dos títulos de utilização

Os títulos de utilização caducam:

a) Com o decurso do prazo previsto na respectiva licença ou concessão;

b) Com a morte da pessoa singular ou extinção da pessoa colectiva titulares da licença ou concessão respectiva, sem prejuízo do disposto no artigo anterior.

ARTIGO 15.°
Pedido de informação prévia

1. Qualquer interessado pode requerer à DRARN pedido de informação prévia sobre a responsabilidade de utilização do domínio hídrico para o fim pretendido.

2. Do requerimento previsto no número anterior deve constar:

a) A identidade do requerente;

b) A identificação rigorosa da utilização pretendida;

c) A definição exacta do local pretendido.

3. A resposta referida no número anterior é válida pelo prazo de seis meses a contar da sua emissão.

Artigo 16.º
Pedido de utilização

Os pedidos de utilização são apresentados pelos interessados na DRARN respectiva, dos quais devem constar os seguintes elementos:
a) Identificação do requerente;
b) Finalidade da pretensão;
c) Planta de localização na escala 1:25 000;
d) Plantas e cortes em escala adequada, com a localização do pedido relativamente a linhas de água, albufeiras ou praias.

Artigo 17.º
Pedido de várias utilizações

Quando o pedido implique mais de uma utilização, deve ser instruído um único processo de licenciamento.

Artigo 18.º
Prioridade de utilização

No caso de se verificarem pedidos de utilização do domínio hídrico conflituosos, deve considerar-se que a prioridade de utilização da água é, sempre que possível, a seguinte:
a) Consumo humano;
b) Agricultura;
c) Indústria;
d) Produção de energia;
e) Turismo;
f) Outros.

Secção II
Captação de águas

Artigo 19.º
Definição

1. Entende-se por captação de águas a utilização de volumes de água, superficiais ou subterrâneas, por qualquer forma subtraídos ao meio hídrico, independentemente da finalidade a que se destina.

495 *Apêndice 3.° – Decreto-Lei n.° 46/94, de 22/2*

2. A captação de águas, superficiais ou subterrâneas, está sujeita a licenciamento, quando os meios de extracção excedam a potência de 5 cv ou, no último caso, quando o furo ou poço tenha uma profundidade superior a 20 m, ou a contrato de concessão, nos casos definidos no presente diploma.

3. Para efeitos dos n.ºs 1 e 2, a captação de água pode ter as seguintes finalidades, com ou sem retenção:

a) Consumo humano;
b) Rega;
c) Actividade industrial;
d) Produção de energia;
e) Actividades recreativas ou de lazer.

4. A captação de águas, quer superficiais quer subterrâneas, está sujeita a notificação à DRARN, mediante o preenchimento de impresso por esta fornecido ao interessado, quando os meios de extracção tenham uma potência inferior a 5 cv ou os furos ou poços uma profundidade inferior a 20 m.

ARTIGO 20.°
Requisitos gerais

Qualquer que seja a finalidade da captação, a atribuição do título de utilização depende das disponibilidades hídricas e da inexistência de incompatibilidades com outras utilizações já licenciadas ou previstas em instrumentos de planeamento, tendo em conta as prioridades de utilização consagradas no artigo 18.°

ARTIGO 21.°
Pedido de atribuição de título para a captação de águas

1. Qualquer que seja a finalidade da captação, o respectivo pedido deve ser instruído, para além dos referidos no artigo 16.°, com os seguintes elementos:

a) Título de propriedade ou, não sendo o requerente o proprietário, título que confere o direito à sua utilização;

b) Regime de exploração previsto, com indicação do caudal máximo instantâneo e do volume mensal máximo;

c) Tratando-se de águas subterrâneas, indicação das características previstas para a obra de pesquisa e captação, nomeadamente profundidade máxima a atingir, diâmetros máximos de perfuração e tubagem de revestimento e equipamento de extracção;

d) Número de captações existentes na propriedade, com indicação do seu regime de exploração.

2. Quando se pretenda a captação de águas com meios de extracção com potência entre 5 cv e 20 cv, a realização de um furo ou a abertura de um poço com profundidade entre 20 m e 80 m, o pedido é formulado junto da DRARN, me-

As águas no Código Civil   496

diante o preenchimento de impresso por esta fornecido ao interessado, consubstanciando o deferimento tácito do pedido com o conteúdo da pretensão formulada pelo requerente a ausência de notificação da decisão no prazo de 30 dias.

ARTIGO 22.º
Conteúdo do título de captação de águas

Dos títulos de captação de águas devem constar, consoante se trate de licença ou de concessão, respectivamente, os documentos referidos no n.º 1 do artigo 7.º ou no artigo 9.º, bem como:

a) Os volumes e caudais;

b) O regime de exploração, com indicação do caudal máximo instantâneo e dos volumes mensais máximos;

c) A definição de áreas de protecção à captação;

d) As características técnicas dos meios de captação e exploração;

e) A profundidade máxima do grupo electrobomba submersível, quando se trate de águas subterrâneas;

f) A obrigatoriedade de instalação de instrumentos adequados para o controlo do nível da água e dos caudais extraídos, quando se julgar necessário pela situação hidrológica ou hidrogeológica;

g) A obrigatoriedade de instalação de um sistema de medida que permita conhecer com rigor os volumes totais de água extraídos mensalmente, quando se trate de volumes de água superiores a 10 000 m³ mensais, ou quando os meios de extracção sejam susceptíveis de proporcionar caudais instantâneos superiores a 5 l/s;

h) A obrigatoriedade de fornecer periodicamente à DRARN elementos sobre os volumes de água extraídos e o período de funcionamento das captações, nos casos mencionados nas alíneas *f*) e *g*).

ARTIGO 23.º
Pesquisa e captação de águas subterrâneas

1. A pesquisa e captação de águas subterrâneas está sujeita à obtenção de licença, respeitando o licenciamento às seguintes fases:

a) Pesquisa e captação de águas subterrâneas, que consiste no conjunto de operações de sondagem ou escavações executadas com a finalidade de determinar a existência de águas subterrâneas, bem como o conjunto de obras e procedimentos técnicos tendentes a possibilitar a sua exploração;

b) Exploração de águas subterrâneas, que se traduz na faculdade de proceder ao aproveitamento de águas subterrâneas de acordo com as condições fixadas na respectiva licença.

2. A licença a que se refere o presente artigo deve obedecer aos seguintes princípios:

497   *Apêndice 3.° – Decreto-Lei n.° 46/94, de 22/2*

a) Na execução do poço ou furo, seja qual for a sua finalidade, deve proceder-se de modo que não haja poluição química ou bacteriológica da água dos aquíferos a explorar, quer por infiltração de águas de superfície ou de escorrências, quer por mistura de águas subterrâneas de má qualidade;

b) Os poços ou furos de pesquisa e captação de águas repuxantes são, sempre que possível, munidos de dispositivos que impeçam o desperdício de água;

c) No caso de a pesquisa resultar negativa ou haver necessidade de substituição da captação em virtude de erro técnico, a empresa executora dos trabalhos é responsável pelo entulhamento da perfuração e restituição do terreno à situação inicial;

d) Afastamento mínimo de 100 m entre as captações de diferentes utilizadores de um mesmo aquífero, salvo autorização expressa, tecnicamente fundamentada, da DRARN respectiva.

ARTIGO 24.°
**Conteúdo da licença prévia para a pesquisa
e captação de águas subterrâneas**

1. Da licença referida no n.° 2 do artigo anterior devem constar, para além dos referidos no artigo 22.°, os seguintes elementos:

a) As condições necessárias ao cumprimento dos princípios enunciados no artigo anterior;

b) A profundidade máxima da obra;

c) As normas técnicas de execução e conservação dos aquíferos;

d) Os tipos de ensaios de caudal a realizar e controlo físico-químico da qualidade da água prospectada, se julgados convenientes;

e) A obrigatoriedade de apresentação de um relatório final, no prazo de 60 dias após a conclusão dos trabalhos, de onde pode constar, consoante o exigido pela DRARN:

    i) Localização da obra de captação;

    ii) Indicação do número do processo de licenciamento;

    iii) Datas de início e conclusão dos trabalhos;

    iv) Profundidades, diâmetros e métodos de perfuração utilizados;

    v) Profundidades, diâmetros e natureza dos materiais de revestimento utilizados;

    vi) Tipos, posição e material dos tubos ralos;

    vii) Profundidades dos níveis estático e dinâmico e respectivos caudais;

    viii) Profundidade aconselhada para colocação do sistema de extracção;

    ix) Posição, granulometria e natureza do maciço filtrante e outros preenchimentos do espaço anular;

    x) Caudal e regime de exploração recomendados;

    xi) Análise química da água captada;

    xii) Tabela dos valores medidos nos ensaios de caudal;

As águas no Código Civil   498

xiii) Observações quanto aos cuidados a tomar nas explorações das captações para se evitar o envelhecimento prematuro da obra;

xiv) Desenho apresentando:
 i) Corte litológico dos terrenos atravessados, indicando as profundidades dos mesmos;
 ii) Perfuração efectuada, referindo diâmetros e profundidades;
 iii) Profundidade e diâmetros da tubagem de revestimento;
 iv) Posição dos tubos ralos;
 v) Preenchimento do espaço anular (maciço filtrante, isolamentos e cimentações);
 vi) Outros elementos colhidos durante os trabalhos, tais como diagrafias.

2. Após a apresentação do relatório previsto na alínea *e*) do número anterior, é emitida a respectiva licença de captação e exploração em função dos usos, nos termos dos artigos seguintes.

ARTIGO 25.º
Captação de água para consumo humano

1. A captação de água para consumo humano tem por finalidade o abastecimento público ou particular.

2. Um sistema de abastecimento público funciona permanentemente sob a responsabilidade de uma entidade distribuidora, autarquia ou entidade concessionária.

3. Um sistema de abastecimento particular funciona sob a responsabilidade particular.

4. A captação de água para consumo humano está sujeita à obtenção de licença, que pode ser outorgada pelo prazo máximo de 10 anos, nos termos do n.º 1 do artigo 6.º, no caso de abastecimento particular, e a concessão, nos termos do artigo 9.º, no caso de abastecimento público.

ARTIGO 26.º
**Pedido de licença para captação de água
para consumo humano**

O pedido de licença para captação de água para consumo humano apresentado pelo interessado, no caso de abastecimento particular, ou pela entidade interessada, no caso de abastecimento público, é instruído com os elementos referidos nos artigos 16.º e 21.º e com uma memória descritiva e justificativa do projecto que inclua:

a) Caudal necessário;
b) Caudal máximo estimado para o mês de maior consumo;
c) Caudal médio anual;
d) População a abastecer;

499 · Apêndice 3.º – Decreto-Lei n.º 46/94, de 22/2

e) Meios e técnicas para o sistema de captação;
f) Condições de rejeição;
g) Declaração da câmara municipal respectiva da impossibilidade de integração na rede de abastecimento público, no caso de abastecimento particular.

ARTIGO 27.º
Captação de água para rega

A captação de água destinada a rega está sujeita a obtenção de licença, que pode ser outorgada pelo prazo máximo de 35 anos, e a contrato de concessão, quando se trate de uma associação de utilizadores ou de uma junta de agricultores e de uma área a regar superior a 50 ha.

ARTIGO 28.º
Pedido de título de captação de água para rega

O pedido de título para captação de água destinada a rega é instruído com os elementos referidos nos artigos 16.º e 21.º, bem como com uma memória descritiva e justificativa do projecto que inclua:
a) Caudal necessário;
b) Caudal máximo estimado para o mês de maior consumo;
c) Caudal médio anual;
d) Área a regar e área total do prédio;
e) Especificação das culturas;
f) Características agronómicas do aproveitamento e cálculo da dotação por meses em que a rega se torna necessária, no caso de áreas superiores a 20 ha.

ARTIGO 29.º
Captação de água para actividade industrial

A captação de água destinada à actividade industrial está sujeita à obtenção de licença, que pode ser outorgada pelo prazo máximo de 10 anos, nos termos do n.º 1 do artigo 6.º

ARTIGO 30.º
Pedido de licença para captação de água para actividade industrial

O pedido de licença para captação de água destinada à actividade industrial é instruído com os elementos referidos nos artigos 16.º e 21.º e com uma memória descritiva e justificativa do projecto que inclua:
a) Caudal necessário;
b) Volumes mensais estimados para o período de laboração;

As águas no Código Civil 500

c) Descrição geral do processo produtivo e matérias-primas utilizadas;
d) Caudais rejeitados, suas características e destino final.

ARTIGO 31.°
Captação de água para produção de energia

1. A captação de água para produção de energia hidroeléctrica está sujeita à obtenção de licença, que pode ser outorgada pelo prazo máximo de 35 anos, nos termos do n.° 1 do artigo 6.°, e a contrato de concessão, nos termos do artigo 9.°, consoante se trate de aproveitamento em que a potência instalada seja até ou superior a 10 MVA, respectivamente.

2. Quando se trate de outras formas de produção de energia, ao licenciamento para captação de águas aplica-se o disposto nos artigos 29.° e 30.°

ARTIGO 32.°
Pedido de título de captação de água
para produção de energia hidroeléctrica

1. O pedido de captação de água para produção de energia hidroeléctrica é instruído, para além dos referidos nos artigos 16.° e 21.°, com os seguintes elementos:
a) Rigorosa identificação da linha de água a utilizar, com identificação das cotas de tomada e de restituição de água e respectiva bacia hidrográfica;
b) Definição do local exacto de implantação das obras;
c) Previsão aproximada das principais características do aproveitamento, nomeadamente a queda bruta, o caudal, a potência instalada e a energia produzida anualmente.

2. O pedido de captação referido no número anterior é ainda instruído com um estudo de viabilidade técnico-económica do qual constem os seguintes elementos:
a) Descrição do aproveitamento, com apresentação dos aspectos gerais mais importantes do curso de água, vegetação circundante, configuração topográfica e breve descrição do terreno de implantação das principais obras (barragem, canal adutor, câmara de carga, conduta forçada e central);
b) Descrição sumária das instalações existentes, condições de conservação e obras previstas, no caso de recuperações;
c) Estimativa da queda bruta aproveitável, pela determinação das cotas de tomada e de restituição de água;
d) Estudo hidrológico, com recurso a dados das estações hidrométricas e ou pluviométricas, com indicação dessas estações, para a determinação da distribuição de caudais e do caudal modular e indicação da metodologia seguida na determinação do caudal de cheia;
e) Determinação de consumos e água a montante e a jusante do aproveitamento para cálculo dos caudais aproveitáveis e determinação do caudal de projecto em função da distribuição de caudais;

501   *Apêndice 3.º – Decreto-Lei n.º 46/94, de 22/2*

f) Cálculo da potência a instalar, em função da queda, do caudal do projecto, do regime de exploração de albufeira e do rendimento do equipamento;

g) Determinação da produção de energia eléctrica em ano médio, através da potência instalada e da distribuição média de caudais;

h) Definição das características aproximadas da barragem (tipo, altura acima das fundações e desenvolvimento pelo coroamento), da área da bacia hidrográfica relativa ao local da barragem, da capacidade da albufeira, do seu tipo de exploração, da tomada de água, do canal com eventuais obras de arte, da câmara de carga, da conduta forçada, da central, das turbinas, dos grupos geradores, do sistema de regulação, do controlo e automação, da ligação à rede de distribuição, do sistema de protecção e do posto de transformação;

i) Descrição da ocupação e utilização actual dos terrenos a montante, com definição das características da obra a executar para garantir o ciclo biológico dos peixes usuais na linha de água;

j) Informação sobre as condições de ligação à rede receptora;

l) Planimetria do aproveitamento à escala 1:25 000;

m) Documentação fotográfica dos locais de implantação das diferentes obras que constituem o aproveitamento, com montagem das obras;

n) Perfil longitudinal da linha de água, com implantação da barragem e indicação dos níveis de pleno armazenamento e de máxima cheia;

o) Planta com indicação da área inundada;

p) Estimativa de custos, com determinação dos custos de construção e ou reparação, equipamentos e respectiva montagem, automação e telecomando, acrescida de uma percentagem para imprevistos;

q) Cálculo dos custos de exploração e manutenção, incluindo os custos de aquisição, montagem e leitura periódica dos aparelhos de observação, se o tipo e dimensões da obra o justificarem;

r) Estimativa da valorização de produção de energia eléctrica;

s) Avaliação da rentabilidade do empreendimento.

Artigo 33.º
**Conteúdo dos títulos de captação da água
para produção de energia hidroeléctrica**

Da licença ou do contrato de concessão devem constar, para além dos elementos referidos nos artigos 7.º e 10.º:

a) As características principais do aproveitamento;

b) O estabelecimento dos caudais ecológico e reservado, julgados necessários para salvaguardar o interesse público ou legítimos interesses de terceiros;

c) As medidas de protecção aos ecossistemas e à piscicultura;

d) As restrições excepcionais ao regime de utilização da água, por período a definir em situação de emergência, designadamente secas, cheias e acidentes ecológicos.

As águas no Código Civil 502

Artigo 34.º
**Captação de água para actividades recreativas
ou de lazer**

A captação de água para actividades recreativas ou de lazer está sujeita a obtenção de licença, que pode ser outorgada pelo prazo máximo de 10 anos, nos termos do n.º 1 do artigo 6.º

Artigo 35.º
**Pedido de licença de captação de água
para actividades recreativas ou de lazer**

O pedido de licença para captação de água para actividades recreativas ou de lazer é instruído com os elementos referidos nos artigos 16.º e 21.º e com uma memória descritiva e justificativa do projecto que inclua:
a) Volumes necessários;
b) Especificação da necessidade da actividade com referência a eventual contacto directo ou indirecto;
c) Características técnicas da captação;
d) Local de rejeição.

Secção III
Rejeição de águas residuais

Artigo 36.º
Princípio geral

1. A rejeição de águas residuais na água e no solo está sujeita a condições específicas atendendo às necessidades de preservação do ambiente e defesa da saúde pública.
2. A rejeição de águas residuais na água e no solo está sujeita à obtenção de licença, que pode ser outorgada pelo prazo máximo de 10 anos, nos termos do n.º 1 do artigo 6.º, com as especificidades previstas na presente secção.
3. A licença referida no número anterior tem por finalidade o sistema público ou particular de eliminação de águas residuais na água e no solo.
4. Um sistema público de eliminação de águas residuais na água e no solo funciona permanentemente sob a responsabilidade de uma autarquia local ou entidade concessionária.
5. Um sistema particular de eliminação de águas residuais na água e no solo funciona sob a responsabilidade particular.

503   *Apêndice 3.° – Decreto-Lei n.° 46/94, de 22/2*

6. Devem existir sistemas públicos de eliminação de águas residuais na água e no solo nas áreas urbanas ou urbanizáveis, nos termos previstos nos respectivos planos directores municipais.

7. O titular da licença referida no n.° 2 pode, no prazo de seis meses antes do termo da respectiva licença, pedir a sua renovação, caso se mantenham as condições que determinaram a sua atribuição.

8. A entidade competente para atribuir a licença pode proceder à revisão das suas condições, nos termos do n.° 2 do artigo 12.°, se, durante o prazo de vigência da licença, ocorrerem alterações substanciais e permanentes na composição qualitativa e quantitativa dos efluentes brutos ou após tratamento, em consequência, nomeadamente, de substituição de matérias-primas, de modificações nos processos de fabrico ou de aumento da capacidade de produção que a justifiquem.

Artigo 37.°
Condições gerais de licenciamento

1. A atribuição de licença de rejeição de águas residuais no solo agrícola ou florestal depende de parecer favorável da direcção regional de agricultura respectiva.

2. O licenciamento de qualquer descarga no mar através de emissário submarino só é admitido quando devidamente justificado e após parecer das entidades competentes dos ministérios responsáveis pelas áreas da defesa, da saúde e do mar.

3. A utilização de emissários submarinos, em substituição do grau adequado de tratamento de águas residuais, é proibida em estuários.

4. A utilização de águas residuais adequadamente tratadas para a recarga de aquíferos só pode ser autorizada após parecer favorável do INAG.

5. A qualidade do aquífero, após recarga, deve ser equivalente à qualidade definida para a classe A1 das águas superficiais estabelecida nas normas de qualidade das águas para produção de água potável nos termos da legislação aplicável, enquanto não entrarem em vigor as normas de qualidade das águas subterrâneas destinadas ao consumo humano.

6. Qualquer anomalia grave no funcionamento das instalações, ou acidente, com influência nas condições de rejeição de águas residuais, deve ser comunicado pelo utilizador à DRARN respectiva e ao serviço competente do ministério da tutela, no prazo de quarenta e oito horas a contar da sua ocorrência, sob pena de caducidade da licença.

Artigo 38.°
Pedido de licença

1. O pedido de licença de rejeição de águas residuais na água e no solo é apresentado pelo interessado, no caso de um sistema particular, ou pela entidade interessada, no caso de um sistema público, na DRARN do local onde se pretende efectuar a descarga.

As águas no Código Civil   504

2. O pedido de licença previsto no número anterior é instruído, para além os referidos no artigo 16.°, com os seguintes elementos:

a) Planta à escala 1:200, 1:500 ou 1:1 000, indicando as redes de drenagem dos efluentes e a localização da estação ou estações de tratamento de águas residuais e do ponto ou pontos de descarga;

b) Planta à escala 1:25 000, indicando a localização do ponto ou pontos de descarga de efluentes, bem como as captações de água de superfície ou subterrâneas existentes nas proximidades.

3. O pedido de licença deve ainda conter os seguintes elementos:

a) A descrição sumária das instalações fabris, matérias-primas utilizadas, processos de fabrico e produtos fabricados, capacidade de produção instalada, tipo de tratamento a adoptar, destino final e eventual reutilização do efluente, no caso da rejeição de águas residuais provenientes de actividades industriais;

b) A descrição sumária dos edifícios, número de quartos ou de fogos, actividades económicas e população máxima a servir, tipo de tratamento a adoptar, destino final e eventual reutilização do efluente, no caso de rejeição de águas residuais urbanas;

c) A descrição sumária das explorações (tipo e dimensão), tipo de tratamento a adoptar, destino final e eventual reutilização do efluente, no caso de rejeição de águas residuais provenientes de explorações pecuárias;

d) A descrição sumária das instalações (tipo e dimensão), tipo de tratamento a adoptar, destino final e eventual reutilização do efluente, para o caso de rejeição de águas residuais provenientes de quaisquer outras actividades económicas ou serviços não contemplados nas alíneas anteriores;

e) O dimensionamento dos órgãos que compõem a estação de tratamento e respectivos desenhos;

f) A caracterização quantitativa e qualitativa do efluente bruto e após tratamento;

g) O sistema de autocontrolo que se propõe adoptar;

h) Os dispositivos de segurança previstos para fazer face a situações de emergência ou de acidente, quando necessários.

4. O titular da licença assume, no âmbito desta, a responsabilidade pela eficiência dos processos de tratamento e ou dos procedimentos que adoptar com vista a minimizar os efeitos decorrentes da rejeição de águas residuais.

ARTIGO 39.°
Conteúdo da licença

Da licença referida no artigo 36.° devem constar, para além dos referidos no n.° 1 do artigo 7.°, os seguintes elementos:

a) Caudal rejeitado;

b) Valores dos parâmetros fixados para a descarga;

505   *Apêndice 3.° – Decreto-Lei n.° 46/94, de 22/2*

c) Periodicidade das descargas tendo em conta o regime hidrológico do meio receptor;

d) Equipamento de controlo para efeitos de inspecção e fiscalização;

e) O sistema de autocontrolo, especificando-se, nomeadamente, parâmetros a analisar, métodos analíticos, precisão dos resultados, bem como a frequência e o tipo de amostragem e a periodicidade de envio dos registos à entidade licenciadora;

f) O dever de apresentar na DRARN apólice de seguro que garanta o pagamento de indemnizações por eventuais danos causados por erros ou omissões de projecto relativamente à drenagem e tratamento de efluentes, ou pelo incumprimento das disposições legais e regulamentares a ele aplicáveis, no prazo de 30 dias a contar da emissão da licença, sob pena de caducidade desta;

g) Outros elementos considerados apropriados tendo em conta a especificidade da actividade licenciada e do meio receptor, nomeadamente procedimentos técnicos a adoptar para minimizar os efeitos decorrentes da rejeição.

ARTIGO 40.°

Autocontrolo, inspecção e fiscalização das descargas

1. O titular da licença deve instalar um sistema de autocontrolo adequado à rejeição efectuada, cujas características, procedimentos e periodicidade de envio de registos à entidade que atribui a licença, fazem parte integrante do conteúdo da licença referida no artigo anterior.

2. Os encargos decorrentes da instalação e exploração do sistema de autocontrolo são da responsabilidade do titular da licença.

3. O titular da licença deve manter um registo actualizado dos valores do autocontrolo, para efeitos de inspecção ou fiscalização por parte das entidades competentes.

4. A existência de um sistema de autocontrolo não isenta a Administração de proceder às acções de inspecção ou de fiscalização que entender mais apropriadas.

5. Compete às entidades responsáveis pela fiscalização e pela inspecção da qualidade da água assumir os encargos inerentes à execução dessas acções de controlo, sem prejuízo dos encargos serem suportados pelo titular da licença quando se demonstre que as condições de licenciamento não estão a ser cumpridas.

6. O titular da licença obriga-se a fornecer à Administração todas as informações necessárias ao desempenho das funções de inspecção ou fiscalização.

7. No caso de os resultados das análises efectuadas pelos laboratórios das entidades que procederam às acções de inspecção ou de fiscalização serem, sobre a mesma amostra, manifestamente diferentes dos resultados apresentados pelo titular da licença, deve recorrer-se a um terceiro laboratório, acreditado no âmbito do Sistema Nacional de Gestão da Qualidade (SNGQ), constituindo os boletins de análise deste último prova para todos os efeitos previstos na lei.

As águas no Código Civil

SECÇÃO IV
Infra-estruturas hidráulicas

....

CAPÍTULO III

ARTIGO 85.º
Fiscalização

As funções de fiscalização, para efeitos do presente diploma, competem ao INAG, às DRARN, às autoridades marítimas e às autarquias locais.

ARTIGO 86.º
Contra-ordenações

1. Constitui contra-ordenação a prática dos actos seguintes:

a) Execução de obras, infra-estruturas, plantações ou trabalhos de natureza diversa, com prejuízo da conservação, equilíbrio das praias, regularização e regime de rios, lagos, lagoas, pântanos e mais correntes de água;

b) Execução de obras, infra-estruturas, plantações ou trabalhos de natureza diversa, sem a respectiva licença ou de forma diferente das condições previstas no respectivo título de utilização;

c) Execução de obras, infra-estruturas, plantações ou trabalhos de natureza diversa dentro do perímetro da zona reservada de uma albufeira de águas públicas classificada ou na zona de protecção;

d) Execução de estruturas flutuantes sem a respectiva licença;

e) Não acatamento da obrigação, por parte do titular da licença, de suspender os trabalhos e alterar ou demolir aqueles quando ameacem a segurança ou prejudiquem os interesses da navegação;

f) Abertura de poços e furos de pesquisa e de captação de águas subterrâneas, sem a respectiva licença;

g) Lançar, depositar ou, por qualquer outra forma, directa ou indirecta, introduzir nos aquíferos qualquer substância ou produto sólido, líquido ou gasoso, susceptível de provocar a sua poluição, alterando as suas características ou tornando-os impróprios para as suas diversas utilizações;

h) Manipulação, depósito e armazenamento de quaisquer produtos ou substâncias junto de captações de águas subterrâneas que ponham em risco os aquíferos;

i) Extracção de materiais inertes sem a respectiva licença;

j) Extracção de materiais inertes em áreas demarcadas, mas distintas das consagradas na respectiva licença, a utilização de equipamentos ou meios de acção não autorizados e a omissão total ou parcial dos volumes de materiais inertes extraídos;

l) Destruição ou alteração total ou parcial de infra-estruturas hidráulicas, fluviais ou marítimas, de qualquer natureza, ou de materiais necessários à conservação, manutenção, construção ou limpeza daquelas sem a respectiva licença;

m) Sementeiras, plantações ou corte de árvores, ramos e arbustos em terrenos dominiais, sem a respectiva licença;

n) Competições desportivas, aluguer de embarcações, navegação sem a respectiva licença, ou sem respeitar as condições constantes na matrícula obrigatória, respeitantes ao nome, número de tripulantes, serviço a que se destina, tonelagem e restantes obrigações impostas;

o) Pastagem de gado sem licença nos terrenos do domínio público hídrico;

p) Captação, retenção ou derivação de águas, sem a respectiva licença;

q) Não cumprimento das normas de qualidade, nos termos da legislação em vigor;

r) Distribuição de água para consumo humano, pelas entidades responsáveis pela sua distribuição, que não obedeça aos parâmetros mínimos de qualidade previstos na legislação aplicável;

s) Extracção de água para irrigação, sem a respectiva licença;

t) Extracção de volumes de água superiores aos constantes na respectiva licença, ou aplicação da água para outro fim, sem nova licença;

u) Não acatamento da proibição de lançar, depositar ou qualquer outra forma de introduzir na água resíduos que contenham substâncias que possam alterar as características ou tornem impróprias as águas e que contribuam para a degradação do ambiente;

v) Descarga de resíduos e efluentes sem a respectiva licença ou descarga de resíduos e efluentes em local diferente do demarcado pelos organismos competentes;

x) Rejeição de águas degradadas directamente para o sistema de esgotos, ou para cursos de água, sem qualquer tipo de mecanismos que assegurem a depuração destas;

z) Falta de cumprimento das obrigações impostas pela licença;

aa) Impedimento do exercício da fiscalização;

bb) Falta de cumprimento do disposto no artigo 90.º

2. As contra-ordenações previstas no número anterior são punidas com as seguintes coimas:

a) De 50 000$ a 1 000 000$, no caso das alíneas *b*), *c*), *d*), *f*), *m*), *o*), *p*), *s*), *t*), *z*) e *bb*);

b) De 100 000$ a 10 000 000$, no caso das alíneas *a*), *e*), *g*), *h*), *i*), *j*), *l*), *n*), *q*), *r*) e *aa*);

c) De 500 000$ a 500 000 000$, no caso das alíneas *u*), *v*) e *x*).

3. A tentativa e a negligência são puníveis.

Artigo 87.º
Sanções acessórias

As contra-ordenações previstas no n.º 1 do artigo anterior podem ainda determinar, quando a gravidade da infracção o justifique, a aplicação das seguintes sanções acessórias:

a) A privação de subsídios outorgados ou a outorgar por entidades ou serviços públicos;

b) A privação do direito de participação em conferências ou feiras nacionais ou estrangeiras com o intuito de dar publicidade aos seus produtos ou às suas actividades;

c) A apreensão de equipamentos ou de meios de acção utilizados na prática da infracção;

d) A interdição do exercício de actividade responsável pela ocorrência dos factos previstos no artigo 86.º, por um período máximo de dois anos.

Artigo 88.º
Processos de contra-ordenação e aplicação de coimas e sanções acessórias

1. O processamento das contra-ordenações e a aplicação das coimas e sanções acessórias competem à respectiva DRARN ou autarquia local.

2. A competência referida no número anterior cabe ao Instituto da Conservação da Natureza, no caso de as infracções serem praticadas em zonas de áreas protegidas.

3. A afectação do produto das coimas faz-se da seguinte forma:

a) 60% para o Estado;

b) 25% para o INAG;

c) 15% para a entidade que tiver aplicado a coima.

Artigo 89.º
Reposição da situação anterior à infracção

1. A DRARN pode ordenar que se proceda à reposição da situação anterior à infracção, fixando concretamente os trabalhos ou acções a realizar e o prazo para a sua execução.

2. A ordem de reposição é antecedida de audição do infractor, que dispõe de 15 dias a contar da data da sua notificação para se pronunciar sobre o conteúdo da mesma.

3. Decorrido o prazo referido no n.º 1 sem que a ordem de reposição seja cumprida, a DRARN procede aos trabalhos e acções necessários, por conta do infractor.

4. Os documentos que titulam as despesas realizadas por força do número anterior, quando não forem pagas voluntariamente pelo infractor no prazo de 20 dias a contar da sua notificação, servem de título executivo.

Capítulo IV
Disposições transitórias e finais

Artigo 90.º
Situações existentes

1. Os utilizadores não titulados e os titulares de licenças e concessões existentes à data de entrada em vigor do presente diploma devem apresentar à DRARN respectiva, no prazo de seis meses a contar da data de entrada em vigor do presente diploma, uma declaração contendo os seguintes elementos:

a) Identificação do utilizador ou do titular da licença ou concessão;
b) Apresentação do respectivo alvará de licença ou contrato de concessão;
c) Tipo de utilização.

2. Para efeitos do presente artigo, é considerado também utilizador quem capte água com meios de extracção com potência inferior a 5 cv ou, no caso de águas subterrâneas, quem proceda à abertura de poços ou furos com profundidade inferior ou igual a 20 m.

3. A DRARN deve enviar as declarações previstas no n.º 1 ao INAG, o qual deve elaborar um cadastro nacional de todas as utilizações existentes.

4. Cumprido o prazo estabelecido no n.º 1, é atribuída aos utilizadores não titulares de licenças ou concessões uma licença provisória por um ano.

5. Findo o prazo referido no número anterior, é imposto ao utilizador o cumprimento do disposto no presente diploma, sob pena de caducidade da licença.

6. Quando a captação de águas for a mencionada nos artigos 19.º, n.º 4, e 21.º, n.º 2, os utilizadores não licenciados no momento da entrada em vigor do presente diploma devem proceder nos termos previstos nos referidos artigos.

7. O não cumprimento do prazo referido no n.º 1 dá lugar à aplicação da contra-ordenação prevista na alínea bb) do n.º 1 do artigo 86.º

8. Após a entrega das declarações previstas no n.º 1, a DRARN procede à fiscalização da utilização em causa, podendo, na sequência desta, impor ao titular da licença ou concessão que, no prazo máximo de três anos, proceda às alterações necessárias ao cumprimento do presente diploma.

Artigo 91.º
Norma derrogatória

1. Não se aplicam na matéria respeitante ao presente diploma:

a) O Decreto n.º 8, de 1 de Dezembro de 1892;
b) O Regulamento dos Serviços Hidráulicos, de 19 de Dezembro de 1892;
c) O Decreto n.º 5787-IIII, de 10 de Maio de 1919, com excepção do artigo 1.º;
d) O Decreto n.º 6287, de 20 de Dezembro de 1919;
e) O Decreto n.º 12 445, de 29 de Setembro de 1926, com a redacção dada pelo Decreto n.º 40 722, de 2 de Agosto de 1956;

As águas no Código Civil 510

f) O Decreto n.° 16 767, de 20 de Abril de 1929;
g) O Decreto-Lei n.° 23 925, de 29 de Maio de 1934;
h) O Decreto-Lei n.° 27 820, de 5 de Julho de 1937;
i) O Decreto-Lei n.° 28 036, de 14 de Setembro de 1937;
j) O Decreto-Lei n.° 30 448, de 18 de Maio de 1940;
l) O Decreto-Lei n.° 30 850, de 5 de Novembro de 1940;
m) O Decreto-Lei n.° 32 112, de 30 de Junho de 1942;
n) O Decreto-Lei n.° 33 236, de 16 de Novembro de 1943;
o) O Decreto-Lei n.° 43 371, de 3 de Dezembro de 1960;
p) O Decreto-Lei n.° 48 483, de 11 de Julho de 1968;
q) Os artigos 17.° a 31.° do Decreto-Lei n.° 468/71, de 5 de Novembro;
r) O Decreto-Lei n.° 376/77, de 5 de Setembro;
s) Os artigos 1.°, 2.° e 5.° do Decreto-Lei n.° 292/80, de 16 de Agosto;
t) O Decreto-Lei n.° 403/82, de 24 de Setembro, com a redacção dada pelo
Decreto-Lei n.° 164/84, de 21 de Maio;
u) O artigo 7.° do Decreto-Lei n.° 189/88, de 27 de Maio;
v) O Decreto-Lei n.° 70/90, de 2 de Março;
x) A Portaria n.° 795/74, de 6 de Dezembro;
z) A Portaria n.° 251/79, de 30 de Maio;
aa) A Portaria n.° 323/79, de 5 de Julho;
bb) A Portaria n.° 30/83, de 8 de Janeiro;
cc) A Portaria n.° 43/85, de 21 de Janeiro.
2. A Portaria n.° 445/88, de 8 de Julho, com a redacção dada pela Portaria
n.° 958/89, de 28 de Outubro, aplica-se em tudo o que não seja contrário ao presente decreto-lei.

Visto e aprovado em Conselho de Ministros de 7 de Outubro de 1993.
*Aníbal António Cavaco Silva – Mário Fernando de Campos Pinto – Artur Aurélio
Teixeira Rodrigues Consolado – Joaquim Fernando Nogueira – Manuel Dias
Loureiro – Jorge Braga de Macedo – Luís Francisco Valente de Oliveira –
Arlindo Marques da Cunha – Luís Fernando Mira Amaral – Joaquim Martins
Ferreira do Amaral – Arlindo Gomes de Carvalho – Fernando Manuel Barbosa
Faria de Oliveira – Maria Teresa Pinto Basto Gouveia – Eduardo Eugénio
Castro de Azevedo Soares.*

Promulgado em 21 de Janeiro de 1994.

Publique-se.

O Presidente da República, MÁRIO SOARES.

Referendado em 27 de Janeiro de 1994.

O Primeiro-Ministro, *Aníbal António Cavaco Silva*

BIBLIOGRAFIA

PRINCIPAIS AUTORES CONSULTADOS

ADRIANO ANTERO – *R.T.*, Vol. IV, págs. 305 e segs..

ALBINO DE AZEVEDO SOARES – *Perspectivas de um Novo Direito do Mar* (1979).

ALEXANDRE DE SEABRA – *Da ocupação das Águas, in* «O Direito», 2.°.

ANTÓNIO ASSIS TEIXEIRA – *Das correntes não navegáveis nem flutuáveis.*

ANTÓNIO MENEZES CORDEIRO – *Direitos Reais.*

ARY DE ALMEIDA COSTA – *Propriedade das águas das correntes não navegáveis nem flutuáveis* (1978).

CORREIA TELLES – Digesto.

CUNHA GONÇALVES – *Comentário ao Código Civil e Tratado de Direito Civil.*

DIAS MARQUES – *Código Civil Anotado.*

DIOGO FREITAS DO AMARAL – *A utilização do Direito Público pelos Particulares* (1965) e *Comentário à Lei dos Terrenos do Domínio Hídrico* (1978).

FERNANDO RAMOS DA PAULA COELHO – *Propriedade das Águas* (1939).

GUERRA DA MOTA – *Manual da Acção Possessória.*

GUILHERME MOREIRA – *As Águas no Direito Civil Português* (1960).

HENRIQUE MESQUITA – *Direitos Reais* (1967).

JOSÉ PEDRO FERNANDES e DIOGO F. AMARAL – *Comentário à Lei dos Terrenos do Domínio Hídrico* (1978).

JOSÉ VELOSO DE ALMEIDA – *Comentário à Lei das Águas.*

MANUEL RODRIGUES – *Fontes e Nascentes no* «Boletim da Faculdade de Direito», III.

MARCELLO CAETANO – *Manual de Direito Administrativo.*

MÁRIO TAVARELA LOBO – *Mudança e Alteração da Servidão; Manual do Direito de Águas.*

OLIVEIRA ASCENÇÃO – *Reais.*

PIRES DE LIMA – *Direito Reais.*

PIRES DE LIMA e ANTUNES VARELA – *Código Civil Anotado.*

TEIXEIRA DE ABREU – *Das Águas e Lições de Direito Civil Português.*

PRINCIPAIS PUBLICAÇÕES PERIÓDICAS CONSULTADAS

Boletim do Ministério da Justiça
Colectânea de Jurisprudência
Revista de Legislação e Jurisprudência
Revista dos Tribunais

ÍNDICE ALFABÉTICO

A

Abandono – 9; 46-A-V-c); 62; 90; anots. 13.ª e 48.ª
Adminicula – 1.º Ap.-D
Águas:
 – Classificação – 4; 5; 6
 – Coisas móveis – 1; 2
 – minero-medicinais – anot. 16.ª
 – Originariamente públicas – 88 a 91
 – Particulares – 9
 – Pluviais – 9; 10; 73
 – Sobrantes – 113-c)
 – Subterrâneas – 11; 24; 45; 66; 75 a 81; 84; 86; 119
 – Superficiárias – 76
 – Vertentes – 62; 63.
Alcorcas – 159; 2.º Ap.-25
Aluvião – 2.º Ap.-5 a 7.
Alvenaria – 37
Álveo – 30; 32; 35 (divisão); 37
Aproveitamento de águas:
 – para fins agrícolas – 116 a 119
 – para gastos domésticos – 111 a 115
 – subterrâneas:
 – restrições – 86.
Aproveitamento justificado – 1.º Ap. C-7
Auto público – 46-B
Avulsão – 2.º Ap.-5 a 7

B

Baldios – 7

C

Caducidade do direito ás águas inicialmente públicas – 90

Capêlos e cômoros – 37
Casal – 67
Classificação das águas – 4; 5; 6
Coisas móveis – 1; 2
Concessões – 19; 20; 22; 46-A-III; 89; 119; 127; 128; 150; 151; 161.
Confusão – 1.º Ap.-C-1.
Correntes não navegáveis nem flutuáveis – 30
Costume – 97; 101 a 110
Curso costumado – 66.

D

Desnecessidade – 1.º Ap.-C-6.
Despesas de conservação – 148; 1.º Ap.-II-1; 2.º Ap.,-23.
Destinação de pai de família – 59.
Diminuição do caudal – 45; 66; 75 a 81.
Direito de exploração por terceiro às águas subterrâneas – 84
Direito de transformação – 75.
Direito real de aquisição – 84-1I
Divisão de águas – 97

E

Enrocamentos – 37
Escavações – 2.º Ap.,-14 e 15
Escoamento – 153
Escoamento natural – 62; 2.º Ap.,-16 a 21
Excessivo incómodo ou dispêndio – 113, a); 117, a); 2.º Ap., 32, c)
Exploração de águas subterrâneas – 2.º Ap.-28 e 29.
Evicção – 2.º Ap.,-C, 1.

F

Faces – 37
Fontes – 43; 44; 45; 49; 66; 86

G

Gaivagem – 159.
Gastos domésticos – 68; 111 a 115; 2.º Ap.,-32
Guarda-matos – 159

I

Ilhas e mouchões – 2.º Ap.,-10 e 11.
Impossibilidade:
 – de condução de água através de prédio próprio – 145
 – de exercício – 1.º Ap.,-C, 2
 – de obtenção de água de fontes, poços, reservatórios públicos e correntes de domínio público – 113
Infiltrações provocadas e não naturais – 45; 66; 75 a 81
Interpretação dos títulos – 109

J

Justo título – 46; 49; 76; 82; 109

L

Lagos e lagoas – 13; 14; 66; 73; 2.º Ap.,-12 e 13
Lei – 46, A,-I
Leito – 30; 32; 35 (divisão); 37.
Licença – 24
Livre disposição da água – 44.

M

Margens – 37.
Mota – 2.º Ap.,-25
Mudança de leito – 2.º Ap.,-8 e 9

N

Não uso – 1.º Ap.,-C, 2
Não uso proveitoso – 90
Nascentes – 43; 44; 45; 49; 66
Natureza jurídica das águas – 1; 2

O

Obras:
 – de captação, derivação, armazenamento – 28
 – defensivas das águas – 2.º Ap.,-22 e 23
 – na servidão de aqueduto – 1.º Ap.,-II, 2
 – na servidão de escoamento – 153; 154; 1.º Ap.,-A, 3.
 – na servidão de presa – 1.º Ap.,-II, 1. no prédio superior – 46, A, V, *b*); 1.º Ap.,-II
 – usucapião – 53; 54; 55; 56; 76.
Obrigação «propter rem» – 93; 95
Oposição não seguida – 46,-A,V,*a*)

P

Partilha de prédios – 59
Povoação – 67
Preocupação – 16; 17; 89
Prescrição:
 – de águas públicas – 18
 – de águas subterrâneas – 7, I
 – de baldios – 7, I

R

Rampas – 37
Relação «propter rem» – 111
Renúncia – 95; 1.º Ap.,-C, 4
Requisição de águas – 39; 40; 41
Restrições:
 – ao aproveitamento de águas de fontes e nascentes – 66 a 72
 – ao aproveitamento de águas subterrâneas – 86

S

Sentença – 46,-A, IV
Servidões:
- exercício parcial – 1.º Ap.,-D
- exercício em época diversa – 1.º Ap.,-E
- extinção – 1.º Ap.,-C
- modo de exercício e extensão – 1.º Ap.,-A
- mudança – 1.º Ap.,-B
- obras – 1.º Ap.,-A, II

Servidões legais:
- aproveitamento para fins agrícolas – 116 a 120
- aproveitamento para gastos domésticos – 112 a 115
- aqueduto – 135 a 148; 1.º AP.,-A, I, 3; 1.º Ap.,-B, 1
- aproveitamento de águas públicas – 149 a 151.
- escoamento – 152 a 164; 1.º Ap.,-A, 4; 1.º Ap.,-B, 1
- presa – 121 a 124; 1.º Ap.,-I, 2; 1.º Ap.,-B, 1.
- aproveitamento de águas públicas (servidão de travamento) – 125 a 133.
- passagem para o aproveitamento de águas – 2.º Ap.,-30 a 33

Superficiário – 75

T

Tapadas – 37
Tolerância – 93; 104; 136; 148; 163
Título de partilha – 97

U

Uso e costume – 46,-A, II
Uso e livre disposição da água – 44
Usucapião – 51; 52; 53; 54; 55; 56; 76; 111; 136
Usucapio libertatis – 1.º Ap.,-I, C, 3
Usufrutuário – 75; 148

V

Valados – 37; 2.º Ap.,-24 a 27
Valas – 159; 2.º Ap.,-24 a 27
Venda de águas subterrâneas – 49; 82; 84

ÍNDICE SISTEMÁTICO

	Págs.
Prefácio	7
Nota à 2.ª edição	9

NATUREZA JURÍDICA DAS ÁGUAS

Artigo 204.°, n.° 1, al. b) – (Coisas imóveis)	13
1. Antecedentes históricos	13
2. Observações	14
3. Jurisprudência	15

PROPRIEDADE DAS ÁGUAS

Artigo 1385.° (Classificação das águas)	19
4. Antecedentes históricos	19
– Direito Romano	19
– Ordenações	20
– Código Civil de 1867	21
– Lei das Águas	22
– Diplomas posteriores	24
– Actual Código Civil	28
5. Trabalhos preparatórios	30
6. Generalidades	30
7. Baldios – susceptibilidade de apropriação particular das suas águas	31
8. Jurisprudência	33
Artigo 1386.° (Águas particulares)	38
Trabalhos preparatórios	38
Desenvolvimento	
Art. 1386.°, n.° 1, al. a)	
9. Águas nascidas em prédio particular; abandono	41
10. Águas pluviais	43

As águas no Código Civil   518

Págs.

Art. 1386.° n.° 1, al. b)

11. Jurisprudência 45
12. Generalidades 47
13. Jurisprudência 48

Art. 1386.°, n.° 1, al. c)

14. Antecedentes históricos 48
15. Alcance do preceito 49
16. Determinação da natureza; momento 49

Art. 1386.°, n.° 1, al. d)

17. Generalidades 50
18. Preocupação 50
19. Prova da preocupação 52
20. Prescrição 53
21. Doações régias e concessões 53
22. Prova da concessão 54
23. Continuação; caudal 54
24. Jurisprudência 55

Art. 1386.°, n.° 1, al. e)

25. Generalidades 60

Art. 1386.°, n.° 1, al. f)

26. Antecedentes históricos 61
27. Generalidades 62

Art. 1386. °, n.° 2

28. Antecedentes históricos 63
29. Generalidades 63

Artigo 1387.° (Obras para armazenamento ou derivação de águas; leito das corren-
tes não navegáveis nem flutuáveis) 64
Trabalhos preparatórios 64
Desenvolvimento
Art. 1387.°, n.° 1, al. a)

30. Antecedentes históricos 66
31. Generalidades 66

Art. 1387.°, n.° 1, al. b)

32. Antecedentes históricos 67
33. Generalidades 68

Art. 1387.°, n.° 2

34. Antecedentes históricos 68
35. Generalidades 69
36. Jurisprudência 69

Art. 1387.°, n.° 3

37. Antecedentes históricos 74
38. Generalidades 74

Índice sistemático

Págs.

Art. 1387.°, n.° 4
39. Antecedentes históricos 74
40. Generalidades 75

Artigo 1388.° (Requisição das águas) 76
Trabalhos preparatórios 76
Desenvolvimento
Art. 1388.°, n.° 1
41. Antecedentes históricos 77
42. Generalidades 77
Art. 1388.°, n.° 2
43. Antecedentes históricos 79
44. Generalidades 79

APROVEITAMENTO DAS ÁGUAS

Artigo 1389.° (Fontes e nascentes) 83
Trabalhos preparatórios 83
45. Antecedentes históricos 83
46. Fontes e nascentes; distinção 84
47. Uso e livre disposição da água; sentido da expressão 84
48. Águas de fonte ou nascente; consequências resultantes da sua origem 86
49. Justo título 88
   – *Antes do Código Civil de 1867* 88
      I – Lei 88
      II – Uso e Costume 89
      III – Concessão expressa 90
      IV – Sentença 91
      V – Prescrição 91
         a) Oposição não seguida 91
         b) Obras no prédio superior 92
         c) Abandono 93
         d) Prova da prescrição 94
   – *Na vigência do Código Civil de 1867* 94
   – *Na Lei das Águas* 95
50. Jurisprudência 95

Artigo 1390.° (Títulos de aquisição) 100
Trabalhos preparatórios 101
Desenvolvimento
Art. 1390.°, n.° 1
51. Antecedentes históricos 102
52. Generalidades 102
53. Jurisprudência 103

As águas no Código Civil   520

Págs.

Art. 1390.º, n.º 2
54. Generalidades 106
55. Posse mantida por certo lapso de tempo 107
56. Obras 107
57. Obras visíveis e permanentes 108
58. Obras no prédio onde exista a fonte ou nascente 108
59. Obras que revelem a captação e posse 110
60. Jurisprudência 110
Art. 1390.º, n.º 3
61. Antecedentes históricos 118
62. Generalidades 118
63. Jurisprudência 119

Artigo 1391.º (Direitos dos prédios inferiores) 123
    Trabalhos preparatórios 124
64. Antecedentes históricos 124
65. Alcance do preceito 124
66. Novo aproveitamento; sentido da expressão 125
67. Jurisprudência 127

Artigo 1392.º (Restrições ao uso das águas) 129
    Trabalhos preparatórios 130
    Desenvolvimento
    Art. 1392.º, n.º 1
68. Antecedentes históricos 131
69. Curso costumado; sentido da expressão 131
70. Povoação e casal; noção 134
71. Gastos domésticos 135
72. Sentido da restrição 136
73. Jurisprudência 137
    Art. 1392.º, n.º 2
74. Antecedentes históricos 141
75. Generalidades 141
76. Jurisprudência 141

Artigo 1393.º (Águas pluviais e de lagos e lagoas) 143
    Trabalhos preparatórios 143
77. Observações 144

Artigo 1394.º (Águas subterrâneas) 144
    Trabalhos preparatórios 145
    Desenvolvimento
    Art. 1394.º, n.º 1
78. Antecentes históricos 145
79. É lícito ao proprietário procurar águas subterrâneas no seu prédio 146

Págs.

80. ...Contanto que não prejudique direitos que terceiro haja adquirido por título justo 147
81. Jurisprudência 150
Art. 1394.°, n.° 2
82. 1.° apontamento 153
83. 2.° apontamento 155
84. 3.° apontamento 156
85. 4.° apontamento 156
86. Jurisprudência 157

Artigo 1395.° (Títulos de aquisição) 158
    Trabalhos preparatórios 159
    Desenvolvimento
87. Justos títulos; generalidades 159
88. Jurisprudência 161
Art. 1395.°, n.° 2
89. Direito de terceiro à exploração de águas; natureza 162
90. Jurisprudência 166

Artigo 1396.° (Restrições ao aproveitamento das águas) 166
    Trabalhos preparatórios 166
91. Antecedentes históricos 167
92. Generalidades 168
93. Jurisprudência 170

Artigo 1397.° (Águas originariamente públicas) 171
    Trabalhos preparatórios 171
94. Antecedentes históricos 172
95. As águas são inseparáveis dos prédios a que se destinam; alcance da fórmula 173
96. Caducidade; motivos 174

CONDOMÍNIO DAS ÁGUAS

Artigo 1398.° (Despesas de conservação) 179
    Trabalhos preparatórios 179
    Desenvolvimento
97. Antecedentes históricos 180
98. Generalidades 180
99. Jurisprudência 182
Art. 1398., n.° 1
100. Antecedentes históricos 187
101. Generalidades 187

As águas no Código Civil 522

Págs.

Artigo 1399.° (Divisão de águas) 188
    Trabalhos preparatórios 188
102. Antecedentes históricos 189
103. Introdução 189
104. Divisão; princípios básicos 191
105. Jurisprudência 193

Artigo 1400.° (Costumes na divisão de águas) 196
    Trabalhos preparatórios 196
    Desenvolvimento
    Art. 1400.°, n.° 1
106. Antecedentes históricos 197
107. Introdução 197
108. Costume; sentido e alcance 197
109. Jurisprudência 200
    Art. 1400.°, n.° 2
110. Generalidades 205

Artigo 1401.° (Costumes abolidos) 206
    Trabalhos preparatórios 206
    Desenvolvimento
    Art. 1401.°, n.° 1
111. Antecedentes históricos 207
112. Abolição de costumes; razão de ser 207
    Art. 1401.°, n.° 2
113. Antecedentes históricos 209
114. Generalidades 210

Artigo 1402.° (Interpretação dos títulos) 211
    Trabalhos preparatórios 211
115. Generalidades 211
116. Jurisprudência 212

SERVIDÕES LEGAIS DE ÁGUAS

Artigo 1557.° (Aproveitamento de águas para gastos domésticos) 215
    Trabalhos preparatórios 215
    Desenvolvimento
    Art. 1557.°, n.° 1
117. Servidão; apreciação global 216
118. Alcance do preceito 219
119. Pressupostos do direito 221
    a) Impossibilidade, sem excessivo incómodo ou dispêndio, de obtenção de
        água através de fontes, poços e reservatórios públicos e de corrente de
        domínio público 221

523   *Índice sistemático*

		Págs.
b)	Necessidade da água para satisfação dos gastos domésticos	222
c)	Existência, no prédio vizinho, de água sobrante das suas nascentes ou reservatórios	222
120.	Prédio serviente; titulares dominantes; extinção da servidão	224

Art. 1557.°, n.° 2

121.	Generalidades	225
122.	Jurisprudência	225

Artigo 1558.° (Aproveitamento de águas para fins agrícolas) 228

Trabalhos preparatórios 228

Desenvolvimento

Art. 1558.°, n.° 1

123.	Antecedentes históricos	229
124.	Generalidades	229
125.	Pressupostos do direito	230
a)	Impossibilidade sem excessivo incómodo ou dispêndio, de obtenção de água	230
b)	Necessidade da água para fins de irrigação de prédio rústico	230
c)	Existência, no prédio vizinho, de águas sem utilização	231
126.	Jurisprudência	232

Art. 1558.°, n.° 2

127.	Generalidades	236

Artigo 1559.° (Servidão legal de presa) 237

Trabalhos preparatórios 237

128.	Introdução	238
129.	Alcance normativo da servidão	238
130.	Figuras próximas da servidão legal de presa	240
131.	Jurisprudência	240

Artigo 1560.° (Servidão legal de presa para o aproveitamento de águas públicas) .. 243

Trabalhos preparatórios 243

Desenvolvimento

Art. 1560.°, n.° 1, al. a)

132.	Antecedentes históricos	246
133.	Alcance do preceito	247

Art. 1560.°, n.° 1, al. b) ....

134.	Antecedentes históricos	247
135.	Generalidades	248

Art. 1560.°, n.° 2

136.	Antecedentes históricos	249
137.	Alcance do preceito	249

Art. 1560.°, n.° 3

138.	Antecedentes históricos	250

As águas no Código Civil 524

Págs.

Art. 1560.°, n.° 4

139.	Antecedentes históricos	251
140.	Generalidades	252
141.	Jurisprudência	252

Artigo 1561.° (Servidão legal de aqueduto) 253
Trabalhos preparatórios 254
Desenvolvimento
Art. 1561.°, n.° 1

142.	Antecedentes históricos	256
143.	Pressupostos básicos	257
144.	Constituição da servidão	258
145.	Fins para que se constitui	259
146.	Características da servidão	260
	a) Aqueduto subterrâneo ou a descoberto	260
	b) Prédio rústico alheio	261
147.	Prédios onerados	263
148.	Indemnização	264
149.	Jurisprudência	264

Art. 1561.°, n.° 2

150.	Antecedentes históricos	277
151.	Generalidades	277
152.	Jurisprudência	277

Art. 1561.°, n.° 3

153.	Antecedentes históricos	279
154.	Alcance do preceito	280
155.	Jurisprudência	282

Art. 1561.°, n.° 4

156.	Antecedentes históricos	284
157.	Alcance do preceito	284
158.	Jurisprudência	287

Artigo 1562.° (Servidão legal de aqueduto para o aproveitamento de águas públicas) 288
Trabalhos preparatórios 288
Desenvolvimento
Art. 1562.°, n.° 1

159.	Antecedentes históricos	289
160.	Observações	289

Art. 1562.°, n.° 2

161.	Observações	289
162.	Jurisprudência	290

Artigo 1563.° (Servidão legal de escoamento) 291
Trabalhos preparatórios 291
Desenvolvimento

Índice sistemático

Págs.

Art. 1563.°, n.° 1, al. a)
163. Antecedentes históricos 294
164. Introdução 294
165. Águas nascidas num prédio ou para ele conduzidas 295
166. Jurisprudência 298
Art. 1563.°, n.° 1, al. b)
167. Generalidades 303
168. Jurisprudência 303
Art. 1563.°, n.° 1, al. c)
169. Antecedentes históricos 305
170. Alcance do preceito 305
171. Jurisprudência 306
Art. 1563.°, n.° 1, al. d)
172. Generalidades 307
Art. 1563.°, n.° 2
173. Antecedentes históricos 307
174. Generalidades 307
175. Jurisprudência 308
Art. 1563.°, n.° 3
176. Antecedentes históricos 309
177. Alcance do preceito 309
Art. 1563.°, n.° 4
178. Generalidades 310
179. Jurisprudência 311

APÊNDICE N.° 1

A. EXERCÍCIO DAS SERVIDÕES

I – *Modo e extensão*
Artigo 1564.° (Modo de exercício) 315
Artigo 1565.° (Extensão da servidão) 315
1. Introdução 315
2. Servidão de presa 316
3. Servidão de aqueduto 316
4. Servidão de escoamento 317
   Jurisprudência 318

II – *Obras*
Artigo 1566.° (Obras no prédio serviente) 323
Artigo 1567.° (Encargo das obras) 323
1. Servidão de presa 323
   Jurisprudência 324

As águas no Código Civil   526

Págs.

2. Servidão de aqueduto 325
Jurisprudência 326
3. Servidão de escoamento 328
Jurisprudência 329

B. MUDANÇA DAS SERVIDÕES

Artigo 1568.° (Mudança de servidão) 331
1. Servidão de presa, aqueduto e escoamento 331
Jurisprudência 335

C. EXTINÇÃO DAS SERVIDÕES

Artigo 1569.° (Casos de extinção) 339
Artigo 1570.° (Começo do prazo para a extinção pelo não uso) 339
Artigo 1571.° (Impossibilidade de exercício) 340
Artigo 1574.° («Usucapio libertatis») 340
1. Confusão 340
2. Não uso 341
3. Usucapio libertatis 342
4. Renúncia 343
5. Decurso do prazo nas servidões temporárias 343
6. Desnecessidade 344
7. Aproveitamento justificado 344
Jurisprudência 345

D. EXERCÍCIO PARCIAL DAS SERVIDÕES

Artigo 1572.° (Exercício parcial) 355
Apreciação 355

E. EXERCÍCIO DAS SERVIDÕES EM ÉPOCA DIVERSA

Artigo 1573.° (Exercício em época diversa) 357
Apreciação 357

APÊNDICE N.° 2

Artigo 1328.° (Aluvião) 361
1. Antecedentes históricos 361
2. Prédios confinantes com quaisquer correntes de água 361

	Págs.
3. União e depósitos sucessíveis e imperceptíveis	363
4. Conclusão	364

Artigo 1329.º (Avulsão) 365
5. Antecedentes históricos 366
6. Aluvião – avulsão; diferenças 366
7. Carácter da aquisição 367

Artigo 1330.º (Mudança de leito) 367
8. Antecedentes históricos 368
9. Generalidades 368

Artigo 1331.º (Formação de ilhas e mouchões) 369
10. Antecedentes históricos 369
11. Generalidades 370

Artigo 1332.º (Lagos e lagoas) 371
12. Antecedentes históricos 371
13. Generalidades 371

Artigo 1348.º (Escavações) 372
14. Antecedentes históricos 372
15. Generalidades 373
Jurisprudência 373

Artigo 1351.º (Escoamento natural das águas) 376
16. Antecedentes históricos 376
17. Natureza do encargo 376
18. Expressão do encargo 377
19. Objecto do encargo 378
20. Obras de estorvo e agravamento do escoamento 379
21. Duração do encargo 379
Jurisprudência 380

Artigo 1352.º (Obras defensivas das águas) 383
22. Antecedentes históricos 383
23. Generalidades 384
Jurisprudência 385

Artigo 1357.º (Valas, regueiras e valados) 385
24. Antecedentes históricos 386
25. Vala; regueira; mota; valado; alcorca – conceito 386
Jurisprudência 387

Artigo 1358.º (Presunção de comunhão) 388
26. Antecedentes históricos 389

As águas no Código Civil   528

Págs.

27. Generalidades 389
    Jurisprudência 390

    Artigo 1459.° (Exploração de águas) 390
28. Antecedentes históricos 391
29. Generalidades 391

    Artigo 1556.° (Servidões de passagem para o aproveitamento de águas) ... 392
30. Antecedentes históricos 392
31. Generalidades 393
32. Pressupostos 393
33. Conclusão 394
    Jurisprudência 395

APÊNDICE N.° 3

Decreto-Lei n.° 468/71, de 5 de Novembro (Lei dos Terrenos do Domínio Hídrico)   399

Decreto-Lei n.° 513-P/79, de 26 de Dezembro (estabelece um regime de transição entre a aplicabilidade prática do D.L. 468/71 e disposições anteriores, relativamente à utilização de zonas adjacentes dos cursos de água, lagos e lagoas, incluindo as zonas inundáveis pelas cheias) 419

Decreto-Lei n.° 269/82, de 10 de Julho (Regime das Obras de Fomento Hidroagrícola) 421

Decreto-Lei n.° 84/90, de 16 de Março (Regime Jurídico de Exploração e Aproveitamento de Águas de Nascente) 457

Decreto-Lei n.° 90/90, de 16 de Março (Regime Jurídico da Revelação e Aproveitamento dos Recursos Geológicos) 465

Decreto-Lei n.° 46/94, de 22 de Fevereiro (Regime Jurídico da Utilização do Domínio Hídrico sob Jurisdição do Instituto da Água) 487

Bibliografia 511

Índice alfabético 513

Índice sistemático 517